Fray Luis de León

Exposición del Libro de Job

Barcelona **2024**
Linkgua-ediciones.com

Créditos

Título original: Exposición del Libro de Job.

© 2024, Red ediciones S.L.

e-mail: info@linkgua.com

Diseño de cubierta: Mario Eskenazi.

ISBN rústica: 978-84-9816-347-6.
ISBN ebook: 978-84-9897-986-2.

Cualquier forma de reproducción, distribución, comunicación pública o transformación de esta obra solo puede ser realizada con la autorización de sus titulares, salvo excepción prevista por la ley. Diríjase a CEDRO (Centro Español de Derechos Reprográficos, www.cedro.org) si necesita fotocopiar, escanear o hacer copias digitales de algún fragmento de esta obra.

Sumario

Créditos _____ 4

Brevísima presentación _____ 9
   La vida _____ 9

Dedicatoria _____ 11

Capítulo I _____ 14
   Exposición _____ 15

Capítulo II _____ 30
   Exposición _____ 31

Capítulo III _____ 37
   Exposición _____ 38

Capítulo IV _____ 55
   Exposición _____ 56

Capítulo V _____ 72
   Exposición _____ 73

Capítulo VI _____ 80
   Exposición _____ 82

Capítulo VII _____ 99
   Exposición _____ 100

Capítulo VIII _____ 116
   Exposición _____ 117

Capítulo IX _____ 128
   Exposición _____ 129

Capítulo X _____ **142**
    Exposición _____ 143

Capítulo XI _____ **151**
    Exposición _____ 152

Capítulo XII _____ **162**
    Exposición _____ 163

Capítulo XIII _____ **170**
    Exposición _____ 171

Capítulo XIV _____ **179**
    Exposición _____ 180

Capítulo XV _____ **191**
    Exposición _____ 192

Capítulo XVI _____ **204**
    Exposición _____ 205

Capítulo XVII _____ **217**
    Exposición _____ 217

Capítulo XVIII _____ **223**
    Exposición _____ 224

Capítulo XIX _____ **232**
    Exposición _____ 233

Capítulo XX _____ **244**
    Exposición _____ 246

Capítulo XXI _____ **257**
    Exposición _____ 258

Capítulo XXII	**268**
Exposición	269
Capítulo XXIII	**282**
Exposición	283
Capítulo XXIV	**290**
Exposición	291
Capítulo XXV	**305**
Exposición	306
Capítulo XXVI	**310**
Exposición	310
Capítulo XXVII	**318**
Exposición	319
Capítulo XXVIII	**326**
Exposición	327
Capítulo XXIX	**336**
Exposición	337
Capítulo XXX	**344**
Exposición	345
Capítulo XXXI	**354**
Exposición	356
Capítulo XXXII	**376**
Exposición	377
Capítulo XXXIII	**386**
Exposición	388

Capítulo XXXIV _____ **403**
　Exposición _____ 405

Capítulo XXXV _____ **427**
　Exposición _____ 428

Capítulo XXXVI _____ **434**
　Exposición _____ 436

Capítulo XXXVII _____ **451**
　Exposición _____ 452

Capítulo XXXVIII _____ **467**
　Exposición _____ 468

Capítulo XXXIX _____ **488**
　Exposición _____ 490

Capítulo XL _____ **503**
　Exposición _____ 504

Capítulo XLI _____ **513**
　Exposición _____ 515

Capítulo XLII _____ **521**
　Exposición _____ 522

Libros a la carta _____ **535**

Brevísima presentación

La vida

Fray Luis de León (Belmonte, Cuenca, 1527-Madrigal de las Altas Torres, Ávila, 1591). España.

De familia ilustre con ascendientes judíos, Luis Ponce de León estudió en Alcalá de Henares y Toledo antes de ingresar como novicio en el convento salmantino de San Agustín. Participó en las polémicas que enfrentaban a dominicos y agustinos en la universidad de Salamanca. Frente al tomismo conservador de los primeros, postuló el análisis de las fuentes hebreas en los estudios bíblicos.

Cuando se difundió su traducción al castellano del Cantar de los cantares a partir del hebreo, fue acusado de infringir la prohibición del Concilio de Trento, que estableció como oficial la versión latina de san Jerónimo. Procesado por la Inquisición, estuvo encarcelado entre 1572 y 1577, al final fue declarado inocente y pudo volver a sus clases.

Hombre vehemente, sufrió otra amonestación inquisitorial en 1584. Tuvo las cátedras de filosofía y estudios bíblicos, y poco antes de su muerte, en 1591, fue nombrado provincial de la orden agustina en Castilla. Dominaba el griego, el latín, el hebreo, el caldeo y el italiano. Fue admirado por Cervantes (que lo llamó «ingenio que al mundo pone espanto»), por Lope de Vega (que escribió: «Tu prosa y verso iguales / conservarán la gloria de tu nombre») y sobre todo por Francisco de Quevedo (quien lo consideró el «mejor blasón de la habla castellana»).

Dedicatoria

El maestro fray Luis de León en el Libro de Job a la muy religiosa madre Ana de Jesús, carmelita descalza.

Todos padecen trabajos, porque el padecer es debido a la culpa, y todos nacen en ella; pero no los padecen todos de una misma manera, porque los malos a su pesar y sin fruto, los buenos con utilidad y provecho. Y de los buenos, unos con paciencia, y otros con gozo y alegría, que es proprio efecto de la gracia del Evangelio, de que Sant Pablo dice en su persona: Ya nos gozamos en las tribulaciones. De éstos es V. R. y las demás de su Orden, que descansan cuando padecen por mostrar lo que aman. Que el amor de Cristo que arde en sus almas, mostrándose, descansa, y padeciendo, se muestra; y así padecen con gozo; y si no padecen, tienen hambre de padecer y la descubren siempre que pueden, y en todo lo que pueden. Y de ella nace agora mandarme V. R. le declare el Libro de los sucesos y razonamientos de Job. Que como los valientes soldados gustan de conocer los hechos hazañosos de los que fueron, así V. R., en esta milicia de paciencia que profesa, desea reconocer este ejemplo excelente, que tal es el de Job, como por su escritura parece. La cual escritura es útil de muchas maneras: porque no solo es historia, sino doctrina y profecía; porque, demás de que nos cuenta los azotes de Job y su paciencia, también nos compone las costumbres y nos profetiza algunos misterios venideros; y esto en verso y en forma de diálogo, porque más se guste y mejor se imprima. Verdad es que el estilo poético y la mucha antigüedad de la lengua y del libro le hacen muy escuro en no pocos lugares. Mas esta escuridad vencerá con sus oraciones V. R., que obligada es a favorecerme con ellas, pues pone este peso en mis hombros. En que hago tres cosas: una, traslado el texto del libro por sus palabras, conservando, cuanto es posible, en ellas el sentido latino y el aire hebreo, que tiene su cierta majestad; otra, declaro en cada capítulo más extendidamente lo que se dice; la tercera, póngole en verso, imitando muchos santos y antiguos que en otros libros sagrados lo hicieron y pretendiendo por esta manera aficionar algunos al conocimiento de la Sagrada Escritura, en que mucha parte de nuestro bien consiste, a lo que yo juzgo.

Pues así como no sabemos con certidumbre el autor de este libro, que unos dicen que Moisés y otros que antes de Moisés, así V. R. ha de tener por sin duda que es libro sagrado y canónico. En el cual el Espíritu Santo nos cuenta, lo primero, la virtud y prosperidad de Job; lo segundo, su azote, y lo tercero, las razones que pasó con unos compañeros suyos que, viniendo a consolarle, se pusieron a reprenderle, que es la mayor dificultad que en él hay, porque muchas veces parece que Job y sus compañeros dicen lo mismo, siendo los intentos contrarios. Para cuyo entendimiento advertimos que Job, querellándose, dio a entender que padecía sin culpa; de que, ofendidos sus compañeros, porfían que se engaña y que es pecador. Y pruébanlo así:

> Dios es justo;
> luego castiga a solos los pecadores.
> Tú eres castigado de Dios;
> luego eres pecador.

Y sobre este argumento, como sobre quicio, se rodea todo lo que dicen los primeros tres compañeros. Y en lo que más se detienen es en probar, lo primero, «que es la justicia de Dios», que a la verdad es lo más cierto y lo menos necesitado de prueba. Mas insisten en ello porque, a su parecer, lo demás nace de allí por fuerza de consecuencia. Y pruébanlo con hacer claro por diversas maneras que Dios es bueno y sabio y poderoso, diciendo grandezas de la bondad de Dios y de su saber y poder. Porque el ser injusto uno siempre le viene, o de saber poco o de poder menos o de ser mal inclinado; que, como se sabe, las fuentes de todo lo malo son o flaqueza o ignorancia o malicia. A esto responde Job, y en lo que responde confiésales esta primera parte, que toca a la justicia de Dios; y no solo la confiesa, mas él también la prueba y se extiende en decir maravillas de estos divinos atributos. Pero niégales lo que de ellos coligen, y persevera en defender su inocencia, y les prueba que no son pecadores todos los que Dios en esta vida castiga. En que, en suma, afirma dos cosas:

Una: No siempre castiga Dios en esta vida a los pecadores, ni son pecadores todos los que Dios en ella aflige.

Otra: Yo no he pecado de manera que merezca el mal que padezco.

Y cuando afirma esto último, aguzado del dolor y de la porfía de los que sin razón le condenan, parece alguna vez que excede en palabras, volviéndose a Dios y pidiéndole que se ponga con él a juicio y averigüe aqueste azote con él.

Por lo cual, a lo último, sale Eliú, el cuarto de los amigos, y no aprobando las razones de los primeros, condena a Job por otra razón nueva, diciendo que, a lo menos, peca en ponerse con Dios a juicio. Y así lo que pretende es probar, no que fue pecador, sino que se debe Job sujetar a Dios y callar y tener por bueno lo que hace. Y pruébalo de aquesta manera:

Las obras de Dios, y lo que pretende en lo que hace, no lo puede saber el hombre;

Luego debe con paciencia juzgar bien de lo que Dios hace, y no pedirle razón de ello.

La primera de estas dos cosas, de que la segunda necesariamente se sigue, pudo Eliú probarla con ejemplos palpables de las cosas que Dios hace, y no las entendemos los hombres; mas no la prueba por esta vía, antes, multiplicando razones impertinentes, la escurece y confunde. Y así Eliú no erró en lo principal de su intento y en lo que probar pretendía, sino en no acertar a probarlo. Por donde Dios, a la fin, se descubre, y lo primero, reprende a Eliú de que una cosa tan clara como es no penetrar el hombre las obras y los juicios de Dios, no supo probarla; y lo segundo, vuelto a Job, le prueba con razones claras lo que confundía Eliú con palabras escuras. Y así el intento de Dios es el mismo de Eliú: persuadir a Job que tenga por bueno lo que hace con él y no quiera saber por qué causa lo hace, ni pedirle cuenta a razón. Y arguye como Eliú argüía:

El hombre no puede alcanzar las obras de Dios ni sus fines;

Luego debe con paciencia juzgar bien de lo que Dios hace, y no pedirle cuenta.

Y lo primero de esto prueba Dios en su discurso por manifiesta manera, haciendo alarde de muchas cosas que traemos entre las manos, que las hace Él, y el hombre, aunque las ve, no las entiende; como son las obras naturales y ordinarias. De donde necesariamente concluye que, si no conocemos lo ordinario que Él hace, mucho menos podremos alcanzar lo extraordinario y los fines secretos que en ello sigue. Job reconoce su exceso luego, y humíllase. Y Dios, que sabía su sencillez y bondad y que había defendido con verdad su inocencia, no se enoja con él, y enójase con sus tres amigos, porque hablaron mal en tres cosas: una, que impusieron a Job que era malo; otra, que afirmaron que Dios no azota aquí sino a solos los malos; la tercera, que de estas dos mentiras quisieron quedar por justo, si quedaba Job por bueno, o si no se valiera de apoyos tan flacos y tan falsos.

Esto, pues, bien entendido, en las escuridades de este Libro dará mucha luz. El cual Libro comienza así:

Capítulo I

1. Un varón fue en la tierra de Hus, su nombre Job, y fue este varón sencillo y derecho, y temeroso de Dios y esquivador de lo malo.
2. Y naciéronle siete hijos y tres hijas.
3. Y fue su posesión siete mil ovejas, y tres mil camellos, y quinientos pares de bueyes, y quinientas asnas, y familia mucha mucho; y fue este varón grande sobre todos los hijos de Oriente.
4. Y iban sus hijos y hacían banquete en casa de cada uno su día; y enviaban y llamaban las tres hermanas suyas a comer y a beber con ellos.
5. Y era así; cuando daban su vuelta los días del banquete, enviaba Job y santificábalos, y madrugaba de mañana y alzaba ofrendas al número de todos. Porque decía Job: Si por caso pecaron mis hijos, y bendijeron a Dios en su corazón. Así hacía Job continamente.
6. Y fue un día y vinieron los hijos de Dios, y vino también Satanás entre ellos.
7. Y dijo Dios a Satanás: ¿De dónde vendrás? Y respondió Satanás a Dios, y díjole: De cercar por la tierra y de pasearme en ella.
8. Y dijo Dios a Satanás: ¿Por ventura pusiste tu corazón sobre mi siervo Job, que no como él en la tierra, varón sencillo, y recto y temeroso de Dios y esquivador de lo malo?
9. Y respondió Satanás a Dios, y dijo: ¿Por ventura de balde teme Job a Dios?
10. ¿Por ventura tú no pusiste sobre él, y sobre su casa y sobre todo lo que le pertenece a la redonda; hechuras de sus manos bendejiste, y su posesión creció en la tierra?
11. Mas empero plégate enviar tu mano, y loca en todo lo que te pertenece, sino en la cara te bendijere.
12. Y dijo Dios a Satanás: Ves; todo lo que le pertenece en tu mano; solamente no pongas tu mano en él. Y salió Satanás de delante de Dios.
13. Y fue un día; y sus hijos y sus hijas comían y bebían en uno en casa de su hermano el mayor.

14. Y un mensajero vino a, Job, y dijo: Las vacas araban y las asnas pacían junto a ellas.
15. Y sobrevino el sabeo, y tomólos; y a los mozos pasaron a cuchillo, y escapé tan solamente yo para que os lo notificase.
16. Aún éste hablaba, y viene otro y dice: Fuego de Dios cayó del cielo, y quemó las Ovejas y los mozos, y consumiólos; y escapé tan solamente yo solo para darte noticia de ello.
17. Aún éste hablaba, y vino otro y dijo: Los caldeos, hechos tres partes, acometieron a los camellos, y lleváronselos; y a los mozos pasaron a cuchillo, y escapé tan solamente yo solo para darte noticia de ello.
18. Aún éste hablaba, y vino otro y dijo: Tus hijos y tus hijas comían y bebían en casa de su hermano el mayor;
19. Y veis, un viento grande vino de la otra parte del desierto, y hirió en los cuatro cantones de la casa, y cayó sobre los mancebos y murieron; y escapé solamente yo para darte noticia de ello.
20. Y levantóse Job, y rompió su ropa y tresquiló su cabeza, y derrocóse en tierra y adoró.
21. Y dijo: Desnudo salí del vientre de mi madre, y desnudo volveré allí. Dios lo dio, Dios lo tomó. ¡Sea el nombre del Señor bendito!
22. En todo esto no pecó Job, ni se enloqueció contra Dios.

Exposición

1. Un varón fue en la tierra de Hus; su nombre Job. Algunos dijeron que ni hubo Job ni pasó en hecho de verdad esta historia, sino que es parábola ordenada por Dios y escrita por sus profetas para dechado de paciencia perfecta. Mas esto es falso y condenado y, en cierta manera, injurioso a la verdad de la divina Escritura; demás de que otros lugares y libros de ella hacen mención de la persona de Job, como el Libro de Tobías y Ezequiel y Santiago en su Epístola. Así que hubo un hombre sancto y grande amigo de Dios, llamado Job, y esto es cosa sin duda. Mas como esto es cierto, así es dudoso quién fue y de qué gentes o linaje. Lo más recibido es que fue gentil y descendiente de Esaú, y nieto de Abrahán, hombre principal y como cabeza y príncipe de su pueblo. Y es argumento de ello ser, como aquí se dice, de Hus, que es parte de Idumea, tierra habitada y gobernada por Esaú.

Pues salió Job, entre los que adoraban ídolos, adorador de Dios verdadero, y virtuoso entre los viciosos y como rosa entre espinas, gran siervo de Dios entre los enemigos de Dios. Porque Dios, para el negocio de la virtud, no excepta personas ni tiempo ni lugar ni linaje. Y al fin, Job, aunque nacido en tierra de Hus, si era descendiente de Abrahán, como decíamos, respondió a su cepa; y la fe del quinto o sexto agüelo tornó a dar su fructo en el nieto, y por eso dice: Y fue este varón sencillo y derecho, y temeroso de Dios, y esquivador de lo malo. Lo primero, le llama varón porque, como el hombre en la lengua original de este libro tenga tres diversos nombres, el de este lugar, que nosotros trasladamos varón es nombre que importa valor y que no se da a cualesquier hombres, sino a los que lo son de veras; digo, a aquellos en quien la razón manda y el sentido obedece, que es propriamente ser hombres. Y, allende de esto, luego en el principio le nombra varón, y le añade las demás virtudes y fuerzas de ánimo que tenía; porque, como bien dice Sant Gregorio, había de contar su lucha luego; y porque dice los hechos de un gran luchador, declara el vigor que para luchar tiene. Que consiste, lo primero, en que es varón, esto es, no muelle ni afeminado para la virtud, ni que se vence fácilmente; lo segundo, en que es simple, y no quiere decir en el saber, que eso no merece loor, sino en la sencillez de sus costumbres y en el pecho no doblado ni falso. Lo cual aún se entiende más de la palabra primera; porque Tham importa, no simple como quiera, sino simple y perfecto; y no es perfecto el ignorante y que no sabe, ni menos lo puede ser el que, teniendo dos caras, está dañado en el ánimo y sano en lo que muestra de fuera, y como se dice en el Psalmo: El que habla paz con su prójimo y en el corazón guarda mal. El que ablanda sus palabras, y las enmollece más que aceite, y él es una saeta enherbolada. Porque si tiene el alma dañada y sana la apariencia, ni en todo es malo ni en todo es bueno; y así el ser doblado y el ser imperfecto siempre andan juntos; y al revés, lo sencillo y lo perfecto son uno.
Así que Job era sencillo, que es decir, dentro y fuera uno mismo, y cual en el ánimo tal en el rostro; y, por consiguiente, era acabado y perfecto, porque era bueno por todas partes y en todo. Y a esto se sigue bien lo tercero que añade, y era recto, que es decir, de ánimo y de costumbres no torcidas, porque no hay cosa más natural a la sencillez que el no torcerse; que el torcer, como se ve, es una cierta manera de doblar, y es enderezar a una parte y volverse des-

pués a otra. Y como la sencillez dice unidad, así, ni más ni menos, la rectitud, porque ser recto es seguir siempre una regla y camino; y por el contrario, así lo doblado como lo torcido dicen variedad y muchedumbre, porque el torcerse es caminar a cosas diversas, y no guardar siempre un mismo tenor. Mas dice, y temeroso de Dios; lo que ha dicho de entereza, sencillez y rectitud pertenece a los buenos naturales de Job, y a la loable compostura suya con que nació y a sus inclinaciones templadas; mas esto pertenece ya a lo añadido y sobrepuesto por la virtud de la gracia; la cual, sin duda, aunque es poderosa de por sí, y aunque tiene fuerza para reducir a cualquier sujeto, por desbaratado que sea; mas cuando acontece caer en lo bien inclinado y a la razón rendido, de suyo, como semilla en campo grueso y dispuesto, hace maravillosos efectos. Y ciertamente en todo lo muy señalado en sanctidad y virtud casi de ordinario se juntó con lo gracioso lo natural; la buena disposición con que se nace, y la abundancia de la gracia del cielo; las inclinaciones virtuosas nuestras, y los dones abundantes que Dios nos influye. Por donde en el Libro de los Cantares dice Dios con gran razón del alma escogida que, si es muro, sobreedificará almenas o saeteras de plata; como diciendo que sobre los naturales, buenos y fuertes de suyo, lo que el Espíritu Santo añade, hace obra riquísima. Y así, de la misma alma, y en el mismo Libro se dice que es Luna y que es Sol. Y hase de entender que es Sol, porque es Luna; esto es, porque si tiene naturales bien dispuestos, y como hechos para recibir la claridad de la luz, como la recibe la Luna, se logrará mejor el bien que Dios por su liberalidad en ella pusiere. Que la gracia en el sujeto dispuesto se acendra y da fructo de ciento, como Cristo nos dice. Pues así Job, que era de su natural recto y sencillo, es agora por don de la gracia temeroso de Dios; que es decir, muy sancto y muy adelantado en toda virtud. Porque temer a Dios en esta Escritura, no es una virtud sola, o, como la palabra suena, solo el don del temor, sino es un cumplimiento perfecto de todo lo que Dios manda, nacido de ánimo que le desea servir, y de hecho le sirve con recato solícito y con diligente cuidado. Como en el Psalmo que dice: Bienaventurado el varón que teme al Señor, que en sus mandamientos pone mucha afición; porque esto segundo es como declaración de lo primero; como en esta manera: Bienaventurado el que teme a Dios, quiere decir, el que obra con afición lo que manda, que es lo que llamó temor. Y aun en este lugar lo que luego se sigue, que es: y esquivador de lo malo, conviene que así se entienda y que Job era esquivador de lo malo es declarar lo que había dicho, de que era temeroso de Dios, esto es, adornado de toda religión y virtud; que esquivar el mal no es una sola parte de la justicia, sino toda la justicia entera; que si se dice de la justicia, que consiste en dos cosas: apartarse de lo malo y poner en obra lo bueno, este ser esquivador de lo malo lo abraza todo y lo comprende. Porque así como es malo hacer lo que se veda, así también lo es no hacer lo que se manda. Por donde el que todo lo malo esquiva, ni hace lo que la ley prohíbe, ni deja de hacer lo que ordena; y así esquivar la maldad y temer a Dios y cumplir enteramente su Ley, significan lo mismo. Mas prosigue y dice:

2. Y naciéronle siete hijos y tres hijas. El tener hijos los hombres que les sucedan, aunque no es de las cosas que da Dios a los buenos solos, u de las que les da siempre, sino de las que por orden secreto de su providencia da a buenos y malos, a veces para su buena dicha y a veces para su desventura; mas ello en sí es cosa buena, como fin a que se ordena el matrimonio; y es consuelo de la vida, y socorro en la necesidad y amparo de la vejez y camino para la perpetuidad, y bendición y largueza de Dios. Y al bueno a quien los da siempre se los da para buena dicha suya y para testimonio de su bondad, que vive y resplandece y se adelanta después de la muerte en los hijos. Y así dice la Escritura en una parte: Que el hombre en los hijos que deja después de sí se conoce. Y en otra: Bienaventurado el varón que teme al Señor, el que emplea su afición en sus mandamientos. Su casta será poderosa en la tierra; la sucesión de los buenos será bendita. Pero al revés; los de los malos son de ordinario cuales sus padres dellos, y no tales que con los sucesos de sus desbaratadas costumbres y desventurados fines, la empeoren y entiznen, y finalmente, acaben y sepulten con perpetua ignominia. Y si da Dios hijos y sucesión a los pecadores, muchas veces es no solo para atormentarlos en la vida con sus reveses de ellos, sino también para castigarlos en ellos después de la muerte; y para que, así como los padres extendieron su maldad cuanto su vida, así la pena de ella se extienda cuanto durare su memoria en sus hijos. Así que, aunque no siempre la sucesión es premio de la virtud, pero siempre o casi siempre que Dios la da a los que son virtuosos, es para su honra y contento y regalo; y de esta manera es la de Job. Que porque había dicho de su bondad y de cuán acabado era en toda virtud, dice luego de lo que es no pre-

mio de ella, sino como añadidura de premio. Y dice que tuvo siete hijos y tres hijas; que para hijos no son pocos siete, y para hijas son hartas tres, y todos diez hacen número perfecto, como dando a entender que su buena dicha de Job en los hijos no era tanto en tener mucho, como en ser ellos perfectos y buenos. Y desciende luego a contar sus riquezas, y dice:

3. Y fue su posesión siete mil ovejas y tres mil camellos, y quinientos pares de bueyes y quinientas asnas, y familia mucha mucho; y fue este varón grande sobre todos los de Oriente. En que se dicen dos cosas: una de riqueza, y otra de buena y grande reputación con los hombres. De manera que era Job de hijos abastado, y en hacienda rico, y en opinión muy estimado. Y con ser así, era, como se dijo, sencillo y derecho, y temeroso de Dios y esquivador de lo malo, que en tanta felicidad temporal casi nunca acontece. Y así, luego que dijo de su virtud el Espíritu Santo, añadió esto a ella para mayor alabanza suya, y para mayor demostración de su punto subido y perfecto; pues que ni el amor de los hijos, que suelen tener por velo los hombres para encubrir o para hermosear su miseria, le hizo seguir la avaricia, ni el cuidado de la granjería le sumió el corazón en la tierra, ni su grande estima y reputación le desvaneció o sacó de sus quicios.

De manera que no solamente fue siervo de Dios entre los que adoraban ídolos; mas guardó su Ley pura y sencillamente entre todo lo que suele apartar de ella a los hombres. Y demás de esto, cuenta agora sus riquezas, porque ha de contar sus calamidades después, para que de lo primero se entienda la graveza de lo segundo; y para que se entienda cuán bueno era, pues, siendo tan rico, llevó con ánimo tan igual el venir a ser pobre; y no a ser pobre solamente, sino a serlo por extremo y a venir a ello no estando apercibido, ni habiéndose hecho poco a poco a ser pobre, sino en un momento y sin pensar, y hallándose en un instante desnudo de todo.

Siete mil ovejas dije que tenía, con lo demás que está dicho; que como él era puro y inocente, así su riqueza era también natural y sin pecado, toda ella del campo y de la cultura dél, y no de tratos logreros ni de mercancías revueltas, ni de pechos ni de imposiciones. Dice:

4. Y iban sus hijos y hacían banquetes en casa de cada uno su día: y enviaban y llamaban las tres hermanas suyas a comer y beber con ellos. No es reprehendido el convite moderado, ni el festejarse entre sí los amigos templada-

mente, ni menos por lo que de esto dice la Escritura aquí es alabado de Dios, como si fuese alguna señalada virtud, sino cuéntase, si no por ello, por lo que de ello se entiende, que es decir, que, si Dios había dado hijos a Job, le había dado, como dijimos, hijos que merecían ser suyos; quiero decir, hijos que eran hermanos entre sí y que vivían sin competencia, en concordia. Que como en él los hijos eran merced de Dios, así se los había dado Dios tales que le fuesen bien y merced. Porque los hijos mal hermanados tormento son de sus padres; y como la unidad de corazón en los hermanos deleita a quien los engendra, como el Psalmo lo dice, así sus diferencias y disensiones los turban y amargan. En lo cual es cosa que espanta, que con parecer natural los que nacen de un tronco ser también de un querer, no sé por qué manera casi siempre acontece que ningunos se conciertan menos que ellos, y señaladamente acontece en los que tienen padres nobles y ricos. Esto es sin duda que no es enemistad, sino rabia la que se enciende entre los hermanos, cuantas veces se enciende. Por donde, para decir Dios la buena suerte de Job, no solo dice que tenía copia de hijos, sino de hijos conformes y que así se amaban que, con ser muchos, eran en la voluntad como uno. Y no solamente lo dice para declararnos su dicha, sino también para darnos a conocer la buena manera como los había criado y enseñado Job desde niños. Que a la verdad, los males de los hijos las más veces nacen como de raíz de sus padres; y el descuido de ellos, y muchas veces su mal ejemplo, es el que más los daña y corrompe, porque es ejemplo doméstico, y que le tienen delante siempre, y ejemplo de autoridad y que atrae a sí, no solamente por lo pegajoso y atractivo que todo lo malo tiene, sino también por la particular fuerza que cobra de serles tan cercano y vecino; y no solo porque es dulce el vicio, sino también porque le es natural al hijo seguir a su padre, y porque es vicio de herencia. Así que tienen malos hijos los que son malos padres; y Job los tenía buenos, porque él era buen padre; y sabémoslo, porque eran conformes, que era como obra nacida de las manos y cuidado de Job. Y también por lo que luego se dice, que es:

5. Y era así que, cuando daban vuelta los días del banquete, enviaba Job y santificábalos, y madrugaba de mañana y alzaba ofrendas según el número de todos. Porque decía Job: Si por acaso pecaron mis hijos y bendijeron a Dios en su corazón. Así hacía Job continuamente. Que bien se conoce quien tenía este

cuidado de poner luego medicina a sus faltas y desenojarles a Dios, que no se había descuidado en enseñarles con avisos y ejemplos que viviesen sin culpa. Dice, pues, que madrugaban, para decir la diligencia con que acudía a Dios por sus hijos; y que ofrecía por cada uno su sacrificio, para decir que era igual con todos; y dice que hacía esto principalmente cuando precedía banquete, porque le es vecino al convite el pecado; que, como se pecó la primera vez por comer, así casi siempre en el comer y en el beber de los banquetes se peca. Y el corazón humano, por una parte engolosinado con el sabor del manjar, y por otra parte distraído de sí, y como sacado afuera con la abundancia y la sobra, y encendido con el vino y metido en placer, y con esto y con la risa y conversación, lanzado en el gusto de estos bienes sensibles, dentro de sí se abraza y se casa o amanceba con ellos; y viene, veces hay, a decir en sí mismo: Esto bueno es, apacible, suave; déjenoslo Dios, y él estése en el cielo. Y en esta manera, como preciando a Dios, le desconoce, y como conociéndole, le desconoce, y con dejarle su bienaventuranza y grandeza, calladamente se ríe de ella y le antepone la suya. Y por esto dice: Si pecaron mis hijos, y bendijeron a Dios en su corazón; esto es, si por caso alegres y contentos dijeron: Téngase Dios su gloria, que a nosotros esto nos basta. Si no queremos decir lo que de ordinario se dice, que bendecir aquí es maldecir, y que se dice al revés porque el vocablo de maldecir a Dios ofende mucho al oído. Mas a la verdad, el alegría y placer del banquete no induce a maldecir a Dios, sino a olvidarse de los bienes de Dios, y, alabándole, darle de mano en la manera que dicho tengo; que, para el maldecirle lo que suele ser ocasión la tristeza es y la congoja que de los desastres sucede. Hasta aquí son las cualidades de Job, así en la virtud de su persona como en su reputación y hijos y hacienda. Lo que se sigue pertenece a la calamidad e infortunio, y dice así:

6. Y fue un día, vinieron los hijos de Dios a asistir a Dios, y vino también Satanás entre ellos.

7. Y dijo Dios a Satanás: ¿De dónde vendrás? Y respondió Satanás a Dios, y díjole: De cercar por la tierra y de pasearme en ella. No asisten un día y otro no delante de Dios los ángeles, ni tienen sus días señalados ni sus tiempos de cortes, porque todos los días y todos los tiempos le están presentes y sirviendo; ni menos Satanás, después de echado del cielo, torna a tiempos a él, ni ve la cara de Dios, que a todos los que la ven los hace bienaventurados, en

viéndola; mas dícese esto así por una de dos razones: o porque se suele hacer así en las cortes de los reyes, cuando de algo se consulta, y Dios, para que le entendamos los hombres, nos habla en su Sancta Escritura conforme a lo que usamos y más entendemos los hombres; o de otra manera, píntase así porque lo vio así el profeta que este Libro escribió, en la visión que dél tuvo por imágenes y figuras que se le pusieron en la imaginación o en los ojos, como Daniel y Sant Juan vieron las imágenes de lo que dejaron escrito; y como Esaías dice haber visto a Dios sentado en un trono, y junto a él cuatro animales y ruedas; y como del profeta Miqueas se escribe en los Reyes que se le representó Dios cercado de sus Espíritus y consultando con ellos quién tomaría a su cargo el engaño de Acab. Las cuales figuras, en realidad de verdad o con la fantasía o con los ojos las ven los profetas; y son ellas imágenes que tienen su ser, pero no el mismo que representan, ni son ello mismo, sino figuras suyas hechas por Dios y que, en lo que significan, son conformes al hecho de la verdad, y en la manera como lo significan se ajustan y proporcionan con nuestro entender. Porque no hay duda, sino que en este hecho y acontecimiento de Job, según la verdad, Dios fue quien ordenó que se hiciese, porque en ninguna manera se hiciera sin su querer y licencia; y el demonio fue el ejecutor por orden de Dios. Y es de creer que el demonio, según su juicio, estimaba en poco la virtud de este hombre, pareciéndole que por el bien que Dios le hacía, le amaba y servía; y es verosímil que, por ocasión de este falso pensamiento y juicio, se movió Dios a entregar los bienes de Job a ese mismo, que por causa de ellos juzgaba mal dél, y así hacer prueba clara de su virtud, no para sí, a quien todo le es claro, sino para ejemplo nuestro y para gloria suya, y para desengaño y confusión del demonio; pues todo esto que es el engaño del demonio y de muchos otros, que por caso pensarían lo mismo con menoscabo de la honra de Dios. Así que el engaño del demonio, el querer Dios sacar de duda la virtud de su siervo, el dar al mal juzgador que fuese el examinador de su engañado juicio, el aceptar este oficio él y el ponerlo por obra, todo esto que pasó en la verdad, por darlo a conocer Dios al profeta, figúraselo en la forma que aconteciera, si se tratara de unos hombres a otros; y figúraselo así y por tan artificiosa y apacible manera, que ni encubre la verdad ni traspasa sus términos ni saca nuestro entender de su costumbre y estilo, antes le deleita y aficiona, porque le hace ver en las figuras y formas que él usa lo que es sobre todo cuanto se usa. Que el representar a Dios como asentado en un trono, y los ángeles, así los buenos como los malos, delante de Él, responde con la verdad del estar presentes todas las cosas a Dios, que es Emperador sobre todo. Y el figurar que pregunta Dios al demonio y que le vuelve respuesta, dice con la verdad de lo que él se imaginaba y pensaba, y con la voluntad que tuvo Dios de sacar a luz este engaño. Y ansimismo el parecer que entrega Dios a Satanás la salud y los bienes de Job, consuena con la licencia que por orden de su providencia le dio para herirle y tentarle. Y todo aquesto que nunca pasó en el hecho, como aquí se figuró en la imaginación del profeta, pasó en el hecho conforme a lo que significa esta imagen.

Pues dice así: Y fue un día, porque, aunque Dios desde su eternidad determina las cosas, da a cada una de ellas su día. Y vinieron los hijos de Dios; así llama aquí la Escritura los ángeles. Y vino también Satanás entre ellos. Satanás es el demonio, porque tiene oficio de acusador y calumniador; y Satanás quiere decir el que acusa o calumnia. Y porque en el caso de este Libro usó de este oficio el demonio, por eso le dan aquí este nombre. Y es mucho de considerar que, aunque pudiera Dios hacer prueba de Job sin tomar ocasión de otra cosa y sin usar de color ni rodeo, mas porque es proprio de su poder y saber gobernar con dulzura, que es ir al fin que se pretende por los medios que Él pide, por eso dispuso que la sospecha mala del demonio, como pareciendo delante de Él, fuese a manera de acusador para Job y le solicitase a la prueba, y que hubiese esta causa tan colorada y tan justa, para lo que Él pudiera aun sin ella hacer justamente; y quiso que el mal juicio y deseo de Satanás contra Job sacase su virtud de cuestión y juicio, y que la esclareciese. Y así dice: Y dijo Dios a Satanás: ¿De dónde vendrás? Así dice el original, y tiene en aquella lengua, como en la nuestra, esta manera de hablar una significación de desprecio y de no buena sospecha que se tiene de aquel a quien se pregunta. Solemos decir a los que tenemos por traviesos o por de mal ánimo, o que andan en no buenos pasos, cuando se nos ponen delante. Pues él, ¿de dó vendrá agora?, como diciéndole: ¿Hay algo aquí que enredar, o viene de hacer de las suyas? Pues así dice y pregunta a Satanás Dios: ¿De dónde vendrás? Que fue decirle: vendrás tú agora de hacer lo que sueles. ¿Qué malicia tuya o qué pensamiento dañado te trae? A lo cual Satanás dice: De cercar por la tierra y de pasearme por ella.

Tenía el demonio entonces particular mando en la tierra, y así habla de ella como de su posesión, en que se espacia y pasea como señor y dueño, y, a la verdad, el lugar de su ocupación y ejercicio fue siempre la tierra, según la maldición antigua que le condenó a comer tierra; y en la tierra misma se ve que la rodea y la cerca el demonio, porque adondequiera que volvemos los ojos hallamos su huella, en unas partes de guerras, y en otras de muertes, y en otras de enojos, y en otras de vicios torpísimos. Así que todo lo cerca, porque siembra su ponzoña por todo. Y aun lo que decimos cercar, en su palabra original quiere también decir inquirir y visitar, o cercar inquiriendo, como lo hace el que con mando y jurisdicción inquiere y pesquisa; que si el demonio es acusador y calumniador, como de hecho lo es y se nombra, conviene que también sea inquiridor y como juez de pesquisa. Mas veamos lo que se sigue: 8. Y dijo Dios a Satanás: ¿Por ventura pusiste tu corazón sobre mi siervo Job, que no como él en la tierra, varón sencillo y recto y temeroso de Dios y esquivador de lo malo? Poner el corazón sobre una cosa es mirar en ella con atención, en la lengua en que se compuso este Libro. Pues pregúntale Dios si lo ha paseado todo, como dice, si echó de ver las virtudes de Job y las ventajas conocidas que a todos en ellas hace. ¿Has visto, dice, a mi siervo Job, que no hay quien le iguale en la tierra? Maravilla grande es que Dios haga tanto caso de un siervo que tiene, hablando con el demonio, que tenía entonces a todo el mundo y a casi todos los hombres por suyos, y que, según parece, oponga este uno a todos los que al demonio servían, y se precie y honre Dios dél más que de toda su gente el demonio. ¿Pusiste, dice, tu corazón en mi siervo Job? Como si con más palabras dijera: ¿Vale tanto cuanto te sirve como este uno que es mío? ¿Has echado de ver cuánto mejor soy servido de éste que tú lo eres de cuantos engañas? ¿No miras que por más que cerques la tierra y por más que de ella te apoderes, al fin hay en ella una semejante virtud? Y verdaderamente es así, que no se deleita tanto el demonio con la perdición de muchos que le sirven de pecado, cuanto se lastima con la virtud excelente de un bueno; y, por el contrario, es a Dios tan agradable y de tanta estima en sus ojos una extraordinaria virtud, que se tiene por más servido con ella sola en un justo, que de servido con la maldad y vicios de muchos injustos. Y así sufre pecadores innumerables por sacar a luz uno que no lo sea; y por los justos y escogidos que son pocos, comparados a lo que se pierden, cría sabia y debidamente Dios innumerable muchedumbre de los que se han de perder. ¿Viste, dice, a mi siervo Job? Y con razón hace Dios como maravilla de uno bueno, porque el ser bueno el hombre es caminar a lo alto y vivir como se vive en el cielo; y un hombre que es tierra y de suyo inclinado a la tierra, ser bueno es ir al revés de lo que es, y, venciendo su natural, volar lo pesado a lo alto. Y como no sería maravilla ninguna si de la cumbre de un monte viniesen hasta la falda de él muchas piedras cayendo, mas si una sola desde la raíz subiese a la cumbre, sería con razón maravilla; así que pequen muchos y que sirvan al demonio muchos no es cosa de espanto, porque es hacer lo que son y seguir la dañada inclinación de su origen; mas que haya uno o algunos que braceen contra la corriente del agua y que siendo tierra caminen al cielo, es digno de admiración, uno solo que sea. Y así el demonio no respondió a Dios, consolándose con los muchos otros que de su parte tenía, ni le dijo que, si Job era bueno, era uno solo; sino como quien conocía bien lo mucho que lo bueno vale, aunque en solo uno se halle, quiso mostrar que no lo era Job como a Dios parecía, y así escriben que dijo:

9. Y respondió Satanás a Dios, y dijo: ¿Por ventura de balde teme Job a Dios? Que es como si más claro dijera: Señor, si es bueno no lo es de suyo, sino por el interés que de ello saca; si es bueno, bien se lo pagáis porque lo sea. Traéisle sobre las palmas; hacéis que todo le suceda a su gusto; ¿qué mucho que os sirva, pues Vos de contino le servís a él? Y así, en serviros a Vos, se sirve a sí y hace su hecho. Y esto es lo que añade:

10. ¿Por ventura tú no pusiste sobre él y sobre su casa y sobre todo lo que le pertenece a la redonda? Pusiste, dice, sobre él, conviene a saber, tu guarda y amparo; y como en atalaya, así estás siempre velando por él. Y declárase luego más, y prosigue: Hechuras de sus manos bendejiste, y su posesión creció en la tierra. Y añade:

11. Mas empero plégate enviar tu mano, y toca en todo lo que le pertenece, sino en la cara te bendijere. Dice: mas pruébale enviando sobre él tu azote, y si entonces abiertamente no se volviere contra ti, di entonces que es bueno. Mas ¿cómo no acusará delante de Dios el demonio la culpa, pues aun calumnia la virtud? Duro acusador es sin duda ninguna; mas cuando él es más agudo y solícito malintencionado, tanto nos obliga más a velar, como dice Sant Pedro:

Hermanos, estad en vos y velad, porque vuestro adversario el demonio, como león bramador, cerca buscando a quien trague. Plégate, dice, enviar tu mano sobre él. Consuela, como de aquí se entiende, lo poco que el demonio puede sin licencia de Dios. Tu mano, dice; veces hay, cuando enviar su mano Dios hace significación de favor, como en el Psalmo: Envió su mano, y libróme y sacóme afuera de un piélago; mas aquí dice azote y castigo, y la palabra que se sigue lo declara mejor; porque lo que decimos tócale en todo lo que le pertenece, según la palabra original, es un tocar con aspereza, y como un tocar azotando e hiriendo. Síguese:

12. Y dijo Dios a Satanás: Ves; todo lo que le pertenece en tu mano; solamente no pongas tu mano en él. Y salió Satanás de delante de Dios. No quedara bien confuso ni bien castigado el demonio si no se le cometiera a él la ejecución de lo que sospechaba y quería. Y así, aunque pidió a Dios que le tocase él con su mano, Dios le comete que le toque él con la suya para que así quede satisfecho; que Dios como amigo de Job no usó de blandura; y para que, haciendo él cuanto pudiese, si quedase después vencido, como de hecho quedó, quedase desesperado y rabiase de su flaqueza y de la fortaleza de Job, y de ver que le había honrado con su malicia, pretendiendo dañarle.

Ves, dice, todo lo que le pertenece en tu mano; como diciendo: Pues así lo piensas y dices, y el ser Job tan siervo mío lo atribuyes a mi favor y a los muchos bienes que tiene, yo pongo toda su hacienda en tu mano: no toques a su persona; del resto haz a tu gusto. Y es de considerar que no le dice Dios que le quite o que le desminuya o que le asuele la hacienda, sino dice que le pone en su mano, como cierto que, según su ingenio dañado y perversa voluntad, ponerlo en su mano y asolarlo es lo mismo; que nunca tales manos dieron buen cobro de lo que en ellas se puso. Y viose su sed de hacer mal en su diligencia, que dice: Y salió Satanás de delante de Dios; que es decir, y luego al mismo punto, sin decir ni replicar más, salió a su comisión deseoso. Y dice que salió de delante de Dios, a quien todas las cosas le son siempre presentes, porque iba a hacer mal; el cual, cuando es de pena, es ajeno de lo que Dios primera y derechamente apetece; y cuando es de culpa, es ajeno dél totalmente; y si se hace en su vista, porque lo ve para darle castigo, no se hace en su vista porque no lo conoce por suyo, ni lo favorece ni aprueba. Satanás se aleja de Dios para azotar a Job, que no era hecho malo, según que

Dios lo ordenaba; y algunos se meten a Dios y se visten de su religión, para ser su estrago de ella y su azote. Pero mejor será seguir nuestro intento. Dice:

13. Y fue un día, y sus hijos y sus hijas comían y bebían en uno en casa de su hermano mayor:

14. Y un mensajero vino a Job, y díjole: Las vacas araban y las asnas pacían junto a ellas:

15. Y cayó el sabeo, y tomólas; y a los mozos pasaron a cuchillo, y escapéme tan solamente yo solo, para que os diese noticia de ello.

16. Aún éste hablaba, y viene otro y dice: Fuego de Dios cayó del cielo, y quemó las ovejas y los mozos, y consumiólos; y escapé tan solamente yo solo para dar noticia de ello.

17. Aún éste hablaba, y vino otro, y dijo: Los caldeos hechos tres partes acometieron a los camellos y lleváronlos, y a los mozos pasaron a cuchillo; y escapé tan solamente yo solo para darte noticia de ello.

18. Aún éste hablaba, y vino otro, y dijo: Tus hijos y tus hijas comían y bebían vino en casa de su hermano el mayor:

19. Y veis; un viento grande vino de hacia el desierto, e hirió en los cuatro cantones de la casa, y cayó sobre los mancebos y murieron, y escapé yo solo para darte noticia de ello. Este es el primer azote que recibió Job por voluntad de Dios y por mano del demonio, que no solo le quitó cuanto pudo, sino quitóselo todo junto en un día, y por la más cruel manera asolándolo. De arte que por dondequiera que este azote se mire es muy grande: grande, porque llevó todos los hijos y hacienda; grande, porque lo llevó todo junto y como en un punto; grande, porque ni llevó a los hijos captivos, ni a la hacienda en manera que se esperase cobrarla, sino dando muerte a los unos y abrasando a los otros, y consumiendo y asolándolo todo. Y lo que fue muy de sentir que, aunque vino en un día, pudiera venir en mucho a la noticia de Job, y pudieran esperar que una llaga se curase antes que la otra viniese y que con un suceso adverso hiciese poco a poco el ánimo a sentir menos los otros. Mas la rabia enemiga y la crueldad del demonio todo lo hizo junto, y todo se lo puso junto delante y como de un tropel y sin dejarle respirar para más ahogarle. El uno dice los bueyes; el otro luego, las ovejas quemadas; el otro, los camellos robados; el otro, los hijos muertos, y todos, la familia pasada a cuchillo, para que, viéndose caer, y no por escalones, sino de un golpe, la graveza dél le

despedazase el juicio y el ánimo, y, rendido a la desventura y vencido della, blasfemase de Dios. Y aun para su mayor aflicción ordenó con aviso particular el demonio que parte de su hacienda la acabase el cuchillo, y parte el fuego del cielo, y parte el robo, y parte la violencia del viento; y hizo que en el campo pereciese lo uno, y en la ciudad, y en su propria casa, y en el tiempo de la seguridad y regocijo y banquete se arruinase lo otro, para que, representándosele todo contrario, el campo y el poblado, lo solo y la muchedumbre, los vecinos y los más alejados, la tierra y el hierro y el cielo, y considerando que adondequiera y por dondequiera la calamidad le hallaba, se tuviese por aborrecido, y, desierto de toda buena esperanza, se entregase al despecho. Mas ¿qué no puede sufrir o qué no puede vencer la virtud verdadera? Dice:
20. Y levantóse Job y rompió su ropa; y tresquiló su cabeza y derrocóse en tierra, y adoró.
21. Y dijo: Desnudo salí del vientre de mi madre, y desnudo volveré allí. Dios lo dio y Dios lo tomó. ¡Sea el nombre del Señor bendito!
22. En todo esto no pecó Job, ni se enloqueció contra Dios. Si Job no hiciera significación de dolor en desastres tan grandes, su paciencia no lo pareciera; porque pudieran decir que, de enajenado, no sentía y no que de esforzado sufría. Lo fino de su valor estuvo en que sintiese, y que, sintiendo, no se dejase vencer, sobrepujado del justo y amargo sentido. Y por eso dice que rompió su monjil y tresquiló su cabeza, que eran en aquel tiempo demostraciones de duelo; que es decir, que conoció bien la adversidad de su fortuna y la grandeza del mal que le sobrevino, y que así lo sintió y demostró por las señales de fuera; mas que, si le traspasó el alma el dolor, pudo más el valor de su ánimo, y que, derrocado de su prosperidad y herido, el dolor no le levantó contra Dios; antes la virtud derrocó al sentimiento por tierra, y domó el coraje que la desventura enciende en el alma, y a ella y al cuerpo los postró y humilló.
Pues postrado y adorando a Dios, dijo: Desnudo nací del vientre de mi madre y desnudo tornaré allí. Dios lo dio y Dios lo tomó. ¡Sea su nombre bendito! En las razones con que se conhorta y consuela muestra bien su igualdad. Desnudo, dice, salí del vientre de mi madre. Poco apegado tenía el corazón a los bienes el que se desnudó de ellos tan presto. Bien se conoce que era Job de aquellos pocos que desea el Sabio, y de quien dice: Bienaventurado el

varón que no se fue en pos del oro, ni fió en el tesoro. ¿Quién tal? Y diremos que obró maravillas.

Desnudo nací. Encierra en sí aquesta razón mil razones eficaces y ciertas; lo uno, porque quien nació desnudo, hecho ha de tener el ánimo para hallarse desnudo, que ninguna cosa nos es más natural que lo con que nacemos. Así que es propria del hombre la desnudez, y de su nacimiento le viene. Lo otro, porque, si al nacer de esta vida tan necesitada de abrigo venimos desnudos, no es mucho que, al salir de ella o cuando nos acercamos al fin así del vivir como de la necesidad de los bienes con que se vive, nos hallemos desnudos. Desnudo, dice, nací del vientre de mi madre, que me engendró, y desnudo volveré al vientre de la tierra, que es también nuestra madre. Y pues nací desnudo, no me extraño de verme desnudo; y pues a la vida desabrigada vine sin ropa, sin ella podré pasar en su fin y remate. Más fácil es morir pobre que vivir pobre. Demás de que Dios, dice, lo dio y Dios lo tomó, que es otra y segunda razón llena de filosofía del cielo. Porque, según la verdad, estos bienes de fuera y todos los que no están en la mano del hombre no son bienes proprios del hombre, cosas son advenedizas, y que tienen otro Señor que las da o las quita; y ni el tenerlas nos hace ricos, porque no son nuestros bienes, ni el carecer dellas pobres, por la misma razón, y así es contra ella, que se duela nadie, si carece o porque carece de lo que no se le debe ni es suyo. Dios los reparte y da por el tiempo que quiere, y así el prestarlos es gracia, y si los torna a pedir es derecho; y como le debemos gracias por lo primero, así dolernos de lo segundo no es justo.

Él lo dio y Él lo tomó, y en lo uno usó de misericordia, y en lo otro de su señorío, y en todo hace siempre lo que conviene; y así sea siempre, y por todo bendito.

Esto dijo Job, y por ello dice dél la Escritura que no pecó, aunque más lastimado, ni se enloqueció contra Dios. Y dice bien enloquecer, porque la rabia con que el pecador castigado por Dios se vuelve contra Dios, habiéndose de volver contra sí, desatino es y manifiesta locura. Bien se maravilla de esto el falso Júpiter acerca del poeta griego, do dice:

> Maravilla es de ver cómo la gente
> mortal a Dios acusa, y de sus daños

por causa pone al cielo solamente.
Ellos se son su lazo y sus engaños;
y el no seguir la ley que les es dada,
su vida contamina y dulces años.

Y mejor nuestro Sabio: Atraviésale el pie al hombre, y derruécale su maldad; y él brama contra Dios en su ánimo.

Capítulo II
1. Y fue un día, y vinieron los hijos de Dios a asistir delante de Dios, y vino también Satanás entre ellos a asistir delante de Dios.
2. Y dijo Dios a Satanás: ¿Pues de dónde vendrás? Y respondió Satanás a Dios: De cercar en la tierra y de pasearme por ella.
3. Y dijo Dios a Satanás: ¿Por dicha pusiste tu corazón sobre mi siervo Job, que no como él en la tierra, varón simple y derecho y temeroso de Dios y esquivador de maldad, y aun agora asido a su bondad? Incitásteme contra él para afligirle de balde.
4. Y respondió Satanás a Dios y dijo: Pellejo por pellejo, y todo lo que es al hombre dará por su alma.
5. Plégate enviar tu mano, y tócale en el hueso y en la carne; sino en la cara te bendijere.
6. Y dijo Dios a Satanás.- Vesle en tus manos; solamente guarda su alma.
7. Y salió Satanás de delante de Dios, y plagó a Job con postemas malignas desde la planta de sus pies hasta su colodrillo.
8. Y tomó una costra de tierra para raerse con ella; y él sentado en medio del polvo.
9. Y díjole su mujer: ¿Hasta cuándo tú asido de tu bondad? Bendecir a Dios y morir.
10. Y díjole a ella: Como una de las tontas parlantes. También el bien recibimos de Dios; ¿y el mal no lo recibiremos? En todo esto no pecó Job en sus labios.
11. Y oyeron tres amigos de Job toda esta calamidad que vino sobre él, y vinieron cada uno de su lugar. Elifaz, el temanés, y Bildad, el de Suhi, y Ofar, el nagmatés. Y juntáronse juntos para venir a visitarle y a consolarle.

12. Y alzaron los ojos de lueñe, y no le conocieron; y levantaron su grito y lloraron y rasgaron cada uno su vestidura, y esparcieron polvo sobre sus cabezas hacia el cielo.
13. Y sentáronse con él en el suelo por siete días y siete noches, y no hubo quién le hablase palabra; que vieron que grande mucho su dolor.

Exposición

1. Y fue un día, y vinieron los hijos de Dios a asistir delante de Él, y vino también Satanás entre ellos a asistir delante de Dios.
2. Y dijo Dios a Satanás: ¿Pues de dónde vendrás? Y respondió Satanás a Dios: De cercar en la tierra y de pasearme por ella. Hácese otra y segunda consulta, y aparécele al profeta que se hace, así para luz suya como para mayor entendimiento y gusto nuestro. Pues tornan en ella a aparecer los ángeles ante Dios, y con ellos también Satanás, a quien Dios pregunta otra vez, y él le torna a responder casi en la misma forma de arriba. Lo que de nuevo hubo es lo que agora se sigue:
3. Y dijo Dios a Satanás: ¿Por dicha pusiste tu corazón sobre mi siervo Job, que no como él en la tierra, varón simple y derecho y temeroso de Dios y esquivador de maldad, y aun agora asido de su bondad? Y incitásteme tú contra él para afligirle de balde. Que fue decir Dios al demonio: hízose la prueba que pediste, y el suceso ha mostrado que tu imaginación era falsa. Desnudástele de todo, y cuanto tú le quitaste más, tanto él está más asido a su bondad. Bien se ve que no colgaba de la riqueza, pues, ida la riqueza, la abraza, y, pobre, es rico con ella. Entrañada estaba en él y embebida en las venas; y aunque le has, dice, desasido de lo demás, no has podido desasirle de su bondad. Lo que decimos asido, en la palabra original es asir y aprehender esforzadamente; y dice no solo allegamiento a aquello que se ase, sino fortaleza y firmeza en ello. Por manera que Job no estaba asido a su virtud con duda y flaqueza, sino con pecho valiente y con propósito esforzado y cierto, para no apartarse de ella por ningún suceso próspero, ni por ningún adverso caso que le avenga y suceda.

Mas tú, dice, me incitaste contra él de balde. De balde, dice, respecto del fin que el demonio pretendía, y de su imaginación y esperanza, que salió en vacío y burlada; que, en orden de lo que Dios pretendió en este azote y licencia, que fue esclarecer la virtud de su siervo y hacer prueba de su bondad y mostrar que no le servía por interés, y que era mayor que toda la desventura y desastres, no fue de balde este hecho, ni sucedió al revés ni en otra manera diferente de lo que Dios pretendía. Mas dice:

4. Y respondió Satanás a Dios, y dijo: Pellejo por pellejo, y todo lo que el hombre tiene dará por su alma. No se vence la malicia de una vez, a lo menos no quiere mostrarse vencida, para quedar después más confusa; y así halló todavía qué maliciar y qué argumentar el demonio. Pues dice en sentencia, que no es maravilla que persevere Job en ser bueno, aunque se vea caído y puesto en pobreza y miseria, porque hombres hay que, como tengan salud y fuerzas, llevan bien cualquier suceso duro y adverso. Así que la igualdad con que pasa Job por sus pérdidas, puede nacer en él no tanto de la virtud que Dios dice, cuanto de un natural suyo apocado y que con vivir sano pasa bien como quiera. Pellejo, dice, por pellejo. Manera de hablar es de la lengua en que se escribió este Libro al principio, y es manera no muy conocida, y así no declarada de un arte. Pellejo por pellejo dará, esto es, según dicen algunos, un pellejo y otro pellejo, esto es, todos sus pellejos; que es decir, cuanto tiene y posee dará por bien perdido por quedar con la vida. Otros dicen así: Un pellejo dará por otro pellejo, esto es, con la hacienda comprará la vida, y se tendrá por contento; y luego lo declara, diciendo: Y todo lo que tiene el hombre dará por el alma, que aquí significa la vida. Mas esto no sé si dice con lo que aquí quiere el demonio. Por donde podríamos traducirlo de aquesta manera: Pellejo en cuanto pellejo, y todo lo que el hombre tiene en cuanto la vida. Como diciendo: llevará el hombre con buen ánimo el perder el pellejo, esto es, su riqueza y hacienda, que con razón es pellejo, pues le rodea y abriga; en cuanto el pellejo, esto es, en cuanto le durare el pellejo, quiero decir, como el otro pellejo, que es la salud y la vida, le quede entero y sano. Y lo que dijo por figura y rodeo en esta parte primera, declárelo luego en la segunda sin él y con palabras sencillas, y dice: Y todo lo que el hombre tiene dará en cuanto su vida. Como si más claro dijera: En lo que digo de pellejo en cuanto pellejo quiero decir que el hombre, aunque pierda lo que tiene, lo pasa mientras queda con salud y le duran las fuerzas. Y con esto viene bien lo que añade, que es:

5. Envía tu mano, y tócale en la carne y en los huesos, y, si no blasfemare de ti, entonces podrás decir que me engaño. Tócale, esto es, tocando hiérele; en la carne y en los huesos, esto es, en la salud, quitándosela, y no como quiera, sino de manera que la carne le lacere y los huesos lo sientan; quiero decir, de arte que el daño y el dolor le penetre a los huesos. Dice:

6. Y dijo Dios a Satanás: Vesle en tus manos; solamente guarda su alma. Esto es, yo te doy licencia que le maltrates a tu voluntad, y que le llagues y enfermes; pero de manera que no le mates. Su alma, esto es, su vida te reservo, en que no consiento que toques; la salud te entrego para que hagas prueba de tus fuerzas en ella.

7. Y salió Satanás de con Dios y plagó a Job con postemas malignas desde la planta de sus pies hasta su colodrillo. Nunca pone en olvido el hacer mal el demonio; luego que se ve con poder lo pone en obra. De creer es que esta plaga de Job fue gravísima plaga, así por ser autor de ella el demonio, que es amigo de hacer lo peor, como por el enojo y envidia que le despertaba a llagarle, como también por el fin que pretendía en ello, que era traerle a impaciencia y mostrar con ella que era apariencia de virtud, como él decía, y no virtud verdadera, como Dios afirmaba.

Así que, sin duda, fue gravísimo mal el de Job. Y aunque algunos han querido señalar qué sería, no parece que se puede saber; y si algún camino hay para ello, es la palabra original en lugar de lo que dijimos postemas, que es sechin, porque a la verdad sechin son secas, como el castellano las llama, que es palabra que desciende de aquélla, y como se conoce de lo que en Esaías y en el cuarto Libro de los Reyes se dice de la enfermedad de Ezechías, adonde está escrita esta misma; que por lo que allí se dice y por la medicina con que el rey se curó, y por las ocasiones y las circunstancias del tiempo parece claro sechin ser secas o landres. Porque Ezechías enfermó poco después de la mortandad que sobre los asirios vino una noche; y como Josefo dice, aquella mortandad fueron landres, con que una noche murieron más de cien mil personas. Y así es verosímil que del aire corrompido Ezechías se inficionó de la misma manera, y por esto fue mortal su enfermedad y desesperada, como escribe Esaías; y la medicina con que él le sanó, que fue masa de higos, es medicina que se aplica a las postemas y secas, como lo enseñan los médicos.

Así que no se debe dudar sino que sechin es enfermedad de landres y secas; y que, como son en diferentes maneras, estas de Job fueron dolorosísimas y pestilencialísimas secas, y por eso dice el texto que le hirió con secas y postemas malignas. Y como quien sabía la fuerza mala de las enfermedades y males, escogió el demonio para atormentar más luengamente a Job y para traerle a impaciencia, entre todos, aqueste mal, como de mayor eficacia. Porque, si bien se mira, encierra en sí todo lo que en las enfermedades suele ser de dolor y trabajo. Porque muchas secas malignas y muy enconadas son clavos agudos de dolor increíble, que por sí y por la mala cualidad del humor enciende fiebres ardientes. Y cuando después se abren y rompen las llagas, hacen asco, y la materia, suciedad y hedor; y si cuando unas maduran, otras comienzan a reverdecer, como a Job sucedía, júntanse en uno asco, suciedad, hedor, dolor y fiebre continua. A los cuales males, como accidentes proprios, se le siguen otros cien mil males de vigilia; y así dice Job, que se le pasaban las noches sin sueño; y de hastío, y así dice, que aborrecía el comer; y de falta de aliento y estrecheza en el respirar y apretamiento de la garganta, y así pide también a Dios que le deje tragar su saliva. Y todo esto iba templado por una manera que le atormentaba y no le acababa, que fuera más ligero tormento; de lo cual él después se queja agramente. Y todo este mal tan doloroso y tan fiero, que parece que no puede crecer, crece incomparablemente con la pobreza extrema que se junta con él. Porque ni tuvo el remedio de la medicina, ni el alivio del regalo, ni el consuelo del servicio, ni el descanso de la cama, ni el abrigo del techo, que los enfermos tener suelen; sino la cama fue el polvo, y la medicina una teja, y el servicio los baldones de su mujer. Y así dice:

8. Y tomóse una teja para raerse con ella, y él sentado en medio del polvo.
9. Y díjole su mujer: ¿Hasta cuándo tú agarrado de tu bondad? Bendecir a Dios, y morir. Esto es, da de mano a Dios, y acaba y ahógate. Que como era culpa en la mujer hablar así con su marido afligido, y como era inhumanidad tanto más fea cuanto estaba obligada a ser más piadosa, así se debe creer que le afligió más esto a Job que cuanto mal padecía; y que de las saetas que le enviaba el demonio, fue ésta una de las más penetrantes, y el toque mayor de la virtud de este sancto. Y así, fortalecido con ella y más firme que roca, con respuesta grave y verdadera la reprehende, diciendo:

10. Y dijo a ella: Como hablan las tontas has hablado. También el bien recibimos de Dios, ¿y el mal no lo recibiremos? En todo esto no pecó Job en sus labios. Repréhendela, y dale doctrina. Y la reprehensión es: Como hablan las tontas has hablado; o al pie de la letra: Parlar de tontas parlaste. Y digo parlar porque la palabra original, según la fuerza de su orden y puntos, es hablar no como quiera, sino hablar mucho o como si dijésemos rehablar; que viene muy bien para lo que se habla sin atención y sin tiento, y para lo que ni la razón lo mide ni la consideración lo modera. Porque todo lo que así se habla, aunque parezca poco y aunque en palabras lo sea, es demasiado y muy largo; y el hablar sin considerar, siempre es mucho hablar.

Así que la reprehensión es ésta; y la razón de ella y la doctrina que dije es lo que luego se sigue: También el bien recibimos de Dios; ¿y el mal no le recibiremos? Que es como decir, si Dios agora nos azota, también nos favoreció en otro tiempo; y si recibimos aquello, ¿por qué no pasaremos por esto? O de otra manera: así que recibiremos el bien de la mano de Dios, y para eso extenderemos los brazos y el deseo; ¿y el mal no lo recibiremos? No es eso, dice, razón ni justicia; porque el bien no se nos debe, y el mal nos conviene para castigo o remedio. Luego si estamos alegres, cuando nos reparte Dios lo de que somos indignos, sin razón es mostrarnos enojados y tristes si nos quita lo que no se nos debe y nos da lo que nos viene de suelo. Que al hombre, como después se dice, el trabajo le es propio como al ave el vuelo o como las centellas al fuego.

Y no está la buena dicha del hombre en ser próspero; la adversidad es la que de ordinario le hace feliz. Y a la verdad, saliendo de esta persona particular a lo que es general y a lo que a todos nos toca, ni conviene que nos alegremos con los buenos sucesos ni que nos angustiemos con los malos. Antes al revés, el buen suceso y la buena dicha, y el responder y obedecer a nuestro gusto las cosas, había de criar recelo en nosotros. Porque, demás de que el buen día siempre hace la cama al malo y es su vigilia, eso mismo que llamamos feliz es peligroso mucho y ocasionado a mil males. Que la felicidad naturalmente derrama el corazón con alegría y cría en él confianza; y de la alegría y de la confianza, por orden natural, nace el descuido, y al descuido se le siguen la soberbia y el desprecio de otros, y los errores y faltas. Y quien posee muchos bienes, con el gusto de ellos se les sujeta; y así comienza a servir a lo que había de mandar y regir; y de ser rico y dichoso viene a ser esclavo y a ser miserable.

Mas la adversidad y el trabajo, allende del premio que merece ello por sí, si bien se mira, es apetecible y es dulce. Porque ¿quién no gusta de caminar para el bien y de negociar su salud y de salir de deuda y de atajar que no se encanceren y hagan incurables sus llagas, que son todos efectos buenos de lo que se nombra trabajoso y adverso? Lo cual, sin duda, preserva nuestra vida de corrupción y es propriamente su sal, y desarraiga el alma del amor de la tierra que nos envilece y la desapega, y como desteta de su pegajosa bajeza, y nos allana y facilita el salir de esta vida y cría en el ánimo no solamente desamor de ella, sino también un desprecio junto con una alteza y gravedad celestial. Porque el ser combatido cada día de males, y el hacerles cada día cara y vencerlos, le acostumbra a ser vencedor; y por el mismo caso le hace grande y señor y valeroso y altísimo hasta tocar las estrellas. Y si los que esquivan la adversidad entendiesen el bien que en ella se encierra (como algunos que han hecho de ello experiencia lo entienden), no solo no la huirían, mas por ventura harían plegarias y promesas a Dios porque se la enviase a sus casas; que en el descanso del paraíso perdió a Dios el primer hombre; y en el trabajo y en el lloro oyó después la bendita promesa de su remedio; y en lo ancho del mundo se anegaron los hombres; y en lo estrecho del arca Noé se salvó. Y donde reinan los egipcios y Faraón reinan también las tinieblas; y en el rincón de Gesen, donde sirven y laceran los de Israel, resplandecía la luz. Y la prosperidad a Salomón le arruinó; y a Elías el ayuno y la desnudez y la persecución contina le subió en carro de fuego.

¿Qué diré de infinitos otros que resplandecieron por este camino? Que, a la verdad, es seguido y trillado camino por todos los amigos de Dios; y no hay prado florido, ni vergel cultivado con diligencia a do se vean tantas diferencias de flores, cuantos géneros de personas florecen hermoseados de virtudes en esta aspereza de la adversidad y trabajos. Que el placer, de los flacos es; y la abundancia de bienes, de los que son para poco; y el gusto y el suceso bueno a los que no nacieron para virtudes heroicas les vienen. Lo alto, lo ilustre, lo rico, lo glorioso, lo admirable y divino siempre se forjó en esta fragua. Y así dice bien aquí Job que no recibamos con triste cara el trabajo, que tanto nos vale, pues recibimos alegres la prosperidad, que las menos veces nos mejora y las más nos daña y desvanece.

Y conforme a esto justamente se sigue: En todo aquesto no pecó Job en sus labios; quiere decir, ni aun en sus labios y palabras, adonde se suele pecar fácilmente. Y luego dice lo que sucedió con la fama de este caso, que se derramó por toda aquella comarca.

11. Y oyeron tres amigos de Job toda la calamidad que vino sobre él, y vinieron cada uno de su lugar, Elifaz de Temán, y Bildad de Suhi, y Ofar de Naghaman. Y juntáronse juntos para venir a consolarle.

12. Y alzaron sus ojos de lueñe, y no le conocieron; y levantaron su grito, y lloraron y rasgaron cada uno su vestidura, y esparcieron polvo sobre sus cabezas hacia el cielo.

13. Y sentáronse en el suelo por siete días y siete noches, y no hablaron a él palabra; que vieron que su dolor era muy grande. Entiéndese que estos tres amigos de Job eran ricos y principales hombres, porque la Escritura, en otra parte, los llama reyes. Y hicieron oficio de amigos en acudir al trabajo, aunque el demonio, como enemigo, le convirtió a Job la visita de éstos en nuevo tormento. Dannos a lo menos bien a entender, con su espanto y con las demostraciones que hicieron de dolor y silencio, la graveza de los males de Job, que casi los sacaba de sí, considerando con una mudanza tan no esperada y tan súbita llagado en el polvo al que pocos días antes resplandecía como un Sol en el cielo; y herido y abatido y desamparado, como malo y facineroso, al que siempre tuvieron ellos y todos por ejemplo de virtud, perfecto y rarísimo.

Donde dice a visitarle, el original dice a mover la cabeza, que es el meneo y visaje que hacían antiguamente los que se condolían con otros. Y lo que dice no le conocieron, al proprio quiere decir no le divisaron, o asemejaron; que es decir que, aunque le conocieron, le desconocieron, según del mal estaba desfigurado y deshecho.

Capítulo III

1. Y después abrió así Job su boca, y maldijo a su día.

2. Y clamó Job, y dijo: ¡Perezca el día en que yo naciera, y la noche que dijo: Concebido varón!

3. Aquel día sea escuridad; no le busque Dios de arriba, y no resplandezca sobre él la claridad.
4. Entúrbiele escuridad y tiniebla; more sobre él muerte; asómbrele amargura.
5. A aquella noche tómela tiniebla; no se ayunte con días de año, y en cuenta de meses no venga.
6. Aquella noche sea solitaria; no venga canto en ella.
7. Maldíganla los que maldicen el día dispuestos a despertar a leviathán.
8. Entenebrézcanse las estrellas de su noche; espere luz y no, y no vea alboradas de mañana.
9. ¿Por qué no cerró las Puertas de mi vientre, y encubrió lacería de mis ojos?
10. ¿Por qué del vientre no muriera; y del vientre saliera y expirara luego?
11. ¿Para qué me anticiparon las rodillas? ¿Y para qué tetas que mamé?
12. Porque agora yaciera y sosegara; durmiera entonces, reposo a mí.
13. Con reyes y consejeros de la tierra, los que edifican despoblados para sí.
14. O con príncipes, señores de oro, los que hinchen las casas de plata.
15. O como abortado escondido no fuera; como chiquitos que no vieron luz.
16. Allí malos cesaron de hacer alboroto: y allí reposaron alcanzados de fuerza.
17. Juntamente los encarcelados sosegaron, no oyeron voz de acreedor.
18. Pequeño, y grande allí ellos; y esclavo horro de su señor.
19. ¿Para qué se dará al desastrado luz, y vida a amargos de corazón?
20. ¿A los que esperan la muerte, y no ella, buscáronla más que tesoro?
21. ¿A los que se alegran con regocijo, y se gozan cuando hallan sepultura?
22. ¿A varón a quien su camino le fue encubierto, y le cubijó Dios con tiniebla?
23. Porque antes de mi pan mi sospiro viene, y corren como agua mis gemidos.
24. Que temor temí, y vínome, y lo que temí vino a mí.
25. ¿No me apacigüé, y no me sosegué, y no reposé? Y vino temblor.

Exposición

1. Y después abrió Job así su boca, y maldijo su día. Finalmente rompió Job su largo silencio y soltó la rienda al dolor, que le guerreaba en el pecho; o, por mejor decir, abrió la boca y dio salida a la llama, que le consumía el alma encerrada, y, para desahogarla, dijo mal de su día, esto es, maldijo el día en que nació.

Muchos se trabajan aquí en dorar estas maldiciones de Job y en excusarlas de culpa. Y porque les parece que maldecir uno su nacimiento, en la manera que aquí Job le maldice, es señal de ánimo impaciente y desesperado, hacen fuerza a lo que dice, y lo tuercen por diferentes maneras, y a mi parecer sin razón. Persuádome yo que los que de estas palabras se asombran y les buscan salida, nunca hicieron experiencia de lo que la adversidad se siente ni de lo que duele el trabajo; que si la hubieran hecho, ella misma les enseñara que no se encuentra con la paciencia que el puesto en desventura y herido sienta lo que le duele, y publique lo que siente con palabras y señas. Ni menos es ajeno del buen sufrimiento, que desee el que padece, o no haber venido al mal que tiene o salir del presto y en breve, que es todo lo que Job hace y dice en este lugar. Porque si le duele, tiene razón de dolerle; y si no se doliera, no tuviera sentido; y si se queja duélele, y la queja es natural al dolor. Y si desea no haber nacido para mal semejante, pregunto: ¿qué razón nos obliga a elegir vida, si ha de ser para pasarla en miseria? ¿Quién en trabajo deseó haber a él venido? O ¿qué atormentado amó el vivir en tormento? O ¿quién es el que elige vivir para vivir muriendo siempre? O por el contrario, ¿qué cosa hay tan insensible que no desee el no vivir, si con él ha de llegar a vivir miserable? Y si el que padece algún mal grave puede, sin exceder la paciencia, pedir a Dios, si es servido, que le acabe el dolor con la vida, también podrá desear, sin traspasar la razón, que, si fuera posible, se la cortaran de antemano.

Cristo, ejemplo de perfecta paciencia, aunque en los males que padeció calló siempre, en lo último de ellos al fin se queja, y con voz dolorosa y grande, vuelto a su Padre, le dice: ¡Dios mío, Dios mío! ¿Por qué me desamparaste? En que mostró que no era impaciencia el quejarse, y que era de hombres, como Él verdaderamente lo era, el sentir el dolor y el querellarse cada uno de lo que le duele. Porque el sufrimiento no está en no sentir, que eso es de los que no tienen sentido, ni en no mostrar lo que duele y se siente, sino, aunque duela y por más que duela, en no salir de la ley ni de la obediencia de Dios. Que el sentir natural es a la carne, que no es de bronce; y así no se lo quita la razón, la cual da a cada cosa lo que demanda su naturaleza; y la parte sensible muestra que de suyo es tierna y blandísima, siendo herida, necesario es que sienta, y al sentir se sigue el ¡ay! y la queja.

Y la razón que le preside no se lo veda, que fuera violencia y rigor, sino tiénele con tiento la rienda, para que ni el agudo sentir le haga buscar medios no lícitos para no sentir, ni el quejarse de lo que siente llegue a decir mal de quien se lo envía. Quiero decir, que la impaciencia en los males es cuando, o desesperan por librarse dellos, o se enojan de Dios que los causa, o conciben odio contra los hombres con quien los castiga, o maltratan a los demás con palabras u obras, rabiosos y furiosos y desabridos y disgustados de sí, de que en Job no hay señal. Solamente maldice al día que le sacó vivo a la luz; esto es, dice que fue para él malo aquel día, y que le abrió la puerta a mucha desventura y desastre. Y dice que desea, si pudiera ya ser, por no se ver cual se ve, haber muerto en naciendo y haberse librado con la brevedad de la vida de una miseria tan luenga. Y jeremías dice y desea lo mismo con menores causas, aunque graves y justas, sin olvidar la paciencia. Porque se ha de entender que no solamente afligían a Job la pérdida de los bienes de fuera, y las llagas y dolores agudos y miserables del cuerpo, y la desnudez y desamparo, y falta de toda medicina y abrigo, sino mucho más el no sentir dentro de sí y en su ánimo las consolaciones de Dios, y los favores con que suele él en medio de los males aliviar y alentar a los suyos, y con que a las veces embota así los filos del mal que, por medio del dulzor que les derrama en el alma, casi no sienten lo mucho que padece la carne. Porque como en este capítulo y en otros de este Libro se ve, Job sentía en sí aqueste desamparo interior; y Dios se le representaba, y a la imaginación le venía, no como Padre amoroso, sino como Señor enojado y fiero, y tal que parecía saborearse en su mal. Y fue así que quiso Dios retirar a sí su consuelo para que, siendo el dolor puro y no aguado con algún alivio y consuelo, venciéndolo Job como lo venció, se manifestase más su virtud y fuese figura de Cristo en esto, a cuya humanidad el Padre, al tiempo de la pelea, le quitó el consuelo del cielo para más esclarecer su victoria.

Pues esa falta le afligía mucho, y aflígale en dos diferentes maneras; una, porque no teniendo ningún consuelo que disminuyese o templase el dolor, era forzoso que ejecutase en él su fuerza toda y se hiciese sentir como era; otra, porque el no sentir en su alma el halago de Dios, estando derrocado en tan gran desventura, criaba sospecha en él y justo temor de si Dios le tenía ya desechado. El cual temor le asombraba así que, en caso de que así fuera, tuviera Job por mejor cualquier suerte, o el morir en naciendo o el nunca nacer ni venir a la vida; porque ser desechado y aborrecido de Dios muy peor es que nunca haber sido; y sin duda es triste y escuro y lamentable y desventurado día el en que nacen los que no son para el cielo. Pues así como el estar uno cierto y fuera de toda duda, si hubiese alguno que lo estuviese de que Dios le tiene para siempre olvidado, engendraría cierta desesperación en su ánimo, así el estar Job con probable sospecha de que Dios le olvidaba, pudo con razón criar en su alma el deseo que declara con estas voces:

2. Y clamó Job, y dijo: ¡Perezca el día en que yo naciera, y la noche que dijo: Concebido varón!, que, aunque son las primeras palabras que suenan de fuera, son palabras que nacen de otras muchas, que habían pasado allá dentro en esta manera. Todo parece que se conjuró contra mí, el cielo y los hombres y Dios; el uno me abrasó la hacienda, los otros me robaron lo que quedaba, el demonio me llagó todo el cuerpo, todos me desamparan; y entre tantas miserias lo que solamente me pudiera aliviar, que es Dios, me deja solo y amargo; y no solamente me deja, mas en cierta manera se me muestra fiero y persigue, como si fuera enemigo suyo: así parece que me aborrece. Y si fuera esto por un pequeño tiempo, o si fuera en solo un género de mal, aún pudiera esperar, mas ¿cuánto ha que dura este azote? ¡Ay de mí! ¡Y si me tiene olvidado, o si le place apartarme de sí para siempre! ¡Muriera yo, si es así, cuando vine a esta luz, o no viniera jamás, ni naciera nunca, ni el día miserable en que nací amaneciera!

¡Perezca el día en que yo naciera! Por lo que decimos aquí perezca, y en los versos que se siguen, sea, busque, resplandezca, enturbie, more y asombre, que son palabras de tiempo presente, y en el original son de futuro, habemos de entender que habla de cosa pasada, como si dijera, pereciera, fuera, buscara, resplandeciera, enturbiara, morara, asombrara, porque el hilo de lo que dice lo pide, y es propio de la lengua original de este libro con las palabras de por venir significar, o lo presente o lo pasado, lo que es más conforme al propósito; pues para el día que ya pasó y no ha de ser más, y para el que no quisiera haber venido a la vida, más a pelo es desear que pereciera, esto es, que no viniera este día antes que fuese, que desear que perezca lo que ya tuvo fin y no tornará a ser otra vez. Pereciera, pues, dice, el día en que yo naciera, y la noche que dijo: Concebido varón. Lo más ordinario es nacer de día, y ser

concebidos de noche; y así convenientemente da al día el nacimiento, y la concepción a la noche; y desea que lo uno y lo otro no hubieran sido jamás. O digamos así, que la palabra original, que es aquí concebir, quiere también decir o parir o nacer; y así como quien no sabía cierto si nació o de noche o de día, para no errar, dice mal de día y dice mal de noche, diciendo: Nunca fuera el día en que yo nací, si día fue cuando yo nací; o, si fue noche, la noche, en que fue a mi madre dicho que paría un hijo, nunca fuera jamás. La noche que dijo, al pie de la letra y la noche dijo: Concebido varón. Por manera que se puede entender la noche, o cuando fue dicho, o que ella dijo concebido varón; que es decir, la noche que con su sazón y sueño obró después del ayuntamiento el concepto porque el decir es obrar en esta Escritura. Síguese:
3. Aquel día sea escuridad; no lo busque Dios de arriba y no resplandezca sobre él claridad; que es decir, como dije: Fuera escuro aquel día; no le buscara Dios de arriba ni resplandeciera sobre él claridad; en que dice lo mismo que dijo en el primer verso, pero más declarado y encarecido con hermosas palabras. Porque no haber sido aquel día es lo mismo que no haber nacido aquella luz, ni haberse vuelto él cielo para dar esa vuelta.
Fuera escuridad, esto es, no fuera; porque la escuridad es lo contrario del día, y en comparación del ser es como el no ser. No te buscara Dios de arriba, esto es, no volviera Dios el primer cielo para hacer esta vuelta; porque el día una vuelta es, que da el cielo a la redonda; y dice con propriedad y elegancia, no le buscara, porque Dios, revolviendo los cielos, según la prisa grande con que los vuelve, parece que va buscando los días con diligencia y deseo; y así este buscar, en su original, no es buscar como quiera, sino buscar con ahínco y cuidado, como quien pesquisa o persigue.
4. Entúrbiele escuridad y tiniebla, more sobre él nube, asómbrenle amarguras de día. Entúrbiele, esto es, enturbiárale, y morara sobre él, y asombrárale, como arriba está dicho. Y es esto también un encarecimiento de lo mismo, tercera vez repetido, en que desea que hubieran concurrido juntas en aquel día todas las cosas, que suelen hacer ásperos y desabridos los días. Porque a unos días los hace tristes el ser nublados; a otros ser tempestuosos con torbellinos; en otros suceden tempestades negras como la noche, y cerradas, y que son como una sombra de muerte; y los bochornos y las calinas otras veces no solo turban el cielo, mas hacen amarga e incomportable la vida. Pues

lo que cada uno por sí hace el día malo, eso todo junto quisiera Job que viniera a su día; que los turbiones le cerraran, y las tinieblas le hicieran triste, y las nubes espesas le robaran la luz, y el bochorno le hiciera insufrible. Porque lo que decimos amarguras de día, en su original es lo que en español llamamos calinas, cuando en el verano o estío se espesa y escurece el aire con vapores gruesos que, con el calor encendido, se convierten en horno, de manera que respiran los hombres fuego y padecen increíble tormento. Y conforme a esto usó bien de la palabra asombrar, que dice espanto y pavor, porque, cuando acontece, se pone temeroso todo; y no solo el semblante del cielo tiene un escuro triste, mas también las nubes que le enraman están como teñidas de herrumbre, y el aire se colora de entre pardo y amarillo, y todo lo que por su medio se mira parece también amarillo, y así hace horror en una cierta manera. Dice:

5. A aquella noche tómela tiniebla; no se ayunte con días de año, y en cuenta de meses no venga. Ha dicho del día de su nacimiento; agora dice de la noche de su concepción. Tómela, dice, tiniebla, esto es, ¡ojalá las tinieblas la tomaran, y nunca se ayuntara con días de año ni viniera en cuenta con meses! Y desear que la tomara tiniebla es desear que fuera más escura de lo que de suyo fue, o es desear que no fuera; que la tiniebla y escuridad significa el no ser algunas veces, porque ninguna cosa luce menos que lo que no es. Y parece ser así por lo que se sigue, esto es: no se ayuntara con días de año, ni viniera en cuenta con meses, que acontece solamente no siendo.

6. Veis; aquella noche sea solitaria, no venga canto en ella, o se entienda sea solitaria, esto es, ¡ojalá fuera solitaria, y no sonara en ella canto!, en la misma forma de lo que arriba está dicho; o lo que más me parece es que hable en este verso, no deseando, sino afirmando de cosa ya pasada, y pronunciando lo que entonces pasó en aquesta manera; fue solitaria aquella noche, y no sonó canto en ella. Pues dice así: Veis, que es palabra que afirma algunas veces, y no solamente demuestra como hace en este lugar; porque dice: ciertamente, y sin ninguna duda aquella noche que dio principio a mi vida fue solitaria y triste noche. O, Y veis, dice, cómo fue ello así, que la noche de mi principio fue pronóstico de mi desdicha; y, como era madre de un miserable, fue ella solitaria y triste, demostrando que había respondido bien el suceso al agüero. Y llama solitaria a la noche, cuando guarda cada uno su casa, y no sale a rondar;

y así todo está yermo, como acontece en las noches frías y tempestuosas. Y dice que no hubo canto en ella, en el mismo sentido; porque no hubo por las calles quien cantase, ni quien anduviese, dando música, que hace las noches alegres, y se suele hacer en las noches serenas y apacibles. Prosigue:
7. Maldíganla los que maldicen su día, dispuestos a despertar duelo. Lo que decimos duelo, en su original dice leviathán, que es palabra de diversos sentidos; y así Sant Hierónimo puso en lo que trasladó la misma palabra original, sin más declararse. Porque leviathán, según una significación, es o ballena o cualquier otro pez de enorme grandeza, que por figura en la Sagrada Escritura a veces significa el demonio. También leviathán, por otra manera, es palabra compuesta de dos partes que ambas dicen el lloro o el duelo de ellos. Y aun, según otra consideración, decir leviathán es decir ayuntamiento suyo. Y aunque se puede entender esta palabra aquí de todas maneras, la segunda es más sencilla y natural, a lo que a mí me parece bien que todas ellas se enderezan a un fin, porque por todas pretende Job mostrar con encarecimiento, cuánto aborrece y quiere mal aquella su noche, porque desea que digan mal de ella y la blasfemen los que, o por oficio o por ocasión, suelen señalarse más en lamentarse y en decir mal de lo que les viene a disgusto.
Y así, según la primera manera, dice que maldigan a esta su noche los que, dispuestos para la pesca o de las ballenas o de otros pescados, maldicen el día. Porque suelen decir que los pescadores, cuando han trabajado mucho la noche, que es a propósito para pescar en la mar, y se hallan vacíos al apuntar de la luz, reniegan desesperadamente del día y de sí, y maldicen su temprana venida. Y dice levantar a leviathán, con gran propriedad; porque en la pesca de las ballenas, según Opiano dice lo principal de los que las pescan es levantarlas de lo hondo de la mar (adonde heridas se dejan caer) a lo alto de ella, y el sacarlas a tierra. Y aun si leviathán es el demonio aquí por figura, aún encarece más Job lo que quiere: porque los dispuestos a levantar el demonio son aquí los hechiceros, y los que entran en cerco para traerle a su presencia; los cuales no solo aborrecen la luz y la maldicen, si viene, o cuando viene a estorbarles su oficio (que es oficio que ama la noche), mas en esa misma obra de su cerco y conjuros usan de maldiciones espantosas y de palabras horribles. Mas si leviathán es, como decíamos en la tercera manera, lo mismo que ayuntamiento y amistad, significa Job por él aquí que todos los conciertos a cuyos

deleites favorecen las noches, la luz cuando viene los aparta y divide con desabrimiento de los que así se conciertan, que, enojados de ello, maldicen la luz que amanece.

Pero lo más sencillo es lo segundo, de que agora diremos en postrero lugar, que es la significación que el caldeo sigue aquí juntamente con otros hombres doctos y antiguos, que leviathán sea duelo y lamento. Conforme a lo cual, Job llama dispuestos para levantar duelo las que el español antiguo llamaba endecheras, que se alquilaban para llorar a los que morían, y los lloraban, como gentes para esto enseñadas, con gritos lastimeros y con voces dolorosas, y con todas las significaciones que demuestran dolor. Pues las que tienen por oficio el plañir, y las que ponen su cuidado y ingenio en saber lamentar; ésas quiere Job y desea que se acuiten de su día, y que le abominen y lloren. Bien es verdad que el caldeo autor, que dijimos, alza un poco más los ojos y, alargando la vista, por estos que hacen duelo no entiende ni cualquier manera de duelo, ni cualesquier personas que o de verdad o por arte se duelen, sino entiende y señala aquel duelo miserable y postrero que harán en la resurrección los condenados, cuando se vieren llevar al infierno. Porque dice así: Maldíganle los que maldicen el día de la venganza, los que están ordenados, para cuando resucitaren, levantar lamentable alarido; en que señala a los del infierno, que maldicen hoy día y maldijeron antes de agora y durarán maldiciendo aquel día en que se hizo de sus pecados venganza; al cual así agora le maldicen, que están dispuestos y como en víspera para maldecirle más amargamente después, cuando en la común resurrección, para su mayor tormento, cobraren sus cuerpos. Pues éstos quiere Job que le maldigan su día; o, por mejor decir, desea tener él palabras tan agras, tan encarecidas y de tanta significación y dolor como tienen aquéllos, porque, aunque su nacer no fue ser condenado, pero, según lo que de presente padece y según lo que se enajena Dios dél, a veces se le figura que nació para ser infeliz.

Dice más adelante:

8. Entenebrézcanse las estrellas de su noche; espere luz, y no, y no vea alboradas de la mañana. Dice: ¡Fuera tan noche aquella noche y tan tenebrosa y escura, que perdieran su luz las estrellas!; las cuales, no solamente lucen con la noche, mas, cuando la noche es muy escura, suelen ellas más lucir. Y así declara la fuerza de su afecto y de su dolor justo con el encarecido exceso de

lo que pide. Porque quiere que la escuridad con que descubren más su luz las estrellas, aquélla se la quite y las escurezca, y desea que sea noche para ellas también; y que como en algunas noches con la sombra de la tierra, que llega al primer cielo enviada del Sol, se eclipsa la Luna, así en aquella noche llegara al cielo estrellado y le cubijara con escuro velo, del todo.

Esperara luz, y no, es razón cortada, y hase de añadir y no vea la luz. Que es decir y desear: quedara sepultada aquella noche en tinieblas eternas, esto es, que nunca fuera. Y lo mismo es por otra manera: Y no vea alboradas de mañana. Y no vea, esto es, y nunca viera. Lo que dice alboradas, en el original, o es pestañas o aquel movimiento que hacen las pestañas y los ojos cuando se mueven aprisa; que es semejante a lo que hace el cuerpo del Sol, o los resplandores de luz, que parece bullen en él, si alguno ha mirado en ello, cuando por el oriente amanece, que es como abrir las pestañas la mañana. Y así podremos decir: Y no ved el pestañear de la mañana.

Dice:

9. ¿Por qué no cerró puertas de mi vientre, y encubrió lacería de mis ojos? El por qué no da causa, antes pregunta, y, prosiguiendo Job en su deseo, declárale más y dice: ¿Por qué, esto es, para qué no cerró? Que es decir: ¡Ojalá cerrara las puertas de mi vientre! Esto es, del vientre de su madre, que le llama suyo porque le tenía por casa y morada. ¿Y encubrió lacería de mis ojos? Esto es, y, teniéndome encerrado en sí, me quitara ver agora el mal que padezco; y ya que le abrió, para que naciese, la puerta, a lo menos, dice:

10. ¿Por qué de la vulva no morí, y del vientre saliera y expirara luego? Esto es, ¿por qué no morí en naciendo, y el salir del vientre, ya que de él salí, fuera para luego expirar? Y encarece y extiende aquesto mismo con lo que anda junto con el parto y con la crianza de lo que se pare, y dice:

11. ¿Por qué me anticiparon rodillas?, ¿y para qué tetas que mamé? Reciben las mujeres en su regazo a los niños que nacen, y luego que nacen; y es aquella la primera posada o el primer lecho que en esta vida hallan, luego que a ella salen del vientre. Allí se libran de herirse cayendo, y vienen como de un regazo a un otro regazo menos abrigado que el primero, pero piadoso y de buena y saludable acogida. Y así Job, como quisiera nacer y morir luego, dice que no quisiera hallar rodillas que le recibieran, ni pechos que le dieran leche, que son las cosas que conservan a los que nacen la vida; porque en las rodillas

los envuelven y abrigan, y en los pechos los sustentan; y lo uno es como la primera cama, y lo otro como la mesa del niño. Y viene bien aquí el anticipar, como dice, porque al niño, que cuando va naciendo viene cayendo y como despeñándose, gánanle por la mano las rodillas de la comadre, y pónensele delante para recibirle, porque no se lisie.

12. Porque agora yaciera, y sosegara; durmiera entonces, y reposara. Porque, dice, si así fuera que, en viniendo a la vida, me pasara a la muerte, gozara agora de reposo y de descanso; así porque es estado sin pena el de los que pasan niños de esta vida, como también porque me excusara de este mal que padezco. Así que dice Job que descansara muerto, o porque habla en el sentido que he dicho, o porque habla del cuerpo solamente, en que padece tormento gravísimo; y en todos los muertos sin diferencia descansa el cuerpo, y carece de dolor en el polvo. Y con esto viene muy a pelo lo que en los versos después de éste se sigue.

13. Con reyes y consejeros de la tierra, los que edificaron despoblados para sí. Porque dice que si fuera ya muerto su cuerpo que agora padece, descansara hecho polvo con otros muchos cuerpos de reyes y príncipes y ricos-hombres; por cuanto a la razón de los cuerpos, así en el quedar sin sentido como en el desatarse y volverse en ceniza, todos los que mueren son iguales, así los pequeños como los grandes. Y responde con esto a lo que se le pudiera oponer, que se hacía agravio a sí mismo en anteponer a la vida la sepultura, porque dice que otros mayores y mejores que él yacen en ella, y porque es generalmente el reposo común adonde duermen los cuerpos de todos.

Con reyes y consejeros de la tierra, entiéndese durmiera, repitiendo la palabra de arriba. No dice, estuviera solo ni mal librado, que allí me hicieran compañía muchos grandes señores, porque al fin todos duermen allí. Con reyes y consejeros; consejeros llama los que presiden al gobierno, y por cuyo consejo las ciudades se rigen. Los que edifican despoblados para sí; entiende los mismos hombres que ha dicho, los príncipes y los reyes, los cuales de ordinario hacen para su deleite cosas de placer y de suntuoso edificio en los campos. Si no queremos entender por estos edificios los monumentos que para sus entierros según la costumbre antigua de Asia y de Egipto, hacían los reyes y los príncipes fuera de las ciudades y en los campos y en lugares apartados, con edificios de mucha costa y grandeza, como leemos de las Pirámides de los

Faraones, y del mauseolo del rey de Caria, y del enterramiento de Ciro, que en la vida de Alejandro pone Arriano. Y si es esto, dice Job, durmiera mi cuerpo agora y descansara deshecho, como los de los reyes en sus ricos entierros descansan; que no porque en los edificios hacen ventaja a las sepulturas del vulgo, por eso la hacen en el reposo de que en ellas gozan todos. Y lo mismo es lo que añade:

14. O con príncipes, señores de oro, los que enllenan sus casas de plata. Esto es, durmiera también descansando mi cuerpo con los cuerpos de muchos hombres, ricos de oro y de plata, que duermen en el mismo sueño.

Mas dice:

15. O como abortado escondido no fuera; como chiquitos que no vieron luz. Este verso responde al onceno de arriba, y viene tras él porque los versos doce, trece y catorce están entremetidos como paréntesis. Y así porque dijo en el verso once que quisiera, luego que nació, haber muerto, y que ni le recibiera la comadre ni le diera el ama los pechos, dice aquí acrecentando más esto mismo: O siquiera nunca saliera vivo; fuera como los abortados ascondidos, que salen no solo muertos, sino o imperfectos o así revueltos entre sus telas o tan mal formados, que no se dejan bien conocer, como chiquitos que no vieran luz, porque expiran antes que a ella salga.

Y si alguno dudare cómo Job, hombre sancto y alabado de Dios, dice que escogiera por bueno el morir antes de nacer, sabiendo que, si no naciera, no se pudiera limpiar del pecado, a esto decimos: lo uno, que esta manera de hablar de Job, es una significación de lo mucho que duelen los trabajos duros y la ansia que crían en quien los padece; en lo cual, según el común hablar de los hombres, se dicen muchas palabras por exceso y hipérbole, más para encarecer lo que se siente y para representarlo con viveza en los ojos de los que lo leen, que para que se apuren según lo puntual y riguroso de ellas. Y en un hombre tan sentido, y tan justamente sentido, tan acosado por todas partes, y tan no favorecido por alguna, como Job es aquí, prueba cierta es de su grande virtud que no desespere y que desee no haber venido a tal punto, muriendo antes, o por manera de exceso, nunca habiendo nacido, no es maravilla ninguna, antes es lo que dicta a cada uno su natural sentimiento; el cual no es vicioso, mientras no nos lleva (como arriba dijimos), o al aborrecimiento de Dios, o a la rabia de la venganza, o a muerte violenta o a otros medios no

lícitos. Lo otro, como ya dije, puédese entender todo aquesto debajo de la condición que de su imaginación le nacía; la cual imaginación era si acaso Dios, pues le desamparaba tanto, le tenía ordenado al infierno; porque en tal caso era más de elegir el limbo, adonde fuera si muriera en el vientre, que el infierno, adonde le parecía llevar su sospecha. Lo tercero, en todo lo que se dice con algún afecto grande, nunca se dice todo cuanto se siente, sino cuanto son los sentimientos mayores tanto las palabras son más breves y menos. Y así se debe entender que, si Job dice deseaba haberse muerto en el vientre, cuando lo dice, con un encogimiento secreto y como volviéndose a Dios le dice y añade, más con el sentido que con la voz, una condición como ésta, es a saber: Con tal, Señor, que Vuestra Majestad me limpiara; y lo último es, que de la manera que agora decía, aquí no trata Job de todo sí, sino de su cuerpo solo, en el cual compara lo que padece agora con lo que padeciera si muriera en el vientre. Y como allí no sintiera dolor, y aquí los siente gravísimos, en respecto de solo esto tiene por mejor aquello, y así lo desea.
Prosigue:
16. Allí los malos cesaron de su alboroto y allí reposaron los alcanzados de fuerzas. Esto torna a responder a la sentencia de los versos que se entremetieron arriba, donde decía que, si se viera muerto, descansara su cuerpo con otros muchos cuerpos de reyes que en las sepulturas yacen. Porque allí, dice, esto es, en la sepultura, todos son iguales, no solamente en lo que es ir allí, sino también en lo que pasan allí; que allí ni los malos se muestran fieros, como solían, poniéndolo todo en ruido, ni los flacos y de poco poder sienten falta de fuerzas; sino éstos reposan, y los otros pausan, y todos están por igual. Y aún podemos decir que en este verso no trata de dos suertes de hombres, unos fieros y alborotadores, y otros debilitados y pobres y sujetos a padecer, sino que entiende de unos mismos en ambas partes, diciendo: los malos allí en la sepultura harán pausa de su contino bullicio, y la causa será porque reposarán allí alcanzados de fuerza, esto es, porque ya allí vendrá su fuerza a menos.
17. Juntamente los encarcelados sosegarán, no oirán voz de ejecutor. Como los malos y los que trabajan a otros, puestos en la sepultura, no meten el mundo en ruido, así dice, también los que vivieron afligidos y encarcelados, llegados allí, llegarán al fin de su trabajo. Así que la sepultura remata los trabajos y pone fin a los contentos; acaba el obrar mal de los malos, y fenece el

padecer de los trabajados; y es como un fin y una pausa universal de todos y de todas sus obras.

Lo que decimos ejecutor o acreedor, quiere también decir atormentador. Y lo uno y lo otro dice bien con los encarcelados que ha dicho; porque unos están por deudas, y otros por delictos, y a los unos es amarga cosa el acreedor que les pide, y a los otros el verdugo que los pone a tormento.

Y, finalmente, compréhendelos a todos, y dice:

18. Pequeño y grande allí ellos: esclavo horro de su señor. Allí, esto es, en la sepultura que a todos los iguala, se juntan grandes y pequeños. Y porque ha encarecido lo mucho que deseara ser muerto, dice agora el porqué lo desea.

19. ¿Por qué se dará al desastrado luz, y vidas a amargos de corazón? Porque, dice, no hay dos cosas que menos amistad se hagan ni que menos para en uno sean, que vida y trabajos; que vivir para padecer, la misma razón lo aborrece: porque el vivir ordénase a bien del que vive, y el padecer es tormento y mal de quien le padece; y el dolor sin la vida no lo sería, y la vida con el dolor es solo para que el dolor viva. Pues ¿para qué, dice, vive en esta luz el que es desastrado, pues no saca del vivir si no es sentir el desastre?

Y vidas, dice (así llama el vivir con número de muchedumbre la propriedad de la lengua hebrea), o porque es la vida nuestra una cosa remendada y como hecha de diferentes pedazos, que hoy se vive de una manera y mañana de otra, y cada día de la suya, agora alegre y luego triste, y después enfermo, y ya mozo, ya hombre, ya cano, ya viejo, y ninguno hay tan constante en su ser, que de una hora a otra se parezca a sí mismo; o porque el hombre no vive una vida sola, o con una manera de vida, sino juntamente con tres, como planta y como animal y como quien tiene discurso y razón.

Prosigue:

20. A los que buscan la muerte, y no ella, y la buscarán más que tesoro. Encarece más lo mismo que ha dicho, y lo confirma con nuevos y más claros términos. ¿Para qué, dijo, es la vida para los desastrados? Y para que mejor se entienda lo mal que conciertan desastre y vida, dice: ¿Para qué es la vida a los que desean la muerte ¿Qué cosa, dice, más a pospelo que vida a quien la aborrece? Y aborrécenla los desastrados. Esperan muerte, y no ella, esto es, y no les viene ella, antes les huye; y buscáranla, esto es, y buscaríanla, si concedido les fuese. Y encarécelo más, y dice:

21. A los que se alegran con regocijo y se gozan cuando hallan sepultura. Y de lo general viniendo a lo particular que le toca, y a su misma persona, añade: 22. A varón a quien su camino le fue encubierto, y le cercó Dios con tinieblas. Como diciendo: y para decirlo en una palabra, ¿para qué se da vida al hombre, que es como yo tan desastrado y miserable? Y declara la graveza de su calamidad y miseria por este rodeo de decir, que le tienen encubierto su camino; en que encarece su mal todo cuanto es posible. Porque camino en la Sagrada Escriptura es lo que uno hace y lo que dice y lo que pretende y el blanco adonde tira y el estilo de vivir y la inclinación suya y el gusto proprio. Y así diciendo Job que le han encubierto el camino, dice que no le han dejado cosa que buena le sea, que lo que hace no le sucede, lo que dice no le aprovecha, sus pensamientos le atormentan, sus intentos le huyen, sus designios se le deshacen, en nada halla su gusto, adondequiera que vuelve, y en todas las cosas que o piensa o dice o hace no halla por dónde camine. Y como el que camina con priesa, si llegando a la cabeza de muchos caminos no sabe el camino, padece agonía, suspenso, que ni puede ir adelante ni su priesa le consiente estar quedo, y cuanto más se revuelve tanto menos se resuelve, así, dice Job, he venido a punto que no sé qué me hacer, que ni puedo sostener esta vida ni se me permite tomar con mis manos la muerte. Por ninguna parte a que vuelvo los ojos me consienten dar paso. Dios me espanta si le miro; mis criados me desconocen si los llamo; mis hijos llevólos la muerte; mi mujer misma es mi enemiga; mi cuerpo es mi tormento. Y si quiero entrar dentro en mí, mi más crudo verdugo son las imaginaciones de que está llena mi alma. Por ninguna parte descubro ni un pequeño resquicio de esperanza y de luz. Y por eso dice: Y cercóme Dios con tinieblas; aunque el original dice puntualmente de esta manera: Y cubijó o atajó Dios por él; que puede significar cubijó Dios por él, esto es, púsose Dios como cubija o como mampara delante de mi camino para que no le viese; de manera que aquella palabra por él se refiere al camino que dijo. O puede decir que puso Dios división de sombra y estorbo entre sí y entre Job, para que ni el consuelo de Dios viniese a su alma ni los dolores y voces de él traspasasen al cielo; y de ambas maneras dice, que está envuelto en tinieblas, como trasladó Sant Hierónimo. De lo cual todo en efecto quiere Job concluir, que, siendo él quien ha dicho desastrado, amargo de corazón, deseoso de muerte y que, si le fuese lícito, la buscaría como tesoro,

y que, si hallase la sepultura, sería su mayor regocijo, y que le tienen cubierto el camino por todas partes. Así que, siendo éste él, lo que mejor le estuviera fuera el no haber nacido o el habérsele acortado la vida.

En lo cual así declara su sentimiento este sancto y lo que la carne flaca apetece en los muy afligidos, que también, como un espejo, nos muestra lo poco que vale lo que en la vida hay y con ello la vida misma. En la cual el bien siempre es escaso, y los males muy largos, lo gustoso viene a deseo y lo amargo casi en toda ocasión; donde, si no es el padecer, todo es breve; donde cuantas horas vive, tantas corre riesgo el hombre de perecer para siempre, y donde a la fin se nace para morir. Porque así como quien camina o por breñas y riscos con peligro de despeñarse, o por lugares de salteadores temiendo a su vida, aborrece el camino y desea verle acabado, y si en su mano fuera jamás por él caminara, así aquesta vida, en que se camina siempre con tanto peligro, debe ser despreciada; y pues nacemos para morir y el paradero de la vida es la muerte, acortar de trabajos es llegar allí más temprano. Y de la consideración atenta de esta verdad clara nació lo que se celebra de Sileno, que dijo: La mejor suerte es no nacer, y la segunda tras ella el morirse en naciendo.

Mas prosigue Job, y dice:

23. Porque antes de mi pan mi sospiro viene, y corren como agua mis gemidos. Porque, dice, siempre el mal gana por la mano, y mi sospiro viene antes que mi descanso, y de un pequeño y breve contento pago el escote agora con increíbles tormentos, los cuales, cuando intento mitigarlos o con la medicina o con la comida, se me vuelven mayores; y el ir al remedio encrudece el dolor, y si como, crece mi sospiro, y si duermo, mi espanto. O por decir más verdad, el pan que me sustenta es sospiros, y el agua que bebo gemidos, y miseria y amargor es mi mesa.

Porque antes de mi pan mi sospiro viene. No faltan algunos, y entre ellos es Sant Hierónimo, o quien escribió la declaración de este libro que anda en su nombre, a quien parece que una de las enfermedades de Job fue hambre insaciable por una parte, y por otra no poder sufrir la comida. Que es enfermedad a quien Galeno y Tralliano y Paulo Egineta llaman bulimos, que nace de calor destemplado del estómago y de flaqueza del mismo. Y así el calor despierta contina hambre, y la flaqueza cría congoja en comiendo. De manera que dice Job que antes de la comida sospiraba por ella, y luego que había comido, bramaba de dolor del manjar. Por donde a todas horas sospiraba deseando comer, y gemía dolorosamente por lo que había comido. Y dice que sus gemidos eran como agua, o por la muchedumbre o, a la verdad, por la manera del ruido sordo y continuo, cual es el de las muchas aguas que corren. Que llevándolo a nuestras costumbres, es el ingenio proprio de los que sirven a sus deseos, los cuales siempre están con hambre de los bienes que, comidos, los atormentan; y sospiran antes de la riqueza por alcanzarla, y, alcanzada, gimen y laceran con ella; y anhelan por venir a la honra, y, puestos en ella y con sus obligaciones, no pueden vivir; y siguen sin rienda el deleite, y no llegan a él tan presto, cuan presto les llega con él la venganza; y no fue tanto el deseo primero, cuanta es después la congoja y enfado. Y así Job aquí, cuando habla del deseo, dice sospiro, y cuando del dolor que se sigue dice gemidos; y aquello dícelo sencillamente, mas esto con encarecimiento de comparación. Porque dice que son como avenida de río, que no se esperan a los unos los otros ni se aguardan, antes vienen juntos y en tropel, y como agua de avenida le anegan. Y si en el Apocalipsi manda Dios a los atormentadores que den a Babilonia tanto tormento cuanto fue el deleite y el gozo, entiéndese que mide la pena, no con el deleite que recibió en realidad de verdad, sino con el deseo encendido que deleitarse tuvo. Porque el deleite de lo que aquí se goza, ¿qué es? Mucho menos dulce sin comparación, que amarga y dolorosa la pena que dél se granjea, y no llega con gran parte a lo que después atormenta. Ni se dirá bien por él lo que dice el vulgo: A buen bocado, buen grito, sino a bocado menguado, grito amargo y perpetuo.

Prosigue:

24. Que temor temí y vínome, y lo que temí vino a mí. Natural es a los que les sucede algún desastre decir que su alma se lo decía y que no les engañó el corazón. Y así agora a Job su pena le trae a la boca lo mismo, y dice que siempre anduvo con recelo, y siempre como sobresaltado y temiendo alguna gran desventura, y que su alma le fue siempre como adevina. En que da claramente a entender que todo el decurso de su vida, aunque la primera parte de ella pudo parecer descansada, en el hecho de la verdad fue miserable, al principio con el recelo del mal que temía, y después con la experiencia de él cuando vino. Y a la verdad, este miedo que afligía a Job desde que tuvo sentido, Dios le despertaba en él por su providencia, con la cual dispone y va

como apercibiendo a los suyos para aquello que tiene ordenado les venga. Y a los que tiene para trabajos, y para trabajos a quien han de vencer, como en cierta manera los hace a las armas poco a poco; y, si es lícito decirlo, así los curte para su sufrimiento y les endurece o embota el sentido; unas veces criando en su ánimo muy de antes una desafición y poco gusto de todas las cosas visibles, con que, cuando las pierden, llevan egualmente el perderlas; otras, ejercitándolos con perpetuo temor de lo mismo que les tiene ordenado, con que en parte lo tragan. Porque, acostumbrados al temor de la pérdida, sienten menos el padecerla después, por cuanto la costumbre es muy poderosa en todas las cosas. Y entendemos que usa Dios con los suyos de esta prevención y artificio, porque con los que por sus pecados desama, no usa dél muchas veces; antes de ordinario cae sobre ellos de golpe cuando están más seguros, y gusta en una cierta manera de tomarlos desapercebidos, como hablando en la Sabiduría Dios con los malos, les dice: Despreciastes todos mis consejos, y de mis reprehensiones no hicistes caso. Pues yo también me reiré cuando pereciéredes, y haré escarnio de vosotros cuando os sobreviniere lo que teméis. Cuando la calamidad de repente viniere sobre vuestras cabezas, y cuando la desventura a deshora como tempestad os cargare; cuando os viniere la tribulación y la angustia. Y en el Evangelio de Sant Lucas, a aquel rico y contento con su trojes llenas de trigo, cuando se tuvo por más seguro y cuando dijo a su alma que descansase y comiese, que tenía por largos años segura la vida, le dijeron así: Necio, pues, esta noche te llamarán a la cuenta. Mas a Job, como a siervo suyo, avísale Dios con los miedos que le enviaba de lo que había después de pasar. Y estos miedos que vienen antes, no solamente hacen callos en el alma para que sienta menos lo que le sucede después, mas también crían cuidado en ella para vivir de manera que lo que sucediere, si sucediere, no sea por culpa suya.

Y así Job añade:

25. ¿No me apacigüé?, ¿y no me sosegué?, ¿y no me reposé? Y vino temblor. Porque estas palabras se pueden entender dichas por manera de pregunta, así como las entendió y trasladó Sant Hierónimo; y según esta manera quieren decir que con temer de contino algún grande trabajo, y con no saber por qué lado le vendría, siempre procuró de tomar los caminos todos por donde suelen venir para que nunca viniese. Y que así procuró siempre de vivir pacíficamen-

te con los hombres y justificadamente con Dios; pero que a la fin le salió en vacío toda su diligencia. Y dícelo preguntando para mayor significación de dolor. Como diciendo: ¿Por ventura dejé de hacer cosa de cuantas debía para no venir al estado en que estoy? Sin duda no la dejé; y no obstante eso, vino temblor sobre mí. Y llama temblor a todo lo que es malo y doloroso, porque eso solo es lo que hace temblar. O puédese entender sin pregunta, y de esta manera: No me apacigüé, no me asosegué, que es afirmar que nunca hizo asiento en las cosas de esta vida ni puso su amor en ellas, de manera que hiciese allí su reposo, ni jamás las tuvo por fin, ni se persuadió que en tenerlas se podía tener por seguro. Porque si se fiara así, fuera su merecido perderlas, y era justo que se le quitase lo que amaba tan mal, y que conociese por el hecho lo poco que se puede fiar de estos bienes. Mas habiéndolos siempre conocido, no dio causa; y andando tan desapegado en el ánimo, no parece se le debía la calamidad que padece.
Y con esto da fin.

Capítulo IV

1. Y respondió Elifaz, el temanés, y dijo:
2. ¿Por ventura si tentáremos a hablarte, enojarte has; y detener palabras quién podrá?
3. ¿Veis? Avisabas a muchos, y manos flojas esforzabas.
4. Caído levantaron tus palabras, y rodillas encorvadas esforzabas.
5. ¿Por qué agora vino a ti, y cansaste; tocó fasta ti, y fuiste turbado?
6. De cierto tu temor, tu fortaleza, tu esperanza, y perfección de tus carreras.
7. Miembra, ruégote, ¿quién limpio, y se perdió? ¿Y cuándo derecheros fueron cortados?
8. Como vi a los que aran maldad y siembran desventura segarlo.
9. A resuello de Dios perecen; a espíritu de su nariz se consumen.
10. Bramido de león y voz de leona, y dientes de leoncillos son arrancados.
11. Tigre perece sin presa, y hijos de león se esparcen.
12. Y a mí palabra como a hurtadillas, y tomó mi oreja partecilla de ella.
13. En espeluzos de visiones de noche, en caer adormecimiento sobre varones;
14. Pavor me aconteció y temblor, y hizo espavorecer mucho mis huesos.

15. Y sopló sobre mis faces, pasó y fizo erizar pelos de mi carne.
16. Estuvo, y no conocí su vista; semejanza ante mis ojos, callada voz oí.
17. ¿Por ventura varón más que Dios te justificará? ¿Si más que su Hacedor se alimpiará varón?
18. Ves: en sus sirvientes no se afirma, y en sus ángeles halló torcimiento.
19. Cuantos más moradores de casas de lodo, su cimiento de los cuales en polvo; son desmenuzados como polilla.
20. De mañana a tarde son deshechos: por no haber quien ponga mientes para siempre perecerán.
21. Lo que resta, quitárseles ha; morirán, y no en sabiduría.

Exposición
1. Y respondió Elifaz el temanés, y dijo. Como rompió el silencio Job y habló, de allí sus amigos tomaron también licencia para hablar; porque hasta entonces su silencio de él los tenía mudos a ellos, y viendo que callaba y que padecía, entendían que hablarle era acrecentarle tormento; mas agora, hablando Job, abrióles la boca para que ellos hablasen. Y aunque al nombre de amigos y al oficio de consoladores, ya que hablaban, convenía hablar consolándole, hiciéronlo todo al revés, o por su ceguedad o por orden de Dios, para que fuese ésta la última prueba de quién era Job, pues no lo consolaron, antes le lastimaron más con sus pláticas, persuadiéndole que sus muchos pecados le tenían así. Porque les pareció que, para hacerle paciente, era buen medio que se tuviese por gran pecador; que en un ánimo bueno y por otra parte muy afligido es negocio insufrible. Y engañáronse en esto, o como hombres de no buen juicio y de menos experiencia de los trabajos, creyendo que para inducirle a paciencia era aquéste el camino, como agora decía, o tomando ocasión de lo que Job razonó, o de todo o de parte de ello, o ciertamente de lo que ellos de estas quejas para sí presumían. Porque lo uno, el quejarse tan agramente, como no les dolía a ellos lo que a Job le dolía, parecíales ramo de poca paciencia; y lo otro, decir él en lo último que vivió sobresaltado siempre, y por la misma razón que tuvo en su vida y obras grande recato y que se hubo pacíficamente con todos, no dando ni a Dios causa de enojo para que le castigase, ni a los hombres de enemistad para que le persiguiesen, entendieron que era poner nota de injusto en Dios; y arguyeron que Job, afirmándose por

inocente a sí, condenaba a Dios por culpado, y tuviéronlo por negocio blasfemo; y así, con celo de la honra de Dios, más bueno que discreto, movidos, salieron a la causa por él.

Y porque si hablaran juntos no se entendieran, tomó Elifaz el uno de ellos la mano, y escuchándole los otros habló en nombre de todos así.

2. ¿Por ventura si tentáremos hablarte, cansarás, y detener palabras quién podrá? Dice el original a la letra: Si acaso tiento palabra a ti, cansarás; que es decir que está en duda y que teme que cualquier palabra que le toque al oído, y cualquier cosa que se le diga, le ha de dar enojo; mas que no le es posible callar. Que es una manera de entrada para decir lo que quiere, llena de disimulación y arte; que por una parte muestra dolerse de su trabajo y desear no acrecentárseles más, y por otro desculpa la necesidad que le fuerza; y con lo uno y lo otro procura calladamente atraer a sí la voluntad de Job y ganársela y hacer que le oiga con igualdad y atención, porque dice: Las cosas que se me ofrecen decirte y las cosas que tus trabajos y tus razones nos piden que te digamos, son de importancia grandísima y no se pueden callar; mas póneme encogimiento para hablar ese mesmo trabajo tuyo, que no consentirá que te hablen. O por decir verdad, no trata aquí Elifaz del hablar sencillamente, ni duda si recibirá enojo Job de que ellos le hablen, que antes en los males el corazón se desahoga hablando, sino trata del disputar y altercar y del meter a Job en contradicción y cuestión, estando rodeado de dolores con quien tenía cuestión y lucha contina. Y que esto sea así parece, lo primero, del hecho mismo, porque todo cuanto dijeron éstos no fue plática de consuelo, sino disputa de contradicción y amargura; y lo otro, de la fuerza de la palabra original, que lo que decimos tentar palabras es nisah, que es propriamente hacer prueba de las razones que se dicen y examinarlas altercando y arguyendo sobre ellas. Y así dice: Temo que el meterte en disputa agora y el examinar lo que has hecho te ha de ser enfadoso; pero ¿quién puede disimular lo que siente?, o ¿quién podrá no sacar a luz la verdad ni consentir que con sus palabras la cubras y cierres? Porque lo que traducimos: ¿Y detener palabras quién podrá?, el original nos da licencia a decir: ¿Y cerrar con palabras quién podrá?, esto es, ¿quién consentirá o podrá consentir que con palabras la verdad se escurezca y encierre? Así que dice: Si el disputar te fuere enojoso,

el averiguar la verdad y el no consentir que nadie la encarcele y aprisione es sancto y honesto, y por la misma causa debido y necesario.

Y con esto comienza, y dice:

3. ¿Veis? Avisabas a muchos y manos flojas afirmabas.

4. Al caído levantaron tus palabras, y rodillas encorvadas esforzabas.

5. ¿Por qué agora vino a ti, y cansaste; tocó fasta ti, y fuiste turbado? Lóale sus buenos consejos y dice cuán eficaces siempre fueron, así para poner en orden en quien no la tenía, como para esforzar y animar al que padecía miseria. Y lóale así para dos fines: uno, para halagarle agora, porque le tiene después de herir; otro, para dar a su razón mayor fuerza; porque presupone que Job sufre impacientemente el mal que padece y que habla lo que no es razón, y quiérele con sus razones volver al camino; y siempre es la más eficaz la que se toma de lo que el otro confiesa.

Tú, dice, persuadías a paciencia los otros; justo fuera, pues, que la tuvieras tú agora, y que hablaras contigo mismo como con los otros hablaste y que te esforzaras a ti, pues ponías esfuerzo.

¿Veis?, dice. Esta palabra Veis, en la Sagrada Escriptura, unas veces hace significación de algo admirable y es señal de novedad y de espanto; y otras, de desprecio y de mofa, como en este lugar. Porque ofendido Elifaz de las palabras de Job, en cierta manera le desprecia, y con una risilla falsa y como torciendo los ojos a sus amigos y meneando hacia Job la cabeza. ¿Veis, dice, en lo que ha parado la sanctidad de este hombre? ¡Cuán diferente es el hacer del decir! ¡Qué gran aconsejador y qué ruin sufridor! ¡Qué gran médico para otros tú y cuan poco sabio para ti mismo! Fea cosa es ser los hombres necios para sí solos; que, a la verdad, aunque es ordinario los hombres ordenar mejor las cosas ajenas que las suyas proprias, y tener mejor seso para otros que para sí mismos; pero no obstante eso es cosa muy fea, y que arguye mucho nuestra gran poquedad y el exceso de nuestro amor, que nos ciega para no ver en nuestra casa lo que en las ajenas conocemos y vemos.

A muchos, dice, avisabas, que es decir, que tenía consejo Job para otros. Y manos flojas esforzabas; a los tristes y afligidos se les caen con el ánimo las manos también; que la naturaleza, por acudir al corazón que la congoja oprime, desampara lo de fuera, y así se cae como si estuviese sin alma. Y porque la tristeza obra esto en las manos, por eso las manos flojas significan la tristeza y el descaimiento del ánimo. Y lo mismo es lo que añade: Y caído levantaron tus palabras, y rodillas encorvadas esforzabas; que es, por lo que hace la pena del corazón en el cuerpo, declarar esa misma pena, pues dice: Habiendo sido tú hasta agora esfuerzo y consejo para otros, ¿por qué agora vino a ti y cansaste, tocó hasta ti y fuiste turbado? Cansaste; caíste con la carga afligido. Fuiste turbado; saliste de lo que pide la razón y buena orden.

6. De cierto tu temor, tu fortaleza, tu paciencia y perfección de tus carreras. Está falta aquesta razón y pide algo que se le añada, y conforme a ello será su sentencia. Y lo primero conviene advertir que donde decimos fortaleza, la palabra original ciselah, quiere decir confianza demasiada, y también necedad; porque de ordinario son demasiadamente confiados los necios, y la necedad no es otra cosa sino una gran confianza de sí, nacida de no conocerse a sí. Y ni más ni menos lo que decimos paciencia, en el original quiere también decir esperanza, de quien nace la paciencia, que no es otra cosa sino una larga esperanza. Esto presupuesto, si decimos: Tu temor, tu fortaleza, tu paciencia y perfección de tus carreras, habemos de añadir, era burlería sin duda, como por el hecho se ha visto. Parecías bueno, mas no lo eras. La experiencia ha mostrado que ni temías a Dios de verdad, ni eras fuerte ni sufrido como lo demostrabas, y que eran no sanctidades, sino sancterías las tuyas; que si hubieras sido bueno, fueras paciente agora.

O por otra razón: Que pues Dios te trata y te castiga, argumento cierto es que no le servías. Y conforme a esto segundo, las palabras de este verso se cumplirán bien en esta manera. Había dicho Elifaz: Tú que aconsejabas a otros y les ponías esfuerzo, no le has tenido cuando te fue menester. Dice agora: El caso es que si va a decir la verdad, nunca hubo en ti cosa que buena fuese, como se ve por lo que Dios te castiga. Y a esto se sigue bien lo que en el verso que viene dice: Miembra, ruégote, ¿qué limpio se perdió? Que es la razón por do se persuade que Job no fue bueno, porque le ve perdido y caído.

Pero si leemos en la otra manera: Tu temor, tu confianza; tu esperanza, la perfección de tus carreras, según algunos, añadiremos así: Tu temor era por tu confianza y por tu esperanza tu perfección de carreras. Que es decir que halla por su cuenta Elifaz que, si Job había sido bueno, lo había sido por interés y por el bien que recibía y esperaba de Dios; que, como le faltó lo desconoció luego y se volvió contra él, mostrando a la clara que su virtud pasada no fue virtud, sino interés y codicia. O en otra manera: Tu temor era tu necedad; tu esperanza, la perfección de tus carreras, diciendo: Verdaderamente tu temor, el que dices, dígole yo necedad y confianza vanísima; ni tuviste temor de Dios, ni recato en tus obras ni advertimiento de lo que podía venir, como dices, sino tuviste siempre una tonta seguridad nacida de corazón vano y de sí contento y muy lleno de sus esperanzas. Tu temor, tu vana confianza; esto es, tú dices que andabas temeroso; yo digo que anduviste siempre muy confiado y muy vano, creyendo más bien de ti que debías. Y es conforme a esto lo que los griegos traducen, porque dicen así: ¿Por ventura tu temor no fue poco saber, y tu esperanza, maldad de tu camino?

O podemos seguir esta forma, que diga Elifaz a Job que con razón andaba temeroso, como dice, siendo tan pecador. Como diciéndole: verdaderamente tu temor, el que dices, con razón le tenías; y no te venía de ser religioso, sino del mal testimonio de tu pecho. Y tu esperanza, esto es, el estar, como dices, aguardando siempre algún azote, nacía de que sabías bien la perfección de tu vida; que llama perfección de vida o de carreras, por disimulación y ironía, al vivir en pecado. Y en confirmación de esto, conviene a saber, que era Job pecador, añade lo que luego se sigue y dice:

7. Miembra agora, ¿quién limpio, y se perdió, y cuándo derecheros fueron cortados? Porque, dice, no puedes ya negar que eres malo, porque, si no lo fueras, no te azotara Dios como te azota. Porque dime alguno que, siendo justo, haya sido tratado como tú lo eres, o cortado y, destruido como tú.
Añade:

8. Como siempre vi a los que aran torceduras, y siembran desventura, segarlo. Esto es, como al revés yo veo, y tú ves y todos vemos, que el malo para siempre en mal, y que cual siembra tal siega, y que como son las obras de cada uno son los fructos que coge. Que es el principal asunto de estos amigos de Job insistir en que siempre son en esta vida los malos tratados mal, y los buenos bien; pretendiendo por ello que Job es malo, pues es así tratado, y que Dios es justo, pues da a cada uno lo que merecen sus obras; pareciéndoles que si en Job no ponen culpa, en Dios no hay justicia. Y así Elifaz estriba en esto, que al malo le sucede mal y al bueno bien, y diciéndolo y en la forma como lo dice, lo prueba con una semejanza secreta, como diciendo así: lo que es en la cultura del campo, eso mismo es lo que pasa en la vida; lo que el labrador siembra,

eso mismo siega y coge después; y ni el que sembró cebada coge trigo, ni al revés, coge cebada si fue de trigo la sementera, porque todo acude a su natural. Y así los que siembran maldad, necesario es que sieguen desventura y sucesos malos; y esto, dice, les avendrá por más poderosos que sean.
Porque, como añade:
9. A resuello de Dios perecen, a espíritu de su nariz se consumen. Que es responder a lo que le pudieran decir, que algunos, aunque son muy malos, son por otra parte tan poderosos y tienen raíces tan firmes y su tiranía tan fundada, que no parece les puede llegar el desastre. Pues dice que es sin excepción esta regla, porque para contra el más poderoso basta un soplo de Dios; y así, en soplando él, perecen y con un bufido suyo se consumen; que espíritu de su nariz llaman lo que llaman bufar en castellano, que se hace con el enojo cuando enviamos con fuerza el aire por las narices.

Y razona de esta manera: Todo lo alto y todo lo poderoso, y todo lo que parece arraigado y fundado en los malos, no es arraigado ni fundado, sino flaco y movedizo; y así como a las cosas secas y sin peso el viento las levanta y esparce, así éstos son volados luego en volviéndoseles el aire de la fortuna, y al primer vientecillo contrario que Dios les envía. Que sus raíces, aunque lo parecen ser, no son hondas; ni su poder, siendo injusto, no es fuerte, sino débil y enfermo; y como fuera fortísimo, para contra Dios ninguno lo es por bravo que sea.

Y así dice luego:
10. Bramido de león, y voz de leona, y dientes de leoncillos son arrancados. Que es decir que Dios a los malos y tiranos, y aunque sean fieros más que leones, cuando quiere les quita el bramido y los dientes, esto es, el hacer y el decir las palabras y las obras, en las cuales dos cosas todo el poder consiste. Y llama con grande significación bramido a las palabras de los tiranos, porque cuanto dicen y mandan es altivez y soberbia, y espanto y asombramiento de los menores. Y a sus obras llámalas dientes, porque todas ellas se resumen en morder a los que poco pueden y en hacerlos pedazos, y porque de todo hacen presa. Y es también de advertir que, con haber muchas diferencias de mal y de malos, Elifaz, para decir que los destruye Dios, puso ejemplo solamente en los malos que son leones, esto es, en los que pecan con violencia y tiranía, que son males derechamente contra el bien común de los hombres. Porque,

a la verdad, si para hacer cierta su regla fuera bastante un ejemplo, no podía traer ejemplo de ella más cierto, según lo que en este género continuamente se ve. Que si con los demás disimula Dios aquí muchas veces; pero con los opresores de otros, y con los violentos que se usurpan el derecho, y con los que se apoderan de las comunidades, nunca o casi nunca aquí disimula, antes hace ejemplares castigos. Lo uno, porque este pecado no es uno, sino muchos pecados; que, lo primero, es soberbia desenfrenada y apetito de excelencia excesiva, que lleva a querer estar sobre todo. Lo otro es un género de competencia con Dios, que quiere, sin ser llamado por él, hacerse señor de los otros, habiendo reservado el hacer reyes Dios para sí. Lo tercero es avaricia, que, desenfrenada, usurpa las libertades y derechos ajenos. Lo cuarto es codicia de demasiados y vituperables deleites, que se procura hacer señora de las leyes para que ninguna la ponga freno. Lo quinto es defensa y honra de muchos pecadores y malos, de quien de fuerza se ha de valer el tirano. Lo sexto y gravísimo es persecución de la virtud, y de todo el buen valor y grandeza, y es estropicio para los flacos que desean ser buenos, que al fin se sujetan a la lisonja y al vicio, y se hace a lo que les parece que vale. Por donde en el Psalmo David decía: No dejará Dios la vara de los pecadores sobre la suerte de los que son justos, porque no extiendan a la maldad los buenos sus manos. Así que no dilata Dios el castigo de aqueste mal, porque no es un mal solo, sino un amontonamiento de casi todos los males. Y aun también acelera el castigo en esta maldad, porque le dan prisa los gemidos que continuamente suben a sus orejas, de muchos a quien estos oprimen, los cuales hacen fuerza en las entrañas piadosas de Dios. Que si la piedad infinita de su condición da espera a los malos, y en una cierta manera le detiene y le ata las manos, esa misma, en este caso que digo, le despierta y da prisa para que les envíe su azote. Porque ¿cómo se compadece que quien tiene piedad de los malos, se olvide de los buenos cuando están oprimidos? O ¿cómo puede ser que quien se lastima de enviar dolores sobre los enemigos de la virtud, sufra con paciencia que sus amigos y siervos sean azotados y afligidos por ellos? Y así es que de ordinario no dilata el castigo de los semejantes, ni consiente que su tiranía no lo pague a la fin, antes comúnmente sus remates son desastrados. Y no solamente allá donde todo se juzga así como debe, mas en esta vida también,

y en los ojos de todos hace Dios justicias ejemplares de esta maldad, y vuelve públicamente por el bien público, a quien éstos persiguen.
Y éste es el quitar la voz al león y el desdentar los leones que Elifaz aquí dice. Y es verdad que, aunque en el parecer habla en general, porque, como habemos dicho, acontece esto generalmente, mas en el su intento secreto todo lo endereza a solo Job, a quien por figura llama león, y leona a su mujer, y a sus hijos, sobre quien la casa se hundió, leoncillos; dando con disimulación a entender que era tirano Job, y que se mantenía de sudores ajenos, y que sus muchas riquezas, las que hasta allí poseía, no habían sido bendiciones de Dios, como pensaban, sino despojos de muchos pobres, como Dios lo mostraba azotándole.
Y en el mismo propósito añade:
11. Tigre perece sin presa, y hijos de tigre se esparcen. Lo que decimos tigre, podemos decir león también, porque la palabra es una misma con la de arriba. Y aunque dice Tigre perece sin presa y no más, hase de entender según lo que ha dicho, esto es, que Dios quita al tigre la presa, y hace que los hijos del tigre se esparzan, que se sigue de lo primero; porque no teniendo presa los padres, los hijos de ellos, a quien los padres con sus presas mantienen, acosados de la necesidad, salen ellos a buscar su comida, y así se esparcen y pierden. Y lo que decimos presa propriamente, según el original, es lo que en castellano llamamos gobierno y sustento. Y así se entiende de aquí que Dios quita a los violentos no solamente lo injusto que prenden, sino también lo necesario de que se mantienen y sustentan; y que en pago de que con maneras injustas y haciendo pobres a muchos quisieron vivir en abundancia superflua, los trae Dios a necesidad extrema, que comienza en ellos y se extiende por sus hijos y nietos, para que, durante más, sea más advertido el castigo, y para que, cuanto la pena se conociere más por los hombres, tanto la justicia de Dios quede más abonada y más libre.
De manera que Elifaz, por todo lo dicho, concluye que Job, aunque antes de agora fue tenido por justo, en el hecho de la verdad era gran pecador; y que su hecho fue tiranía disimulada con apariencias honestas; y que la prueba dello era su mismo suceso, porque, como dijo, tal coge cada uno cual siembra; y pues él cogía castigo, argumento era que había sembrado maldad.

Y con esto procede a otro nuevo argumento, y prueba lo mismo por diferente razón, que funda en una revelación que refiere, de donde arguye que es malo Job. Porque le revelaron que Dios es tan justo, que ninguna culpa de ninguna criatura, por más alta que sea, ni deja de conocerla ni pasa sin castigarla. De donde colige que, aunque Job no se conozca por malo, está obligado a tenerse por tal en los ojos de Dios, que en las criaturas espirituales, de cuya naturaleza es más apartado el pecar, hallan faltas, cuánto más en los hombres a quien, por ser de lodo es proprio el ser deleznables.

Y dice de esta manera:

12. Y a mí palabra como a hurtadillas, y tomó mi oreja poquito de ella. Dice: y aun a mí mismo fue revelada una cosa, que ella sola convence bien mi propósito, y que es Dios justo y tú pecador. Y pone luego la manera como le fue revelada, contando sus circunstancias; porque, como dice, fue de noche y entre dormir y velar, que acontece a algunos Profetas. Y dice así: Y a mí palabra, conviene a saber, me fue dicha, como a hurto. Porque las cosas grandes y que exceden lo natural de los hombres, cuando Dios se las dice, óyenlas conforme a su pequeña disposición, y así les parece que a malas penas las oyen, tanto así por la mucha brevedad con que se les dice (que sin tiempo y en un abrir de ojo y con un rayo de luz súbita comprende largas razones Dios muchas veces) cuanto porque se las dice en lo muy hondo y secreto del alma, alejadísimo de todo lo que es potencia y sentido. Y esto llama a hurto Elifaz aquí, por su brevedad y secreto, y porque lo que así se oye, como no cae en el sentido, viene con dificultad a la lengua y se puede mal declarar. Por eso dice: Y tomó mi oreja poquito dello. Mi oreja, esto es, mi sentido, porque lo oyó a hurto y de paso. Dice: En pensamiento de visiones de noche, en caer adormecimiento sobre varones. Lo que decimos pensamientos, según la palabra original, no diremos mal en castellano espeluzamientos; y lo que decimos adormecimiento, es no cualquier sueño, sino profundo y pesado cual es la pesadilla que así se nombra. De arte que el tiempo cuando le fue revelado fue de noche, y en lo más hondo y escuro de ella, cuando las tinieblas espesas y la soledad que nace del silencio de todo, causan horror en el ánimo, y cuando todo lo que se ve o se imagina ver, como no se devisa, hace asombramiento que espeluza el cabello; y cuando el humor melancólico que, escalentado con el sueño y esforzado con el alejamiento del Sol, se mueve en el cuerpo, y con

los humos que envía, apretando el corazón y ennegreciendo la imaginación y sentido, cría sueños pesados y horribles. Que es decir a media noche o poco después de ella y en lo más hondo de ella, que es tiempo cuando, según la opinión del vulgo, andan las sombras y las estantiguas que espantan. Y por eso dice en pensamientos o en espeluzos de visiones de noche.

De manera que esta revelación de Elifaz fue de noche muy noche. Y a la verdad aquel tiempo es muy aparejado tiempo para tratar con el cielo; porque el suelo y sus cuidados impiden menos entonces; que, como las tinieblas le encubren a los ojos, así las cosas dél embarazan menos el corazón, y el silencio de todo pone sosiego y paz en el pensamiento; y como no hay quien llame a la puerta de los sentidos, sosiega el alma retirada en sí misma; y desembarazada de las cosas de fuera, éntrase dentro de sí, y puesta allí, conversa solamente consigo y reconócese. Y como es su origen el cielo, avecínase a las cosas dél y júntase con los que en él moran; los cuales influyen luego en ella sus bienes como en sujeto dispuesto, por cuyo medio se adelanta y mejora; y subiendo sobre sí misma, desprecia lo que estimaba de día y huella sobre lo que se precia en el suelo, al cual con ello todo ve sepultado en tinieblas; y súbese al cielo, que entonces por una cierta manera se le abre resplandeciente y clarísimo, y mete todos sus pensamientos en Dios y en medio de la escuridad de la noche le amanece la luz.

Y con ser así que la noche es reparo de los miembros cansados y que con el sueño de ella lava el corazón sus tristezas; y con ser así que templa el aire encendido, y que con su templada y saludable humedad los árboles y las plantas se rehacen del día, y que su rocío baña y fertiliza las yerbas, ni las plantas, ni los árboles, ni los animales y cuerpos se reparan así con la noche cuanto las tinieblas della acarrean mejoramiento y salud al alma que en ellas vela. Porque la tiemplan los afectos que la encendían en fuego, y la olvidan de lo que entre día hace afán y trabajo, y la renuevan y la fortalecen y la bañan con el rocío del bien, que mezclado con gozos dulcísimos sobre ella desciende; con que no solamente se alienta y esfuerza, mas también se empreña y hace fértil para mil partos bienaventurados, que saca a luz a su tiempo.

Así que Elifaz en su revelación guarda lo que la razón y naturaleza de las cosas demanda. Y dice que le fue hecha ya muy de noche, porque tiene particular

fuerza la noche, como para adormecer los cuerpos así también para despertar las almas y llevarlas a que conversen con Dios.
Pues entonces, dice:
14. Pavor me sobrevino y temblor, y hizo espavorecer mucho mis huesos. El trato con los espíritus celestiales, por razón de las ventajas que nos hacen y por su mucha desigualdad, naturalmente es temeroso a los hombres; porque así como lo igual y semejante convida a amistad, así lo desigual y muy aventajado, cuando se ve, hace reverencia y espanto; porque todas las cosas por natural movimiento se allegan a sí y a lo que es como ellas, y se apartan y se esquivan de quien se les diferencia por su mucha excelencia. Y así cuando algún espíritu se acerca al hombre para hablarle, aun antes que se demuestre, naturalmente le espanta, y su vecindad dél cuando la ordena para mostrársele, le mueve y le turba la sangre y los espíritus, que sienten la nueva fuerza que en ellos se embiste. Porque se ha de entender que el espíritu que se aparece para despertar y disponer al hombre para su trato, que es trato tan ajeno del nuestro, lo primero aplica su virtud a nuestros sentidos y espíritus, ordenándolos como es menester para ser de nosotros, o visto o oído; el cual tocamiento, como es peregrino, turba la sangre en el hombre y hace temer naturalmente, que es lo que dice Elifaz, y lo que luego declara más.
Porque añade:
15. Sopló sobre mis faces; pasó y hizo erizar pelos de mi carne. Y luego:
16. Estuvo y no conocí su vista, semejanza ante mis ojos, callada voz oí. En que dice que, al fin de estos espantos, se le puso delante un bulto que no devisó bien cómo era, que con voz callada, esto es, con voz baja y delgada, le dijo lo que luego dirá. Y es de advertir que en su revelación Elifaz pone circunstancias y tiempo por dos justas razones: una, porque las circunstancias de los negocios, contadas, hacen más creedero lo que se cuenta; otra, porque estas particularidades por la cualidad que tienen, no solo hacen verisímil lo que se dice, mas también le añaden autoridad y gran majestad. Porque quien oye el horror de la noche y el despeluzamiento del cuerpo, y el temblar del corazón, y el soplo sobre la cara, y la figura delante los ojos larga y escura y el sonido de la voz delgado y agudo, él mismo se estremece y se apercibe para lo que se le dice como para cosa divina.
Mas veamos ya lo que dijo a Elifaz esta voz.

17. ¿Por ventura varón más que Dios se justificará? ¿Si más que su Hacedor se limpiará varón? Dícele no ser posible que el hombre sea más justo que Dios, lo cual por dondequiera que se mire es verdad. Porque se puede entender de dos maneras: o comparando al hombre con Dios, o siendo de Dios juzgado el hombre. En la comparación es el hombre como nada, y en el juicio de luz tan pura cualquier falta suya forzadamente se ve. Y de esto que es verdad colige Elifaz lo que no es, y condena de culpa a Job sin tenerla. Porque como quiera que en comparación de Dios, así él como todos sean menos justos, no por eso se sigue que sean pecadores y malos. Ni menos, si midiendo Dios al hombre con la regla de su afinada bondad, le halla que no dice con ella del todo, le juzga luego por torcido. Porque una manera de juzgar es midiendo Dios a los hombres consigo, y según esto, ninguno ajusta con él; y otra es, midiéndolos con lo que su cualidad de ellos demanda, y, conforme a esto y con el favor de la gracia, muchos son justos. Por manera que concedemos a Elifaz todo lo que le fue revelado; mas decimos que ninguna cosa de ello es en perjuicio de Job, sino que él se engañó aplicando mal a lo particular de este caso, lo que en general es verdad; y la doctrina que le fue demostrada para derrocar en él alguna altivez y soberbia, aplícala él sin razón para condenar la inocencia a quien Dios afligía por diferentes respetos. Pero pasa adelante la voz, y dice:

18. Ves; en sus sirvientes no se afirma, y en sus ángeles halló torcimiento.

19. ¿Cuánto más moradores en casa de lodo, su cimiento de los cuales en polvo son desmenuzados antes de polilla? Lo que decimos y en sus ángeles halló, el original a la letra dice y en sus ángeles puso. Por lo que decimos torcimiento, la palabra original significa o locura o alabanza. Sant Hierónimo siguió lo primero, y según ello dice a la letra y en sus ángeles puso locura. Y porque el hacer o poner Dios lo que suena pecado, en el lenguaje de la Santa Escriptura es no hacer, sino permitir que acontezca, guardando el mismo sentido y excusando el estropiezo de los que no entienden esta forma de estilo, dijo bien Sant Hierónimo y en sus ángeles halló torcimiento.

Mas quedando esto así, la segunda significación hace también buen sentido, porque suena a la letra, y en sus ángeles no puso alabanza. Y digo no puso porque la negación que está en la primera parte del verso, extiende su fuerza a la segunda, y se tiene por repetida en ella, según la propiedad de esta lengua. Pues decir que no puso su alabanza o su luz en ellos, es decir que no crió tales sus ángeles que no pudiesen ser vituperables y escuros. Porque la palabra de poner aquí es palabra que significa asentar con firmeza, y Dios a los ángeles ni los crió de su naturaleza impecables, ni menos luego que los crió los confirmó en su gracia y justicia. Esto así presupuesto, prueba Elifaz lo que de suyo está claro por razón evidente, y arguye de lo que es más a lo que es menos o de lo que había de acontecer menos y con todo eso acontece, a lo que es natural que acontezca. Porque dice: Si los espíritus que crió Dios para siervos suyos, sin embarazos de carne, se torcieron del bien y perdieron el seso, ¿qué serán los que viven en cuerpos de lodo y son hechos de polvo?

En sus sirvientes, dice, no afirma. Sirvientes llama suyos a las sostancias espirituales, porque las crió Dios para por su servicio gobernar las demás criaturas; y así las dotó del conocimiento de ellas perfecto y de fuerzas bastantes para poderlas mover. Y así como mayores y como más allegados a Dios y como ministros de su orden y ley, están menos ocasionados a salir de ella que otros. Pues en éstos, dice, de cuya firmeza en la virtud cualquiera se confiara, Dios que los conoce mejor, no se afirma. Que es decir que no hizo en ellos pie ni se fió en su virtud de ellos, porque conocía su natural, que se podía torcer por más perfecto que fuese, y que en muchos de ellos al fin se torció.

Y así dice y en sus ángeles halló torcimiento, y si en ellos le halló, ¿cuánto será más fácil en los que moran en lodo? Y llama así a los hombres, porque sus cuerpos donde moran sus almas se compusieron de tierra. Y porque no pareciese flaca razón, que por ser la casa de tierra había de ser flaco el morador, añadió luego para más fuerza y su cimiento de los cuales es polvo; en que demuestra ser más que casa lo que llamo casa. Quiero decir que no es tan desapegada del hombre como la casa lo es, sino cosa que le pertenece y se le allega mucho, como parte suya que le compone y le da sus condiciones y cualidades de flaqueza, de mudanza, de variedad, en la manera como la tierra y el polvo las tiene. Y así dice que su cimiento es en el polvo, porque el cuerpo del hombre, que es de polvo, es el cimiento donde l'ánima estriba. Porque, aunque ella es la que mueve y gobierna y da vida, él es por cuyo medio recibe ella las imágines de todo lo que conoce, de manera que sin ellas no conocería cosa ninguna, y no conociendo no podría querer, y así quedaría como un tronco muerto sin apetito ni conocimiento nuestra alma, si no estribase en el cuerpo. De arte que estriba en él y estriba para poder obrar lo que es propriamente obra suya; y como el estribo es flaco y sujeto a mudanzas, así lo que por medio dél pasa a registrarse en el alma, y su mismo entender y querer (que se funda en eso que a ella pasa del cuerpo) es variable y mudable y maravillosamente inconstante. Y donde hay inconstancia y variedad, es ordinario el engaño y error, a lo cual acompaña siempre el desconcierto y pecado. Y así, de ser nuestro cuerpo de tierra por sus pasos contados derechamente venimos a ser de nuestro natural subjetos al errar en los pensamientos y obras. Y como nuestro cuerpo, por ser de lodo, es corruptible en su ser, ansimismo nuestra alma, que está casada con él, es deleznable en su querer y entender, porque siempre tuvieron y siempre tienen gran parentesco entre sí la corrupción y el pecado, conforme a lo que escribe Sant Pablo: Por un hombre entró el pecado en el mundo, y por el pecado la muerte. Y Santiago en la misma manera: El pecado cuando llega a colmo engendra muerte. Y así como el pecar es camino derecho y cierto al morir, así también el ser una criatura corruptible y mudable es disposición grande ser pecadora; y más pecadora cuanto la muerte tuviere más libre entrada en ella, esto es, cuando fuere más dispuesta y más fácil para ser alterada y corrompida. Y por esta causa, y para mayor prueba de cuán deleznables y cuán fáciles para el pecar los hombres somos, la voz que con Elifaz habla encarece cuán a nuestra puerta nos está siempre la muerte, y la facilidad con que perdemos la vida y la brevedad de ella y su no comparable flaqueza.

Y dice son desmenuzados ante polilla. Lo que decimos ante, podémoslo entender o en su presencia de ella o antes que ella venga; y ambas a dos cosas encarecen la miseria de nuestra flaqueza o la flaqueza de nuestra vida. Y lo segundo más, porque dice que no solamente la polilla, esto es, los gusanos (que como la polilla nace de la vestidura y consume la vestidura de donde nace, así ellos consumen nuestro cuerpo muerto de donde se crían), así que no solamente nos deshacen los gusanos, esto es, la muerte que es madre de ellos, mas antes y primero que venga la Muerte morimos, y primero que los gusanos nos coman, los cuidados y dolores de la vida amargos nos consumen y gastan, y el vivir nuestro triste y miserable, para deshacernos, gana por la mano a la muerte. Y a la verdad, todo el vivir nuestro no es sino un contino perder el ser y el vivir que se tiene; y así nuestra vida, no solamente es un

camino apresurado a la muerte, mas es también una pérdida contina de vida, y es muerte que cada momento hace vigilia a la muerte.
Y así añade:
20. De mañana a tarde son deshechos; por no haber quien ponga para siempre perecerán. Esto es, mañana y tarde y de contino se deshacen, porque el morir va en posta y porque para quitarles la vida no es menester ni grande aparato de gente ni mucho espacio de tiempo; con la vuelta de una breve hora se les va de entre manos.
Mas lo que dice por no haber quien ponga, está cortado y defectuoso y es necesario añadirle, o de esta manera: Por no haber quien ponga estorbo, para siempre perecerán; que es decir, que siempre y continamente y por momentos mueren, por no haber quien ponga estorbo al morir, esto es, quien repare continamente lo que el calor continamente consume, que es la fuente de nuestra muerte, por no haber quien restañe la sangre abierta y que se derrama de contino. O de otra manera, que es la más cierta y la que siguió Sant Hierónimo, por no haber quien ponga las mientes, para siempre perecen. Como si en más palabras dijera: Y de la mañana a la tarde dejan de ser; no hay hora ni momento en que o no mueran o no estén sujetos a peligros de muerte; y con ser así, son por otra parte tan inconsiderados los hombres, que eso mismo que experimentan no sienten, ni lo que tienen delante ven: la brevedad de la vida y su incertidumbre; y ni los casos ajenos, ni los desastres de sus vecinos, ni sus reveses y trabajos proprios, ni el ver que todo vuela y se muda les abre los ojos para que reconozcan su ser y para que vivan como quien no ha de vivir algún día, y para que enderecen su camino y le ajusten al fin adonde van a parar, sino, como enajenados de sí, viven como si no fuesen mortales, y como si tuviesen en su mano y debajo de los pies la fortuna y los golpes della y sus desvaríos; o como si no cayese mudanza en su ser y no tuviesen sobre sí juez, así sin rienda siguen tras sus antojos, contentos. De que les aviene que, como no se consideran mortales, vienen a morir con doblada muerte; y porque no vivieron como convenía a los que han de morir, mueren para no vivir, para siempre condenados por sus delitos a tormento perpetuo. Y conforma con esto bien lo que últimamente se sigue, que es:
21. Y lo que resta partióse de ellos; morirán, y no con sabiduría. Porque lo que resta, que es en su original iether, significa lo que sobra y la demasía y la

ventaja; y por la misma razón, todo lo que excede a lo necesario, así en honra como en dignidad y riqueza. Y también dicen algunos que por esto que sobra o que hace ventaja, es significada el alma aquí como por rodeo, por su natural excelencia. Y como quiera que merezca este nombre el alma en todos, por ser la principal parte del hombre, viene bien que se llame así en los de que agora se habla, que pasan su vida tonta y desacordadamente, y no porque su alma es lo que en ellos se aventaja, sino porque propriamente les es como cosa de sobra y como una demasía sin fructo, que no les sirve para el fin que se hizo, que es conocer la razón, pues viven sin ella; y son de los que la Escriptura dice que la recibieron en vano. Por donde es justo que aun antes de tiempo les sea quitada, pues no les es de provecho; y que se les acelere la muerte y que mueran, como aquí dice, y no en sabiduría, pues teniendo alma capaz de razón nunca usaron de razón en la vida.

Mas si iether no es aquí el alma de cada uno, sino aquello en que a los otros sobra, y se aventaja o en virtud o en dignidad o en riqueza, dice Elifaz lo que de contino acontece; que los que viven, y no conforme a razón, sin advertimiento ni seso, cuando mueren se aparta de ellos, o por hablar con más propriedad, huye de ellos toda su excelencia y ventaja, al revés de lo que a los buenos y considerados aviene, que lo que es de precio en ellos, cuando mueren se va con ellos y, muertos, los sigue. Porque es de advertir que todos los hombres tienen por principal alguna cosa, que se ponen por blanco; los buenos la virtud y bienes del cielo, los viciosos y necios esta burlería vana que resplandece en la tierra. Por donde en la muerte, cuando les viene, son diferentes: que los buenos llevan lo que preciaron consigo; pero los malos dejan acá lo que amaron y pasan a la otra vida desnudos de sus ventajas. Y así divinamente concluye, y dice que los tales mueren y no en sabiduría, esto es, dice que mueren muy necios. Porque es sin duda lo sumo de la necedad, quien vive, no para vivir aquí siempre, sino para pasar a otra vida, poner su tesoro todo y sus ventajas y bien en lo que se queda en ésta cuando parte della, pudiéndose aventajar y hacer rico en lo que siempre le acompañará, porque le da paso la muerte. Por donde Cristo, Sabiduría verdadera, nos dice: No queráis atesorar tesoros en la tierra, adonde hay polilla que los gaste y ladrones que los hurten. Atesorad tesoros del cielo, adonde no hay ladrón ni polilla.

Y aún podemos declarar por más sencilla manera esto mismo. Dice: Partiráse de ellos su excelencia; morirán y no en sabiduría, porque es éste el ordinario fin de los malos: cuando están en la cumbre, caer de su prosperidad y, sin saber cómo, partirse de ellos la riqueza y la vida. Y por eso dice y no en sabiduría, porque según sus apoyos y apercibimientos no alcanzan por dónde les vino el daño; y según estaban torreados, no hallan por dónde les entró la desdicha en el fuerte. O si abren con el azote los ojos, conócense por tan necios que eso mismo los derrueca, que tuvieron por su firmeza y amparo, y ven que los medios por do pensaron crecer y permanecer en alteza, ésos agora los arruinan y hunden.

Capítulo V
1. Llama, pues, si hay quien te responda; ¿y a quién de los sanctos te volverás?
2. Porque al loco degüella saña, y al tonto mata envidia.
3. Yo vide loco arraigado, y maldije súbito su belleza.
4. Alejaránse sus hijos de la salud, y serán quebrantados en la puerta, y no tendrán defensor.
5. Cuya segada el hambriento comerá, y el armado lo tomará, y sedientos beberán su haber.
6. Porque no saldrá del polvo vanidad, y de tierra no fructificará quebranto.
7. Que el hombre nacido es para laceria; y los hijos de la ave para ensalzarse volando.
8. Por donde yo buscaría a Dios, y con Dios pondría mi habla.
9. Hacedor de grandezas, sin pesquisa, de maravillas hasta no cuente.
10. Dador de lluvia sobre faces de tierra; enviador de aguas sobre faces de plazas.
11. Para poner bajos en altura, y enlutados ensalzaron salud.
12. Desbaratador de pensamientos de resabidos; no harán sus manos sotileza.
13. Prendedor de sabios en su mismo aviso, y consejo de perversos es deshecho.
14. De día encontrarán tinieblas, y como noche palparán en la siesta.
15. Y salvó de cuchillo de su boca dellos, y de mano de fuerte al pobre.
16. Y fue al mendigo esperanza, y el torcimiento cerró su boca.

17. ¡Ea!, bienaventurado varón, que lo reprehendió Dios, y castiguerio del Abastado no aborrezcas.
18. Porque él hará doler, y suelda; llagará, y sus manos melecinarán.
19. En seis angustias te escapará, y en siete no tocará mal en ti.
20. En hambre te redimió de muerte, y en pelea de mano de espada.
21. De azote de lengua serás escondido, y no temerás correría cuando viniere.
22. Del asolamiento y de la fambre te reirás, y de alimaña de tierra no temerás.
23. Porque con piedras del campo tu liga, y alimaña del campo se apaciguará a ti.
24. Y sabrás que paz tu tienda, y visitarás tu morada, y no pecarás.
25. Y sabrás que mucha tu simiente, y tus pimpollos como yerba de la tierra.
26. Vendrás con sazón a la huesa, y como montón de mieses es alzado a su tiempo.
27. Ves; esto pesquisámoslo, así ello; óyelo, y tú aprehende para ti.

Exposición

Insiste todavía en su intento Elifaz, y comienza otra razón para convencer a Job de pecado. Y porque arriba lo quiso probar, lo uno por el mal fructo que Job cogía de su vida pasada, de donde argüía ser mala; y lo otro, porque en los ojos de Dios y en su apurado juicio, aun en los ángeles se descubren faltas, cuánto más en los hombres, procura agora lo mismo por decir que todos dicen lo que él dice y son de su parecer, sin que nadie le contradiga; de que concluye ser verdadero lo que todos dicen, por no ser posible que todos se engañen. Y razona por esta manera:

1. Llama dice, si hay quien te responda; ¿y a quién de los sanctos te volverás? Como dicen dice: Y si no basta lo dicho, vuelve los ojos en derredor; o si quieres, alza la voz y llama si por caso hallares alguno que te responda, esto es, que consienta contigo o que en algo te favorezca o siquiera te desculpe con alguna color. Que es decir: si nadie te defiende, todos te culpan; y si todos te culpan, tú, sin duda, eres culpable, porque no puede ser que todos yerren. Así que busca, y no busca solamente, sino llama a voces, que es mejor para hallar lo buscado, si hay alguno que tome tu razón por ti. Y si dices que no has pecado y que, aunque te azota Dios, como vemos, has vivido inocente, muéstranos por algún ejemplo ser verdad lo que dices; y si es posible que los

buenos padezcan mal, señala alguno bueno que, siéndolo, haya mal padecido. Dame algún sancto azotado en la manera que tú agora lo eres, alguna vida empleada en virtud y rematada en dolor y miseria. ¿Y a quién de los sanctos te volverás?; esto es, ¿qué hombre sancto señalarás, o que le haya sucedido lo que a ti o, en caso que le sucediese, se haya justificado como tú te justificas o dado tanta libertad a su lengua?

2. Porque a la verdad, dice, al loco degüella saña, y al tonto mata envidia. Esto es, porque a la verdad cada uno acaba en la manera que vive; y cuales son los ejercicios de cada uno, tales son sus sucesos, y tales los paraderos cuales son los caminos. Que al loco y al revoltoso y al despertador de pendencias, esas mismas acarrean la muerte, y el que mata a espada, a espada muere; y el antojadizo, digo, a quien cuanto ve se le antoja, al fin fenece de antojo. Porque en lo que decimos tonto, la palabra original, que es evil, significa un género de liviandad que nace ordinariamente de poco saber; que desea todo lo que ve, y no tiene firmeza en ninguna cosa de lo que desea; a la cual es natural y muy allegada la envidia, y el pesarle de todo lo bueno que se parece en los otros porque lo apetece para sí ardiente y inconstantemente. Y no con más ardor que inconstancia; que así como se pagan presto de lo que ven, así se enfadan de ello con facilidad, y a un antojo destierra otro antojo, y a éste le hace luego guerra otro más nuevo que viene, por do de ordinario perecen a manos de ellos. Porque, por una parte, los consume la sed que tienen de todo lo que no tienen, y, por otra, les acaba la vida no serles posible tener todo cuanto desean, porque no hay cosa que no deseen. Y veces hay que en eso mismo que aman, cuando lo alcanzan, les viene envuelta la muerte, porque como aman por antojo y no con juicio, aman antes que conozcan bien lo que aman y así escogen muchas veces por bueno lo que es venenoso, y meten en su casa por sus manos a sus enemigos.

Mas dice:

3. Yo vide loco arraigado, y maldije súbito su belleza. Extiende y especifica eso mismo que ha dicho por las cosas que se le juntan y siguen, y así lo hace más cierto. Como diciendo: Y porque es verdad sin excepción que los malos siempre acaban mal, y que los que siguen sus antojos vienen a morir a sus manos, por eso todas las veces que veo algún malo muy próspero, luego le tengo por muy perdido; y aunque con los ojos no vea en él sino prosperidad,

con la vista del entendimiento más cierta comprendo su infelicidad y desastre, y por más hondas raíces que tenga, luego le juzgo por seco.
Yo vide loco arraigado, esto es, cada y cuando que veo algún malo muy feliz, maldigo a su belleza súbito, esto es, conozco y tengo en poco su felicidad, porque veo lo breve y lo falso della. Que en decir maldigo, no quiere decir que les desea mal cuando los ve, sino que ve luego el mal que encierra en sí aquella falsa apariencia de bien, o el que les acarrea aquella falsa prosperidad y belleza, y que así lo adevina luego y lo anuncia. O, si decimos que maldecir aquí es propriamente maldecir, diremos que maldice a la belleza, así como escribe, y no a las personas, que es conforme a razón; porque toda la felicidad injusta o que se funda en injusticia es aborrecible y maldita, así por las dañadas raíces de donde nace, como por lo engañoso y quebradizo que ella en sí tiene. Que nunca es durable lo que es violento, y es violento todo lo que es malo e injusto. Y así la felicidad injusta es rosa breve y flor que a vuelta de ojo se marchita; y bien en apariencia, y en sostancia y verdad desventura y miseria; y por la misma razón es engaño y embuste que embelesa los ojos. Y cosa cierta es que todos naturalmente aborrecemos y maldecimos a la falsedad y al engaño.
Añade:
4. Alejaránse sus hijos de la salud, y serán quebrantados en la puerta y no defensor. Luego que veo, dice, algún malo feliz y rico le anuncio su desastrado fin, y digo: Alejaránse sus hijos de la salud; que es decir: éste, que al parecer toca con la cabeza al cielo y tiene las raíces tan hondas que no hay quien le arranque, vendrá a menos tan presto, que fenecerá su casa en sus hijos. Alejaránse sus hijos de la salud. No solamente no serán prósperos, pero dice que vendrán a ser desastrados y infelices; porque salud más quiere decir libramiento de mal que demasía de bien, y el salvar es librar de peligro, y así el nunca alcanzar la salud es andar siempre en enfermedad y miseria. Y no dice que sus hijos no alcanzarán la salud, sino que se alejarán della; ni dice que ella les huirá, sino que la huirán ellos mismos; que es lo último del desastre, cuando uno parece que él mismo se aparta del bien y, pareciendo que le sigue, se aleja, y los medios que usa para allegárseles, son caminos ciertos para más se apartar.

Y serán, dice, quebrantados en la puerta. Puerta llama el juicio y los tribunales, porque antiguamente estaban a las puertas de los lugares las plazas, y en las plazas, los juzgados. Y, dice, no defensor; esto es, y cuando fueren llamados a juicio y metidos en pleito, cuando les pusiere demanda alguno sobre la hacienda, o criminalmente los acusare por quitarles la vida, no tendrán quien defienda su parte; y serán tan miserables que no solo los condenará el juez, mas antes dél, como a condenados en el juicio de todos, ninguno los querrá defender. Que es cosa justísima que quien forzó la justicia y no quiso estar sujeto a la ley, y quitó su derecho a los que poco podían, no la halle, ni él ni sus hijos, sino que les falte así el amparo público de la justicia, como el socorro particular de la piedad y de la misericordia.

5. Y dice: Cuya segada el hambriento la comerá, y el armado lo tomará, y sedientos beberán su haber, en que engrandece más la caída de los poderes injustos. Porque no solamente vendrá tiempo, cuando en la justicia que se hizo para favor general de todos, no hallarán favor ellos, mas cuando también la tierra misma y los animales de ella, como conjurados, les serán enemigos.

Cuya segada, esto es, sus panes y labranzas, el hambriento la comerá. Hambriento llama a la langosta y a lo que es así como ella, que destruye y atala las mieses. Y el armado lo tomará. Armado llama por la misma figura y rodeo al mismo pulgón y langosta, porque como los soldados armados en la guerra, así ellos con las armas que la naturaleza les da consumen cuanto les viene delante.

Mas es de advertir que la palabra original, que es tsinim, unas veces significa los escudos, que son armas, y esto siguió Sant Hierónimo, y así trasladó en este lugar armados; otras significa las espinas o las puntas agudas, cualesquiera que sean; conforme a lo cual en este lugar puede ser el seto o valladar que cerca los sembrados o viñas, y es como su defensa y escudo, que en muchas partes es de zarzas o espinos. Y así dirá que las langostas hambrientas les comerán las mieses a estos ricos y pecadores que dice, y que de las espinas las tomarán; esto es, que ni las espinas defenderán de las langostas a sus mieses, ni los valladares ni otro reparo ni cerca.

Y sedientos beberán su haber. Sedientos llama o vellosos (que lo uno y lo otro significa la palabra primera) a los salteadores, que hacen vida en los desiertos y campos, que en Idumea y Arabia de quien se escribe este libro, son faltos de agua. Y así a los que en ellos vagueaban para hacer mal, justamente Elifaz llama o sedientos, porque les menguaba el beber, o vellosos, porque andaban como salvajes, así en la vida como en la disposición del cabello. O sedientos llama por figura a los años secos y estériles, o verdaderamente a los vientos cierzos que dejugan la tierra y lo que produce y abrasan y secan; a que dos cosas favorecen: una, que Elifaz en este verso propriamente trata del daño que los temporales hacen en las haciendas de los pecadores, y a los temporales malos pertenecen como las langostas, así también los cierzos y la falta de lluvias. Otra, porque la palabra original saaph, que trasladamos beber, propriamente quiere decir atraer a sí, como cuando el que respira recoge al pecho el aliento; que es como imagen de lo que el Sol sin nubes y el cierzo, cuando corre en la tierra, hace, que le sorben el aliento. Pues dice que el cielo no enviará lluvias, y enviará cierzos y hielos; y la tierra producirá langostas y espinas, que consumirán las haciendas y posesiones de aquestos que dice.

Y reparte con propriedad las palabras; que a las langostas da el comer, y a los cierzos y calmas el beber; y de las mieses dice que serán comidas, y de la demás labranza, que es la que pertenece a las viñas, que será bebida; como diciendo que la langosta les comerá los panes, y el cierzo les beberá y dejugará las viñas.

Y con esto viene bien lo que añade:

6. Porque no saldrá del polvo vanidad, ni de tierra fructificará quebranto. Vanidad llama todo lo que es culpa, y quebranto, todo lo que es pena y castigo. Y responde en esto Elifaz a lo que alguno por caso dijera: que si hay años estériles y si vienen langostas, y si el agua, o faltando o sobrando, o anega o no cría las mieses, que esa es o cualidad del suelo o disposición de los tiempos, y no culpa de los hombres ni castigo de culpas. Así que responde y dice que ni la tierra produce vanidad ni fructifica quebranto, que es decir que ni cría culpa ni padece pena. Porque si la tierra pudiera pecar, pudiéramos también creer que eran pena de su culpa los años estériles; mas como en ella no hay pecado, así este desconcierto de tiempos no es castigo suyo; y si no es castigo de la tierra, conclúyese que lo es de los pecadores que viven en ella, cuyas haciendas con semejantes daños se pierden; y si es castigo de ellos, convencido queda que el cielo y la tierra son fructuosos de suyo, y

estériles por nuestros pecados, y que usa Dios de ellos como de verdugos para nuestro castigo.

Y conforme a esto prosigue y dice:

7. El hombre nacido para laceria, y las hijas del ave para ensalzarse volando. Que es proseguir su razón y decir: El hombre es sujeto capaz de pena, así como lo es de culpa; y como al ave le es proprio el volar, así el hombre nace para padecer, porque nace enemigo y culpado. Por donde los temporales malos no son pena de la tierra, que no es capaz de ella, sino castigo del hombre, que nace digno de ser castigado. Por manera que reduciendo a términos lógicos el argumento que Elifaz en estos dos versos encierra, dirá bien así: Los males no son males sino a quien los siente y merece; la tierra no es sujeto de culpa ni siente pena, y el hombre sí, porque como de nacimiento le conviene; luego las esterilidades del suelo y las malas disposiciones del aire, con los demás daños que en la tierra se ven, no son penas de la tierra, que ni las siente ni las merece, sino de los malos hombres que en ella viven.

Dice:

8. Por donde yo buscaría a Dios, y con Dios pondría mi; fabla. Concluye, pues, y concluye bien, según lo que arriba esta dicho; porque si a los ricos y poderosos, si son injustos y malos, les valen tan poco su poder y riqueza, que en creciendo caen y cuando están más floridos, o lo parece, se secan y no son tan prósperos en el subir cuanto son en el caer infelices, y si todo les es enemigo y como conjurado en su daño les hace guerra todo, los hombres, los animales, la tierra; bien dice Elifaz que el remedio es buscar los hombres a Dios, que es seguir la justicia y poner los pasos en la virtud, que es el camino por donde se halla. Y si les aconteciere que, o vencidos de la flaqueza o engañados por su poco saber, erraren este camino y salieren alguna vez dél y ofendieren a Dios, que les pese de la ofensa y que pidan perdón al ofendido.

Y esto llama poner con Dios su habla, suplicarle con humildad que los perdone, esto es, no hablar contra él indignados porque los castiga, sino sujetándose a la pena con verdadero conocimiento de sí, hablar con él suplicándole que levante la mano de su justicia. Y no dice Elifaz: Esto se ha de hacer, sino: Yo esto haría, para dar así más fuerza a su dicho y para persuadirlo mejor, porque nadie escoge para sí sino lo que tiene por bueno. Y porque habla con Job, a quien ve azotado y tiene por pecador y culpado, es como si le dijera:

El malo, como te digo, por mucho que a los principios en riqueza suba, viene a miseria después, como a ti agora te aviene, que estabas prosperado, y eras malo, y ya estás caído y perdido. Y conforme a esto el remedio no es dolerte o querellarte de Dios como agora tú te querellas y dueles; que, pues por ofender a Dios viniste a caer, por aplacarle y suplicarle y no por enojarle, has de volver a subir. Yo, al menos, así lo juzgo y lo hiciera así, si en tu estado me viera; y pusiera con Dios mi habla, y confesándome por hechura suya y por digno de mayor pena, suplicárale que pusiera fin a su justa ira.

Y porque el estado de Job era muy miserable, y tal que parecía carecer de remedio, o a lo menos tenerlo muy dificultoso, porque la dificultad no impidiese la esperanza a que le llamaba Elifaz, ni dudase Job que, volviéndose él a Dios, Dios le tornaría a su estado, dice luego del poder que Dios tiene y diviértese a tratar dél por solo este fin, y cuéntalo y encarécelo por hermosas maneras. Y dice:

9. Hacedor de grandezas sin pesquisa, de maravillas hasta no cuenta. Como diciendo: Y no dudes de que si te vuelves a Dios, te remediará Dios; que para lo que puede Él, eso es muy fácil porque son sus grandezas sin cuenta. Y refiere para mayor evidencia algunas de ellas, y aquéllas señaladamente que se allegan más a esto que él propriamente pretende, que es hacer a Job seguro que Dios puede y suele levantar a los caídos y reparar a los deshechos que se vuelven a Él.

Y así dice de esta manera:

10. Dador de lluvias sobre faces de tierra, enviador de aguas sobre faces de plazas. Esto pertenece a las obras de naturaleza que Dios hace y a las maravillas que en ella obra; y lo que dice después toca a la gobernación de las cosas libres. Y escogió Elifaz entre todas las obras maravillosas, que en la naturaleza hace Dios, esta del llover, para decirla por tres razones: una, porque es muy conocida y como puesta en los ojos; y lo que se trae para prueba de lo que se duela y platica, conviene que sea manifiesto y notorio; otra, porque aunque la costumbre quita la maravilla, pero es, sin duda, maravillosísima obra la del llover, si se considera como conviene, porque como el agua sea más pesada que el aire, grande muestra es del poder de Dios y de su grande saber adelgazarla tanto que pueda subir en alto y extenderse por cima del aire y, extendida en él, tornar a cobrar peso para volver a caer, y que ni en lo uno ni en lo otro haya

violencia ni fuerza; porque natural le es al vapor húmedo subir en alto, y empinarse en el aire; y natural le es al mismo tornarse al suelo y caer en él hecho gotas menudas. Y si cayera de un golpe todo y como hecho un arroyo, fuera menos espanto; mas que estando junto y apiñado y inclinado todo a caer, y con el peso que le es para caer necesario, y en lugar, que por ser raro y sin resistencia, no le puede impedir la caída, no venga al suelo junto, sino que se reparta ello por no sé qué secreta manera, y venga así esparcido y partido en menudísimas partes, como si alguno desde lo alto artificiosamente lo rociara y tendiera, es verdaderamente maravilloso negocio. Y, sobre todo, lo es ver que haya Dios hallado artificio para a un tiempo mismo y a un punto regar tantos y tan largos espacios de tierras, y tan por un igual a todas como en las lluvias del invierno lo vemos. Así que ésta es la segunda causa.

Y la tercera y última es porque es obra muy vecina y muy allegada a lo que pretende, y por decir verdad, porque es como imagen de aquello mismo que persuade y que prueba. Porque el enviar Dios lluvias sobre la tierra seca, y fecundar con ellas y vestir de hermosura y de fructos al suelo yermo y estéril, es como levantar con su favor lo caído y lo pobre a estado próspero y rico, y como dar vida y verdor a lo que ya tenían agostado y seco los sucesos adversos. Y como puede Dios hacer esto en la tierra, puede lo mismo hacer en la gente.

Y así añade muy bien:

11. Para poner bajos en altura y enlutados ensalzaron salud. Como si con más palabras dijera: Envía Dios sus lluvias al suelo desnudo y pobre, y con ellas le adorna y enriquece, para que por ello se entienda cuán fácil le es a él subir los bajos a alteza, y los enlutados y denegridos a vida y salud.

Capítulo VI

1. Y respondió Job, y dijo:
2. ¡Ojalá pesando fuese pesada mi saña y mi quebranto, y en balanzas se levantasen a una!
3. Porque entonces más que arena de mares pesaría, por donde mis palabras son asollozadas.
4. Porque saetas del Poderoso conmigo, cuya ponzoña bebe mi espíritu; turbaciones de Dios se pusieron en orden contra mí.

5. ¿Por ventura gime cebro sobre heno, o si brama buey sobre su pesebre?
6. ¿Si será comido lo desabrido sin sal, o si hay gusto en lo que es morir puro?
7. Lo que rehusó de tocar mi alma, eso como; los dolores pan mío.
8. ¡Quién diese que viniese mi demanda, y lo que espero me lo diese Dios!
9. Comenzó Dios, quebránteme; suelte la mano y despedáceme.
10. Y sería más mi conhorte, que asándome con dolor no se apiade, que no contradiré palabras de Sancto.
11. ¿Cuál fuerza mía, o cuál mi fin? ¿Cuándo ensancharé mi alma?
12. ¿Por dicha fuerza de piedras mi fuerza? ¿Por dicha mi carne de bronce?
13. No mi ayuda en mí, y mi necesario es alanzado de mí.
14. Quien se desata de su compañero el temor de Dios deja.
15. Mis hermanos se pasaron como arroyo, como avenida de arroyos se pasaron.
16. Que temen la helada, y en ellos cae y se esconde el hielo y la nieve.
17. En la hora que se pasan son [acabados] agotados; en escalentando fueron desechos de su lugar.
18. Torceránse caminos de su carrera; caminarán a nada, y perecerán.
19. Consideraron sendas de Temán, caminos de Sabá; esperad en ellos.
20. Avergonzáronse porque se confiaron; vinieron hasta aquí y quedaron corridos.
21. Que agora sois venidos; vedes quebranto, y temedes.
22. Si dije: ¿Traed a mí, y de vuestra hacienda pechad por mí?
23. ¿O escapadme de mano de angustiador, y de mano de fuertes me redemid?
24. Avezadme, y yo callaré; y lo que erré hacedlo entender a mí.
25. ¿Por qué son violentadas palabras de derechez? ¿Qué reprehenderá reprehensor de vosotros?
26. ¿Por dicha no es así, que para reprehender palabras pensades, y para el viento palabras perdidas?
27. También sobre huérfano alanzáis, y se la armáis a vuestro compañero.
28. Y agora quered, comenzad; atendedme, ved si miento en vuestra cara.
29. Tornad a responder os ruego, y no haya porfía; tornad, mas guárseme justicia en ella.
30. No habrá en mi lengua torcimiento, ni en mi paladar sonará necedad.

Exposición

1. Y respondió Job, y dijo. Siendo oída y bien entendida por Job la razón de Elifaz, luego que le vio callar le respondió de esta manera:

2. ¡Ojalá pesando fuese pesada mi saña, y mi quebranto en balanzas! Ofendióse Elifaz de Job, e hízole cargo de dos cosas: una, del mucho sentimiento que hacía quejándose agramente y doliéndose, a su parecer, mucho más de lo que la fortaleza y paciencia permite; otra, que se vendía por justo, y daba a entender que padecía sin culpa. De lo primero dijo: Tú esforzabas las manos dejadas, y vino ahora la tribulación sobre ti y caíste; tocóte, y fuiste turbado. Por causa de lo segundo decía: Dime; ¿qué [justo] limpio se haya perdido?, o ¿qué hombre recto ha sido cortado?

Pues a estas dos cosas responde en este capítulo Job y en el que se sigue, y dice así: ¡Ojalá pesando fuese pesada mi saña y mi quebranto! Mi saña, entendió Sant Hierónimo la que Dios tiene conmigo por mis pecados, y así trasladó bien: Ojalá fuesen pesados mis pecados, conviene a saber, aquellos con que merecí esta ira de Dios. Y, según esto, responde Job primero al cargo segundo, de que se vendía por justo y por castigado sin culpa; y dice con palabras que hacen significación de un deseo grandísimo, que pues no creen que padece sin culpa ni él lo puede probar por razón, desea infinitamente, si posible fuese, hacerles evidencia de ello, poniendo en una balanza su culpa toda, y en otra su calamidad y castigo, y, puestos, que alzara alguno el peso, porque así se viera luego cuál balanza pesaba más, cuál quedaba agravada en el suelo, y cuál se levantaba en alto ligera.

Mas podemos también entender que su saña, la que dice, es la que él mostraba lamentándose de su desventura, y quejándose y mostrándose airado. Conforme a lo cual responde Job, primero, a lo primero de que Elifaz le acusaba, y afirma que su sentimiento y las demostraciones que de él hace quejándose, y cuanto contra su nacimiento y su ventura triste ha maldicho, si se coteja y si se pesa fielmente con el mal que padece, y con la calamidad que le aflige y le mueve a decirlo, es mucho menos lo que dice, de lo que su trabajo merece que diga; y su querella es muy menor que el mal de que así se querella; y que, en este caso suyo, lo que habla no iguala a lo que siente, ni lo que siente al grandísimo mal que padece. Y conforme a esto prosigue

refiriendo y encareciendo por elegante manera la graveza de su mal y sus muchos quilates. Pues dice: Ojalá, que es palabra que significa deseo, y es muy proprio el deseo al que se ve sin razón afligido. Porque el saber su razón, y el ver que no se la creen ni le vale, cría en él agonía, de la cual nace deseo vivo y de fuego de hallar medios eficaces para ser creído y valido; y desea que lo imposible, si es útil para sacar a luz su remedio y verdad, se hiciese posible.
Ojalá, dice, pesando fuese pesada, esto es, fuese con efecto bien y fielmente pesada; porque en la lengua original de este libro se suele decir así todo lo que se hace enteramente y de veras, como castigando castigaré, amando amaré, diciendo diré, esto es, castigaré, amaré y diré muy de hecho.
Mi saña y mi quebranto. Quebranto llama su calamidad y trabajo, que le había deshecho la hacienda y quebrantado la salud y rompido el cuerpo y desmenuzado el corazón. En balanzas levantasen a una: esto es, ojalá mi saña y mi quebranto las pusiesen en dos balanzas en cada una la suya, y, puestas, levantase alguno el peso para ver cuál pesaba más de las dos.
Y dice en balanzas, porque el peso de ellas es proprio para entre dos cosas cuando se contrapesan; y diciendo en balanzas levantasen a una, dice la manera fiel de pesar, que es levantar a una el peso, esto, derecha y fielmente, sin engaño ni artificio. En lo cual da bien a entender cuán cierto está de su verdad, pues lo pone en juicio de peso, que es juicio afinado y puntual, y de peso adonde en la forma del pesar no haya engaño.
Y así dice:
3. Porque entonces más que arena de mares pesaría, por donde mis palabras son asollozadas. Esto es, porque si se pesasen, como digo, en peso justo y por justa manera mi saña y mi quebranto juntamente, a los ojos se vería luego que pesaba éste en comparación de aquélla más que toda la arena del mar. En que quiere decir, no solamente que es más grave su calamidad que su queja, sino también que es tan grande el exceso que aquello en que la calamidad a la queja excede, si se contrapesase con toda la arena del mar, pesaría más que la arena; que es decir que excede su castigo a su querella sin proporción ni medida alguna.
Más que arena de mares; dicho así arena, en número singular, hace significación de toda la arena, según la propriedad de la lengua, y hace comparación con la arena, no solo porque es pesada, sino también porque es mucha; digo,

no solamente por lo mucho que pesa, sino por el número infinito de las arenas que tiene, y así lo que dice es no solamente que el exceso que su calamidad a sus querellas hace, pesa más que la arena, sino que, si se contasen o contar pudiesen las onzas o las libras que tiene más el mal que padece que el sentimiento que hace, serían en mayor número que son las arenas, lo cual se dice por figura y exceso. Demás de que viene bien comparar la calamidad grave con la arena pesada, que para ninguna cosa parece buena si no es para dar molestia y trabajo; que ni se siembra bien en ella ni se edifica cosa firme sobre ella, ni se puede andar por ella sin pesadumbre; y como es menuda y sin número, así en las calamidades muchas veces de cosas menudísimas se hace un cuerpo de mal insufrible. Y porque sus trabajos de Job son, como arena, muy pesados y muchos, por eso dice luego, por donde mis palabras son asollozadas, como si dijese más claro: y así, según que mi mal es grave, mis palabras son doloridas; porque hablo como padezco, y confórmase en mí con el sentir el decir. Son, dice, asollozadas; la palabra original, que es luah, quiere decir sorber o tragar; y así dice Job que sus palabras, cuando las dice, las sorbe, que es decirlas con dolor y sollozo, porque el sollozo, cuando se habla sollozando, menoscaba lo que se habla y como lo sorbe y demedia.
Dice más:
4. Porque saetas del Abastado conmigo, cuya ponzoña bebe mi espíritu; turbaciones de Dios se pusieron en orden contra mí. Comienza a declarar la gravedad de sus males, especificando las cualidades de ellos, para que así se vea ser verdad lo que dice de su peso y exceso. Y lo primero, engrandécelos por la cualidad y poder de quien en él los causa, que es Dios; porque las obras siempre responden al que las hace, y el golpe suele ser siempre cual es la fuerza y el brazo que le da; y Dios, como es de infinito poder, hiere, cuando hiere, con golpes durísimos. Por donde la Escritura dice: Horrible cosa es caer en las manos de Dios; y los ejemplos de los castigos graves que ha hecho, en el primer pecado, en el diluvio del mundo, en los de Sodoma, en su pueblo el que amaba, lo dan a entender claramente. Y así dice: Porque saetas del Abastado conmigo, como diciendo, si queréis conocer cómo mi calamidad es excesiva, mirad el autor de ella quién es, que yo no vine a esta desventura por caso, ni es mal que mi suerte me le acarrea, ni son cosas forjadas por el juicio

ni por la enemistad de los hombres; todo ello es rayo venido del cielo y cosa propria de su mano y aljaba.

Saetas, dice, del Abastado conmigo. Y tiene su encarecimiento cada una palabra. Saetas, dice, no golpes como quiera, ni males que hieren en la sobrehaz o que magullan solamente la carne, sino saetas agudas que rompen la carne y pasan el corazón, y le traspasan penetrando hasta lo más sensible y más vivo. Saetas son enviadas por el Abastado y Poderoso, que en su original se dice sadai, y es uno de los diez nombres de Dios; y decir que son del Abastado sus saetas, es decir, que ni son pocas en número ni enviadas con brazo débil. Y dice, conmigo o juntamente conmigo, como el original lo demuestra, en que hace significación de apegamiento y de asiento y de hábito, como significando por esto Job que no son tiros ni saetas estas que dice que le traspasaron y se pasaron, sino saetas que le hirieron y hieren, estando siempre y de contino en sus entrañas hincadas de manera que ni la cirugía las saca, ni la medicina las mitiga, ni las remedia el ingenio o el arte, antes las encrudelece el remedio, porque su mal es mal habitual y arraigado y que ha tomado en él posesión. De suerte que este mal de Job es mal terrible, lo uno, por ser Dios el autor, lo otro, por penetrar a lo vivo, lo tercero, por estar perseverante y de asiento. Y así dice cuya ponzoña bebe mi espíritu. Que por haber llamado saetas a sus dolores, siguiendo la figura misma, dice agora que su ponzoña le acaba, porque es ordinario tocar con yerba las saetas que dañan; y dice bien propriamente que le bebe la ponzoña el espíritu, porque con los espíritus, que llaman en el cuerpo los médicos, que son el instrumento principal de la vida, tiene derechamente enemistad la ponzoña, que, luego que en el cuerpo se recibe, prende en ellos, y los turba y marchita, deshace y acaba.

Mas dice: Turbaciones de Dios se pusieron en orden contra mí. Por las saetas que ha dicho podemos bien entender los dolores agudos que por causa de su enfermedad padecía, porque cada una llaga suya y cada apostema era como un pasador que le tenía enclavado, y por las turbaciones y espantos que añade agora significa las melancolías que le turbaban y asombraban el corazón. Porque su enfermedad, por ser de apostemas y llagas, era, a lo que se entiende, de humor melancólico; y así, por una parte, los apostemas doliendo, y por otra la melancolía negra y corrompida asiendo del corazón y espantándole, hacían guerra al varón sancto. Porque a la verdad, en las enfermedades que son de este humor, son increíbles las tristezas y los recelos y las imágenes de temor que se ofrecen a los ojos del que padece; que sabido es lo que el padre de los médicos dice, «que la melancolía, a los que fatiga, los hace tristes y muy temerosos, y de ánimo vil». Y otro médico muy señalado: «Unos, dice, temen a sus más amigos; otros se espantan de cualquier hombre que sea; éste no osa salir a la luz; aquél busca lo escuro y lóbrego; otro lo teme y lo huye; algunos se espantan del vino y del agua y de todo aquello que es líquido; y como la melancolía sea de muchas diferencias, pero en todas es común y general el hacer tristeza y temor; que todos los melancólicos se demuestran ceñudos y tristes, y no pueden muchas veces dar de su tristeza razón, y casi todos los mismos temen y se recelan de lo que no merece ser recelado».

O digamos, de otra manera, que llama Job turbaciones de Dios a aquellos malos espíritus, a quien dio licencia Dios que le turbasen y a quien hizo ministros y verdugos suyos para afligirle y azotarle. Y llámalos con razón turbaciones y espantos de Dios, porque es proprio oficio de ellos hacer espanto y turbación en los hombres. Y porque llamó saetas a sus dolores que le traspasaban por mil partes el cuerpo, hace memoria luego de los ballesteros que se las tiran, y pónelos como en escuadrón bien ordenados y a la redonda de sí, para engrandecer con mayor viveza su mal. Porque dice: Herido estoy de mil saetas enherboladas, y los que me las envían y hieren con ellas, a la redonda me cercan; y como los arcabuceros en la guerra, puestos por sus hileras, dan ordenadamente sus ruciadas, de manera que ni se pierde bala ni se pasa tiempo sin tirar y herir, así es lo que se hace conmigo. Y ayuda a esta sentencia la palabra original de lo que dijimos, se pusieron en orden, porque es propria de guerra y del concierto con que en ella se ponen en escuadrón los soldados. Prosigue:

5. ¿Por ventura gime cebro sobre yerba, o si bramó buey sobre su pesebre? Es otra razón para el intento mismo de probar que su mal es gravísimo; y como la primera se tomó de la causa de que procedía, así esta segunda nace de los efectos que de él proceden; porque, en efecto, arguye de esta manera: Nadie a quien le va bien, o cuando bien le va, se querella. Y pruébalo con ejemplo palpable, porque, dice, ni el cebro cuando tiene abundancia de heno gime, ni el buey brama con hambre cuando se ve en su pesebre abastado: luego pues yo lloro y me quejo, entender debéis que no lo hago de vicio, sino que

padezco lo que me hace quejar, y que a lo menos, si no excede, no es menor el mal que la queja; porque el efecto siempre responde a su causa y no obra ninguna más que puede. Y con esto Job así prueba su intento, que juntamente reprende por secreta manera de mal advertido a Elifaz. Como si le dijese: Acusas mi sentimiento y reprehendes lo mucho que me querello; y si fueras más avisado, ese mismo sentimiento que hago te declarara la grave causa que para quejarme tengo, porque ¿quién es el que de balde se queja? Los brutos no braman sin causa; y yo, si no me sobrara, ¿hiciera el sentimiento que hago? Cierta y evidente señal es del gravísimo mal que padezco, el amargo lloro mío; que como el bien no causa bramido ni lloro, así el mal y trabajo que está en el alma sale siempre a la boca, y el parto del dolor es gemido.

Y esto es lo que añade luego:

6. ¿Si será comido lo desabrido sin sal, o si hay gusto en lo que es morir puro, o como otra letra dice, en saliva de muerte? Como diciendo que no puede ser comido lo desabrido, y que cualquiera que gusta lo desalado, lo desecha, y a lo malo lo aparta de sí. Que es decir que todos los que gustan lo malo dan luego muestras de su disgusto, y al revés de lo bueno no se queja ninguno; y que así él de fuerza en un trago tan amargo las demostraciones de lo mal que le sabe. Y arguye a lo más de lo menos, como en esta manera: una cosa desabrida y sin sal el que en la boca la pone, la desecha y la aparta de sí, y con palabras y visajes muestra su desabrimiento y disgusto; ¿y maravillaste agora tú que, despojado yo y desamparado yo, y miserable yo y llagado el cuerpo y despedazado el ánimo con un mortalísimo mal, diga que el dolor me duele y que la desventura me aflige?

Y conforme a esto de la primera parte del verso se arguye la segunda en esta forma: si no puede ser comido lo desabrido sin sal, menos será posible llevar con gusto lo que es puro morir. Aunque lo que decimos puro morir, en su original a la letra puede decir, a lo que parece, dos cosas: una, ¿o si hay gusto en lo que es saliva de muerte?, que es lo que siguió Sant Hierónimo, y lo que hasta agora habemos dicho, porque saliva de muerte llama lo que tiene sabor de muerte, o lo que tocado a la saliva y llegado a la boca, derrama luego por allí su ponzoña; otra, ¿o si hay gusto en saliva de huevo?, y saliva de huevo es su clara, que el hebreo así la llama. Conforme a lo cual, en esta segunda parte del verso pone Job un particular de lo que en general dice la parte primera.

Que allí preguntaba si sería comido lo desabrido; y aquí pone ejemplo en una cosa desabrida, y se pregunta si hay gusto en saliva de huevo; que es de lo que, si no es con sal, no se puede comer. Pues, dice, si en lo desabrido, quien lo gusta y cuando lo gusta, muestra desplacer y disgusto, ¿qué es lo que de ello se sigue? ¿Qué? Que no hago yo cosa nueva ni de razón ajena, si me disgusto y me quejo. ¿Por qué? Porque, dice, lo que es amargor y lo que es el mismo desabrimiento, eso es lo que me dan a comer agora y con lo que Dios me mantiene.

Por lo cual añade diciendo:

7. Lo que rehusó de tocar mi alma, eso como; los dolores pan mío. Lo que rehusó de tocar mi alma, esto es, lo que más el alma huye y aborrece y lo que tengo por más amargo y desabrido, eso es lo que como y con lo que Dios agora me mantiene; y que, quiera o no, me abre la boca a ello, y lo pasa al estómago y lo asienta y apega al corazón; y mi pan, el que me dan a comer, es el amargor y dolor mismo. Y pues así es, ¿qué maravilla es que tuerza yo el rostro agora, y que con palabras y meneos muestre el sinsabor que padezco, pues una clara de huevo, o un huevo o otra cosa sosa y sin sal, aquellos a quien se da, la arrojan de sí y se disgustan de ella y se enojan con quien se la ofrece?

Y esta misma sentencia dicen las palabras originales, aunque más cortadas y más breve; porque dicen de esta manera: Rehusó tocar mi alma esos dolores, pan mío. Esto es, rehusó mi alma la aflicción y dolor, y eso mismo es agora mi pan. Y llámalo su pan, no porque guste de él ni porque le apetezca, sino porque, como decimos, le hacen que lo coma en gran copia, y lo encorporan en él; que lo que en abundancia se da y lo que se ajunta y apega mucho, parece que se come y se bebe. Y la Escritura sancta habla así por estos nombres de comer y beber en las desventuras y calamidades, cuando quiere demostrar la grandeza dellas y que no son calamidades que tocan en la sobrehaz, sino calamidades que penetran a lo secreto del alma y se afierran y asen de ella. Así dice Esaías a los pecadores de su pueblo: Comerán el fruto de sus invenciones, para decirles que padecerán miserias grandísimas. Y en el mismo propósito Oseas: Arastes maldad, y segastes mala ventura, y comistes de la mentira los fructos. Y del beber, en la misma significación, en el Psalmo: El Señor tiene en su mano un vaso lleno de vino mezclado, beberán dél todos los pecadores. Y en este Libro, más abajo, se dice del malo, que beberá del furor del Poderoso.

Así que diciendo agora Job que su pan y su comida es sola su desventura, dice a sus compañeros dos cosas: una, que siendo tal su comida, no se maravillen si hace ascos de ella; otra, que es grandísima aquesta desventura suya y tan arraigada en él, que como manjar se le extiende por las venas y se le convierte en sostancia. Y dejando con esto como bien probado lo que propuso, de que su desventura era mayor que su queja, y que así no excedía en quejarse, antes era mucho menos lo que decía, de lo que podía con justicia decir quejándose, así que, dicho esto, la consideración de su miseria, que con esta razón se avivó, le movió otra vez la lengua de nuevo para hacer nueva queja, que dice así:

8. ¡Quién diese que viniese mi demanda, y lo que espero me lo diese Dios!

9. Y comenzó Dios, y quebránteme; y soltase su mano y me despedazase. En que dice recibiría la muerte de buena gana por salir de semejante miseria; y como quien no espera ya mejorarse, brama por fenecer con el mal que padece, y dice que pues Dios ha comenzado a herirle, le traspase y le acabe del todo. Y dice ¡quién me diese!, que son palabras que significan deseo, y no solo deseo, sino juicio de lo que se pide, acerca del que lo pide, es de grandísima estima. Porque decir quién me diese es decir, quién me hiciese tan feliz y dichoso; y es el extremo de infelicidad llegar a tener por buena suerte lo que en sí es desventura y miseria. Y así Job aun en esta querella nueva prueba por diferente manera su miseria grandísima, pues, en comparación de ella, el ser despedazado de Dios lo tiene por buena dicha, y por descanso el morir. ¡Quién diese, dice, que viniese mi demanda!, esto es, lo que agora pedir quiero; ¡Y lo que espero me lo diese Dios!; lo que espero, esto es, lo que apetezco y amo. Y comenzó Dios, y quebránteme: esto es, pues lo comenzó que lo acabe, y pues me ha llagado de muerte, que acabe de dármela; y que no me hiera con tenedor, sino que suelte a su mano la rienda, para que deshaga enteramente a este que tiene ya tan deshecho.

Y da la razón deste su deseo diciendo:

10. Y sería más mi conhorte, que asándome en dolor no se apiade, que no contradiré palabras de Sancto. Esto se puede apuntar de dos maneras, aunque cuanto al sentido viene a lo mismo. Una es que diga Job que le sería

descanso, cuando se asa y abrasa en enfermedad y dolor, que no se detuviese Dios y le remitiese el ardor, sino que insistiese y perseverase sin lástima hasta consumirle del todo; porque aquella piedad le es a él crueldad, y aquella mitigación y pausa le es continuación de su trabajo y miseria. Y dice que si por caso en medio del golpe detiene Dios el azote por no acabar su paciencia, esté seguro que lo sufrirá, como él se determine de acabarle azotándole.

O de otra manera; que será su contento que el dolor le abrase; esto es, que el dolor le consuma como el fuego consume; porque con ver que muere, no sentirá si le duele, y porque no le será dolor en llegando a ser mortal su dolor. Y dice en la misma razón: No se apiade, que no contradiré palabras de Sancto. Que es decir, no se apiade Dios cuando me hiriere, ni suspenda, cuando me azota, la mano; sino azóteme hasta acabarme, que si él esto hace, yo no me querellaré jamás dél; como diciendo que, si se querella agora tan agramente, no es porque le hiere, sino porque no le mata; no porque le traspasa, sino porque no le acaba, porque el apiadarse es alargar su miseria, y este pequeño alivio hace que su padecer sea más luengo, y si le rehace Dios con aflojar los cordeles a tiempos, no le rehace para que descanse, sino para que padezca más tiempo; y el dejar de padecer es para más padecer, y el no doler a ratos, para que se le perpetúe más el dolor, que es el más grave dolor y el más insufrible de todos. Que es el intento de Job para mostrar que se queja con causa. Y conforme a eso se sigue:

11. ¿Cuál fuerza mía para que espere?; ¿y cuál mi fin para que ensanche mi alma? Lo que decimos para que espere, para que ensanche, el original da licencia para traducirlo, también así: ¿qué fuerza mía cuando esperare?, ¿cuál mi fin cuando ensanchare mi alma? Pues según la primera letra da la razón por que ha dicho que no se quejara, si Dios le hiriera de muerte, y que, si se queja, es porque le hiere, no para acabarle, sino para prolongarle en dolor la vida. Pues dice que esto le es intolerable, porque ni su fuerza ni la de ninguno basta a esperar, esto es, a sufrir mal tan luengo y contino. Que si se acabara, dice, o me acabara en un día, pasara callando; mas para callar en tan larga miseria no hay fuerza bastante.

Y así añade: ¿Cuál mi fin para que ensanche mi alma?, como diciendo: Mas ya que no fue breve mi mal, pudiérame al menos consolar si tuviera algún término firme; que el fin situado ensanchara el apretamiento del alma. Mas no tengo un cierto término, ni un fin señalado de diez o de veinte o de muchos más años; de do me sucede que la graveza de los males presentes y la incertidumbre de lo que han de durar aprietan el corazón por todas partes sin darle lugar que respire. De aquí, pues, nacen mis suspiros y quejas; que el ánima sin medida apretada forzosamente se querella y lamenta.

Mas según la letra segunda dice desta manera: Otra razón, demás de las que dicho tengo, libra de culpa mi queja. Suélese llevar bien el mal, cuando se espera con certidumbre el remedio, y el trabajo que va a parar en bien apenas se siente; mas yo, miserable, por tanto mal, ¿a qué bien camino?, ¿cuál es el fructo que de este trabajo espero?, ¿cómo o con qué me consolaré? ¿Qué fuerza mía cuando esperare? Cuando pongamos por caso, dice, que yo sufra y espere, ¿cuál es mi fuerza?; esto es, el estado de mis cosas, ¿cuál es?, ¿cuál la salud de mi cuerpo?, ¿cuál el negocio de mi hacienda, de mi sucesión, de mi mujer, de mis familiares y amigos, para que en lo por venir me pueda prometer algún bien? La hacienda asolada, los hijos muertos, los amigos trocados con la fortuna, la mujer hecha enemiga, mi familia deshecha, la salud sin remedio perdida, decentado el cuerpo con llagas y más destrozado con dolores el ánimo, y puesto todo yo en el extremo de la miseria y pobreza, cuando quiera callar y sufrir, no tengo ya bien que esperar; ¿que granjearé de haber demasiadamente sufrido? ¿Qué fin mío cuando ensancharé mi alma? Si diere, dice, vado a las cosas y cerrare a mis miserias los ojos y quisiere así ensanchar el corazón, ¿con qué fin o con esperanza de qué bien le ensancharé?

Mas lo que se sigue viene mejor con la primera letra, porque dice:

12. ¿Por dicha es de piedras mi fuerza? ¿Por dicha es mi carne de bronce? Que habiendo dicho que no tenía fuerza para sufrir un mal sin fin y término cierto, añade bien en prueba de ello el demostrar la pequeñez de sus fuerzas; como diciendo: Si fuera bronce o piedra dura mi carne, durara aunque el golpe fuera largo; mas la carne es carne, y la sangre no es piedra, y aun agora, dice, soy mucho menos de lo que ser solía; que eso de vigor que había en mí, gastado con el mal contino, me falta.

Que dice:

13. Sé que no hay favor en mí, y mis valedores alanzados de mí. La palabra original hezrath, que decimos favor, es fortaleza, amparo, virtud, ayuda. Pues dice, para mayor encarecimiento de su flaqueza, que su favor y su amparo,

esto es, lo que en él había antes que le podía servir de consuelo, ya no está en él. Porque cuando a uno se le mueren los hijos, consuélase y favorécese con la hacienda que tiene; y si otro tiene falta de hacienda, halla en sus amigos amparo; y cuando ni lo uno ni lo otro posee, halla en sí fuerza y salud con que se puede vadear en la vida; mas la desventura de Job era universal desventura, y era calamidad que le arrancó de cuajo, como dicen, del árbol. Y así dice bien que no halla en sí su favor; esto es, que no halla en sí cosa buena o sana que le favorezca, entre tantas malas que le cercan y aprietan.

Y dice, y mis valedores alanzados de mí. Lo que decimos valedores, en el original es palabra de grande significación. Thushah dice sabiduría, sostancia, valor, esencia, y propriamente es lo que el español llama ser, cuando dice que es de mucho ser algún hombre; y de allí a los amigos y valedores, que son como la sostancia y apoyo, los comprende también este nombre, según Sant Hierónimo. Pues de todo esto se siente despojado Job, y sin esperanza al parecer de volver a ello más. Y por eso dice alanzados, o como dice el original en su fuerza, empellidos; que es decir, apartados muy lejos de mí, como se aparta mucho de uno aquello que se arroja con fuerza. O dice alanzados para demostrar la presteza y violencia con que le fue quitado todo; que ni le despojaron poco a poco, ni con suavidad o blandura. O, a la verdad, llámalos alanzados de sí, dando a entender que sus valedores no solamente le desamparaban, mas que se le oponían en todo como enemigos, porque no se desecha ni alanza propriamente si no es lo disconveniente y contrario. Y porque dijo de sus amigos que le desamparaban y le contradecían, hace sentencia general de la maldad que es desamparar a su amigo, y le dice:

14. El que quita misericordia de su amigo, y el temor del Abastado menospreciará. Que es decir, que no hay maldad alguna que no haga, quien no se compadece o quien desampara a su amigo. Entiende de su amigo afligido y necesitado y caído, porque los caídos son a quien la compasión se les debe. Y es así que se atreverá contra Dios, quien desampara a su amigo caído; porque como Sant Juan dice en su epístola: Vanidad es decir que tiene con Dios amor y ley el que con su prójimo no la tiene; que quien no acude al que conoce y trata y conversa, ¿cómo acudirá al que ni ve ni conoce?

El que quita, dice, misericordia a su amigo. Lo que decimos quita, en su propriedad es desata, porque la amistad es como nudo que obliga, y quien falta a la amistad en la necesidad desata el nudo, esto es, deshace una cosa muy hecha, y aparta lo muy debido y lo que en ninguna manera se podía apartar. Y aún da lugar el original para que lo digamos así: Al desatado y deshecho misericordia de su compañero, conviene a saber, se le debe: y el temor del Señor menospreciará, conviene a saber, el amigo que en semejante ocasión no lo es. Que, a la verdad, si la aflicción y desastre en cualquier persona que sea hace lástima y mueve a desear el remedio, el trabajo del amigo poderosísimo ha de ser para engendrar en el amigo, que se dice ser, compasión. Por donde el que tiene ánimo para cerrarle a tanta deuda, y el que rompe con tan debidas y estrechas y poderosas leyes, ánimo tienen sin duda de acero y ánimo hecho para su solo interés y ánimo determinado a romper desvergonzadamente con todo. Mas torna Job al propósito y refiere la poca piedad de sus amigos con él, y habla particularmente de los que presentes tenía; que no solo no le consuelan, mas habiendo hecho gran demostración de querer consolarle, saliendo de sus casas y viniendo de tierras apartadas y por largos caminos publicando este fin, llegados al hecho, tratan de lastimarle más y de acrecentar su miseria. Y declaralo Job viva y hermosamente por comparación de una avenida de agua, que luego que viene parece gran cosa y que promete de sí mucho; pero pásase en breve y no deja rastro, y deja burlado y frío al que pensó servirse de ella en algo. La cual comparación prosigue extendidamente por muchos versos y con singular artificio.

Que dice:

15. Mis hermanos se pasaron como arroyo, como avenida de arroyo se pasaron. Mis hermanos llama a aquellos amigos suyos que tenía presentes, los cuales, dice, vinieron con estruendo haciendo junta de sí, y profesando socorro y consuelo y amor, como viene cuando llueve con ímpetu y estruendo un arroyo. Mas, dice, que se pasaron semejantemente así como el arroyo se pasa. Y lo que decimos me pasaron, podemos también, según su propriedad, decir me faltaron y mintieron; esto es, mintieron mis esperanzas y falsearon su fe como arroyos, que, como agora decíamos, prometen a la primera venida mucho, y se pasan y acaban luego. Mas el mismo Job lo particulariza muy bien.

16. Que temen la helada y en ellos cae y se asconde la nieve. A los cuales arroyos, dice, el hielo y el granizo y la nieve que cae del cielo o de las montañas se deshace, y en ellos se asconde, los engendra y engrandece. Porque,

como vemos, las avenidas siempre son o de mucha nieve, que en las sierras se deshace, o de la mucha agua y piedra que cae. Mas ¿por qué, dice, temen la helada? Para decir que la piedra y granizo que viene deshecho y envuelto en ellos, los enturbia y ennegrece; que siempre en las crecientes el agua se enturbia. Y dice temer por ennegrecer y enturbiarse, según la propriedad de su lengua, en la cual se ponen muchas veces unas palabras en la significación de otras que les son vecinas, como huir por apresurarse, porque el que huye se apresura; y consolar por lastimar, porque al lastimado se le debe propriamente consuelo; y así, temer por ennegrecer, porque el temor es en cierta manera negro y que escurece la luz y el alegría del ánimo. Demás que la palabra original Coderim, propriamente es ennegrecidos y turbios.
Prosigue:
17. En la hora que se pasaren serán acabados; en escalentando fueron quitados de su lugar. Mas estos arroyos, dice, tan crecidos que la lluvia y el granizo y la nieve que dentro de sí deshecha llevan los hincha y enturbia, y que según vienen parece que no se han de acabar, en la hora que se pasan serán acabados; esto es, en pasando aquella primera furia y avenida, se agotan luego. O como dice otra letra, porque el original también lo sufre: A la hora que tomaren calor se acabarán, esto es, en calentando el tiempo más y en viniendo el estío; y es lo mismo que añade, en escalentando fueron deshechos de su lugar.
Dice más:
18. Torceránse caminos de su carrera, caminarán a nada y perecerán. Insiste todavía en lo mismo y declárajo más, y dice, lo que es natural al arroyo que es de avenida cuando va descreciendo, que primero se disminuye y después viene a quedar en una vena delgada, que por la madre dél que solía ir muy llena, va ella sola después dando vueltas; y como en lugar bien espacioso torciendo libremente sus pasos va adelgazándose siempre más, y últimamente viene a parar en nada y queda seca del todo.
Añade:
19. Considerad sendas de Temán, y caminos de Sabá esperad en ellos.
Considerad, dice, sendas de Temán y caminos de Sabá. Es figura de hablar decir caminos para significar a los que andan en ellos. Pues, dice, los que andáis los caminos de Temán y de Sabá, que son caminos secos y faltos de agua, mirad bien estos arroyos y confiad en ellos para el tiempo de vuestra

sed; que ellos os faltarán cuando los buscáredes, y cuando viniéredes a ellos, no hallaréis su agua, sino vuestro corrimiento y vergüenza. Y como decimos considerad y confiad en manera de mando, podemos trasladar también consideraron y confiaron, como afirmando lo que de hecho pasa; que los caminantes que vieron algún arroyo de éstos que corría lleno y poderoso, a la vuelta, queriendo proveerse dél, le hallaron seco y vacío.

20. Avergonzáronse porque se confiaron, vinieron hasta aquí y quedaron corridos. Quiere decir, y acontece muchas veces que los caminantes, que alguna vez vieron de lejos los arroyos que digo que corrían con ruido muy llenos, ofreciéndoseles necesidad de beber y creyendo que llevan agua, salen de su camino y vienen a ellos, y se hallan burlados, porque cuando llegan los hallan sin agua.

Dice más:

21. Que agora sois venidos, vedes quebranto y temedes. Aplica agora a su propósito la comparación sobredicha, porque, dice, esto mismo es lo que con vosotros me aviene; que agora sois venidos, quiere decir que como aquellos arroyos llenos de agua vienen con ruido y de súbito, así vosotros juntos y como a una habéis venido haciendo grande demostración de amistad y de esperanza de bien, como la hace en el caminante sediento ver el arroyo que he dicho.

Mas, dice, vedes quebranto, y temedes; esto es, venistes haciendo muestras de amigos, y, llegados, luego que vistes la grandeza de mi calamidad y quebranto, os retirastes temiendo. No dice que se volvieron contra él, y que habiéndolo de consolar le acusaron, como lo pudiera decir con verdad, sino dice que se temieron; en que dice una cosa agudísima y descubre la verdadera raíz de su intento de ellos, y lo que verdaderamente a tratarle tan mal los movía. Porque los que se dan por amigos, y son en sí ruines y ceviles hombres, siempre que se ven obligados a acudir al amigo en algún caso de necesidad, buscan ocasiones de enojo con él para mostrarse desobligados y no acudir como deben. Pues así aquestos amigos de Job, según aquí parece, aunque vinieron como amigos, luego que vieron el extremo de su pobreza y miseria, y se conocieron estar obligados a su remedio, temiendo apocadamente la obligación de esta carga, par echarla de sí, tuvieron por bueno enojarse con él tomando color de sus palabras; y por salirse de ser amigos, se mostraron celosos sin propósito de la honra de Dios, y para desobligarse con apariencia, insistieron en hacerle pecador y malvado; y todo se resumía en su avaricia de ellos y en su ánimo estrecho. Y así Job acude a la raíz y les descubre la llaga de su apocado temor, y les quita el falso velo con que pretendían cubrirla. Y conforma con esto mucho lo que luego se sigue, que es:

22. ¿Por ventura dije: Traed a mí y de vuestra hacienda pechad por mí? Porque, dice, huís de mí porque amáis vuestra hacienda, y para encubrir vuestro vicio, formáis pleito de lo que digo. Y no tenéis razón de temer; porque yo, aunque me falta todo, no os he pedido ni pido cosa ninguna; que ni os ruego presente, ni os pido pecho, ni quiero vuestra limosna, ni menos que me saquéis de deuda. Vosotros mismos sois grandes testigos, y el mayor testigo es la graveza de mi gran desventura; porque no lo fuera, si pudiera tener por vuestras manos remedio. Así que ni quiero vuestra hacienda, ni es hacienda lo que me ha de valer. Y como no os pido dineros, tampoco os demando favor; que nunca os he dicho:

23. O escapadme de mano de angustiador y de mano de fuertes me redimid. Como diciendo, ni menos os he pedido que me libréis de algún enemigo, o que arrisquéis vuestra honra o vuestra vida por mí; que es decir, que su trabajo era suyo del todo, y que ni les pedía ayuda, ni ellos para dársela eran parte; y que así temieron sin causa y se quisieron desobligar de él sin por qué, escogiendo para ello el reprehender su paciencia y el acusar sin razón y sin culpa su vida. Y dice, si os parece que no es verdad lo que digo, y que el acusarme vosotros agora no es color buscada para desobligaros de mí, mostrad que me engaño en manera que yo pueda entenderlo.

Y esto es lo que dice y se sigue:

24. Avezadme, y no callaré, y lo que erré hacedlo entender a mí. Y añade luego en la misma razón:

25. ¿Por qué son violentadas palabras de derechez? ¿Qué reprehenderá reprehendedor de vosotros? Mas ¿para qué es, dice, pediros que convenzáis mi culpa?; mejor sería mucho que reconociésedes vuestra calumnia, con que torcéis mis palabras y hacéis a la verdad violencia; porque conforme a ella, ¿qué me podéis reprehender?

O dice, según otra letra: ¡Cuán fortificadas son palabras de derechez! ¿Qué reprehenderá reprehendedor de vosotros? Que como dijera que le avezasen y le diesen a entender su engaño si se atrevían, como quien estaba saneado de sí, dice agora: mas la verdad, ¡cuán fuerte es y cuán no vencible! Trabajaréis en balde si le pensáis hacer mella; ¿quién la podrá reprehender de vosotros? Y añade:

26. ¿Por dicha no es así, que para reprehender, palabras pensades, y para el viento razones perdidas? Como diciendo: ¿Pues qué? ¿No es verdad que me calumniáis, como digo, y que ponéis vuestro estudio en torcer mis palabras por desobligaros de mí? Cierto es verdad: vuestro intento es buscar en mis dichos ocasión de reprehenderme; fingís en mí culpa por salir vosotros de deuda. Vuestras reprehensiones no se fundan en falta mía verdadera, sino en el viento de vuestra imaginación y deseo vano; y así son palabras perdidas las vuestras y que azotan el aire. O podemos traducir esto postrero de esta manera: Y al viento palabras de desesperación. En que les dice que con ocasiones de viento, y no con verdad de lo que sienten en él, le dicen palabras de desesperación, esto es, palabras no de consuelo, sino de desesperación para un afligido. Lo cual dice así, porque fatigar y reprehender a un hombre puesto en semejante miseria, de sí era motivo grande para desesperarle, y por la misma causa grande argumento de que lo pretendían los que así le trataban. Y conforme a esto prosigue:

27. También sobre huérfano alanzáis, y la armáis contra vuestro compañero. Porque, dice, acosáis a un hombre huérfano, esto es, a un desamparado del todo; y no solo no hacéis con él lo que la común humanidad para con los afligidos obliga, que es compadeceros siquiera, sino ponéis estudio en serle nuevo estropiezo. Esto ¿qué es sino, cuanto es en vosotros, traerle a que desespere? Y tienen particular significación cada una de estas palabras. Porque lo que pusimos alanzáis, en su original es naphal, que es como caer de golpe y con ímpetu, que demuestra con qué deseo y ardor se arrojaban contra él por dañarle. O es, según dicen algunos, echarle lazos delante donde se prenda y enrede; que acude bien al intento que decimos de estos amigos, que era, acosando a Job, traerle a desesperación o blasfemia, para desobligarse dél como de cosa perdida. Y ansimismo lo que dijimos armáis, que es en su principio thikepiu, y significa cavar; aquí es cavar hoyo y ordenar trampa y armadijo donde caiga y se suma. Y dijo primero huérfano, y después compañero, para acrecentamiento mayor; porque es impiedad no favorecer al desamparado

cualquiera que él sea, y mayor perseguirle y muy mayor armarle lazos y ponerle estropiezos; y si es amigo vuestro también, haberos así con él es lo sumo de la crueldad y maldad.
Mas dice:
28. Y agora acabad lo que comenzastes; atendedme, ved si miento en vuestra cara. Esto es, y si no confesáis lo que diga, y si vuestra pretensión nace de celo sancto, llevad vuestro intento adelante, o comenzad de nuevo si os place, o plegaos de mirarme con mejores ojos y con mayor atención; mirad bien si os hablo lo que no debo o me engaño en lo que de vosotros juzgo.
Y así dice:
29. Tornad a responder, yo os ruego; no haya porfía; tornad, mas justicia mía en ella. Como diciendo, tornad a la disputa, respondedme a lo que dijere, y si queréis, o justificar vuestra razón o conocer la que hay en la mía, no tenga parte la pasión en nuestra disputa, búsquese la verdad solamente, no me ceguéis a mis voces obstinadamente, sino guardadme justicia.
No haya porfía. La palabra original propriamente es torcimiento, y es aquí el sacar de sus quicios lo que se dice y el torcerlo a lo peor, que es proprio de lo que llamamos calumnia, y son obras que la porfía en la disputa suele hacer de contino, porque ciega con su calor la razón, y hace que o no entienda o entienda diferentemente lo que el contrario nos dice.
Tornad, mas justicia mía en ella, quiere decir, o como habemos dicho y como Sant Hierónimo dice: Mas guardadme justicia; o tornad, que, si tornáis, mi justicia parecerá en la disputa; por más que os aguceis, quedará mi justicia en pie. Y la razón de esto es lo que luego dice y se sigue:
30. No habrá en mi lengua torcimiento, ni mi paladar sentirá necedad. Porque, dice, yo estoy cierto de mí que ni he dicho cosa que no deba, ni la diré si no se me tuerce el juicio. Mi lengua, dice, y mis paladares; como diciendo, ni excederé en el juicio de las cosas ni en las palabras y quejas; mi lengua publica lo que siento y mi gusto siente lo que es razón.
Mas este verso, que es el postrero en el original, dice así: ¿Si acaso hay en mi lengua torcimiento? ¿Si mi paladar no entenderá quebranto? Que, o dice lo que nuestro intérprete puso, que es lo que dijimos agora (porque aquella manera de pregunta, si acaso, por ventura, suele por ventura inferir negación; quiero decir que demuestra haberse de negar lo que así se pregunta, y ser

claro y cierto que se ha de negar, de manera que decir si acaso hay en mi lengua torcimiento, es decir, claro es y cierto que no lo hay), así que o es esto que he dicho, o sigue y continúa lo que puso en el verso de arriba, que era: Atendedme, ved si miento en vuestra cara. Y añade agora: Ved si hay acaso lo que siento en mi lengua torcimiento, esto es, si digo lo que no debo, si mi paladar, esto es, mi juicio, no entiende lo que la calamidad y trabajo es, hasta donde se debe sentir cuanto se puede soltar en él la rienda al sentimiento.

Y porque ha dicho que le respondan y tornen a la disputa si quieren, torna él a decir y a encarecer agramente sus males, que es lo que en el capítulo siguiente se dice.

Capítulo VII

1. ¿Por ventura no es guerra la del hombre sobre la tierra, y como días de mercenario días suyos?
2. Como siervo desea solombra, y como alquiladizo espera su obra.
3. Así me heredé meses de vanidad, y noches de laceria se aparejaron a mí.
4. Si yazgo, digo, ¿cuándo me levantaré? Y espero la tarde y hártome de dolores hasta la noche.
5. Vestida es mi carne de gusanos, y con terrones de polvo mi cuero se secó, y hizo aborrecible.
6. Mis días me volaron más que de tejedor (es cortada la tela) y consumiéronse sin esperanza.
7. Miémbrate que es viento mi vida; no tornarán mis ojos a ver cosa buena.
8. No me catará ojo de veedor; tus ojos en mí, y no yo.
9. Acabóse la nube y pasóse; así quien desciende al infierno no subirá.
10. No tornará más a su casa, y no le conocerá más su lugar.
11. Por tanto, yo no vedaré mi boca, fablaré con angustia de mi espíritu; querellarme he con amargura de mi alma.
12. ¿Si mar yo, si culebro, que pones carcelería sobre mí?
13. Si digo, conhortarme ha mi lecho, aliviaráme en mi querella mi cama.
14. Y con sueños me quebrantaste, y con visiones me pusiste en espanto.
15. Y escogió ahogamiento mi alma, y muerte mis huesos.
16. Despechéme, no más viviré: contiénete de mí, que son nada mis días.

17. ¿Qué es el hombre para que le engrandezcas, y para que pongas en él tu corazón?
18. Y visítasle a las alboradas, y por momentos le pruebas.
19. ¿Hasta cuándo no aflojarás de mí? ¿No me aflojarás hasta tragar mi saliva?
20. Pequé: ¿qué haré a ti, Guardador de los hombres? ¿Por qué me pusiste por encuentro a ti, y fui sobre mí por carga?
21. ¿Por qué no alzas mi rebeldía, y faces pasar mi delicto? Porque agora yaceré en polvo, amenazarme has, y no yo.

Exposición
1. Por ventura no es guerra la del hombre sobre la tierra, y como días de alquiladizo días suyos? Prosigue Job en su razonamiento, y porque en el fin del capítulo pasado convidó a sus amigos a razonar de nuevo sobre si excedía quejándose o profesando inocencia, torna agora como de nuevo a referir algo de lo que padece y de lo que siente de sí y de sus culpas. Y dice de lo primero de esta manera: ¿Por ventura no es guerra la del hombre sobre la tierra, y como días de alquiladizo sus días? Esta pregunta infiere afirmación y certidumbre; y así decir, ¿por ventura no es?, vale cierto y sin duda es guerra la vida. Es verdad que, como decimos: ¿Por ventura no es?, en manera de pregunta, podemos también decir, en manera de deseo: ¿Por ventura no sería la vida del hombre sobre la tierra milicia?, esto es, no sería un tiempo determinado y cierto y que se supiese su fin.

Porque la palabra original, que hace significación de pregunta, suele ser también señal de deseo; y lo que en el original significa guerra, se pone también algunas veces por espacio de tiempo cierto y limitado: porque antiguamente, según las leyes de algunas comunidades, no tenían obligación de servir a su república en la guerra los hombres sino por un cierto tiempo. Y hacen estas palabras, según ambas maneras, significación conveniente. Mas digamos de lo primero. ¿Por ventura, dice, no es guerra la vida del hombre sobre la tierra, y como días de alquiladizo sus días? Hace regla general de lo que es la vida de todos, movido de lo que le acontece a él y de lo que siente y padece; y la experiencia de sus miserias le abre los ojos para conocer que el más dichoso vive en trabajo, y que todo el vivir es un contino padecer, y no solo padecer, sino estar en peligro y en ocasión de perderse. Porque como al jornalero su oficio es trabajo, porque se alquila para trabajar, y así en cuanto su tiempo dura le conviene que trabaje y que sude; y como al soldado le viene de oficio lo mismo, y no solo le es proprio el trabajo, sino también traer la vida al tablero, el estar alerto al arma y dispuesto para venir a las manos, así ha de entender el que nace, que nace alquilado para trabajo y peligro, y que por el uso y por el jornal de esta luz se le manda que afane en este valle miserable, y que el estar en él no es estar en descanso, y que no viene a tierra de paz y de amigos, sino a lucha y a enemigos continos.

Y ello a la verdad es así, por doquiera y cuando quiera y en cualquiera que se considere la vida. Porque en todas las horas de ella hay su trabajo; en la niñez de ignorancia y flaqueza, en la mocedad de sus pasiones y ardores, en la edad de varón de las pretensiones y competencias, y en la vejez de ella misma, y en todas acomete la enfermedad y reina la muerte y es poderoso el desastre. Y lo que en las edades, acontece en los estados también; que todos laceran y muchas veces más los que parecen más descansados. Que si hablamos del descanso del siglo, los que se dicen señores dél, o los que al parecer ordenan cuanto hacen para vivir con descanso, como son los ricos, los regalados, los sumptuosos, los grandes, ellos mismos, como a fuerza del tormento que les dan sus cuidados, confiesan que padecen miseria. Y si volvemos los ojos a los que en los bienes del cielo buscan la paz del espíritu, ¿quién podrá referir los peligros de este camino, los estropiezos que en él les pone el demonio, sus ardides, sus sutilezas, los lazos llenos de engaño encubierto? No hay cosa en esta vida tan llana que no tenga sus malos pasos; y este mal del vivir cuando está más sosegado ha de ser más temido: que en su calma hay tempestad, y su quietud y sosiego encubre en sí furiosas olas más empinadas que montes. Del peligro que en la vida espiritual hay, solía decir Sant Hierónimo: No hay cosa ni más feliz ni más fuerte que el cristiano.

Del estado seglar alto y real, decía un antiguo poeta

> En la prosperidad reposa el miedo;
> el peligro en lo claro y señalado,
> todo lo alto en hombres no es seguro,
> que con la envidia o tiempo viene al suelo
> a la cumbre del bien el que ha subido.

Así que es nuestra vida guerra, porque es trabajosa y sujeta de contino al peligro, y porque son nuestros enemigos casi todos aquellos con quien en ella vivimos; que nuestro calor mismo que nos la da nos la gasta, y nuestros deseos nos meten en diversos peligros, y los sentidos nuestros que tienen la puerta, la abren a lo que lanzado en el alma la daña, y los hombres nos engañan, y la fortuna nos burla, y los animales nos acometen, y los elementos nos acarrean las más veces la muerte.

Pues de lo invisible que nos hace guerra en lo secreto, ¿quién dirá su muchedumbre, su industria, su maña, su fuerza? Y si esto, dice Job, es en todos así, ¿qué será en mí, a quien le falta cuanto es de consuelo, y sobra cuanto acarrea tormento? Por manera que de lo general desciende a lo particular de su suerte, y prueba y engrandece su miseria propria con la miseria que anda siempre junto con la vida común, y arguye de lo más descansado a lo que es menos. Así: Si la vida en todos, aun en los prósperos y felices, es guerra, ¿qué vida será la mía, contra quien pelean juntos el cielo y la tierra? Y porque es tal, desea, como luego dice, dejarla más que desea el esclavo trabajado la noche, y más que el jornalero la fin del día. Y esto es cuanto a la primera manera.

Cuanto a la segunda, para el mismo propósito de encarecer su miseria, dice el deseo grande que tiene de salir de la vida, o siquiera de tener un día cierto para salir. Porque, aunque la vida nuestra tiene término, pero no tiene un término cierto; y aunque sabemos que se acaba, no sabemos cuándo se ha de acabar. Por lo cual dice Job: ¿Por ventura no tendría un cierto término la vida del hombre sobre la tierra, y como día de alquiladizo sus días? Que es decir: ¡Ojalá como es cierta la muerte, estuviera también cierto y asentado su día y como el jornalero sabe la hora última de su trabajo, así supiera yo la que ha de ser de mi vida el remate! Que aliviárase mi miseria, si supiera de mi fin el día; y con saber lo que durarán mis trabajos, sustentaría el ánimo en ellos, contando cada día lo que me resta. Mas, dice, con la confusión que en esto hay y con el no poderme certificar si es largo o corto este mi plazo, ahógase el alma, que se abrasa en deseo por salir de este cuerpo mortal.

Porque añade:

2. Como siervo desea solombra, y como alquiladizo espera su obra.

3. Así yo heredé meses de vanidad, y noches de laceria se me aparejaron a mí. Esto es, así me acontece en los meses de dolor que me ha dado y en que me ha heredado mi suerte, que espero desalentado el fin de ellos y nunca viene ni llega. Por manera que es semejante Job al jornalero en desear con ansia el remate de su trabajo; y diferente, en que el jornalero consigue lo que desea, y llega la hora señalada y sabe qué hora es y cuándo ha de llegar; mas a Job ni le es cierto el día que dará fin a su mal, ni en tantos días como ha pasado esperándole, jamás ha llegado.

O digamos, como algunos dicen, de otra manera: que Job no compara aquí el deseo que el jornalero tiene de dar fin a su obra con el que tiene él de llegar al fin de su vida, sino compara el afán que el trabajado jornalero pasa con la desventura que él al presente padece; como diciendo: bien como el esclavo que desea sombra, esto es, como el esclavo muy trabajado; que es estilo de la Sagrada Escritura dar a entender lo que antecede por lo que se sigue de ello, y síguese al sudor y al trabajo el deseo de venir a la sombra. Así que dice, que como el esclavo muy trabajado vive, y como el jornalero cuando anhela al fin de su obra, así vive y ha vivido él muchos años y meses. Que es decir que no hay esclavo trabajado tan trabajado como él, ni jornalero tan fatigado que haya padecido lo que él de contino padece. Por manera que no solamente compara con los trabajos de ellos los suyos, sino muestra también que los suyos les hacen ventaja; porque el esclavo que cava al Sol y desea fatigado la sombra, al fin la alcanza; y acábase el día, y viene la noche, común reposo de los fatigados; mas Job, si decimos que trabaja, nunca descansa. Y si el jornalero padece fatiga, es su fatiga de un día; mas él la pasa muchos días y meses.

Dice, pues: Como siervo deseará sombra. Deseará, esto es, que desea (que en la lengua original las palabras del tiempo futuro valen algunas veces lo que los participios presentes), y así diremos, como siervo deseante solombra, y como jornalero esperante el fin de su obrar. Esto es, como trabajados los esclavos y los jornaleros cuando más lo son, cuando llega a lo sumo el trabajo, así yo heredé lunas de vanidad, y noches de laceria se me aparejaron a mí; esto es, tales son y más trabajosos los meses vanos que me cupieron por suerte, y las noches de miseria que me aparejó la ventura. O como otros declaran, los meses vanos que me heredaron; esto es, los meses a quien entregado estoy y sujeto del todo, y que se enseñorean de mí como de cosa que por herencia les

viene. Para mostrar en esto la firmeza de su miseria y lo que los malos meses y los trabajosos sucesos se apoderaban dél. Y llámalos meses vanos, que es decir vacíos de todo gusto y alivio. Y dice noches de laceria, y no mienta los días, para dar a entender que la grandeza del mal le tornaba la luz en noche, y que para él nunca hay día.
Añade:
4. Si yazgo, digo, ¿cuándo me levantaré?; y espero la tarde, y hártome de dolores hasta la noche. Como decía cuánto le atormentaba el no tener término cierto, y encarecía así sus trabajos como diferentes de los demás que padecen (porque el esclavo sabe que su servicio descansa en la noche, y el jornalero tiene para trabajar tasadas ciertas horas del día, mas él en muchos meses que laceraba nunca llegaba a su fin), así que, como decía esto en común, especifícalo más en particular agora para encarecerlo así más. Porque dice que todas las noches, cuando se recogía a dormir, se decía a sí mismo que al levantar o antes que se levantasen fenecerían o su mal o su vida, y que, venida la mañana y no viendo lo que le prometió la esperanza, alargaba para la tarde el deseo su plazo, diciéndose que al caer del Sol él también caería. Mas poníase el Sol y las tinieblas venían, y no fenecían, antes crecían sus dolores con ellas; y que así alargando de un día para otro día el deseo, prometiéndose cada hora la muerte y hallándose cada hora burlado, esperando siempre acabar y comenzando a padecer siempre como de nuevo, habían pasado muchos meses y años en que por horas se le renovaban las llagas, hallando en todas ellas sus esperanzas burladas.
Dice: Si yazgo, esto es, si me voy o cuando me voy a dormir; y está cortada la sentencia, como acontece en lo que se dice con pena, porque se ha de añadir, entonces trato conmigo del fin de mi vida y trabajos, y pregúntome a mí mismo su fin, y digo, ¿cuándo me levantaré?; esto es, dígome que al amanecer amanecerá mi descanso, porque me parece que ya quiero expirar.
Y espero la tarde. Mas, dice, viene el alba, y ni la vida falta ni el tormento se afloja, y así alargo mi esperanza a la tarde; y dígome que si con la venida del Sol se esforzó mi vida para no rendirse a la muerte, cuando se pusiere, que es cuando todo naturalmente enflaquece, se dará por vencida; de que crece deseo en mí de la tarde, y no pienso que ha de llegar y cuento las horas. Por donde el original dice así, y mide mi corazón la tarde; esto es, cuenta por

momentos su espacio, y a veces le parece que el tiempo duerme olvidado de su carrera contina, como siempre parece a los que aguardan algún término que mucho desean.

Mas venida la tarde, ¿qué?, ¿qué?: hártome de dolores hasta tinieblas. Hasta tinieblas, quiere decir, mientras duran las tinieblas, o hasta que las tinieblas se van allegando a su fin; porque la palabra naseph es aquella sazón de entre noche y día, cuando aún no bien esclarece.

Pues dice, venida la tarde, el dolor crece y no se acaba la vida; y lo que puse por término de mis trabajos es principio de trabajos mayores: y viene la noche, y acrecienta las causas del morir y no acarrea la muerte; y así paso hasta que el alba viene en gemidos y en llanto.

Y da luego la causa de su dolor, porque dice:

5. Vistió mi carne gusano y terrón de polvo mi cuero seco y encogido. Por manera que la enfermedad que padece es la causa por que desea la muerte, y por que muere viviendo; y dice la cualidad de su enfermedad para justificar su razón. Porque dice: Vistió mi carne gusano, que es decir hierve mi carne en gusanos, que me cercan a la redonda como suele cercar el vestido. Y encubre, diciéndolo así, una secreta contraposición con que engrandece su mal con una lástima diversa; porque decir visto gusanos, es decir estoy desnudo y vestido; desnudo como pobre, y vestido como miserable; de cuanto bien poseía no me deja para abrigo la calamidad aun el cuero, y dame por vestidura gusanos.

Y dice, terrón de polvo; que llama así a las postillas y a las costras que la materia seca hacía en sus llagas. Y añade, mi cuero se secó y encogió, o como el original dice, rasgado y aborrecible; porque era humor fiero y melancólico el humor de esta dolencia de Job. Era, por una parte, agudo, que le apostemaba y llagaba, y por otra, ardiente, que le secaba y consumía, y, por otra, muy melancólico, que era causa de hediondez y gusanos; y así tenía Job juntamente seco y llagado el cuerpo, consumido y abierto, gusaniento y aborrecible.

Más dice:

6. Mis días me volaron más presto que del tejedor es cortada la tela, y consumiéronse sin esperanza. En el original a la letra: Mis días se alivianaron más que de tejedor, y acabáronse sin esperanza; que alivianarse es hacerse ligeros, esto es, pasar no despacio y pesadamente, sino de prisa y volando, como

lo entendió Sant Hierónimo. Y lo que dice de tejedor, es razón no acabada, y para acabarla añade cada uno lo que mejor le parece. Nuestro intérprete el cortar y la tela; y dijo: Y volaron más presto que del tejedor es cortada la tela. Otros, la lanzadera; y dicen alivianáronse mis días, esto es, pasaron ligeros más que la lanzadera del tejedor, que a la verdad discurre prestísima; pues dice que sus días se le han pasado volando, y llama sus días no todos los de su vida, que eso no lo pusiera por queja (que como visto habemos deseaba el fin della y anhelaba a la muerte), sino llama sus días los días de su vida buenos y alegres, los días en que vivió dichoso y feliz, que éstos, a su parecer, pasaron con presteza increíble; y, a la verdad, el remate que tuvieron miserable los hacía parecer más ligeros y breves. Que aunque todo lo que fenece, cuando fenece, parece haber durado poco y pasádose con brevedad; pero descúbrese más esto mismo, cuando fue lo que pasó gustoso, y lo que sucedió doloroso y triste; porque entonces el desabrimiento presente y la calamidad que se gusta, disminuye el bien que pasó, y muéstralo como cosa de un punto. Y así Job en estas palabras añade nueva querella a sus lástimas, porque dice: Este mal que padezco ni tiene fin ni me acaba; y esperando yo cada día la muerte, y prometiéndomela el grave mal que padezco cada noche y cada mañana y cada hora, me hallo burlado. Así que el mal no se muda en mí ni se pasa, sino como firme y enclavado reposa; mas el bien acabóse en llegando, pasó en posta, y voló más que ave ligero.

Y acabóse, dice, sin esperanza; porque su enfermedad era incurable, y su pobreza tan extrema y su desamparo tan universal que no quedaba a la esperanza para entrar en el alma de Job puerta ni resquicio ninguno. Y así dice, sin esperanza, porque en los ojos de todos era negocio desesperado el tornar a su estado primero Job, o siquiera el mejorarse algo en el que de presente tenía.

Añade:

7. Miémbrate que es viento mi vida, no tornarán mis ojos a ver cosa buena. Como dijo que su mal no prometía mejoría, ni daba lugar a ninguna esperanza buena, hirióle la religión que moraba en su ánimo y el conocimiento que está firme en él, de que a Dios le es todo posible; y así reportándose, para mostrar que en la esperanza que negaba no negaba el poder de Dios, sino decía la naturaleza de su grave miseria, vuélvese a Dios humildemente y rogándole

que le sane y remedie, muestra que reconoce su poder y que confía en su infinita bondad. Y así dice: Miémbrate que es viento mi vida: como si más claramente dijera: Cuando digo, Señor, que mi felicidad pasó muy ligera, y que mi infelicidad grave corta las esperanzas del bien, quiero decir lo que ello en sí es y lo que su naturaleza promete; mas no niego lo que tú puedes. Sé que para ti no hay cosa imposible, puédesme hallar si estuviere perdido; enriquecerme, si pobre; sanarme, si enfermo; quieras tú solamente, que al punto seré remediado.

Y para que quiera, pídele se acuerde que es viento su vida. En que no quiere decir que se pasa presto, aunque es verdad se pasa prestísimo; sino quiere decir y dice que, pasada una vez, no torna, como nunca vuelve a soplar el viento que ya sopló y se pasó. Porque, dice, puédesme remediar, y suplícote me remedies, mas conviene me remedies de presto, porque, como sabes, Señor, conforme a tus leyes, esta vida sensible que agora se vive es una sola, y pasada no torna, y acabada no renace otra vez, que es como el soplo que pasado no vuelve, sino camina siempre adelante. Por donde, si agora mientras vivo te detienes, no viviré otra vida como ésta, en que me remedies.

Y en pedir Job a Dios que se apresure, sigue el común sentido de los que están en dolor y desean el remedio, que todo se les hace tardío. Y en desear, primero que muera, tornar a mejor estado, desea no tanto vivir cuanto que no le tome la muerte estando actualmente en calamidad y miseria. Que aunque los trabajos presentes desprenden con facilidad el alma de la afición de la vida, y le allanan en cierta manera el morir; mas, por otra parte, ahogan el aliento y oprimen la esperanza, y turban la claridad del juicio y inquietan el ánimo, que son dificultosas disposiciones para la muerte, si la abundancia de la gracia y de la virtud no las vence. Y demás de esto paréceles a los que lo miran de fuera que, quien muere estando en calamidad y miseria, muere vencido della y antes de su sazón y su tiempo: y por la misma razón juzgan que mueren de flacos y por faltarles para el trabajo hombros y virtud.

Por manera que Job desea ser remediado presto, porque lo que padece le duele; y desea acabar en estado alegre, por no parecer muere vencido de la tristeza y como desesperado del bien; y pide sea en esta su vida, porque si pasa no tornará a vivir otra como ésta, porque es como aire que va y no torna. Y dice así: No tornarán mis ojos a ver cosa buena; esto es, no tornaré jamás,

si una vez muero, a vivir en estado bueno y feliz, corporal y sensiblemente y a la manera de agora. Y encarece más y extiende más esto mismo, diciéndolo y repitiéndolo por diferentes maneras.
Que dice:
8. No me catarán más ojos de mirador; tus ojos en mí y no yo. Ni yo tornaré, dice, a ver esta vida, ni nadie por más aguda vista que tenga me verá en ella después de muerto. Tú mismo, Señor, que todo lo penetras y ves, no me verás vivir otra vez aqueste linaje de vida, porque así lo ordenaste.
Que:
9. Acabóse la nube y pasóse, así el que desciende al infierno no subirá. Porque, dice, así como la nube, convirtiéndose en lluvia, pasa y se deshace de manera que no vuelve jamás, así es, dice, el que muere y desciende debajo la tierra, que no tornará jamás a subir a ella; entiéndese a vivir en ella como agora se vive, vida corruptible y sujeta a mudanzas, y necesitada de comida y vestido y posesiones y casas y los demás bienes que llamamos riquezas, como en lo que añade demuestra.
Que dice:
10. No tornarán a su casa, y no le conocerá más su lugar. Que no dice rasamente que no tornará, porque cierto es que ha de volver el hombre a vivir en el cuerpo en el día que Dios volviera a vida a todos los hombres; mas dice limitadamente que no volverá a su casa ni a ver su lugar, esto es, sus posesiones y asiento. Porque la vida de la resurrección, aunque será en cuerpo, no será con las necesidades del cuerpo, ni vida que se vivirá en la forma y estilo de agora, buscando cosas para sustentar los sentidos que desfallecen sin ellas.
Mas dice:
11. Por tanto, yo no vedaré mi boca; fablaré con angustia de mi espíritu, querellaréme con amargura de mi alma; en que torna el dolor a encrudecerse de nuevo y a revivir con fuerzas dobladas, que son mudanzas de ánimos afligidos y tristes. Pues rompe la razón comenzada y torna a dolerse y a lamentarse, diciendo: Por tanto, yo no vedaré mi lengua. Mas, dice, pues el Señor se detiene por los fines que él sabe, y quiere que cuanto de vida me resta sea miseria y dolor, ya que tengo que morir miserable y no puedo tornar a vivir en riqueza y salud y contento, a lo menos no perderé este alivio amargo que solo me resta, que es alivio de los muy miserables, que es dar licencia a la lengua que diga

las ansias del corazón, permitir a la boca que publique sus quejas, acompañar los dolores con gritos. Y así dice: No vedaré mi boca, esto es, no le pondré freno para que no vocee. Fablaré con angustia de mi espíritu, esto es, diré lo que me dictare el ánimo afligido. Querellaréme con amargura de mi alma, que es decir, que serán sus quejas amargas, así como el alma está amarga.

Y diciendo esto Job, responde calladamente y por nueva manera a lo de que era acusado de sus amigos, que excedía en quejarse. Porque, les dice, pues no tengo de tornar a vivir, ni espero en lo que me resta, salir de miseria, si estoy condenado sin esperanza a la enfermedad, a los gusanos, al desamparo, al dolor, ¿por qué siquiera no me será libre el gemido?; ¿por qué lleno de dolores no podré decir que me duele?; ¿por qué hecho asiento de males no tendré licencia para lamentar mi desdicha? El dolor saca el grito naturalmente, y el azote el gemido, y el desastre la voz desabrida y el lloro; ¿en qué ley, pues, se sufre que sea vicioso en mí lo que es natural en todos, y que quien no espera otro alivio, siquiera no se desahogue gritando?

Y dicho esto, suelta la lengua a la queja, y dice volviéndose a Dios:

12. ¿Si mar yo, si culebro, que pones sobre mí carcelería? En lo cual se queja de que, siendo flaco, le hiere como si fuese fuerte y valiente; y quéjase comparándose con la mar y con la ballena, diciendo que le trata Dios como a ellos, o en el mismo género de tratamiento, o en tratamientos de diverso género, pero tales que tienen comparación entre sí: que es decir, que le encarcela a él como tiene encarcelada la mar; o que así como está sujeta la mar a tormentas, y es como el propio lugar de las tempestades, y donde las olas combaten y los vientos ejecutan su violencia y rigor, así le hace a él como sujeto proprio de dolores y de miserias.

Y encarece su mal con la desigualdad que con él tiene lo que compara. Porque si mueven guerra los vientos al mar, es al fin poderoso el mar para avenirse con ellos; y si se levantan tempestades en él, es tan grande que las lleva y las sufre; y si le encierra Dios y pone límite y le quebranta en la arena, quédale suficiente lugar donde descanse y repose; mas Job es flaco y está llagado y podrido, y asentado en el polvo carece de todo alivio. De manera que, por una parte, no hay mar turbada tan combatida de vientos, cuanto lo es de dolores su alma; y por otra, no hay cosa más flaca ni de menos fuerza que él para resistir al dolor. No hay en él sujeto ya para recibir nuevo azote, y hiérele Dios siempre con azotes de nuevo. Y así dice: ¿Si mar yo, si culebro, que pones carcelería sobre mí?, esto es, que me cercas y tienes así preso y rodeado de males, para que ni menearme ni valerme no pueda, como si corriese peligro el mundo en mi libertad. Que a la mar tiénela encarcelada Dios con firmeza, porque si fuese libre anegaría la tierra; y ni más ni menos la ballena y las serpientes del mar asolarían el mundo, si pudiesen salir de su cárcel.

Así que en éstos la guarda estrecha es necesaria; mas de mí, dice, ¿qué temes, Señor? ¿Soy mar que sorberé la tierra, si me das libertad, o culebro para asolarla? Que es también alegar secretamente su inocencia y llaneza y la mansedumbre de su vida pasada; y como diciéndolo a Dios, representar a sus amigos que le estaban oyendo que nunca se apacentó de la sangre inocente como dragón fiero, ni fue tempestad donde se anegasen los otros, por donde fuese necesario enfrenarle y apretarle como apretado está, que no halla en cosa reposo.

Y así añade:

13. Si digo, conhortarme ha mi lecho, aliviaréme en mi querella en mi cama; como dando a entender que en la cama, que es lugar de descanso, halla trabajo. Pues si en la cama le halla, dicho queda lo que fuera de ella padece. Y aún encubre el original aquí un cierto encarecimiento, porque dice a la letra: Cuando digo, conhortarme ha mi lecho, alzará llama en mi querella mi cama. Que es claramente decir cuánto se le aleja el alivio, pues el reposo no solamente no lo es para él, mas antes le acarrea tormento; porque en la cama, adonde se recoge con la esperanza de descansar, se enciende de manera su mal que se vuelve en horno la cama. Y era necesario, por dos razones, que así le aviniese; lo uno, porque en la noche en que se divierte el sentido menos, crecen más los cuidados que abrasan el corazón, el cual pega su ardor al lecho y al cuerpo; lo otro, porque las enfermedades de humor melancólico, cual éste era, toman fuerza con las tinieblas, que son la hora propria cuando la melancolía hierve y humea; de manera que, si se vela, arde en negras llamas el lecho, y, si se duerme, acontece lo que luego añade, diciendo:

14. Y con sueños me quebrantaste, y con visiones me pusiste en espanto. Porque el humor negro, movido con el sueño, turba en la imaginación las especies y tíñelas de su mala color, de que resultan espantables figuras que

atemorizan y espantan el ánimo del que duerme. Al cual espanto y horror se sigue por orden natural lo que dice:
15. Y escogió ahogamiento mi alma, muerte más que en mis huesos. Porque la calidad del humor, por una parte, ennegrece la luz, y así borra todo lo que es alegría, y por la misma razón representa la vida como cosa escura y tristísima; y, por otra parte, los temores de las visiones que el mismo humor acarrea, hácenla odiosa y aborrecible. Y así por natural consecuencia los tocados de esta calamidad apetecen el salir de la vida luego, y por cualquier manera que sea; y es señal del deseo lo que acontece en el hecho en muchos de estos que lo ponen por obra, y se despeñan o ahogan.
Y este apetito vicioso y fiero, que el humor corrompido en el ánimo de Job criaba y movía, pone aquí agora, no diciendo lo que la voluntad, medida por la razón, le pedía, sino aquello a que le inclinaba la fuerza de su dolencia, y dícelo para encarecer más sus trabajos y males. Porque sin duda era miseria particular y causa de grandísima pena, un hombre como Job, temeroso de Dios y tan sujeto a la ley de razón en todas las cosas y tan aficionado a lo justo, sentir en sí un tan desordenado movimiento y tan fiero; y así con esto demuestra más su trabajo, en el cual la sostancia era terrible, y los accidentes peores: la sostancia era un universal despojo de la hacienda, de hijos, de salud y alegría; los accidentes, movimientos que le ponían en peligro los bienes del alma.
Pues dice: Escogió ahogamiento mi alma, como si dijese: y de la enfermedad que padezco nace en mí otra desventura peor que ella misma, que me siento llevar a poner yo mis manos en mí y dar fin a una vida tan aborrecible y tan triste, y véome tentado de ofenderte y perderte, que es lo que más me duele y ofende. Y aunque dice que su alma quiso ahogarse, no entiende por su alma el juicio de su razón, sino una parte della más baja que mueve el sentido, a que llama muchas veces alma la Sagrada Escritura.
Y lo mismo dice en lo que añade, y muerte en mis huesos: que es decir que el sentido le movía a desear que penetrase hasta dentro de sus huesos la muerte, esto es, que la muerte le deshiciese del todo, y que no dejase dél, como decir solemos, ni pelo ni hueso. O quiere decir, sin duda, que le hacía más amable la muerte, que suele ser a otros la alegre vida. Porque el original dice así: muerte más que mis huesos; que por nombre de huesos se suele en esta Escritura entender la vida a quien ellos sostentan; y no solo la vida, sino

la fortaleza de ella y su próspero estado. Y así dice que nunca le agradó tanto lo próspero cuanto le aflige agora lo adverso; ni quiso a su vida tanto, cuando estaba en su fuerza, como agora su sentido ama y apetece la muerte.
Añade:

16. Perdí la esperanza, no viviré más; contiénete de mí, que son nada mis días. O según otra letra: Aborrecí; no para siempre viviré; contiénete de mí, porque nada mis días. En que, en lo primero, la palabra propria maasthi quiere decir desprecié con enfado y tuve en poco y aborrecí, conviene a saber la vida, y no la mía solamente, sino generalmente a todo el vivir de los hombres; que conoció la vanidad general movido y como avisado de su propria miseria. Porque es ordinario caer en esta cuenta las gentes cuando se ven caídas en algunos trabajos: que el suceso áspero proprio abre los ojos para conocer el riesgo que todos corren de que nadie es exento, y conócese aquí que todo es vano y muy digno de ser despreciado.

Mas en lo segundo que añade, no viviré más, o no viviré para siempre, contiénete de mí, dejando el cuento de sus miserias (porque es proprio de la pasión hacer estos movimientos diversos, unas veces derramando querellas, otras buscando favor), así que dejando las quejas, vuélvese aquí Job a las oraciones y pide a Dios que alce el azote, y no tome tan a pechos el perseguirle, y como secretamente diciéndole que es hacer caso de una cosa que es nada, el demostrar tanto enojo.

Y nace bien esto segundo de lo que dijo primero; porque como decía que él mismo, alumbrado de su misma experiencia, conocía la vanidad general de la vida, y la despreciaba como a cosa vilísima, dice bien y consiguientemente que le parece no digno de Dios oponerse tan de veras contra tanta bajeza, y hacer prueba de su brazo poderoso en deshacer lo que es nada. Y así le dice a Dios que se contenga de más herirle, si no por lástima, a lo menos por lo que toca a su honra; que no es de majestad semejante mostrarse corajoso contra cosa tan baja. Que si el hombre fuera eterno y su vida tan firme que jamás feneciera ni recibiera mella ninguna, si fuera tal que nunca padeciera menoscabo su vida, fuera entonces para mostrar Dios su brazo en él conveniente subjeto; mas quien se acaba mañana, y eso que vive es miseria y quien es pura nada, ¿qué es para que Dios haga caso dél, ni en gracia ni en ira?

Porque, como dice y añade:

17. ¿Qué es el hombre para que le engrandezcas, y para que pongas en él tu corazón? Para que le engrandezcas, entiendese, en tener con él tan estrecha cuenta castigándole siempre; porque hacer caso dél, aun en esto, es honrarle Dios mucho. Y que sea el sentido éste, lo que se sigue lo dice: y para que apliques a él tu corazón, porque poner el corazón en esta escritura es de advertir con atención en lo que se pone y tener cuenta con ello examinándolo y no disimulando con ello. Y más claramente se ve por el verso siguiente, que es:
18. Y visítasle a las alboradas, y por momentos le pruebas. Porque visitar aquí y el probar significan lo mismo; y el probar es tentar y examinar con castigos. Por manera que Job, considerando por una parte la flaqueza y bajeza del hombre, y por otra el tesón con que Dios le castiga, dice lo que en este caso se viene luego a los ojos, que es un espanto y una gran maravilla de que Dios, siendo quien es, tome tan a pechos el menudear con los hombres, madrugando, esto es, velando, conviene a saber, mirando sobre ellos siempre y a todas horas con ojos despiertos y sin perder ningún punto. Que por otra parte, bien mirado y como lo juzga la razón verdadera, es piedad de Dios y misericordia grandísima no desdeñarse de andar tan a las justas conmigo, y traerme siempre sobre ojo examinándome y dándome sofrenadas continas y amargándome cuanto suele ser dulce en la vida, para que, engolosinado de ello, no me vaya en nos de ello llevado de mis malos siniestros.

Mas dice en esto Job lo que le decía su carne afligida; y dícelo porque, en decir los sentimientos de la humana flaqueza y los acuitamientos que padecía, encarece más sus trabajos, que es aquello en que agora se alivia. Porque, como dicho he, no era el menor de ellos sentir en sí aquestos sentimientos flaquísimos; y la enfermedad, aunque grave, y el desamparo que padecía, no le afligía tanto, cuanto le atormentaban estos movimientos miserables que bullían en la parte inferior de su alma.

Mas añade diciendo:

19. ¿Hasta cuándo no aflojarás de mí, ni me aflojarás hasta tragar mi saliva? Esto de tragar saliva parece forma de hablar vulgar y usada en aquella lengua, para significar un alivio pequeño; como lo es en la nuestra, para la misma significación, decir respirar o tomar aliento. Pues pregunta Job a Dios (y es una pregunta envuelta en una sentidísima queja) que hasta cuándo le ha de apretar los cordeles, qué fin ha de tener este azote contino sin dejarle res-

pirar un momento, ni sin darle siquiera espacio libre para tragar la saliva, en que engrandece con encarecimiento nuevo sus males. Porque preguntando cuándo ha de aflojarle para que al menos respire, se queja de que su dolor no se remite ni hace jamas pausa; y así demuestra que su mal no tiene días de huelga, sino dice que es un abrasamiento perpetuo y que está en crecimiento siempre, o al menos conserva siempre un tenor de manera que no se rompe con ninguna forma de alivio.

Más dice:

20. Pequé: ¿qué faré a ti, Guardador de los hombres? ¿Por qué me pusiste por encuentro a Ti, y fui sobre mí por carga? Lo que dice pequé, es como si dijese mas si pequé: porque no confiesa que padece por sus pecados, antes asegurado de su consciencia, porfía que su castigo no es pena de culpa. Mas como en las disputas se hace, que para mayor prueba de lo que pretendemos probar, concedemos al adversario algo de lo que él nos opone y le mostramos que no concluye, aunque se le conceda, así Job en mayor confirmación de su intento, concede que fuese así como sus amigos le dicen, y que le castiga Dios por sus culpas, y muestra que, sin embargo de todo eso, es extraordinario el castigo.

En que con unas palabras mismas acude a todo aquello que contra sus amigos defiende: que es, lo uno, librar de exceso y demasía su queja; lo otro, mostrar que padece sin culpa. Porque diciendo que es muy grave su azote, aun cuando fuese así que pecado hubiese, prueba que se queja con causa, pues es tan desmedida la pena; y ni más ni menos en decir que sus culpas, en caso que las tuviera, no las castigaba agora Dios conforme a su ley, demuestra que su mal no es castigo de culpas, porque Dios nunca traspasa sus leyes. Y por consiguiente manifiesta que padece sin culpa; porque, si la tuviera, midiera Dios la pena con ella y caminara su castigo por el camino que siempre, y guardara sus condiciones y sus leyes usadas, lo que aquí no acontece. Porque dice: sea así que pequé (Vos, Señor, sabéis lo contrario); mas presupongamos que sea como aquéstos me dicen; pregunto: ¿qué pecado es el mío para que, lo que no hicistes con pecador, me cerréis a lo que parece la puerta del alivio y remedio? ¿Qué hice yo, pecando, más que los otros que pecan, que mereciese un desamparo tamaño? O ya que pequé, ¿qué haré para amansar vuestra irá, más de lo que hago y he hecho? Abrasásteme la hacienda; bendíjeos. De un golpe me llevastes los hijos, que eran la luz de mi vida; alabé tu bondad. Herísteme de pies a cabeza con llagas de enfermedad nunca oída; recibílo y sufrílo. Todos, mujer, criados, amigos, abominaron de mí; humilde me abracé con el suelo. Si el dolor mueve a lástima, por eso, Señor, me querello; si el sufrimiento merece perdón, como un ayunque he sufrido; si la humildad vale algo, bien conoces la mía: sueles perdonar al quebrantado, al afligido, al azotado, al sufrido, al abatido, al perseguido, al rendido ante Ti y al humilde; ¿qué es de todo esto lo que no hallas en mí? ¿Pues qué más haré, oh Guardador de los hombres? Si me castigaras por culpa, ya estuvieras satisfecho con la paciencia y la pena. Bien se deja entender que no desenvainó tu espada mi pecado, pues mi humildad no la torna a la vaina. Otro es, sin duda, Señor, vuestro intento: no lo alcanzo yo, y así no atino a valerme. ¡Enséñame tú, oh Guardador de los hombres!

Y en decir Guardador de los hombres, hay un misterio secreto con que esta razón se esfuerza mucho más. Porque lo que decimos Guardador, en el original es notser, que es el proprio sobrenombre de Cristo, que solemos llamar Nazareno; como se ve en el título original de la cruz, adonde el Nazareno se escribe con estas letras mismas, como a la verdad escribirse debe, aunque algunos con ignorancia y porfía lo niegan.

Pues da Job a Dios con gran conveniencia en esta coyuntura de perdón aqueste apellido, como quien vía con la luz de profeta a Dios ya humanado y Nazareno hecho, que quiere decir Guardador, para fin de guardar al hombre en sí tomando sobre sí sus pecados. Según lo cual, acordando con este nombre a Dios su determinación, fortifica Job su dicho más, y le dice: ¿Qué he hecho contra Ti, o qué debo hacer para Ti más que los otros hombres, oh Nazareno del hombre? Que es decirle, pues ha de ser Nazareno, esto es, pues ha de ser hombre, para tomar en sí los pecados de todos, para, pagándolos él, libertarlos a ellos; pues ha de ser su oficio proprio pagar a su costa lo ajeno; pues por el mismo caso se pregona por tan piadoso y tan blando, que el exceso de la culpa encendería las entrañas de su misericordia hasta hacerse hombre entre los culpados para satisfacer a su Padre por ellos; pues el pecar no le espanta, ni el remediar el pecado le es nuevo, ni los pecadores son los que menos acrecientan y esclarecen su gloria (en caso que el pecado hubiera y fuera castigado por culpas) que, por qué le castiga tan severamente, que cierra a lo que parece la entrada al perdón; que si por dicha es él hombre de diferente linaje, o ha hecho contra Dios lo que hizo ninguno, o cuando se determinó de ser hombre por todos, ¿excepto a solo él para hacerle blanco de su ira y enojo? Y así dice: ¿por qué me pusiste por encuentro a Ti? Como diciendo: Tienes ordenado de ser de nuestra parte y de ponerte por escudo nuestro, y haces agora bando contra mí solo; y el que has de ser nuestra adarga, ¿tornaste contra mi fiera lanza?

Y dice, fui sobre mí por carga, porque el oficio de Jesús Nazareno es tomar sobre sí las cargas de todos, para con su trabajo darles descanso y con sus cardenales salud; y a Job, según era grave y perseverante su azote, parecíale en cierta manera que si era por culpa suya, no la pasaba Cristo a sus hombros, sino la dejaba en los suyos, y dejándola sobre él le oprimía. O pídele sin duda que la pase a sí y se cargue de ella; y pues pone a su cargo el pecado, pusiese este suyo, si hay alguno, con los demás.

Y por eso le dice:

21. ¿Por qué no alzas mi rebeldía, y haces pasar mi delicto? Porque agora yazgo en el polvo, amenazarme has, y no yo. Que alzar aquí no solo es quitar Cristo el pecado sobre Job, sino llevarle él puesto y levantado en sus hombros; porque el original es nasa, que es levantar sobre sí, y es lo mismo que dijo a Cristo el Baptista cuando le dijo: Este es el Cordero de Dios, el que levanta y lleva sobre sí los pecados del mundo. Y así le dice Job a su Nazareno, pues lleva sobre sí las rebeldías de todos, ¿por qué le deja en sus hombros la suya?; ¿por qué no hace pasar su delicto; conviene a saber, de sí a él, de su cuenta a su cargo? Porque, dice, si pequé, y tu satisfacción, que aun agora tiene virtud, no me vale y me muero en ceniza, cuando amanecieres naciendo, ya no seré capaz de tu bien; porque cuanto a la gracia, tal permanece cada uno cual muere.

Y Job habiendo dicho esto calló; y respóndele Bildad en el que luego se sigue.

Capítulo VIII

1. Y respondió Bildad, el sohí, y dijo:
2. ¿Hasta cuándo hablarás esto, y de espíritu grande palabras de tu boca?
3. ¿Por ventura Dios tuerce el juicio? ¿Y si el Abastado tuerce justicia?
4. Si tus hijos pecaron a Él, y envíolos la mano de su pecado.

5. Si tú madrugares a Dios, y suplicares al Abastado.
6. Si limpio y derecho tú; cierto luego despertará sobre ti, y apaciguará la morada de tu justicia.
7. Y será tu principio poco, y tu postrimería crecerá mucho.
8. Que pregunta agora a la generación primera, y dispónte a pesquisar de tus padres.
9. Porque de ayer nosotros, y no sabemos; porque sombra nuestros días sobre la tierra.
10. De cierto ellos te avezarán, hablarán a ti, y de su corazón sacarán palabras.
11. Si crecerá junco en no cieno, ¿crecerá junquera sin aguas?
12. Aun él en su árbol y no cortado, y antes de toda yerba se seca.
13. Así caminos de todos los que olvidan a Dios, y esperanza de falsario parecerá.
14. Que despreciará su desatino, y casa de araña su fiucia.
15. Estribará sobre su casa, y no estará; trabará en ella, y no se levantará.
16. Verde y jugoso él delante del Sol, y sobre su huerto su pimpollo saldrá.
17. Sobre montón sus raíces serán enredadas; casa de piedras morará.
18. Si los tragaren de su lugar, y diga en él: No te olvide.
19. ¿Ves? Ese gozo de su carrera, y de polvo otro pimpollecerá.
20. ¿Ves? Dios no aborrece perfecto, ni esforzará mano de malos.
21. Hasta que se hincha de risa tu boca, y tus labios de jubilación.
22. Quien te aborreciere vestirá desprecio, y tienda de malos no ella.

Exposición

1. Y respondió Bildad, el sohí, y dijo: Este es el segundo de los amigos que vinieron a Job, el cual toma la mano agora y, vista la respuesta pasada, y menos contento della que de lo que oyera primero, sale él también a decir su razón, que es la misma que Elifaz tiene dicha. Y así le dice que no se justifique, porque, justificándose a sí, condena a Dios, dando a entender que le castiga sin culpa; y Dios no es injusto, y así es necesario que él se conozca por culpado, pues es notorio que Dios le aflige y azota. Y para probar que Dios es justo y igual, afirma que el malo se seca y el bueno florece siempre; y se muestra ambas cosas por dos comparaciones que trae, una del junco sin agua, y otra del árbol verde y bien gobernado.

Y comienza de esta manera:

2. ¿Hasta cuándo hablarás esto, y espíritu grande palabras de tu boca? En que le dice ser falso y soberbio todo cuanto razona; y que no le dicta la razón derecha las palabras que dice, sino la poca humildad de su espíritu y su corazón enconado contra Dios y hinchado.

Porque dice:

3. ¿Por ventura Dios tuerce el juicio?, ¿o si el Abastado tuerce justicia? En que pregunta aquello de que no duda, antes con la pregunta lo afirma; porque en todas las lenguas hay una manera de preguntar que hace afirmación y certeza. Pues dice ser negocio averiguado que Dios no es injusto, y no dice más sino deja por manifiesto lo que de esto se sigue. Porque si Dios no es injusto y castiga a Job, como por la obra se ve, Job es culpado; y así de esta verdad manifiesta, que Dios guarda justicia, y de lo que Job padecía, concluye Bildad su argumento. El cual argumento consiste en dos cosas: en una verdad que no se niega, esto es, ser justo Dios, y en un hecho que por los ojos se vía que era la miseria de Job: de las cuales dos cosas propone sola la primera, porque la segunda ella misma se avenía al sentido. Mas, aunque se avenía, estaba en ella de este argumento el engaño, porque el azote manifiesto no era castigo de culpa.

Dice, pues: ¿Por ventura Dios tuerce juicio?, ¿o el Abastado tuerce justicia? Por una de dos cosas tuercen de lo justo los hombres, amor o temor: el temor es flaqueza, y el amor dice falta; porque amar es desear lo que no se posee, y temer rehuir de lo que padecer se puede. Según lo cual Bildad prueba esta sentencia con las mismas palabras della; y esto en dos diferentes maneras: una, por formarla en pregunta que, como dijimos, el preguntar si es así es certificar que es así; otra, por decir Dios y Abastado, que en su original es tanto como el fuerte y el que es la abundancia, con lo cual no se compadece ni temor que le fuerce a lo injusto ni apetito de cosa que de ello jamás le desquicie.

Añade:

4. Si tus hijos pecaron a Él, y envióles a la mano de su pecado; y es otra razón con que justifica Bildad lo que Dios hace con Job. Porque, dice, cuando fuera así que tú por tu persona pecado no hubieras, no me negarás que pecaron tus hijos, a quien Dios acabó con muerte tan desastrada. Pues como Dios suele

castigar al padre en los hijos, así también castiga muchas veces por los hijos al padre, porque de los padres viene de ordinario a los hijos los vicios.

Dice, pues: Si pecaron tus hijos a Él. Este si no es condición de duda, sino afirmación de cosa cierta; como si más claro dijese: Pues es cierto que pecaron tus hijos. Y lo que añade, y enviólos a la mano de su pecado, puédese referir a Job, mudando la persona de segunda en tercera, como muchas veces se hace en la Sagrada Escritura, y así dirá: pues pecaron tus hijos, enviándolos tú a la mano de su pecado, esto es, imitándote a ti, o ciertamente disimulándolo tú. O sin duda diciendo: Si tus hijos pecaron, como por su desastrado fin se ve que pecaron, tu mal ejemplo, tu mala institución y descuido los envió a la mano de su pecado, esto es, los entregó a los pecados y vicios. O, de otra manera, puédese referir a Dios, y será aquéste el sentido: Pues pecaron tus hijos, y enviólos Dios, esto es, ¿qué maravilla es que los enviase Dios a la mano de su pecado, entregándolos al castigo que merecían sus culpas, o dejándolos andar por el camino del mal y llegar al paradero adonde él los guiaba? Porque el paradero del pecado, si se prosigue, es la muerte, según lo que dice Santiago: El pecado cuando llega a colmo engendra muerte.

Más dice:

5. Si tú madrugares a Dios, y suplicares al Abastado;

6. Si limpio y derecho tú, cierto agora despertará sobre ti y apaciguará la morada de tu justicia. Que se puede entender de una de dos maneras, o juntamente de ambas; o que sea aviso de lo que debe hacer agora para que Dios se le ablande; o que sea demostración de lo que no hizo Job y debiera hacer para no venir al estado y miseria presente; o que, pues las palabras lo sufren, diga lo uno y lo otro, lo que si hiciera no hubiera caído, y lo que si hace se podrá levantar. Si tú madrugares o Si tú madrugaras a Dios, si hubieras andado en su servicio con vigilancia; que el madrugar en esta escritura es diligencia, porque el diligente madruga. Y suplicares o suplicaras al Abastado; el original dice, y te apiadaras al Abastado, y llama apiadar el pedir piedad, refiriendo uno sus dolores y cuitas.

Si limpio y derecho tú, o fueres de aquí adelante, o hubieras sido hasta agora; despertará sobre ti, esto es, velara para tu salud, o sin duda hubiera estado a tu defensa, despierto y alerta. Y responde este despertar al madrugar que dijera, como diciendo: Si tú hubieras madrugado en su servicio, Él hubiera andado despierto y velara en tu ayuda.

Y apaciguará la morada de tu justicia, o de aquí adelante, si lo entendemos de lo venidero, o hubiérala apaciguado antes de agora, esto es, hubiera conservado en paz tu morada y conservado tu casa sin revés ni desastre, como casa adonde la justicia vivía. Porque el fructo de la justicia es la paz, y es compañero que jamás se divide de ella, como escribe un profeta. Y conforma con esto lo que luego añade, diciendo:

7. Y será tu principio poco y tu postrimería crecerá mucho. Que dirá, según el primero sentido, que la felicidad suya pasada será como cifra en comparación de lo que Dios le dará, si a Él se convierte; o, conforme al segundo, dice que el principio feliz de su vida, si hubiera perseverado en ser bueno, llegara a un colmo de felicidad nunca oída; porque siempre favorece Dios a los buenos, y como crecen ellos en la virtud, Él crece en mercedes; mas si descrecen, si vuelven atrás, si truecan o desamparan el verdadero camino, contiene Él su favor y apodérase de ellos el mal y el desastre, y así caen y perecen.

Y pruébalo con la autoridad y testimonio de sus antepasados, y dice:

8. Pregunta agora a la generación primera, y dispónte a pesquisar de tus padres. Remítele a lo que los antepasados han dejado dicho y escrito, y encarece su autoridad mostrando el crédito que se debe a sus dichos.

9. Porque, dice, de ayer nosotros, y no sabemos, porque sombra nuestros días sobre la tierra. Que es decir, que si no quiere persuadirse de lo que ellos le dicen, se persuada a lo menos por lo que los pasados dijeron; que es verdad que ellos no saben tanto, así por haber nacido ayer, esto es, por ser modernos y mozos, como también porque cuando fueron viejos, es corta su vida y breve a manera de sombra; y en vida corta no se puede adquirir mucha ciencia, lo que en los pasados no es, cuya vida fue larga.

Y por tanto:

10. De cierto ellos te avezarán y hablarán a ti, y de su corazón sacarán palabras, entiéndese en las obras que dejaron escritas. Y dice bien que sacarán, no de la boca, sino del corazón las palabras; porque las escrituras que por los siglos duran nunca las dicta la boca; del alma salen, adonde por muchos años las compone y examina la verdad y el cuidado.

Y debía ser alguna escritura de este metal antigua y conocida aquesto que añade, que es:

11. ¿Si crecerá junco en no cieno, si crecerá junquera sin agua?, con lo demás que se sigue. En que el malo es comparado al junco, que en medio de su verdor sin ser tocado se seca; y el justo, al árbol bien plantado y de raíces firmes, que, aun cortado y arrancado, se renueva y renace. Que a su parecer es lo que agora pretende, que los desastres y sucesos malos nunca vienen al bueno. Pues dice: ¿Si crecerá el junco sin cieno?, ¿o la junquera sin aguas? Si crecerá, esto es, cierto es que no crecerá, porque es pregunta que afirma. Y quiere decir que, aunque el junco y las junqueras no nacen ni se crían sino en lagunas húmedas y cenagosas, por lo cual parece debían de durar siempre en verdor y frescura; mas con todo eso les acontece lo que luego añade y se sigue:

12. Aun él en su árbol, y no cortado, y antes de toda yerba se seca; esto es, que estando verde y en su vigor y puesto en el pantano do se mantiene, sin que la mano ni el hierro lleguen a él, se seca de suyo y viene a menos, aun cuando florecen las otras yerbas más flacas. Y dice árbol al junco, porque la lengua original llama así a todo lo que se levanta en alto y en su tronco, derecho.

Pues dice:

13. Así caminos de todos los que olvidan a Dios, y esperanza de falsario perecerá. Que es decir, que la condición y suceso de los que se gobiernan sin Dios es de la misma manera; que, aunque tengan en abundancia su cebo, aunque el favor les rodee, y los defiendan las riquezas, y sea suyo al parecer el mundo todo, cuando reinan, cuando triunfan, cuando están más en su flor, desfallecen y se secan y vienen al suelo en ocasiones tan ligeras y no pensadas, que parece se cayeron de suyo. Y viene bien que desampare, sin saber cómo, su fuerza a los que sabiendo quién Dios es, le desamparan y olvidan. Y es justo y es necesario que caigan los que no le tienen por fundamento y apoyo, y que perezca en su verdor la esperanza de que vive el falsario. Y llama falsario al que encubre su mal con apariencias de bien; porque falsea el oro del bien que muestra, con el cobre que encubre, y dora con sanctidad y con color de virtud la flor más apurada del vicio, y hace a la religión y al respeto de Dios tercero y encubridor de sus ponzoñosas pasiones, vicio de grandísima ofensa; y así no permite Dios que se prospere.

Porque como dice:

14. Despreciará su desatino, y casa de araña su fiucia. Despreciará, esto es, mirará Dios con desprecio y abominación un desatino semejante. Y decir que Dios lo mirará con desprecio, es decir un desastre muy grande, porque ninguna cosa tiene más ser que de cuanto Dios la acepta y mira con buenos ojos. Y llama bien necedad y desatino a la maldad del falsario y hipócrita; porque el que con apariencias de bien colora su interés y su vicio, él mismo con su hecho se condena a sí mismo, sentenciando ser malo lo que pretende (pues no lo muestra de su color ni como ello es, sino disfrazado de diferente manera) y ser excelente la virtud que desecha, pues se vale de su apariencia della para venderse por bueno.

Y dice que su fuerza de este tal es casa de araña, y quiere decir, que en lo que estriba (que llama fiucia, por manera de hablar conocida, al fundamento de lo que se espera) es flaco y quebradizo y engañoso, y que no recibe reparo, como es la casa de la araña, que ni la que la teje puede con todo su artificio hacer que dure, ni los otros para cuya presa se hace hallan allí cosa que los sustente, sino que los enlace y enrede.

Y así dice:

15. Estribará sobre su casa, y no estará; trabará en ella, y no levantará. Que se puede entender, o de lo que acontece a la araña en el edificio de su tela, o de lo que les aviene a los que en ella son presos. De éstos dice que, en metiendo en ella el pie, caen luego, y, en estribando para tenerse, les falta el suelo engañoso, y si asen de ella para levantarse, quedan atados y sin remedio caídos. Y de la araña dice que se desentrañará para añadirle fortaleza, y que para ponerle estribos hilará sus entrañas, y de hecho esto, no estará, esto es, la tela no tendrá firmeza que dure; y ni más ni menos que trabará en ella, esto es, que la fortificará multiplicando los hilos de su tejido, y trabándolos y enredándolos más, pero no levantará, esto es, no se hará firme con eso ni permanecerá duradera.

Y por el mismo modo lo que edifica para su defensa o para su descanso la vanidad y maldad, por más que lo repare y fortifique con consejo y con hecho, es ello eficaz para enredar y tener miserablemente presos los ánimos; mas para darles morada de reposo y asiento de descanso, es caedizo y flaquísimo. Añade:

16. Verde y jugoso él delante del Sol, y sobre su huerto su pimpollo saliere. En que pasa Bildad a la segunda parte, donde, como dije, para testimonio de que Dios es igual, afirma que el bueno es siempre próspero, y lo prueba por semejanza del árbol verde y bien gobernado; así como la infelicidad del hipócrita la probó por semejanza del junco. Pues dice: Verde y jugoso él delante del Sol. Es ordinario en las lenguas, como ésta es, cortas y breves, callar mucho de lo que conviene que se diga, y por lo poco que se dice, como por señas, dar a entender lo que se calla, librando la sentencia entera en el entendimiento de los que oyen y como remitiéndose a ellos. Así callan los verbos muchas veces; así se refieren, sin haber dicho a lo que se refieren; así ponen palabras que significan la cualidad de una cosa antes de nombrar lo que califican; y quieren que por la cualidad expresada entendamos el sujeto a quien la cualidad le conviene, como es este lugar agora. Porque diciendo verde y jugoso, quiere que vengamos en conocimiento de aquello a quien cuadran estas dos condiciones: que es sin duda algún árbol a quien el verdor conviene y el jugo. Y así como si entera y llanamente dijera: mas el árbol verde y que tiene jugo y que le ve el Sol, esto es, y que no está puesto a la sombra, de este tal sobre su huerto su pimpollo saldrá, conviene a saber, sus ramas de éste se levantarán altas y largas, y como dicen los agricultores, éste arrojará sus renuevos con fuerza.
Y ni más ni menos:
17. Sobre montón sus raíces serán enredados, casa de piedras morará; esto es, lanzará las raíces tan hondas cuanto levantare en alto las ramas, y con el vigor que tiene, traspasará las piedras con ellas, y las enredará por las peñas, y penetrará hasta el centro, y, por el mismo caso, firme y bien arraigado, ni le faltará jugo ni le arrancarán las tempestades y vientos. Y porque lo que no hace la naturaleza hace algunas veces la voluntad libre del hombre, y corta la mano con hierro o arranca con artificio lo que de suyo estaba bien firme, pone también este caso, y dice así:
18. Si lo tragaren de su lugar, y dijeren en él no te vide. Si lo arrancaren, dice, por fuerza, o lo cortaren con hierro y hicieren que no parezca ni quede rastro dél allí donde estaba primero; así como se desparece lo que es tragado o sorbido, de arte que digan en él no te vide, esto es, de arte que su lugar mismo quede tan sin rastro dél que, si hablase, diría nunca le haber visto en sí mismo, diría estas palabras negando, yo tal árbol no vi (porque es costumbre

de la Sagrada Escritura para mayor encarecimiento, hablar por exceso y dar a lo que no tiene sentido lengua y palabras), pues dice, si este caso aviniere, ¿qué será?, ¿qué?

19. ¿Ves? Ese es el gozo de su carrera, y de polvo otro pimpollecerá. Entonces, dice, será su gozo mayor, porque entonces mostrará más su fuerza y lo hondo y firme de sus raíces; que del tronco cortado, o de algún pequeño rastro de raíces dejadas y que quedan siempre en lo hondo, tornará a renacer más hermoso y más fresco, de manera que no le podrán deshacer ni la injuria del tiempo ni la violencia del hombre.

Y habiendo dicho esto Bildad, pasóse a otra cosa sin aplicar la comparación, y dejando la sentencia suspensa, o porque la aplicación estaba clara, o, como dije, porque todo esto del junco y del árbol es parte de alguna canción antigua y conocida, con cuyo testimonio Bildad quiso confirmar su propósito; y es costumbre lo que cita o refiere, solamente apuntarlo. De arte que, habiendo dicho el ingenio y condiciones del árbol firme, da por dicho ser lo mismo en el justo, que, cortado, crece, y, arrancado, se renueva y mejora.

Y dejándolo así, pásase a la conclusión de su intento, diciendo:

20. ¿Ves? Dios no desecha perfecto, ni trabará mano de malos. Que es el fin de lo que decir pretende, es a saber, que Dios en esta vida siempre prospera a los buenos, y a los malos los aflige y desecha.

Mas primero que digamos de esto, hagamos nosotros lo que Bildad no hizo, y apliquemos la comparación del árbol al justo. Y antes que la apliquemos, digamos que es comparación recibida y usada en la Sagrada Escritura decir que el justo es bien plantado árbol, como se ve en el psalmo primero y en Esaías en diversos capítulos los justos de que florece la Iglesia, son significados con nombres de árboles de géneros diferentes. Porque, a la verdad, el nacer los árboles, y el crecer y dar fruto, parece negocio que viene todo del cielo, y cosa no hecha por los árboles, sino que la hacen en ellos con pequeña ayuda de ellos, y por orden y eficacia de otros; que es muy conforme y semejante a lo que en el negocio de la virtud acontece. Y no solo en el nacer y florecer y dar fruto tienen semejanza con los justos los árboles; mas también en el resistir a lo adverso, y en el mejorarse con la dureza del hierro, y con él, siendo heridos y cortados, tornar a renacer de nuevo mejores, como dice Bildad aquí; de quien parece haber hurtado Horacio aquesta comparación en el mismo propósito; porque compara lo generoso de la virtud que, enflaquecida de cien maneras, nunca se rinde, a una carrasca dura entre peñas nacida, que cuanto más la desmochan y cortan, tanto con más fuerza se repara y renueva Y dice de esta manera:

> Bien como la ñudosa
> carrasca en alto monte desmochada
> con hacha poderosa,
> que de ese mismo hierro que es cortada,
> cobra vigor y fuerzas renovada.

Porque es así que, como el hierro limpia al árbol de las ramas viejas e inútiles que le gastaban el jugo sin fructo, y deja libre la raíz para que le emplee en otros ramos nuevos de más hermosura y provecho, así la firmeza de la virtud no se ofende de que la dureza de la adversidad le cercene lo que está fuera della y no le sirve sino de distraerla y de ponerla en peligro; antes se alegra con este daño y se esfuerza más y descubre sus bienes; porque lo bien plantado no teme estos casos. Y los escogidos, los cuales son de este linaje de plantas, como Sant Pablo escribe, en todo son prósperos, y caídos crecen, y abatidos se empinan, y desterrados son señores, y captivos son libres, y ninguna cosa les es más natural que, cojeando en estas cosas visibles, esto es, hallándose faltos y menesterosos dellas y afligidos del mundo, luchar a brazo partido con Dios, como de Jacob se lee con el ángel; esto es, abrazar a Dios en sí y, hollando el suelo, traspasar hasta el cielo y señorearse de él con los deseos del ánimo.

Pues de esta verdad, que ni el justo es vencido ni el malo prevalece, como ni el junco permanece ni el árbol bien gobernado se seca, Bildad, por no considerar en qué tiempo o de qué bienes se entiende, colige falsa conclusión, afirmando que los buenos siempre florecen en esta vida, y los malos, al contrario, descrecen siempre, no siendo así. Porque la felicidad de los buenos es verdadera, y aquestos bienes de la tierra son falsos, y por la misma razón más convenientes para que sean posesión de los malos y hipócritas, cuyo bien es fingido, y por lo cual es justo, si han de ser dichosos, lo sean no en la sustancia y verdad, sino en la sobrehaz y apariencia.

Y ni más ni menos debemos entender lo que añade:
20. ¿Ves? Dios no desecha perfecto, ni trabará mano de malos. Que es verdad, cuanto a los bienes verdaderos del alma, que Dios no privará de ellos al bueno, ni los entregará al malo jamás; pero cuanto a los del cuerpo y de la fortuna, que son bienes falseados y que tienen sola la vislumbre y la apariencia de bienes, no lo es en ninguna manera; antes por lo mayor parte es corto en ellos y como escatimado con los suyos Dios, y largo y liberal con los malos. Mas dicha así sin más distinción, y refiriéndolo al tiempo postrero, es verdadera sentencia que Dios ni desprecia al perfecto, o como podemos también decir, no aborrece al perfecto, porque es imposible que desdiga la regla de lo que está bien reglado; ni trabará mano de malos, ni para hacer amistad con ellos, ni para dar firmeza ni buenos sucesos a sus intentos perdidos. Y así como decimos trabará, podemos decir esforzará o fortificará; porque Dios, aunque permite que el malo florezca en esta vida y se prospere, pero sus intentos malos y los designios de su vanidad, y los consejos y los medios por donde camina a su bien, no los alienta ni esfuerza ni aspira a ellos con su favor particular y secreto, ni menos los defiende por de fuera ni los fortifica; y por esta causa siempre a la fin desfallecen, y como edificio mal fundado vienen con ruido a tierra; que, como por el sabio es escrito, la esperanza del pecador como flueco de cardo que el viento se lleva, y como espuma flaca que la esparce la tempestad, y como humo que se desvanece y esparce en el aire, y como la memoria del huésped de un día que pasa. Porque, dejados de Dios, a quien desobedecen y ofenden, apoyan sus intentos en sí, que es apoyo de carne, y por la misma causa corruptible y flaquísimo; y así queda confuso y es en la Escritura maldito el que en él se confía: Maldito, dice, el que pone su brazo y su fuerza en la carne.
Más dice:
21. Hasta que se hincha de risa tu boca, y tus labios de jubilación. Falta algo que se ha de añadir en esta manera: y porque Dios no desprecia al perfecto y porque él, aunque le cerquen los trabajos y le cercenen, reverdece como bien plantado árbol y se renueva y mejora, por eso concluyo que, si tú fueras de ellos, no te dejara Dios como te deja, antes perseverara contigo hasta darte perfecto gozo. Y dícelo por figura de risa y de boca; porque cuando del pecho sale la alegría a la cara, y se hinche de risa la boca, y en la lengua no suenan

sino voces de gozo, entonces el contentamiento es entero y colmado. Y con este rodeo dice que si Job hubiera perseverado en ser bueno, Dios no solamente le conservara en la felicidad que tenía, mas le confirmara también en el buen estado de ella misma; esto es, no solo le mantuviera en el ser dichoso y feliz, mas le libertara del temor de ser desdichado. Porque el feliz receloso es feliz miserable, y es muy aguado su gozo y la risa no le hinche la boca. Y porque los enemigos son los que de ordinario derruecan los hombres, y Bildad decía a Job que si bueno fuera, ni caído hubiera ni tuviera temor de caer, dice bien lo que añade:

22. Quien te aborreciere, vestirá desprecio, y tienda de malos no ella. Como diciendo, tan seguro vivieras, tan firme en tu estado, que no te derrocara dél ninguna violencia enemiga. Bien pudieran, dice, tus adversarios descubrir sus dañados ánimos para contigo, bien pudieran hacer prueba contra ti de todas sus fuerzas, mas tú quedaras no dañado y alegre, y ellos vistieran desprecio, esto es, quedaran rodeados de confusión y de afrenta, que siempre viene cuando uno no sale con lo que mucho pretende.

Y lo que dice tienda de malos no ella, es el remate de todo aqueste discurso, y es aquello en que finalmente Bildad se resume; como si más claro dijera: Pero es por demás, y cuanto hablo es hablar en el aire; el caso es que tú eras malo, y así era forzoso que feneciese tu casa, y que tu felicidad pereciese.

Tienda llama la casa, porque los de aquella tierra vivían movedizos y en tiendas; y por la casa entiende el estado y las riquezas y la familia y la prosperidad de la vida, que, como Bildad dice, en los malos viene a no ella, esto es, viene a no ser del todo. Porque Dios los destruye tan de raíz, que no solo perecen ellos en sí, mas también en sus cosas todas perecen; y la pestilencia de sus costumbres que los trujo a la muerte, queda como pegada en todo cuanto fue de ellos, en los bienes que poseyeron, en los hijos que engendraron, y aun en las paredes adonde hicieron morada; y así poco a poco lo corrompe todo y destruye, y derruécales Dios la casa y siémbrasela de sal, porque le fueron traidores. o, por decir verdad, no quiere dejarles ni aun esa memoria; y así dice Bildad no ella, y no dice y no a ellos, porque pudiera dejarla y no a ellos, esto es, no para su provecho ni honra, sino para su afrenta e infamia. Pero a la fin ni aun ése les deja, asolándolo todo y borrándolos de nuestras memorias, porque es justísimo que sepulte sempiternamente el olvido a los que, presumiendo en sí mismos, no tuvieron de Dios acuerdo, a quien miran, a quien buscan y de quien viven todas las cosas.

Capítulo IX

1. Y respondió Job, y dijo:
2. De cierto conozco que es así: ¿y cómo se justificará varón con Dios?
3. Si le placiera entrar en baraja con él, no le responderá de mil uno.
4. Sabio de corazón, y fuerte de fuerza, ¿quién se endureció contra él, y quedó en paz?
5. Arranca montes, y no supieron que los trastornó con furor.
6. Estremece tierra de lugar suyo, y sus columnas se espantarán.
7. Dice al Sol, y no nacerá; sobre estrellas pondrá sello.
8. Extiende cielos Él solo, y huella sobre las alturas del mar.
9. Hace Sietestrello, Orión y Cabrillas y retraimientos del Ábrego.
10. Hace grandezas hasta que no pesquisa, y maravillas hasta que no cuento.
11. Veis; vendrá sobre mí, y no veré; pasará, y no le entenderé.
12. Preguntará, ¿y quién se la volverá? ¿O quién le dirá qué es lo que haces?
13. Dios, a cuyo furor resiste nadie, debajo de Él opresos los apoyos del mundo.
14. ¿Cuánto más responderle yo y razonar de pensado con Él?
15. Que si justo fuere, no responderé; rogaré al que me juzga.
16. Si llamare y me respondiere, no creeré que escucha mi voz.
17. Que con tempestad me quebrantará; y amontonará mis heridas sin causa.
18. No me deja tomar aliento; mas hártame de amarguras.
19. Si para fuerte, fuerte Él; si para juicio, ¿quién atestiguará por mí?
20. Si me justificare, mi boca me condenará, entero yo, y torceráme.
21. Sencillo yo, y no lo conoce mi alma; aborreceré mi vida.
22. Uno es ello, y por tanto digo, perfecto, y malo Él los consume.
23. Si azota, mate súbito; de prueba de buenos no escarnezca.
24. Tierra es dada en mano de impío; faces de sus jueces cubre, si no, ¿a dó Él?, ¿quién Él?
25. Mis días se aligeraron más que correo; huyeron, no vieron bien.
26. Pasaron como naves de fruta, como águila que vuela a comida.

27. Si me digo, olvidaréme de mi querella; mudo mi rostro, y el dolor se me esfuerza.
28. Temo todas mis obras; sé que no me perdonarás.
29. Pues si así soy malo, ¿para qué me trabajaré en vano?
30. Aunque me lave con aguas de nieve, y alimpie con limpieza mis palmas;
31. Entonces en el lodazar me ensuciarás; y aborrecerme han mis paños.
32. Porque no es varón como yo, que le responda, y que vengamos a una a juicio.
33. No hay entre nos razonador que ponga su mano entre ambos nos.
34. Aparte de mí su vara, y su miedo no me turbe.
35. Hablaré sin temor, que yo así no conmigo.

Exposición

1. Y respondió Job y dijo. Responde aquí Job a Bildad, que en su razonamiento había dicho dos cosas: una, que Dios es justo, y así no quita su justicia a ninguno, ni le hace agravio; otra, que si él lo hubiera sido, nunca viniera a miseria. Y probólo con las semejanzas del junco, que de suyo se seca, y del árbol bien plantado que, maltratado, crece, y, arrancado, se renueva; y, como dicho habemos, deducía de la primera aquesta segunda, en lo cual se engañaba; porque se compadecía bien con ser Dios justo, Job no haber pecado y estar puesto en trabajos. Pues responde a lo primero Job agora, y confiesa que es justo Dios, y tan justo que, comparado con él, lo es ninguno; no solo porque es menor que él sin ninguna comparación, sino también porque, examinándolos él, hallará imperfecciones en todos; y como en la luz del Sol las pequeñas motas se parecen, que fuera dél no se veían, así en los ojos y presencia de aquella luz infinita se descubren todas nuestras faltas por pequeñas que sean. Y por eso dice de esta manera:

2. De cierto conozco que es así; ¿y cómo se justificará varón con Dios? Que es, como hacer se suele disputando en la Escuela, conceder el que responde lo que presupuso el que argüía para inferir lo que quiere, y habiéndolo concedido, negar lo que de ello colige. Pues dice que confiesa ser justo, y no torcer el juicio, que es lo que Bildad presupuso; y dice que todos los que Dios juzgare y condenare por malos, convencerá que lo son, sin que pueda nadie mostrar ni defender lo contrario. Que esto llama aquí justificarse, conviene a

saber, mostrarse justo y libre de culpa en lo que Dios le acusa y se la pone. Así que Job lo concede; mas de concederlo no se sigue, como habemos dichos y habremos forzosamente de decir muchas veces, ser Job malo; ni para sostener esta verdad de la justicia divina es necesario poner en Job malicia y pecado con falsedad y mentira. Así que concédele a Bildad Job el presupuesto primero, y niégale calladamente lo que de ello pretende; y no solo le concede la primera proposición, sino confírmala él y engrandécela con razones nuevas. Y dice:

3. Si le placiere barajar con Él, no te responderá de mil uno; esto es, si alguno se atreviere a trabar pleito con Dios y a defenderse de los cargos que le pusiere, a mil no responderá uno. En que quiere decir, no que se defenderá de alguno, y de muchos no se defenderá, sino que a ninguno por muchos que sean sabrá responder, porque serán verdaderos todos y justificados.
Y añade:

4. Sabio de corazón y fuerte de fuerza, ¿quién se le opuso y quedó en paz? Como diciendo que hay dos caminos por donde los acusados se libran, o con violencia, quebrantando la cárcel y leyes, o por juicio, mostrando con razón su inocencia; y que ambos se los toma Dios a quien Él hace cargo y acusa. Porque contra Dios no hay violencia que valga, porque es fuerte, ni aviso o saber que disculpe, porque es sabio más que ninguno. Y así dice, el atrevido que se le opusiere, o según otra letra, que se le endureciere, esto es, que acusándole Dios no se conociere luego y se le rindiere, sino presumiere de hacerle cara y discutir con Él defendiéndose, no tendrá paz, esto es, no conseguirá su deseo; y demás de esto perderá la vana opinión que de sí y de su inocencia tenía, y su misma consciencia se levantará contra Él y le hará continua guerra, sin dejarle parte de bien ni de reposo. Y en confirmación de este poder grande de Dios refiere por hermosa manera algunas de las cosas que puede. Y dice:

5. Trasmuda montes, y no supieron que los trastornó con su furor. Lo que decimos trasmuda, en el original es arranca; y así dice que a los montes, que son las partes más firmes y menos mudables de la tierra, los arranca cuando le place y los pasa de un lugar a otro.

Y no supieron, dice, que los trastornó con su furor; que lo entendemos en dos diferentes maneras. No supieron, esto es, los que vieron el movimiento y caída de los montes, no supieron la causa de ella, que es declarar más lo que Dios puede; como diciendo que los mueve y trastorna si le place, sin ayudarse para ello del concurso de la naturaleza; y así no hallan causa de ello los que lo miran, ni saben cómo ni de qué manera se hizo. O de otra manera: no supieron, esto es, los mismos montes no lo entendieron, que es forma de decir bien usada para declarar la presteza con que alguna cosa se hace; como en nuestra lengua decimos en un cerrar y abrir de un ojo, sin ser oído ni visto, sin ver de dónde ni cómo.

Pues dice, para mayor demostración de lo que Dios puede, que trastorna los montes y que no gasta tiempo en trastornarlos, ni usa de algún artificio de máquinas, sino con suma facilidad, en un abrir de ojos, sin que sepáis cómo ni de qué manera, en un punto. Y esto es, entendiendo aquí los montes con propiedad. Que si queremos decir que es metáfora, en que los montes, según el uso de la Escritura, son los grandes y los ricos hombres del mundo, dice maravillosamente bien que los arranca Dios y los trastorna, y ellos no saben que les viene de Dios aquel azote, parte, por la ignorancia y desacuerdo grande que de Dios tienen los tales (que como en la propiedad no le respetan, así también por justo juicio suyo en la adversidad y caída no le reconocen) y parte, porque ordinariamente derrueca Dios aquestas cabezas, sin parecer que pone Él en ellas su mano, y ciertamente sin hacer prueba de su extraordinario poder, sino con eso mismo que en el común curso de las cosas sucede y sin sacarlas de madre; y las más veces lo hace con sus mismos consejos y hechos de ellos, y con lo que ser pertrechan y piensan valer, haciendo Dios azote de ello que los atormente y máquina que los derrueque por tierra. El uno viene a caer por el amigo que favoreció sin justicia; el otro sus mismas riquezas, que allegó codicioso para su defensa, le entregan al poder de la envidia; el otro, que llegaba sin oposición a la cumbre, halló en el alto grado donde subía quien le enviase deshecho al suelo. Porque no es honra de Dios luchar a brazo partido con sus enemigos, ni salir al campo con ellos, ni sería gran valentía vencerlos por sí solo quien les hace tantas ventajas; dalos a sus esclavos, a ellos mismos y a sus pasiones; con sus obras de ellos los deshace, y con sus apoyos los derriba, y con sus armas mismas los vence; y así vense heridos, y no saben de dónde les vino el golpe, y derruécalos Dios, y no ven contra sí otras manos enemigas sino las suyas.

Más dice:

6. Estremece tierra de lugar suyo, y sus columnas se espantarán. Va acrecentando lo dicho; no solo, dice, trastorna los montes, sino estremece a la tierra toda, y pone espanto a sus columnas, que es decir, a sus fundamentos, para significar que los hace temblar, porque quien se espanta tiembla.
Y aún es más lo que añade:
7. Dice al Sol, y no nacerá; y sobre estrellas pondrá sello, como diciendo, no solo trastorna la tierra, sino también pone ley al cielo. Dice al Sol, esto es, manda al Sol que no amanezca, y no sale; y si quiere, quita a las estrellas su luz.
8. Y extiende cielos Él solo, y huella sobre las alturas del mar, que es decir que lo puede todo y lo hinche, y también lo cría y sustenta todo.
Y así dice:
9. Hizo Arturo y Orión y Cabrillas, y retraimiento del Ábrego; que cierto es, si cría el cielo, cría también la tierra, que es menos que el cielo, y nace y se gobierna dél en cierta manera, y por eso se contentó con decir lo primero. Y no carece de consideración, a la región de donde expira el Mediodía llamarla retraimiento del Ábrego, esto es, llamarla retraimiento y cámara secreta, que así lo significa la palabra en su origen. Porque a la verdad, en la figura de esfera que tenemos los que en esta parte del mundo vivimos, siempre se nos descubre el Oriente y Septentrión y Poniente, y la parte Austral y de Mediodía se encubre. Demás de que aquellas tierras australes que están debajo y de la otra parte de la equinoccial, han sido tierras encubiertas y no sabidas y tenidas por inaccesibles hasta la edad de nuestros agüelos, en que las naves de España las descubrieron. Y así llama bien retrete y apartamiento a la casa del Ábrego y a las estrellas australes del otro polo, de quien por la misma razón dice también el poeta:

> Que cuanto se levanta el cielo alzado
> encima los alcázares rifeos,
> tanto se va sumiendo recostado
> hacia el Ábrego y Libia y los Guineos;
> aqueste quicio vemos ensalzado:
> debajo de los pies aquél, los feos
> y hondos infernales, el Cerbero

>   le ve, y del negro lago el mal barquero.
>   Aquí va dando vueltas la serpiente
>   grandísima, a manera de un gran río,
>   por entre las dos Osas reluciente;
>   las Osas que en la mar nunca el pie frío
>   lanzaron; mas allí continamente
>   qu'es calma, dicen, todo y estantío,
>   en noche profundísima espesando
>   lo escuro las tinieblas y engrosando.

Y finalmente concluye:
10. Hace grandezas hasta que no pesquisa, y maravillas hasta que no cuento, esto es, más y mayores de lo que pensar o contar se puede.
Y pruébalo encontinente diciendo:
11. Veis; pasará delante de mí y no veré, pasará y no le entenderé. Como si dijese, tan cierto es que exceden a toda cuenta las maravillas que Dios hace, que eso mismo que hace delante de nuestros ojos, las obras suyas que traemos entre las manos, no las entendemos ni podemos saber. Pasará, dice, delante de mí, esto es, lo que pasa y anda delante de mí, las cosas que hace en mi presencia con verlas no las veo, porque no las alcanzo ni entiendo.
Y así:
12. Preguntará, ¿y quién le responderá, o quién le dirá qué es lo que haces? Preguntará, dice, esto es, y si Él o otro por Él nos pregunta qué es o por qué es eso mismo que vemos, no habrá quien le pueda dar razón, ni quien le diga qué es lo que hace o por qué fin y causa lo hace.
Mas el original aquí dice de esta manera: Arrebatará, ¿quién le hace tornar, o quién le dirá qué es lo que haces? Que es otro argumento con que prueba el mucho poder que Dios tiene, diciendo que lo que prende una vez no lo suelta, ni hay quien pueda hacer que lo suelte ni con fuerza ni con razones. Arrebatará, dice, esto es, si arrebatare alguna cosa y la tomare en las manos, o sea para hacerla bien o para ejecutar su castigo, ¿quién habrá que torne a soltarla?; ¿quién puede sacársela de las manos por fuerza, o decirle qué es lo que haces, y pedirle esta cuenta? De lo que toma y allega a sí para bien, dice Cristo en el Evangelio: Nadie los sacará de mis manos. De lo que prende para

castigo es lo de [Oseas] Profeta, que dice [hablando de los de su pueblo bajo de la semejanza de una mujer adúltera: Y varón no la sacará de mi mano]. Y da luego la causa:

13. Dios, a cuyo furor ninguno resiste, opresos debajo de él los que apoyan el mundo, o como dice el hebreo, no reporta furor suyo. Que es decir, nadie es parte con Dios para que deje lo que una vez prende, porque no teme a nadie de manera que le reporte, que debajo de sus pies tiene hollados y vencidos a los que más pueden. Que llama apoyos del mundo a los que le gobiernan y rigen, y a los poderosos en él, que al pie de la letra en el original son llamados ayudadores o fortalecedores de soberbia; porque la soberbia y el apetito de la excelencia excesivo es propio vicio de los grandes del mundo. Porque no solo son soberbios ellos en sí, mas también ponen en estima y en admiración con su manera de vivir esta secta de vida, y hacen que sea amada con ardor y seguida y buscada aun por caminos vedados la grandeza y pujanza.
Dice:

14. ¿Cuánto más responderle yo, y razonar de pensado con Él? A esta conclusión ordenó todo lo que ha dicho hasta agora, porque dice de esta manera; pues si Dios es tan sabio y poderoso, como decía, si arranca los montes y estremece la tierra, y pone velo a las estrellas y al Sol, si lo crió todo y lo gobierna y visita, si presente se encubre y claro se escurece, si no suelta lo que afierra, y si no enfrena su ira por miedo, ni estima a los que en el mundo son de temer, antes los oprime y los pisa, ¿quién soy yo para ponerme con él a razones, ni para hacerle rostro y querer, en contradicción suya, salir con la mía?

15. Que, como dice luego, si justo fuere, no responderé, rogaré al que me juzga; esto es, por más justo que sea, enmudeceré puesto delante, y no tendré ni ánimo ni saber para más de tendido a sus pies apiadarme con él, como el original dice, que es procurar moverle a piedad con lastimeras significaciones y voces. Por manera que Job, en lo que hasta aquí dice, desengaña a sus amigos de dos cosas que no entendían dél falsamente, por no haber advertido bien a sus dichos. Que a la verdad, de oírle afirmar que no era pena de culpa su azote, coligieron ellos con engaño dos cosas: una, que tenía a Dios por injusto, pues se defendía por no culpado a sí mismo; otra, que presumía de tomarse con él a manos, y ponerle pleito sobre su causa; y Job, ni lo uno ni lo

otro decía, ni de lo que dicho había se podía bien inferir. Porque, sin ser Dios injusto, podía él ser inocente y afligido; y el tenerse por tal, no era igualarse con Dios, ni presumir en tela de juicio vencerle. Y así Job, visto lo mal que sus amigos entendían sus dichos y el error en que estaban, los saca del aquí con palabras clarísimas; que, como visto habemos, en el principio dijo: De cierto conozco que es así, y que no se justificará varón con Dios, en que le confiesa ser justo, y cuanto a esto los saca de engaño; y después añadió que no quería ponerse en disputa con Él, ni competir en razones; y declara la causa, diciendo lo que del poder y saber de Dios sentía, para persuadirles más su sentido. Y así repitió y extendió mucho esta parte, en la cual todavía insiste, y añade:

16. Si llamare y me respondiere, no creeré que escucha mi voz. Que es decir cuán entendido tiene que ninguno puede barajar con Dios, como él dice, que por ser la diferencia y el exceso tan grande, si le llama a pleito, o no le responderá si quisiere, o le responderá de manera que le turbe y atruene. Y dice, cuando por otra vía no, a lo menos por lo que padezco lo sé: o dice, porque me tiene de manera agora, que apenas a mí mismo me entiendo.

17. Porque con tempestad me quebrantó, y amontonó mis heridas sin causa.

18. No me deja tomar aliento; mas hártame de amarguras. Las cuales palabras, aunque en el original suenan lo por venir, mas tienen fuerza y significación de lo presente acerca de los que lo entienden. Pues dice que con tempestad le quebrantó o maceó, que es más conforme a su origen, para declarar no solo la grandeza del mal, sino también la presteza y furia grande con que vino sobre él. Que como en la tempestad de verano, cuando el aire se turba, el cielo se escurece de súbito y juntamente el viento brama y el fuego reluce, y el trueno se oye, y el rayo y l'agua y el granizo amontonados cayendo, redoblan con increíble priesa sus golpes, así a Job sin pensar le cogió el remolino de la fortuna, y le alzó y abatió con fiereza y priesa, de manera que se alcanzaban unas a otras las malas nuevas. Y esto mismo declara diciendo que amontonó sus heridas: en que no solamente dice haber sido muchas, sino haber caído con apresuramiento unas sobre otras. Y por la misma causa añade que no le deja tomar aliento ni respirar: no le deja, porque el mal no da vado.

Y dice que le hartó de amarguras, que es decir se las da en abundancia y le embute el pecho de ellas, y si puede decir, le rellena. O, si queremos guardar el sonido de las palabras, diremos de esta manera: Que aunque Dios salga a la causa, cuando el hombre delante de Él quisiere volver por sí mismo, no por eso, según dice Job, se asegure ni fíe; ni piense que porque comenzó a oír, le oirá siempre conservándose en la humanidad y llaneza primera, porque volverá la hoja en un momento, y como torbellino le turbará y lloverá miserias sobre él. Y así concluye y prosigue:

19. Si para fuerza, fuerte él, y si para juicio, ¿quién me atestiguará? Como diciendo, de manera que si quiero tomarme a fuerzas con él, ya veis cómo es fuerte; y si quiero entrar en juicio, ¿quién osará ser mi abogado o testigo? Y dice, fuerte Él, y no dice más fuerte ni muy fuerte, porque fuera decir mucho menos; porque fuerte, así dicho, es tanto como el que solo es fuerte, o la fortaleza en sí misma. Mas porque dijo, ¿quién será mi abogado?, decláralo y acreciéntalo luego diciendo:

20. Si me justificare, mi boca me condenará, entero yo, y torceráme. Que es decir que su boca misma en este juicio no saldrá a su defensa, cuanto menos otro ninguno; porque enmudecerá, si Dios quiere, y aun hará que hable contra sí misma: y por más derecho que sea, se tendrá por torcido, como Dios quiera representarle apuradamente, que es ser criatura.

Y dice al mismo propósito:

21. Sencillo yo, y no lo conoce mi alma, esto es, y hará que no lo conozca mi alma; aborreceré o reprobaré mi vida, porque me la pondrá aborrecible en mis ojos.

Y añade:

22. Uno ello, y por tanto digo, perfecto y malo Él los consume. En que habiendo sacado a sus amigos de error, y mostrádoles que no dice él lo que presumen ellos que dice, les manifiesta agora lo que él ha dicho y querido siempre decir, y es que, por afligir Dios a uno y deshacerlo, no se ha de argüir con certeza que es pecador y malo el afligido. Porque Dios en esta vida, según las secretas formas de su Providencia, envía calamidades a veces sobre los buenos, y a veces sobre los malos; y así lo que en la vida sucede al hombre, de miseria o felicidad, no hace argumento contra la virtud ni por ella. Como Salomón dice: No sabe el hombre si merece ser amado o aborrecido, antes todo se reserva para lo por venir; y la causa es porque les sucede aquí de una misma manera al justo y al malo, al limpio y al torpe, al religioso que me ofrece

sacrificio y al que los menosprecia, como al justo, así al pecador, como el que perjura, así el que dice verdad.

Pues dice uno ello, esto es, todo va por un igual; o es mejor, uno ello, esto es, una cosa es la que yo digo, y yo no digo lo que vosotros pensáis; solamente digo y afirmo que Dios a buenos y a malos aflige; de donde, aunque no lo especifica, se infiere que no por ser afligido ha de ser tenido por malo. Y porque hizo mención de su azote y ve la ocasión que dél sus amigos toman para escarnecerle y juzgar mal de su vida, diviértese a decir algo de esto, y añade:

23. Si azota, mate súbito; de paciencia de buenos no escarnezca. Digo, dice, que azota Dios a malos y a buenos; y pluguiera a Él que mi azote fuera súbita muerte y que me acabara de un golpe, porque conservándome herido y miserable en la vida, se da ocasión a que éstos escarnezcan de mi inocencia y a que tengan por pena de culpa lo que es prueba de virtud y paciencia.

No escarnezca, dice, de paciencia de buenos; esto es, no haga escarnecer dando ocasión para ello. El original a la letra, a prueba de buenos escarnece; que, leyéndose como pregunta, sale a un mismo sentido. Y aun en lo primero se diferencia también, porque dice, si azote, matara súbito, que algunos lo declaran así. Si la pena que Dios envía es azote de malos, es azote que mata, porque dicen que a los malos, cuando Dios aquí los azota, no es con azote largo, sino corto y que quita luego la vida; mas en las aflicciones que envía a los buenos, escarnece, que es decir, alárgalas, y aunque le rueguen que las aligere o las quite, no los oye, y en cierta manera se ríe y se burla, como quien sabe el bien que con ellas les hace. De arte que Job, porque dijo que Dios aflige al bueno y al malo, diga agora que los aflige por diferente manera, al uno acabándole, y al otro deteniéndole en los trabajos, para con esto enseñar a sus amigos que no juzguen a bulto, sino que diferencien las maneras de azotes y penas. Mas esto que el original suena a la letra, se reduce bien a lo que entendió nuestro intérprete. Porque lo que dice matará, con voz de futuro, tiene muchas veces en aquella lengua fuerza y significación de deseo; y así vale lo mismo que mate, o pluguiésele a Él que matase.

Prosigue:

24. Tierra es dada en mano de impío; faces de sus jueces cubre; si no, ¿a dó él?, ¿quién él?, que se puede entender en diferentes maneras. Y la primera es: ha dicho que aflige Dios a malos y buenos, y que así, de ser afligido, no

se sigue ser malo; añade agora a esto, y dice que va tan lejos de verdad argüir los pecados del hombre de la adversidad que padece, que acontece muchas veces los peores ser los más prósperos. Porque, dice, ¿nunca habréis visto que algún malo y perdido se enseñorea de todo, de manera que parece que Dios se lo da, y los hombres no se lo estorban, como se vio en Ciro, en Nabucodonosor, en Antíoco y en otros muchos ejemplos?

La tierra, dice, es dada en mano del impío; esto es, Dios muchas veces consiente que sean felices los malos y que se enseñoreen de los otros. Y cubre faces de jueces; porque parece que los jueces, cuyo oficio es deshacer los agravios y oponerse a los malos, para con éstos están ciegos, que o no advierten a lo mal que hacen o no quieren tenerles la rienda. Y dice, mas si alguno lo niega, pregunto, si Dios no es, ¿quién es el que se lo concede y permite?

O digamos de otra y segunda manera: Había dicho que tuviera por bueno que su azote fuera morir súbito, porque el durar en tanta miseria no les fuera causa de mal juicio y de mofa a estos amigos; porque, dice, la malignidad reina y todo es juzgar lo peor, y los que por el mayor saber que tienen habían de ser verdaderos jueces, ésos están ciegos también, y sobre todos reina y a todos ciega el engaño; o mostradme,¿a quién no?

La tierra es dada en manos del impío. Pone al vicioso por el vicio mismo, que es decir que la impiedad y malignidad se enseñorea conforme a lo que dice Sant Juan: Todo el mundo está puesto en maldad. Y las faces de sus jueces cubre; como diciendo que se extiende esta malicia aun hasta los sabios, que de razón han de ser los justos estimadores de las cosas. Y si no, ¿a dó él?, ¿quién él? Y dice, si no es así lo que digo, dadme siquiera uno que se juzgue con verdad; ¿quién es o adónde se hallará?

Dando en esto a entender que, pues los presentes con ser amigos y sabios se engañan, y le interpretan tan mal, y le condenan por malo de lo que, si juzgaran bien, pudieran tenerle por bueno, no se puede ya esperar de ninguno; que todo es malicia cuanto en el mundo reina. Y juzga lo peor. Y así, como cansado de sus engañados juicios y casi desesperando la enmienda, déjalos a ellos y vuélvese a sí y a su miseria, y laméntase de ella diciendo:

25. Mis días se aligeraron más que correo; huyeron, no vieron bien. En que lo primero dice la priesa que su vida vuela, y no su vida, que pues deseaba la muerte no contara esto por malo, sino lo feliz y apacible della. Mis días, dice,

esto es, mis buenos días se aligeraron, tomaron alas y volaron más que correo; no hubo en ellos cosa estable ni de peso, ni que firme permaneciese.
Que a la verdad, en llegando el tiempo del trabajo, toda la felicidad pasada, aunque larga, parece haber pasado en un soplo; y la experiencia del dolor presente borra de la memoria y hace que no parezca lo que ya se gozó. Dos cosas dice que pasaron en posta y que huyeron; y en lo primero, el breve tiempo, y en lo segundo, en ese tiempo lo poco que se goza este bien. Porque no solamente es breve su posesión, mas es aguado su gozo; o apenas es gozo, porque en el mismo tiempo que se posee se mezcla el temor de perderlo, que quita el gozo, y así de veras no se posee; y por eso dice que huye, porque al echarle la mano se va por entre los dedos.
Y encarece esto mismo por comparación de cosas, y dice:
26. Pasaron como navíos de fruta, como águila que vuela a comida. Lo que decimos navíos de fruta, otros trasladan de deseo, otros de cosarios, que el original hace lugar para todo; y aun otros los dejan en su mismo sonido, y dicen navíos de Ebeh, afirmando que es nombre de una cierta provincia cuyos navíos son más veleros que otros. Y a la verdad todos los sentidos pretenden lo mismo; porque decir navíos de deseo es significarlos con deseo del puerto a do caminan a remo y vela; y los de cosarios son muy veleros también para alcanzar y huir; y menos se sufre ser tardos los que cargan de fruta; y la misma ligereza se denota en el águila que vuela a la presa, y no solamente ligereza en el paso, sino afición grande de llegar al paradero. Porque los bienes de esta vida no solo están poco con nosotros, sino parece que gustan de dejarnos y que apetecen el mudar dueños, y aborrecen el asiento; que por esa causa los llaman de fortuna, y a la fortuna la ponen en rueda, de cuya propria inclinación es nunca estar queda. Que como a la figura cuadrada le es natural el asiento, así a la circular el movimiento le es proprio.
Más dice:
27. Si me digo, olvidaréme de mi querella, mudo mi rostro, y el dolor se esfuerza. Falta algo que se debe entender, para juntar con lo dicho lo que agora dice. Decía que se le pasaron como en un soplo los días buenos: eso, dice agora, no podré decir de los miserables y malos, que duran y cada día más se esfuerzan; y si quiero valerme contra ellos, con animarme y consolarme se redoblan; porque si digo, olvidaréme de mis querellas, esto es, si digo, quiero callar agora

un poco y no quejarme, y divirtiéndome a otra cosa no pensar tanto en mis males; y si mudo mi rostro, esto es, y si me compongo esforzándome, y sereno el semblante, el dolor detenido cobra más fuerza y se endurece más, y así con el remedio no se disminuye, sino antes crece el tormento. Mas el original dice así: Si me digo, olvidaré mi querella, dejaré mis iras, esforzaréme, si esto hago, ¿qué es lo que entonces sucede?, ¿qué?
Lo que luego se sigue:
28. Temo todas mis obras, o todas mis miserias, como otros trasladan, sé que no me perdonarás. Esto es, si me quiero esforzar y disimular mi miseria, el temor me derriba luego, y con la larga experiencia que de mis males tengo, me persuado que cuanto hiciere me será más tormento, y que los medios de alivio se me convertirán en dolor y pena, y así no espero mejoría. Que eso llama Job perdón, alzar Dios su azote dél, y restituirle a su estado.
Y por eso añade y prosigue:
29. Pues si así soy malo, ¿para qué me trabajo en vano?, o como dice a la letra: Si yo me condeno, ¿para qué me trabajaré en vano? Que es como quien dice, y pues yo no espero bonanza ni venir a mejor estado, y mi experiencia me condena a contina miseria, ¿para qué pondré trabajo en consolarme, pues no es posible valerme? ¿Para qué haré del esforzado, si el esfuerzo no mitiga el azote? Que donde no hay remedio, el poner medios es negocio perdido. Que son razones proprias éstas todas de ánimos opresos con diferentes y continas miserias, porque con el contino padecer hace como hábito el mal en el alma, que, asentándose en ella, destierra della todas las esperanzas alegres.
Y dice más:
30. Aunque me lave con aguas de nieve y alimpie con limpieza mis palmas:
31. Entonces en el lodazar me enlodarás, y aborrecerme han mis vestidos; que es confirmación de la firmeza de su miseria y razón de la desconfianza que tiene. Porque, dice, está el mal tan de reposo en mí, y ha Dios tomado mi castigo y mis azotes tan de propósito, que aunque me apure como la nieve y la limpieza misma me alimpie, seré para cuanto a esto como si fuera muy sucio. Y estriba aquí en lo que siempre dice de su inocencia, porque es como si secretamente arguyese: Si este azote mío fuera por culpa, acabárase por reducirme a justicia; mas como Dios aquí no mira a pecado mío ninguno, así, aunque me apure y justifique más, no por eso alzará la mano. Impertinente es

para lo que Dios aquí pretende, que yo me abone y sanctifique: Él ha puesto sobre mí su mano, y no por mi culpa, sino por los fines que Él se sabe; como Señor que lo puede, insiste en herirme, no la alzará. Aunque me torne nieve y limpieza, me azota y azotará como si fuese lodo y abominación.
Y responde con esto bien al consejo que le dan sus amigos de reconocer su pecado y pedir perdón a Dios dél; y estriba también en que, como decía arriba, nadie se puede poner con Dios en razones. Y así dice, mi mal es firme y yo no espero remedio; porque si me confieso por culpado, yo me condeno; y si me condeno, trabajo en vano, porque habré de ser castigado. Si me defiendo y si vuelto por mí, y me pongo a razones con Él, si tomare la nieve para lavarme, y alegare por mi causa a la misma inocencia, Él me mostrará, si quiere, más sucio que el cieno, y me pondrá tal, que mis vestiduras y yo mismo huya de mí.
Y da la razón:
32. Porque no es varón como yo, que le responda, y que vengamos a una a juicio. Porque, dice, no es mi igual para volvérsela como me la dijere, ni para hacer que esté a derecho conmigo, ni hay quien con autoridad sobre ambos asista y que con igualdad nos presida.
Y por eso dice:
33. No hay entre nos razonador que ponga su mano entre ambos. Y añade:
34. Aparte de mí su vara y su miedo no me aturbe.
35. Hablaré y no temblaré, que yo así no conmigo. Con que declara su sentido Job de lo que decía al principio, que ninguno podía trabar pleito con Dios ni entrar en juicio. Porque, como agora se ve, no quiso decir en ello que estaba la imposibilidad en su culpa, que no la confiesa, ni se tiene por merecedor de lo que padece, sino en lo mucho que Dios sabe y puede, con que la razón humano se turba y queda como sin juicio quien con Él en semejantes cuentas se pone.
Y así dice agora, que estando él turbado y herido tan gravemente por Dios, y viéndole sobre sí de contino espantable y riguroso, pierde las mientes y enmudece, y si va a hablar, dice uno por otro.
Aparte, dice, de mí su vara, esto es, el azote, y déjeme tornar sobre mí; su miedo no me turbe, esto es y no se me ponga siempre delante terrible (que por una parte el dolor de las llagas lleva a sí el sentido que se había de ocupar en meditar la defensa, y por otra el temor y temblor enajena el juicio), que si

esto hace, hablaré, y no temeré; tendré, dice, ánimo para hablar, y no será todo temblar. Que yo así no conmigo; esto es, no estoy en mí estando de esta manera.

Mas tras esto crece el dolor en Job y se encrudece de arte que con su grandeza vence al temor que al azote tenía, y, sin respeto a que se podía agravar, despliega la lengua y dice a Dios lo que en el capítulo siguiente se escribe.

Capítulo X

1. Enfadada mi alma de mi vida, dejaré sobre mí mi querella, hablaré en amargura de mi alma.
2. Diré al Señor: no condenes; fazme saber, ¿por qué barajas conmigo?
3. ¿Si bueno a Ti, que me oprimas y repruebes trabajo de tus palmas, y sobre consejo de malos resplandezas?
4. ¿Si ojos de carne a Ti, y si ves como es el ver de los hombres?
5. ¿Si como días de hombre tus días; si tus años como años de varón?
6. ¿Qué pesquises mi maldad e inquieras mi pecado?
7. Con saber Tú que no he hecho maldad, y no hay quien de mano tuya me desafierre.
8. Tus manos me figuraron y me ficieron a la redonda, ¿y desfacerme has?
9. Miémbrate agora que como lodo me ficiste, y que al polvo me farás tornar.
10. ¿Por ventura no me vaciaste como leche y me cuajaste como queso?
11. De cuero y carne me vestiste, y con huesos y nervios me compusiste.
12. Vida y merced hiciste conmigo, y tu providencia guardó mi espíritu.
13. Esto guardaste en tu corazón, supe que esto contigo.
14. Si pequé, guardármelo has, y de mi delicto no me limpias.
15. Si malvado fui, ¡guay de mí! Y si justo fui, no levantaré cabeza harto de afrenta; mira mi aflicción.
16. Por la soberbia como león vinieses a mí, y revolvieses y maravilloso fueses en mí.
17. Renovases tus testigos contra mí y se acrecentase tu saña conmigo.
18. Y ¿por qué me sacaste del vientre? Expirara, y ojo no me viera.
19. Como si nunca fuera, hubiera sido del vientre llevado a la sepultura.
20. ¿Por ventura no son poco mis días? Afloja de mí, y plañiré un poco.
21. Antes que vaya y no vuelva, a tierra de tiniebla, y de sombra de muerte.

22. Tierra de miseria y tinieblas, sombra de muerte, no orden, sino horror sempiterno.

Exposición
Decía Job en el fin del pasado, que alzase su mano Dios y que hablaría, porque no alzándola Él, por una parte, el dolor presente, y por otra, el miedo del que le venía, le turbaban el juicio y la lengua; mas, como decíamos, creció el dolor tanto en este punto, y el despecho con él, que soltando la lengua comenzó a hablar sin respeto de lo que antes temía.
Y así dijo:
1. Enfadada mi alma de mi vida, dejaré sobre mí mi querella, hablaré en amargura de mi alma. Que es como si dijera, mas yo, ¿qué temo?; aborrecida la vida tengo, hablaré, y venga el mal que viniere. Enfadada mi alma de mi vida, esto es, enojada, o como es la fuerza de la palabra original, metida en pleito y en contienda con ella. Porque su alma, esto es, su razón y deseo, juzga y apetece que se acabe la vida, y la vida no quiere acabarse; el apetito tiene por bueno el morir, y la vida rehuye la muerte; desea en parte el crecimiento del mal porque fenezca más presto, y la vida teme el nuevo dolor, y con miedo dél quiere poner freno a la lengua; mas en esta contienda vence el enojo al miedo, y el enfado al temor, y determínase de hablar sin respectos. Y dice: Dejaré sobre mí mi querella, hablaré en amargura de mí, esto es, querellarme quiero con libertad; venga sobre mí lo que viniere, hablaré de mí, aunque me amargue.
Y pónelo en obra luego, y añade:
2. Y diré al Señor, no me condenes; hazme saber por qué barajas conmigo. Diré, dice, y dícelo; y lo que dice a Dios es que no le condene, entiende sin hacerle primero cargo y sin oírle. Y por eso añade, fazme saber por qué barajas conmigo. Barajar es contender con enojo, y mostrábase enojado Dios contra Job en los azotes que contra él descargaba; y aunque no le hablaba, con las obras al parecer le reñía, y en cierta manera parecía condenarle y no oírle. Y así en pedirle que no le condene, le dice que no haga con él lo que hace, y que si le castiga como a malo, le muestre primero su mal y le convenza; porque lo demás tiene apariencia de violencia, cosa ajena de Dios.
Por do dice:

3. ¿Si bueno a Ti que me oprimas, que repruebes trabajo de tus palmas y sobre consejo de malos resplandezcas? Si bueno a Ti, esto es, ¿por ventura es cosa que os está bien, o que dice bien con la verdad que de vuestra justicia y bondad se pregona?

Que me oprimas. No dice que me castigues, que el castigo de los malos muy bien dice con Dios y con su justicia, mas dice que me oprimas; porque el oprimir, y la palabra original a quien responde, dice una violencia poderosa y sin ley, que no admite razón ni derecho, y que lo huella todo y queda sobre ello como señora absoluta. Pues esto dice ser de Dios ajeno, así ello como lo que de ello se sigue y él luego declara, que son estas dos cosas: una, que deshace sin causa su obra y lo mismo que Él hizo; otra, que favorece en ello la opinión de los malos.

Y vemos la fuerza de ambas, cómo nacen de la primera y cómo son ajenas de Dios. Y cuanto a lo primero, Dios no oprime a nadie en esta manera, ni se guía en cosa ninguna por antojo, porque su voluntad es la rectitud misma. Mas si fuese así, que oprimiese a alguno por antojo y sin propósito, sería deshacerle sin causa, y por la misma razón sería destruir lo que hizo sin tener por qué, y sería dar mala cuenta de su obra, y haría una cosa muy vana; en lo cual se encontraría, por una parte, con su providencia, que endereza a buen fin todas las cosas, y, por otra, con su bondad infinita, que de continuo está dando de sí ser y vida a las mismas. Porque ¿quién, que muy desbaratado no sea, hace y deshace sin orden?

Y en lo segundo que dice del favor que toman de su azote los malos, no siendo manifiesta su culpa, está claro que cuando el tenido por bueno es tratado con aspereza, los malos juzgan mal de la virtud, y se afirman en lo que siempre tienen asentado en su pecho, que el ser bueno es negocio de burla; y no creen que paga su culpa, sino que, por ser tonto, en ser virtuoso padece, y ellos mismos le abonan y se hacen de su inocencia testigos, porque cuanto más buenos pareciere, tanto más se averigüe que el serlo es inútil, que es su parecer y juicio.

Y por esto pide Job a Dios que pues le castiga, haga manifiesta la causa que él no sabe, y a Dios no puede escondérsele, y que saque a luz sus pecados así como sus azotes son públicos, para que a lo menos los malos conozcan, y que el vicio es padre de los desastres; y por el mismo caso no se contenten de sí mismos, ni tengan por acertada su elección y consejo, que es condenar el de Dios con gran menoscabo de la honra que se le debe. El cual menoscabo sentía Job más que su azote proprio, porque traía a Dios en su alma. Porque es como natural a los justos en las cosas que les suceden, si alguna de ellas redunda o puede redundar en injuria de Dios, o en que sientan de Él no como deben los hombres, sentirlo más que su trabajo mismo por intolerable que sea. Vese esto cuando en el monte, airado Dios por la idolatría del pueblo, decía a Moisén que le destruiría si le dejase, y Moisén le suplicó que no lo hiciese, por lo que tocaba a su honra; en que se conoce que no miró tanto al daño del pueblo, ni a la muerte de sus deudos y amigos, ni a la calamidad de tanta gente miserable como en el conocía, cuanto a lo que podrían pensar de Dios los enemigos suyos, y los que de lejos lo mirasen, diciendo que fue poderoso Dios para sacarlos de Egipto, y no lo fue para ponerlos en la posesión de su tierra, y que por encubrir su flaqueza, para quitarles la vida buscó achaques de enojo, y esto solo se le puso a aquel sancto delante. Pues así Job aquí siente mucho que se favorezcan los malos de su azote, para desestimar la virtud y sentir de Dios menos bien: y desea y pide, por lo que la honra divina padece, que o alce el azote, o le publique a él por culpado, si lo es, y lo ignora.

Y dice que resplandece sobre Él consejo de malos, para decir que le favorece y saca de toda deuda, según la propriedad de esta lengua en la cual el favor de Dios se nombra con palabras de luz, y su disfavor con escuridad y tinieblas, tomándolo de lo que acontece en los hombres, en quien el que favorece a otro se le descubre y demuestra y se pone a su lado, y el que su favor niega, se encubre y asconde. Dice David en el Psalmo: Haz resplandecer tu rostro sobre nosotros, pidiendo a Dios su favor. Y en otra parte: El resplandor de su rostro los salvó. Mas vamos a lo que después de esto se sigue.

Dice:

4. ¿Si ojos de carne a Ti, y si ves como es el ver de los hombres? Como pedía a Dios que le hiciese cargo de sus maldades por los respectos que he dicho, dícele agora que luego y sin más dilación puede hacerlo, pues todo le es manifiesto. Que en los hombres, al cargo antecede la pesquisa y la información o vista que se hace primero, porque sin ella los jueces no tienen noticia, y así han menester tiempo los hombres; mas en Dios no es así, porque ni es como ellos, ni conoce como ellos conocen. Y del conocimiento dice: ¿Si ojos

de carne a Ti?; y declárase con lo que añade: ¿y si ves como es el ver de los hombres?, en que, preguntando, niega y, como dudando, afirma, que ni ve ni conoce como los hombres conocen.

Y cuanto al ser por la misma manera:

5. ¿Si como días de hombres tus días, si tus años como años de varón?, y pone luego por qué lo dice, añadiendo:

6. ¿Que pesquises mi maldad e inquieras mi pecado? Como si dijese: ¿Eres por ventura hombre, o conoces como los hombres conocen, que te sean necesarios para venir en noticia de mis culpas los dichos y deposiciones ajenas, haciendo inquisición y pesquisa? Mas pues por Ti lo sabes todo, dime, Señor, ¿por qué te detienes? Manifiéstame que soy pecador, si lo soy.

Pero dice:

7. Con saber Tú que no he hecho maldad, y no hay quien de tu mano me desafierre. Que es decir, mas por demás es pedir que me acuses, que me hagas cargo, que publiques mis males, que por Ti sin que los pesquises los conoces, porque bien sabes que no los hay, y así excusada cosa es pedir que me culpes. Inocente soy, mas si tu voluntad no lo acaba contigo, ninguno será poderoso para que alces de mí tu mano, ni para que mitigues tu azote.

Prosigue:

8. Tus manos me figuraron, y me ficieron del todo y a la redonda, ¿y desfacerme has? Porque nombró la mano airada de Dios y dijo que no era para desaferrarle de ella poderoso ninguno, acuérdase que esa misma mano le hizo, y acuérdase que le fue piadosa la que se le muestra cruel agora, y dadora de vida y de bienes la que pone agora en él dolores y males; y así saca de ello razón nueva con que persuade a Dios que dél se apiade. Porque dice, pues esa misma mano, Señor, que tan aferrado me tiene agora para herirme, fue la que me figuró y formó con artificio y cuidado sumo.

Y dice figuró con significación de particular atención y diligencia, cual es la que pone el que pinta, no en lo que rasguña, sino en lo que figura. Que aún se declara más en lo que añade: y me ficieron a la redonda, o como el original dice, del todo; que es decir: pues me heciste con tanto cuidado, ¿cómo agora me deshacen de balde?

Y aún dice, ¿y desfacerme has?, como espantándose de cosas que tan mal se responden, como son hacer con diligencia y deshacer eso mismo sin causa, amar y desamar en un punto; con que, como dije, persuade a Dios de nuevo que se ablande y mitigue, porque no es bien que haga Él lo que entre sí se compadece tan mal. Y porque esta razón es de mucha fuerza, porque estriba en el querer de Dios, no mudable, y en la condición del verdadero amor, que es constante, insiste más en ella Job y particulariza el amor que le mostró, y los bienes que en él puso, criándole.

Y dice:

9. Miémbrate agora que como lodo me feciste, y al polvo me harás tornar. En que no dice tanto que le hizo de barro cuanto que le hizo como de barro, esto es, como se obra y labra el barro, que es materia blanda y que el arte no resiste y que la forma el artífice como quiere; que todo demuestra ser obra de Dios el hombre, hecho no como las demás, sino como otra ninguna, con atención y diligencia grandísima, obra en que puso sus manos y la formó con sus dedos y figuró parte por parte, como el que labra en barro, forma y perfecciona con estudio y curiosidad los vasos que hace.

Y así en el libro de la Creación Moisén mostró bien esta diferencia, porque en la obra de las demás criaturas, como allí dice, no puso Dios más de su voz y mandado, diciendo, hágase la luz, y luego fue hecha; mas en la compostura del hombre puso Él mismo las manos, porque escribe de Él así: Y fabricó Dios al hombre de lo puro de la tierra, e inspiró en él espíritu de vida. Adonde lo que digo fabricó, en el original es la palabra propria de la obra del que labra en el barro, para que por ella entendamos el cuidado y la diligencia curiosa con que hizo esta obra. Y porque dijo barro, acuérdase que ha de tornar a la tierra, y diviértese a ello.

Y torna luego y añade:

10. ¿Por ventura no me vaciaste como leche y me cuajaste como queso?, que pertenece a la manera como el cuerpo se engendra. Y dícelo para mostrar la particular providencia de que Dios usa así en la cualidad de la materia como en la manera como se figura en el vientre.

Y prosigue:

11. De cuero y carne me vestiste y con huesos y nervios me compusiste. El original dice y con huesos y nervios me cubijaste, porque el cuerpo, a quien los huesos y nervios componen, cubre al alma de quien habla, y de quien luego dice:

12. *Vida y merced hiciste conmigo, y tu providencia guardó mi espíritu.* Vida es el alma, que es fuente de vida, y merced llama a los dones que pone Dios en ella, y el bien que le inspira; y lo que dice, *y tu providencia guardó mi espíritu*, se entiende de ambas maneras: o guardando el alma para que no peque, o conservando la vida y aliento del cuerpo para que no muera. Que es sin duda argumento de providencia grandísima, una vida tan flaca como la humana es, en cuerpo quebradizo y tan débil, entre tantas ocasiones para quebrarse, como se ofrecen todos los días y horas, perseverar por tantos años entera.
Más dice:

13. *Esto guardas en tu corazón, supe que esto contigo.* Que porque le dijo que se acordase de cómo le crió y de las mercedes que le hizo criándole, dícele agora que se acuerde de todo esto y que él sabe que se acuerda muy bien; y que si, al parecer, le trata como a cosa aborrecida y no suya, en la verdad de su memoria está escrito que es suyo.

Pero con todo esto dice que no pierde el enojo que con él tiene, y que aunque sabe y ve que es hechura suya, se ha con él como si fuera obra de algún su enemigo; y dice que, cuando pecado hubiera, se debiera ya desenojar, según es mucho lo que ha padecido y padece.
Y por eso dice:

14. *Si pequé, guárdasmelo, y de mi delicto no me limpias.* Si pequé, dice, esto es, en caso que hubiera pecado, con lo que paso pudieras estar ya satisfecho, mas guárdasmelo, esto es, ninguna pena mía hace mella en tu enojo, ni cuanto mal padezco me limpia en tus ojos de culpa, que tienes guardada y entera así en la memoria como en la severidad y continuación del castigo sin pausa. Y así, como quiera que me pregone, no hallo remedio; que ni la inocencia me libra de padecer esta pena, ni la que padezco, por más que es, me limpia de culpa.
Y como luego se sigue:

15. *Si malvado fui, ¡guay de mí!, y si me justifiqué, no levantaré cabeza; harto de afrenta, mira mi aflicción.* Que es decir, si he sido malo, no te satisfaces con cuanto mal sufro; e si justo soy y inocente, no me vale para no ser azotado. Opreso estoy, ni la pena me purga, ni la inocencia alza en mí la cabeza. Harto, dice, estoy de afrenta; que así llama la miseria en que estaba por el desprecio

en que le tenía puesto, y por la sospecha que en él ponía de culpa. Mira mi aflicción, o como otra letra dice, y de ver mi aflicción.

Mas creciendo en Job con esta consideración el dolor, imaginando cómo todos los caminos del remedio le estaban tomados, que ni si es malo le limpiaba del castigo ni si era bueno le valía para no ser azotado, con ansia de que crezca su pena y sus dolores se multipliquen, porque creciendo le acaben, y acabándole ellos también se fenezcan, dice de esta manera:

16. Y multiplíquense; como león viniesas a mí, y revolvieses y maravilloso fueses en mí, que es decir: Y iojalá se multiplicase y creciese más este mal que padezco, y ojalá tú, Señor, vinieses a mí como león hambriento para acabarme, de manera que hicieses maravilla y espanto!

Dice, como león vinieses a mí, y revolvieses, que se entiende de dos maneras; o que viniese sobre él una y muchas veces hasta acabarle, o imitando la imagen del león cuando prende, que tiene la presa en las uñas, y vuelve el rostro y los ojos fieros a si hay quien la quite, esa misma braveza desea. Y a esto responde lo que luego añade, y fueses maravilloso en mí, que quiere decir espantoso, como el león lo es cuando despedaza la presa.

Y prosigue en el mismo propósito:

17. Renovases tus testigos contra mí, y se acrecentase tu saña conmigo, o como otra letra dice, mudanzas y ejército conmigo. Testigos de Dios llama las llagas que tenía y los dolores que padecía, que lo eran de la saña de Dios para con él; y también los llama así para declarar su grandeza, que con ella testificaban ser Dios el autor de un tan fiero azote.

Y dice, mudanzas y ejército conmigo, y tómalo de lo que en los asaltos de los lugares en la guerra se usa; adonde, para esforzar el combate, los sanos suceden a los heridos, y a los cansados los que no han peleado mudándose: y desea, por la misma forma, que sus males sin cesar le combatan y que sucedan como en el ejército unos a otros, y a los cansados otros de refresco y mayores, para que entren el fuerte más presto, esto es, para que más presto lo deshagan y acaben.

Y como diciendo esto crecía en desear la muerte y en tener en odio la vida, vase por el hilo de los afectos, y en significación de este odio dice lo que se sigue:

18. ¿Y por qué me sacaste del vientre? Expirara, y ojo no me viera. Y en la misma razón:

19. Como si nunca fuera, hubiera sido del vientre llevado a la sepultura. Que la graveza de los trabajos presentes criaba aborrecimiento de todo lo que era vivir en el pecho sancto de Job; que como la vida era el sujeto de los dolores, no tenía por bueno ni aun su primero principio; a lo menos deseaba que se acabara en llegando, y que se encontraran el salir a luz y el entrar luego en la huesa.

Y, dicho esto, muda el afecto y calla el dolor, y habla el amor de sí mismo, diciendo:

20. ¿Por ventura no son pocos mis días? Cesa y afloja de mí, y plañiré un poco. En que ruega a Dios se aplaque ya y alce su azote, y le alega para inducirle a ello una nueva razón. Porque dice: ¿Por aventura no son pocos mis días?, que es decir: pues mi vida es breve, y lo que della falta es muy poco, pues, Señor, hazme gracia de esto poco que queda, y déjame siquiera en este fin respirar, para morir con juicio libre, doliéndome de mí y conociéndote a Ti. Porque los dolores intensos llevan a sí los sentidos, sin dejarlos libres para tratar de otras cosas.

Y esto es el plañir un poco que la letra latina dice, porque la original en lugar de plañir tiene confortar y esforzar; en que pide aquel poco de espacio para tomar fuerza y volver sobre sí antes que fenezca la vida, según lo que añade.

21. Antes que ande, y no vuelva a tierra de tiniebla y sombra de muerte. Que es antes que camine a la muerte, camino sin vuelta; porque a esta manera de vida nunca vuelve el que muere, y a otra ninguna no puede volver por sus fuerzas. Y antes, dice, que vaya a tierra de tinieblas y sombra de muerte; que así nombra la región de sus muertos, conviene a saber, la sepultura y el limbo. Y repite lo mismo casi para mover más el afecto, y dice:

22. Tierra de miseria y tinieblas, sombra de muerte, y no orden, sino horror sempiterno, que todas son cualidades de la sepultura y de los lugares tristes que he dicho. Aunque otra letra dice de esta manera: Tierra de escuridad como tiniebla, tiniebla, y no órdenes, esclarece como tiniebla; que es decir, tierra donde dura la noche siempre, y adonde a una tiniebla se sucede otra tiniebla luego, que eso es tiniebla, tiniebla; y no como en esta región adonde

hay órdenes, esto es, veces de escuridad y de luz, y adonde la noche camina para la mañana, y se esclarece lo escuro y lo tenebroso se aclara.

Capítulo XI

1. Y respondió Zolar, el naamatés, y dijo:
2. ¿Por dicha, muchedumbre de palabras no oirá? ¿Y si varón de labios se justificará?
3. ¿A ti solo mortales enmudecerán, y mofarás, y no escarnecedor?
4. Y dijiste: Luciente habla mía, y puro fui en ojos suyos.
5. Y cierto, ¿quién diese hablar Dios y abrir sus labios contigo?
6. ¿Y hiciese saber a ti secreto de su sabiduría, y que doblado según ley, y entender [que es a ti Dios allende culpa tuya] que eres castigado mucho menos que es tu maldad?
7. ¿Quizá escondrijo de Dios hallarás, si hasta fin de Omnipotente alcanzarás?
8. Más alto que el cielo, ¿qué farás?; más profundo que el infierno, ¿cómo le conocerás?
9. Longura más que tierra medida suya, y anchura allende mar.
10. Si atalare y encerrare y apiñar hiciere, ¿quién le retraerá?
11. Que él conoce mortales de vanidad, y ve maldad, ¿y no atenderá?
12. Que hombre vano se desvanece, y como pollino salvaje hombre nacido.
13. Si tú establecieres corazón tuyo, y desplegares a él palmas tuyas.
14. Si maldad de tus manos la alongares, y no reposare en tu morada iniquidad.
15. Entonces alzarás tus faces sin mancilla, serás firme y no temerás.
16. Y trabajo tuyo olvidarás, como aguas que pasaron te membrarás.
17. Y tu luz de medio día te lucirá a la tarde, y cuando te tuvieres por acabado nacerás como lucero.
18. Confiarás porque hay esperanza, y cavado dormirás confiado.
19. Y reposarás, y no asombrante; y pregarán tus faces muchos.
20. Y ojos de malvados consumirán, y guarida perecerá de ellos, y esperanza suya cuita de alma.

Exposición

1. Y respondió Zofar, el naamatés, y dijo. Toma la mano Zofar, otro de los amigos, y dice lo que los demás, fundándose en los mismos errores.
Dice:
2. ¿Por dicha muchedumbre de palabras no será reprochada?, ¿y si varón de labios se justificará? Parécele que Job a fuerza de palabras quiere vencer el pleito y escurecer la verdad, y por eso dice esto: No pienses que amontonando palabras nos quitarás la vista de lo malo que en ellas encierras, ni imagines que por hablar te has de abonar. Varón de labios quiere decir parlero y hablador.
O puédese entender en otra manera, que diga, lo que es verdad, que quien mucho habla, siempre yerra, y que así Job, hablando mucho, había errado también mucho, conviene a saber, en lo que después en el verso cuarto se refiere; pero lo primero me parece mejor.
3. ¿A ti solo mortales enmudecerán; mofarás y no escarnecedor? Nótale de arrogante, y dícele, débete parecer que, hablando tú, no ha de haber quien hable y te responda, y que puedes mofar de todos sin que nadie mofe de ti. Mofar aquí es reprehender algo de lo que se dice, y con meneos de rostro y ojos y con sonido de voz despreciarlo, que esto quiere decir la palabra original, lahag.
Prosigue:
4. Y dijiste: luciente habla mía, y puro fui en ojos suyos. Esto es lo que a Zofar descontentó, y propónelo para razonar sobre ello. Puro fui en sus ojos, entiende, de Dios, por que son las palabras que dijo Job hablando con Dios, y propónelas Zofar así como él las dijo.
Dice:
5. Y cierto ¿quién me diese hablar Dios, e abrir sus labios contigo? Dice esto así, por parecerle que quien dice lo que ha propuesto, o que está muy obstinado o muy ciego, y que así sus razones serán flacas para reducirle, y eficaces solas las de Dios; y por eso desea que hable dél y le diga lo que se consigue:
6. ¿Y que hiciese saber a ti los secretos de sabiduría, y que su ley es de muchas maneras, y entendieses ser castigado mucho menos que es tu maldad? O como el original a la letra: ¿Y hicieses saber a ti secretos de sabiduría, y que doblado según ley, y entender, que es a ti, Dios allende culpa tuya?

Secreto de sabiduría, esto es, lo secreto de ti, que él entiende, y tú mismo no lo alcanzas; que quiere decir, tus culpas ocultas, que huyen de tu vista y están como secretas para tu conocimiento, y descubiertas y claras a los ojos de Dios.

Y de esto nacerá conocer lo que se sigue, esto es, que doblado según ley; como diciendo que conforme a su ley y justicia y a los secretos y diferentes respectos de ella, el mal que padeces es sencillo, o la mitad menor de lo que ser debía. Que es lo que principalmente Zofar probar pretende, conviene a saber, que Job padece por ser gran pecador y que sus pecados aún son mayores que el castigo que sufre.

Y declárase más añadiendo, y entender que es a ti Dios allende culpa tuya. Hase de repetir de arriba la palabra hiciese, de esta manera: Y te hiciste entender que es a ti Dios allende culpa tuya, esto es, como declaró nuestro intérprete, que Dios es piadoso y misericordioso para ti diferentemente de lo que tú mereces, y te castiga mucho menos de lo que tus culpas demandan. Añade:

7. ¿Quizá escondrijo de Dios hallarás, si hasta fin de Omnipotente alcanzarás? Que todo es al mismo propósito de mostrar que Dios sabe y alcanza lo que Job no alcanza, y que así como él no sabe lo secreto que hay en Dios, así, por el contrario, Dios ve lo secreto que hay en él y lo que él mismo no sabe; y todo a fin de persuadille que tiene culpas, aunque a él le parezca que no las tiene. Pero, aunque es verdad que el hombre no se entiende a sí mismo, y que pensará a las veces ser justo, y estará reo y culpado, todavía se engañan mucho estos amigos de Job, y Job tiene mayor fundamento para afirmarse inocente que ellos para porfiar a culparle. Porque él tenía el testimonio de su consciencia, que, aunque algunas veces falta, y aunque no nos hace ciertos del todo, pero al fin es grande y valiente argumento; mas ellos no tenían otra mayor razón que los trabajos que padecía, la cual era clara y engañosa razón, porque de ordinario los justos e inocentes y amigos de Dios son en esta vida los más trabajados, como dice Sant Pablo: que, si a esta vida miramos, somos los más miserables de todos. Y así, aunque todo lo que alega aquí Zofar, así de la excelencia de Dios como de la miseria del hombre sea manifiesta verdad, pero todo ello va fuera de lo que trata, y no prueba su intento, antes en parte hace argumento de lo contrario. Porque de ser Dios hondo en el saber

infinitamente más de lo que los hombres alcanzan, se entiende que, si da trabajos, no es siempre porque los merecen los trabajos, sino muchas veces por otros fines justísimos que Él se sabe y nosotros no podemos saber. ¿Hasta fin de Omnipotente alcanzarás? Fin llama lo último de la perfección y saber de Dios, y así dice, ¿podrás por ventura entender a Dios del todo perfecta y acabadamente?

Dice:

8. Más alto que el cielo, ¿qué farás?; más profundo que el infierno, ¿cómo le conocerás? O como el original a la letra: Alturas de cielo, ¿qué farás?, hondura más que infierno, ¿qué entenderás?, que todo viene a un mismo sentido; porque cuando dice alturas, hase de añadir o entender que se añade esta palabra, vence Dios. Y así dice: Es Dios más alto que lo más alto del cielo, ¿qué farás?; entiéndese, para alcanzarle o llegar a él, morando tú en la tierra, y Él sobrepujando los cielos.

Añade:

9. Longura más que tierra medida suya, y anchura allende mar. Todo es lo mismo dicho por diferentes maneras, y es conforme a lo que David dice en el psalmo 138:

Pero dice:

10. Si atalayare y encerrare y apiñar hiciere, ¿quién le retraerá? Atala Dios cuando trae a muerte a sus criaturas; y puédese entender como dicho de lo que en las obras naturales hace, que en el estío atala y en el otoño recoge, y en el invierno hace como juntar la fuerza y la virtud encubierta para que se descubra y brote en el verano, las cuales obras nadie puede impedirlas.

Pero mejor viene con el juicio universal de los hombres, y a él miró el que habla aquí, porque allí atalará Dios abrasando el mundo, y encerrará los malos, condenados, y pondrá juntos los buenos, escogidos. Y dice encerrar en los malos, porque estarán presos, y no dice encerrar en los justos, porque, aunque están juntos y en uno, vivirán libres.

11. Que él conoce mortales de vanidad, y ve maldad, ¿y no atenderá? Agora se allega más a su propósito, que es decirle a Job que Dios le conoce y él no se conoce, y así se engaña mucho en justificarse.

Mortales de vanidad; bien dice, de vanidad, como poseídos de ella, que es decir, que viven con ella y la tienen de su coche y es su principal alhaja, o, por mejor decir, la señora de la casa toda y la que sola manda. Y juntó mortales y vanidad, que fue abatir nuestra bajeza todo lo posible. La palabra vanidad en el original es save, que a veces quiere decir vanidad, y a veces falsía, y a veces maldad, y todo ello viene bien aquí porque todo ello son proprias señas del hombre y cosas que entre sí andan muy hermanadas.

Y ve maldad, conviene a saber, del hombre, ¿y no atenderá? Como si dijese: Y viendo y conociendo esto, ¿sería por ventura justo que no atendiese a ello y que lo disimulase, y no trujese a juicio? Infiriendo que no sería justo, ni a Dios posible, siendo quien es, dejar pasar por altos las culpas; que es argumento para colegir que nace de esta justicia y advertencia de Dios su miseria y azote, y que al fin como justo, conociéndole pecador, no quiso que acabase feliz y prospero, como al principio vivía.

Mas otra letra dice de esta manera: Y no se entendiente, y ve al que a sí mismo no se ve, y conoce al que a sí no se conoce; que es decírselo a Job, como arriba dijimos. El original a la letra dice, y no se entendiere; pero hase de suplir lo que se calla por propriedad de aquella lengua, y decir y al que no se entendiere; que es lo que arriba dijo, y no se entendiente, porque muchas veces la voz del tiempo futuro tiene fuerza de presente, y de lo que el arte de la lengua suele llamar participio.

12. Que hombre vano se desvanece, y como pollino salvaje hombre nacido, o como otra letra dice, Que hombre vano descorazonado es. Adonde porque dijo conocer Dios la vanidad de los hombres, se torna afirmar en ello, diciendo, que hombre vano: que vale como decir porque todo hombre es vano y pecador, que es también a propósito de hacer pecador a Job, pues lo son todos.

Mas en la palabra descorazonado, que puse, hay diferencia, porque la del original, que es iilabeb que está en forma de verbo y en figura de voz pasiva, por haber también labab, nombre que significa el corazón, suena ser privado del corazón, o serle quitado, o ser descorazonado, como arriba yo puse. Y conforme a esta sentencia puso bien Sant Hierónimo, que se desvanece, porque el desvanecerse o el ensoberbecerse los hombres es una falta de corazón, esto es, de seso y de peso. Mas otros dicen, por el contrario, que iilabeb no sea quitar, sino poner corazón y saber, y así trasladan: El hombre es o nace vano, mas será hecho sabio. Mas esta sentencia no viene tan a pelo en lo que hasta aquí se decía y pretendía, que era mostrar el poco ser y saber del hombre, y la falta que tiene en el conocimiento de sí mismo, y así viene mejor lo primero. Porque decille descorazonado es llamarle no advertido, liviano, inconsiderado, que nunca entra en sí para mirarse, y que siempre anda fuera o sobre sí para, desconociéndose, desvanecerse.

Y por esta misma razón añade: pollino salvaje hombre nacido, esto es, que el hombre nace y es como un pollino salvaje, que es animal brutalísimo, y, cuando pollino, más bruto. Bien es verdad que, si queremos seguir la otra letra y sentencia, podemos decir que este verso no se ase con lo de arriba, sino viene con lo que después dél se sigue, y que es como una sentencia universal de un particular que luego le sucede.

Porque en el verso que viene después de éste, amonesta Zofar a Job que se vuelva a Dios y ordene su corazón con él; y, antes que se lo diga, dispone agora para decírselo, y hácele la cama, como suelen decir, mostrándole que si el hombre, como ha dicho, nace enfermo de vanidad y pecado, pero es enfermedad que recibe cura, y la recibirá en él si quisiere. Porque dice así: El hombre vano, y será enseñado; como si dijese: Aunque el hombre es vano y nace vano como he dicho, todavía puede ser enseñado y mejorado por Dios, si quiere, aplicándose a Él dejarse guiar de Él, porque es animal libre y capaz de doctrina. Y prueba ser así, como arguyendo a lo menos de lo más dificultoso a lo más fácil, diciendo: Pollino salvaje hombre será nacido, que es decir, el pollino salvaje nacerá hombre, esto es, se tornará como si naciese hombre con la doctrina e institución. Como si más claramente dijese, los animales fierísimos y brutísimos, domados y amaestrados, olvidan su fiereza y toman sentido de hombres en muchas cosas; ¿cuánto más el hombre, que es libre y de cera, aunque nace vano, si quiere seguir la enseñanza de Dios, podrá arribar a ser bueno y bienaventurado?

Y pues esto es así, añade luego:

13. Si tú ordenares corazón tuyo, y desplegares a él tus palmas. Podrás, dice, y tú también, por perdido que estés, volver a lo bueno; y si lo haces, tus culpas y las penas que padeces por ellas tienen remedio cierto y verdadero. Donde decimos ordenares, la palabra original significa ordenar y establecer y enderezar y disponer, y todo ello viene bien aquí; porque la penitencia de que se habla, endereza el ánimo, antes torcido, y le ordena porque le sujeta a Dios y

le dispone a los dones del cielo, y le hace estable y firme con el propósito de no pecar más.

Y desplegares a él tus palmas; esto va dicho conforme a la figura con que los antiguos oraban, que era, abiertos los brazos y volviendo al cielo las palmas descogidas. Mas es de ver la buena orden que Zofar guarda; que primero ordena el corazón, que es la fuente del bien y del mal, y de allí sale a las muestras de fuera, como lo hace el dolor verdadero, que primero se enciende en el corazón, y dél brota a la cara y sale por los ojos, y últimamente procede a la enmienda de la vida.

Y por eso se sigue:

14. Si maldad de tus manos la alongares, y no reposare en tu morada iniquidad. Bien dice la alongares, porque la verdadera enmienda toma muy de atrás la corrida, y corta muy de raíz todas las ocasiones del mal.

15. Entonces alzarás tus faces sin mancilla, serás firme y no temerás. Porque los bienes de la enmienda y de la buena vida, y el primero es la confianza que de ella nace, para alcanzar de Dios lo que se le pide. Que alzar las faces aquí lo mismo es que hablar confiadamente, y como decimos, sin vergüenza y empacho; porque con este semblante y rostro hablan los confiados. Y es caso ordinaria en la lengua en que originalmente esto se escribe decir algún semblante del rostro para decir y dar a entender lo que se suele hacer o decir con aquel semblante.

Sin mancilla; y por eso alzará el rostro confiadamente, porque no tendrá mancilla en el alma que le obligue a esconderle. Mas dice, serás afijado y no temerás; que es otro bien del bueno, no ser movido con temor de los males de esta vida, y vivir seguro entre los peligros de ella, así por parte del amparo que de Dios tiene y dentro de sí mismo siente, como por andar como superior sobre todo lo que aquí se desea, y cuanto a sí toca, tenerlo por vano e indiferente.

16. Y entonces trabajo tuyo olvidarás, como aguas que pasaron te membrarás. Trabajo es el que de presente padecía; y viene esto segundo de lo otro primero, porque es natural el buen suceso presente borrar de la memoria el mal pasado. Y así le dice que, convirtiéndose a Dios, le sucederá todo tan prósperamente, que la prosperidad de entonces le pondrá olvido del mal que pasa agora; y como el agua o el río que corre, en pasando no deja de sí memoria, así no dejará en él ni aun acuerdo de sí el mal que agora le anega.

Y vino a pelo, hablando de trabajos, tomar la comparación del agua, porque de ordinario en la Escritura con el nombre del agua se significa el trabajo y calamidad, conforme a aquello del Psalmo: Sálvame, Señor, que me penetren las aguas hasta lo interior de mi alma.

17. Y luz del mediodía te lucirá a la tarde, y cuando te tuvieres por acabado, nacerás como lucero. O como dice otra letra: Sobre luz de mediodía surgirá tiempo; desfallecerás, como alba serás. Tiempo, entiéndese, tuyo, esto es, el resto de tu vida (y como tradujo muy bien Sant Hierónimo la tarde della, cuando parece disminuirse la luz) será claro, que quiere decir, feliz y próspero; que por la luz se significa la prosperidad, como la adversidad por las tinieblas. Por manera que declara Zofar agora lo que había dicho algo escuramente en el verso pasado. Porque dice que, a la vuelta de la vida y como a la tarde della, cuando suele trocarse la buena dicha en los hombres y como escurecérseles la luz de la salud, alegría y buenos sucesos (y en muchos hombres que han vivido lo primero de su edad descansada y prósperamente, de ordinario esto postrero, como entremés y fin de tragedia, suele ser amargo y trabajoso), pues dice que, cuando a los otros suele el Sol de la fortuna ponérseles, resplandecerá en él como cuando está en medio del cielo y del día.

Y añade luego en la misma sentencia, desfallecerás, como alba serás, que es, prosiguiendo en la misma figura de luz y de día, decir, a la tarde lucirás como mediodía, y después de anochecido tornarás a amanecer. En que significa una continuación de prosperidad, que en un mismo tenor nunca viene a menos ni tiene fin, sucediéndose siempre un bien a otro bien, como el mediodía a la mañana, y luego otra mañana al mediodía. Conforme a lo cual dice Zofar que el bueno y temeroso de Dios es siempre prospero y va siempre de bien en mejor, y que su tarde es para más relucir, y su noche para amanecer de nuevo. Que es verdad así en el vigor de la edad, porque al bueno, aunque le falte haciéndose viejo, no le falta su buena dicha, como en los tropiezos de la fortuna, porque se levanta de ellos más prosperado, como también en el fin de todo que es la muerte, porque si se le pone allí la vida, es para amanecer otra vez mejor y más resplandeciente.

Mas no es de pasar la diferencia de significaciones que el original aquí tiene; porque lo que aquí decimos, desfallecerás, en el original es thahu-pha, que de su primera significación quiere decir volar, y después relumbrar y escurecer y desfallecer. Lo cual, aunque diferente en el parecer, tiene todo un cierto parentesco entre sí y nace como de una raíz, que es aquello de que tiene su origen; porque huph, nombre de donde al parecer se deriva, quiere decir ala; y de allí la palabra que digo significa lo primero alear o volar, obra propria del ala; y porque el movimiento que la luz hace en lo que relumbra con lustres presurosos, es semejante al batir de las alas del ave que vuela, por eso significa también relumbrar y desfallecer, porque el ave cuando desfallece o se cansa, en ninguna cosa lo muestra más que en el ala, que, caída de su natural al suelo, se le viene a los pies. Y así en nuestra lengua a los menguados y desfallecidos solemos llamar desalados, o de ala caída.

Mas porque las aves, de ordinario, al caer del día más que en otro tiempo, salen de sus nidos a volar por el aire, o porque con las alas cogidas y puestas cubren y como escurecen su cuerpo, por eso también significa escurecer o ennegrecer, como arriba decíamos. Pues de estas cuatro significaciones, las tres, volar, escurecer y desfallecer, para lo que a este lugar toca, hacen un mismo sentido, que es el que siguió Sant Hierónimo y yo he declarado hasta agora. Que es decir Zofar a Job que, cuando volare, entiéndese, la edad, pasando de esta vida a la otra, o cuando le desfalleciere la fuerza en la vejez, o se le escureciese y ennegreciere el día de la vida por la muerte (que por esta causa la nombramos escura), esto es, cuando los otros se pierden, él se ganará, y cuando los otros dan al través, él entrará alegre en el puerto, y finalmente amanecerá puro y luciente, cuando los otros fenecen y se apagan para nunca más relucir.

Mas si seguimos lo otro, será otro el sentido y al propósito bien conforme. Porque dirá: relumbrarás, como alba serás. Que es añadir a lo primero, en que le había dicho que sería su prosperidad como luz de mediodía, diciendo: Y no pienses por el mediodía que digo, quiero decir que después se inclinará hacia la tarde tu buena fortuna recibiendo mengua alguna o disminuyéndose, porque así digo que lucirás como el mediodía relumbra, que te aseguro serás como la mañana también, esto es, que tendrá la condición de la mañana tu buena suerte, y que lucirás como ella luce subiendo siempre a más luz. Por manera que al comparar la mañana con la felicidad, no es en el cuánto de la luz, sino en el modo de lucir y en el contino crecimiento de ella; porque la luz de la mañana siempre crece, diferente de la tarde, que mengua.

18. Confiarás, porque hay esperanza, y enterrado dormirás confiado. O como dice otra letra, cavaste, confiado dormirás. Por esta manera de hablar significa Zofar lo que hay y se espera después de la muerte, así cuanto al ser como cuanto a la memoria: y del justo se dice que hay esperanza, y del malo se niega, como en los Proverbios se ve. Porque el justo muere para descansar y para resucitar después a mejor vida; mas el malo tornará a vivir para morir la segunda muerte, que es la verdadera muerte; el uno muere para vivir, y el otro muere para más morir.

Pues después que Zofar dijo lo feliz de la vida del justo, dice según orden el bien de la muerte. Confiarás, entendemos, cuando murieres, porque hay esperanza, porque morirás para vivir muerto, y para tornar a vivir en estado bienaventurado.

Y lo que se sigue es lo mismo, dicho por diferente manera. Dice, cavaste, dormirás confiado. El cavaste podemos tomarlo por fuiste cavado, esto es, enterrado, como lo tomó Sant Hierónimo; y así dice que, después de haberle enterrado, dormirá, porque gozará de reposo; y dormirá confiado, porque estará cierto de resucitar para vivir mejor vida.

O en otra manera: que en el cavaste se encierra una cierta comparación; y que diga cavaste, esto es, y como si hubiese cavado, o como el que cava y, cansado de cavar, se entrega al sueño, así dormirás honda y reposadamente; que es decir que la muerte le será comienzo de descanso, y no como a los malos, principio de tormento y miseria.

O si queremos decir que cavaste es como quien dice trabajaste, también vendrá a pelo, porque dirá: Y porque trabajaste obrando bien mientras vivías, cuando vinieres a dormir en la muerte, será con gran confianza de reposo. Porque del bien vivir nace el alegre y seguro morir, y las obras de la vida esfuerzan al hombre en la muerte, y se van con él como acompañándole, como dice Sant Juan: Sus obras los siguen.

Dice más:

19. Y reposarás, y no asombrante, y pregarán tus faces muchos. Lo pasado pertenecía derechamente a la confianza de la resurrección; esto de agora es proprio del reposo con que descansaban entonces en el limbo. Y así dice, y no asombrante, esto es, y no habrá ni figuras fieras, ni voces temerosas ni golpes doloridos que te quiten tu reposo o le rompan en manera alguna. Y pregarán

muchos tus faces; dícelo por la honra y el servicio debido que dan los vivos a los sanctos después de muertos.
Y con esto pasa a decir de los malos, y con ello concluye y dice así:
20. Y ojos de malvados consumirán, y guarida perecerá de ellos, y esperanza suya cuita de alma. Los ojos en muchos lugares de la Escritura quieren decir los deseos; y lo que dice consumirán, en la palabra original puédese tomar en significación o activa o pasiva, de manera que diga serán consumidos, y lo uno y lo otro es verdad, porque los deseos de los malos son consumidos, porque perecen con la vida, y como las cosas de que son, así ellos también son vanos y caducos; y también ellos consumen porque de ordinario los malos mueren a mano de sus deseos, y el azote de los que mal aman, las más veces es eso mismo mal amado, conforme aquello de los Proverbios: [Al impío sus mismas maldades le aprisionan, y es constreñido con los cordeles de sus pecados.]
Y guarida perecerá de ellos. Los malos en esta vida muchas veces tienen manida pero nunca guarida: tienen manida porque algunos de ellos viven con prosperidad; pero no tienen guarida, porque siempre que los acomete el trabajo y la adversidad, los alcanza, quiero decir, los derrueca y vence y ni saben ni pueden guarecerse.
Y en esto, como en lo demás, se diferencian notablemente del bueno; porque éste, si cae en trabajos, es para levantarse de ellos; mas aquéllos caen para caer, esto es, para quedarse caídos, como dice Salomón: Siete veces cae el justo y se levanta, mas los impíos caen de hecho. Mas lo que se sigue es mucho peor, y la esperanza de ellos ansia del alma; porque esto toca a la muerte, y lo que después de ella les sucede, que los dos males sobredichos eran males de vida. Pues dice su esperanza, que es lo que esperan o el mismo esperar; lo que esperan, muertos, es eterno mal; el esperar que tienen mientras viven es temer, temblar, entristecerse y angustiarse.
Porque, aunque en gozar lo presente los malos se aventajen, pero en echando adelante los ojos, su esperanza es horror y ansia del alma; y así no esperan, sino temen, y por eso dice que su esperanza es agonía o ansia de corazón. Lo cual se dice bien, o lo entendamos de lo que se espera, o del esperar mismo; porque si decimos del esperar, sin duda, es ansia fiera, porque es, como muertos, y, como si dijésemos, entregados a una muerte viva.
gustosa.

alma.

Capítulo XII

1. Y respondió Job, y dijo:
2. Verdaderamente que vosotros pueblo, y con vosotros morirá la sabiduría.
3. También a mi corazón, como a vosotros, no menguado yo de Vos. ¿Y a quién no como ésas?
4. Quien es reído de su amigo como yo, llamará a Dios, y oírle ha, porque la sencillez del justo es puesta en risa.
5. Hacho despreciado para respectos de reyes, ordenado para su tiempo.
6. Abundarán moradas de robadores, y [osadamente] confiadamente enojan a Dios, que les puso todas las cosas en las manos.
7. Mas pregunta, yo te ruego, a bestias, y te enseñarán, y a ave del cielo, y te lo declarará.
8. O razona con la tierra y te enseñará, y contarán a ti peces del mar.
9. ¿Quién no entendió en todos éstos que mano de Dios hizo ésta?
10. En cuya mano alma de todo viviente, y espíritu de toda carne de hombre.
11. ¿Por dicha oreja no probará palabras, y paladar manjar gustará?
12. En anciano sabiduría, y longura de [edad] días entendimiento.
13. Con Él saber y valentía; con Él consejo y entendimiento.
14. Ves; derrocará, y no será edificado; cerrará, sobre hombre, y no será abierto.
15. Ves; detendrá las aguas y secaránse, y enviarálas y trastornarán tierra.
16. Con Él fortaleza y ley; a Él engañado y engañante.
17. Hace ir consejeros despojados, y jueces entontece.
18. Ceñidero de reyes desató, y ató cincho en sus lomos.
19. Hace ir a sacerdotes descompuestos, y a poderosos destruye.
20. Quita [labios] fabla a elocuentes, y toma seso a los viejos.
21. Derrama desprecio sobre generosos, y levanta a los oprimidos.
22. Descubre fonduras de escuridad, y produjo a luz sombras de muerte.
23. Multiplica a las gentes y destrúyelas [ensancha gentes y redúcelas], y las destruidas restituye.
24. Quita corazón de cabezas de [tierra] pueblo de la tierra, y descaminólos en yermo sin camino.

25. Palparon tinieblas, y no luz; y fízolos errar como borracho.

Exposición
1. Y respondió Job y dijo. Responde Job a Sofar agora, y respóndele como merecía su demostración arrogante, y dícele así:
2. Verdaderamente que vosotros pueblo, y con vosotros morirá sabiduría. Parece manera de refrán, como si dijese: en vosotros está el mundo abreviado; vosotros sois los hombres y los sabios, y, muertos vosotros no habrá ni saber, y dícelo para que se entienda al revés, y burla disimuladamente de Sofar, que, comenzando muy hinchado y prometiendo de sí mucho, en cuanto habló nunca supo hablar a propósito.
Dice:
3. También a mi corazón como a vosotros, no menguado yo de vos, ¿y a quién no como ésas? Aunque os lo queráis saber todo, dice, no soy ignorante yo ni de menos saber que vosotros: y no me alargo, dice, mucho porque eso que habéis dicho, ¿quién no lo sabe? Corazón tómase por el saber en la Sagrada Escritura. No menguado yo de vos, conviene a saber, en el entendimiento de la ciencia y doctrina no, dice, soy menor que vosotros. ¿Y a quién no como ésas?, habemos de añadir, cosas o palabras, esto es, decir ¿quién tan ignorante que no alcance eso que dicho habéis? Lo cual dice así porque era claro como por ser fuera de propósito.
4. Quien es mofado de su amigo como yo, llamará a Dios, y oírle ha, porque la sencillez del justo es puesta en risa. O traduciendo al pie de la letra: Reír de amigo suyo seré yo, llamará a Dios, y respondióle; reír justo sencillo. En dos cosas pecó Sofar en su razonamiento: una, que prometió mucho y no habló jamás a propósito, y a esto pertenece lo que Job ha dicho hasta agora; otra, que habló con desdén y como haciendo escarnio, y de esto le reprende en este verso, diciendo: Reír de amigo seré yo. Basta, dice, que yo soy reír, esto es, aquel de quien mis amigos se ríen y he venido a estado que se burlen de mí los que se habían de compadecer de mí.
Y lo que añade, llamará a Dios y oírle ha, si se refiere a la persona de Job, mofada y burlada de sus amigos, como mi intérprete quiere, entendello hemos en esta sentencia, que en pago del agravio que sufre, y como en cambio de que sus amigos le mofen, Dios abrirá para él sus oídos piadosos y entrañas,

y que su injusticia de ellos le ganará entrada y buena gracia acerca de la misericordia de Dios. Porque siempre es así, que se compadece Dios de los injustamente afligidos y sus voces oye y a sus querellas provee.

Mas si pertenece esto a ese mismo que mofa, como según el rigor de la letra puede pertenecer, es como si más claramente dijese: ¿Y tendrá cara el que así me trata para llamar a Dios en sus necesidades, y podrá esperar de ser remediado y oído? Que es decir, no le responderá Dios, ni sé yo con qué cara le podrá pedir piedad para sí, el que para mí, caído y amigo e inocente y sencillo, tiene tan poca que me escarnece.

De manera que por tres títulos fue vituperable Sofar: porque burló de un afligido, que fue de corazón inhumano; porque burló de su amigo, que fue de hombre infiel y desleal; porque burló de un bueno y sencillo, que arguye falsedad y doblez.

5. *Hacho despreciado para respectos de reyes, ordenado para su tiempo*: o como dice otra letra, *ordenado para deslizaduras de pie*. Entra agora en lo proprio de su causa, y con una semejanza manifiesta defiende su inocencia y corta todos los nervios al argumento que contra él sus amigos hacían, y muestra que es flaco y falso su fundamento. Porque argumentaban así: A los buenos les va bien en esta vida, y a los malos mal: a ti te va mal, luego eres malo. Pues muestra ser falso aquello primero, así en lo que a los buenos toca como en lo que toca a los malos. De los malos en el verso que se sigue, y de los buenos en éste.

Y dice de esta manera: Que así como un hacho de atocha o una tea encendida es cosa que los ricos la desprecian, esto es, que no se precian de alumbrarse con ella (porque es lumbre de labradores y gente pobre), pues así como un hacho es despreciado y desechado de los ricos, y es bueno para guiar los pies de noche y en los deslizaderos y malos pasos, así muchas veces el que es bueno y útil vive despreciado y abatido. Y usó bien en este propósito de cosa que fuese luz, porque, a la verdad, el bueno afligido es gran luz de aviso a los malos para que se reporten y enmienden. Porque si el bueno pasa mal, del malo, ¿qué será? Y esto es cuanto a los buenos.

Y de la postrera parte que toca a los malos, añade y dice:

6. *Abundarán moradas de robadores, confiadamente enojan a Dios, que les puso todas las cosas en las manos*. Que es con el ejemplo y como con el

dedo mostrar ser falso decir que a los malos les va mal en esta vida; porque, dice, extiende los ojos, y verás muchos robadores y logreros ricos, muchos que enojan a Dios muy confiados, y (lo que era entonces notorio y evidente) muchos idólatras prósperos y felices.
Lo cual se entiende con más claridad si traducimos este paso así como suena a la letra, que es: Confianzas a enojadores de Dios, al que trae Dios en su mano. Porque los idólatras son los significados por aqueste rodeo de decir, el que trae, o el que hace venir a Dios a su mano, porque adoraban lo que podían traer en las manos, o porque hacían que viniese Dios en el leño que con las manos formaban, esto es, hacían que el leño recibiese semblante y nombre de Dios, figurándole.
Prosigue:
7. Mas pregunta, yo te ruego, a bestias, y te enseñarán, y a ave del cielo, y te lo declarará.
8. O razona con la tierra, y te enseñará, y contarán a ti peces del mar.
9. ¿Quién no entendió en todos éstos, que manos de Dios hicieron éstas?
10. En cuya mano alma de todo viviente, y espíritu de toda carne de hombre. Ya que mostró ser falso el fundamento de sus amigos, y quitó de su inocencia la sospecha que sobre ella ponía la calamidad en que estaba, responde a lo demás que Sofar argüía de lo mucho que sabía Dios y podía.
Y es como si de esta manera dijera: Y lo que decís loando a Dios, demás de ser impertinente al propósito, es tan claro que los brutos lo saben, porque las bestias del campo y las aves del cielo, si las preguntaren, y la misma tierra y la mar y los peces de él os dirán que todo es hechura suya, esto es, de las manos divinas: y que como Dios lo hizo, así lo puede deshacer cuando y como quisiere, porque en su mano está la vida y aliento de los animales y de los hombres. Y porque Sofar conociese que sabía Job no menos que él de Dios y de sus grandezas y hechos, diviértese a contar alguna parte de ellos, y dice:
11. ¿Por dicha oreja no probará palabras, y paladar manjar gustará?
12. En ancianos sabiduría, y longura de días entendimiento.
13. Con Él saber y valentía; con Él consejo y entendimiento. Que es, para venir después a decir que Dios es sabio sobre todo, un ir subiendo poco a poco de lo menos a lo más, y refiriendo y como amontonando diferentes cosas, que cada una en su género es sabia y avisada, hacer de ellas comparación a Dios

con acrecentamiento y ventaja. Como en esta manera: la oreja sabe conocer la palabra y el paladar es sabio de conocer el manjar, y los ancianos son muy avisados, y los de larga edad muy entendidos; mas Dios, sobre todos, es sabio y lleno de entendimiento y consejo.

Y es una manera de encarecer usada de los poetas, y más de los que son más antiguos, como en Píndaro es claro, que en la primera Canción suya, para engrandecer loando las fiestas que en su tiempo en Olimpo se hacían, comienza subiendo en esta misma manera. «Buena, dice, es el agua en los elementos, y el oro en las riquezas lleva grande ventaja, y entre las luces del cielo el Sol es el que preside; mas entre las fiestas, las de Olimpo es, sobre todas, como el Sol entre las estrellas.» O como uno tradujo:

> El agua es bien precioso,
> y entre el rico tesoro,
> como el ardiente fuego en noche escura,
> así relumbra el oro.
> Mas, alma, si es sabroso
> cantar de las contiendas la ventura;
> así como en la altura
> no hay rayo más luciente
> que el Sol, que, rey del día,
> por todo el yermo cielo se demuestra;
> así es más excelente
> la olímpica porfía
> de todas las que canta la voz nuestra:
> materia abundante,
> donde todo elegante
> ingenio alza la voz ora cantando
> de Rea y de Saturno el engendrado,
> y juntamente entrando
> al techo de Hierón, alto, preciado.

Pues por este mismo camino y forma de decir es esto de agora. Mas es de advertir que de los ancianos dice: en los ancianos sabiduría, y no dice más;

pero de Dios, con Dios sabiduría y también fortaleza. Porque lo que hay en los hombres es parte y venida de otra parte; mas en Dios es el todo, y no recibido de otro, sino suyo y proprio, y es cosa no apegada en Él, sino que está con Él, porque es Él mismo y su misma substancia.

Y porque había dado sabiduría a los viejos y gastados ya con los días, y daba a Dios sabiduría también, añadió, no sin causa, también fortaleza. Como diciendo, los hombres eso que saben no lo alcanzan sino a la vejez, cuando desfallecen las fuerzas, y no vienen a ser sabios hasta que vienen a ser enfermos y flacos; mas Dios es sabio y fuerte juntamente.

14. Ves; derrocará, y no será edificado; cerrará sobre hombre, y no será abierto.

15. Ves; detendrá las aguas, y secaránse; y enviarálas, y trastornarán tierra. Argumento es de sumo poder, no poder nadie ni rehacer lo que él deshace ni deshacer lo que hace. Todo lo que desde aquí hasta el fin del capítulo dice Job, son cosas que se ven por vista de ojos en muchos casos que cada día acontecen; y así pasaremos por ello sin detenernos, sino en los lugares adonde hubiere dificultad.

16. Con Él fortaleza y ley, a Él engañado y engañador. Dice que así es fuerte, que no hace violencia ni desigualdad; que es vicio familiar a los poderosos y fuertes tener por ley sus antojos; mas Dios lo que quiere puede, y es justo todo lo que quiere. A Él engañado y engañador; conviene a saber, están sujetos a Él el que engaña y es engañado, para dar a entender que ninguno hace ni padece mal, que no sea permitiéndolo Dios por los fines justos que Él sabe.

17. Hace ir consejeros despojados, y jueces entontece. Despojados, entiéndese de saber y de consejo, en lo cual no solo se muestra Dios poderoso, sino también muy sabio; pues en caso de saber no solamente vence a los dueños de la sabiduría, mas, si quiere, se la quita y los deja sin ella.

18. Ceñidero de reyes desató, y ató cincho en sus lomos. La palabra original, que es musar, en el sonido es ceñidero o ligadura; mas en la significación unas veces se pone por el castigo y por las leyes y ordenanzas severas que estrechan la vida, y otras por eso mismo que suena; y pónese aquí de ambas maneras. Porque dice que Dios rompe los establecimientos y leyes rigurosas de los tiranos, o que les quita el ceñidero (que es, tomando la parte por el todo, el

vestido y ornamento real) para decir que, cuando quiere, abaja a los más altos de su trono, y de la silla real los abate a la cárcel y a la miseria postrera.

19. Hace ir a sacerdotes descompuestos, y a poderosos destruye.

20. Quita fabla a elocuentes, y toma seso a los viejos. El original dice: Aparta labios a elocuentes, o porque los enmudece, o porque delante de Él es mudo todo el saber y bien decir humano.

21. Derrama desprecio sobre generosos, y levanta los oprimidos; o según otra letra, y corazón de fuertes enflaquecerá. Derrama, dice, desprecio, que es aquello que parecía apartarse de ellos más, y así se ve más el poder de Dios, pues pone en la alteza bajeza y afrenta en la honra y desprecio en lo generoso y más estimado.

22. Descubre fonduras de escuridad, y produjo a luz sombra de muerte. Fonduras de escuridad, es decir, lo más bajo y escuro; lo cual hace Dios cuando saca a luz lo olvidado, y pone en lugar alto a los que el mundo imagina perdidos. Sombra de muerte llama lo que es encarecidamente muy escuro y olvidado, las muy cerradas tinieblas, que son como un retrato muy vecino y muy semejante a la muerte.

23. Multiplica a las gentes, y destrúyelas, y las destruidas restituirá. O de otra manera: Ensanchó gentes y redujólas. De donde se entiende que ni el favor pasado asegura ni el azote quita la confianza; quiero decir, que ni el favorecido de Dios a los principios se descuide asegurándose para lo de adelante, ni el afligido y azotado desmaye pensando que siempre ha de ser azotado.

24. Quita corazón de cabezas de pueblo de la tierra, y descaminólos en yermo sin camino. Corazón es saber y entendimiento. Descaminólos, entiéndese en la manera que Dios suele hacer o permitir estas cosas que, puestas en nosotros, tienen figura de culpa o de error, que es, no induciéndonos a ellos, sino negándonos por nuestros deméritos la gracia que para ellas es necesaria, lo cual que propriamente se llama permitir.

Yermo, y no camino, es comparación disimulada y secreta, cosa muy usada en la Sagrada Escritura, pues dice que por permisión de Dios, los que rigen los pueblos, por los pecados de ellos y de sus súbditos, andan tan descaminados en su gobierno como el que camina por tierras despobladas e yermas, adonde ni hay camino trillado, ni parece viviente que dé nuevas de él o que guíe; que es un encarecimiento de malo y perdido gobierno, el mayor que puede decir; fuera de lo que se sigue adonde aún se encarece más.

25. Palparán tinieblas y no luz y fízolos errar como borracho; que son otras dos comparaciones eficacísimas, dichas brevísimamente para declaración de lo mismo. Porque ¿quién más desatinado que el que anda de noche sin luz y sin noticia del lugar a do anda, que ya tiende a una parte la mano, ya a otra, y pensando asir lo que busca, abraza el aire, y creyendo que va derecho, va al revés, y vuelve atrás, cuando piensa que va adelante? Pues un hombre vencido del vino, que no ha caído y quiere caer, y presume de sostenerse y andar, es retrato vivo del desatino del error y del desconcierto.

Esto va dicho así, conforme al sentido público de aquesta Escritura; porque en la sentencia secreta, a lo que yo puedo juzgar, debajo de estos acontecimientos que suelen ser generales y comunes, profetiza Job lo particular que aconteció al pueblo judaico y gentil, apuntándolo con pocas palabras. Porque lo que dice el verso 14: Ves; derrocará, y no será edificado; cerrará sobre hombre, y no será abierto, propriamente pertenece al mando usurpado que el demonio en el mundo tenía, que fue por Cristo derrocado para nunca más levantarse, y fue cerrado en la cárcel del infierno para jamás salir de ella.

Y lo del 15: Ves; detendrá las aguas, y secaránse; enviarálas, y trastornarán tierra, son los dones y gracias de Dios, que en la Escritura se llaman agua; la cual detuvo muchos siglos que no cayese sobre los pueblos gentiles, y después la envió con tanta abundancia, que trastornó toda la bajeza de aquella tierra, convirtiéndola en cielo. Y en el 16: Con Él fortaleza y ley, a Él engaño y engañador, la fortaleza que dice fue contra el demonio, venciéndole, y la ley fue la justicia e igualdad con que templó su poder para vencerle; de la cual victoria resultó que, así el engañador demonio como el linaje humano engañado quedaron sujetos a Él, esto es, a Dios Hombre, el uno para ser castigado como mal esclavo, y el otro para ser libertado y puesto en lugar de hijo.

Mas los consejeros y jueces de que dice luego en el verso 17: Hace ir consejeros despojados, y jueces entontece, son los sabios del pueblo judaico, a los cuales por el desconocimiento de Cristo que cayeron por sus antiguos pecados, despojó Dios del saber que antes les infundía, y los dejó como vemos agora atónitos y como pasmados. Y con los mismos y con sus sacerdotes y príncipes hablan los versos 18 y 19, que dicen: Ceñidero de reyes desató, y ató cincho en sus lomos. Hace ir a sacerdotes descompuestos, y a poderosos destruye. Pero el verso 20: Quita fabla a elocuentes, y toma seso a los viejos, parece que se endereza propriamente contra los sabios y poderosos gentiles, que resistían o quisieron resistir al Evangelio al principio; de los cuales dice casi lo mismo Sant Pablo do escribe: Entonteció Dios la sabiduría del mundo. Y a los mismos reyes y emperadores gentiles toca el 21, que luego se sigue: Derrama desprecio sobre generosos, y corazón de fuertes enflaquece.

Y a la primera Iglesia, perseguida y abatida y como sumida en la muerte, y después sacada a luz por Dios, y a honra y a gloria, toca el verso 22 que se sigue: Descubre fonduras de escuridad, y produjo a luz sombra de muerte. Mas lo que después de esto dice en los versos 23, 24 y 25: Multiplica a las gentes y destrúyelas, ensancha gentes y redúcelas. Quita corazón de cabezas de pueblo de la tierra, y descamínolos en yermo sin camino. Palparán tinieblas y no luz, y fízolos errar como borracho, se endereza a lo postrero del siglo, y que aún no está cumplido, ni por la misma causa entendido; y no hay duda sino que encierra en sí algún gran hecho secreto. Y en el psalmo 106, y en los postreros versos del psalmo, adonde, como Sant Agustín confiesa, trata David de esta misma reprobación y llamamiento, y de este decurso y proceso de la Iglesia hasta el fin de los siglos, se procede por la misma manera y se dicen en la sentencia cosas muy semejantes.

Capítulo XIII

1. Veis; todo esto vio mi ojo, oyó mi oreja, y lo entendió.
2. Cual saber vuestro sé yo también; no menor yo que vosotros.
3. Mas yo cierto al Omnipotente hablaría, y gustaría de argüir con el Alto.
4. Que cierto, vosotros componedores de mentira, maestros de vanidad vosotros todos.
5. ¡Quién hiciera que callando callárades, y fuera para vosotros sabiduría!
6. Escuchedes, pues, el mi argumento, y a barajas de mis labios dad atención.
7. ¿Por ventura en favor de Dios razonaréis mentira, y por Él razonaréis engaño?
8. ¿Si faces dél levantaréis, y en favor dél haréis juicio?
9. ¿O aplaceréle al que nada se le esconde, o será engañado como hombre con vuestras astucias?

10. Arguyendo argüirá a vosotros, porque en escondido sus faces levantáis.
11. ¿Por ventura en conmoviéndose no os asombrara, y espanto suyo no caerá en somo?
12. Memorias vuestras palabras de polvo, alturas de lodo vuestras cervices.
13. Poneos silencio, y hablaré yo todo lo que me viniere a las mientes.
14. ¿Que para qué levantaré carne mía con dientes míos, y pongo mi alma en mis palmas?
15. Veis: matarme ha; en Él esperaré; pero argüiré mis caminos delante dél. Y Él a mí también será salvación: que no delante del malvado.
16. Oíd oidura de mi palabra, y mi razón en vuestras orejas.
17. Si me pusiere en juicio, sé que yo saldré justo.
18. ¿Mas quién barajará conmigo? Venga; que ¿Por qué callaré, y moriré?
19. Pero dos cosas no hagas conmigo; entonces de tu presencia no me esconderé.
20. Tu palma alueña de mí, y fortaleza tuya no me asombre.
21. Hable, y yo responderé; o hablaré, y vuélveme respuesta.
22. Cuántas maldades y pecados, a mí, rebeldías mías y delictos míos házmelos saber.
23. ¿Por qué faces tuyas encubres, y me cuentas como enemigo a Ti?
24. La hoja arrojada quebrantarás; la astilla seca perseguirás.
25. Que escribes amarguras contra mí, y me harás poseedor de vanidades de niñez.
26. Y pondrás cepo a pies míos, y guarda a mis sendas todas, y sobre raíces de mis pies será estatuido.
27. Mas como podredumbre seré consumido, como manto comido de polilla.

Exposición

1. Veis; todo esto vio mi ojo, oyó mi oreja, y lo entendió.
2. Cual saber vuestro sé yo también, no menos yo que vosotros. Veis, dice, que no soy yo ignorante, ni conozco de Dios menos que vosotros, pues alcanzo lo que he referido; que es la conclusión que pretendió sacar a luz de su plática, y para cuyo fin se pasó a decir las grandezas de Dios que él sabía. Y dice que por sus ojos vio lo que ha dicho, por causa del hecho público y ordinario que

suele ser cual él cuenta; y dice que lo oyó por razón de lo secreto que debajo de aquello público profetiza.

3. Mas yo cierto al Omnipotente hablaría, y gustaría de argüir con el Alto. Como si dijese, con vosotros es perdido el hablar, porque andáis muy lejos de la verdad; con Dios hablaría de buena gana, que sabe mi inocencia. Así que en decir desea hablar con Dios, dice que no gusta de hablar con ellos, y la razón es lo que añade:

4. Que cierto vosotros componedores de mentira maestros de vanidad vosotros todos. La palabra original quiere decir apegar y juntar unas piezas con otras, como hacen los ensambladores o los que labran taracea. Y así dice graciosa y verdaderamente a sus compañeros, que son oficiales y maestros de componer mentiras y engaños con destreza y artificio; y dícelo porque juntan lo verdadero con lo falso, y de todo hacen una razón vistosa y aparente.

Decían de Dios que era sabio y que se gobernaba con justicia, y que aborrece los malos y es amigo de los buenos, y que ni en la maldad podía haber bien ni mal en la bondad; y debajo de estas cosas de verdadera y hermosa vista, o junto con ellas, ayuntaban un grande engaño, esto es, la condenación de un hombre inocente. Mas lo que añade, maestros de vanidad, puédese trasladar también médicos inútiles, conforme a lo cual los condena no solo de falsos razonadores, sino también de consoladores necios que, viniendo a consolarle, en lugar de esforzarle el corazón con razones blandas y piadosas, le afligían más con dichos falsos y pesados.

Y por eso desea lo que se sigue:

5. ¡Quién hiciera que callando callárades, y fuera para vosotros sabiduría! Como diciendo, porque si hubiérades tenido silencio, a todos nos fuera ganancia; porque yo no padeciera y vosotros ganárades reputación. Y porque no parezca que los nota de poco sabios y de no bienintencionados injustamente, pruébalo luego, y antes que lo pruebe les pide atención y dice:

6. Escuchedes, pues, el mi argumento, y a barajas de mis labios dad atención. Mi argumento es la razón que tengo para decir de vosotros lo que digo; y lo mismo llama barajas de sus labios, que así se nombran, cuando contienden dos entre sí acusándose y defendiéndose, las razones que ambos se dicen.

7. ¿Por ventura en favor de Dios razonaréis mentira, y por él razonaréis engaño? Vía por una parte Job que éstos, por defender a Dios, le condenaban a

él sin culpa; y por otra entendía que, aunque le llamaban pecador y culpado, sabían para sí lo contrario por la noticia particular que de él tenían, sino que, por mostrarse celosos de Dios, se esforzaban a hablar contra su misma consciencia. En lo cual había todos estos errores y males: lo uno, que en lo público le condenaban por malo, sabiendo en lo secreto ser bueno; lo otro, que aunque hablaban otra cosa, en su corazón tenían a Dios por injusto, pues le parecía que su justicia no se defendía, sino condenando al que carecía de culpa; lo tercero y último, que pensaban agradar a Dios en esto y como lisonjearle, como si Él oyera solo lo que publicaba la boca, y no vía lo que el pecho encubría, lo cual era tenerle, demás de por injusto, por ignorante. Pues toda esta revuelta de errores disimulados con demostraciones diferentes de la verdad, como la entendió Job, la descubrió, y echa en plaza o se la pone a ellos ante sus ojos sin rodeo ni velo, para que con la vista de su maldad se confundan.

Y así comienza: ¿Por ventura en favor de Dios?, y en decir por ventura no se duda de lo que se dice, antes según la propiedad de la lengua se afirma. Pues dice, que son tan faltos de juicio y de seso que, para abonar a Dios, mienten; ni siendo menester que Job fuese malo para que Dios fuese bueno, ni conociendo que por el mismo caso que presumían defender a Dios con mentira, quedaban convencidos en sí mismos tener a Dios por injusto.

Y lo mismo, por diferentes palabras, dice en lo que se sigue:

8. ¿Si faces de Él levantaréis, y en favor de Él haréis juicio? Levantar faces en la propiedad del original es, en el juicio, tener más respecto a la persona que a la razón de la causa. Y así les dice que hacen como los malos jueces, que por respectos de favor, y no por los méritos del proceso, juzgan y sentencian los pleitos.

Y lo que dice en la primera parte del verso, repite por palabras más claras en la segunda. O digamos de otra manera; que ya en este verso les descubre la intención con que se mueven a mentir en favor, a su parecer, de la causa de Dios, que es pensar le agradan en ello, y imaginar se contenta de semejante defensa, y querer ganar favor con Él por este camino; porque levantar faces no solamente se dice en lo que toca al juicio, mas también algunas veces es, haciendo honra a alguno, darle placer y contento.

Y conforme a esto les dice: Estáis tan ciegos que creéis agradar a Dios y ganar tierra con Él, pleiteando por Él y defendiendo su causa en la manera que he dicho, esto es, hablando lo que no sentís; y no veis que en eso mismo le ofendéis mucho más, pues en vuestra alma le condenáis por injusto. Porque lo defendido con falsedad, ese que le defiende, dentro de sí le condena. Y si presumís agradarle, también le hacéis grande ofensa, porque le juzgáis por tan ignorante, que oye vuestras palabras y no os penetra los corazones, o se contenta de la vista exterior sin curar de la verdad de las cosas.

Y de cualquiera manera viene bien a pelo lo que luego se sigue:

9. ¿O aplacerále al que nada se le asconde, o será engañado como hombres con vuestras astucias? O como otra letra dice: ¿Si por ventura bueno, cuando escudriñare a vosotros, si como mentís por hombre, mintiéredes agora por Él? Porque, o dirá, cuando Dios os tomare cuenta, ¿pensáis que os será bueno, o que os ha de valer esto que hacéis agora? ¿Imagináis os ha de recibir en servicio, que le defendéis a tuerto o a derecho, y que mentís por Él como se miente acá por un amigo para salvarle? O, siguiendo el hilo del segundo sentido, podrá decir: ¿Y pensáis que, cuando Dios escudriñare lo secreto del pecho, no echará de ver vuestro engaño? ¿Y creéis que el celo y servicio aparente le empañará la vista, para no ver que no decís tanto bien dél en lo público, cuanto juzgáis mal de Él mismo en lo retirado y secreto? O imagináis que como un amigo cuando en su defensa mentís, precia el testimonio público, y no mira ni cura de lo que os queda en el pecho, ¿así Dios también se contenta de vuestra defensa aparente?

Y conforme a esto se sigue:

10. Arguyendo argüirá a vosotros, porque en ascondido sus faces levantáis. No, dice, será así como lo fantaseáis en vosotros, por más que le lisonjeéis y que levantéis sus faces, esto es, por más que le respetéis por defuera y por más que encubráis vuestra intención en lo hondo del alma, arguyendo la argüirá, esto es, la verá y sacará en público, y convencerá y condenará por malvada. Mas si os reprendiere de ella por ser mala, ¿pero por la lisonja que le hacéis os librará de la pena?

Antes dice:

11. ¿Por ventura en conmoviéndose no os asombrara, y espanto suyo no os caerá en somo? Como si dijese: Mal engañados estáis, seréis gravemente punidos, y caerá sobre vosotros su espanto. Porque preguntando dice, y pareciendo que duda de ello lo afirma y les hace cierto el castigo.

Y así añade abiertamente afirmando:

12. Memorias vuestras palabras de polvo; alturas de lodo vuestras cervices. Memorias llama todas estas razones de ellos con que a su parecer habían adelantado mucho su partido con Dios, pregonándose celadores de su defensa y su honra. Y lo mismo llama altezas, porque con aquella demostración de celo aparente se entonaban e hinchaban. Y dice que son polvo que lo lleva el aire y lodo que lo huella el pie; que es decirles que así como la verdad de aquellas razones era muy diferente de la muestra de ellas, así el suceso sería muy otro de su pensamiento; y que de donde esperaban gracia con Dios sacarían indignación y desgracia, y abatimiento y desprecio de donde se prometían honra y favor.

Mas porque le pudieran decir que si le retraían de sus razones era de piedad y por excusar que Dios, ofendido de ellas, no le hiriese con nuevo y mayor azote, les dice:

13. Poneos silencio, y hablaré yo todo lo que me viniere a las mientes; o como dice la letra, y venga sobre mí cualquier cosa. Esto es, no cuidéis de mí, ni por excusar mi daño me queráis persuadir que soy malo, y que debo confesarlo y callarme: hablaré yo, esto es, yo quiero hablar a mi riesgo todo lo que me diere la voluntad, y venga lo que viniere. Y da la razón por qué quiere así hablar.

14. ¿Para qué levantaré carne mía con dientes míos, y pondré mi alma en mis palmas? Como diciendo: En hablar desahogo el corazón, que callando se abrasa en dolor y se consume. Pues ¿a qué fin tengo de acrecentar mi miseria callando, y estar como despedazándome a mí mismo y comiéndome vivo? O digamos así: dice quiero hablar porque no puedo callar, que estoy así rabiando de dolor, que me querría despedazar con los dientes; y traigo el alma en las manos, que es, como decir solemos, traigo el alma en la boca o estoy boqueando, para significar el último mal y trabajo.

15. Ves, matáreme; en Él esperaré, pero argüiré mis caminos delante de Él. Y Él a mí también será salvación, que no delante del malvado. Diréis, dice, matarte ha; mate en buen hora, en Él esperaré; que es decir, estoy seguro, no me quitará la vida para condenarme, sino para descansarme y tornarme a mejor vida a su tiempo, y así la muerte será mi descanso.

Mas lo que se sigue, pero argüiré mis caminos delante de Él, si entendemos el argüir por reprender, como se entiende en muchos lugares, y entendemos que dice Job lo que él siente, tiene mucha dificultad decir que reprenderá sus caminos, quien ha dicho hasta agora que carece de culpa, y que no le reprendió su consciencia jamás. Por donde, o diremos que argüir aquí es poner en juicio y en cuestión el examen de sus obras y vida, cosa que desea hacer Job delante de Dios y la pide y suplica; o podemos decir que refiere en ello lo que sus amigos le dicen o podían decirle, así como hizo en las palabras de arriba, por manera que diga: Veis, esto es; mas como vosotros decís, matarme ha Dios, respondo que eso es lo que espero y deseo.

Mas mejor será, como también decís, que arguya mis caminos, que confiese mis pecados a Dios, que le pida perdón, que me convierta a él, y que así fenecerá mi trabajo.

Pues a eso, dice, también respondo que:

16. Oíd sonido de mi palabra y mi razón en vuestras orejas. Esto es, respondo, lo primero, que me estéis muy atentos a lo que decir os quiero, y lo segundo, que:

17. Si me pusiere en juicio, sé que yo saldré por justo, esto es, que no tengo caminos que argüir, ni obras malas de que, como decís, acusarme; antes estoy de ello tan lejos, que aquí agora delante de vosotros me pondré, si necesario fuere, en juicio, o como el original dice, ordenaré juicio aquí luego, pareceré ante el tribunal soberano, propondré mi negocio, pediré que sea hecho cargo, y profesaré que estoy presto a pasar por lo juzgado, y saldré libre, como veréis, como Dios quiera responderme y oírme.

Y por eso añade:

18. Mas ¿quién barajará conmigo? Venga, que ¿por qué callaré y moriré?; o como otra letra dice, que agora callaré y moriré. Mas no quiere, dice, parecer en juicio, ni viene a él, ni veo quien me oiga ni hable; y así habré de callar y morir. O digamos que aquí, volviendo Job sobre sí y encogiéndose de lo que había pedido, diga: Mas ¿con quién tengo de trabar pleito? ¿Con Dios y con su grandeza? Más vale callar y morir; o hará que calle y que muera, esto es, sola la vista de su majestad será bastante para, asombrándome, quitarme la lengua y la vida.

Y así añade bien:

19. Pero dos cosas no hagas conmigo; entonces de tu presencia no me asconderé.

20. Tu palma alueña de mí, y fortaleza tuya no me asombre. No me toques, dice, ni me espantes; y como en otra parte dice, ponga aparte el poder y no meta consigo más de la justicia, y así escoja la parte que quisiere, o de preguntarme o de responderme.
Y esto es lo que dice:
21. Hable, y yo responderé, o hablaré y vuélveme respuesta. Y dicho esto, y como ya concertado con Dios, comienza su pleito, cuyo principio es pedir a Dios que le haga cargo de sus pecados si algunos tiene. Y no se ha de entender que es soberbia esta de Job, ni impaciencia, sino seguridad y confianza que le nacía del testimonio de su buena consciencia, y de lo que de sí y de Dios conocía por particular gracia y don suyo. Y, aunque se conocía sin pecado y se veía afligido, no tenía a Dios por injusto; porque sabía que era Señor por una parte, y sapientísimo gobernador por otra, y que se podía mover Dios a dar trabajos a los hombres, sin que hubiese culpa en ellos, por otras causas muy justas.
Pues dice:
22. Como cuántas maldades y pecados a mí, rebeldías mías y delictos míos házmelos saber. Y repite pecados y maldades por tres o cuatro palabras, dando a entender y diciendo que de los pecados grandes y de los pequeños, de lo granado y de lo menudo, así de lo que se peca por flaqueza o poco saber, como de lo que se ofende por malicia y de industria, quería que le hiciese cargo Dios. Mas como no le responden, añade:
23. ¿Por qué faces tuyas encubres, y me cuentas como enemigo de Ti? Esto es, ¿por qué no me respondes y te encubres de mí, como hace un hombre de otro a quien aborrece y tiene por enemigo?
24. ¿Hoja arrojada quebrantarás, astilla seca perseguirás? No es, dice, tu honra tomar competencia con cosa tan vil; y ya que no te inclines por mí, por lo que debes a Ti y a tu mismo respecto, no debes tomar tan a pechos el hacer mal a una cosa deshecha, ni mostrar el tesón de tu ira y furor sobre una hoja caída y seca.
25. Que escribes amarguras contra mí, y me haces poseedor de vanidades de mi niñez. Esto, con lo demás que se sigue, se puede entender en dos maneras: o que sea como forma de demanda o petición, según que en la Sagrada Escritura las palabras del tiempo futuro tienen fuerza de mando, y que diga

así: No hagas eso, Señor (que es lo que he dicho, herir y asconderse, castigar y no dar razón del castigo, mostrar braveza contra una cosa sin resistencia y rendida), sino antes, Señor, escribe, esto es, pon por escrito amarguras contra mí (que llama bien así los pecados y las acusaciones de los pecados), y hazme poseedor de las faltas de mi niñez. Yo, dice, no conozco pecado alguno, ni le quiero admitir en mi casa; si le tengo, cualquiera que sea, aunque sea una mocedad mía, méteme en su posesión; esto es, haz, Señor, que yo le conozca, y castígame luego.

26. Ponme los pies en un cepo, y ciérrame todos los pasos, y húndeme, si te place, en la tierra; que es decir, encarcélame en honda mazmorra y azótame a tu voluntad. O de otra manera, y es porque decía que Dios, siendo él una hoja caída y una astilla seca, le quebrantaba y seguía, agora, particularizando esto mismo y las condiciones de este quebrantamiento, diga y escriba, lo uno, que escribe contra él amarguras, que son los azotes y miserias que pasa y que le imprime Dios en el cuerpo y en el alma; lo otro, que le mete en posesión de los pecados de su niñez (porque entiende el pecado original común y primero, que como si fuese suyo proprio y por su industria adquirido, así lo pone Dios y a su cargo), y me maltratas, dice, y afliges por él, como si hecho por mis manos fuese.

Lo otro, pónesme los pies en el cepo, que era la enfermedad grave que padecía y que le tenía tollido; o, por mejor decir, el cepo es una pena miserable que del pecado primero nace, que es una extraña inhabilidad que en el hombre queda para no poder dar paso en cosa digna de cielo y de mérito. Y lo mismo es el tomar las sendas o caminos, que añade.

Y lo que dice en el verso último:

27. Mas como podredumbre seré consumido, como manto comido de polilla, es la otra grave pena del mismo pecado, que es la obligación a la muerte. Y así, siguiendo este hilo, parecerá bien decir que en el verso 24, cuando dice que quebranta Dios una hoja caída, no se queja por sí solo, sino generalmente por todos, a quien Dios por los pecados primeros hizo sujetos a trabajo y miseria. Por manera que la memoria que hacía de su trabajo particular, le llevó la lengua a lamentar el común, y la vista de su mal proprio despertó en él la memoria de la calamidad general; y como quien vía que de aquella frente

nacía este arroyo, y que la condición miserable de todos le hacía a él también miserable, tratando de sí, trata de ella juntamente.

Y es como si de esta manera dijese: Mas ¿por qué me querello solo de mí, y digo que como a enemigo me tratas? No digo más de mí, que de todo esto que es hombre, que con todo esto que es hombre, que con ser nada y vileza y menos que una hojarasca flaquísima, llueves sobre él amarguras; sonle proprios y suyos los pecados cometidos por otros: primero es amancillado que nazca; aún no tiene uso de razón, y ya es señor y poseedor de pecado y de culpa, ni puede por sí dar paso en el bien, ni aun el camino o la senda que guía a él no la sabe; como tollido y preso y cargado de cepos y hierro, así vive, y al fin se convierte en podre y se consume, y como vestidura se apolilla y viene a menos, hasta que últimamente muere y fenece.

Capítulo XIV

1. Hombre muy nacido de hembra, abreviado en días, harto de apostema.
2. Como flor salió, y cortáronle; huyó como sombra, y no paró.
3. Y con todo esto, ¿sobre éste abres tus ojos y faces venir a juicio contigo?
4. ¿Quién dará limpio de contaminado? Cierto, Tú solo.
5. Breves sus días; número de meses suyos acerca de Ti; estatuto le heciste, y no pasará.
6. Apártate de sobre él, para que repose, hasta que su deseo tenga como jornalero sus días.
7. Que es al árbol esperanza, si fuere cortado, que aún reverdecerá y su tallo no faltará.
8. Si envejeciere en tierra raíz suya, y en el polvo muriere su tronco.
9. Al olor del agua tallecerá, y hará mies como planta.
10. Y varón morirá y fallecerá; expirará y ¿qué es dél?
11. Partiéronse aguas de mar, y río agotóse y secóse.
12. Y hombre durmió, y no levantará hasta que no cielos; no despertarán y no velarán de su sueño.
13. ¿Quién me dará que en infierno me agazapes, me ascondas hasta retirar tu ira; pusiérasme término y acordáraste de mí?
14. Si muriese el varón, ¿si revivirá? Todos los días de mi plazo esperaría hasta venir mi mudanza.

15. Llamarás, y yo responderé a Ti; a obra de tus manos amas.
16. Que agora pisadas mías contarás; no hagas cuenta de pecados míos.
17. Resellada y puesta en bolsa mi maldad, pero curaste mi injusticia.
18. Y cierto monte cayendo descaecerá, y piedra se consumió sacada de su lugar.
19. Y piedras serán cavadas de las aguas, y anegará plantas suyas polvo de tierra, y esperanza de hombre heciste perecer por el semejante.
20. Esforzástele un poco y hecístele ir; disfrazaste faces dél, y enviástele.
21. Engrandecerse han sus hijos, y no sabrá; menguarán, y no entenderá él.
22. Y con todo esto en cuanto vive, carne suya en él padecerá dolor, y alma suya en él llorará.

Exposición

1. Hombre muy engendrado de hembra, abreviado en días, harto de postema. Muy engendrado, o muy hijo, porque la palabra original en este lugar significa con vehemencia. Y comienza bien Job el cuento de las miserias del hombre, de donde, según orden de buen hablar, se suelen comenzar los loores, que es del origen dél y de sus padres; y así dice que es hijo de hembra y muy hijo de ella, lo cual ello por sí es miseria y principio y como fundamento de muchas miserias; porque si la mujer de su cosecha dice flaqueza y mudanza y liviandad y vileza y poco ser, el ser hijo y muy hijo de ella es ser la nata y como la flor de lo flaco y de lo vil y de lo mudable y liviano; y quien esto es, en serlo es miserable y en los frutos que de ello coge muy más miserable. Porque de tales raíces no pueden nacer sino culpas, y de las culpas las penas de ellas, en las cuales dos cosas consiste la suma miseria.

Abreviado en días: el nacimiento vil y la vida corta. Y dice el original abreviado de días, lo uno, porque se entienda que al principio se le habían dado muy largos y no perecederos, y que por su culpa se los abreviaron después; y lo otro, para mostrar que no solo es poco lo que se vive, sino que aun eso que se vive no se vive todo, o, por mejor decir, no es todo vividero, sino que se puede mondar como dañada manzana y echar a mal lo más de ella.

Harto de postema. La palabra original, que es roguez, tiene en su significación una fuerza que, declarada, da mucha luz en este propósito a que agora se aplica. Porque roguez propriamente es aquel disgusto y coraje que causan en el corazón de uno los sucesos y desvariados y aviesos en negocios muy trabajados; como lo que siente quien en una pretensión muy merecida y muy bien guiada, sin saber cómo, ve salir un dislate; y como lo que padece un maestro ingenioso con un discípulo rudo, que se atormenta enseñándole y hace con él lo que diera ingenio a una piedra, y al fin sale sin fruto; lo cual en romance se llama bien postema y despecho, y en latín propriamente miseria, como Sant Hierónimo puso.

Pues, si bien lo miramos, toda la vida de los hombres es esto: afanes perdidos y dislates no pensados, y a buenos consejos malos fines, y reveses de fortuna locos y tristes; y así toda ella es un contino despecho y postema y miseria.

2. Como flor salió y cortóse; huyó como sombra y no paró. Ordinario es en la Santa Escritura comparar la flor al hombre, como en los Psalmos y en Esaías se ve. Y a la verdad cuadra bien la comparación, porque la flor tiene mucho de parecer y muy poco de ser, y el hombre asimismo; que si le miráis por lo natural que tiene, así en fuerza de entendimiento como en agudeza de sentidos y capacidad de memoria, y en habilidad para hacerse a lo que quisiere, llena de industria y de maña, os parecerá un dios inmortal; y en el hecho de la verdad una araña y un soplo de un aire le acaba. Y si le miramos por lo que él se quiere ser por costumbre, las apariencias son excelentes: hermosas palabras, largos prometimientos, demostraciones de celo, de gravedad, de justicia, y, finalmente, de todo lo honesto y lo bueno; mas, venidos al hecho, es flor cortada y marchita, ni fruto ni esperanza de fruto.

Huyó como sombra y no paró. Bien dice huyó y no huye, porque es tan veloz el vuelo del hombre en esta carrera de vida, que casi la ha pasado primero que se eche ver que la pasa; y no paró, como la sombra tampoco nunca para.

3. ¿Y con todo esto sobre éste abres tus ojos, y faces venir a juicio contigo? Esto es lo mismo que propuso arriba cuando decía a una hoja caída; que es maravillarse que tome Dios al hombre cuenta tan estrecha y le atormente tan de propósito, siendo tan alto Él y tan miserables los hombres, cuya vileza ha contado tan encarecidamente para solo este fin.

Y así concluye diciendo: ¿Y con todo esto sobre éste abres tus ojos, y faces venir a juicio contigo? Y aunque la conclusión derecha era decir luego: Señor, no está bien a tu grandeza que le mires, esto es, que tengas tan menuda y particular cuenta con lo que hace, y que le lleves por el rigor de la suma justicia; pero no lo dice así, sino por vía de queja y de pregunta y de admiración mezclada, para que tuviese la razón más sentimiento y más fuerza. La cual razón acrecienta y fortalece luego más con nueva forma de palabras diciendo: 4. ¿Quién dará limpio de contaminado? Cierto, Tú solo; el original dice, no uno: que si afirma, responde negando; si pregunta, declara que es solo Dios, como declaró Sant Hierónimo. Pues dice: ¿Quién dará limpio de contaminado?, esto es, ¿cómo podrá hacer cosa enteramente limpia, quien de su nacimiento sale afeado y sucio? ¿Y de raíz podrida cómo nacerán frutos sanos? Y es como si dijese: No solamente tu grandeza y nuestra bajeza y vileza pide, Señor, que no tomes tan por el cabo nuestras cosas, sino también la condición de nuestra compostura, y nacimiento sucio e inficionado, te obliga a que no apures tanto nuestra miseria, que de su cosecha es tan impura, ni midas por tu regla rectísima lo que de suyo tan torcido nace.

Mas, aunque así esto se diga, no por eso entendemos que Dios lleva tan por rigor el hecho del hombre, que no atienda y considere su flaqueza y la masa vil de que está compuesto como el mismo Espíritu Sancto lo testifica en el psalmo 102, ni menos Job lo niega aquí; sino en hacer estas preguntas sentidas, declara el dolor y el sentido de la carne azotada y herida, la cual, aunque el hombre más sancto sea, no pierde su natural sentimiento.

Y así a Job, aunque tenía sujeta a Dios la razón, y juzgaba bien de toda su providencia y justicia, dolíale el dolor y dábale pena la agudeza de su tormento, que del pecho le salía a la boca, y le meneaba consiguientemente la lengua y le hacía salir en estas preguntas: ¿A una hoja flaca persigues?; ¿en una cosa tan débil cargas tus golpes?; ¿ante el rigor de tu juicio llamas una flaca miseria? En que no juzga que Dios hace lo que no debe, sino dice lo que su sentido afligido y lastimado siente, y lo que la carne herida, si fuera su elección, escogiera. Y quiere Dios y ordena que estos naturales sentimientos, que por casos diversos en los hombres nacen, los profetas y amigos suyos los pongan y escriban en sus Letras divinas, unas veces en forma de pregunta y otras por vía de queja, y quiere parecer preguntando y argüido; y él mismo los mueve a que lo escriban así como se ve en el profeta Habacuc, y en muchos psalmos, y en otras partes de la Sancta Escritura.

Y le son agradables estas preguntas y quejas nuestras, no porque quiere poner duda o escuridad alguna en la verdad y suavidad de su providencia, sino, lo uno, por mostrar su bondad y llaneza, que no se desdeña de ponerse en razón con los suyos, y ser preguntado de ellos y darles cuenta de Sí; y lo otro, porque cuantos estas querellas nacen de amor humilde, como nacen siempre en los siervos de Dios, despiertan en las entrañas divinas más piedad para con ellos, porque son como los pucheritos que llaman y como gritillos de los hijos regalados para con sus padres; y demás de esto, porque no es Dios como los hombres, que quieren herir y que no se queje el herido, dar dolor y quitar el gemido dél, y que al agraviado aun la voz y las lágrimas no le queden libres. Dios nunca agravia; pero en los azotes que da, o por nuestras culpas o para nuestra mayor perfección, no le pesa que los sintamos y que nos escueza el dolor; y como el alma y la razón esté rendida a su ley, no nos veda el lloro y las lágrimas y la voz querellosa para desahogamiento del corazón.

Porque no está el buen sufrir en no sentir; antes lo firme y lo fino de la paciencia es, cuando el dolor abrasa y cuando el agravio y desafuero se ponen ante los ojos del que padece, y cuando la carne verdaderamente afligida, desatándole el dolor la lengua, se queja, estar la razón con Dios firme y constante.

Mas tornando al propósito, lo que el original dice no uno, puédese entender así como suena, de arte que sea respuesta de su misma pregunta, y que como decía ¿quién dará limpio de sucio?, se responda a sí mismo y diga no uno, esto es, ninguno; y así lo entendieron y trasladaron los intérpretes griegos. O puédese tomar como otra pregunta, que valga como si de esta manera dijese: ¿Por ventura no uno?, que tiene fuerza de afirmación, y es como decir, cierto, solo uno, como lo entendió y declaró Sant Hierónimo.

Pues lo que se sigue camina al mismo propósito, aunque por otro camino, que dice:

5. Breves sus días, número de meses suyos acerca de Ti; estatuto le hiciste y no pasará.

6. Apártate de él para que repose, hasta que su deseo venga como jornalero sus días. Antes persuadía a Dios que no azotase con tanto rigor al hombre porque era flaco y miserable; agora, para persuadirle lo mismo, toma por medio la brevedad de su vida, y dice que es limitado su término y que tiene plazo cierto y que, en llegando, fenece para no tornar a vivir más en semejante manera.

Y así dice: Si la vida fuera, ¡oh Señor!, inmortal o muy larga, o si estuviera en nuestro poder, llegado el término, alargarlo y alcanzar otro término, o siquiera si después de una vez muertos y deshechos, rodeando el cielo mil siglos, volviéramos a este vivir; si esto fuera así, no fuera mucho rigor, cuando a tu saber pareciera, enviando trabajos y azotes, hacernos amarga la vida, porque, llegado y acabado el un plazo, quedará otro mayor para vivir con descanso; mas, pues es por una parte, breve y tan fijo el término que le tienes puesto que nadie puede traspasarle, y por otra, acabado una vez el uso y gozo de esta vida sensible en la forma que agora se vive, perpetuamente no se torna a cobrar, apártate, Señor, de herirnos y conténtate con el trabajo que tiene consigo mismo este linaje de vida, que sin que Tú aflijas al hombre, él de suyo tiene harta laceria, y sin que Tú le amargues más, él amargamente se va deshaciendo y llegando a la vejez triste, adonde, llegado, sus males mismos hacen que tenga por puerto la muerte, y que le ame y desee para gozar de reposo, como desea el jornalero la puesta del Sol y el fenecimiento del día.

Y luego, por vía de comparación, cotejada al revés, especifica más y encarece esto que ha dicho de nuestra vida, que es breve y no se repara, y dice así:

7 Que es al árbol esperanza, si fuere cortado, que aún reverdecerá y su tallo no faltará.

8. Si envejeciere en tierra raíz suya, y en el polvo muriere su tronco.

9. Al olor del agua tallecerá, y hará mies como planta. Esperanza, como dijimos, en el uso de aquesta Escritura es no acabarse uno del todo, cuando se acaba, sino dejar raíces de sí, o en sus sucesores o en sus memorias y hechos o en su mismo ser, para después florecer.

Su tallo no faltará, esto es, después de cortado echa de nuevo.

Si envejeciere en tierra raíz suya; unos árboles cortados se renuevan, y otros que parecen estar secos y muertos por falta de agua, en tornando a ser regados, tornan y reverdecen, y de éstos dice agora. Y por eso dijo si muriese en el polvo su tronco, esto es, si por estar hecha polvo la tierra con sequedad, pareciere estar seca. Al olor del agua tallecerá; como si dijera, en tocándole el agua reflorecerá, y hará mies, esto es, brotará por mil partes y se rodeará de ramos y hojas. Y así dice, a un árbol y a una planta vil le diste que, cortada y seca, se renueve y reviva.

Más, como añade:

10. El varón morirá y fallecerá, expirará y ¿qué es dél? Quiere decir, morirá y quedará muerto de hecho para no vivir más; entiéndese en la forma que agora se vive, o a lo menos por fuerza y virtud natural, como hace el árbol cortado y la planta a quien la misma naturaleza la renueva. Y tórnalo a decir por otras palabras, expirará y ¿qué es dél?, esto es, como en castellano y en la habla del vulgo se dice, en expirando, vos si le vistes.

Y dice varón, o según la fuerza del original, varón valiente y poderoso, para contraponerle al árbol flaco y dar mayor encarecimiento a su dicho, como diciendo: el árbol flaco, muerto, vive, y el varón valiente, en finando, perece.

Y así añade:

11. Partiéronse aguas de mar, y río agotóse y secó.

12. Y hombre durmió, y no levantará hasta que no cielos; no despertarán y no velarán de su sueño. Lo cual algunos quieren que se diga por vía de comparación de cosas semejantes en esta manera: Que así como el agua que viene de la mar por los secretos senos y mineros de la tierra, y se descubre en el nacimiento de los ríos y fuentes, los cuales corren y pasan, o la que hecha vapor se cuaja en nubes, y, vuelta en lluvia, torna a caer y hace avenidas y arroyos que corren con ímpetu y se pasan en poco espacio, y el suelo por donde pasaron queda seco después, y no vuelven más a pasar ni dejan de sí mas memoria, así el hombre, después de muerto, no vuelve ni se levanta de este duro sueño después que le comienza a dormir.

Y es semejanza usada en las divinas Letras y en otras, comparar la vida del hombre al río, y el discurso de aqueste nuestro vivir a las aguas. Así dijo la mujer sabia, de que el libro de los Reyes escribe: Todos perecemos y corremos sobre la tierra como aguas que no tornan jamás a volver. Y el Eclesiastés al mismo propósito: Todos los ríos entran en la mar, y el mar no rebosa; al lugar de do nacen vuelven para tornar a correr. Y en nuestro poeta:

> Nuestras vidas son los ríos
> que van a dar en la mar,
> que es el morir.

Pero mejor me parece que esto no se diga por vía de semejanza, sino que sea un rodeo de hablar para decir que dormirá siempre, como diciendo: Mientras las nubes sacaren agua del mar, y la llovieren y hicieren arroyos y se volvieren a su nacimiento, esto es, en cuanto hubiere mar y nubes, y lluvias, y ríos, dormirá el que una vez muriere. Y con esto viene bien lo que añade: hasta que no cielos no despertará, que es decir, mientras el cielo durare, durará su sueño. Y entendido así, dice una cosa muy verdadera, en cualquiera manera que hablemos, de la resurrección de los muertos; porque si hablamos de ella por virtud natural, cierta cosa es que nunca será, y si por virtud sobrenatural y divina ha de ser, pero no mientras se levantaren vapores del mar y llovieren las nubes y corrieren los ríos, esto es, mientras durare esta mudanza natural de las cosas que se suceden, corrompiéndose unas y engendrándose otras, y mientras los cielos la forma y movimiento que agora tienen tuvieren. Porque cosa cierta es en la divina Escritura que cesará todo y que tomará el mundo otra figura y estado mejor, al tiempo que los muertos tornaren a vivir en sus cuerpos.

13. ¿Quién me dará que en infierno me agazapes, me ascondas hasta retirar tu ira, pusiérasme término y acordáraste de mí? Insiste siempre en la misma razón, y va acrecentándola y hermoseándola por maneras diversas. Y agora, en sustancia, dice así: Si tú, Señor, me concedieras, después de una vez muerto, volver otra vez a esta manera de vida, y me señalaras para la vuelta un cierto plazo, aunque fuera muy largo, y aunque entre tanto ascondiera al cuerpo la sepultura y al ánima el limbo; con la esperanza de tornar a este vivir, pasara aqueste trabajo.

Esta es la sentencia; y no mira en ella a la resurrección general, de que, aunque tenía fe, pero sabía, lo uno, que no será hasta la fin de los siglos, y lo otro, que no se vivirá en ella aqueste modo de vida; y así dice que, para llevar bien esto que agora vive se lo lleve y destruya el trabajo, fuera gran negocio saber que le quedaba otra vida como ésta, para gozarla en alegría y descanso.

Así que la sentencia es ésta y las palabras que están un poco revueltas, se ordenarán de esta forma: ¿Quién me dará que me pusieras término, conviene a saber, para tornar a la vida; y te acordaras de mí, esto es, y me guardaras lo puesto; y, siquiera me agazaparas y me ascondieras en el infierno, esto es, el libro y la sepultura, hasta que se retirara tu ira, esto es, en cuanto durara aquel término? Porque llama ira de Dios al morir el hombre y deshacerse y abajar al

infierno, porque es mal que vino por ira de Dios, merecida por nuestra culpa; y así el tornar a la vida el muerto es retirarse Dios de su ira.
Pues dice:
14. ¿Si muriere el varón, si revivirá? Todos los días de mi plazo esperaría hasta venir mi mudanza. O como Sant Hierónimo dijo: ¿Piensas que el hombre muerto tornará a vivir? Esto es, porque si pensase yo y estuviese persuadido que, fenecida esta manera de vida, había de tornar otra vez a ella, todos los días de mi milicia o de mi plazo (que lo uno y lo otro dice la palabra primera, y ambas cosas aquí significan lo mismo), así que todos los días del plazo y pelea de esta mi vida en que peleo y padezco, esperaría, conviene, a saber, pasaría alegremente, aguardando hasta que viniese el tiempo de mi segunda mudanza.
O tornando a comenzar el verso de arriba de otra manera: Ha dicho que lo duro de su desventura es que lo que vive y lo que le resta de vivir, lo pasa dolorosa y miserablemente, lleno de llagas y falto de remedios, desamparado y necesitado de amparo, y que el día que se cerrare la vida, cae la muerte sin esperanza de poder jamás tornar a esta vida. Y así decía que como no tiene más que una vida, porque esta manera de vivir a nadie se da más de una vez sola, así que no teniendo más de una vida, pasarla en dolor, esto es, no gozarla y perderla era dolorosísima pérdida, y que por esta causa pasaría lo que le queda, por dolorido que fuese, con alegre paciencia; y que no solo la pasaría con estos dolores, mas sepultado en la huesa y encarcelado en el abismo cuan miserablemente ser pudiese, la pasaría con todo el demás tiempo que ordenase Dios hasta satisfacer a su saña, como se le diese esperanza de tornar otra vez a vivir, y como le señalase Dios un cierto plazo para restituirle a la vida.
Así que, habiendo dicho esto, para mayor afirmación y acrecentamiento de ello mismo, añade agora y dice que, por largo que fuese el plazo, lo tomaría y pasaría su mal alegremente con esta esperanza.
Y dícelo así: Si muriere el hombre, o si muriese, esto es, por más hombres que nazcan y mueran y se sucedan unos a otros, por más edades que pasen y por más siglos que corran, y por más que dure este mi trabajo y se argumente, si, después dél y después de haber en él muerto, me aseguras que he de tornar a vivir, no lo tendré por dolor ni trabajo. Y a la verdad Job pedía y deseaba no tanto la seguridad del tornar a la vida, que cierto estaba de ello por la fe de la resurrección que tenía, cuanto el estar seguro de resucitar a descanso por

más tarde que fuese, y por muchas que fuesen las penas que antes de venir a ello pasase, porque las aliviaba y casi deshacía todas, la esperanza de un tan glorioso remate.
Y añade:
15. Llamarás y yo responderé a Ti, a obra de tus manos amas. Que es decir, y entonces, si pasase así como digo, si me preguntases lo que sentía, yo te respondería que nos amabas, y que no olvidabas tus obras y que, si las castigabas, las tornabas a regalar y, después de caídas, les dabas la mano para que se levantasen.
Y dice:
16. Que agora pisadas mías contarás, pero no harás cuenta de pecados míos, esto es: Mas según lo que agora pasa y lo que haces, tu hecho es contar menudísimamente todas nuestras pisadas, cuanto decimos y hacemos; y si las cuentas, ¿por ventura las disimulas? ¿No harás por dicha cuenta, si los hallas, de mis pecados?
Dice:
17. Resellada y puesta en bolsa mi maldad, pero curaste mi injusticia. Antes, dice, los coges y los guardas, como sellados y como metidos en bolsa, que es decir, guárdaslos mucho. Y decir guardar es decir castigar hasta lo último; y así decimos en castellano del que, en viendo su tiempo, se satisface de quien le tiene enojado, que se la guardó.
Así que dice, antes lo reguardas y estás tan lejos de dejar algo sin castigo, o de que se te pase por alto algo sin que lo mires, que, si se puede decir así, aún ves algo más de lo que es menester. Y por eso dice otra letra: Y aún añadiste sobre mi iniquidad, que es decir, y aun me afliges y azotas, sin tener culpa. Porque Dios no solamente castiga todo lo malo, mas aflige y da penas a los buenos también para hacerlos mejores; y hay penas de castigo y penas de mejoramiento, y Dios las reparte todas conforme a su providencia, haciendo justicia en lo uno, y en lo otro manifestando su amor. Pues dice, lo que agora pasa es que, por una parte, no dejas falta nuestra que no la notes y castigues, y aun sin que la haya, nos haces, si te place, amarga la vida, y, por otra, no quieres que tengamos más de una vida y ésa brevísima, en que estás tan firme y resuelto que no admites mudanza; todo se mudará primero.
Y así añade:

18. Y cierto monte cayendo decaecerá, y piedra se consumió sacada de su lugar:

19. Y piedras serán cavadas de las aguas, y anegará plantas suyas polvo de tierra, como quien dice: Los montes se podrán deshacer y caer, y podrán volverse en polvo en sus mismos lugares las piedras, y cavará el agua y gastará al pedernal, y la tierra creciendo dejará cubiertas y ahogadas sus plantas, y el hombre no podrá tornar a vivir, porque le condenaste a que muriese de hecho, y no quisiste le quedase raíz de esperanza para tornar a este estilo de vivienda otra vez. Es verdad que algunos esto del monte y de las piedras dicen que son semejanzas de cosas que se gastan y acaban, como el hombre también se acaba, y que a este fin las alega; pero más conforme es al hilo de lo que se viene diciendo, decir, que no es sino encarecer la imposibilidad que hay en que el hombre por fuerza natural resucite, por comparación de cosas imposibles o dificultosas comparadas por el contrario, como diciendo: Los montes se caerán, y el hombre no resucitará, que es forma de hablar galana y propria de los poetas.

Pero declaremos algunas palabras. Cayendo descaecerán, esto es, cayendo se desmenuzará, como hace lo que se arroja y cae de alto. Piedra se consumirá de su lugar, puédese entender, o que su mismo lugar la consumirá, al revés de lo que la naturaleza de las cosas demanda, o que de su lugar se consumirá, esto es, que mudará su lugar el risco y la peña, y será consumida. Y conforme a esto, la imposibilidad no está en que, sacadas de sus lugares, se consuman las peñas, sino en que muden lugares los peñascos y riscos, que son las partes de la tierra más firmes y menos movibles.

Y piedras serán comidas de las aguas; como si dijese, las aguas se tornarán duras, y blandas las piedras. Y anegará plantas sullas polvo de tierra. Algunos añaden aquí una palabra para henchir la sentencia que entienden, y leen: Y la avenida anegará las plantas y el polvo de la tierra, esto es, arrancará las plantas y arramblará la tierra, como suelen decir. Pero esto no es grande novedad, sino cosa ordinaria y usada, y así no consuena con lo pasado, lo cual todo es imposible, o de acontecimiento dificultoso y raro. Por donde lo mejor es dejarlo como ello suena, porque así dice lo que hace el propósito.

Y esperanza de hombre heciste perecer por el semejante. No dice destruiste la vida, sino lo que es más, la esperanza, que son las raíces que pudieran quedar, cortada la vida, para tornar a ella después. Y así, dice, todo lo dificultoso podrá hacer la naturaleza, mas no podrá tornar a vida al hombre muerto; porque le destruyes la esperanza, esto es, porque cuando le matas le arrancas las raíces y, como dicen, le arrancas de cuajo y tan del todo, que no dejas en el seno de la naturaleza ni brizna ni virtud de principio que a su ser después le torne. Y para decirlo del todo, añade luego con grandísima significación:

20. Esforzástele un poco e hicístele ir; disfrazaste faces dél, y enviaste. O como dice otra letra: Prevalecístele acabadamente, esto es, del todo le arrancaste hecho poderoso sobre él; y hecístele ir disfrazando sus faces, conviene a saber, enviástele muy otro y muy diferente de lo que parece; porque parece poderoso y es flaco, sabio y es ignorante, que lo puede todo y no se puede valer en nada, que no tiene que ver con la muerte, y ella con ninguno es más poderosa.

Así que en aquel punto le quitas la máscara, o, por decir verdad, le pones la figura verdadera que tiene; y aquella hora le convence de miserable flaco, bien al revés de lo que parecer quería y de lo que blasonaba de sí. Porque a la verdad no hay cosa tan diferente de lo que el hombre quiere parecer mientras viva, que la figura y el ser con que le deja la muerte. Vivo, es brioso, soberbio, arrogante, enemigo de rienda y de ley; muerto es corrupción y vileza sujeta al desprecio de todos.

Dice: Engrandecerse han sus hijos y no sabrá; menguarán, y no entenderá él. En que cuenta lo que pasa después de la muerte del hombre, para confirmar lo muy muerto que queda. Y casi dice así: Tan lejos está de volver a la vida, que aún no sabe lo que pasa en ella, no solo acerca de las cosas ajenas, pero ni aun de las suyas proprias y que le tocan, como son hijos y sucesores.

Y concluye, diciendo:

22. Y con todo esto en cuanto vive, carne suya en él padecerá dolor, y alma suya en él llorará. Que es la conclusión de todo aqueste discurso, y lo que propuso arriba querellándose a Dios: que habiendo el hombre de morir sin quedarle poder para tornar a vivir, en este pequeño plazo de vida no deja que viva, atormentándole el cuerpo con males y el alma con angustias y penas. Y así dice carne suya en él, y alma suya en él, esto es, mientras vive y están juntos el cuerpo y el alma, el uno se duele y la otra llora; ni al cuerpo dolores ni al alma le faltan congojas y ansias.

Capítulo XV

1. Y respondió Elifaz, el temanés, y dijo:
2. ¿Por ventura el sabio hablará saberes de aire, y fenchirá su vientre de solano?
3. Arguyes con palabras al no tu igual; hablas lo que no te aprovecha.
4. Cierto, tú destruirás el temor, y menoscabarás oración delante de Dios.
5. Porque enseñó maldad tuya a boca tuya, y escogiste lengua de mal sabidos.
6. Condenarte ha por malo boca tuya y no yo; labios tuyos hablarán contra ti.
7. ¿Por ventura primero que Adán fuiste engendrado, y en ante de collados fuiste hecho?
8. ¿Por ventura en consejo de Dios metiste oído, y sabiduría menos que tú?
9. ¿Qué aprendiste que no aprendimos? ¿Qué entenderás, y no con nosotros eso mismo?
10. También viejo, también anciano entre nos, grande más que padre tuyo de días.
11. ¿Por dicha es gran cosa que Dios te consuele? Mas tus palabras malas lo vedan.
12. ¿Adónde se solleva corazón tuyo, que pestañean tus ojos?
13. ¿Qué se hincha contra Dios brío tuyo, y qué palabras heciste salir de tu boca?
14. ¿Quién hombre para que limpio sea, y quién nacido de hembra para que justo sea?
15. Ves; en sus sanctos no puso firmeza, y cielos no limpios son esos ojos.
16. ¿Cuánto más aborrecible y podrido hombre, bebiente como aguas maldad?
17. Anunciaré a ti; oye a mí y esto que vide, y contarélo.
18. Lo cual sabios lo manifestaron, y no escondieron saberlo de sus antepasados.
19. De los cuales solos era la tierra, y no pasó forastero entre ellos.
20. Todos los días del malvado se ensoberbece, y número de años ascondido al tirano.
21. Voz de espantos en sus orejas; en la paz el destruidor entrará a él.
22. No creerá tornar de escuridad, y mira al derredor si hay cuchillo.
23. Si va adonde está el pan, sabe que asentado en su mano el día escuro.

24. Turbarlo han angustia y aprieto; rodearlo han como a rey aparejado al torneo.
25. Que tendió sus manos contra Dios, y contra Omnipotente se fortaleció.
26. Corrió contra él con cuello erguido, armado con gruesa cerviz.
27. Que cubrió faces suyas con grosura suya, y fizo rollos de carne sobre las ijadas.
28. Y moró en villas destruidas, casas que no moraron en ellas, aparejadas a montones de piedras.
29. No se enriquecerá y no se afirmará su haber, y no lanzará por la tierra su raíz.
30. No se apartará de tinieblas; pimpollo suyo secarálo la llama, y será movido con resollo de su boca.
31. No creerá, engañado, que con precio podrá ser redimido.
32. En día no suyo será acabado, y su ramo no echará flor.
33. Será destruido como viña de sus tallos tiernos, y hará caer como a oliva su flor.
34. Porque congregación de hipócrita, desierta, y fuego comerá moradas de don.
35. Concebir trabajo y parir vanidad, y vientre de ellos ordenará engaños.

Exposición
1. Y respondió Elifaz, el temanés, y dijo. Comienza Elifaz su razón de lo mismo que Job en el capítulo 13 había dado principio a la suya; y porque allí dijo de sí que era sabio y no menos que sus compañeros, lo primero que le dice agora Elifaz es que no es sabio, sino presuntuoso ignorante. Y es éste el argumento que hace: No dices sabidurías; luego no eres sabio. Y así dice preguntando, y no preguntando, sino negando so color de pregunta:
2. ¿Por ventura el sabio hablará saberes de aire, y henchirá el vientre de solano? Que es decir que el sabio no dice cosas de aire, esto es, vanas y falsas; tú las dices, luego no eres sabio. Y repite por otras palabras lo mismo diciendo: ¿Y henchirá el vientre de solano? Solano es el aire que se llama así, y vientre por figura es el entendimiento en aquesta Escritura.
Y así le dice, y mucho menos el que es sabio tendrá llena de aire la cabeza, como tú la tienes, según lo que tus razones demuestran. Y dice más solano

que otro, porque es aire dañoso, como demostrando que los pensamientos y razones de Job no solo eran vanos, sino también dañosos y pestilenciales.
Y así añade:
3. Arguyes con palabras al no tu igual; hablas lo que no te aprovecha. Hase de traer o tomar de lo de arriba la corriente diciendo: Y por ventura el que sabio es argüirá, esto es, dirá razones, no solo fuera de propósito, sino llenas de error y de doctrina mala.
Y declara luego por qué lo dice:
4. Cierto, tú destruirás el temor y menoscabarás oración delante de Dios. Porque, dice, con tus razones abonándote a ti, deshaces o la justicia o la providencia de Dios, y das ocasión a que los hombres, cuanto es de tu parte, no le teman ni le rueguen y acaten. Y esto dice, porque en decir Job que Dios a veces da males a los buenos y bienes a los malos, entendía Elifaz, cegándose, que Job negaba la Providencia, y ni más ni menos que negaba la inmortalidad del alma o la vida advenidera; porque, decía, el morir para siempre, que cuanto es de su parte el pecado había traído a los hombres, y no descubría a la clara el misterio de la resurrección de los muertos a su parecer de Elifaz. Digo a su parecer porque, a la verdad, pareciendo que no lo dice, lo dice, como arriba apuntamos, y en los capítulos que se siguen lo confiesa con manifiestas palabras.
5. Porque enseñó maldad tuya a boca tuya, y escogiste lengua de mal sabidos. Aquí o declara más lo mismo que ha dicho, o lo dice por vía de pregunta, reprendiéndole y como diciéndole: ¿Que por qué desventura se ha querido cegar a que habiendo antes de agora hablado siempre como sabio y temeroso de Dios, y debiendo serlo más agora que nunca por razón de la calamidad en que estaba, escoja por mejor sentir de Dios como necio y hablar como impío y malvado?
Y llama lengua o labios de mal sabidos al estilo y lenguaje de los que lo son; y entiende por mal sabidos, unos presumidos que confían en su juicio y en lo que llamamos prudencia humana, que mide las cosas todas por su razón, y en todo quiere saber un punto más y hacer sentencia y juicio; a los cuales lo que la religión enseña, y toda la doctrina de la otra vida les parece cosa de burlería y de risa.

6. Condenarte ha por mala boca tuya y no yo; labios tuyos hablarán contra ti. Y esto que digo no lo levanto yo; tu lengua misma, dice, y tus razones son testigos contra ti y te condenan. Y alude en esto a su tema antiguo, y casi le dice: Agraviaste de nosotros que te ponemos culpa, y dices que te hacemos injuria en tenerte por pecador, pues Dios así te castiga. Ya no lo digo yo, sino tú mismo lo dices, y las razones malas y blasfemas de tu boca salidas lo pregonan, y te condenan a ti por malo y me absuelven a mí de calumnioso; porque nunca nace tanta blasfemia sino de grandes acogidas de mala y viciosa vida.
Y añade:

7. ¿Por ventura primero que Adán fuiste engendrado, y en ante de collados fuiste hecho? A los ancianos y a las canas suele dar la Escritura nombre de sabiduría, porque, como dijo un sabio, el tiempo es padre de la verdad, porque con su luengo discurso la saca a luz y descubre; y así por esto como porque con la vejez se enfría la sangre y se marchitan las pasiones que anublan el juicio de la razón, y queda puro el entendimiento, la vejez se llama sabia. Pues como Job los había notado de poco sabios, y a su parecer de ellos, arrogádose a sí el entender y saber; pregúntanle agora, debajo de una mofa disimulada y como burlando de él, si nació él antes que el mundo, si es más anciano que todos, y por eso presume saber más que ninguno y desprecia a los demás como a discípulos mozos.

Primero que Adán; puédese tomar aquí Adán, o por el nombre proprio del primer hombre, o por nombre general con que significan los hombres, y de la una manera pregunta Elifaz a Job si fue criado primero que el primer hombre, y de la otra, si fue él el hombre primero.

8. ¿Por ventura en consejo de Dios metiste oído, y sabiduría menos que tú? La ciencia, si se adquiere por industria, es mayor de razón cuanto es más el tiempo y estudio; y así los más ancianos son más sabios, como dicho tenemos. Mas puédese conseguir el saber por otra manera, en tiempo breve y en edad moza, cuando acontece que Dios le inspira y infunde, como aconteció a Salomón. Y así lo que agora dice es: Mas si dices que, sin ser anciano, eres sabio, serlo has por ventura, porque has tenido a Dios por maestro; dime, pues, ¿entraste por caso en el consejo de Dios?; ¿viste sus secretas sabidurías?

Y dice:

9. ¿Qué aprendiste, que no aprendimos? ¿Qué entenderás, y no con nosotros eso mismo? Descubre agora la cara a la burla disimulada y como mirándole con desprecio le dice: ¿No conocemos aquí quién es?; ¿y el discurso de tu vida desde la cuna hasta este punto no lo sabemos?; ¿qué aprendiste?; ¿de quién aprendiste? Lo que aprovechaste en la escuela del saber nos es manifiesto y notorio; tus compañeros fuimos y tuvimos los mismos maestros, y nunca aprovechaste con ellos tanto, que nos pesase a nosotros de nuestro aprovechamiento.

10. También viejo, también anciano entre nos, grande más que padre tuyo de días. Responde a lo que Job pudiera decirle, que si era verdad que mozos habían tratado de los mismos estudios, pero hombres y apartados ya unos de otros, había él aprovechado más porque tenía en su pueblo y en su compañía hombres muy ancianos y sabios. Y así le dice, ni en eso nos has hecho ventaja, porque también nosotros en nuestra gente estamos cercados de canas, que vencen a tus padres en días.

Hasta aquí ha respondido Elifaz por su honra y curado la llaga que le escocía, porque ninguna cosa siente más el presumptuoso que ser notado de poco avisado, y así como le dolía más aqueste veneno, echó afuera su ponzoña primero; y desenconado ya con haber ultrajado a su voluntad al afligido inocente, entra agora a tratar la causa de Dios, a quien Job, según su falso parecer, injuriaba. Y tomando ocasión de la postura y del rostro de Job (que entonces por caso, los ojos en el cielo enclavados y fijos y sin pestañear y muy encendidos, parecía reventar con dolor), y así que tomando ocasión de esto, y lo que nacía de justa congoja dándolo falsamente a coraje contra Dios y a desesperación y soberbia, dícele así:

11. Por dicha es gran cosa que Dios te consuele, mas tus palabras malas lo vedan. O como dice el original a la letra: Por ventura poco en comparación de ti consolaciones de Dios, y palabra secreta contigo. Que es como decirle: Parécete que Dios no puede reparar tus daños ni vencer tu miseria y que todo lo dulce suyo es meaja en comparación de tu grande amargura. Mira bien lo que piensas, atiende bien a lo que en cubre tu pecho; que tu cara nos lo descubre, y callando la boca, tus ojos y el ardor de tu rostro dan voces y nos dicen tu desesperada razón. Dices que tu hecho es perdido; que el Omnipotente no

lo es para tu remedio; que pudo deshacerte, y rehacerte no puede, o que ni hizo lo uno ni cura lo otro, sino todo es acaecimiento y fortuna.

Y esto es lo que añade: y palabra secreta contigo, esto es, aunque entre ti lo comides y sientes, pero las muestras de fuera lo descubres; y aunque lo encubres lo vemos, porque reluce en tu cara; y no mereces ser consolado de Dios, porque en lo secreto juzgas mal de él; y no en lo secreto solamente, sino también en lo público, porque lo que el corazón siente y la lengua lo calla, el rostro lo vocea y pregona.

Conforme a lo cual dice luego:

12. ¿Adónde te solleva corazón tuyo, que pestañean tus ojos? Y luego reprendido ya el semblante corajoso y de soberbia lleno, a lo que a Elifaz parecía, pasa a disputar, o por mejor decir a argüir, no las semejas malas, sino las palabras blasfemas que Job, a su parecer había dicho.

Y dice:

13. ¿Qué se hincha contra Dios brío tuyo, y qué palabras heciste salir de tu boca? Esto dice, por lo que dijo arriba Job de su bondad y inocencia, cuando se prefería de dar cuenta de sí a Dios, como Dios quisiese de bueno a bueno y puesta aparte su majestad y grandeza, hablarle y oírle. Y que hable de esto Elifaz, vese de lo que se sigue, que es:

14. ¿Quién hombre para que limpio sea, y quién nacido de hembra para que justo sea? Lo que aquí decimos hombre, en su original es enos, palabra que significa el hombre, pero que trae la origen de su significación de lo que es olvido y bajeza y torpeza, y así en las mismas palabras hay una como contraposición elegante, como si dijera de esta manera: ¿Quién es la torpeza, para que sea limpieza?, ¿o el olvido, para que nunca se descuide y ensucie?, ¿o la bajeza, para que, siendo vecina del suelo, excuse las condiciones de él y vilezas? Y usa de esta misma figura David en un psalmo, diciendo: ¿Quién es el hombre que de él te acuerdes? Adonde el hombre es enos, como aquí; y así vale como si dijese: ¿Quién es el olvido, para que tengas tú de él tanta y tan contina memoria? Y lo que añade y nacido de hembra para que justo sea, es, como si dijera a la clara, nacido de miseria y de pecado, y de desorden codicioso y ardiente, y en ninguna manera subjeta al freno, sino desenfrenada y desbocada del todo. Que todos estos males, como quien fue origen y fuente de

ellos por su primera inconstancia y cobdicia, significa en la Sagrada Escritura la mujer y su nombre.

Y así en la cabeza de las miserias nuestras pone Dios siempre por principal el nacer de tal madre; y hace argumento de lo poco que se nos puede fiar en razón de virtud del salir de tal vientre, porque siempre responden a sus principios las cosas.

Dice:

15. Ves; en sus sanctos no puso firmeza; cielos no limpios son en sus ojos. No se contenta con probar que es pecador el hombre, porque es hombre, esto es, de mala raza y de sostancia baja y vil, sino también porque en el acatamiento de Dios las criaturas que parecen más libres de culpa, no son puras y limpias. Sus sanctos llama a los ángeles, en quien dice que no puso firmeza Dios, porque de su naturaleza pudieron pecar, y así muchos de ellos pecaron. Y los cielos que dice o son los mismos ángeles significados por otro nombre, o es manera de hablar por exceso.

16. ¿Cuánto más aborrecible y podrido hombre, bebiente como aguas maldad? Concluye la razón, y dice maravillosamente bien, para mostrar la facilidad y gusto con que los hombres pecan, que beben la maldad como agua; porque ninguna cosa ni se hace con menos trabajo que el beber, ni más gustosamente ni más a todo tiempo.

Y porque Job había dicho también que los malos a las veces y los enemigos de Dios viven dichosos y prósperos, dícele agora Elifaz que se engaña; y pónele delante los ojos un hombre tirano, y descubre los dolores y males secretos que con él viven para que se entienda, que lo que parece próspero en el malo, no es próspero. Y antes que lo diga dispone los oídos de Job para que lo oigan y atiendan, autorizando y encareciendo lo que decir quiere, y diciendo que no es consideración suya, sino cosa ya vista y notada en escrito por los pasados y antiguos, y dejada a los venideros para perpetua memoria.

Y así dice:

17. Anunciaré a ti, oye a mí; y esto que vide, y contarélo.

18. Lo cual sabios lo manifestaron, y no ascondieron saberlo de sus antepasados. Dice esto, porque la antigüedad da peso a la doctrina; que la verdad, como no se muda, siempre es una y siempre hubo quien la supiese; pero las opiniones de error con los años se caen, y el tiempo las deshace y las borra, y

así tienen siempre modernos principios. Por manera que la doctrina verdadera es duradera y antigua.

19. De los cuales solos era la tierra, y no pasó forastero entre ellos. Esto dice porque no se sospeche que fueron tiranizados de alguno, y que en odio del tirano escribieron lo que les dictaba su pasión.

20. Todos los días del malvado se ensoberbece, y número de años ascondido al tirano. Dice otra letra: Todos los días del malvado se estremece. Y viene bien a propósito, porque el temor es compañero de la maldad y que nunca de ella se aparta. Y cuando el pecador y el malo fuese feliz en todo lo que se desea en la vida, este temor y recelo de la consciencia secreto nunca de sí lo aparta. Porque el alma a quien el vicio corrompe y saca de sus naturales quicios, sin saber de qué y sin considerallo, está consigo misma inquieta y descontenta y se carcome entre sí; y por la parte que de divina tiene, adevina a sí misma siempre la desventura que la aguarda y espera. Y en particular en el tirano, que por violencia se hace señor de los otros, se verifica esto más, porque, allende del desgusto secreto que del pecado le nace en el alma, el saber, que es señor de forzados y de los que desean ser libres, hace que los tema a todos y a todas horas.

Y así en esto que dice Elifaz agora, casi dice de esta manera: Dices, Job, que los injustos y los que adoran los ídolos viven prosperados y ricos; no sé cuántos y cuáles son los que viven así. Mas ya que te concedamos que los malos tienen salud y riquezas, nunca te concederemos que gozan de ningún bien puramente; porque viven en desasosiego y temor, llenos de sobresaltos y de esperanzas malísimas, que son poderosas no solo para aguarles su felicidad temporal, mas para mudársela en dolor y tormento.

Y número de años ascondido al tirano. Puédese entender de una manera, repitiendo la palabra de arriba, tiembla o se estremece, y diciendo así: El tirano tiembla número de años ascondido, esto es, toda la vida que le resta. Que se llama edad ascondida o años ascondidos, porque está por venir, y lo por venir está como ascondido en el seno del tiempo. O entendámoslo de otra manera, con añadir una palabra y decir: Al tirano son ascondidos sus años y el número de ellos; que es decir, que por el temor y peligro contino y cierto en que le tiene puesto su tiranía, y por el aborrecimiento que con él tienen sus súbditos, no tiene, como decir solemos, un día cierto ni una hora segura; y que le es así

incierto y ascondido el fin de su vida que ni durmiendo, ni velando, ni asentado a su mesa, ni cerrado en su recámara, se puede prometer un punto de paz.
Y con esto concierta bien lo que se sigue:
21. Voz de espantos en sus orejas; en la paz el destruidor entrará a él. Que en la guerra y en los alborotos de pueblo se roben y despojen unos a otros, la cosa misma lo pide; mas ser robado y destruido en la paz es estar subjeto con subjeción extrema a todo lo que es calamidad y peligro. Y no solo quiere decir que los malos y tiranos cuando vienen a estar más prósperos, entonces suelen caer por el suelo, y que su prosperidad se les acaba cuando parecía estar más en su punto; sino dice también que, durando en ser prósperos, y estando al parecer de todos sus cosas en paz, el temor que les nace de su mala consciencia, y el verdugo secreto de la justicia de Dios se les entra en el alma, sin que se lo estorben ni las riquezas de ellos ni sus deleites ni su gente de guarda; y dentro los asombra y entontece, y verdaderamente les roba y destruye todo el bien de su gusto.
Dice más:
22. No creerá tornar de escuridad, y mira al derredor si hay cuchillo. Encarece por diversas maneras la misma sentencia, y engrandece más este peligro y temor de que habla; y así dice que no creerá o no tendrá por cierto, como dice otra letra, que ha de tornar de escuridad, esto es, que cuando se acostare de noche, no estará seguro ni cierto que llegará a la mañana; y que mirará y contemplará el cuchillo, esto es, que cuando amaneciere y abriere los ojos con la luz deseada, lo primero que verá o lo primero que el justo temor que tiene lo representará, para que lo vea y como si lo viese, será el cuchillo y el puñal libre y vengador y la merecida muerte.
23. Si va adonde está el pan, sabe que asentado en su mano el día escuro. Aquí parece puso en su punto y subió cuanto subir se podía la grandeza de este miedo y peligro; pues en la mesa misma y en el pan con que se sustenta la vida, allí temen los tiranos, más que en otra cosa, la muerte. Día escuro o de tinieblas llama a la muerte, como el poeta la llamó noche eterna, cuando dijo:

Y los ojos la noche eterna cierra.

24. Turbarlo han angustia y aprieto; rodearlo han como a rey aparejado al torneo. Concluye como amontonando las fuerzas de este temor y comparándole a rey puesto a punto de guerra, rodeado de soldados y de gente de armas, que de lo que vemos, es el poder mayor y que menos puede ser resistido.

25. Que tendió sus manos contra Dios, y contra Omnipotente se fortaleció. Tender las manos, unas veces es señal de humildad, como las tienden los que suplican y adoran; y otras de presunción y soberbia, como las tienden los que en alguno las ponen para dañarle, y así se entiende aquí. Y ya que ha dicho del temor y miseria secreta, que enturbia y hace agra la felicidad de los malos, descubre la fuente de donde les mana, para que, entendido cuán poderoso es el autor y la justa razón que le mueve, quede entendido y concluso cuán perpetuo es, y cuán cierto y cuán no evitable el miedo y temblor que padecen. Y así dice que, porque se mostró soberbio a Dios el malo, y quiso casi poner las manos en Él, y presumió poder resistirle, por eso:

26. Corrió contra él con cuello erguido, armado con gruesa cerviz. O como dice al pie de la letra: Correrá contra él en cerviz, en lo grueso de cuerpos de escudos dél. Que es, hablando en figura de hombre armado que pelea con otro armado también, decir que, sin que le valga ni armadura ni fuerza, le herirá Dios en lo más peligroso y en lo más defendido, en el cuello donde se degüella con un golpe la vida, y en el pecho que el arnés fuerte y acerado cerca.

Y dicho este pecado y la pena de él, dice luego otro:

27. Que cubrió faces suyas con grosura suya, e hizo rollos de carne sobre las ijadas.

28. Y moró en villas destruidas: casas que no moraron en ellas, aparejadas a montones de piedras. Lo primero del mal es el perder el temor a Dios, y el presumir soberbiosamente de poder valerse sin él, que es una dañada rebeldía. A esto se sigue luego soltar la rienda a los deseos, y coger el fruto de esta vida sin orden, y vivir en ella como si no hubiese después de ella otra. Y los que tropiezan en lo primero, luego caen y se extienden en esto segundo, lo cual todo encierra Elifaz debajo del nombre de dos cosas, que son comidas y edificios. Y en las comidas se comprenden todos los deleites del gusto y del sentido del tacto; y en los edificios todo el aparato de la delicadeza y soberbia.

Dice cubrió, esto es, apacentóse bien; y declara por el efecto la causa, que es el ocio y regalo y los deleites, y las preciosas y abundantes comidas.

Moró villas destruidas; dícelo así porque los edificios necesarios para nuestra vivienda no se defienden ni reprenden. Pero los derramados en este vicio y en los que se encierran en él, no se contentan con lo necesario, sino en los desiertos, que son los campos que así los llama la Sagrada Escritura, en los bosques, en los montes, en los lugares perdidos y que no pueden servir más de para su antojo, levantan soberbios edificios.

Y dice destruidas, porque en aquellos lugares, como inútiles, no edifica nadie o, si edifica, lo deja perder luego, porque el antojo desordenado gusta siempre de andar al revés de los otros. O dice destruidas, porque, tomando un tiempo por otro, presto se destruirán, esto es, porque en muriendo sus dueños, morarán allí las aves y los venados, y se envejecerán y caerán sobre sus moradores, que ni quieren ni pueden vivir en ellas.

Y conforme a esto es lo que añade y dice, aparejadas a montones de piedras, porque de los edificios arruinados lo que queda son montones de piedras mal puestas.

29. No se enriquecerá, ni se afirmará su haber, ni lanzará por la tierra su raíz. Del pecado y vicio que ha dicho, esto es, que dice agora es la pena natural y que casi siempre se ve, pobreza y asolamiento de la hacienda. Porque en un pecho que no pone límite en sus deseos y antojos, un Pirú o un océano de oro que entre, se desagua luego y se consume y desaparece.

Y debajo de esta pena pública se entiende otra secreta, y también de pobreza de alma y de razón, porque, como crece el vigor del apetito desordenado y según que se va haciendo señor del hombre, así decrece y se amengua el uso de la razón y su clara y limpia luz.

Esto, pues, toca a la pena del malo en su persona; pero no se acaba con él el castigo, sino pasa a sus hijos porque sea escarmiento no solo a los que vivieron con él, sino también a los que después le suceden.

Y de ellos dice:

30. No se apartará de tinieblas; pimpollo suyo secarálo la llama y será movido con resollo de su boca. Quiere decir, o no se logran, como decimos, o nunca vienen a prosperidad, viviendo siempre en trabajo y miseria. Y porque los llamó pimpollo, como se llama propriamente el ramo nuevo nacido del árbol

viejo, perseverando en la misma manera de hablar de árbol y cosas de campo, dice que la llama le secará y lo moverá el soplo, porque las plantas nuevas se pierden, o quemadas de algún aire frío y agudo, o abochornadas del tiempo encendido que las seca y marchita.

Y dice resollo de su boca, y puédese entender, de su boca de Dios, y así está claro; o de su boca misma del pimpollo y del hijo, y así dirá claramente la mucha facilidad con que ha sido destruido, y cuán dispuesto y aparejado está el hijo del malo a la injuria y a los golpes de la fortuna, pues su soplo, esto es, él mismo a sí mismo se pone fuego y se seca.

Mas si alguno dijere, si tan grave mal padece el tirano, ¿cómo es posible que dure en su tiranía?

A esto responde, y dice:

31. No creerá, engañado, que con precio podrá ser redimido. O como dice a la letra: No creerá, vanamente engañado, que vanidad será su trueque; como si dijese, no se entienden a sí mismos, y el mal que padecen no piensan que nace de su malvado vivir, antes se imaginan que viviendo peor y añadiendo a deleites deleites, aplacarán o amortiguarán o siquiera embotarán aquel sentido interior; y van creciendo en ser peores, cuanto mayores dolores y desasosiegos sienten; y prométense grandes cosas, y como no creen otra vida, tienen por cierto que este deleite y mando y riqueza de que gozan agora, no se les trocará después en miseria.

Mas presto ven la falsedad de su pensamiento, porque como añade:

32. En día no suyo será acabado, y su ramo no echará flor. Día no suyo, llama cuando estando más para vivir y confiando más en su fuerza y poder, revolviendo Dios en un momento los tiempos, por un desastre no pensado perecen. Porque aquel día no era suyo, esto es, no era de la muerte al parecer, ni día que prometía calamidad o desastre, sino muy al revés.

Y dice que en aquel día será acabado, porque se acaba del todo su ramo, que es sucesión y esperanza, sin llegar a flor. Y declara lo mismo, conviene a saber, el ímpetu del desastre, no pensando que arruina los malos, por dos comparaciones tomadas del campo; una, de la viña que comienza a florecer, y otra de la oliva que está en flor. A quien suele acontecer muchas veces que, comenzando el día sereno y estando ellas como alegres desplegando al Sol puro sus hojas y flores, de improviso se levanta un violento aire, y turba el cielo

y envía una muchedumbre de piedra y granizo, que les derrueca al suelo toda aquella hermosura, quedando en un punto perdidas y pobres las que un poco antes estaban frescas y hermosas.
Y así acontece a los malos, porque dice:
33. Será destruido como viña de sus tallos tiernos y hará caer como a oliva su flor.
Y añade:
34. Porque congregación de hipócrita, desierta, y fuego, comerá moradas de don; en que concluye lo particular, haciendo sentencia general y diciendo, forzoso es que acontezca al tirano de esta manera, porque la ley de todos los hipócritas, y como su hado, siempre fue semejante. Y entiende por hipócritas, según el uso de la Sancta Escritura, a toda la universidad de los malos; porque no hay pecado donde no haya alguna disimulación falsa, y algún color de bien que encubra el mal y el engaño. Así que el hado de ellos es llama y fuego y último asolamiento y destrucción.
Dice casa de don, esto es, donde se compra la justicia con dádivas. Y aunque toca esto propriamente a los jueces que se cohechan, pero también se extiende a todos los que pecan en cualquiera manera, porque a todos los atrae algún interés o deleite presente, y todos sobornados de él, como con una dádiva rica, tuercen la ley de la razón, apartándose de ella.
35. Concebir trabajo y parir vanidad, y vientre de ellos ordenar engaños. Es conclusión y como un epílogo breve, que en una palabra comprehende todo lo dicho, cuanto a pecado y pena de este su tirano Elifaz.
Y así dice: Al fin, por decirlo más brevemente, todo el hecho y negocio de estos es concebir trabajo y parir vanidad. Conciben trabajo, así por el temor que interiormente padecen, como por sus voluntades, y determinaciones perversas.
Paren vanidad, porque el efecto de sus propósitos y hecho es siempre vanísimo; o porque, huyendo del trabajo que les causa el desasosiego concebido en el ánimo, se derraman fuera de sí buscando vanos alivios, esto es, pariendo vanidad y más vanidad; que así se llaman bien las obras que éstos hacen para buscar su contento, porque ni dan el contento que en ellas se busca, ni siquiera otro menor, ni son inútiles solamente, sino, como se descubre en la muerte, dañosas y pestíferas.

Y así, por esto, su vientre de ellos, esto es, su pensamiento y consejo y todo su aviso siempre ordena engaños y lazos; y no lazos en que los otros caigan, sino lazos que sean redes y duras prisiones para sus mismos pies.

Capítulo XVI

1. Y respondió Job, y dijo:
2. Oído he como ésas muchas; consoladores de tormentos todos vosotros.
3. ¿Habrán fin palabras de viento? ¿O con qué confirmaréis cuando habláis?
4. También yo como vos hablaré; ¡y ojalá estuviese vuestra ánima en lugar de la mía! Aplicara sobre vosotros mis palabras y moviera sobre vosotros cabeza mía.
5. Fortaleciéraos con mi boca, y movimientos de mis labios detuvieron vuestro dolor.
6. Si hablare, no se estorbará mi dolor; si cesare, no se partirá de mí.
7. Cierto, agora afligióme; asolaste toda mi congregación.
8. Heciste rugas en mí; testigo es, y contra mí se levanta magrez mía en mi cara responderá.
9. Ira suya recogió, y contradíjome; escupió, regañó contra mí con sus dientes; mi enemigo aguzó sus ojos en mí.
10. Extendió sobre mí sus bocas con afrenta; hirieron en maxila mía, y juntamente contra mí se amontonaron.
11. Encerrado me entregó Dios al falso, y en las manos de los malvados me entregó.
12. En paz estaba, y desmenuzóme; asióme por la cerviz, esparcióme desmenuzado, y púsome a sí como blanco.
13. Cercáronme sus saetas, traspasóme los lomos, y no perdonó; derramó por la tierra hiel mía.
14. Quebrantóme con quebranto sobre quebranto: corrió contra mí como valiente barragán
15. Cilicio cosí sobre mi cuero, y cargué de polvo mi cabeza.
16. Mis faces se enlodaron con el lloro, y sobre mis pestañas sombra de muerte.
17. Por no violencia de mis manos, y oración mía limpia.
18. Tierra, no cubras mi sangre, ni haya lugar a mi clamor.

19. Aun agora en los cielos testigo mío, y mi Sabidor en las alturas.
20. Palabreros amigos míos, a Dios llora el mi ojo.
21. Y argüirá varón con Dios, y como hijo de hombre con su compañero.
22. Que años de cuenta vendrán, y senda no tornaré que andaré.

Exposición
1. Y respondió Job, y dijo. Cansado de oír tantas veces unas mismas razones, díceles agora Job que se holgara estuvieran ellos en su lugar, para consolarlos él y mostrarles la manera como se consuelan los afligidos. Y de allí, volviendo sobre su desventura, cuenta con encarecidas palabras lo mucho que padece y cuán sin culpa lo padece.
Y dice:
2. Oído he como ésas muchas; consoladores de tormentos todos vosotros. Quien dice ésas o ése, y no nombra con su nombre lo que demuestra, como en nuestro castellano, así también en la lengua original de este libro, hace significación algunas veces de enfado y desprecio. Y por no dar a la cosa de que se habla el mal nombre que, o ella merece o a nosotros nos parece debérsele, señalamos así y nos quedamos como en el camino, yendo a nombrarlas, detenidos de alguna razón de respecto, y lo que no decimos con la palabra, demostramos con el meneo y desgaire del rostro, y la boca dice ésas, y calla, y el desgaire habla por ella; y los que lo ven, entienden que dice ésas como si dijésemos o impertinencias o necedades, y así se usa en este lugar.
Porque es muy justa la razón que tiene Job para mostrarse enfadado; que demás de ser despiadada manera, a un afligido, en lugar de condolerse con él, denostarle, aun en razón de disputa, era disparate lo que decían y tornaban a decir tantas veces, sin jamás llegar al propósito. Porque, aunque era verdad decir que Dios en esta vida azota severamente los malos, pero no estaba allí el punto de esta disputa, sino en probar que siempre les acontecía a los malos así: y, por el contrario, los buenos vivían siempre en vida abundante y sin ningún revés de fortuna, que era lo que Job para su defensa negaba, y lo que no sabían ni podían probar sus amigos.
Antes como acontece a aquellos que esgrimen, si acaso en ellos crece el enojo y les desfallece el brazo y el arte, que, sin guardar tiempo ni orden, tiran y redoblan golpes a ciegas, así hacen éstos, que, encendidos con la disputa y

cegándose con la tema y enojo, ni veían lo proprio de su propósito, por estar ciegos, ni podían contenerse de hablar sin propósito, por estar enojados y corajosos. Y de esto nació en ellos tanto hablar y tan poco acertar, y el pecar en lo mismo siempre y volver siempre a lo mismo.

Y de aquí nacieron estas que Job llama ésas, quiere decir, impertinencias varias, muchas y repetidas, y de ellas el enfado de Job con sus amigos; porque les dice consoladores de tormento todos vosotros.

Y luego:

3. ¿Tendrán fin palabras de viento?, ¿o con qué confirmaréis cuanto habláis? Llama palabras de viento lo que decían y repetían aquéstos, y llámalas así con grande razón, porque iban todas fuera del intento propuesto, y se divertían a cosas que, concedidas, no concluían en manera alguna lo que se pretendía.

Y esto llamamos bien hablar en el aire, cuando ni tiene fundamento ni es a propósito todo cuanto se habla. Tales, pues, eran éstos por dos razones: una, porque siendo su oficio consolar a Job afligido, se ponían a fatigarle y afligirle de nuevo, acusándole y poniéndole culpas; otra, porque cuando fuera tiempo de tratar con él de ellas, era impertinencia cuanto decían.

Y según esto añade: ¿con qué confirmaréis cuanto habláis? Que es decirles más claro que no estribaba su razón en cosa que verdadera fuese; o sin duda ninguna era decirles que con cuanto decían, no podían probar ser verdadero lo que probar deseaban acerca de su culpa y pecado; que esto llama cuanto habláis, porque toda su habla la enderezaban a aqueste fin y probanza.

Y dice:

4. También yo como vosotros hablaré: ¡y ojalá estuviese vuestra alma en lugar de la mía! Aplicara sobre vosotros mis palabras, y moviera sobre vosotros mi cabeza. Como diciéndoles que lo que ellos hablaban, esto es, lo que alegaban y en lo que se extendían para convencerle de culpa, también lo platicaría él si quisiese. Porque, como al principio dijimos, con solo decir que era justo Dios, y con solo extenderse en alabar su sabiduría y grandeza, les parecía que Job, pues estaba azotado, quedaba convencido de malo.

Y lo primero era verdad, y lo segundo no lo era ni se seguía de lo primero; y así dice bien, que hablara como ellos, esto es, que supiera decir de la justicia y saber de Dios lo que ellos han dicho. Y aun dice que usara mejor que ellos de aqueste saber, porque no concluyera tan mal, ni de ser justo Dios hiciera argumento para condenar a ninguno; y a ellos mismos, si estuvieran en su lugar y padecieran lo que padece, no los acusara de pecado, aunque sabe y conoce tan bien como ellos que es justo Dios por manera infinita. Antes dice, yo os mostrara por la obra entonces cómo debe ser tratado quien es afligido y padece; que no me pusiera a disputar si pecábades, sino a condolerme de lo que padecíades; y del dolor ajeno hiciera proprio y sintiera lo que sentíades y ajustárame con vuestra fortuna. Y eso es lo que dice, aplicara sobre vosotros mis palabras, esto es, hablara conforme a lo que pedía vuestra miseria, y midiera mis palabras con ella, y cuanto dijera fuera a propósito de aliviaros la pena.

Y moviera sobre vosotros cabeza mía; que es el gesto de los que se conduelen y lloran con otros, menear la cabeza encogiéndose. Y así, dice que con razones y con meneos los consolara, esto es, por todos los caminos posibles; porque dos son los principales para mitigar el dolor: o la razón que les disminuye a los afligidos la causa, o el sentir que tienen quien se conduela; que lo primero disminuye la pena en cuanto deshace la causa de ella, y lo segundo repártela con otros, y así queda menos.

Prosigue:

5. Fortaleciéraos con mi boca, y movimientos de mis labios atajaran vuestro dolor. Fortaleciéraos, dice, y no os reprendiera; os animara, y no os acusara; buscara razones que disminuyeran vuestro sentir, y no argumentos que sacaran a luz vuestra culpa. Porque, a la verdad, cuando uno está afligido y azotado, no es tiempo de avisarle, sino de consolarle, y el reprendelle entonces es castigarle más, y el convencerle de culpa sin ella es traerle a desesperación; y en caso que la tuviese, pues la paga, no cabe en razón el darle en cara con ella, ni el tratar de ella en manera ninguna. Demás de que el dolor agudo y presente no deja el juicio libre para atender a otra cosa; y así en presencia suya no hay lugar de disputa, cuya conclusión para el que padece es amarga y desabrida. Que como al cuerpo enfermo aplicarle nuevas causas de mal sería crueldad señalada, así al ánimo dolido en ese mismo tiempo, cuando se congoja y se duele y cuando la pena le está presente, hacerle presente la culpa es añadirle congoja nueva, que, en quien lo hace, arguye o falta de saber o de amor verdadero.

Todas las cosas tienen su tiempo, como dice el sabio, y el del padecer pide el consuelo. Y porque esto se hace en dos maneras, o fortificando el ánimo paciente, o eso mismo que se padece disminuyéndolo, Job dice que, si le tocara a él el consolar y a sus amigos el padecer, no solo no hiciera lo que hacen con él, ni solo no los reprendiera, mas hiciera lo que ellos hacer debían, y los consolara por la mejor vía que le fuera posible; porque se ingeniara a añadirles fortaleza en el ánimo, y a cortar los nervios y deshacer las fuerzas de lo que les causaba dolor y a atajarle los mineros del todo.

Y añade:

6. Si hablare, no se ataja mi dolor; si cesare, no se partirá de mí. Yo, dice, me hubiera con vosotros en la forma que digo; mas agora a mí y en la manera que conmigo os habéis, ni el hablar me vale, ni el oíros me remedia; porque el hablar es responder a vuestras impertinentes calumnias, que no ataja, sino acrecienta el enojo; y el callar es oíros, que es otro mayor enojo. De arte que, según buena cuenta, estos amigos de Job, en lugar de consolarle, no solamente le causaban tormento, mas le privaban de la ocasión de consuelo; porque, si callaran y le dejaran solo, él se conhortara en alguna manera consigo, o callando o hablando; buscara razones que le fortificaran, y ocupárase en ellas; hablara lo que su dolor le pedía, y desahogara el dolor.

Mas agora, al revés, con su importuna disputa no le dejan ni pensar ni hablar lo que le fuera de alivio: cuando calla, los ha de oír, y cuando habla, habla para su respuesta, y así ni calla ni habla para su descanso, como pudiera, sino para indignación y nuevo enojo.

Y así añade bien:

7. Cierto, agora afligióme, y asolaste toda mi congregación. Sant Hierónimo entiende que habla aquí Job con el dolor, de quien dice que le aflige por todas partes. Mas también lo podemos enderezar a Dios, a quien dice que en esto mismo que agora dice y con sus amigos padece ve claramente cómo le aflige del todo; pues este pequeño resquicio que para su consuelo tener podía, la meditación de lo que le podía esforzar, se le cierra y quita, obligándole a respuestas y demandas tan molestas. Y lo que es más dolor, le quita este bien por medio de esos mismos que venían a dársele, convirtiéndole en pena lo que vino a traerle consuelo, y sacando de sus amigos su daño. Y por eso dice que le ha asolado su congregación; porque ha hecho que la mujer y la familia

y los amigos no solo le falten, que fuera mal pasadero, sin que le atormenten por todas maneras, siéndole estorbo para su alivio y añadiéndole tormento de nuevo, cortando las causas de consuelo y acrecentando las de dolor y pena; que es sin duda asolamiento perfecto, adonde no solo no queda rastro de lo pasado, mas se pone todo de figura contraria y diferente.

Añade:

8. Heciste rugas en mí; testigo es, y contra mí se levanta falsario en mi cara responderá. Lo que decimos falsario en el original significa lo que desdice de lo que es; y así unas veces quiere decir mentira o mentiroso, y otras flaco y magro, por lo tal no responde a lo que ha de ser, y es menos de lo que ser debe. Por donde otros traducen este verso de esta manera: Magrez mía en mi cara responderá. Pues porque había dicho arriba que Dios le asoló toda su congregación, en que entendió no solamente a toda su familia y amigos, los cuales todos o le faltaban o se le volvían contrarios, sino también su cuerpo y sus miembros, como Sant Hierónimo entiende, que traslada y dice y asolaste todos mis artejos (porque a la verdad lo de que el hombre consiste, es una congregación y ayuntamiento de muchas cosas y muy diferentes que se allegan en uno), pues porque había dicho no tener cosa sana en su cuerpo, que no solo estaba herido en los bienes de fortuna, sino también en los de naturaleza; no solo en los de fuera, sino en los interiores y suyos; no solo en la mujer, en los hijos, en la familia y amigos, sino en el alma y en el cuerpo y en cada una de sus partes y miembros, y finalmente en toda su congregación, esto es, en toda la muchedumbre de cosas que por algún título le pertenecen y tocan; así que porque decía esto arriba, es conforme a ello lo que agora añade, porque es prueba de ello mismo, y es como si más claro dijese: No tengo parte ni miembro sano, y las arrugas de mi cara son fieles testigos de lo que padece mi cuerpo; y el que no lo creyere, míreme, que mi magrez le hará que me crea.

Y prosigue:

9. Ira suya recogió con amenazas; escupió, regañó contra mí con sus dientes, mi enemigo aguzó sus ojos en mí. En que para mayor encarecimiento de lo que padece, representa por hermosa manera el enojo que con él Dios tiene, y juntamente confirma más lo que antes decía; porque Dios es quien le azota, y así cuando mostrare a Dios mas enojado, tanto manifiesta más la gravedad de su azote; que la grandeza del efecto por la grandeza de la causa se muestra.

Pues dice que, si no tiene cosa sana, si está asolado del todo, si los suyos y los ajenos le faltan, si la carne está consumida y el cuero seco y los huesos podridos y las entrañas lastimadas y los sentidos turbados y el alma atormentada y confusa, verán que es así, y que es menos de lo que pasa lo que dice, si miran a quien lo hace y la disposición de su ánimo porque Dios, autor de aqueste castigo, arde en enojo contra él. Y figura un enojado, y píntale con maravillosa viveza; porque quien mucho se enoja, lo primero recoge la ira en sí, y advertiendo y allegando las causas de enojo, pone leña a la cólera que bien encendida, bulle luego con amenazas, y regaña los dientes y aguza los ojos y los enclava en el que padece, y casi le traspasa con ellos y le turba y le espanta.

Y eso mismo dice de Dios agora, porque dice: Ira suya recogió, esto es, Dios allegó y ayuntó en su pecho su ira toda; o como otros entienden, la ira de Dios me recogió a mí, esto es, me asió y trabó con sus uñas.

Con amenazas dice, esto es, asióme amenazándome, que es muy natural a los muy airados hacer y decir juntamente, herir y amenazar en un mismo tiempo. Añade, y escupió, regañó contra mí con sus dientes, porque la ira, como les embravece el corazón, así también les pone fiera la cara y les hace crujir los dientes, y la misma obra del herir, ejecutada con ira, les saca el enojo afuera por los ojos y por la boca y por toda la figura del rostro con semblantes y meneos terribles.

Y no paró, dice, en solas demostraciones fieras esta su furia, sino, como añade:

10. Extendió sobre mí sus bocas con afrenta, hirieron en maxila mía, y juntamente contra mí se hartaron. Bien dice extender y sus bocas, para mostrar que su mal no es un bocado solo, ni un bocado pequeño; antes tan grandes bocados y tantos, que parecen haber sido necesarias muchas bocas y muy abiertas. Porque un bocado, y grandísimo, fue en la reputación y en la honra, que se la tragó y quitó casi del todo, dejándole en opinión de grandísimo hipócrita, y por eso dice que con afrenta le hirió en la mejilla, y otro bocado fue en la hacienda, tan grande que no le quejó cosa ninguna; y otro en la salud por la misma manera; y otro en la familia y amigos, que los llevó todos; y por causa de aquestos bocados dice que juntamente contra él se hartaron, esto es, que

mordieron en todo lo que tenía aquellas bocas abiertas, y que no mordieron llevando parte y dejando parte, sino llevándolo y comiéndolo todo.
Y eso significa en decir que se hartaron, porque comieron hasta hartar, sin dejar cosa ninguna. Y también en llamar bocas a la boca; y a la boca abierta en llamarla extendida sigue Job el efecto común de los que caen en las manos de algún enemigo bravo que los hiere y maltrata, que el pavor y asombramiento les acrecienta en la vista aquello mismo que los espanta, y todo se les demuestra mayor.
Prosigue:
11. Encerrado me entregó Dios al falso, y en las manos de los malvados me entregó. Falso y malvado llama al demonio y a sus ministros, los sabeos y los caldeos, ejecutores de este mal que padece. Y dice que le encerró Dios, o que le dio encerrado y aprisionado a los malos, para mostrar que ni le dejó lugar de defensa ni camino de huida.
Y llama al demonio con razón falso y malvado porque, allende de lo general, en este su caso fue malvado y muy falso: falso porque pensó y habló diferente de la verdad que pasaba, afirmando que la virtud de Job era virtud mercenaria; malvado, porque sus malas entrañas y el odio mortal con los hombres le pusieron en que hablase y pensase de esta manera.
Añade:
12. En paz estaba y desmenuzóme; asióme por la cerviz y arrojóme quebrantado; púsome a sí como blanco. Es mayor el mal no pensado, y la calamidad junta a la felicidad aflige más el sentido; y a Job le sucede así; y él lo dice aquí para demostrar más su miseria.
En paz, dice, estaba, y desmenuzóme; que en decir paz, dice no solamente descuido del mal que le venía cercano, sino descanso y riqueza y bienandanza de estado, porque paz, en la propiedad de esta lengua, dice todos los bienes; porque, a la verdad, todo lo que es bien hace paz, y el bien que falta hace guerra, porque inquieta con su deseo.
Añade: Asióme por la cerviz, y arrojóme quebrantado, y púsome a sí como blanco; en que declara su trabajo más por dos comparaciones secretas. La presa de la cerviz es la mayor presa, porque el que prende coge allí todos los nervios, que son los medios por donde el cuerpo se mueve, los cuales nacen del celebro y se juntan en la cerviz y por ella descienden y se reparten al cuer-

po: y así, cuando de allí le prenden, apenas puede moverse el animal preso, y pierde el sentido y la fuerza.

Pues dice, como un sabueso cuando ase de la cerviz algún gozque, y dándole dos vueltas, con furia le arroja en alto y quebranta; y como quien ata uno al palo, y le pone a sus saetas por blanco, así Dios me prendió de la cerviz y me arrojó, y así me tiene por terrero en que descarga sus golpes. Y dice que así le prendió por la cerviz, para mostrar que no en veces ni poco a poco, sino como de una vez y de un golpe y juntamente le privó de sus bienes y fuerzas; y para mostrar que, antes que se advirtiese, se vio preso, y antes que pudiese menear en su defensa la mano, se vio arrojado y deshecho.

Así que la semejanza de la cerviz es para declarar la presteza del mal que le vino y lo súbito dél, que no pudo ni apercibirse ni defenderse; y el estar como blanco, es para demostrar la muchedumbre de sus males, que el blanco no se pone para un tiro solo, sino para muchos tiros. Y aún dice en ello otra cosa, que, como el blanco no es para más de ser herido, y éste solo es su oficio, así le parece a Job que no sirve ya sino de sujeto de males y de materia en que las miserias todas prueben sus fuerzas, y de terrero puesto a la crueldad de mil tiros.

Y así prosigue esta semejanza, y añade:

13. Cercáronme sus saetas; traspasóme los lomos, y no perdonó; derramó por la tierra hiel mía. Y no fui blanco, dice, para una saeta, sino para muchas saetas, que me cercaron y se hincaron por todas partes en mí, que estoy como erizo.

Y llama saetas a sus dolores agudos, así los del cuerpo como los del pensamiento que le enclavaban el alma. Y dice que le traspasó los lomos, y no perdonó, y que le derramó la hiel por el suelo, o porque los lomos por figura significan en estas letras toda la fortaleza del hombre, así la interior como la que se descubre de fuera, el pensamiento, el discurso del ingenio, la fortaleza de la voluntad, el vigor de la carne y del cuerpo, y en todo puso saetas Dios y lastimosas heridas; o porque entre otros fue proprio accidente de la enfermedad corporal que tenía, el dolor agudo de los lomos y el contino flujo de vientre en humor corrosivo y colérico.

Prosigue:

14. Quebrantóme con quebranto sobre quebranto, corrió contra mí como valiente barragán. Hay quebrantar una cosa, y hay molerla: el quebrantar se hace con un golpe, y el molerla añadiendo golpes a golpes. Pues usa de esta semejanza también para nuevo encarecimiento de su fuerte ventura; y dice que no es quebrado solamente, sino molido y deshecho; no es herido con un golpe solo, sino desmenuzado con muchos golpes que vinieron sobre él casi súbito y como juntos, y luego unos en pos de otros, como en el capítulo primero se dijo.
Y lo que añade, que corrió Dios contra él como valiente barragán, hace significación de lo mismo, de su poca defensa y de la mucha pujanza de su contrario, y de lo que a esto se sigue, que es el destrozo grandísimo que en él hizo, y dícelo por semejanza de los que en la guerra pelean y se encuentran con los muy aventajados en fuerzas.
Dice más:
15. Cilicio cosí sobre mi cuero, y cargué de polvo mi cabeza. Ha dicho el mal que Dios puso en él; dice agora las demostraciones de ello que él ha puesto en sí mismo; que todo ello encarece más su desgracia, porque todo es parte de ella: el ser miserable uno y el parecerlo, el traer el alma afligida y el andar con el cuerpo enlutado, pues dice que se vistió de cilicio y que cubrió con polvo su cabeza, que era el hábito de los afligidos y miserables.
Y dice más:
16. Mis faces se enlodaron con el lloro, y sobre mis pestañas sombra de muerte; que es otra demostración de la pena que su alma sentía, y más cierta que la pasada; porque el lloro mana del corazón, que se derrite en lágrimas cuando está triste. Y vese que la aflicción era mucha, pues era el llanto tan grande que le ensuciaba la cara y le cegaba los ojos; que eso es cuando dice mis faces se enlodaron con lloro, porque el agua de las lágrimas que le bañaban el rostro, y el polvo que sobre ello caía, se convertía en lodo en las mejillas.
Y ni más ni menos lo que añade de sobre sus pestañas sombra de muerte, es decir, que del llorar le nacían tinieblas en los ojos, que suelen cegar con el lloro; porque lo negro y lo tenebroso y lo que es noche y escuro es muy vecino a la muerte, en que se escurece y envuelve en tinieblas la vida.
Dice:

17. Por no violencia de mis manos, y oración mía limpia. Esto es lo postrero del encarecimiento; porque, aunque consuela el testimonio de la consciencia, por otra parte ver uno que le condenan y le castigan sin culpa es grande ocasión de enojo y de despecho; que, al fin, la culpa llama a la pena, y convida a sufrir el mal que viene, el conocer ser justo que venga.

Y así dice Job de esta manera: Todo lo que he referido padezco, y si hubiera pecado o si mereciere un castigo semejante, fuera necesaria medicina, y pasara; mas no me acusa la consciencia, ni de hecho ni de pecho, que aquesto merezca, sino es que por ser bueno merezca ser castigado.

Por no violencia de mis manos, dice, como diciendo, y si los que oís el proceso de mis penas deseáis saber las ocasiones y las causas de ellas, no sé qué deciros, sino que he vivido inocente; que nunca puse las manos con violencia ni en la persona, ni en la honra, ni en la hacienda ajena; a ninguno agravié ni hice injusticia.

Y dice: y mi oración limpia, para responder calladamente a los pensamientos de sus amigos, que le notan de hipócrita, y de que siendo malo hacía significaciones de bueno con apariencias de religión y oración; que si lo fuera, fuera pecado gravísimo y que Dios aborrece mucho, presentarse a Dios religioso y tener el ánimo muy alejado de Dios; mostrarse por defuera siervo suyo, y aborrecerlo en el pecho; gotear las manos sangre inocente, y alzarlas a Él como limpias.

Que es lo que dice Esaías: Cuando tendiéredes a Mí vuestras manos, volveré a otra parte mis ojos, y por más que multipliquéis oraciones, no os tengo de oír, porque vuestras manos están llenas de sangre.

Prosigue:

18. Tierra, no cubras mi sangre, ni haya lugar a mi clamor. No se contenta con afirmarse inocente, sino confírmalo y prueba ser así por una de dos maneras: o maldiciéndose si no es así como dice, o alegando testigos de que es verdad lo que dice. Porque este verso se puede llevar a ambos sentidos; o que diga, si no es así, muera yo y la tierra no cubra mi cuerpo y sea manjar de las fieras y, cuando me viere oprimido y llamare, nadie me oiga; o de otra manera -y es a mi juicio mejor- bien sabe la tierra que es verdad lo que digo, a ella le pido, si no es así, que hable y que descubra mis malos hechos. Y tiene su fuerza esta razón en que todo lo bueno y lo malo, por secreto que sea, tiene por

testigo a la tierra donde se hace; de donde nace lo que se dice en manera de antiguo proverbio, del concierto que con el cielo tiene hecho la tierra, de no encubrirle ninguna cosa.

Pues dice así Job: Cumpla su palabra la tierra, y si he hecho lo que no debo, dígalo a voces al cielo, y no haya lugar en ella adonde mi maldad pueda ser ascondida. Tierra, dice, no cubras mi sangre, esto es, la sangre ajena que he vertido yo, si vertido la he, o los males y violencias que he hecho. Porque sangre, en estas letras, significa todo aquello en que se mezcla violencia e injuria, como se ve en David, en Esaías, en Oseas y en otros lugares.

Y dice no hay lugar a mi clamor, esto es, no des lugar en ti ni haya desierto tan apartado, ni cueva tan secreta ni abismo tan hondo, adonde mi clamor se encubra. Y llama clamor suyo, no lo que él vocea, sino lo que alguno, si ha sido agraviado de él, se querella y se queja. Y verdaderamente llama clamor, según el estilo de esta Escritura, a todo pecado grande y injurioso y violento, y que él mismo, por razón de su enorme gravedad o fealdad, está pidiendo venganza. Y dice más:

19. Aun agora en los cielos testigo mío, y Sabidor en las alturas. No solo la tierra, dice, puede ser buen testigo; mas es lo cierto y más abonado testigo el que en el cielo vive; Él es gran Sabidor de mi pureza y inocencia. Aun agora en el cielo testigo mío, como si dijese: Y agora entre todo el mal que padezco, cuando parece que me aborrece y me condena todo, cuando a vuestro juicio Dios con su castigo me declara por malo y culpado, pues agora ahí donde está sabe bien la verdad, y, si hablase, sé yo bien que hablaría por mí.

Mi testigo, dice, en el cielo, que es prueba de ser verdadero el testimonio, porque en el cielo mora la verdad, así como en la tierra el engaño; dende el cielo se atalaya todo y se ve; en el suelo se desaparece y encubre; es el cielo asiento de luz, y la tierra de noche y tinieblas: y así en el cielo está el autor y el saber, y en la tierra el sospechar y el errar.

Y conforme a esto añade:

20. Palabreros amigos míos, a Dios llora el mi ojo. Como si más claro dijera, hablaréis como os pluguiere vosotros, y juzgaréis como se os antojare de mí; poco curo ni hago caso de vuestros juicios y dichos; a Dios me vuelvo y a Él mismo, que es mi Sabidor y testigo.

A Dios, dice, llora mi ojo, esto es, mi cuenta toda es con Dios; a Él presento mi alma, al mismo llamo por testigo de mi inocencia, a Él suspiro y lloro pidiéndole ayuda.
Más dice:
21. Y argüirá varón con Dios, como hijo de hombre con su compañero, como diciendo: Y pensaréis vosotros de haberos con Dios en la manera que conmigo os habéis, y como os parece que me concluís con vuestras razones sofísticas, así persuadiréis a Dios con las mismas, y como me argüís de culpado, así delante de Dios probaréis que lo soy.
Mas estáis mal engañados, porque como dice:
22. Que años de cuenta vendrán., y senda no tornaré que andaré; esto es, porque, sin defenderme, vendrá día en que Dios me defienda. Porque yo me acabaré y no tornaré, esto es, faltaré a mi defensa muriendo, y no hablaré sobre ella jamás; pero vendrán años de cuenta, esto es, aunque yo no hable, hablará mi inocencia, porque aunque calle, puesto en silencio su muerte, la inocencia tiene su lengua y su vida. Los mismos hablan, y el tiempo con sus vueltas al fin trae a luz la verdad. Yo no volveré; mas años de cuenta vendrán, adonde el Juez, que engañar no se puede, estrechará vuestra cuenta y testificará mi inocencia.
O pueden declararse de otra manera aquestos dos versos postreros, diciendo: Y argüirá varón con Dios, y como hijo de hombre con su compañero; esto es, ¡ojalá pudiese yo hablar con Dios agora, como puedo razonar con vosotros! Que porque dijo que a Dios lloraban sus ojos, que fue decir que suspiraba a Él y lloraba por ayuda y socorro, y porque diciendo esto, se le ofreció, que aunque le miraba no le vía, y aunque razonaba con Él no le respondía palabra, consiguientemente desea poder hablar con Él en la manera que con sus compañeros hablaba.
Mas viendo que esto era excusado, ofreciósele que sus días se acababan presto y él moriría con este deseo. Y así dijo: Mas años de cuenta vendrán, y yo senda no tornaré, que andaré; esto es, mas mis días breves se acabarán, y yo iré para no volver mi camino. Que años de cuenta llama años contados y breves y que tienen su cierto término, y que se acaban en breve.

Capítulo XVII
1. Mi espíritu se acaba, mis días se acortan; sepulturas me restan.
2. Burlería no conmigo, y mora en amarguras mi ojo.
3. Líbrame y ponme contigo, y pelee contra mí quien quisiere.
4. Porque ascondiste su corazón del saber, y por tanto no serán ensalzados.
5. Promete presa a su amigo, y los ojos de sus hijos desfallecen.
6. Y póneme por ejemplo de pueblo, y soy ejemplo delante de ellos.
7. Escurecióse de saña mi ojo, y mis cosas como sombras todas ellas.
8. Maravillarse han derechos sobre esto, e inocente sobre falsador se despertará.
9. Y trabará justo su carrera, y limpio de manos añadirá fortaleza.
10. Y verdaderamente tornad agora todos vosotros, y venid, y no hallaré en vos sabio.
11. Mis días se pasaron, mis pensamientos fueron arrancados, gastadores de mi corazón.
12. Noche por día pusieron, y luz cercana ante faz de tinieblas.
13. Si sostuviere, fuese mi casa; en escuridad extendí mis lechos.
14. A la corrupción llamé, mi padre tú, mi madre y mi hermano al gusano.
15. ¿Y adónde agora mi esperanza?, ¿y a mi esperanza quién la catará?
16. A rincones de fuesa descenderá; ¿si habrá sobre polvo folganza?

Exposición
Porque dijo Job en el fin del pasado que él se iba para no volver, y que caminaba en posta a la muerte, declara agora esto mismo más y razónalo, y dice:
1. Mi espíritu se acaba, mis días se acortan, sepulturas a fin, como diciendo: Mi fin digo que está cerca, porque, a lo que siento, el espíritu me desfallece ya; y la grandeza de mis dolores amenguan mis días, porque la enfermedad acorta siempre lo que la salud alarga en la vida, y así no me resta ya sino la sepultura sola. Y dice sepulturas en muchedumbre, para significar, según la propriedad de su lengua, grandeza y soledad en aquello que trata, esto es, que ya todo su negocio es sepultura y muerte.
Prosigue:
2. Burlerías no conmigo, mora en amargura mi ojo. El original a la letra: Si burlerías no conmigo, morara en amarguras, o en contradicciones, mi ojo, que

se puede entender en dos maneras: una, como primero dije y lo entendió Sant Hierónimo: Burlerías no conmigo, esto es, en mí no hay pecado, que se llama con razón burlería, porque promete uno y da otro, dejando burlado al hombre con la más pesada burla de todas; pues en mí, dice, no hay pecado; mas con todo eso mis ojos tienen por casa el amargor, esto es, viven en amargura contina porque no ven ni sienten sino aflicción y tormento.

Otra manera es que desee Job en estas palabras verse libre de las vanas razones de sus amigos y de sus contradicciones pasadas, y de poner su vista y su atención en lo que dicen y en lo que responder se les debe, que le es amarga molestia. Y porque dijo que está vecino a la muerte, diga así agora: Si no burlerías conmigo, morara, esto es, y si me dejaran estos palabreros, que con sus burlerías me cansan; y si no morara en amarguras mi ojo, esto es, y si no me obligaran con ellas a mirar con más atención mis trabajos; y deja así la razón que la corta la pena. Y quiere añadir y decir: Y si éstos no me tormentaran agora, pasar menos mal aquesto poco que me queda de vida, a lo menos no fuera todo tormento sobre tormento, y a una pena otra nueva y mayor pena. Porque, como decíamos, pudiera divertir Job el pensamiento a cosas que le dieran consuelo; o pudiera siquiera negociar con el sueño aliviador de pesares, que por algún breve espacio le cerrara los ojos si sus amigos no se les abrieran con su importunidad de razones. Que sin duda ninguna el obligarle a que respondiese por sí, le ponía más en los ojos la miseria en que estaba, y el tratar de ella misma le acrecentaba el sentido de ella, y renovábansele con la consideración más las llagas, y señaladamente decirle que le venían por culpa, y no ser así, hacía que le diese más pena.

Demás de que ese mismo dicho y testimonio falso era nueva y dolorosísima llaga, y cuanto menos merecida y cuanto más amiga la mano que la hacía, tanto más dolorosa y mayor. Pues dice en una palabra: Ni una hora que me queda, queréis que viva sin nueva miseria. Y porque es muy natural, quien se ve muy apretado, desear y pedir luego el remedio, por eso añade luego:

3. Líbrame, Señor, y ponme contigo, y pelee contra mí quien quisiere. Mas, dice, si estuvieses tú de mi parte, poco caso haría de la contradicción de ninguno. Pero es de advertir que la palabra original propriamente quiere decir afianzar, que es lo que en los contratos o apuestas se hace cuando las partes

se aseguran entre sí de lo que ponen, o dando fianzas, o poniendo prendas, o con otros resguardos.

Y conforme a esto este verso hace más de un sentido, porque, o dice, ponme a tu lado y afiánzame, esto es, sé mi fiador y seguro, ¿y quién osará tocarme en la mano?, esto es, ¿quién prometerá de entrar conmigo en disputa? Que lo dice así porque se suelen tocar en la promesa las manos, que es lo que agora decíamos y lo que Sant Hierónimo dijo; o al revés, pide a Dios que se ponga en razones con él y que le dé fiador de estar con llaneza a juicio; pero dice que no habrá quien le fíe, y dícelo de esta manera: Pon agora, afiánzame contigo; ¿quién será el que toque mi mano? Que como dijo el mal oficio que sus amigos le hacían, acrecentándole sus miserias con obligarle a la consideración y a la plática de ellas, dice agora, ya que le compelen a esto, que es defender contra su mal su inocencia y probar que a su castigo no responde en él culpa, quisiera tratarlo, no con ellos, sino con Dios, que sabe lo cierto, como pusiera aparte su grandeza Dios y se quisiera allanar con él en razón. Porque como su saber y rectitud de Dios le convida a averiguar su causa con él, así su grandeza y poder le atemoriza y espanta, como arriba en otra parte decía. Y así dice agora, ya que habla, que hablara de mejor gana con Dios, como se pusiese con él a razones y le diese fiador de estar con él a juicio, aunque no halla quien o pueda o le ose fiar.

Pon agora, dice, conviene a saber, tu habla y tu disputa conmigo, o pon aparte tu majestad y grandeza, y afiánzame, esto es, dame fiador, seguro de que estarás a juicio. Y calla lo que iba a decir, porque las razones de los angustiados son siempre cortadas. Así que calla lo que decir quiere, que entrará alegremente en disputa con Él, si le asegura de su poder absoluto.

Mas dice: ¿Quién es el que tocará con mi mano? Esto es, ¿quién saldrá a la fianza? ¿Quién me dará por Dios la mano, que se allanará como digo? O podemos decir, no que pide a Dios que le dé fiador, sino que le promete el dárselo, de que saldrá con la suya, que se encomienda luego y retira de la promesa, conociendo que no habrá quien le fíe en esta manera. Pon, dice, agora, esto es, ponte en disputa conmigo, y como si dijésemos, entra en apuesta y afiánzame contigo, esto es, y yo por mi parte te daré quien me fíe. Mas, dice, ¿quién será el que a mi mano prometa? Esto es, quien toque por mí la mano y se obligue a fiarme.

Y viene con esto bien lo que luego prosigue, que es:

4. Apartaste su corazón del saber, y por tanto no los ensalzarás; porque es la razón por que duda de si habrá quien le fíe. Porque, dice, son ignorantes y, como me ven azotado, no se persuadirán que soy inocente; porque por lo de fuera juzgan de la virtud de los hombres, y miden por la fortuna la vida, y como se les encubre el saber, no alzan el entendimiento del suelo, sobre lo que se descubre, ni un dedo; y por la misma razón juzgan mal, y precian poco al caído, y huyen de él y le dejan.

Que como dice luego:

5. Promete presa a su amigo, y los ojos de sus hijos desfallecen. Promete, esto es, prometen, conviene a saber, el amigo presente y valido; presa, esto es, servicio y socorro y parte de sus bienes y hacienda; y los ojos de sus hijos desfallecen, esto es, y en cayendo el amigo o muriendo, aunque perezcan de hambre los hijos, no los ven ni socorren. Que desfallecer los ojos, en estas letras, tiene significación de desmayo y desamparo y pobreza. Y como si más claro dijera: Como no ahondan en las cosas ni pasa de la sobrehaz su saber, no estiman sino lo que ven a los ojos y juzgan por la apariencia las cosas, y así a los que valen precian y aman, y a los caídos desprecian; en el tiempo feliz prometen largo, mas si la fortuna se vuelve, no hay quien conozca.

Por donde en la fuerza de su original este verso algunos le traducen así: Demostrará, o desmostrarán; blandura o lisonja al amigo, y a sus hijos desfalleceránse los ojos, que es, como decíamos, de los que andan a viva quien vence, y tienen cuenta solamente con esto presente, halagar y prometer en presencia, y a vuelta de ojos olvidarse. Y aun podemos traducir así en el mismo propósito: El dividir mostrará amigos, esto es, cuando hay repartir, que es cuando pueden y valen los hombres, hay muchos amigos; mas ojos de hijos suyos los consumen, esto es, mas la pobreza y la ausencia los asconde.

Y llama a la pobreza ojos de sus hijos, que es como decir, sus hijos pobres, porque es del afligido mirar con mucho ahínco al que pide, conforme a lo que se dice en el Psalmo: A Ti alcé mis ojos, Morador de los cielos. Como los ojos de la sirvienta en las manos de su señora, así nuestros ojos, a nuestro Dios, hasta que se amercede de nos.

Así que, desconfiando Job, de quien vuelva por él, va pintando en estos sus amigos la ordinaria condición de los hombres, que ponen el saber en los ojos y no en el corazón, y juzgan por la apariencia y tienen por bueno lo que ven prosperado, y favorecen a lo valido y desprecian y condenan a lo afligido y lo pobre, como a él le acontece agora.

Y así dice:

6. Y póneme por ejemplo de pueblo, y soy ejemplo delante de ellos. Al próspero, dice, lisonjean, y al que vale, prometen parte; mas a mí no solo me niegan la piedad que a la miseria se debe, mas añaden sobre lo que padezco y condenan mi vida, y dicen que la felicidad hipócrita cae, y pónenme por ejemplo, y soyles como cosa de escarnio.

Que lo que añade y soy ejemplo delante de ellos, en el original se sufre decir: soy su risa y regocijo, o soy la misma vileza en sus ojos y como un muladar hediondísimo; porque Topheth es nombre de un lugar cercano de Hierusalén, en el valle de Hinnón, muy hediondo y muy sucio.

Añade:

7. Y escureciese con la saña mi ojo, y mis cosas como sombras todas, en que todavía refiere lo que sus amigos dicen y juzgan de él, como diciendo: Y dicen también que mi ira, esto es, mi impaciencia y despecho, ha escurecido mi ojo, esto es, me ha quitado el juicio; porque dicen que blasfemo y soy loco, y que todas mis cosas, mis pensamientos, mis imaginaciones, mis obras, son sombra, esto es, vanas y breves, vacías de verdades y cosas de sola apariencia; que mi felicidad, porque era vana y mal fundada, se pasó como sombra, y pasada, se quitó la máscara y se descubrió mi fingida inocencia.

Y, consiguientemente, dicen también:

8. Maravillarse han justos sobre esto, y inocente sobre falseador se despertará, esto es, que este mi caso henchirá de maravilla el corazón de los justos, porque echarán de ver en él la gran justicia de Dios, que no permite que prevalezca lo falso, y quita el antifaz a lo fingido y descubre y castiga al hipócrita. Y porque de la maravilla nace el loor, viendo esto los buenos, despertáranse a loarle, desatando en sus alabanzas sus lenguas.

Y ni más ni menos, como en persona de los mismos añade:

9. Trabará justo su carrera, y limpio de manos añadirá fortaleza, esto es, y dicen también, que escarmentados y avisados de mi ejemplo los buenos, trabarán de su carrera, esto es, insistirán con más estudio en su buen camino, viendo el mal fruto que da lo contrario. Y limpio de manos, esto es, quien no

hace injuria añadirá fortaleza, esto es, esforzarse ha más en su propósito, por la experiencia de lo que en mí hace el pecado.

Que el castigo del malo es aliento y esfuerzo del bueno, según lo que en el Psalmo se escribe: Alegrarse ha el justo cuando la venganza; sus manos lavará en la sangre del malo, y dirá: Al fin bueno es ser justo, al fin hay Dios que juzga en la tierra.

Mas habiendo referido Job lo que de él sus amigos juzgan y dicen, díceles él lo que sigue:

10. Y verdaderamente tornad agora todos vosotros, y venid, y no hallaré en vos sabio. Esto decís, pero verdaderamente andáis muy errados; si no, volved de nuevo y venid conmigo a las manos y buscad otras razones, si las tenéis, contra mí: que yo me prefiero no solo para defender mi inocencia, sino para sacar a luz vuestra ruda ignorancia, prefiérome a mostrar que sois necios. Mas, diciendo esto, encrudécese el dolor en él, y ve o imagina que no le queda ya vida para alargar más disputas.

Y dice:

11. Mis días se pasaron; mis pensamientos fueron arrancados, gastadores de mi corazón. Corrige lo dicho, y es como si así dijese: ¿mas qué digo yo o en qué desafíos nuevos me meto, y no tengo ya ni vida ni salud, que ni aun pensar puedo gastado del mal que padezco, y el entendimiento y el cuerpo me desfallecen? Y lo que decimos gastadores, en el original son posesiones; y en llamar al pensamiento posesión del alma y en decir que es arrancado de ella, muestra cuán natural le es al alma el pensar; con que agrava más su flaqueza, que le priva de lo que le es tan natural y tan proprio.

Dice más:

12. Noche por día pusieron, y luz cercana ante faz de tinieblas, que es decir, que de puro desvanecido y flaco ha perdido del todo el sueño. Que, como dijo que la vida y el pensar le faltaban, esto es, que ni tenía ya espacio para disputar, ni cabeza para atender a disputa, dice la causa de ello, que es el extremo del desvanecimiento que tiene, diciendo que la noche le es día, porque vela en ella como si día fuese; y que las faces de tinieblas, esto es, lo hondo de la noche y lo más alto de ella, cuando todo duerme y sosiega, le es a él como cuando alborea, que es cuando todo vela y despierta; y que así en el día, con

la esperanza de reposar, desea la noche y que, venida, como no reposa, torna a desear que amanezca.

Y dice más:

13. Si sostuviere, fuera mi casa, en escuridad extendí mis estrados. Extendí, esto es, extenderé; porque, dice, a este extremo he venido y no hay que decir que me esfuerce, que por más que me esfuerce la huesa es mi casa y las tinieblas de la sepultura mi lecho, esto es, tengo la muerte cierta y muy cercana.

Y declara lo mismo y encarécelo por otra manera, diciendo:

14. A la corrupción llamé, mi padre tú; mi madre y mi hermano al gusano. Que es como si más claro dijese: Todos mis bienes y parentela y mi lecho todo es la fuesa y la muerte; lo demás voló. Aquesto queda, y ello es mi padre y mi madre, esto es, toda mi sostancia y mi ser. Y si es así, como es, ¿quién me persuadirá que me esfuerce y que espere?

Y por eso dice:

15. ¿Y adónde agora mi esperanza?; ¿y mi esperanza quién la verá?; como diciendo, pues ya, ¿qué esperanza me queda o adónde pondré mi esperanza? Si no es en lo que luego se añade:

16. A rincones de fuesa: ¿si habrá sobre polvo folganza? En que dice, que la pone en la fuesa y en los rincones de la sepultura; y aun duda si reposará allí, ya hecho polvo.

Capítulo XVIII

1. Y respondió Bildad, el de Sohí, y dijo:
2. ¿Hasta cuándo pornéis fin a palabras? Entended, y después hablaremos.
3. ¿Por qué somos contados por bestias, y envilecidos en vuestros ojos?
4. Destruyes tu alma con ira; ¿por caso tu respecto será la tierra dejada, y será arrancada peña de su lugar?
5. Cierto, luz de malos se amatará y no esclarecerá centella de su fuego.
6. Luz se escureció en su tienda, y su candela sobre él se amatará.
7. Estrecharse han pisadas de su fuerza, y despeñarlo ha su consejo.
8. Porque enviada red a sus pies, y sobre sus mallas andará.
9. Trabará el lazo su carcañal, y esforzaráse sobre él la sed.
10. Ascondida en la tierra su cuerda, y su enlazamiento sobre sendero.
11. En derredor le turbarán turbaciones, y le enredarán sus pies mismos.

12. Será hambrienta su fortaleza, y quebranto aparejado a su costilla.
13. Comerá ramos de su cuero; comerá sus brazos mayorazgo de muerte.
14. Será arrancada de su tienda su fiucia, y hollará sobre él como rey la matanza.
15. Morará en su tienda del que no a él; será esparcido sobre su morada azufre.
16. De abajo sus raíces se secarán, y de arriba será cortado su ramo.
17. Su memoria se perderá de la tierra, y no nombre a él sobre faces de plaza.
18. Empelerlo han de luz a escuridad, y del mundo le removerán.
19. No hijo a él, y no nieto en su pueblo, ni remaniente en sus moradas.
20. Sobre su día se maravillarán postreros, y ancianos trabaron temblor.
21. Pues éstas son moradas de malo, y éste lugar del que no supo a Dios.

Exposición

1. Bildad, el de Sohí, que fue el segundo que entró en esta contienda con Job, como del capítulo 8 parece, torna agora al palenque, y lleno de enojo y tan falto de razón como antes, dice lo que no hace al propósito, y dice así:
2. ¿Hasta cuándo pornéis fin a palabras? Entended, y después hablaréis. Parecíale que el no rendírseles Job, nacía de no haberlos bien entendido, porque a su juicio era negocio manifiesto que tanto castigo no lo daba Dios sin pecado, porque no fuera justo tratar así al inocente; y así le dice que se le va todo en hablar, y que como no atiende a lo que le dicen, no entiende; que lo entienda primero una vez, y que después hable si tuviere qué. ¿Hasta cuándo, dice, pornéis fin a las palabras?; esto es, pondrás fin, que trueca los números. Y dice palabras, para significar que no era de importancia lo que decía. Entended, y después hablaremos; porque los que disputan han de convenir primero en lo que tratan, que es el estado de la causa que llaman, o el punto de que principalmente se duda.
Añade:
3. ¿Por qué somos contados por bestias, y somos envilecidos en vuestros oídos? No solamente, dice, no atiendes a lo que te decimos, y hablas y hablas; mas afréntasnos con tus dichos, como si fuésemos bestias. Y esto dice por lo que dijo Job en el pasado, que les ascondió Dios sabiduría.
Y prosigue:

4. Destruyes tu alma con ira; ¿si por tu respecto será la tierra dejada o será arrancada peña de su lugar? Lo que decimos destruyes tu alma con ira, el original a la letra, arrebata tu alma la ira, que viene a ser lo mismo en sentencia, en que dice, que el despecho que de sí tiene y la mucha impaciencia y coraje le arrebata el alma, esto es, le saca la razón de sus quicios, para que yerre en tres cosas: la una, en no entenderlos; otra, en decirles afrentas, y la tercera, en hacer a Dios injusto por hacerse inocente. Porque le parece a Bildad que lo dice, en decir que padece sin culpa; porque si Job no tiene culpa y padece, tiene Bildad por concluso que Dios que le castiga no es justo.

Y así entra en la disputa, y comienza en esta forma, y pregunta: Si por su respecto la tierra ha de ser dejada, y la peña arrancada de su lugar. Que es reducir a desatino lo que Job a su parecer de él pretende, que es no guardarse con él, lo que Bildad imagina cierto y estable y que se guarda con todos; y querer darle a entender que defenderse como se defiende es en virtud decir que su hecho es extraordinario, y que es otro mundo el suyo, y otras leyes las que con él se platican, lo cual es mal juicio y mal seso; porque es decir que el azote en él no sea lo que es en los otros, y la pena que viene siempre por culpa, sea en él señal de inocencia.

Y parécele esto a Bildad, como digo, porque tiene por universal y por cierto que toda desventura es pena de culpa, y que todo castigado es malo, y que todo malo es aquí castigado; y que decir Job que en él no es así, es decir que la tierra se yerma, y que las peñas se mueven de su lugar, y se cae el cielo, y que mudan su naturaleza las cosas.

Si por ti, dice, será la tierra dejada, etc., esto es, si en tus cosas se muda el mundo y el estilo y la ley. Que esto se significa por hacerse yerma la tierra, que naturalmente se hizo para ser morada y poblada de los hombres, y por moverse las peñas de su lugar, que por naturaleza son para estar firmes y quedas, y no para mudar lugares andando.

Y pregunta si se muda el estilo de las cosas en él, no porque a su parecer se mude, sino porque sería desatino pensar que se muda. Y en ese imposible y en ese desatino da Job, estando castigado y diciendo que es inocente; porque lo contrario, esto es, ser culpados y malos los que son azotados y heridos es, al parecer de Bildad, lo establecido y lo usado y lo cierto y lo verdadero.

Y por eso añade, diciendo:

5. Cierto, luz de malos se amatará, y no esclarecerá centella de su fuego. Que es decir, que no es de buenos y justos el apagárseles la luz totalmente, como a Job se le ha muerto, sino sin duda de malos y pecadores, y que esto es lo usado y lo cierto.

Y así dice: Cierto, luz de malos se amatará; esto es, de los malos es y de los hipócritas que se les muera la luz, conviene a saber, como a ti se te ha muerto. Y llama luz la felicidad y lo próspero de los sucesos, porque hacen claro al hombre, así en los ojos ajenos que le reconocen y estiman, como en su sentido mismo, porque le esclarecen el corazón y le alegran. Y como la claridad despierta los hombres al hacer y los encamina en sus obras, y los dispone para ellas y los favorece y aviva; y la noche, por el contrario, los entorpece y encoge, así los miserables y mal afortunados están como impedidos y aprisionados en todo, sin ejecutar sus designios ni hallar salida en ellos.

Y como la noche ata las manos, como dicho es, y deja el discurso del pensamiento más libre, así la calamidad y miseria aviva el deseo y la imaginación de las cosas, y pone prisiones a las manos para no conseguirlas. Pues dice agora Bildad que lo cierto y lo usado y lo fuera de toda duda es que a los malos se les acaba la felicidad de la manera que a Job se acabó, y que así Job es malo. Y va por todo este capítulo particularizando el azote de los pecadores y como pintando en él la caída de Job, y como diciendo en todo y en cada una parte de este discurso: Así pasa con los malos, y así ha pasado contigo; luego o tú eres malo, que es lo cierto, o no entras en cuenta con los demás, y vas por otra ley y camino que es imposible.

Dice pues: Luz de malos se amatará, esto es, a los malos acábaseles la felicidad, quiere decir, no se les disminuye o mengua, que eso puede suceder a los que malos no son sino acábaseles del todo como agora pasa por ti. Y así añade, y no esclarecerá centella de su fuego, esto es, así se amata su luz, no queda rastro de ella, ni aun centella sola ni en salud, ni en hacienda, ni en hijos, como a Job le acontece.

Más:

6. Luz se escureció en su tienda y su candela sobre él se amatará. Llama su tienda, su casa, porque en aquella tierra traían vida movediza en el campo y en tiendas. Y podémoslo entender de una de dos maneras: o sencillamente, que escurecérseles la luz en su tienda y su cancela sobre ellos, sea decir que

la luz de su casa, y la candela que les daba lumbre pierde su luz (que es repetir lo que arriba dijo por otra y diferente manera, que aunque no añade a la sentencia, añade al encarecimiento y exagera algo más), o decir que es nueva sentencia y que añade a lo dicho. Decía que a los malos se les acaba la luz; dice agora que se les acaba en su tienda, y sobre ellos mismos.

En lo primero da a entender la pérdida de los bienes de fuera, y lo que les parece a los otros; en esto segundo, lo que sienten ellos mismos en sí, la tristeza que les ocupa el ánimo, la escuridad del juicio, el error y la ansia, la agonía, la desesperación que traen de faltarles interiormente la luz y de ser despojados de los bienes de fuera y de dentro. O es decir, que en su tienda y sobre él se le apaga la luz al malo, por decir que se le apaga cuando y donde está más segura, que son accidentes todos que se hallan en este caso de Job. Prosigue:

7. Estrecharse han pisadas de su fuerza, y despeñarlo ha su consejo. Al faltar de la luz, naturalmente se consigue el acortarse los pasos, porque no se puede andar de noche y a escuras; y como decíamos, la calamidad es escuridad, y el miserable y calamitoso no puede hacer nada; así como el que está en tinieblas no puede dar paso, o si le da, tropieza y cae y se despeña. Pues dice que al malo, muerta la luz de su felicidad, se le estrechan los pasos de su poder, esto es, se le quita el poder para obrar lo que desea, como al que está a escuras para andar donde quiere; y que le despeña su consejo, esto es, que si se quiere valer de sí y se esfuerza para hacer algo en su ayuda, cae por el mismo caso en mayor calamidad y miseria, como le acontece caer y despeñarse al que presume caminar sin lumbrera.

Y podíale parecer a Bildad que en Job pasaba esto, por su confesión del mismo, que arriba dijo que le cerraba los pasos Dios, y porque, a su parecer, blasfemaba por defenderse, que fue a despeñarse.

Dice:

8. Porque enviada red a sus pies, y sobre sus mallas andará. Dijo que se le estrecharán los pasos al malo; dice agora la causa por que se le estrecharán, y es que enviará Dios, esto es, que le pondrá Dios red debajo de los pies, para que en ella se enrede y, enredado, caiga preso y no ande. O porque dijo que le estrecharía Dios los pasos al malo y que le despeñara su consejo, en que quiso decir que le pondrá en aprieto Dios, y que pretenderá salir de él,

y que por el mismo camino que lo pretendiere, se lanzará más en el trabajo; dice agora, para mayor declaración de esto mismo, que dará de pies en la red, queriendo salir de ella, y se enredará más en sus mallas cuando más quisiere desenredarse. Y dícelo por semejanza tomada de las aves, o de los otros animales que se prenden con redes, que sintiéndose presos, si procuran librarse, se prenden más y se enredan.

Y sin duda es natural a los malos y a los que castiga Dios por sus no enmendados pecados, forcejear por salir del mal que padecen, y meterse más en él cuanto más se defienden, porque los medios de la salud se les convierten en muerte, como se probaría por muchos ejemplos.

Más dice:

9. Trabará el lazo su carcañal, y esforzarse ha sobre él la sed. Lo que decimos sed, dice el original el sediento, y el sediento es el ladrón y el que roba y saltea; que se llama así en este Libro, porque era seca y muy falta de agua la tierra de Job, y la falta del agua siéntenla más los que hacen vida en el campo, como los salteadores y como los cazadores, que podemos también entender aquí por decir el sediento, porque insiste Bildad en la semejanza propuesta.

Y porque dijo de red y de enlazarse los pies en ella, y porque acontece a los que ponen redes o lazos, venida la sazón de la presa, tirar de la cuerda con que la red cae o el lazo se aprieta, y acudir luego con alegría y presteza a prender y a herir lo caído, así dice que trabará el lazo el carcañal de los malos, y, presos, vendrá el cazador sobre ellos sin que tengan defensa.

Y aún decláralo más:

10. Ascondida en la tierra su cuerda, y su lazo sobre sendero. Porque en la caza semejante encubren los que cazan la cuerda, porque el animal no se espante, y ponen el lazo en la vereda y en lugar estrecho y por donde es el paso; y así cae la fiera en él, cuando va más segura y cuando va por donde suele ir de contino.

Porque sin duda los malos caen cuando piensan menos en la caída; y cuando siguen su huella y van más con el viento en la popa, y en su camino mismo y en eso en que se precian valer, son derribados y presos.

Y como luego dice:

11. En derredor le turbarán turbaciones, y le enredarán sus pies mismos. Porque, caídos en el lazo y viniendo sobre ellos la red, quedan en derredor

cercados de ella, y dan en ella a cualquier parte que acudan y no ven sino red que los turbe, que ésas son las turbaciones que dice. Y lo que dice, que le enredarán sus pies mismos, es decir, que, por desasirse, se enlazará y, por librar de la red el pie, le meterá más en la red.

Dice más:

12. Será fambrienta su fortaleza, y quebranto aparejado a su costilla, en que, dejando ya la semejanza de la red y cazador, pasa a otra cosa. Y porque ha dicho lo mal que le sucederá al malo en sí mismo, dice cómo pasarán su mujer y sus hijos, porque la calamidad, si es entera, a todos se extiende.

Pues dice: Será fambrienta su fortaleza. Fortaleza llama, según estilo de Sagrada Escritura, a los hijos, y, señaladamente, al hijo mayor. Así llama Jacob a su hijo Rubén en el Génesi, do dice: Rubén mi primogénito y mi fortaleza, principio de mi valentía, en cuyo original está la misma palabra que aquí. Pues dice que vendrá su fortaleza a pobreza, porque para el padre, que es el castigado, no es tan malo que mueran como que laceren y hambreen sus hijos.

Y quebranto, dice, aparejado a su costilla, esto es, a su mujer, que se hizo de la costilla y es parte y muy del lado del hombre.

Dice:

13. Comerá ramos de su cuero; comerá sus brazos mayorazgo de muerte. Va por sus grados desnudando de sus bienes al malo; primero le quitó la hacienda, y con ella el poner en ejecución lo que hacer se desea; después le hiere en la mujer y familia; agora toca en la persona y en el uso de las fuerzas y miembros. Y dice que el mayorazgo de la muerte, esto es, algún mal muy grave y muy vecino a ella, le gastará los ramos de su cuero; y declara qué ramos son éstos y dice que los brazos suyos le comerá el mayorazgo de muerte, y por los brazos entiende todos los miembros.

Dice más:

14. Será arrancada de su tienda su fiucia, y hollará sobre él como rey la matanza. Falto de todo, dice, de hacienda, de familia, de salud corporal, no le dejará Dios ni una raíz en que estribe; que acontece en males y calamidades muy graves, quedar a lo menos alguna pequeña esperanza de bien, y un resquicio, aunque pequeño, que muestra luz de fiucia; mas en el castigo que a los malos da Dios y cuando a un perverso hombre le quita su estado, ni una brizna, dice, le deja de remedio, o siquiera de su esperanza, sino la calamidad

huella sobre él como rey, porque se enseñorea de él y de todas sus cosas, teniéndole sujeto y rendido.

Mas esto mismo dice el original por otra manera, que dice: Y hará que vaya al rey de los miedos; que a la falta de la esperanza siempre sucede el miedo y temor. Y porque dijo que le arrancaría Dios la fiucia de su casa, esto es, que no le dejaría cosa en que poder esperar, dice, por consiguiente, que le enviará al rey de los miedos, esto es, que le entregará al miedo del todo, o a la desesperación, en que se entrega la alma a todo lo que temer se puede.

Prosigue:

15. Morará en su tienda del que no a él; será esparcido sobre su morada azufre. Una cosa es asolamiento y otra mal sucesor y heredero; una que se destruya todo, otra que venga a manos del enemigo. Pues ambas cosas, dice, hace Dios con los malos; que, para lo que toca a su provecho de ellos, esparce azufre sobre sus personas y haciendas, porque como si se lo abrasase, así todo les falta; y para lo que mira a engrandecer su miseria deja que entre en la posesión de ello su émulo.

Y así dice que morará en su tienda del que no a él, esto es, que morará no solamente quien no tenga que ver con él por amistad o por sangre, sino quien no le agrade a él y quien le duela y congoje, esto es, quien menos ama y quien más aborrece, y quien menos quisiera ver feliz ni con hacienda de otros, y sin duda ese mismo que le calumnió y derrocó, y que fue autor o ministro de su mal y caída.

Y para mayor cumplimiento dice y prosigue:

16. De abajo sus raíces se secarán, y de arriba será cortado su ramo, que es como, en suma, comprender lo que ha dicho, aunque por diferente manera; que como el árbol que sin esperanza se seca, queda seco en la raíz y en los ramos, así dice que hace Dios con los malos, que no les desmocha las ramas solas, sino que los arranca de cuajo, o que los corta de manera en lo alto que pierda el jugo y vida la raíz.

Como sería agora, para que pongamos ejemplo, si quitase Dios la gracia y favor del rey a algún ministro malo que privase mucho con él, y él, como suele acontecer a las veces, se consumiese y muriese de pena de verse caído; en éste diremos que, cortado en la rama del favor, se secó la raíz. O dice, lo que también acontece, que dañándose la raíz en un árbol, vienen a secarse las

ramas que, secas, las cortan y entriegan al fuego. Y aviene a los malos de la misma manera, que por no tener jugo en la sostancia y verdad, al fin sus obras y sus designios y sus sucesos se secan y quedan útiles solamente para arder en el fuego, donde, vueltos ceniza, no deje rastro de ellos el viento.
Que es lo que dice:
17. Su memoria se perderá de la tierra, y no nombre a él sobre faces de plaza. Alude a la costumbre antigua de algunas gentes de poner a sus bienhechores en las plazas y lugares públicos estatuas y títulos, que, si por lisonja se hace alguna vez con los malos, en volviéndose el viento, los mismos que las pusieron las quitan y las derruecan y borran.
Dice más:
18. Empelerlo han de luz a escuridad, y del mundo le removerán. El olvido son las tinieblas, y así dice que de la luz, como empeliéndole, le lanzarán en la noche, porque con estudio y con priesa procurarán los hombres todos que no quede memoria de él en la vida, ni rastro de cosa suya; como se hizo con muchos que tiranizaron sus pueblos, de que está llena la historia.
Y al fin dice:
19. No hijo a él, no nieto en su pueblo, ni remaniente en sus moradas, que es decir un asolamiento entero y cabal.
Por donde justamente concluye:
20. Sobre su día se maravillaron postreros, y ancianos trabaron temblor; que es obra de una grande caída poner en espanto a los que miran en ella. Y así, con decir esto, encarece más lo que dicho tiene y muestra que el golpe con que Dios derriba y despeña a los malos, hace pasmo con su mucho ruido. Sobre su día, dice, se maravillaron postreros. Día llama de ellos la Sagrada Escritura el de su calamidad y miseria, como en los buenos su día es cuando se descubriere su gloria, porque entonces sale a luz uno y es sin error conocido; como al revés, están en noche el bueno mientras padece, y el malo mientras reina y florece, porque no se ve ni puede entonces lo que es cada uno.
Pues de su miseria se maravillarán los postreros, esto es, los más mozos que ellos y los que le sucedieren después; y los ancianos también, dice, trabarán temblor, esto es, los más viejos que ellos, y los que por la edad y por la experiencia larga de las cosas se suelen menos maravillar, temblarán, esto es, temblarán todos, viejos y mozos, con maravilla y espanto. Y dice con proprie-

dad que trabarán el temblor, porque los que tiemblan, en el movimiento que hacen, parece que van a trabar, y de hecho traban, lo que hallan, temblando. Dice finalmente:

21. Pues éstas son moradas de malo, y éste lugar del que no supo a Dios, con que concluye diciendo que en esto para al fin la casa y la prosperidad de los malos, y de los que a Dios no temen; y juntamente queriendo decir que en esto ha parado Job, y que su fin ha sido este mismo y que, pues parece malo en el suceso y en la fortuna sin ninguna duda lo es en el hecho y la culpa, que es todo lo que desde el principio probar pretende.

Capítulo XIX
1. Y respondió Job, y dijo:
2. ¿Hasta cuándo ansiades mi alma, y me moleréis con palabras?
3. Ya diez veces me denostáis con afrenta, y no os avergonzáis de oprimirme.
4. Cierto, aunque erré, mi error se quede conmigo.
5. Mas vosotros sobre mí os engrandecéis, y razonáis sobre mi denuesto.
6. Pues sabed agora que el Señor me [hace tuerto] aflige, y no según tela de juicio, y me ciñe al derredor con azotes.
7. Vocearé adoliéndome, y no soy respondido; exclamaré, y no juicio.
8. Mi camino vallado, y no pasaré, y sobre mis senderos escuridad puso.
9. Mi honra de sobre mí me despojó, y tiró corona de mi cabeza.
10. Derrocóme en derredor, y perecí; y fizo mover como árbol mi esperanza.
11. Encendió contra mí su furor, y contóme a él como su enemigo.
12. A una vinieron sus soldados, e hicieron sobre mí su carrera, y posaron derredor a mi tienda.
13. Mis hermanos hizo alejar de mí, y mis conocientes se extrañaron de mí.
14. Dejáronme mis cercanos, y mis conocientes se olvidaron.
15. Moradores de mi casa y mis siervas por extraño me contaron; extraño fui en sus ojos.
16. A mi siervo llamé y no responde; con mi boca me apiadaba a él.
17. Mi aliento extrañó mi mujer, y apiadéme por hijos de mi vientre.
18. También perversos me despreciaron; ausentábame, y fablaban contra mí.
19. Aborreciéronme todos los varones de mi secreto, y los que amé fueron vueltos contra mí.

20. A mi cuero, consumida la carne, se apegó mi hueso, y escapé con solo cuero sobre mis dientes.
21. ¡Apiadadvos, apiadadvos de mí, vos mis amigos, porque mano de Dios tocó en mí!
22. ¿Por qué me perseguís como Dios, y de mi carne no vos hartades?
23. ¡Quién me diese agora, y fuesen escriptas mis palabras! ¡Quién diese en libro, y fuesen esculpidas!
24. ¡Con péndola de fierro y plomo, para siempre en peña fuesen tajadas!
25. Yo conozco que mi Redentor vive, y que a la postre sobre polvo me levantaré.
26. Y tornará a cercarme mi cuero, y en mi carne veré a Dios.
27. Al cual yo veré por mí, y mis ojos le verán, y no extraño esta esperanza reposa en mi seno.
28. Pues ¿por qué decís: Persigámosle, hallemos contra él raíz de palabra?
29. Temed a vosotros de la faz de la espada, porque vengador de delictos espada, y sabed que hay juicio.

Exposición

1. Y respondió Job y dijo. Responde a Bildad Job y muestra primero cuán importuna cosa es oír una sinrazón muchas veces.
Y así dice:
2. ¿Hasta cuándo ansiades mi alma, y me moleréis con palabras? En que da bien a entender la molestia que sus amigos le daban, pues le criaban ansia en el alma y le molían y quebrantaban el cuerpo; que la congoja del corazón que nace de una sinrazón porfiada, desbarata todo el hombre. Porque un necio porfiado y que entiende siempre menos cuanto más se le dice, es fuerte cosa; y más fuerte mucho, si endereza a vuesta injuria lo que dice y porfía.
Dice, pues: ¿Hasta cuándo ansiades mi alma? Porque en buena razón cabía dejar de hablar, viendo que no servía su habla sino de acrecentar pesadumbre y molestia; mas el porfiado, metido en disputa, solo atiende a su cólera.
Por lo cual dice:
3. Ya diez veces me denostáis con afrenta, y no os avergonzáis de oprimirme. Diez veces dice, por muchas; y dice que le denuestan, porque le imponen lo que no es y entienden mal sus razones. Y dice que le oprimen y que no se

avergüenzan de tenerle así opreso, de que se maravilla con grande razón; porque perseguir a un miserable, y dar pena al que nada en ella, y al caído y al dolorido acrecentarle más el dolor, es caso vilísimo y de corazones bajos y villanos y desnudos de toda humanidad y virtud.
Donde decimos oprimirme, el original dice empedernecer, que viene bien con esto mismo que digo; porque era de corazones de piedra, en tanta miseria como delante tenían, no enternecerse para no dar nueva pena. Que, cuando Job no tuviera razón y traspasara la ley de la paciencia de la humanidad era condescender con él, vista la ocasión que tenía, y considerar lo que puede el dolor, y condoliéndose de él y consolándole, reducirle a templanza. Mas Dios nos libre de un necio tocado de religioso y con celo imprudente, que no hay enemigo peor.
Dice:
4. Cierto, aunque erré, mi error se quede conmigo.
5. Mas vosotros sobre mí os engrandecéis, y razonáis sobre mi denuesto. Y el original a la letra: Y sea que haya errado, conmigo mi yerro morará. Si de veras os engrandeciéredes contra mí, y me razonáredes afrentas. En que Job, después de haberse quejado con espanto de la porfía imprudente de sus compañeros, notándolos de inhumanos y duros, comienza en estos dos versos a volver por su causa, y dice al parecer de algunos así: Decís que yerro y me engaño; yo quiero que sea como vosotros decís; mas pregunto, si es justo por eso, que en el estado en que estoy os engrandezcáis contra mí y razonéis sobre mi denuesto; esto es, que levantéis bandera contra un miserable y le baldonéis en la cara y le deis en rostro con sus pecados. Que sea yo cuan malo quisiéredes; pero no era tiempo agora de lastimarme con ello, ni de hacerme sabedor de mis culpas, sino de aliviarme mis penas, de condoleros de mi trabajo, y de perdonar algo al excesivo mal que padezco; de no maravillaros, si hablo y me duelo, sino antes lo que callo os debiera espantar.
O digamos de otra manera, que es la que más me contenta, porque dice más con el enfado justo que Job tenía del mal término y peor entendimiento de aquestos amigos, y porque dice más con la letra. Hacéis maravilla, dice, de que digo que soy azotado sin culpa, y referís y mostráis para convencerme la manera como deshace Dios a los malos, y si en ellos no me conozco a mí decís que yerro y soy ciego; pues respóndoos, dice, que digo lo que dicho

tengo, y que en el error que vosotros llamáis error, en ése me estoy; y aunque os encendáis contra mí y me digáis, como hacéis, mil afrentas, no me torno atrás de lo que ya dije; en ello estoy, y, si error es, abrazo ese error. Cierto, dice, aunque erré, esto es, aunque así lo digáis y os parezca, mi error se quede conmigo, esto es, morará conmigo mi error, como otra letra decía, que es: No mudo lo dicho, ni me arrepiento de ello, del mismo parecer soy, y de nuevo lo afirmo.

Si de veras os engrandecéis contra mí esto es, así lo digo, por más que os enojéis contra mí, o aunque sé cierto os enojaréis contra mí. Y llama engrandecerse al enojarse, porque el enojo levanta el ánimo, y hinche las narices y el rostro de espíritu, y pone bríos de mayor y de superior en el hombre, que tiene en menos aquellos con quien se enoja y los hace sujetos. Por donde también en el uso de los latinos dicen que se levanta en cólera por decir enojado, como decía el Poeta:

> Insurgit in iras.

Pues díceles Job que, aunque se levanten, o aunque sabe se levantarán contra él, estimándose a sí, y a él despreciándole, teniéndose por sabios a ellos, y a él por tonto y por necio, condenando la vida de él y aprobando y abrazando la suya, dice todavía lo que dicho tiene y se afirma en lo mismo. Y si dicen que siempre Dios deshace la prosperidad de los malos y los despoja del todo y les seca la raíz y los ramos, yo, dice, no soy malo, y hace Dios conmigo y ha hecho todo eso que Bildad dice que con los malos hace y más que no dice.

Y así cuenta luego por orden lo que padece con sentimiento grandísimo, como comparándose en cada verso con lo que Bildad dijo arriba, y como mostrando que es lo mismo o más crudo lo que a él le acontece y como confesando que le trata Dios a él como a Bildad parece que trata siempre a los malos, y que sin embargo de eso no es malo.

Dice:

6. Pues sabed agora que el Señor me aflige y no según tela de juicio, y me ciñe al derredor con azotes, El original dice que el Señor se tuerce conmigo, o me hace tuerto, esto es, que no guarda conmigo agora lo que la tela del juicio pide, como entendió Sant Hierónimo. Esta es la proposición de su tema, que

Dios le azota gravemente, y que él no ha hecho por qué merezca ser azotado así.

Y dice sabed agora, como diciendo, si no lo sabéis, sabedlo, y si no me habéis entendido entendedme agora bien, que digo que no he pecado, y padezco. Y en la manera como lo dice, lo prueba en parte, porque dice: Sabed agora que el Señor me aflige y no por tela de juicio, en que secretamente argumenta: Sí éste fuera castigo de culpa, guardara Dios en él la forma que se debe a juicio; acusara primero, oyera, convenciera, y pronunciara sentencia.

Mas como dice luego:

7. Voceo adoliéndome, y no soy respondido; exclamo y no juicio; esto es, pido justicia, y no hay quien me oiga; demando cargos y lugar de defensa, y no hay remedio ninguno.

Antes dice:

8. Mi camino vallado, y no pasaré, y sobre mis senderos escuridad puso; esto es, me tiene cercados los caminos todos y por todas maneras. No solo, dice, no me acusa ni me oye, mas ni deja que ninguna otra cosa me valga o defienda. Mi camino vallado, esto es, cercó con valladar; y no pasaré, esto es, y así no puedo dar paso adelante, que es por semejanza de los que caminan, y hallan cerrado o cortado el camino. Y llama camino suyo su consejo y esfuerzo y justicia y todo lo que le podía ser de provecho.

Y dice sobre mis senderos escuridad puso, porque, así como no se camina cuando está cerrado el camino, así también no se puede caminar sin la luz; y así, sin lo uno y lo otro, está Job más a raya, o conforme a lo que significar quiere, mas sin ayuda y defensa.

Añade:

9. Mi honra de sobre mí me despojó, y tiró corona de mi cabeza. Dicho que no pasa por tela de juicio este negocio suyo, y que ni es acusado ni oído, de donde secretamente infiere que su azote no es azote de culpa, sino orden de providencia secreta, dice agora la [terribilidad] de este su azote, y lo que Dios con él hace. Y dice, que luego que le cerró los caminos de la huida y defensa, como le tuvo bien preso, le despojó de la honra, y le quitó la corona; en que declara su mal, como por semejanza de los que la justicia prende por graves delictos, que primero les cerca la casa para que no huyan, y después les resta la persona, y les quitan las armas y les secrestan los bienes.

Así a él, dice, le tomó Dios todos los caminos primero, y después le echó la mano y le despojó de la honra y corona, esto es, de su hacienda y familia por quien era hombre y estimado. Que llama honra y corona, por figura, la prosperidad y buena fortuna suya, como Salomón en los Proverbios, do dice: La corona de los sabios sus riquezas. Y porque es propio de los muy lastimados repetir muchas veces lo que les duele, y hacer memoria de ello por diferentes maneras, usa luego Job de otra semejanza diversa, y dice lo mismo.
Porque dice:
10. Derrocóme en derredor, y perecí; y fizo mover como árbol mi esperanza. Digo que es lo mismo de arriba, dicho por semejanza de un poderoso árbol, que le hieren el tronco a la redonda, hasta dar con él en el suelo, donde perece. O, si es cosa diversa, en lo pasado señaló la pérdida de la hacienda, y aquí declara las enfermedades de su persona y sus llagas.
Y dice que, como acontece a un árbol que el labrador corta porque no le embarace la tierra, que le hiere primero con la hacha en el tronco, y le empele después y viene quebrado al suelo, de su peso mismo, adonde caído se seca y no torna a ser más; así a él golpearon a una por todas partes, el sabeo en los bueyes, el fuego en las ovejas, el caldeo en los demás de la hacienda, la casa en los hijos y el demonio en su cuerpo, hasta que, golpeado y herido al derredor, vino como tronco cortado al suelo, donde se secó su esperanza.
Dice: Derrocóme en derredor, esto es, cortóme en derredor para derrocarme, y perecí; el original dice y anduve, esto es, y vine al suelo. Y fizo mover como árbol mi esperanza. Hacer mover la esperanza es hacer que se pase su sazón, como la palabra original lo demuestra, y llama pasar de su sazón la esperanza en el árbol venir a secarse. Y es de advertir que la palabra como árbol, de lo postrero del verso, se ha de entender como puesta al principio, y decir: Derrocóme en derredor como árbol, y anduve, y fizo pasar mi esperanza.
Dice más:
11. Encendió contra mí su furor, y contóme a Él como enemigo. Dijo el efecto, y dice la causa agora, para que por ella se entienda más su grandeza. El efecto fue la calamidad que padece, declarada en las formas que he dicho; la causa de ello es, a lo que piensa, el furor de Dios contra él, que es la más eficaz y la más poderosa de todas.

Porque ¿qué no podrá Dios todopoderoso? ¿Y qué mal no hará Dios enojado y enemigo? Encendió, dice, contra mí su furor. Dice el original a la letra: Hizo crecer contra mí su furor, o porque lo que se enciende crece, que el fuego levanta y dilata las cosas, o para dar a entender que no se enojó Dios con él con enojo ordinario ni usó de cólera usada, sino acrecentada y mayor que otras veces.
Y por eso dice luego:
12. A una vinieron contra mí sus soldados, y hicieron sobre mí carrera y posaron derredor a mi tienda; como diciendo que no envió sobre él un mal, sino todos los males, ni por discurso de tiempo, sino todos a un tiempo. Y usa aquí de otra semejanza tercera, sacada de lo que en la guerra acontece, cuando un poderoso ejército viene sobre una ciudad y la cerca y la abate.
Así dice: Que el ejército de Dios, que son un escuadrón de mil males enviados por Dios, vinieron sobre él y le cercaron y le batieron y pusieron por tierra.
Y hicieron, dice, sobre mí carrera. El original, y levantaron carrera sobre mí, quiere decir, que le aportillaron y hicieron en él grande y abierta entrada para el asalto. Y dice levantar carrera, para decir que hicieron ancho y desembarazado camino; porque levantar carrera es hacer calzada, camino muy conocido, la cual se hace macizando el suelo, y levantándose sobre los demás con argamasa y con piedras.
13. Mis hermanos hizo alejar de mí, y mis conocientes se extrañaron de mí.
14. Dejáronme mis cercanos, y mis conocientes me olvidaron.
15. Moradores de mi casa y mis siervos por extraño me contaron; extraño fui a sus ojos. A la caída de un árbol se sigue que huyan y se aparten los que la ven. Cayó Job, y derrocólo el Señor y batióle como ha dicho y púsole por el suelo; y así sucedió lo que dice, que le huyeron todos y le dejaron solo. Que es uno de los accidentes que, cuando la fortuna se vuelve, causan mayor sentimiento el faltar luego los amigos, y el desconocerse los deudos, y el ver el hombre por la misma experiencia lo poco que puede fiar de los hombres, y el engaño grande que pasa en la vida, que nadie es querido por lo que es en sí, sino por lo que representa de fuera, que como no es suyo ni firme, así no lo son sus amigos. Mas son de considerar las palabras: que a los hermanos que el deudo los hace cercanos, dice, que los hizo alejar; y a los conocientes, que son como familiares, dice que hizo extranjeros, y a los que antes se le acercaban, los

detuvo poniéndoles freno, y puso olvido en los que tenían de él conocimiento y memoria; y a sus criados hizo que le mirasen con ojos de extraño, que fue poner a cada uno, no diferente de lo que antes era como Job, sino contrario de lo que era antes, para hacer más dolor.

Y pasa adelante, y dice:

16. A mi siervo llamé, y no responde; con mi boca me apiadaba a él. Duro es mirar los siervos como extraño al señor; mas durísimo, llamados, no responder y, rogados, volverse de otra parte. Con mi boca, dice, me apiadaba a él, esto es, no por tercero, sino por mí mismo le llamaba, significando mis lástimas; que esto llama apiadarse, quejarse del mal que sentía y pedir que de él se apiadasen.

Y dice más:

17. Mi aliento extrañó mi mujer, y apiadéme por hijos de mi vientre; en que dice lo postrero del encarecimiento. ¿Qué no falta cuando la mujer, que es una misma cosa con su marido, le aborrece y le falta? Mi aliento, dice, y la sucesión de mi casa; huyó mi mujer, y ni, rogada, quiso admitir mis abrazos.

Más:

18. También perversos me despreciaron ausentábame, y hablaban contra mí. Mucho duele en la adversidad faltar los amigos, mas no duele menos ver también lo que los enemigos se gozan. Y porque no faltó a Job ni este dolor, dice agora que los perversos, que son los que por sus pecados estaban mal con sus virtudes de él, alegres con su caída, le despreciaban y, en apartándose de ellos, hacían burla y mofa. Y, por concluir de una vez, añade generalmente diciendo:

19. Aborrecieron todos los varones de mi secreto, y los que amé fueron contra mí. Varones de su secreto llama a los que fiaba su alma, y con quien no tiene cosa partida, esto es, los más verdaderos y íntimos amigos suyos, a los que él más amaba y de quien debía esperar ser amado; en que, de camino, nota a los que tenía presentes.

Y añade:

20. A mi cuero, consumida la carne, se apegó mi hueso, y escapé con solo cuero sobre mis dientes; que la calamidad y pérdida de los amigos, bienes, salud, y la congoja que por esta causa le vivía de contino en el alma, habían de gastar forzosamente la carne y sacar afuera los huesos.

Por donde añade con razón:

21. ¡Apiadadvos, apiadadvos vosotros de mí, mis amigos, porque mano del Señor tocó sobre mí! Porque un estado tan miserable, cual el que Job así ha pintado, a los extraños cuanto más a los amigos, movía a piedad y no a aspereza: a razones de consuelo y no a disputas pesadas; a palabras blandas y no a dichos afrentosos. Y, cuando otra cosa no hubiera, la razón que dice lo prueba; porque a quien Dios hiere y sobre quien su pesada mano carga, añadirle más mal es perder todo el sentido del hombre y ser más cruel que las fieras. Y así dice:

22. ¿Por qué me perseguís como Dios, y de mi carne no vos hartades? ¿Tan blando os parece, dice, el que me azota y castiga, que es menester añadir vuestra dureza a la suya? ¿Por qué me perseguís, como Él me persigue? Como dando a entender que perseguirle Dios a él, había de ser causa en ellos para que se condoliesen y no para que le persiguiesen de nuevo. Y no solo dice que le persiguen, sino que imitan a Dios en la manera de la persecución.

Y dícelo porque Dios le maltrataba siendo siervo suyo, y ellos siendo su amigo; Dios le azotaba sin culpa, y ellos sin haberles hecho ofensa; Dios le envió trabajos, cuando pudiera esperar galardones; ellos, cuando venían a consolarle, se volvieron contra él reprehendiéndole; Dios no se satisfacía con herirle de una manera sola, y ellos no parecían verse hartos de consumirle las carnes, esto es, de afligirle y acabarle la vida.

O, por decir verdad, con verle consumido en la hacienda, en la familia, en la salud, en el cuerpo, no contentos con esto, le querían destruir el alma y manchar su inocencia, y en cierta manera fatigarle hasta que desespere. Contra lo cual, así como lo entiende, se apercibe y arma luego y como hace profesión de su esperanza y su fe, y desea dejarla escrita en memoria perpetua para desengaño así de los presentes como de los que vinieren después.

Y por eso dice:

23. ¡Quién me diese agora, y fuesen escriptas mis palabras; quién diese en libro, y fuesen esculpidas! Mis palabras, dice, esto es, las que quiero decir, y luego diré escriptas, dice, en libro que lo que añade esculpidas, pasa con lo que viene adelante, que es:

24. ¡Con péndola de fierro y plomo para siempre en peña fuesen tajadas! Que como dijo libro, corrigióse luego, viendo que los libros se acaban presto, y

su deseo era eterno; y así no quiere ya libro, sino una peña dura en que se esculpan. Y dice péndola de fierro y con plomo, porque se abren las letras con escoplo o cincel en la piedra, y después se hinchen de plomo vaciado. Pues en este libro, ¿qué escribe? El testimonio de lo que cree, para que a todos conste de su verdadera y firme esperanza.
Que es:
25. Yo conozco que mi Redentor vive, y que a la postre sobre polvo me levantaré. Aunque, dice, me aflijo y me querello y parece que me quejo de todo, no entendáis por eso que no reconozco que hay Dios, y que tiene providencia del mundo y que mira las cosas de los suyos con cuidado especial; sé que hay Redentor, y Redentor mío, y que vive. Y no solamente dice sé, sino y yo también sé, como diciendo que no ignora lo que ellos saben, o que la gravedad de los males no le quita el conocimiento y memoria; sabe él también que hay Redentor, y Redentor para él, y que, aunque lo presente, le aflige, esta esperanza le asegura y consuela. Sabe que hay Redentor, en que profesa y profetiza la venida de Cristo, y sus dos naturalezas, humana y divina.
Porque en decir que vivía entonces, cuando nacido no había, dice que es Dios que vive siempre; y en llamarle Redentor suyo, dice que ha de nacer hecho hombre. Porque la palabra original goel, que es aquí redentor, significa propriamente el que por vía de deudo libra a su deudo o su hacienda, y la toma para sí por el tanto, como se ve en los libros de Moisés y de Ruth en muchos lugares. Pues si el que espera Job aquí redimirá a Job por su deudo, síguese que será hombre como él, como lo es de hecho, y convino que lo fuese, para redimirnos y para por el tanto de su preciosa sangre restituirnos a la libertad de la vida, y librarnos de la muerte a que nos pretendía sujetar el demonio.
Así que sabe Job que tiene Redentor, Dios y hombre, y se consuela en medio de sus males con esto, porque siempre fue, y siempre es y siempre será el único y total consuelo del justo el Mesías, en quien Dios tiene puesto todo el bien y todo el reparo de sus criaturas. Y como los que esperan alguna bienandanza excesiva, y de ella están ciertos, se conservan alegres en los males con saber que presto son reyes, así halla consuelo el bueno poniendo en Cristo los ojos en cualesquier trabajos que vengan, no solo porque ve en él el remedio de ellos, que es sin ninguna duda la particular medicina de todos, sino porque esto solo que es considerar tanto bien, como es tener tal hermano, borra cual-

quiera tristeza. Y luego que se considera la alma que somos herederos con Él, y que habemos de vivir de su espíritu como juntos con Él en cuerpo, señores de su reino sin fin, huella generosamente sobre todo lo que en esta vida es trabajo, y lo desprecia y casi no lo echa de ver.

Pues Job, como quien bien lo sabía, con razón se consuela con ello; y así los sagrados profetas en muchos castigos tristes que anuncian, siempre y a la fin vuelven sus razones a Cristo, y con la profecía de su dichosa venida reducen la tempestad de sus amenazas a serenidad alegrísima, que es lo mismo que Job hace agora.

Yo sé, dice, que mi Redentor vive. No me oprime, dice, tanto este mal que siento, que no me levante mucho más y me aliente esta rica esperanza. Redentor tengo, y mi deudo, que no me dejará cautivo ni siervo; Redentor tan poderoso que, antes que venga, vive, y tan amoroso que vendrá hombre vestido de carne.

Y dice, y en lo postrero sobre polvo me levantaré; que pone la postrera obra y el último efecto que en nuestro beneficio causa la venida de Cristo, que es la resurrección de la carne a gloriosa y inmortal vida; porque en él se rematan y perfeccionan los demás efectos, y en una cierta manera se encierran todos. Que en el hombre resucitado y glorioso se ve junto y acabado todo lo que en bien del hombre Cristo hizo con la eficacia infinita de su virtud, y vese la criatura nueva, perfecta. Y así Job, por decir con una palabra todos los bienes que de Cristo espera y con cuya esperanza respira, hace memoria de su sola resurrección. Aunque es verdad que, según el original, estas postreras palabras, al parecer, hablan con Cristo también, porque dicen y en lo postrero sobre el polvo se levantará, para decir que el tiempo de su venida será el tiempo postrero, como las Sagradas Letras en otras partes lo dicen. Porque de las edades del mundo, esta que comenzó después que vino Cristo y que va corriendo todavía, es sin duda la postrera, porque no le sucederá otra cuando feneciere, sino fenecerán juntos ella y el siglo. Y aún podemos entenderlo también de su venida segunda, en cuanto dice que del polvo se levantará; que es como decir que, cuando todo cayere, se levantará Él y, vueltos en ceniza y polvo todos los hombres, aparecerá Él, vivo y levantado juez, en alto para llamarlos a vida. Y viene con esto bien lo que dice:

26. Y tornaré a cercarme mi cuero, y en mi carne veré a Dios, porque el tiempo de resucitar a nueva vida los muertos es junto con el tiempo del venir al juicio del Juez. Y para que se entienda que habla aquí de esta venida y juicio con propriedad, nombra a Dios en este lugar con el nombre que significa este oficio, porque le nombra Eloah, que significa el juez.

Y dice que le verá en su carne, o porque le verá, no su alma sola, sino su carne también y sus ojos corporales, que entonces tornarán a la vida, o por que el juez viste carne y es hombre, por cuanto la humanidad de Cristo, o Cristo en cuanto hombre, ha de ejecutar el juicio. Y lo que decimos, tornaré a cercarme mi cuero, el original a la letra dice: Y después que éstos horadaren mi cuerpo, o después que este mi cuero horadado fuere y deshecho, veré a Dios en mi carne; que es, tornaré resucitando a la vida y veré a Dios en ella, que viene a ser la misma sentencia. En la cual Job, como se puede colegir de lo dicho, profetiza y confiesa la encarnación de Cristo y sus dos naturalezas humana y divina, y la venida segunda al juicio y el tiempo de ella y la cualidad del juez y la resurrección de los muertos y la vista que tendrán los buenos de Dios.

Y así dice:

27. Al cual yo veré por mí, y mis ojos le verán y no extraño. Esta esperanza reposa en mi seno. No le verá otro por mí, sino yo mismo le veré, porque cada uno le verá según su medida y según la capacidad que hace Dios en él por sus méritos, y no según los ajenos, como el Apóstol dice, que pagará según sus obras a cada uno. Y reposa, dice, esta esperanza en mi seno, para decir que está firme en él la esperanza de esta verdad, y tan metida en su seno, que ninguna mano de mal la sacará de él, y que con ella reposa.

Aunque el original usa en esto de otra figura, porque dice: Acabáronse mis riñones en mi seno; porque riñones tienen en la Escritura significación de deseo. Y así decir que sus deseos se resumen todos en su seno, es decir que se encierran todos y se concluyen en aquella esperanza con que se reposa y consuela.

Concluye:

28. Pues ¿por qué decís: Persigámosle, hallemos contra él raíz de palabra? Y pues, dice, confieso yo y conozco esto, pues espero en Dios y confieso que, acabada ésta, hay otra vida mejor que ha de dar Dios a los suyos, pues afirmo que ha de tener cuenta con ellos, ¿por qué os persuadís de mí que soy

impío, y por qué os conjuráis contra mí y decís que será bueno acosarme para sacar de mí alguna palabra que haga pública la secreta maldad de mi pecho? Acosémosle, decís, y demos en él, que así sacaremos de él raíz de palabra, esto es, así descubriremos la raíz de esta su demasiada impaciencia. Y no solamente sois poco piadosos conmigo, y no solo me añadís más tormento, mas también me maliciáis las palabras y juzgáis con determinación que soy impío y procuráis que me descubra serlo por las muestras de fuera.

O digamos, porque el original lo concede, de aquesta manera: Por lo cual diréis: ¿Por qué le perseguimos? Y raíz de cosa hallada en mí. En que significa que les debe ya pesar a sus amigos, o que es justo les pese, de la contradicción que le han hecho.

Dice: Por lo cual diréis, esto es, diréis que, pues yo conozco y confieso lo dicho, ¿por qué le perseguimos? Esto es, mal hacemos en perseguirle. Y raíz de cosa hallada en mí, esto es (mudando la persona), pues es hallada en él raíz de palabra, que quiere decir, pues habla con fundamento y trata verdad en lo que dice y se afirma en verdadera esperanza.

Porque, dice, si no volvéis la hoja y decís y hacéis lo que os digo:

29. Temed de la faz de la espada, porque vengador de delictos la espada, y sabed que hay juicio. Dice, porque, si no, podéis temer el castigo, que eso llama la espada y entiende él de Dios; y por eso dice que vengador de delictos la espada, porque el de los hombres muchas veces es castigador de virtudes. Y dice bien el original, que dice saña, por decir vengador, porque la espada de Dios es saña de delictos porque mira a ellos y no a los delincuentes, y aborrece la maldad, pero no la persona del malo; al revés de lo que aviene en el tribunal de los hombres, a do las más veces el odio de la persona desenvaina contra el delicto el cuchillo. Y finalmente, dice, sabed que hay juicio, esto es, juicio por excelencia, que descubrirá vuestras malas intenciones en público y les dará su pena, sin torcerse ni por temor ni por ruego.

Capítulo XX

1. Respondió Sofar, el nahamatés, y dijo:
2. ¿Por qué pensamientos míos me revuelven, y por qué va y viene en mí mi sentido?

3. Doctrina con que me arguyes oiré, y espíritu entendimiento mío me responderá.
4. ¿Por ventura no sé yo esto de siempre, desde que se puso hombre sobre la tierra?
5. Que cántico de malos de cerca, y alegría de hipócritas hasta momento.
6. Si subiere al cielo su alteza, y su cabeza tocare las nubes.
7. Como estiércol para siempre perecerá: los que le vieron dirán: ¿Adónde él?
8. Como sueño volará, y no le verán; será conmovido como visión de las noches.
9. Ojo que lo vio, no añadirá, y no lo verá más su lugar.
10. A sus hijos ablandará la pobreza, y sus manos retornarán su dolor.
11. Sus huesos son llenos de sus vicios, y con él yacerán sobre el polvo.
12. Si se endulzare en su boca maldad, cubijarla ha debajo su lengua.
13. Endurarla ha, y no la dejará; y contenerla ha en su gargüero.
14. Su pan en sus entrañas se convirtió en fiel de escorpiones, allá bien de dentro.
15. Haber tragó, y gomitólo; el Señor lo desterrará de su vientre.
16. Cabeza de áspide mamará, y matarlo ha lengua de víbora.
17. No verá corrientes ríos, y arroyos de miel y manteca.
18. Pagará lo que hizo, y no será consumido; padecerá conforme a sus muchos embustes.
19. Porque quebrantó y dejó mendigos; casa robó y no la fraguará.
20. Porque no supo pacificarse en su vientre, y en su deseo no alcanzará libertad.
21. No restó de comer, y por tanto no permanecerá su bien.
22. Cuando abondo se rellenare, angustia será a él; toda mano de desventura le acometerá.
23. Sea que se hincha su vientre, enviará en él la ira de su furor, y lloverá su guerra sobre él.
24. Fuirá de arma de fierro; pasarlo ha arco acerado.
25. Desenvainó y sacó de su vaina, y relampagueó en amargura; andarán sobre él miedos.
26. Toda escuridad ascondida para su ascondimiento; comerlo ha fuego no soplado, será quebrantado remanecido en su tienda.

27. Descubrirán cielos su delicto, y tierra se levantará contra él.
28. Será descubierto el pimpollo de su casa, y cortado en el día del furor del Señor.
29. Esta es la parte que de Dios lleva el malo, y la heredad que por su estilo ha de Dios.

Exposición
1. Y respondió Sofar, el nahamatés, y dijo. No responde a lo que decía Job en el capítulo antes de éste Sofar, sino habla agora sobre lo que ya pasó en el capítulo 12, donde Job dijo que pasaban su vida en paz muchos malos; que habiendo sobre ello pensado, le parece ser falso y no lo calla, porque se tiene por afrentado en callar.
Y así dice:
2. ¿Por qué pensamientos míos me revuelven, y por qué va y viene en mí mi sentido? Que a mi parecer es pregunta con que Sofar se incita a sí mismo, y se dice: Pues ¿para qué tengo yo entendimiento y sentido, conviene a saber, si en esta coyuntura callo, oyendo lo que oigo a mis oídos? ¿Por qué, dice, pensamientos míos me revuelven?; esto es, ¿para qué tengo o de qué me sirve tener pensamientos sabios? Que tales son los que ponen al hombre freno, y le vuelven y revuelven como caballo. Y la palabra original porque decimos aquí revolver, cuando se dice de las cosas del ánimo, ordinariamente significa la vuelta que hace al bien, cuando se retira del mal. Y así aquí pensamientos que me revuelven, propriamente son pensamientos que me refrenan y me llaman al bien siempre, enseñándome la naturaleza de la virtud y del vicio, y lo que a Dios se debe y lo que amenaza y promete. Pues estando, dice, dotado yo de saber, y viendo tu ignorancia o blasfemia, ¿será por ventura bueno callar y poner sobre la boca el dedo? No será sino afrentoso.
Y así luego añade:
3. Doctrina con que me arguyes oiré, y espíritu entendimiento mío me responderá. Dice el original a la letra: Doctrina ignominia mía oiré, como diciendo, que su doctrina será su afrenta y que así se lo dirán en los ojos, porque, siendo docto, si en ocasión semejante calla, dirán que es ignorante y que se emplea mal en él el saber. Y dirán también lo que dice, que su entendimiento es espíritu, esto es, viento y aire vanísimo. Y dice que le responderá, porque

le dirá o podrá decir cualquiera que quisiere, que es aire su ingenio y que su estudio es vanidad y sus letras sin fructo.

O podemos declarar estos dos versos así: Por tanto, pensamientos míos me revuelven, etc. De manera que no pregunte ni se despierte a hablar, sino antes, pues torna a hablar, dé la razón por que torna y diga así: Por tanto, esto es, por lo que dijiste poco antes de agora, cuando afirmaste que pasan prósperamente los malos, por eso mis pensamientos me revuelven, o se revuelven en mí, esto es, no me dejan sosegar, antes me fuerzan a que hable; y por la misma causa mi sentido anda en mí, esto es, me despierta a razonar mi sentido. Y añade: Doctrina con que me arguyes oiré; en que dice, yo hablaré, porque mi sentido me fuerza, y oiré también, si tendrás saber para argüirme de falso, y si lo intentares, el espíritu de mi entendimiento te responderá. Y como quiera que aquesto se entienda, habiendo con ello Sofar dado principio a su plática, entra en la disputa luego, y propone.

4. ¿Por ventura no conozco yo esto de siempre, desde que puso hombre sobre la tierra?

5. Que cántico de malos de cerca, y alegría de hipócritas hasta momento. Pregunta, y aunque pregunta, no duda, mas antes afirma, porque esta manera de dudar es afirmar con más fuerza. Pues afirma ser cosa manifiesta y sin duda que siempre y desde que el mundo es, a los malos y hipócritas se les vuelve en un abrir de ojo la buena suerte, y que su felicidad en mostrando se asconde; al revés de lo que Job en el doceno dijo a este mismo, que muchos robadores y tiranos viven en abundancia y que les suceden a su gusto las cosas, mientras les dura la vida. Por manera que convienen entrambos en que hay malos prósperos; pero diferéncianse en que Job dice que duran algunos de ellos en su prosperidad mientras viven, y Sofar afirma que en breve y antes que mueran vienen todos a caer en miseria y por la misma razón que no han de ser llamados felices porque la felicidad de su sostancia es perseverante y muy firme. Dice, pues: Yo sé, y es cosa averiguada, que desde que hay hombres, el cántico de los malos, esto es, su alegría y prosperidad, si alguna vez llegan a ella, de cerca, esto es, está cercana a su fin y se acaba luego; o de cerca, dice, queriendo decir que es moderna y nace presto y crece con priesa, infiriendo de ahí que viene a menos luego y se seca con la misma presteza, porque al paso que las cosas crecen, al mismo fenecen según ley natural. O está cerca el

cántico de los malos, porque trae su paga presente, y los bienes de ellos son de los que luego se dan, o son de los que tienen el bien en lo cercano, esto es, y en la apariencia y en las sobrehaces de fuera. Y aun por la misma razón le da nombre de cántico y cantar al vivir ellos en dicha, porque es cosa de sonido y no de sostancia, cosa que deleita al oído y se va con el aire. Y a ese mismo propósito, y alegría, dice, de hipócritas hasta el momento, porque muere, a lo que quiere decir, en naciendo. Y llama malos y hipócritas, no a todos los que ofenden a Dios, sino con especialidad de dos maneras de hombres: malos, a los que son impíos, que es un género de gentes que ni sienten bien de Dios, ni tienen humanidad con el prójimo, que su Dios son ellos mismos de sí, y en todas las cosas se buscan; hipócritas, a estos mismos, puestos en gobierno y poder, porque con título de justicia ejecutan su violencia, y llamándose gobernadores destruyen, y profesándose guardas de la comunidad y su ley, negocian solos sus intereses. De éstos, pues, dice Sofar que su cántico es de breves compases, y que su alegría, luego que se despliega, se cierra; que puede ser que florezcan, pero no que dure ni persevere su flor.
Y dice más:
6. Si subiere hasta el cielo su alteza, y su cabeza tocare las nubes.
7. Como estiércol para siempre perecerá; los que le vieron dirán: ¿A dó él?
No solamente, dice, caen presto, pero caen a la medida que suben, y cuanto más se ensalzan, tanto más bajan y con mayor ligereza. De manera que su grandeza cuanto es mayor, tanto los dispone a mayor miseria; y no solo no les sustenta, mas antes los empele y derrueca, que es sin duda cosa que casi siempre acontece. Y conforme a razón, porque el edificio mal fundado cierto es que, cuanto sube más, tanto es mayor su peligro, y que esa misma alteza suya es la que le envía al suelo.
Y en las costumbres tiene aquesto más fuerza; porque las cosas con que el malo más se engrandece, que son las injusticias y despojos ajenos, y los robos y las tiranías, y el estilo profano y vicioso, les gasta las raíces en que se sustentan y se las enflaquecen sin que ellos lo sientan. Porque para con Dios los hacen más dignos de ser derrocados, y para con los hombres crían envidia en unos y enemistades en otros, con que se multiplican los que los han de derrocar.
Dice en la misma sentencia:

8. Como sueño volará y no le verán; será conmovido como visión de las noches. En que engrandece con semejanzas la poca sostancia de esta felicidad de que habla y lo presto que pasa. Dice que es como sueño y como visión de tinieblas, que son cosas que parecen mucho al sentido que suena, que se deshacen luego y que no dejan rastro de sí. Así esta prosperidad violenta parece grande, pero a los que la sueñan, quiero decir, a los que tienen trabados los sentidos con el sueño de estas cosas visibles; mas pasa luego, porque en despertando se pasa, y despiértase con un pequeño ruido y no queda rastro de ella, si no es en la memoria el dolor.

Y por eso dice:

9. Ojo que lo vio no añadirá, y no le verá más su lugar. No añadir dice, esto es, no le tornará a ver, y no verá más su lugar, porque no dejan en él raíces que le renueven.

En que dice por figura lo que declara luego, que dice:

10. A sus hijos ablandará la pobreza, y sus manos retornarán su dolor. Que por eso no quedará de él rastro, porque sus hijos, en quien los hombres pueden vivir, perecen también, o para mayor dolor de los caídos padres, quedan hambreando y mendigos. Dice, pues, que a sus hijos ablandará la pobreza, porque es proprio de los que mendigan pobres, como traen los ánimos humillados, ser lastimosos en las palabras, digo, pedir que les hayan lástima en ellas, y decir blanduras a este propósito y halagüeñas razones para despertar piedad en los otros.

Es verdad que el original a la letra dice de esta manera: Sus hijos aplacarán mendigos, de arte que ellos hablarán con sumisión y con blandura a los pobres; que es significación de una pobreza extremada, en que llega uno a tener necesidad de los que la tienen, y le es forzoso, para alcanzar su socorro, el hacerles plegaria y lisonja. Mas en lo que añade después, y sus manos retornarán su dolor, dolor llama el que el malo hizo en los otros a quien agravió con injuria, porque la palabra del original significa robo y violencia y las causas de ella, que son valentía e injusticia y mentira, y los efectos en quien padece, esto es, aflicción, angustia y dolor.

Pues dice, o que sus manos del padre injusto restituirán, padeciendo en los hijos pobres el dolor y aflicción que él hizo con su violencia en los otros, o que sus hijos serán ejecutados por los robos que hicieron sus padres, y sus manos de ellos tornarán lo que las de los padres hurtaron; o que las manos que sus hijos pobres extenderán mendigando, se tornarán con dolor a ellos; con dolor, digo, del que fueron causa sus padres, esto es, que las tornarán vacías y sin hallar socorro ninguno, en pago de los que el padre hizo pobres. Y como él sin piedad despojó sus vecinos, así no habrá ni deudo, ni vecino que tenga piedad de sus hijos; y que pagará como hizo, y lo que pecó, con arte, en secreto pagado a sus entrañas, lo castigará Dios en lo público.

Que es lo que añade:

11. Sus huesos serán llenos de sus vicios ocultos, y con él yacerán en el polvo; que sus vicios ocultos llama las maldades con que los hombres de este género recogen a sí las haciendas ajenas, que son muchas y diferentes entre sí, y todas artificiosas y ocultas. De las cuales dice que tendrán llenos los huesos, o porque les penetra a los tuétanos aquesta maldad, y andan siempre metidos en ella y embebecidos en sus marañas y estudios, y siendo en esto agudísimos, para el conocimiento de la verdad apenas tienen sentido; o porque se les apegan a los huesos, esto es, a sus entrañas y a su mayor fortaleza, que son sus hijos, porque pasa la pena en ellos y duerme con ellos en el polvo, sin techo, pagando en los ojos del mundo lo que los malos padres con máquinas secretas hicieron.

Que es lo que luego se sigue:

12. Si se endulzare en su boca maldad, cubijarla ha debajo su lengua.

13. Endurarlo ha, y no la dejará; contenerlo ha dentro su gargüero. En que, o dice la manera como se han estas sus máquinas, o con una risa falsa se burla del mal fruto que de ellas sacan, y de lo mal que al fin les suceden. Y digamos de lo primero: habla del logrero y del violento y del que con artificios exquisitos y injustos trae a su casa lo ajeno, y se hace rico a sí haciendo pobres a muchos, y habla de él por semejanza de lo que al goloso o al glotón acontece. Y dice que, como cuando uno es goloso de algún manjar o halla particular gusto en algo que come, se detiene en ello y lo endura y lo encubre a los otros porque le quepa más parte, y se saborea en él trayéndolo por el gusto para alargar el sabor, y finalmente lo traga; así éstos, luego que descubren o con su ingenio inventan la presa, luego que ven algún secreto interés, lo callan porque nadie lo entienda, y como manjar dulce lo dan a la boca, que lo

encubre sobre la lengua y lo encomienda a los dientes, y lo pasa con codicia al estómago.

Pues dice: Si se endulzare en su boca maldad, esto es, si les viniere a las manos algún trato o algún recambio o algún despojo injusto que le parezca provechoso y gustoso, ponerlo ha en la boca, y cubijarlo ha debajo la lengua, esto es, tenerlo ha secreto sin dar parte a ninguno. Endurarlo ha, que es decir, saborearse ha en ello, y no lo dejará de la mano, y contenerlo ha dentro de su gargüero; esto es, hará en él presa y tomará posesión. Y esto es lo primero.

El segundo es una mofa secreta, insistiendo en la misma semejanza, y diciendo: Si bien le supo la tiranía y el robo, si se le hizo en la boca miel, y la rodeó por la lengua; si la comió con gusto, y para que le durase más, poco a poco y como manjar sabroso lo encubrió y lo tragó, buen provecho le haga, tome lo que halló después de haberlo comido.

Que es lo que añade:

14. Su pan se convirtió en hiel de escorpiones, allá bien de dentro. En hiel de escorpiones, es decir, en ponzoña; y allá bien de dentro dice, para encarecer más el daño, que el veneno, cuanto penetra más, se remedia peor. Por manera que, si lo comió con gusto y codicia, comido, se le convirtió luego en ponzoña y se le derramó por las venas. En que significa el mal efecto que hace lo mal ganado en la alma y en la vida; que, al recoger, parece dulce y, recogido, es amargo; da esperanza de vida y, metido en casa, acarrea muerte; tiene apariencia de prosperidad, y derrueca en calamidad a su dueño; y es como espía disimulada, y como alquimista engañoso, que, metido en casa y prometiendo de hacerla rica, la gasta y empobrece y trae a la postrera miseria.

Su pan, dice. Bien llama pan y mantenimiento al logro y al robo secreto y a las redes con que los injustos prenden las haciendas ajenas, porque no hay manjar tan gustoso, como a los malos es el trato de semejantes maldades. Y es digno de considerar que estas cosas, cuando las tratan, les acarrean deleite, y cuando las poseen y tienen como en las entrañas metidas, les acarrean bascas mortales, porque, en lo primero, engaña la apariencia de fuera y, en lo segundo, hace su obra la sostancia de las mismas cosas, que es ponzoñosa y mortal.

Prosigue:

15. Haber tragó, y gomitólo; y el Señor lo desterrará de su vientre. Lleva todavía adelante su semejanza; tragó, dice, para declarar la codicia y ansia con

que se meten éstos en las haciendas ajenas, y para decir que no se contentan con parte, sino que todo lo tragan. Y como acaece a los muy comedores que, porque hinchen sin medida el estómago y porque sin cortarlo con los dientes lo tragan, lo tornan luego feamente a volver, así éstos, llenos y cargados de lo mal adquirido, vomítanlo, no porque ellos querrían, sino porque el Señor, como dice, lo desterrará de su vientre. No solo, dice, lo sacará, sino lo desterrará, esto es, lo apartará muy lejos de él, y de manera que no lo puedan volver; porque los tales, cuando caen, no se levantan, y cuando vienen a pobreza no vuelven a ser ricos, y la calamidad cuando les viene, les viene de asiento, diferentemente de lo que acontece a los buenos, de quien dice el Sabio: Siete veces en el día cae el justo y se levanta. Y porque a la caída que no vuelve a subir y a lo que no tiene remedio, se sigue la desesperación, por eso añade también luego:

16. Cabeza de áspide mamará, y matarlo ha lengua de víbora. Mamará, entiende, la áspide a él, y no él a la áspide; que es decir, que desesperado de verse caído sin remedio, él mismo se procurará la muerte. Y pone un género de muerte voluntaria de los que más se usaban en tiempos antiguos, que era acabar la vida aplicando a sí un áspide, como de Cleopatra se lee, o otro animal ponzoñoso que, mordiendo o chupando la sangre, derramaba por las venas con poco dolor su ponzoña. Que es caso merecido, los que despojan de la vida a los otros y los que beben la sangre y la hacienda inocente, que ellos mismos busquen quien les beba y quien les emponzoñe la suya; y que negocien con los animales fieros que les maten, los que fueron como basiliscos para sus prójimos; y los que no se contentaron con la medianía debida, por huir de la vida, se procuren ellos la muerte.

Y así dice:

17. No verá corrientes ríos, y arroyos de miel y manteca. No verá, dice, esto es, no le plugo ver ríos de miel y manteca es rodeo que significa la vida rústica y la granjería inocente del campo. Pues dice que padecen con justicia los tales, pues no se contentaron con las herencias de sus mayores, y despreciaron la abundancia que da la cultura del campo, que es santa y sin injuria de algunos, sino, llevados de la hambre del excesivo poder, buscaron y amontonaron injustas riquezas.

Por donde sucede que, como dice:

18. Pagará lo que hizo, y no será consumido padecerá conforme a sus muchos embustes. O como dice el original a la letra: Tornará trabajo y no tragará; como grande haber su contratación, mas no se regocijará. En que significa que tornará a rendir la presa que ya tenía en la boca, y no le quedará en el estómago. Y llama trabajo y aflicción a la usura y al robo en que hizo presa, por el que da a quien lo padece y lo paga.

Y así dice que restituirá lo mal que ganó con trabajo y aflicción de los otros, y que por mayores y más ricas que sus contrataciones sean, y aunque tenga un grande haber, esto es, muchos millones de crédito, al fin no se regocijará, esto es, sacará de ellos mal fructo. Y aun adonde decimos torna o restituye, podemos decir así: hace tornar y pagar aflicción y no tragará, en esta sentencia, que por cuanto hizo que le retornasen sus dineros con logro y afligió a su deudor con usuras, que por eso ni gozará de ellos ni de su trato, por mayor y más grueso que sea.

Que se ve ser así por lo que añade:

19. Porque quebrantó y dejó mendigos; casa robó y no la fraguará. Porque este verso declara el pasado, y dice con palabras abiertas lo que el pasado significó por figuras. Porque, dice, quebrantó con intereses las haciendas ajenas, hasta reducir a mendiguez a sus dueños y porque robó la casa ajena, por eso no fraguará la suya. Y usó con elegancia y con significación de esta palabra fraguar, porque no fraguar la obra es no juntarse bien las partes de ella, que son diferentes, ni incorporarse unas con otras; por donde fácilmente después se desatan y caen; de manera que, después de hecha y trabajada por no fraguarse, se pierde.

Y es en éstos de la misma manera; que negocian y trabajan y velan y añaden dinero a dinero y rentas a rentas y heredades a más heredades, y parece que suben con sus casas y mayorazgos al cielo; mas, al fin, no fraguó la obra por su injusticia, y vienen al suelo.

Dice más:

20. Porque no supo pacificarse en su vientre y en su deseo, no alcanzará la libertad; en que toca la vena de toda aquesta miseria. Que a la verdad el no pacificarse el hombre consigo, esto es, el no contentarse con su estado, ni tener paz con su suerte, ni tirar al deseo la rienda y contentarse con lo nece-

sario y no apetecer lo superfluo, es lo que turba y hincha de trabajos y de sucesos desastrados la vida.

Por donde la medianía, al medirse cada uno consigo, es loado por todos. Salomón dice: Ni me des, Señor, riqueza o pobreza; lo necesario para la vida te pido. Y Sant Pablo nos amonesta que nos contentemos con lo que tuviéramos, y dice con encarecimiento los peligros en que incurren los que desean ser ricos; y los escritores gentiles ponen en muchos lugares muchas cosas bien dichas de lo que es medianía, que por ser ordinarias no se refieren agora. Prosigue:

21. No me dejó de su comer, por tanto, no permanecerá su bien. Ha dicho los males que cometen estos de que habla, y por cuya causa Dios los castiga; dice agora los bienes que dejan de hacer, que también los sujetan al castigo de Dios. Ha dicho que eran logreros y inventores de maneras con que despojar a sus prójimos; dice que también son no piadosos, sino escasos con los necesitados en el repartir de sus bienes. Y ¿qué maravilla que quien tiene ánimo para hacer pobres, no tenga piedad con los que lo son, y que quien roba lo ajeno sea escaso en el repartir de lo suyo? Mas aunque no es maravilla, antes cosas que se siguen la una a la otra, pero agrava mucho aquesto segundo; porque, aunque la limosna de lo robado es poco acepta, pero el ánimo compasivo y la afición piadosa acerca del pobre, puede mucho con Dios y es grande disposición para traer a mejor disposición al que peca. Y el hincar los ojos en la necesidad de los otros y el procurar remediarla, a las veces pone freno a la codicia de despojarlos, y en cierta manera la tiempla y detiene. Y, en fin, tiene algo de sano el ánimo piadoso; y la mano limosnera, aunque sea también robadora, no es toda mala; mas el que hace por una parte pobreza y por otra es despiadado con ella, ése desafiuciado es.

Y de él habla agora Sofar, y dice: No dejó de su comer, y por tanto no permanecerá su bien. Y habiendo tan diferentes limosnas, hace memoria de esta sola, que es dar algo de lo que come, cuando come, a los pobres; porque es argumento que falta en todas quien en ésta falta, que es la más fácil. Porque aun a los perros se dan entonces las sobras, y el mismo comer y beber alegra el ánimo entonces y le ensancha y como le convida a ser liberal; por donde el que allí no lo es, es desapiadado y lacerado sin término.

Y júntase a esto que la limosna que de lo que se come se hace, es limosna sin costa, porque está hecha ya; y así lo que se da no sale de la bolsa, sino quítase al vientre, digo, a la demasía y a la glotonía. Y verdaderamente entonces pide y demanda para el pobre, no solo él, sino ese mismo que come, y la experiencia que de sí hace y su misma hambre y necesidad de comer, que son como unas voces secretas. Porque en el tomar del manjar ve la necesidad que dél generalmente se tiene, y en el gusto de la comida conoce cuánto mal se padece la hambre, y el reparo que hace en él lo que come le va avisando a la oreja, y trayendo a la memoria el desfallecimiento en que viven los que no tienen que comer.

Por lo cual, o es muy sordo el ánimo que no oye estas voces, que tan de cerca le hablan, o muy duro y cruel el corazón que no se ablanda con ellas, siéndole tan naturales y proprias. Y por tanto, como dice, no permanecerá su bien; que así como la limosna hace que permanezcan los bienes, según lo del Psalmo: Esparció y dio a los pobres, y su justicia permanecerá por los siglos, así la flaqueza de ella enflaquece y hace perecederas las casas.

Y lo que decimos no permanecerá, el original dice no parirá, que es pena bien conforme al pecado, para que le sea escaso el buen suceso a quien es tan escaso, y al de ánimo tan estéril le sean sus bienes estériles, y no pase a los sucesores lo de que no pasó parte a los pobres pequeña.

Y no se acaba la pena aquí, porque añade:

22. Cuando abondo se rellenare, angustia será a él; toda mano de desventura le acometerá. Porque el no repartir de la comida es codicia, y la escasez es deseo de abundar en riqueza. Por eso dice, consiguientemente, que cuando estuviere relleno por medios tan civiles y injustos, entonces le acontecerá lo que acontece a los que se hinchen con demasiados y diferentes manjares, que no caben en sí y, llenos de angustia y congoja y dolores diversos que la pesadumbre despierta, se padecen bascas de muerte. Y así éstos, cuando más llenos y hartos, mete la mano en ellos la desventura y remuévelos, túrbalos y hácelos miserables por innumerables maneras.

Dice:

23. Sea que se hincha su vientre; enviará en él la ira de su furor, y lloverá su guerra sobre él. En que dice lo mismo con la misma semejanza y con otras palabras. Sea que se hinche su vientre, esto es, luego que viniere a estar lleno

(que aguarda Dios que venga la felicidad de éstos a colmo, para que cayendo de ella sientan más la caída), pues luego que hinchieren el vientre, ¿qué será? ¿Qué? Dios, dice, enviará en él la ira de su furor y lloverá su guerra sobre él. Que por el encarecimiento de cada una de estas palabras, ira, furor, guerra, llover, declara bien la muchedumbre, la graveza, el acometimiento fiero de los males que les sobrevienen.
Y aún añade para que se entienda mejor:
24. Fuirá de arma de fierro, y pasarlo ha arco acerado, para mostrar que serán sin remedio; porque el huir de unos será dar en otros, y, declinando los pequeños, caerán en mayores. Y para más significación y demostración de lo mismo, introduce a Dios, que es el castigador de esta gente, con la espada relumbrante en la mano diciendo:
25. Desenvainó, y sacó de su carcax, y relampagueó en amargura, andarán sobre él miedos. Porque, como cuando uno sobreviene a otro, a quien hace ventaja en fuerzas, con el cuchillo alto y relumbrando en la mano, el acometido huye y padece mil miedos, así dice que acomete Dios esta gente que, acometida y medrosa y por asconderse, hará lo que añade:
26. Toda su escuridad ascondida para su ascondimiento; comerlo ha juego no soplado; será quebrantado remanecido en su tienda. Que es decir, que se lanzarán en los abismos de miedo, y por asconderse del furor espantable de Dios, se meterán en fuego que nunca se apague, que eso quiere decir no soplado, esto es, que de suyo arde y por eso nunca fenece. Esto a ellos; mas a sus cosas, ¿qué? Será, dice, quebrantado remanecido en su tienda; esto es, lo que remaneciere de ellas, será desmenuzado y deshecho, porque cielo y tierra y hombres y demonios, todos se conjurarán contra ellos.
Y así dice:
27. Descubrirán cielos su delicto, y tierra se levantará contra él. Del cielo parece que es encubrir, y de la tierra no moverse; y mudarán para el castigo de estos malos su ingenio, para que se entienda la enemistad que toda la naturaleza tiene contra lo malo. O los cielos, que lo ven todo y lo saben, sacarán a luz las maldades encubiertas de éstos; y una vez descubiertas, ejecutará el castigo de ellas la tierra, esto es, los que viven en ella, que son sin duda ejecutores crueles, haciendo muchas veces más de lo que les mandan. Y así sucederá lo que dice:

28. Será descubierto el pimpollo de su casa, y cortado en el día del furor del Señor. O como el hebreo dice: Veis; será cautivo su pimpollo, esto es, que serán éstos arrancados de cuajo, y que no quedará piante ni mamante en su casa, ni pimpollo ni ramos, hojas ni raíz.
Porque como dice:
29. Esta es la parte que de Dios lleva el malo, y la heredad que ha de Dios.

Capítulo XXI

1. Y respondió Job, y dijo:
2. Oíd con atención mis palabras, y haced penitencia.
3. Soportadme y yo hablaré, y después de mi hablar escarneced.
4. ¿Por ventura yo contra hombre me querello, para que no hubiera de entristecerme?
5. Catad a mí, y maravillaos, y poned mano sobre boca.
6. Que yo, si me acuerdo, me turbo, y traba temblor de mi carne.
7. Por causa de que viven los impíos, y se envejecen y pujan en haber y riquezas.
8. Su simiente permanece delante de ellos con ellos; sus pimpollos delante sus ojos.
9. Sus casas tienen paz con el miedo, y no sobre ellos verdugo de Dios.
10. Su buey empreñó, y no desechó; su vaca parió, y no abortó.
11. Envían como greyes sus hijuelos, y sus nacidos dan saltos.
12. Alzaron voz con adufe y con arpa; alegráronse con sonido de órgano.
13. Pasan en bien hasta la vejez con sus días, y en súbito al sepulcro descienden.
14. Y dijeron a Dios: Apártate de nos, y sabiduría de tus carreras no nos aplace.
15. ¿Quién el Poderoso para que le sirvamos? ¿Y qué aprovechamos si amamos a Él?
16. Veis, mas porque no en su mano su bien, consejo de malos se alejó de mí.
17. ¿Cuántas veces candela de malos se amatará, y vendrá sobre ellos su quebranto: repartirá dolores en su furor?
18. Serán como paja delante del viento, y como tamo que le hurtó torbellino.
19. Dios guardará para sus hijos su robo, y pagará a él, y sabrá.

20. Verán sus ojos su quebranto, y de ponzoña del Abastado beberá.
21. Mas ¿qué se le da a él de su casa después de sí y que el número de sus meses se medien?
22. ¿Por ventura avezará sabiduría al Señor, y él juzgará las alturas?
23. Este morirá en la fuerza de su perfección; todo él quieto y pacífico.
24. Sus entrañas llenas de pingre, y el meollo de sus huesos regado.
25. Y éste morirá con alma amarga, y no comerá nunca en bien.
26. Y yacerán a una en el polvo, y los cubijarán los gusanos.
27. Bien conozco vuestros pensamientos y imaginaciones que contra mí falseáis.
28. Qué decís: ¿A dó casa del príncipe, y a dó tiendas de moradas de malos?
29. Preguntad a cualquier viandante, y entenderéis que conoce lo mismo.
30. Que al día de quebranto guardado el malo, a día de furia llevado.
31. ¿Quién le dirá en su cara su camino? Hizo él, ¿y quién se lo volverá?
32. Y será llevado al sepulcro, y sobre montón velará.
33. Adulzáronse a él terrones de arroyo, y en pos de sí traerá a todo hombre, y delante de él no habrá cuento.
34. Pues ¿cómo me conhortades en vano, y en vuestras respuestas remanece falsía?

Exposición
1. Y respondió Job, y dijo: Toda la razón de Sofar en el capítulo pasado fue insistir en que los malos, o padecen siempre en esta vida, o, si comienzan en ella a florecer, se les marchita la flor luego y antes que mueran, se les muere la buena dicha y caen en calamidad y miseria, de que hizo una larga pintura. Job, al revés agora, está en lo que ha dicho y afirma de nuevo que hay malos felices aquí mientras viven, y que pasan sin revés ni desgusto la vida y que, muertos, vive su sucesión y memoria en los hombres.
Y dice:
2. Oíd con atención mis palabras, y haced penitencia. La atención que les pide es que pongan cuidado en entender lo que dice y que no piensen que loa la vida mala, ni menos pone falta en la justicia divina, por decir que los malos en esta vida pasan bien muchas veces; porque ni es premio de la virtud esta dicha visible, ni lo contrario de ella castigo del vicio. Así que pide le entiendan,

y que hagan penitencia de lo mal que de él juzgan; o como el original dice, que sean éstos los cohortes de ellos, esto es, que los consuelos que por su miseria le deben y no se los dan, se resuman en esto solo, y siquiera le consuelen en esto, que es entender con sosiego y sin pasión lo que decir quiere en esto que dice.

Y así añade:

3. Soportadme, y yo hablaré, y después de mi hablar escarneced, como diciendo: Y si hasta aquí no me habéis entendido, sufrid un poco, que yo me declararé agora, y si después os desagradare, burlad de mis palabras y de mí. Y en pedirles que, si les pareciere, se burlen entonces, les pide que no escarnezcan agora; porque, o luego que feneció Sofar, pareciéndoles que había convencido su intento, o en viendo que Job respondía, juzgándole por porfiado y sin seso, con palabras y ademanes mofaban de él unos con otros. Pues dice:

4. ¿Por ventura yo contra hombre me querello, para que no tuviera razón de entristecerme? Prueba que trata verdad en lo que ha dicho, y saca argumento para ello de que se atreve a decirlo; que no es tan loco, que se atreviera a ser falso, sabiendo, como sabe, que habla con Dios.

Esto dice, mas dícelo escuramente así, en la traslación como en el original, que dice a la letra: ¿Por ventura yo a hombre mi plática?, y si, ¿por qué no se acortara mi espíritu? ¿Por ventura, dice, hablo yo agora con los hombres? (infiriendo como manifiesto que no habla con ellos, sino con Dios, y que Él lo conoce); y si, esto es, y si es así que hablo con Dios, que no puede ser engañado, si no tuviera razón en lo que digo, o si no tratara verdad, ¿no me entristeciera?; esto es, ¿no me encogiera y turbara?

O como el original dice, ¿no se acortara mi espíritu?, esto es, ¿osara boquearlo?; ¿tuviera aliento ni espíritu para hablar de ello? No soy, dice, tan tonto ni tan perdido. Así que, pues lo digo y sé que hablo con Dios, que no puede ser engañado, entended que digo verdad.

5. Y catad a mí, y maravillaos, y poned mano sobre boca.

6. Que yo, si me acuerdo, me turbo, y traba temblor de mi carne. Miradme, dice, y atended a lo que hablo y maravillaos, si quisiéredes, de ello tanto que hablar no podáis; que yo mismo que lo digo y tengo por verdadero, me turbo y espanto cuando bien lo pienso, y me ase el temblor por todas partes. Porque

a la verdad, el decir Job, como ha dicho y dirá luego, y el ser ello así, que muchos malos y injustos tienen aquí sucesos prósperos, es una verdad que pone a los buenos en grande espanto, y los turba mucho y admira, porque no pueden penetrar a la causa de ello, como de secreto que Dios se reserva. De que David en un psalmo decía: [Yo casi declinados mis pies, como nada fueron derramados mis pasos; porque celé en locos, paz de malos veo. Porque no ligaduras a su muerte, y sana su fuerza. Con trabajo de varón de ellos, y con hombre no son llegados. Por tanto, los ensarta soberbia, encubre fe poniendo robo para sí, etc.] Pues aunque quiere tengan su sentencia por cierta, pero dales licencia que se admiren de ella, porque él mismo se admira; que si su verdad se prueba con experiencia, la causa de ella tiene en su secreto muy escondida Dios y no la alcanzan los hombres.

Y así, conociendo que es verdad, tiembla Job:

7. Por causa de que viven los impíos, y se envejecen y pujan en haber y riquezas, que es lo que Sofar negaba, y Job afirmó antes y lo confirma agora y se ratifica en ello con muchas palabras, refiriendo y engrandeciendo la felicidad de su estado. Sofar decía que su canto, si alguna vez le tenían, era breve; Job dice que viven en él y se envejecen, esto es, hasta la fin de la vida, y pujan siempre cuanto más van, y crecen en poder y en riquezas.

8. Y su simiente permanece delante de ellos con ellos; sus pimpollos delante sus ojos. Porque Sofar decía que no quedaba de ellos ni ramo ni raíz; dice él que, al revés, abundan en hijos y gozan de ellos, y los ven con sus ojos alegres y ricos y puestos en estado estimados.

Y ni más ni menos:

9. Sus casas tienen paz con el miedo, y no sobre ellos verdugo de Dios. Paz con el miedo, dice, que tienen hechas sus casas, como diciendo que está de concierto el miedo con ellas, de nunca traspasar sus umbrales ni meter en ellas cosa que, o menoscabe o turbe su buen contento. Por manera que viven no solamente libres del azote y del mal, sino también seguros de su recelo y temor.

Y pasa más adelante y dice:

10. Su buey empreñó, y no desechó: parió su vaca, y no abortó. Que es decir, que la naturaleza que por el encuentro o flaqueza de las causas segundas hace yerros muchas veces con otros, en sus casas de éstos no yerra, sino

que la vaca les pare siempre, y el ganado se les multiplica por extraordinaria manera.
Y así añade:
11. Envían como greyes sus hijuelos, y sus nacidos dan saltos, porque es parte de esta felicidad tener muchos hijos. Y dice que son muchos, diciendo que son como greyes, esto es, que andan a manadas como ganados y diciendo que sus nacidos dan saltos, sigue la misma semejanza del ganado en los corderos y cabritos pequeños, que retozan saltando, y quiere decir que viven sanos y alegres y en contino placer.
Por lo cual dice:
12. Alzaron voz con adufe y con arpa, y alegráronse con sonido de órgano: que pasar la vida en música es pasarla en contento, porque es compañera de la alegría la música.
Y finalmente:
13. Pasan en bien hasta la vejez con sus días, y en súbito al sepulcro descienden. En súbito, esto es, de improviso sin la pesadumbre de los dolores y enfermedades largas, mueren cuando han de morir. O de súbito, dice, para decir, como se dice en el vulgo, de una boqueada y casi sin sentido de mal y ya de puro viejos, desatándose ella de sí misma de puro madura la vida. Que como un poeta dice, el morir no es tan amargo en sí, como es trabajoso en su vigilia; y lo que antecede a la muerte de dolores y angustias y desatamiento de fuerzas y accidentes fieros que al corazón acometen, es peor que la muerte misma.
Y son, dice Job, tan dichosos algunos de estos que viven sin consciencia y sin Dios, que no solo la vida, cuanto dura, les es dulce y sabrosa, mas la muerte les es menos pesada, y lo que todos sienten y temen pasa por ellos tan de priesa que no lo sienten, y aun en aquello que es general y común y de que nadie se libra, se hace nueva ley y nueva regla más suave y más blanda para con ellos.
Y porque la muerte es de amarga memoria, como el Sabio dice, para los que tienen aquí su deleite, quítales el acuerdo de ella, la arpa y el adufe y la continuada alegría; y el sentido de su amargor lo tarde y sazonada que viene, y la brevedad súbita y casi no percibida con que se pasa. Y siendo tales en la felicidad de la vida, ¿querréis, dice, saber cuáles son sus costumbres? ¿Cuáles?

14. Y dijeron, dice, a Dios: Apártate de nos, y sabiduría de tus carreras no nos aplace. Que es derechamente lo contrario de lo que Sofar y sus compañeros decían. Y no sé si diga comúnmente, es cierta cosa que se consigue a tanta felicidad tal blasfemia. Porque la mucha felicidad temporal, no rompida con desastrados sucesos, cría un grande amor de esta vida, de que nace primero olvido de la otra, y después odio y aborrecimiento grandísimo, que entrañado una vez en el alma, borra de ella casi sin sentir el crédito y la fe de los bienes del cielo. A que se sigue, no solo no querer meter el pie en el camino dél, mas desechar también y huir el conocimiento de ese mismo camino, y decir, si no con voces públicas, con secretas a lo menos que son más ciertos allá dentro en su pecho, que o no hay más bien de lo que ellos poseen y ven, o que, si hay algo después, que se lo goce Dios con los que quisiere, que ellos con lo que tienen están satisfechos.

Y eso es decir, que dijeron a Dios, apártate de nos, en que dice, que no solo no le sirven, mas que se alejan con propósito de él, y que ni quieren sus bienes ni conocer el camino por donde se alcanzan. Que es a sabiendas huir de la luz y pecar, no por ignorancia o flaqueza, sino con malicia desvergonzada y de asiento, que llega a lo que dice luego.

15. ¿Quién es el Poderoso, para que le sirvamos, y qué aprovechamos, si amamos a Él? Y dícenlo porque la experiencia de sí mismos les dice que, desirviéndole y desamándole, pasan próspera y alegremente la vida; por donde se persuaden que el servirle es vano y que Él en sí, aunque le llaman Poderoso, o no lo es, o no cura de mostrarlo a los hombres.

Dice más:

16. Veis; mas porque no en su mano su bien, consejo de malos se alejó de mí. Como diciendo: Esto, pues, para así como digo; pero no por eso apruebo la suerte de éstos ni me aplace su vida, ni quiero que vosotros entendáis que me aplace, que aunque la pasan en felicidad y contento, al fin no son señores del contento que tienen, o por mejor decir, le tienen en cosas de que no son señores, y así no es verdadero contento.

Y dice esto aquí Job porque se le ofreció que dirían: Si tan bien les sucede a los que tan malos son, ¿de qué sirve ser buenos? Predicas con eso el camino del vicio y persuades la impiedad a los hombres y allánasles las dificultades y temores que los apartan de la injusticia; y pues tanto alabas su felicidad, sin duda apruebas su consejo, y lo que agora dices sentías antes de agora y vivías en las costumbres como ésos, esperando la dicha de ellos, que es confirmar tu maldad.

Pues a esto hace salva y se escuda contra ello, diciendo que no porque conoce su dicha, por eso aprueba su vida, porque agora y siempre condenó su consejo. Y da la razón: Porque, dice, no en su mano su bien; en que significa dos cosas: una, que los bienes de éstos siempre son movedizos; otra, que nunca son duraderos; porque como, según la división de Epicteto, haya dos maneras de bienes, unos que están en nuestro poder y de que somos enteramente señores, cuales son las obras de nuestra alma y el buen uso de ellas; otros, que se nos pueden quitar sin que queramos, cuales son los que nos cercan de fuera, manifiesto es que sus bienes de éstos viven mal y pasan bien, que tienen dañada el alma y descansada vida, son de estos postreros. Y así no son señores de ellos, quiero decir, no está en su mano serlo todo cuanto quisieren, sino la fortuna que los da los quita, si se le antoja; y antójasele muchas veces, y puede antojársele siempre; y así, por esta parte, no sosiegan el ánimo, porque traen mezclado consigo continamente el recelo que sobresalta el corazón al tiempo del mejor gusto.

Y por la misma causa es gusto muy aguado el suyo, y no verdadera felicidad, sino sombra, porque no es feliz el que puede no serlo y lo teme. Lo cual todo nace de ser, como dije, bienes muebles aquéstos; y también de no ser duraderos, quiero decir, de ser bienes de sola esta vida que tiene fin y se acaba. Y que, cuando avenga que duren cuanto ella dura, al fin fenecen con ella, por manera que su poseedor no los lleva, ni puede, a la otra, que es eterna miseria. Porque la felicidad de una cosa ha de durar cuanto ella dura; que, si fenece antes, es miseria todo lo que resta después, y es una eternidad lo que resta porque son inmortales las almas.

Dice:

17. ¿Cuántas veces candela de malo se amatará, y vendrá sobre ellos quebranto, y repartirá dolores en su furor?

18. Serán como paja delante del viento, y como tamo que le hurtó torbellino.

19. Dios guardará para sus hijos su robo, y pagará él y sabrá.

20. Verán sus ojos su quebranto, y de ponzoña del Abastado beberá. Que se puede declarar por una de dos maneras diferentes: o que lo diga Job en

su persona, y continuando lo que acaba de decir y en este sentido, que él reprueba el consejo y determinación de los malos, aunque muchos de ellos viven felices, porque al fin no son señores de sus bienes, y así sucede muchas veces que los pierden y quedan ellos y sus hijos perdidos. Y así dice: ¿Cuántas veces candela de malos se amatará?, etc., como diciendo, abomino su suerte de éstos, porque algunos de ellos viven en felicidad mientras viven; mas, ¿cuántas veces y cuántas veces acontece que a otros se les apague la candela de la felicidad mucho antes que la vida, y que venga sobre ellos primero que la muerte el quebranto de la miseria y el azote de Dios furioso, y que el viento de la calamidad los arrebate como tamo ligero, y que Dios los castigue en sí y en sus hijos?

Así que, o se puede declarar de esta manera, o de otra, y es: que lo diga Job en presencia de sus amigos, y como refiriendo lo que le responden o podrían responder a sus dichos, diciendo: Cuando fuese Job así, que algunos malos, como dices, pasasen en alegría su vida, no por eso no es verdadero lo que afirmamos nosotros que los malos siempre son miserables, porque siempre los destruye Dios en sus hijos, y si ellos cuando viven no pagan, en su casa y descendencia lo lastan, que se acaba siempre y fenece miserablemente con ellos. Y dicen así: ¿Cuántas veces candela de malos se apagará, y vendrá sobre ellos quebranto?; esto es: ¿cuántas veces aviene, ya que demos ser posible que avenga, así que las veces que aviniere, vivir alegres los malos, su candela a lo menos, esto es, sus hijos (porque en ellos luce y vive el padre, y son llamados en estas letras por esta causa candela), pues su candela a lo menos se amatará, y el azote que se detuvo cuando el Padre vivía, vendrá sobre él en los hijos, que los apagará con el quebranto y desventura, que lloverá sobre ellos la furia del castigo de Dios, y serán como paja delante del viento y como tamo que el torbellino lo hurta, que vuela en un momento, y desparece volando? Y así ellos, sin poder resistir a la corriente del mal, ni al ímpetu del soplo enemigo, y a quien esfuerza maldad de sus padres, llevados en alto y en el camino deshechos, desparecerán de los ojos; y se vengará Dios del robo de sus padres en ellos y verán los pobres su miseria y conocerán por dónde les viene.

Y los abrevará con su ponzoña el Abastado, esto es, Dios, abastado en todo, así en el bien como en la pena y que como es rico en los bienes así es copioso en enviar los azotes, les meterá en las entrañas su ira, y les hinchirá los tuétanos de ella; que llama con razón ponzoña, porque ase del corazón luego, esto es, de la raíz de la vida, y causa bascas mortales y desfigura el ser y le corrompe sin reparo y con increíble presteza.

Con lo cual viene bien lo que se sigue, que es:

21. Mas ¿qué se le da a él de su casa después de sí, y que el número de sus meses se medien? En que habla ya Job en persona suya, y responde a lo que refería como dicho en persona de sus amigos.

Y les dice que, cuando sea así, que los malos laceren en sus descendientes y paguen después de muertos en los hijos lo que en la vida pecaron, si la pasaron felizmente, sentirán poca pena de ello, o no sentirán pena. ¿Qué se le da a él de su casa, dice, después de sí, y que el número de sus meses (entiende de los meses y duración de su casa y descendencia) se medien?

Y dice luego:

22. ¿Por ventura avezará sabiduría al Señor, y él juzgará las alturas? En que endereza las palabras Job a sus compañeros, y en número de uno habla con todos, y les dice que si por ventura ellos enseñaran a Dios, o serán jueces del que vive en el cielo. Y es muy a propósito de lo que diciendo iba, porque habiendo afirmado que muchos malos viven y mueren prósperos, y que el venir sus hijos a pobreza después, o no acontece siempre, o, cuando acontece, no lo sienten mucho los muertos, estaba en la mano de sus amigos, que tenían la parte contraria, replicar y decir que sería injusto Dios si así fuese.

A lo cual Job pregunta que si por ventura ellos saben más que Dios, o son jueces. En que, preguntándolo, niega serlo, y afirma como cosa sin duda que ni son sus jueces ni sus maestros, y que Dios sabe lo que ellos no saben, y que a quien es por su naturaleza tan alto, no le debe poner leyes el que vive en la tierra; y que Dios, sin ser injusto, según la alteza de sus secretos juicios, dará a uno prosperidad en la vida hasta ponerle en la huesa, y a otro amargos y desventuras hasta llegarle a lo mismo; y que, siendo la fortuna de la vida tan desigual, será igual en ambos la muerte, y que serán por ventura en las costumbres, o ambos buenos o malos ambos.

Y esto es lo que dice:

23. Este morirá en la fuerza de su perfección, todo él quieto y pacífico, que es decir, sin revés ni desgusto.

24. Sus entrañas llenas de pingre, y su meollo de sus huesos regado, que es significación de una vida toda ella alegre y contenta.

25. Y éste morirá en alma amarga, y no comerá nunca en bien, que es morir en dolor y haber vivido siempre en trabajo.

26. Y yacerán a una en el polvo, y los cubijarán los gusanos; conviene a saber, igualmente y por una misma manera, habiendo sido en los sucesos de la vida tan diferentes. Y no por eso es injusto Dios ni parcial en el repartir de la dicha; que por los fines que Él se sabe y no puede nuestra bajeza alcanzar, a vida dichosa y a vida amarga puede rematar de una misma manera.

Esto concluido, prosigue:

27. Bien conozco vuestros pensamientos y imaginaciones que contra mí falseáis; esto es, y vuestras imaginaciones engañadas y falsas.

28. ¿Por qué decís: A dó casa del príncipe, y a dó tiendas de moradas de malos? Dice: ¿por qué hacéis, cuanto a los sucesos de esta vida, diferencia entre el malo y el bueno, diciendo que la casa del príncipe, esto es, del justo, dura, y la tienda del malo perece, y de aquí argüís que yo soy malo, porque estoy derrocado en miseria? O dice: ¿Por qué decís: A dó casa del príncipe?, esto es, ¿adónde ha venido la casa de Job, que era tenido por príncipe? ¿A dó? ¿A dó tiendas de moradas de malos?, esto es, adonde siempre los malos paran, que es en caer al abismo después de haberse empinado, y en volver la comida después de lleno el estómago, y en venir de abundancia a pobreza, de hartura a mendiguez, y de felicidad a miseria.

Más dice:

29. Preguntad a cualquier viandante, y entenderéis que conoce lo mismo; que puede hacer dos sentencias: una, que menosprecie por estas palabras Job el parecer que sus amigos tienen y lo que dicen del caer de los malos, y diga que es opinión de ignorantes y hablilla que se dice en el vulgo y como cantarcillo ordinario.

30. Al día de quebranto guardado el malo, al día de furia llevado: y que no se alzan un dedo del suelo sus amigos en esto, ni dicen sino lo que cualquiera de los que pasan por la calle dijera. Otra declaración es que Job en esto no desprecie la sentencia contraria, sino confirme la suya con el testimonio de los que, discurriendo por las tierras, tienen noticia de varios y diferentes sucesos. Y diga: Bien conozco lo que decís y juzgáis, que es lo que referido tengo, en

que vivís con engaño; y más, si a mí no me creéis, preguntad a los que vieron tierras extrañas, y lo que yo os digo eso mismo dirán haber visto, esto es, haber visto no solamente muchos hombres, sino muchos pueblos y muchos reinos enteros llenos de vicios y ajenos de Dios y que adoran los ídolos, que florecen abundantes y prósperos.

Y allégase el original a este sentido, que dice: ¿Por ventura no preguntastes a los que pasan carrera? ¿Y no concedes sus señales?, esto es, lo que dicen de la abundante vida de los pueblos idólatras, que son manifiestas señales y confirmaciones firmes de mi sentencia. Y conforme a esto, lo que dice luego, que al día de quebranto guardado el malo, al día de furor llevado, dícelo como en persona de aquestos con quien disputó, y como diciendo: Mas con ser tan notoriamente falso lo que decís, y con testificar contra ello la voz común de las gentes, todavía porfiáis y decís que al día del quebranto guardado el malo, etc. Más dice:

31. ¿Quién le dirá en su cara su camino?, y Hizo él, o ¿quién se lo volverá? Esto es: pues llegaos y decídselo a uno de esos poderosos y malos, de esos que no conocen a Dios y mandan las gentes; decidles, pues, que van errados, que han de caer de su mal estado y que se les ha de trocar el viento próspero luego. ¿Quién, dice, les osará decir eso?; o ¿quién les irá a la mano a lo que quisieren hacer? Que es decir que están tan lejos de venir a miseria, como dicen sus compañeros, que no hay quien se les oponga ni por la palabra ni por obra, y en esta prosperidad pasarán la vida.

Y como dice luego:

32. Y será él llevado al sepulcro, y sobre montón velará. Esto es, y aun después de muerto no morirá para con los hombres su vida, y en la manera que puede ser, vivirá su memoria. Que velar sobre montón, o quiere decir perseverar y estar como en atalaya después de la muerte, que como Sant Hierónimo declaró, es el montón de los muertos; o es vivir en los monumentos altos y en los sepulcros sunctuosos y en las pirámides y en las estatuas, que sobre este amontonamiento de piedras labradas ponen los muertos de sí mismos, en que se representan vivos, y que velan y obran, y son sus mismas figuras.

Y prosigue, y dice:

33. Adulzáronse a él terrones de arroyo, y en pos de sí traen a todo hombre, y en pos de sí no habrá cuento. Lo que decimos terrones de arroyo podemos

también decir terrones de valle, y es lo uno y lo otro rodeo en que se significa la sepultura. Y quiere decir que a estos poderosos que mienta, aun la sepultura les es menos dura, porque edifican bóvedas y aposentos para reposar, muertos, que otros, vivos, escogieran para su vivienda por muy deleitosos. Por manera que no solo la vida les es dulce vida, mas aun la muerte les es en esta razón menos muerte. Y si alguno se opusiere diciendo que al fin mueren, y que es desventura amarga el morir, a eso, dice, respondo que no es desventura de ellos propia, sino general de todos los hombres, cualesquiera que sean, y que es mal común, y por consiguiente pena que no se pone a cuenta de su propria malicia, y pena que se consuela con la muchedumbre a quien toca; porque, si ellos mueren, cuantos ante ellos fueron murieron y morirán cuantos les sucedieren después. De que concluye finalmente lo mal que le consuelan sus compañeros, usando para ello de razones injuriosas y falsas; falsas en sí y que se enderezan para su afrenta.

Y así dice:

34. ¿Pues cómo me conhortades en vano, y en vuestras respuestas remanece falsía? Esto es, pues según lo dicho, ya veis claramente que vuestro consuelo es ninguno y que vuestro parecer queda por falso; que remanecer falsía en la respuesta es quedarse la falsedad en ella.

Capítulo XXII

1. Y respondió Elifaz, el temanés, y dijo:
2. ¿Por ventura el hombre se compara con Dios, por más sabio que sea?
3. ¿Por dicha es gusto en el Abastado que te justifiques? ¿O le es provechoso que perficiones tus carreras?
4. ¿Por caso temiéndole argüirá contigo? ¿O entrará contigo en juicio?
5. De cierto tu malicia grande, y no fin a tus delictos.
6. Sacaste prenda a tus hermanos sin causa, y paños de desnudos feciste desnudar.
7. No diste agua al cansado, y quitaste el pan al hambriento.
8. Y varón de brazo a él la tierra, y honrado de faces mora en ella.
9. Viudas enviaste vacías, y brazos de huérfanos feciste pedazos.
10. Por tanto, lazos en derredor de ti, y de súbito te conturba el espanto.

11. ¿Pensabas no ver nunca tinieblas y no ser cubijado de muchedumbre de aguas?
12. ¿Por ventura Dios no en altura de cielos, y ve cabeza de estrellas que se levantan?
13. Y dijiste: ¿Qué sabe Dios? ¿Y si juzgará por entre espesuras?
14. Nubes en encubrimiento a Él y no ve, y círculo de cielos pasea.
15. ¿Si por dicha camino de mundo seguirás, que pisaron varones de tortura?
16. Que fueron cortados sin hora; río derramado derrocó su cimiento.
17. Que decían a Dios: Apártate de nos y ¿qué podrá hacer a ellos el Abastado?
18. Y Él había henchido su casa de bienes; mas consejo de malos arredrado de mí.
19. Verán justos, y alegrarse han, y inocentes escarnecerán de ellos.
20. ¿Por dicha no fue cortada su erguidez, y su restante tragado de fuego?
21. Conversa agora con Él y séi pacífico, y por ello te vendrá mucho bien.
22. Toma agora ley de su boca, y pon sus dichos en tu corazón.
23. Si te volvieres a Dios, serás fraguado; alejarás tortura de tus tiendas.
24. Y pondrá por tierra pedernal, y por pedernal arroyos de oro.
25. Y será el Poderoso contra tus enemigos, y la plata crecerá en montón para ti.
26. Que entonces te deleitarás; sobre el Abastado serán tus deleites y alzarás tus faces a Dios.
27. Orarás a él, y oírte ha; pagarás tus promesas.
28. Sentenciarás dicho, y afirmarse ha a ti, y sobre tus carreras esclarecerá luz.
29. Cuando se humillaren, dirás [helos en] alteza, y a la caída de ojos salvará.
30. Escapará el inocente, y será escapado por limpieza de tus palmas.

Exposición

1. Y respondió Elifaz, el temanés, y dijo: Siempre pecaron estos amigos de Job en entender mal a Job y en colegir de sus palabras lo que no se seguía de ellas, ni a Job le pasaba por el pensamiento decirlo. Y pecaban en esto porque le miraban con poca afición, y de aquí echaban sus razones a lo peor, y también porque presumían parecer celosos de la honra de Dios. Y es fuerte

cosa un necio que presume de sancto, que todo le escandaliza y en todo halla a su parecer que reñir.

Pues así le acontece agora a Elifaz, que porque Job en el capítulo pasado decía que muchos malos son prósperos, y muchos buenos viven afligidos y pobres, y que el de vida descansada y el de vida amarga mueren muchas veces de una manera, y que Dios en estas cosas sabe y hace lo que ellos no entienden, parécenle a él de puro agudo dos cosas, y en ambas se engaña. Una, que decir que hay malos prósperos y buenos afligidos, es decir que Dios ni premia a los buenos ni castiga a los malos, y que Job afirma este error. Otra, que se ha persuadido él de una sentencia verdadera, por mal entenderla, y es que ni nuestras virtudes son a Dios de provecho, ni nuestras maldades le hacen daño.

Y así se imagina que Job de aquí colige que Dios no se cura de los buenos, pues no le son provechosos, ni a los malos, pues no le dañan, azota y castiga; y que por falta de entendimiento se ciega para inferir de una verdad clara una blasfemia tan manifiesta. Y así, como en cosa manifiesta, no arguye contra ella, sino propónela y déjala, y admírase de la malicia de Job, y abiertamente le dice que fue tirano y injusto; y amonéstale a la fin que vuelva el ánimo a Dios y haga penitencia, que le será de gran fructo.

Pues dice:

2. ¿Por ventura el hombre será comparado con Dios, por más sabio que sea? O como dice el original a la letra: ¿Por ventura aprovechará el hombre a Dios, porque se aprovechó a sí entendiendo prudentemente?

Y añade luego:

3. ¿Por ventura es gusto en el Abastado que te justifiques?, ¿o interés que perficiones tus carreras?

4. ¿Por caso temiéndole argüirá contigo, o entrará contigo en juicio?, que es como si más claro dijese: Entendido te tengo, Job, y más bien veo adónde van y de dónde nacen estas tus engañadas razones, y si porfías que los malos florecen y los buenos padecen, bien penetro el porqué lo porfías y el fundamento que para ello tienes. Porque me dirás: ¿Por ventura el que se aprovecha a sí, viviendo sabía y prudentemente, hace provecho a Dios? Y el que es justo, ¿acarrea algún interés? Y por el contrario, ¿teme Dios que el malo le dañe, para que el temor le obligue a castigarle y deshacerle luego, ejecutando en él

su castigo? Cierto es que ni el uno le aprovecha ni el otro le daña, y por consiguiente, que no hay causa para que, como nosotros decimos, los buenos sean regalados de Dios con prosperidades, y los malos derrocados y deshechos del mismo. ¡Oh Job!, dice.

5. De cierto tu malicia grande y no fin a tus delictos; como diciendo, no quiero ni debo responder a desatino tan manifiesto; solo digo que eres un hombre perdido que en todo andas ciego, que no tienen término ni fin tus maldades. Y por ocasión de esto pone luego algunas de ellas, y dice:

6. Sacaste prenda a tus hermanos sin causa, y paños de desnudos feciste desnudar; que así ésta como las demás que refiere pertenecen a falta de piedad y justicia. Porque como Dios, movido de su bondad infinita, cría los hombres y los sustenta y gobierna y ama y desea y procura con afecto infinito su bien, pídenos con grande encarecimiento todo lo que a la conservación y acrecentamiento de aqueste bien pertenece; y de lo que le deshace, o disminuye o perturba, oféndese por extraordinaria manera; y turba y destruye este bien el faltar en la piedad y el quebrantar la justicia. Por donde los pecados que en esto se hacen, son a Dios muy aborrecidos pecados, y Dios desenvaina de ordinario contra ellos su espada con públicos y rigurosos castigos. Y siendo tal el de Job, a lo que por de fuera se veía, pretendiendo Elifaz que le venía por sus pecados y queriendo señalar los pecados que eran, obligóse a decir, no los que en Job había, sino los que él conocía ser dignos de semejantes castigos. Sacaste, dice, prendas a tus hermanos sin causa.

En el Deuteronomio mandaba Dios a su pueblo que, si alguno sacase la ropa de otro por prenda, al anochecer la volviese, porque el pobre deudor no durmiese sin cama. Y en Esaías encarece cuánto le desplace este sacar prendas a los pobres por deudas, que a la verdad es inhumanidad señalada, porque es añadir a la congoja de la deuda el mal del despojo. Que cierto es que al pobre que le falta con que pagar no le sobran las alhajas de casa, y que sacárselas por prenda es quitarle su abrigo necesario. Y no va tanto en que el acreedor asegure su deuda, cuanto en que el deudor no quede despojado y desnudo; porque aquello en el acreedor es sobra, y en el deudor falta y mengua de lo que necesariamente pide la vida.

Y bien se ve cuán lejos está de apiadarse de las necesidades ajenas, el que las hace y las agrava por poner en seguro sus deudas. Pues cargó Elifaz a Job

este pecado de inhumanidad, y así dice para mayor claridad, y paños de desnudos feciste desnudar, esto es, añadiste a la desnudez desnudez y pusiste en tu arca lo que a ti no era necesario y dejaba desnudo a tu prójimo.
Y añade:
7. No diste agua al cansado, y quitaste pan al hambriento. Lo primero es falta de piedad, y lo segundo injusticia, y, ambas a dos, cosas dañosas a la conservación de los hombres. Y aunque es de menos mal la primera porque menos es no ser piadoso que injusto, y peor es quitar el pan a cuyo es, que negar el agua al que tiene sed y padece, pero es disposición para la segunda y su fuente ordinaria; que el avariento siempre es injusto, y quien no tiene ánimo para dar un jarro de agua al que ha sed, no tendrá lástima de quitar el pan al hambriento.
O podemos decir, que así lo primero como lo segundo es no injusticia, sino falta de misericordia y piedad; que aunque dice que quitó el pan al hambriento, dícelo no porque quitó al hambriento el pan que tenía, sino porque no le dio el que pedía su hambre. Que la necesidad hace en cierta manera del pobre lo que le falta, y el no dárselo quien lo tiene es quitar al pobre lo que se le debe.
Y dice:
8. Y varón de brazo a él la tierra, y honrado de faces mora en ella. Varón de brazos llama el hebreo al poderoso, así en fuerzas como en mando y señorío; honrado de faces, a quien respetan los otros por su grandeza o autoridad.
Pues como dijo Elifaz que maltrataba Job a los pobres, así también dice que respetaba y beneficiaba a los ricos y poderosos, y que no valía con él la necesidad y razón, sino la persona y interés; que era nueva maldad negar a los necesitados su deuda y acudir a los que tenían sobra de todo.
Y así dice: Y varón de brazo a él la tierra, y honrado de faces mora en ella. Como si más claro dijera: Faltábate para dar limosna a los pobres, y sobraba todo para gastar con los poderosos y ricos; para ellos era tu hacienda y tu tierra, o para ellos, dice, es la tierra generalmente. Dice la tierra, sin limitación, porque todos generalmente sirven a los que más tienen, y por mostrar que Job no seguía el camino justo, como profesaba, que es camino de pocos, sino que era vulgar como los demás y injusto y aceptador de personas y hombre de sus intereses y respetos, y ordinario a la manera de muchos.
Más:

9. Viudas enviaste vacías, y brazos de huérfanos heciste pedazos. Es particular el cuidado que de las viudas y huérfanos Dios tiene, como en las Sagradas se ve; porque Él es el amparo universal de las cosas, y así a las más desamparadas siempre acude más, y quiere que acudamos nosotros y se ofende mucho de los hombres que no le imitan en esto, porque todo aborrece a su desemejante y contrario. Por donde, cuanto a Dios le es grato que favorezcamos a lo que favorece Él y que cuidemos de lo que Él cuida, tanto le es enemigo y aborrecible que desamemos lo que ama, o que descuidemos de lo que Él tiene a su cuenta. Y si el descuido le ofende, ¿la crueldad qué hará? Y si el no favorecer a los huérfanos le desagrada, ¿qué será el quebrantarle los brazos? Viudas, dice, enviaste vacías. Tiene al hombre la mujer natural inclinación y respecto, como a su propio abrigo y amparo, sin el cual vivir no puede; que así Dios en el Génesis se lo dice: Estarás sujeta al varón, y tu afición y dependencia mirará a él de contino. Y así la viuda es como un miembro cortado de su cuerpo, o como un cuerpo que le falta su alma y como una cosa imperfecta, y necesitada y despojada de lo que suplía su necesidad y como echada en la calle. Y no son tanto miserables por la necesidad exterior, cuanto por la aflicción y mengua que sienten ellas mismas dentro de su alma, y por la congoja que en su corazón padecen en faltarles su arrimo; que como la inclinación a él es en ellas natural y muy intensa, así el sentimiento de su falta es agudo y entrañable, porque se imaginan faltarles todo en faltarles el marido. Pues si es delicto no socorrer al necesitado, cualquiera que sea, no socorrer a uno tan afligido, esto es, a uno tan falto en la verdad y tan menguado en su imaginación, tan desnudo por defuera y tan cuitado y ansioso de dentro, sin duda es pecado gravísimo. Y eso es enviar las viudas vacías, enviarlas cual se vienen y cual ellas se imaginan; y son vacías de todas partes, sin favor en la hacienda y sin aliento de consuelo en el alma.

Y así añade justamente:

10. Por tanto, lazos en derredor de ti, y de súbito te conturba el espanto. Que justo es que quien tal hizo que tal pague, y que a la culpa de una inhumanidad tan de brutos responda pena tan espantosa y cruel, como es, lazos en derredor de ti, y que de súbito te conturbe el espanto. Porque es terrible caso estar cercado de lazos uno y como sitiado de males, de manera que ni queda resquicio para huir ni esperanza de libertad ni camino de alivio. Porque el estar

cercado es no solo hallarlos a do quiera que vuelve, sino caer de uno en otro, y por salir de uno dar en otro mayor, y enredarse y enlazarse de contino más cuanto más procura librarse.

Y no es menos mal el que dice, en decir que de súbito le conturba el espanto, porque en cada palabra encarece que el súbito quita el bien de la prevención, y el conturbar saca de su lugar la razón, que es nuestra defensa; y el espanto es pena que no solo duele, sino que traga y que sorbe el ser todo.

Más dice:

11. ¿Pensabas no ver nunca tinieblas, y no ser cubijado de muchedumbre de aguas? Tinieblas llama la Escritura a los trabajos y calamidades, porque con la tristeza escurecen el ánimo, y con el estorbo cortan los pasos y impiden el expediente de los negocios y ciegan el camino de ellos, como acontece en la noche. Y llámalos también muchedumbre de aguas, porque ahogan y sumen y, cuando vienen, no son simples, sino de muchas olas, que unas vienen en pos de otras, como en la tempestad de la mar. Pues dice Elifaz: ¿Pensabas, Job, que siendo quien eras, esto es, el que digo y figuro, habías de tener desemejante ventura? Lo que padeces nos dice quién fuiste, y la impiedad de tu vida hacía certidumbre de esta tu desventura presente.

O dice de otra manera, conforme al hebreo: Tinieblas no verás, y sobras de agua te cubijarán, en que todavía declara y engrandece la pena que merece Job por su culpa, que como dijo por tanto, esto es, por estas tus culpas y por estas tus crueldades con las viudas y pobres, lazos en derredor de ti, y de súbito te conturba el espanto, añade también y tinieblas, conviene a saber, te rodean, y no verás, esto es, y te quitan la vista. Y sobras de aguas, esto es, de miserias y calamidades, te cubijarán, esto es, te sumen y anegan. Por manera que al mal que Job padece llama lazos puestos a la redonda y espanto que aviene de súbito y tinieblas que ciegan y olas que anegan (porque le enredaba y le tenía atónito y le cegaba el juicio y le tenía como ahogado y sumido) para con estos nombres declarar más la pena, y por la pena hacer más cierta la culpa. Porque son penas estas que se deben a los que así se alejan y desnudan de la piedad, que agravan a los necesitados en lugar de serles humanos y piadosos.

Mas con la primera viene mejor lo que dice:

12. ¿Por ventura Dios no en altura de cielos, y ve cabeza de estrellas que se levantan? Que como le preguntó con disimulado escarnio, si pensaba que no había de venir a tinieblas y que su felicidad carecería de noche, siendo tan injusta su vida, añade bien en la misma figura y pregúntale si por ventura imaginaba también que no había Dios ni juez en el mundo. Porque pensar quien vive mal que pasará sin castigo, nace ordinariamente de creer que no hay quien le juzgue. Y así como pregunta lo primero con escarnio, y con la pregunta la afirma, porque decir, pensabas no ver tinieblas, es como decir, cierto es que las habías de ver, así para certificar lo segundo usa también de pregunta. ¿Por ventura, dice, Dios no en altura de cielos? Que es decir, cierta cosa es que hay Dios en el cielo y que ve las cabezas de las estrellas que se levantan; como diciendo, al fin hay Dios y tiene providencia de nuestras cosas. Y afirma que hay Dios, poniéndole en las alturas del cielo, porque es aquél su lugar proprio; y como, quien no le pusiese en el cielo, le negaba del todo, así el que le confiesa le asienta luego en su lugar proprio. Y ni más ni menos confiesa su providencia, confesando ve cabezas de estrellas que se levantan, que es argüir de lo mayor a lo que es menos, porque menos es conocer nuestras cosas bajas que aquellas tan dificultosas y altas.

Y así, cabezas de estrellas que se levantan, es como decir las estrellas más levantadas y las cumbres de los cielos que más se empinan. O llama estrellas por figura a los que resplandecen en esta vida, ricos y prósperos, siendo injustos y malos, que parece no mira Dios en ellos ni los ve; ellos a lo menos así lo piensan.

Y por eso añade luego:

13. Y dijiste: ¿Qué sabe Dios? ¿Y si juzgará por entre espesuras? Así convenía que lo dijera Job, a ser cual Elifaz le pintaba: que una vida muy rota con el hecho dice esto siempre, y juzgar así y vivir así andan casi siempre hermanados. Por donde Elifaz habla bien y consiguientemente, presupuesto su engaño. Y así dice dijiste, que es como decir, y no es posible, sino que decías en tu corazón y te persuadías, que no conoce Dios lo que aquí pasa. Y dice por espesuras, porque es la color de este error; que nadie se persuade a lo falso sin alguna apariencia. Porque como lo malo no puede ser amado por sí, así ni creído lo falso, si trae el rostro descubierto; por donde a ambos les es necesario el cubrirlo, a lo malo con colores de bien, y a lo falso con apariencias de

verdad, porque lo bueno y lo verdadero es lo que solamente puede ser amado y creído. Pues dice, por espesuras, porque las espesuras y la mucha distancia hacen estorbo a la vista humana; y así al que juzga de Dios como de sí, hácesele verisímil que no le ve, estando tan lejos y con tantas nubes en medio. Y así añade en la misma razón:

14. Nubes en encubrimiento a Él, y no ve, y círculo de cielos pasea. Hase de repetir la palabra de arriba, dijiste. Y dijiste, dice, nubes en encubrimiento a Él, esto es, y lo que te persuadió a pensar que Dios no vía tus hechos fue parecerte que se los encubrían las nubes y que se paseaba y vivía en el cielo, lugar que de la tierra tanto dista. Que son las razones vanas y sofísticas con que se ciegan los que tienen por Dios y por ley a su gusto.

Y así dice:

15. ¿Si por dicha camino de mundo seguirás, que pisaron varones de tortura? En que en forma de pregunta afirma que seguía del todo Job el camino trillado de los malos, y que juzgaba de Dios como ellos juzgan.

Y llama camino de mundo, o de siglos, la vida de los que fueron antes del diluvio, que se aventajaron en la maldad; y usa de su ejemplo, como notorio por su señalado castigo, y por el mismo caso, como más eficaz argumento para probar su propósito.

O habla generalmente de los malos todos, y llama camino de mundo el juicio que los mundanos hacen de las cosas de la otra vida y el propósito suyo y su resolución; y a ellas los llama varones de tortura, como poderosos para todo lo malo y torcido, y como artífices y maestros en ellos, cuales fueron los gigantes y son los tiranos y los que viven para solo vivir aquí, cuya ventura es siempre conforme a su engaño. Y de ambas cosas dice Elifaz. De la ventura:

16. Que fueron cortados sin hora; río derramado derrocó su cimiento. Si de solos los gigantes, dice que fueron cortados sin hora, porque les vino de improviso el diluvio; si de todos los malos, declara lo que les sucede por dos semejanzas: una, del árbol que sin sazón les cortaron, y otra, de la casa que lleva la avenida del río. Porque, dice, su maldad pide que no dure su dicha, ni que sea ordinario y como a otros acontece su fin; no se caen de suyo, como árbol que ya los años tienen seco, sino son cortados verdes y antes de tiempo; porque, a la verdad, por tarde que les venga el castigo, para lo que toca a su sazón de ellos, siempre vienen temprano, porque nunca llegan a madurez,

siempre están en la flor de su vanidad y en el verdor de sus vicios. Demás de que como tienen en sola esta vida su bien, aborrecen la muerte y su memoria, y nunca se imaginan que viene, y así les viene siempre no pensada y fuera de tiempo y de hora; porque viene a tiempo y hora no solamente no pensada, mas de mala sazón, porque los halla y lleva sin ella y mueren siempre cuando les esta muy mal el morir. Y dice cortados sin hora, para demostrar también que por la mayor parte es violenta su caída y que el hierro los acaba y las fuerzas de sus enemigos los derruecan al suelo.

Y lo mismo, aunque por otra forma, es lo segundo que dice, porque río derramado es río que sale de madre, y avenida de aguas no es ordinaria, sino que se ayuntan de súbito y corren por donde no se temían y llevan lo que hallan delante y derruecan por el cimiento las casas; en que hay desapercibimiento y presteza y violencia y caída sin tiempo, como en la semejanza pasada, y aun significación de mayor asolamiento que en ella. Porque allí el árbol, después de cortado, sirve; aquí queda deshecha y inútil la casa, que la agua la deshace, y las más veces lleva sus alhajas consigo y al dueño también, hundido y anegado. Ésta, pues, es la ventura.

Su engaño el que sigue:

17. Que decían a Dios: Apártate de nos, ¿y qué podrá hacer a ellos el Abastado? En el cual engaño están de ordinario todos los que viven sin rienda, y si no con las palabras, dicen a lo menos a Dios con las obras que se aparte de ellos y que en su cielo se esté, que ellos quieren y aman la tierra. Pues diciendo y obrando esto, ¿qué maravilla es les avenga lo que ha dicho en el verso pasado? ¿O cómo no les ha de venir? Porque quien aparta a Dios de sí, ¿qué defensa se deja? ¿O cómo se valdrá por sus fuerzas, si las de Dios le son contrarias?

Y dice, para mayor demostración de su engaño:

18. Y él había henchido su casa de bienes; mas consejo de malos arredrado de mí. Porque en esto se ve cuan engañados y ciegos viven los que no solamente no obedecen a Dios, mas quieren no estar debajo de su providencia, pues no echan de ver que tienen de su mano y por su grande piedad y larguza esos mismos bienes de la tierra, con que se amanceban y abrazan. En que cometen mil errores: uno, que huyen y aborrecen la fuente y el dador de eso mismo que quieren; otro, que no advierten que, si con ser enemigos suyos los trata tan

liberal y regaladamente, ¿qué bienes les haría, si le obedeciesen y amasen?; y el tercero, que no temen retraiga la mano el que tan sin merecerlo la extiende a ellos con tanta largueza, ni conocen cuánto más fácilmente se quitan que se dan estas cosas.

Y dice advertidamente que Dios les había henchido su casa de bienes, y usa con particular consejo de esta palabra, henchir, para demostrar más la bondad de Dios y la ceguedad de estos hombres. Porque una mediana riqueza y felicidad mediana puede más fácilmente engañarse uno y atribuirla a su industria; pero una sobrada y excesiva y que crece y sube como espuma en una hora, sucediendo todo a gusto sin variedad ni revés de fortuna, muy ciego es quien no conoce su causa, quien no ve que no alcanzan allí las fuerzas del hombre, quien no conoce que es otro consejo y poder mayor el que le acarrea y amontona y defiende aquel bien. Y si tan ciegos éstos son, razón tiene Elifaz en lo que añadiendo dice: Mas consejo de malos arredrado de mí, pues por dondequiera que se miren, es consejo errado y perdido. Que si miramos su causa, nace por una parte de pasión desenfrenada que no quiere reconocer superior, y por otra de ceguedad tan ciega como es la que he dicho; si sus efectos, son dar rienda a los vicios; si el suceso y el fin, desastre no pensado y calamidad improvisa y despojo de todo aquello que se ama y adora con ansia y confusión no creíble.

De que se sigue lo que luego prosigue, y dice:

19. Verán justos y alegrarse han, y inocente escarnecerá de ellos. Si vamos con los del diluvio, el inocente es Noé con los suyos; y si son todos en general, es semejante a lo que escribe David: Alegrarse ha el justo cuando viere la venganza; lavará en la sangre de los pecadores sus manos. Que es alegría, no nacida de crueldad ni de amor de venganza, de que carecen los buenos, sino de la honra de Dios que sale de sospecha y se abona, cuando derrueca así y castiga un tirano y de su justicia que resplandece, y de la libertad de muchos inocentes y opresos, y señaladamente del escarmiento para otros a quien dañaba el ejemplo.

Así que alégranse los buenos en estas caídas de los malos, y dicen:

20. ¿Por dicha no fue cortada su erguidez, y su restante tragado de fuego? O como el original, a la letra: ¿Sino cortado su ramo, y resto de ellos tragará el fuego? Que refiere en esto Elifaz y imita las palabras de que usan, o es verisímil

que usen en semejantes casos los justos, como en burla y escarnio, diciendo: ¿Por dicha no fue cortada su erguidez?, esto es, ¿pensaban por dicha no caer ni ser nunca cortados? Al fin cayeron y les vino su día, y resplandeció la justicia de Dios, y los asoló totalmente. Que eso significa la erguidez, o el ramo cortado y el restante tragado del fuego, que es por semejanza del árbol que le cortan los ramos, y le ponen fuego a la raíz para no dejar rastro de él. Porque este acabamiento y total destruición es propriedad de la pena con que Dios castiga a los malos, y en lo que se diferencia del castigo de los buenos y justos; que a éstos desmóchalos Dios, para que se renueven y mejoren, mas a aquéllos arráncalos de cuajo para que del todo se sequen.

Es verdad que algunos trasladan así: De cierto no cortada firmeza y estribo nuestro, y resto de ellos el fuego tragó; y entiéndenlo de Noé y del diluvio.

Por manera que Elifaz de lo que allí pasó, prueba lo que pretende que es ser castigados los malos y conservados los buenos. Porque, dice, entonces sin duda, pecando todos, no pereció nuestra firmeza o nuestro reparo (que llama a Noé así porque en él se conservaron los hombres); pero el resto, esto es, a los demás, tragólos el fuego; que llama así su castigo que los consumió, que, aunque fue de agua, el fuego es nombre general de la pena, como se ve en Josué, adonde mandó Dios que apedreasen a Achán, diciendo el texto que le quemasen; porque quemar es castigar, y fuego significa castigo.

Mas prosigue y dice:

21. *Conversa agora con Él, y séi pacífico, y por ello te vendrá mucho bien.* Dichas las culpas de Job y los malos y desastrados sucesos de los pecadores, pasa agora Elifaz a la tercera parte de su razonamiento, que es amonestarle y persuadirle la enmienda. Dice, pues: *Conversa agora con Él, y séi pacífico,* como si más claro dijese: La conclusión sea que, pues el camino de los malos y su consejo es cual digo yo, y tú mismo en ti experimentas agora, saques tus pasos de él y los endereces por senda segura y te vuelvas y sujetes a Dios. *Conversa,* dice, *con Él, y séi pacífico;* esto es, pierde el coraje que tienes y amansa el corazón, y con el reconocimiento humilde vuélvete a Él y háblale, pídele perdón y suplícale. *Y por ello,* dice, *te vendrá mucho bien.* No solo huirás el mal presente, mas recibirás el bien que no esperas; aliéntate a la penitencia con la esperanza cierta del perdón y merced. Que Dios no se contenta con perdonar la culpa, sino añade la gracia; no solo suelta la deuda,

sino enriquece con nuevas dádivas; no solo pierde el enojo, sino ama y abraza al dolido.

Dice más:

22. Toma agora ley de su boca, y pon sus dichos en tu corazón. Dos cosas tiene la penitencia: dolor de lo hecho y enmienda en lo por hacer. Lo primero dio a entender en el amansar el corazón y en el conversar con Dios, porque el dolor humilla el corazón y le deshace y le quita el coraje y el brío, y por eso se llama contrición, porque le desmenuza en cierta manera. Agora declara lo segundo, en decir que tome ley de su boca y ponga en su corazón sus dichos, que es decir tenga su ley por regla en lo que le resta.

Porque como añade:

23. Si te volvieres a Dios, serás fraguado; alejarás torturas de tus tiendas. Esto es, tu vida, tu salud y tu fortuna que agora está como desatada y caída, fraguará, esto es, tomará ser y firmeza, como se dice del edificio que fragua. Y alejarás, dice, tortura de tus tiendas. Tortura, aquí o es desastre y mal suceso, y así dice que su casa y hacienda firme y bien fraguada carecerá dél, o es culpa y delicto; y así aquella palabra y alejarás, dice causa y vale como si más claro dijera: Fraguará tu edificio, porque alejarás y desterrarás de tu casa la culpa, conviene a saber, si te convirtieres a Dios y guardares su ley.

Mas lo primero es mejor, y viene con ello bien lo que añade:

24. Y pondrá por tierra pedernal, y por pedernal arroyos de oro. Y declara más el fraguar y la firmeza que dijo, y es como si se dijese: No solamente, si te conviertes con ánimo verdadero, dará Dios firmeza a tus cosas y las exentará de los golpes y malos sucesos de la fortuna, mas usará de nuevas trazas para acrecentarte y hacerte dichoso. Y decláralo por semejanzas, diciendo que volverá la tierra pedernal, y del pedernal sacará minas de oro; que es como decir que hará fuerte lo flaco, y lo pobre rico, y que sacará bien y riqueza de donde se temía desventura y desastre.

Y a lo mismo viene el original, que dice a la letra: Pon sobre polvo fortaleza, y en piedra arroyos ophir. Y es decirle que, en cuanto pusiere las manos, le sucederá felizmente y que vencerá su dicha a su esperanza; que si fundare sobre polvo, será como si fundare sobre peña dura; y lo flaco y lo movedizo será para su utilidad y defensa fuerte y firme; y que en la piedra, que es del

todo estéril, le remanecerán fuentes de oro, porque sacará riquezas y provecho de lo que no se esperaba.
Y añade:
25. Y será el Poderoso contra tus enemigos, y la plata crecerá en montón para ti. O como el original a la letra: Y será el Abastado tu alcázar, y plata de fortalezas para ti. En que, si se vuelve a Dios, le promete que será defendido y que será victorioso; que sus enemigos no le vencerán y que él los sujetará y llevará sus despojos. No le vencerán, porque Dios será su alcázar esto es, su seguridad y defensa; vencerlos ha, porque la plata de sus fortalezas de ellos será suya dél, esto es, ganará y poseerá sus tesoros guardados.
Dice más:
26. Que entonces sobre el Abastado serán tus deleites; alzarás tus faces a Dios. A la victoria y a los buenos sucesos sigue el contentamiento y deleite, y el reconocer al autor de ellos y el alegrarse en Él y alabarle. Y así dice que entonces, esto es, cuando él enmendare su vida y Dios tomare a su cargo la defensa de ella y la sacare dichosamente de todo, se deleitará en Dios, porque la experiencia de su bondad le enternecerá el corazón con regalo y alzará a Él sus faces, bendiciéndole con merecidos loores.
Y dice:
27. Orarás a Él y oírte ha; pagarás tus promesas, esto es, alcanzarás de Él cuanto pidieres. Y declara el cumplimiento de lo que se pide por lo que sucede al alcanzar lo pedido, que es pagar lo prometido y votado, si se cumpliese. Y así pagar promesas es lo mismo que conseguir aquello por que se promete, porque la promesa no se paga sino cuando se consigue y alcanza.
Dice:
28. Sentenciarás dicho, y afirmarse ha a ti, y sobre tus carreras esclarecerá luz. Que es prometerle que, como será fuerte contra sus enemigos, porque será Dios su defensa, así será acatado entre sus ciudadanos, porque le cercará Dios con su luz, esto es, será dichoso en la guerra y señor en la vida política. Porque tus dichos, dice, serán confirmados por todos y será ley tu sentencia y resplandecerá cuanto hicieres, que es decir que acertará en todo. Y la prueba de esto es ser el estilo de Dios éste, conviene a saber, ensalzar al que se le humilla y reconoce.
Y por eso dice:

29. Cuando se humillaren, dirás: [Helos en] alteza, y al caído de ojos salvará. En que de esta sentencia que es general, saca ser verdad lo particular que le ha dicho. Y arguye de esta manera: Dios ensalza a todos los que se le humillan; luego hará contigo, si te humillares, lo mismo. Y así dice: Cuando se humillaren, que es como si dijese, porque cuando uno se humilla a Dios, dirás alteza, esto es, puedes decir luego que es alto, y estar cierto que lo será; porque siempre salva al caído de ojos, esto es, al que conoce su indignidad y bajeza; que declara el afecto del ánimo, por el semblante que nace de él en el cuerpo, y sabida cosa es que el ánimo humilde derrueca al suelo los ojos.

O como algunos dicen de otra manera: Cuando se humillaren, dirás alteza; esto es, cuando los otros cayeren, subirás tú, como diciendo que le exentará Dios de las calamidades comunes; que responde a lo mismo que le dijo en el capítulo 5: En seis tribulaciones te librará, y en la sétima no te tocará el daño. Y concluye, usando de la misma razón, y dice:

30. Escapará el inocente y será escapado por limpieza de sus palmas. Porque si esto hace Dios siempre con los inocentes y buenos, si tú fueres de ellos, cierto, dice, es que pasará lo mismo Por ti. O, según el original, de otra manera: Librará el inocente, y será escapado pueblo por limpieza de sus palmas; que engrandece más la bondad, que no solo hace dichoso al que la tiene, mas libra por él de mal otros muchos, como parece en lo que razonó Abraham con Dios cuando la destruición de Sodoma.

Capítulo XXIII

1. Y respondió Job, y dijo:
2. También hoy [cuando] en amargura mi habla; mi mano se engraveció sobre mi gemido.
3. ¡Quién me diese supiese yo y le hallase; viniese hasta su asiento!
4. Ordenaría ante él juicio, y mi boca henchiría de razonamientos.
5. Sabría palabras que me respondiese, y entendería lo que dijese a mí.
6. No con muchedumbre de fuerza barajaría conmigo; no, cierto; Él pondría sobre mí.
7. Ponga derecheza conmigo, y saldrá vencedor mi juicio.
8. Mas veis; a Oriente iré, y no Él; y a Poniente, y no le entenderé.
9. Si a la izquierda, ¿qué haré? No te asiré. Si a la derecha vuelvo, no veré a Él.

10. Mas Él supo mi carrera; examináreme como oro que por fuego pasa.
11. En sus pisadas asió mi pie; su carrera guardé y no me acosté.
12. De mandamiento de su boca no me retiré, y ascondí en mi seno sus palabras.
13. Y Él uno; ¿y quién le hará tornar? Su alma deseó, y fizo.
14. Y cuando cumpliere su voluntad en mí, y todo cuanto quisiere, aparejado le estoy.
15. Por tanto de sus faces soy conturbado; consideraré, y habré pavor de Él.
16. Dios enflaqueció mi corazón, y el Abastado me conturbó.
17. No fui cortado por tinieblas que sobrevenían, ni cubrió tiniebla mi cara.

Exposición
1. Y respondió Job, y dijo. Responde Job a Elifaz, repitiendo lo que dicho tiene y perseverando en ello y en la defensa de su vida y limpieza. Y como ve que no persuade a los hombres, vuélvese a Dios que lo sabe, no atestiguando con Él, sino deseando haberlas con Él, y oírle y ser oído de Él en su causa, que es confianza de buena consciencia nacida.
Pues dice:
2. También hoy en amargura mi habla; mi mano se engraveció sobre mi gemido. En que comienza a responder a Elifaz, y no tanto a las palabras que ha dicho, cuanto a lo que le conoce en el ánimo, que se admiraba y ofendía de que Job se querelle tan agramente. Y así le dice que esté cierto que toda su querella, y lo que dice agora cuando más se querella, y su queja que tan agra y encarecida y excesiva parece, comparada con la razón que para querellarse tiene y con la causa que a querellarse le mueve, y con el mal interior y exterior que padece, es como si no fuese ninguna. Porque dice: También hoy en amargura mi habla; mi mano se engraveció sobre mi gemido, que es razón falta de alguna palabra, cuales suelen ser las que se dicen con alguna vehemente pena o pasión. Y dirá enteramente: Paréceos que encarezco mi pena y que excedo los límites de la razón y paciencia quejándome, y ofendéisos de mí como de ciego y blasfemo. Pues estad ciertos que hoy, cuando es mi querella más amarga que nunca, que agora cuando publico lo que siento con más sentimiento, mi mano, esto es, mi plaga, esta mano que Dios pone sobre mí de castigo excede sin medida a lo que gimo, esto es, a lo que publico y me

quejo. Mas como no me veis mis dolores y solamente oís mis palabras, como no conocéis la verdad de mis obras y veis el rigor de mis castigos y penas, padecéis engaño en mi agravio.

Y por eso dice:

3. ¡Quién me diese, supiese yo, y le hallase; viniese hasta su asiento! Por eso, dice, deseo averiguar mi causa, no con vosotros, que veis solo lo que parece de fuera, sino con Dios, que sabe la verdad sin engaño. ¡Quién me diese, supiese yo! Desea saber dónde Dios está, y hallarle y parecer en su audiencia. Porque dice:

4. Ordenaría ante Él juicio, y mi boca henchiría de razonamientos. Ordenar aquí es la palabra de guerra y que se dice propriamente en el ejército o escuadrón, cuando se ponen los soldados en ordenanza; y pásalo a la audiencia del pleito, porque es guerra también lo que allí pasa, y no poco sangrienta, acometiéndose y defendiéndose, y usando de ardides y de celadas, y mejorándose en razón y lugar. Pues viniendo, dice, al tribunal en que Dios residía, pondría en orden mi defensa. Como si dijese, mi gente haría alarde de mis razones en mi pecho, y del pecho en buena orden las pondría en la boca, y razonaría mi causa.

Y dice:

5. Sabría palabras que me respondiese, y entendería. Esto es, y habiendo yo hablado por mí, oiría a Dios con paciencia, y entendería lo que pretende en herirme, y o la culpa mía, o la razón que le mueve. Mas porque le pudiera decir alguno aquí, o porque se le ofreció su pensamiento a él cuando esto decía, que le asombraría Dios puesto en su presencia, y le enmudecería con espanto, y le ataría la lengua, asegúrase de esto, y dice:

6. No con muchedumbre de fuerzas baraje conmigo, no cierto ponga Él su brazo sobre mí. O como está en el original, a la letra: ¿Si por ventura con muchedumbre de fuerzas barajará conmigo? No, cierto. Él pondrá sobre mí. En que, o según la primera manera, saca por condición que no use Dios de su poder contra él; o, según la postrera, se asegura y certifica de que no usará. Como diciendo: Y no tengo por qué me recelar de su fuerza, que, si es poderoso, como lo es, también es igual y justísimo, y, puesto en juicio, no usará de violencia. ¿Si por ventura, dice, con muchedumbre de fuerzas barajará conmigo? Esto es, en ninguna manera barajará, esto es, pleiteará, porque una

cosa es fuerza y otra estar a juicio. Pues si decimos: No con muchedumbre de fuerzas baraje conmigo, limita lo que dicho tiene y dase a entender, y dice: Cuando deseo averiguar con Dios mi causa y delante de su tribunal ser oído, entiéndolo, si pone Dios su fuerza aparte, y si se allana a razones y no quiere usar de su poder absoluto.
Y así dice:
7. Ponga derecheza de argumentos conmigo, y saldrá vencedor mi juicio. No use de fuerza, dice, sino estemos a buena y justa razón; hablen los argumentos y estén quedas las manos, y yo, dice, saldré con mi causa. Y la razón es, no porque le falta a Dios en lo que hace, sino porque es tan justo y verdadero que no dirá que lo hace por culpa mía:
Mas el original dice así: Allí derechero argüiría con Él, y escaparía del todo libre del que me juzga, que casi viene a lo mismo. Porque, dice, no usará de fuerza, ni me oprimirá sin oírme ni entenderme, como vosotros hacéis agora, sino allí valdrá la razón solamente; y la verdad no ama pasión que turbe, ni ignorancia que ciegue, sino juicio claro y desapasionado y derecho. No hará Dios honra de condenarme, ni pondrá su justicia en mi culpa, ni juzgará lo que vosotros juzgáis, que le conviene ser yo malo para que él sea justo; Él quedará por bueno, como lo es, y yo por libre y inocente; con que escaparé libre de quien me juzga, esto es, de vosotros y de vuestros juicios errados, que tan sin razón me condenan.
Mas, llegado aquí, ofrécesele a Job la imposibilidad de lo que desea, y ve que no está en su mano, ni ver a Dios, ni hablarle, ni llegar donde está.
Y así dice:
8. Mas veis; a Oriente iré, y no Él; y a Poniente, y no le entenderé. Mas es hablar, dice, de balde, y tratar de lo que nunca será, porque, ¿adónde iré que le halle?; que, si adelante voy, como dice el original a la letra, no le veré, y si vuelvo a las espaldas, tampoco le hallo, ni se me descubre en Oriente, ni le hallo en Poniente. Y por decirlo del todo, añade que ni en Setentrión ni en Mediodía, que son todas las partes del mundo.
Y dice:
9. Si a la izquierda, ¿qué haré? No le asiré; si a la derecha vuelvo, no le veré a Él. O como el original a la letra: Izquierda en obrar suyo, y no le otearé; encubrir derecha, y no le veré. Que llama izquierda el Setentrión y la parte

del Norte, y derecha la que está al Mediodía, como los filósofos también la llaman; o porque el movimiento y camino del Sol va por aquella parte contino, o porque vuelto uno al Oriente, y extendiendo los brazos tendería al Mediodía el derecho. Pues dice que en la izquierda, esto es, en la parte del Norte, en obrar suyo, esto es, que es parte descubierta y que obra porque se levanta sobre nuestro horizonte, y se rodea sobre él sin ponerse jamás ni encubrirse; encubrir derecha, esto es, ni en la derecha que encubre, porque la parte del Mediodía y las estrellas de su Norte nunca se levantan sobre nuestra horizonte; pues ni en el Setentrión, dice, le veo, ni en el Mediodía le hallo; ni en el Setentrión que se descubre, ni en el Mediodía que se asconde, ni adonde vemos claras sus obras, ni adonde nos las tiene ascondidas; ni en la parte que se levanta sobre nuestras cabezas, ni en la que tenemos debajo los pies. Porque, a la verdad, así como es fácil al que camina por la gracia hallar a Dios cerca de sí, porque como Él dice, está cerca de los que le temen, y sus pláticas son con los sencillos y puros, así es dificultoso al que le busca por los medios de su ingenio y industria. No hay cosa más cerca ni más lejos, más encubierta ni más descubierta, que Dios. Demás de que veces hay que se asconde a los suyos para fin de probarlos; y ascóndeseles tanto, que les parece no tienen acuerdo de ellos, ni ellos hallan rastro de Él por más que le busquen, en que padecen lo que decir no se puede. Y Job lo sentía agora así.
Pero dice:
10. Mas Él supo mi carrera, examinaráme como oro que por juego pasa. Como diciendo, mas ya que no puedo verme con Dios, ni averiguar mi causa con Él, esto sé ciertamente, que Él sabe bien mi inocencia y que este su azote no es castigo de culpa, no, sino examen de oro que se pone en el fuego, no por su escoria, sino para que más resplandezca, no por limpieza, sino para más resplandor.
O de otra manera, porque el original dice así: Porque conoció carrera conmigo, examínese; como oro saldré. En que no dice lo que ha hecho Dios con él, sino dice la razón por qué desea el examen de Dios. Porque, dice, conoce mi carrera conmigo, esto es, la que yo anduve; o también, como yo la conozco, por eso deseaba venir a su examen, seguro de que su justicia haría en mi inocencia lo que en el oro la fragua.
Porque como añade:

11. En sus carreras asió mi pie; su carrera guardé, y no me acosté. Que la buena consciencia es madre de la confianza; y entender Job de sí que siguió siempre en sus caminos a Dios, le da ánimo para esperar salir libre del juicio de Dios. Porque, aunque en su comparación es torpeza toda la limpieza nuestra, mas no juzga al hombre Dios midiéndole consigo mismo, sino con aquello que le tiene mandado; y nuestra regla es no su perfección de Él, a quien no es posible que la criatura iguale o arribe, sino la ley que nos tiene puesta, que es conforme a nuestras fuerzas, a lo menos a las que Él nos da con su gracia, si nuestra culpa y mala disposición no lo estorba o impide. Pues prométese Job buen suceso en el juicio de Dios, porque ayudado de Él, ha puesto siempre en sus caminos sus pies.

Y dice que asió su pie en sus pisadas, esto es, las de Dios, que son las que nos manda que demos; y llama así sus Mandamientos y leyes, en que dice asió su pie, para dar a entender que no entró en ellas y las quebrantó después, habiéndolas primero guardado, sino que asió con firmeza de ellas y fizo asiento en su guarda. En que responde y gana por la mano a lo que le pudieran decir, que si fue bueno en algún tiempo, fue malo después y se salió del camino.

Y dice en el mismo propósito:

12. De mandamiento de su boca no me retiré, y ascondí en mi seno sus palabras. En que dice por nombres proprios lo que dijera por figura en el verso pasado, que su carrera son sus Mandamientos, y sus pisadas sus leyes. Y lo que dice ascondí en mi seno, el original dice más que mi fuero guardé ley de su boca; en que encarece más el cuidado y amor con que cumplió lo que Dios le mandaba. Porque llama su fuero sus deseos mismos y sus inclinaciones, y aquello que él amaba y juzgaba.

Y la causa es lo que dice:

13. Y Él uno; ¿y quién le hará tornar? Su alma deseó, y fizo. Porque si ha servido a Dios y guardado con el cuidado y amor que dice sus leyes, la causa es porque Él es uno, o como dice el original, es en uno, conviene a saber, está siempre en un parecer, sin mudar ni voluntad ni juicio, como mudan los hombres. Y no solamente es sencillo y no mudable, sino lo que a esto se consigue, poderoso y eficaz para todo lo que determina y quiere; y así no se puede esperar que, o mudará lo que tiene mandado, o no ejecutará, en quien no lo

cumpliere, la pena; que ni es flaco ni mudable, y así el que esto conoce está obligado a no ofenderle por ambas maneras.
Y añade:
14. Y cuando cumpliere su voluntad en mí, y todo cuanto quisiere, aparejado le estoy. Porque había afirmado su inocencia y su vida sin culpa, y porque confiando en ella deseaba averiguar su causa con Dios, lo cual en él nacía de buena consciencia; y parecía a los de fuera nacer de soberbia y de arrogancia, por eso y por alanzar esa sospecha, muestra agora y confiesa cuán llena está su alma de Dios y cuán sujeta a todo lo que en él ordenare.
Y dice en esta manera: Aunque mi consciencia me absuelve, y aunque no dudaría de ser absuelto de Dios, cada y cuando que en su juicio pareciese, no por eso le acuso porque me azota, ni me enciendo contra Él en coraje; presto estoy y aparejado a llevar con ánimo rendido y humilde todo lo que en mí su mano pusiere. Verdad es que el original, a lo que parece, sigue otro camino, porque dice así: Porque cumplirá mi fuero, y como éstas muchas con Él. Que porque dijera lo que Dios puede y cuán inmudable es y cómo sale con su voluntad de contino, prueba ser así, por lo que en él ha hecho y agora hace. Y dice lo que de Dios agora digo, que su alma deseó y fizo, esto es, que hace cuanto quiere y como lo quiere, cuanto no lo supiera por otra vía, esto mismo que pasa en mí me lo enseña; porque Él cumple y ejecuta en mí eso mismo que tenía determinado de hacer, sin que ni mis fuerzas se lo impidan, ni mi inocencia se lo estorbe. Que ni me valió ser rico, ni poderoso, ni bienquisto con todos, ni amado de los míos, ni respectado de los ajenos, ni sencillo y puro y justificado en mis obras, para que no cumpliese en mí lo que tenía determinado de mí por su voluntad y secreto juicio.
Y esta determinación y decreto de Dios acerca de los sucesos de Job, llama Job fuero suyo, o establecimiento suyo, y como si dijésemos, su hado, porque estaba establecido de Dios para él. Y dice, y como éstas muchas con Él, para decir que de estos hechos como el suyo, y de otros semejantes, hace Dios cada día muchos, en demostración de lo mucho que puede y sabe.
De donde resulta lo que luego se sigue y es decir:
15. Por tanto de sus faces soy conturbado, consideraré, y habré pavor de él. Porque de la consideración y experiencia del sumo poder de Dios y de cómo trae a efecto continamente lo que le place, sin que ningún poder ni saber se

lo estorbe, nace naturalmente un respecto y temor en quien lo considera, o en quien tiene de ello experiencia.
Pertenece a lo mismo:
16. Dios enflaqueció mi corazón, y el Abastado me conturbó. O así este verso como el pasado llaman pavor y turbación y estremecimiento la calamidad que Job padece, como quien nombra por sus efectos la causa; y son de esta manera como declaraciones encarecidas de lo que precedió en el verso de antes, do dijo que Dios había cumplido su fuero en él y ejecutado lo que establecido tenía, que era turbarle y asombrarle y enflaquecerle el corazón asolándole la hacienda y quitándole los hijos y destruyéndole la salud y cercándole de miserias y gemidos. A cuya consideración es natural salir luego en el deseo que añade.
Porque dice:
17. No fui cortado por tinieblas que sobrevenían, ni cubrió tiniebla mi cara. Que es decir: ¿No fuera yo cortado de esta vida y sacado de ella, sobreviniendo la muerte, por tinieblas que sobrevenían, esto es, para hurtar el cuerpo a la calamidad que aparejada me estaba? Que llama tinieblas y escuridad a la desventura y miseria, porque despoja al corazón de alegría y todo se le ennegrece al corazón que está triste. ¿O siquiera, dice, no fuera yo un hombre no conocido y escuro, de manera que no supiera nadie mi felicidad ni miseria? Porque es mayor sin duda, puesta en los ojos de muchos, y la publicidad la acrecienta. Y el que todos conocen y ven puesto en grado alto, si cae, siente más su caída, porque es más la afrenta, y tiene amigos que se duelan y enemigos que se bañen en gozo, y todo le acarrea mayor dolor, la pena de los unos y el placer de los otros.
Y por eso añadió, ni cubrió tiniebla mi cara, como diciendo: o, a lo menos, no fuera yo tan escuro que nadie tuviera noticia de mí y me sepultara en sí la noche del olvido, o mi desventura tan cerrada y tan presta, que me quitara en un punto de la vista y acuerdo de todos. Sino, dice, escuréceme el corazón, y déjame descubierta la cara, ciégame la alma, no con sintiendo en ella luz de consuelo, y descúbreme a los ojos de esta luz pública, ciego y visto, claro y escuro, entenebrecido y colocado en la luz, esto es, asentado en tinieblas claras y en escuridad manifiesta, y en afrenta y calamidad que a nadie se encubre. Y con esto mismo viene el original, porque dice: ¿Por qué no fui cortado

delante de tinieblas?, esto es, mucho antes que viniese esta noche. ¿Y por qué delante de mis faces ascondió tinieblas? Que asconder las tinieblas es resplandecer con la luz; y así asconder Dios las tinieblas delante de las faces de Job, fue dejarle su cara descubierta y hacerle a él conocido, y pública y notoria a todos su desventura y afrenta.

O digamos lo que es más conforme a la propriedad de la letra, que no pregunta Job aquí, ni por manera de pregunta desea, sino antes da razón de lo que poco antes decía, que le tiene Dios espantado y turbado. Porque, dice, no me cortó, esto es, no me quita delante de las tinieblas y mal que padezco, que es decir, susténtame en esta miseria, y con ser mortal no me consume.

Y añade y de mis faces ascondió tiniebla, que vale, y no ascondió (porque se repite la negación primera), es decir que no ascondía aquella noche de calamidad a sus ojos, conviene a saber, cerrándoselos con la muerte y acabando ya con él, para que no vea tan grande miseria.

Capítulo XXIV

1. Del Abastado no fueron ascondidos [sus] los tiempos, y sus conocientes no vieron sus días.
2. Términos estrecharon, ganado robaron, y apacentaron.
3. Asno de huérfanos llevaron, prendaron buey de viuda.
4. Desbarataron el camino de los pobres; oprimieron juntamente a los humildes de la tierra.
5. Otros, como cebros en desierto, salieron a su obra; madrugan a la presa, aparejan pan para sus hijos.
6. Siegan, y no su heredad; y vendimian del que oprimen la viña.
7. Al desnudo hacen pasar sin vestidura, no cobertura en el frío.
8. De avenidas de montes se humedecen, y sin abrigo abrazan peña.
9. En violencia despojan pupilos, y despojaron los pobres.
10. Desnudos andan sin vestido, y de fambriento llevaron gavilla.
11. Entre sus montones hicieron siesta los que pisan lagares y tienen sed.
12. De ciudad varones gimen, y alma de heridos vocea, y Dios no lo pasa sin venganza.
13. Y ellos fueron rebeldes a la luz; no conocieron sus carreras, y no estuvieron en sus senderos.

14. A la luz se levanta matador; mata pobre y mendigo, y en la noche es como ladrón.
15. Y ojo de adúltero esperó anochecimiento, diciendo: No me verá ojo, pondrá faces en encubierto.
16. Horadan casas en las tinieblas; como de día lo determinaron consigo, no conocieron la luz.
17. Si les sobreviene la aurora, tiénenla por sombra de muerte, y así andan en las tinieblas como en la luz.
18. Ligero él sobre faces de aguas; será maldecida su parte en la tierra, no andará camino de viñas.
19. De calor demasiado pasa a aguas de nieve, y hasta el infierno su pecado.
20. Olvídese de él la piedad; su dulzura gusano; no sea mentado, sea quebrantado como palo sin fructo.
21. Apacentó a la estéril que no pare, y a la viuda no hizo bien.
22. Derrocó fuertes con su fortaleza; levantarse ha, y no fiará en la vida.
23. Diole Dios lugar de dolor, mas él usó de él en soberbia; sus ojos en sus carreras.
24. Alevantáronse poco, y no permanecieron; son humillados como todos, son cerrados, y como cabeza de espiga serán cortados.
25. Y si no, ¿adónde, quién me desmentirá, y pondrá ante Dios mi palabra?

Exposición

1. Del Abastado no fueron ascondidos los tiempos. Este nombre de tiempo, en la Sagrada Escritura, muchas veces significa el del juicio universal que hará Dios a todos los hombres, y el del particular que hace al principio de la vida que después de ésta sucede. Dice: Cuando me viniere el tiempo a la mano, yo juzgaré justicia. Y en el Eclesiastés, en el capítulo 3, dice desta manera: Y dije en mi corazón: El Señor juzgará al justo y al malo, porque tiempo hay para todo lo que se quiere y se obra. Dice que hay tiempo, porque tiene Dios fuera de esta vida otra vida y otro día y otro tiempo.

Pues decir agora Job que los tiempos no se asconden a Dios, es decir que lo que a nosotros se asconde, que es el verdadero tiempo y la vida que sucede a esta vida, no se le asconde a Él, antes la tiene en los ojos como vida de verdad y como tiempo señalado por Él para manifestar su justicia. Y dice esto aquí, porque habiendo significado la sinrazón con que sus compañeros le culpan y cómo se engañan en juzgar de él como juzgan, y habiendo deseado por esta causa verse ante Dios, la razón pedía que mostrase de dónde procedía este error.

Y ésta es lo que dice: el Poderoso conoce todos los tiempos, y los que le conocen, esto es, vosotros que presumís conocerle, no conocéis bien sus días; como diciendo, y nace vuestro engaño, porque teniendo Dios otro tiempo para celebrar su juicio, vosotros no conocéis más de este tiempo presente.

O como dice el original a la letra: Porque al Abastado no se le asconden los tiempos, y sus conocientes ignoraron sus días. Dice que a Dios no se le asconden los tiempos, que es decir que ve lo por venir, que está debajo de su mano y vista lo de esta vida y lo de la otra, que tiene un tiempo aquí y otro después, y que lo que aquí disimula castiga allí; y que estos que presumen de conocerle no conocen sus días, esto es, no piensan que tienen más que el día de esta vida para ejercitar su justicia y castigar al que mal hace. Porque aquí disimula muchas veces lo que después castiga severamente, y tiene no un día, sino dos, el de esta vida y el de la que ha de venir: en aquél lleva cada uno lo que merece; en éste, veces hay que los buenos padecen mal y los malos gozan del bien. Y pruébalo por lo que en muchos se ve, y de ordinario acontece; porque hombres hay que viven sin ley, y pasan la vida toda sin desastre ni pena, y particulariza sus condiciones menudamente con palabras y figuras elegantes. Y dice:

2. Términos estrecharon, y ganado robaron y apacentaron. Porque dice, cosa notoria es que hay tiranos que se enseñorean con injuria de todos, y pasan descansadamente su vida; y sabemos, dice, de algunos que estrecharon los términos ajenos, esto es, que se entraron en las heredades no suyas, y que por extender sus posesiones estrecharon las de sus vecinos injustamente. Que es como natural a los ricos injustos, ir poco a poco comiendo las heredades de los pobres que alindan con las suyas, mudándoles los mojones y términos. Y dice, sabemos también, o de esos mismos o de otros, que robaron rebaño y apacentaron, esto es, que roban las haciendas ajenas y las apacientan por suyas, y que del ganado que sus vecinos criaron, hacen ellos su rebaño y ganado.

Y dice roban y apacientan, para significación de mayor y más desvergonzada injusticia; porque robar el ganado ajeno, para en ascondido servirse de él y comerle puede ser necesidad y tener alguna disculpa; mas robarle para apacentarle, esto es, despojar a mi vecino para traer yo más copioso rebaño, y hacerme rico en público con los despojos del otro, es romper con todos los respectos de vergüenza y de ley.

Y es conforme a esto lo que luego se sigue:

3. Asno de huérfanos llevaron, y prendaron buey de viuda. Porque es de ordinario en estos que crecen y se hacen grandes con injuria de otros, usar de ser más injusto con los que habían de ser más piadosos, y quitar su hacienda a aquellos con quien habían de repartir ellos la suya, oprimiendo y agravando siempre a los que menos pueden, cuales son las viudas y huérfanos.

Y así añade:

4. Desbarataron el camino de los pobres, oprimieron a los humildes de la tierra; esto es, a los que habían de favorecer oprimieron, y a los que habían de proveer despojaron. Con que se demuestra más la maldad de estos que va pintando Job, y con que hace más averiguado su intento. Porque si éstos viven con descanso y mueren en paz y sosiego, cuanto constare haber sido peores, tanto más probado queda que Dios en esta vida disimula con los malos algunas y muchas veces.

Desbarataron, dice, el camino de los pobres. Camino en estas Letras, entre otras cosas, significa el estilo de la vida y manera de vivienda y la pasada que en ella uno tiene. Pues dice que estos injustos desbaratan el camino de los pobres; porque, oprimiéndolos y despojándolos de eso poco que tienen, les cierran el camino de la vida, esto es, no les dejan con qué pasar y vivir. Que el que tiene, aunque pierda parte de ello, quédale con qué pasar adelante; mas el pobre despojado no puede dar más paso, como si le cortasen los pies, y queda estrechado de manera que no sabe qué hacer, ni tiene adónde se ir, y así queda sin orden de vida y sin camino. O de otra manera, camino es el intento y propósito que uno sigue en sus obras y costumbres, como se ve en el psalmo; y pobres y humildes de la tierra se llaman muchas veces en esta Escritura los justos, cuyo intento en sus obras es seguir la virtud.

Este intento, pues, y este camino, cuanto es de su parte, los malos se le desbaratan; porque el bueno, uno de los mayores estropiezos que tiene es ver prosperado al malo, y verse que sirve a Dios, y que le huella y deshace quien desama a Dios y le desirve, como David lo sentía, do dice: [Veis; ellos pecadores, y abundantes en el siglo poseyeron riquezas. Y dije: Luego en vano justificaré mis manos entre los inocentes, siendo azotado todo el día, etc.] Verdad es que la letra original descubre otro camino, porque dice en esta manera: Apartaron a los pobres del camino a una, los humildes de la tierra fueron ascondidos. En que dice una de dos cosas, o ambas a dos. Una, que no consienten que parezcan delante de sí los humildes y pobres; que es proprio de los tiranos soberbios no admitir a su presencia a los afligidos, y cuando pasan, que se aparten y ascondan. Otra, que los destierran de su tierra y naturaleza, que desamparan por huir de su tiranía, como es lo de que se querella acerca del poeta un pastor cuando dice:

>   Todos de nuestro patrio y dulce nido
>   andamos alanzados; vesme agora
>   aquí, cuál voy enfermo y afligido.
>   Y guió mis cabrillas...

Y poco después:

>   Iremos tristes, llenos de despecho,
>   unos a los sedientos africanos,
>   otros a los de Scitia campo estrecho,
>   Y otros a los montes y a los llanos
>   de Creta, y a los del todo divididos
>   de nuestra redondez, a los Britanos.

5. Mas prosigue: Otros, como cebros en desierto, salieron a su obra, madrugan a la presa, aparejan pan para sus hijos. O como dice el original a la letra: Veis; cebros en desierto salieron a obra suya, madrugantes al robo, soledad a él, pan a los muchachos.

O pinta Job un linaje solo de hombres, tiranos y malos, que ocupan lo ajeno y despojan al necesitado, y se desvelan en robar y dañar; o dice diferentes condiciones de hombres injustos, unos logreros, otros engañadores, otros que

saltean, otros que son adúlteros, que todos pasan sin azote sus días. Y esto postrero hinche mejor lo que pretende Job, que es demostrar cómo muchos malos se logran, y cómo obrando mal, les sucede lo de esta vida a su gusto.
Pues dice agora: Veis, como diciendo, cada día vemos y casi tocamos con las manos otros que viven del robo, y que se desvelan en hacerse señores de todo, y que discurren por tierra asolándola. O dice, estos mismos que dieron en madrugar para hacer mal a otros, son como cebros que se desvelan en buscar su comida. Como cebros, dice: cebro es el asno salvaje, animal, como Plinio dice, feroz, de que en aquellas partes hay copia grande. Pero es de ver, si en las dos partes de este verso, la primera parte pone la semejanza, y la segunda responde a ella de esta manera: como el cebro sale diligente a su obra, así éstos madrugan a la presa y al robo; o si ambas partes pertenecen al cebro, y todo el verso hace comparación con los versos de arriba, como diciendo, estos que digo que turban los mojones y apacientan por suyas las ajenas ovejas, que prenden la viuda y despojan al huérfano y destierran de su casa y patria los pobres, son en ello tan continos y prestos, como los cebros que se desvelan en su obra y madrugan a la presa de su sustento.
Mas lo que añade, aparejan pan para sus hijos, en el original está así cortado y confuso, que abre la puerta a diferentes sentidos. Porque dice a la letra: Veis; cebros en desierto salieron a obra suya, madrugantes al robo, soledad a él, pan a los muchachos. Adonde lo que decimos soledad a él, en el original es harabah, que según la palabra de adonde desciende, que a las veces significa concertar y poner en orden alguna cosa y negocios, dirá aquí lo que siguió Sant Hierónimo, que este madrugar al robo es negociar y enderezar lo que a su sustento y de los suyos toca. Y también porque harabah es mezclarse unos con otros, y el contratar y bullir, como en los lugares públicos adonde concurren a sus negocios los hombres; harabab podrá significar este lugar adonde se ajuntan, como son las ferias o los caminos públicos. Y así dirá que, o salen a los caminos públicos a saltear a los que por ellos pasan, o ciertamente se entrometen en las plazas y en las ferias, para con injustos y sutiles y encubiertos tratos mejorar sus ganancias.
Y porque también tiene significación de dulcedumbre aqueste vocablo, podemos entender que diga aquí Job que el madrugar el malo al robo, a él le es dulzura y a sus hijos pan, deleite a él y provecho para los suyos. O lo que es

más ordinario, *harab* significa desierto y soledad; y según esto dice aquello que, o al cebro o al hombre salteador despierta y mueve a la presa, que es el desierto y tierra solitaria donde vive, que por su cualidad es menguada de lo necesario.

O juntemos esta palabra con lo que le antecede en esta manera: Madrugan al robo en el desierto, y poner aquí punto, y luego añadir: A él pan para sus hijos, que es entrocar el orden de las palabras a modo poético, que destrocándolas vale: Para pan a él y a sus hijos; esto es, que madruga al robo en el desierto para pan, esto es, para buscar el sustento de sus hijos y suyo.

Síguese:

6. Siegan, y no su heredad, y vendimian del que oprimen la viña; que es extender más la injusticia y maldad de esos que pinta, especificando sus diversas maneras. Es verdad que el original también da lugar a que también traduzcamos así: En el campo su renuevo siegan, y viña de malo hacen tardar, en que descubre otro nuevo camino; porque se puede declarar en dos maneras: una, que signifique otro nuevo género de injusticia, de que usan los ricos injustos, sirviéndose del trabajo de otros y no les pagando el jornal; porque, dice, siegan sus mieses por mano de sus jornaleros, y sus viñas también las vendimian y hacen tardar, esto es, detienen y no pagan, o pagan tarde el jornal a los pobres que los sirvieron; otra, es que añada aquí Job lo que para la prueba de su intento faltaba, porque pretende que algunos malos viven felizmente, y hasta agora solamente ha propuesto unos hombres malos y injustos, y demostrado que los hay en el mundo, pero no que viven dichosos.

Eso, pues, es lo que agora demuestra, y dice:

En el campo su renuevo siegan, que es decir, y aunque son tales, ni su campo es estéril, ni se les apedrean las viñas, sino antes tierra y cielo les favorece. En el campo su renuevo siegan, esto es, siegan sus mieses en abundancia, que la tierra les es liberal y no escasa; que ni la niebla las envanece, ni la seca las disminuye, ni la langosta las corta, ni la avenida las lleva.

Y viña de malo hacen tardar. Y la viña, dice, cuyo dueño es malo y injusto, hacen tardar (pone un número por otro), esto es, hace tardar en la vendimia, según es grande y abundante su fruto. Pero torna a hacer nueva pintura de hombres injustos prósperos por maneras diferentes y elegantes para mayor confirmación de lo dicho.

Porque añade:
7. Al desnudo hacen pasar sin vestidura; no cobertura en el frío.
8. De avenidas de montes se humedecen, y sin abrigo abrazan peña. Como si dijese, otros hay, o estos mismos vemos que son tan sin piedad que, sobrándoles todo, no tienen corazón para dar vestido a un desnudo, y llenos de aforros ellos, no se apiadan del pobre sin vestido en el rigor del frío, que tiembla; ellos tienen casas suntuosas y aposentos en ellas y estufas; y a éstos fáltales la vestidura y el techo, desnudos en el cuerpo y descubiertos a las injurias del cielo, la lluvia los baña, y la vuelta de una peña es toda su casa y abrigo. Y esto significa diciendo: De avenidas de montes se humedecen, y sin abrigo abrazan peña.
Y prosigue:
9. Con violencia despojan pupilos, y despojaron los pobres. O como el original a la letra: Robaron de teta a huérfano, y sobre pobre prendaron suerte. No solo, dice, son desapiadados, mas robadores crueles; no solo no abrigan al desnudo, mas desnudan y despojan al pobre; no solo le quitan la hacienda, mas le cautivan también la persona.
Robaron de teta al huérfano. Esto dice en uno de dos sentidos: o porque roban los niños pequeños y desamparados para hacerlos siervos y venderlos a otros, según lo que cada día acontece, o conforme a la costumbre antigua, en que los padres podían vender a sus hijos y pagar a sus acreedores con ellos. Y así éstos se pagan, dice, de sus logros injustos, tomándoles los hijos tiernos a los pobres que engañan. Y por eso añade. Y sobre pobre prendaron suerte, que es declaración de lo que primero había dicho.
Y dice más casi en la misma sentencia:
10. Desnudos andan sin vestido, y de hambrientos llevaron gavilla, como recapitulando lo dicho, que a unos no les dan lo que han menester, y a otros les quitan eso poco que tienen; a unos no hacen limosna, y a otros roban la capa; desapiadados con unos, y injustos con otros, y crueles con todos.
Pero dice:
11. Entre sus montones hicieron siesta los que pisan lagares, y tienen sed. O según la letra: Entre sus muros farán aceite, lagares pisaron, y tuvieron sed. La palabra original que significa la sazón del mediodía, es muy semejante a otra que significa el aceite, y al parecer nacen ambas como de un mismo principio.

De aquí Sant Hierónimo traduce sestean, como al mediodía se hace. Otros, exprimen aceite; y así la una como la otra letra tienen los mismos dos sentidos, que arriba en el verso sexto dijimos. Porque, o dice que los jornaleros que sestearon entre los montones de estos ricos injustos, esto es, que les sirvieron en la cosecha (porque es muy ordinario en estas Letras, con el nombre de una cosa significar otra alguna que le es allegada y vecina, y al trabajar a jornal es allegado el sestear los que trabajan), pues dice que sus jornaleros de éstos, así los de la siega como los de la vendimia, tuvieron sed, para decir que ni les pagaron lo justo ni les dieron lo necesario, y que vertiéndose en las pilas el vino, no tuvieron qué beber esos mismos que las henchían pisando la uva. O lo que parece más cierto, dice, como arriba decía, que, aunque son injustos, viven dichosos y ricos, llenos de aceite y de vino, sin que su cosecha padezca mengua, y sin que haya año malo Para sus heredades, manan en aceite y en vino. Y dice que pisaron sus lagares, y tuvieron sed para mostrar cómo no se harta la codicia mala jamás.
Y prosigue diciendo:
12. De ciudad varones gimen, y alma de heridos vocea, ¿y Dios no lo pasa sin venganza? Cuando no hay parte que pida, disimula la justicia o usa de clemencia a las veces. Mas estos, dice Job, de que hablo, son injustos y son acusados por tales; hay parte que vocea y que pide venganza. En la ciudad gimen a Dios los oprimidos, y la sangre de los heridos de ellos y muertos dan voces; y con todo eso, ¿Dios no lo pasa sin venganza? Hase de leer en pregunta, y a que se responda: Pásalo sin duda, y así lo disimula como si no lo viese o no le tocase el remedio; y así, aunque malos y aunque acusados por tales, ni son condenados aquí, ni azotados, ni heridos, pasan sin desabrimiento o disgusto. Por donde el original a la letra y Dios no pone mengua, esto es, falta desastre ni azote. Porque mengua decimos lo que el texto dice thiphelah, que es estorbo, estropiezo, disgusto y desastre.
Dice:
13. Y ellos son rebeldes a la luz; no conocen sus carreras y no estuvieron en sus senderos. Como si dijese, no los castiga aquí Dios, dado que ellos son rebeldes a la luz y no conocen ni curan de sus carreras. Y dijo con advertencia la luz, más que la virtud o la razón o lo justo, por hacer el encarecimiento más vivo, porque es como si más claro dijera: Ellos huyen de la luz, y son claros;

son enemigos de la claridad, y viéneseles a casa lo que es ilustre en el mundo; aman las tinieblas del error, y andan ricos, resplandecientes, ilustres; caminan a escuras, y no tropiezan en desastre; andan sin estrella de guía, y nunca yerran el camino de la buena dicha; su trato es de la noche, y sucédenles la cosas como si las negociasen de día. Y porque habló de la luz de la razón, como jugando del vocablo, se pasa a la manifiesta y visible, y dice lo que algunos malos con ella hacen; y como de otro principio, torna a poner diferentes maneras de ellos, que para serlo se sirven unos del día y otros de la noche, y pasan sin revés toda la vida.

Dice:

14. A la luz se levanta matador; mata pobre y mendigo, y en la noche es como ladrón. Como diciendo, aunque son rebeldes a la luz, como digo, de ellos hay que no están mal con la luz: la de la razón huyen, mas aman esta visible y de ella se sirven; que el salteador sale con ella a degollar al caminante pobre, que seguro camina. Y aun quiere también decir que es en tanto verdad, algunos malos gozar en paz de esta vida, que parece ser suya y para ellos solos hecha y ordenada, para que ejecuten su intento. Y así les sirve a unos con una cosa, y a otros con otra, para obrar su maldad; que al salteador le sirve la luz del día para bañar con sangre inocente los caminos, y al adúltero la noche para amancillar los lechos ajenos.

Y así dice:

15. Ojo de adúltero esperó anochecimiento, diciendo: No me verá ojo, pondrá faces en encubierto. Que parece se hizo a propósito de su deseo la noche, que le encubre, y como le guía a su mal hacer. Y así dice que pondrá sus faces en encubrimiento, porque le disimulará con el velo de su sombra, para que conocido no sea. Y lleva esto adelante Job, y por una manera poética diviértese a relatar las condiciones de estos que aman para sus maleficios la noche.

Y dice:

16. Horadan casas [de día] en las tinieblas, como de día lo determinaron consigo, no conocieron la luz. Entre día, dice, trazan lo que después en la noche ejecutan. Mas lo que decimos como de día lo determinaron consigo, el original a la letra dice: de día sellaron sobre sí, que o se puede entender como Sant Hierónimo dijo, porque sellar es determinar firmemente; o quiere decir que estos malhechores nocturnos, de día están cerrados y como sellados en sus

moradas, encubiertos de día, para de noche no dejar indicios de sí, y durmiendo y descansando mientras hay Sol, para despertar y trabajar en poniéndose. Y así dice no conocieron la luz. O como el original dice, no entendieron luz, porque, como aves nocturnas, no la vieron de sus ojos. O porque entender, en esta lengua, significa a las veces, como en la nuestra, obrar y ocuparse, dice que no entendieron luz, porque, como ha dicho, es proprio a los tales el dormir y el estar ociosos de día.

Y ansimismo les es natural lo que añade:

17. Si les sobreviniere la aurora, tiénenla por sombra de muerte, y así andan en las tinieblas como en la luz. O lo que dice el original, que es lo mismo: Que juntamente mañana a ellos, sombra de muerte; cuando la reconociere, espanto, o sombra de muerte. Que juntamente mañana a ellos, esto es, cuando se ajunta con ellos y les sobreviene la mañana y cada vez que apunta la aurora, les es como sombra de muerte; conviene a saber, porque para ellos y para sus hechos la noche es luz, y el día horror y tinieblas, y así le temen antes que nazca, y en naciendo, como atemorizados y espantados le huyen.

Y por eso añade:

18. Ligero él sobre faces de aguas, será maldecida su parte en la tierra; no andará camino de viñas. Que es decir, que huyen del día luego que aparece, ligeros, por no ser conocidos ni vistos. Y dice los lugares donde se recogen, que son desiertos y descaminados y como a las costas del mar, porque en aquella tierra debía ser lo más desierto de ella a la marina.

Ligero, dice, sobre faces de aguas, esto es, por no ser visto, huye con presteza a sus escondrijos, que es a la costa del mar. Maldecida su parte en la tierra, esto es, y se recoge al lugar de su morada, que es lo peor de la tierra, conviene a saber, lugar maldito, esto es, desierto, infructuoso y estéril y no cultivado con sembrados y viñas, y por la misma razón no frecuentado de hombres, porque con la soledad están más seguros.

Y no es ajeno de esto mismo lo que se sigue:

19. De calor demasiado pasa a aguas de nieve, y hasta el infierno su pecado, porque dice, y no duran en este mal hacer un día solo, o algún invierno se emplean en este crudo ejercicio, en el estío caluroso, y en el espacio pequeño; en verano y en tiempo frío y nevado, y en cuando la vida dura, y hasta entrar en la huesa perseveran robando. Dando en esto a entender que no les rompe

el hilo del mal hacer, ni los remueve de su dañada vida y costumbres ningún suceso admirable ni azote, sino al revés, que hacen mal y les sucede bien, y así llevan siempre y en todo tiempo y hasta el fin de la vida su maldad adelante.
Y lo que el original a la letra dice, aquí significa esto mismo, aunque algunos, y no bien, lo entienden por diferente manera. Porque dice: Secura y calor roban; aguas de nieve, sepultura pecaron; que es decir que roban en el tiempo seco y caluroso, y en el lluvioso y nevado, y que pecan sin estorbo ni contraste hasta la sepultura.
Pero añade:
20. Olvídese de él la piedad; su dulzura gusano, no sea mentado, sea quebrantado como palo sin fructo. O como el original a la letra: Olvidarse ha de él piedad; tomará gusto suyo gusano, mientras no será mentado y será quebrantado como palo, tortura; que es dificultoso de entender, mirando lo que Job aquí pretende, y comparando con ello las declaraciones de algunos. Porque se persuaden que Job por estas palabras quiere decir, que estos injustos y tiranos y robadores que ha dicho, paran en mal, y que la fortuna los derrueca y la muerte los acaba y pone en olvido perpetuo, y no miran ni advierten que decir esto es afirmar lo contrario de lo que pretende decir, y que es hacer la causa de sus amigos y convenir con ellos y condenarse a sí mismo. Porque, como al principio dijimos, y habemos repetido muchas veces después, su intento de ellos es que los malos siempre en esta vida son castigados, y que si florecen un poco, se marchitan aquí luego y se secan; y Job, por el contrario, porfía que esta regla no es cierta, sino que muchas veces sucede hombres perversos vivir aquí descansados; y a este propósito endereza todo aqueste capítulo, a que contradice, si agora dijese que caen desastradamente de su felicidad estos malos.
Por donde es necesario decir, o que este verso no es afirmación de lo que sucede, sino deseo de que así sucediese; que es natural, siempre que hacemos memoria de lo bueno, desearle felicidad, y de lo malo el contrario, y romper en alguna palabra o señal que dé muestras de este deseo. Y así Job, que contaba la maldad de esta gente, no pudo no aborrecerla, y aborreciéndola divertirse a desear aquí su castigo, no por decir que los castigaban aquí, sino por desear que los castigasen.

Así que es necesario o decir que es deseo, o que habla, no de esta vida, sino de lo que pasa en la otra. Que como había dicho que perseveraban en su maldad hasta la huesa, dice agora que, en llegando a ella, se les trocará la aventura y los olvidará la piedad y se tornarán en gusanos y perecerán en la memoria de todos, y como cosa sin fructo; o, lo que por más cierto tengo, repite por otras diferentes y elegantes maneras la misma sentencia de arriba, diciendo que se olvidará de él la piedad, esto es, que no hará morada en sus entrañas y pecho; y que los gusanos le comerán, esto es, que perseverarán sin contraste en el mal hasta la muerte; y que, mientras, no será mentado y será quebrantado como palo, esto es, hasta el fin de la vida, adonde fenece el recuerdo, y las facultades naturales se quiebran, durará su tortura esto es, se prosperará su injusticia.

Por manera que dar gusto a los gusanos, no ser más mentado, ser quebrantado o cortado como árbol sin fructo, son el morir, dicho y variado por tres diferencias sacadas de lo que sucede en la muerte; y el olvidarse es no conocerle ni entrar por su casa, es, digo, siempre ocuparse en maldad. O sin duda la piedad que de él se olvida, es Dios piadoso, no solo cuando beneficia, sino cuando castiga, porque con la pena sana y abre camino para derramar su clemencia.

Y así el olvidarse la piedad de estos hombres es decir que los deja Dios ir por sus apetitos sin enfrenarlos, ni siquiera recogerles la rienda, sin darles sofrenada ni azote; que si se los diera, fuera piadoso con ellos, y en no hacerlo se les muestra justiciero y severo, porque es sin duda grave mal dejarnos Dios aquí sin castigo.

Y añade:

21. Apacentó a la estéril que no pare, y a la viuda no hizo bien. Estos mismos, dice, de que hablo a las demás injusticias suyas ayuntan estas crueldades también, que hacen mal a la viuda y a la estéril. Dijo que eran sin piedad, olvidados del todo ellos de ella y ella de ellos; dice agora en particular un ejemplo, porque dice apacientan la estéril y no hacen bien a la viuda. Hacer mal a las mujeres en general es cosa muy inhumana, que su flaqueza natural y la blandura de su condición y el servicio que recibimos de ellas y las deudas que les debemos por ser nuestras madres, nos obligan a su servicio y respecto; mas

en particular tratar mal a las necesitadas y desnudas de abrigo, que ni tienen marido ni hijos, es fiereza grandísima.
Apacentó, dice, a la estéril que no pare, y a la viuda no hizo bien. Es uso y, forma de hablar, alguna palabra que se pone en la primera parte de un verso, sin ponerla en la segunda, tenerla por puesta; y al revés, la que se pone en la postrera, traspasarla a la primera. Y así decimos aquí que aquel no, do se dice y no hizo bien a la viuda, se traspasa al principio, diciendo: No apacentó a la estéril que no pare, y a la viuda no hizo bien. Y aun decimos que la palabra original tiene la misma fuerza y uso que en castellano el pacer, que unas veces es del que apacienta el ganado, y decimos, que pace el pastor sus ovejas, y otras de ese mismo ganado, que pace la yerba.
Y podemos según esto decir: Pació la estéril que no pare, y a la viuda no hizo bien; que es como si más claro dijera que éstos pacen, esto es, comen y tragan las estériles, y no hacen bien a las viudas. En que pinta Job unas malvadas gentes, de quien [Cristo] dijo mucho después que les comen a las viudas las casas, fingiéndose santos; y no a las viudas solas, sino a las doncellas hacendadas y huérfanas, que por las estériles y que no paren se entienden aquí.
Porque a estos dos géneros, que por ser mujeriles son fáciles, y por carecer de dueño no tienen guarda en la puerta, y por esta falta de arrimo admiten con alegría a cualquiera que se les quiera arrimar, acuden luego estas aves, y coloreando con largas devociones y oraciones su entrada, negocian su interés y regalo, y llegándose a ellas, allegan sus riquezas a sí, y pareciendo que las santiguan, las chupan dulcemente la sangre, y como dice singularmente Job, pácenlas y no les hacen bien. Porque profesándose por bienhechores suyos y por gobernadores de su vida y su alma, en lugar de hacerlo, hinchen su bolsa y dejan vacía a la huérfana y viuda.
Y prosigue:
22. Derrocó fuertes con su fortaleza; levantarse ha, y no fiará en la vida. Lo que decimos derrocó, en el original es propriamente extender, o alejar arrojando. Y así dice agora que de éstos no solamente los que poco pueden y son fáciles de engañar son engañados, mas también con los poderosos son violentos y fuertes; a todos acometen, y a todos vencen; a los flacos chupan, y a los fuertes derruecan. Y dice que los alejan y arrojan, a semejanza de los que tiran con honda, para mayor demostración de su injusto poder, con que a los más

valientes arman en un punto un traspié, con que los derruecan al suelo y los alejan de su descanso muy lejos.

Y lo que dice, y levantarse ha, y no fiará en su vida, dícelo, no del que arroja, sino del arrojado y caído; y a mi parecer dícelo, perseverando en la semejanza misma que he dicho, del que es arrojado de otro más poderoso con violencia y con fuerza, como el toro arroja al que coge en los cuernos. Que de la manera que el caído así levanta la cabeza y el cuerpo con deseo de huir y apartarse del toro, y por otra parte teme ser visto de él al alzarse, y siendo acometido otra vez tornar a venir a sus manos, y un mismo deseo de huir le mueve y detiene, así dice Job que éstos, como toros bravos y animales fierísimos, no solo huellan y deshacen lo pequeño y lo flaco, mas a lo fuerte y poderoso acometen y derruecan y arrojan de sí con tanta braveza, que los arrojados, por apartarse de otro golpe, querrían levantarse, y por no despertarlos otra vez con su vista no osan bullirse y hacen los mortecinos, por no quedar muertos del todo.

Dice más:

23. Diole Dios lugar de penitencia, mas él usó de él en soberbia; sus ojos en sus carreras. El original a la letra: Daréle a la confianza, y estribará, y ojo suyo sobre caminos de ellos; que, por ser tan cortado, da lugar a diferentes sentidos. Sant Hierónimo lo aplica a Dios, y entiende y traslada de esta manera: Daréle, conviene a saber, Dios a este injusto y malo que digo, a la confianza, esto es, espacio en que se convierta, y no le cortará la vida luego, ni le cerrará la entrada al perdón. Mas él estribará, esto es, afirmarse ha más en su mal hacer, y atribuirá su buen suceso a sus fuerzas, y del disimular Dios con él y esperarle, tomará ocasión de soberbia.

Y ojo suyo en carreras de ellos, esto es, y Dios le ve y advierte, y con todo eso pasa por ello y disimula. Que es decir Job lo que hace a su intento, de que hay muchos malos a quien Dios aquí no castiga. Otros no lo aplican a Dios, sino al hombre violento y injusto, y dicen así: Que éste, al que una vez derrueca, le da la mano algunas veces por respecto de algún interés que pretende; pero tráele sobre ojo para, en viendo ocasión, tornar a hundirle, y déjale engordar un poco para comer después, y juega con él, como el gato con el ratón, que le suelta y le prende y al fin le degüella. Y según esta manera, a lo que yo entiendo, persevera todavía Job en la semejanza de la bestia fiera y del toro que, como sabemos, cuando prende a uno y le arroja, separa y le mira, y, llegado a él, le huele para ahinojar sobre él, si está vivo.

Así, dice, éstos paran, después que han derrocado, y dan a los caídos con este espacio esperanza de huir; mas están atentos y los ojos abiertos, para cerrar con ellos luego que se levanten. Y como esto viene a pelo y como nacido lo que luego se sigue:

Porque dice:

24. Alevantáronse un poco, y no permanecieron. O como el original dice: Y no él, y son humillados como todos; son cerrados, y como cabeza de espiga son cortados. Alevantáronse un poco, conviene a saber, los arrojados y caídos, esto es, alzaron la cabeza, por ver si se les apartaba la fiera; mas ella no se aparta, ni los aleja, antes entonces los acomete de nuevo, y los huella y acaba y hace de ellos lo que de los flacos hacía, y los encarcela y corta la cabeza con la facilidad que se corta la espiga. Y sin duda es así, que los que se apoderan con violencia, para justificarse, dejan a las veces respirar un poco a los que oprimen, y están como en vela, con el fin de que respirando hagan algo en que al parecer se desmanden, para por esta causa destruirlos del todo, y velan siempre sobre ellos, y con la menor demostración los destruyen.

Y dicho esto concluye, y dice:

25. Y si no agora, ¿quién me desmentirá y pondrá ante Dios mi palabra? Como diciendo, esto pasa como digo; y si decís que no, ¿quién de vosotros me probará lo contrario, o me convencerá de falso delante de Dios? Y dice delante de Dios con particular advertencia, que es tribunal de verdad, porque en el suyo de estos amigos y en el juicio que hacían, esta su razón de Job condenada estaba por falsa, y él lo entendía. Verdad es que donde decimos pondrá delante de Dios, podemos decir, y pondrá por nada, porque el original lo consiente. Y dirá que quién, por más que afile el ingenio, pondrá por nada, esto es, deshará lo que ha dicho, siendo cosa que se ve por los ojos y se toca con las manos en mil ejemplos que en la vida se ofrecen.

Capítulo XXV

1. Y respondió Bildad, el suhí, y dijo:
2. Poderío y pavor con Él, hacedor de paz en sus alturas.

3. ¿Por ventura tienen cuento sus escuadrones? ¿Y sobre quién no levanta su luz?
4. ¿Y en qué manera se justificará varón con Dios? ¿Y cómo se alimpiará nacido de mujer?
5. He; hasta Luna y no esclarece, y estrellas no son limpias en sus ojos.
6. ¿Cuánto más varón gusano, y hijo de hombre gusano?

Exposición
1. Y respondió Bildad, el de Suhí. Responde Bildad a Job, y no responde al propósito ni le redarguye de falso en lo que de hecho dice, sino en lo que se imagina él que quiere decir. Job decía que Dios en esta vida muchas veces no azota a los malos, y decíalo para que de su azote no arguyesen que él lo era, como en realidad de verdad lo argüían. Mas parécele a Bildad que decir esto Job, es decir que Dios es injusto y no sabe concertar entre sí, hacer justicia Dios y ser azotado Job, no siendo malo. Y así no cura de probar que castiga aquí Dios a los malos, sino prueba y afirma que Dios es poderoso y grandísimo, y que es desatino tenerse delante de él por justos los hombres. Porque le parece que, siendo esto cierto, no se compadece con ello lo que Job afirma, del pasar en esta vida sin castigo los malos y de estar sin culpa él, estando como está castigado; y le parece que no condenarse por malo Job es condenar a Dios por injusto. Y así vuelve por la justicia de Dios, contra la cual ni Job decía ni se colegía de su dicho con verdad cosa alguna.
Pues dice:
2. Poderío y pavor con Él; hacedor de paz en sus alturas. Como diciendo, si fuere así como dices, no sería Dios como es. ¿No sabes que es poderoso y espantable y hacedor de justicia? Poderío y pavor con él: quiere decir, no que tiene poder solamente, sino que es la fuente de la majestad y poder; y no solo dice, poder de fuerza, sino de gobierno y de mando; y así que Dios tiene el imperio de todo, y la fuerza para ejecución de su imperio, y que lo tiene, no prestado ni con miedo, sino propio y que está con él, esto es, que le viene de suyo. De lo cual, lo primero, le hace grandísimo, y lo segundo, espantable y pavoroso, y ambas a dos cosas demuestran claramente que es justo. Porque, aunque a las veces gobierna y manda la maldad, pero nunca la viene de suyo el mandar; sola la justicia y la verdad es natural para el mando.

Por donde decir que la Divinidad es emperadora de suyo, es decir que es justísima. Y conforme a esto añade y dice que es hacedor de paz en sus alturas, que es decir, que pone en orden y gobierna con rectitud las criaturas más altas; como arguyendo que, si pone en lo poderoso concierto, no dejará desconcertado lo flaco; y si da ley a los ángeles, no consentirá que vivan sin ella los hombres; y si ordena a los inmortales, no querrá que los mortales anden sin orden, y sería visto quererlo, si no hubiese castigo, con que lo que se desordena se emiende.

Y dice en el mismo propósito:

3. ¿Por ventura tienen cuento sus escuadrones? ¿Y sobre quién no se levanta su luz? No hay número, dice, de sus escuadrones. Prueba el infinito poder de Dios por la majestad de su casa, y por la muchedumbre sin cuento de sus ministros demuestra su grandeza sin fin. Y llama escuadrones a las criaturas de Dios, por las diferencias de ellas y por la orden que cada una tiene en su género, y por la fortaleza de todas y por la presteza con que acuden a los llamamientos y mandamientos de Dios. Porque cada género de cosas, ordenado por sus subjetos y especies, es como un escuadrón de soldados concertado por sus hileras. Y como el escuadrón, a un tocar de trompeta y a una seña que el capitán hace, acomete o se retira, o se extiende o se aprieta o se tuerce por diferentes maneras, así a las escuadras de las cosas criadas, con un silbo las mueve Dios por do quiere.

Por manera que en decir escuadrones, significa que es Capitán Dios y Gobernador; y en decir que no tienen cuento, demuestra que se gobiernan todas con Él, como lo declara diciendo: ¿y sobre quién no se levanta su luz? Porque el gobierno es guía, y la guía luz, y así queda averiguado, siendo Luz de todo, ser el gobierno general de las cosas. Síguese:

4. ¿Y en qué manera se justificará varón con Dios? ¿Y cómo se limpiará nacido de mujer? Aplica lo dicho a lo que pretende, y concluye diciendo: Pues si a Dios le es natural el ser señor y el ser justo, y es, por mejor decir, el señorío y la justicia misma, ¿cómo se justificará el hombre con Dios? Adonde lo que dice con Dios, vale tanto como comparado con Dios y entendido así concluye bien y dice verdad, porque no hay comparación con el que es de suyo justo, y el que participa y mendiga de otro su bondad y justicia; pero no habla a

propósito, porque ni se duda de ello ni se concluye el intento de que Job es malo por ser Dios más justo que él y más bueno.

O vale con Dios tanto como en los ojos y en el juicio de Dios, y esto hacía más al propósito, porque era decir que Dios juzgaba a Job por malo. Mas no se colige bien de lo dicho; que no se sigue que Dios, por ser Él infinitamente justo, juzga por malo a todo lo que no es Él; porque en este juicio no pide a las criaturas que tengan con Él otra tanta justicia, sino aquella sola que a cada una es debida según su razón, ni las mide por lo que es Él en sí, sino por lo que deben ser ellas. Y como en lo natural, en que son infinitamente menos perfectas que Dios, si tienen lo que a su medida conviene, Dios las tiene por buenas y las llama así, como se escribe en el Génesis, así en lo mortal, dado que no igualan con infinitos quilates a Dios, si tienen lo que suelen y les demanda, son tenidas de Dios por justas.

Así que Bildad, de haber asentado que Dios es la justicia, no concluye bien que en su juicio todos los hombres son malos. Bien es verdad que tendrían trabajo todos, sí por todo rigor lo llevasen; no porque Él es justo de suyo, ni porque nos pide que seamos tan justos, sino porque en eso mismo que nos pide y debemos ser hacemos mil faltas y pasamos nuestra ley y faltamos de nuestra medida, en cuanto en esta vida vivimos. Que, aunque el justo puede hacer y hace algunas obras perfectas, otras también hace que no son ni perfectas ni buenas; porque ninguno se apura tanto aquí que no tenga alguna imperfección o pecado ligero. Mas esto no lo niega Job, ni contradice a lo que afirma y pregona de sí, que es no haber pecado de manera que mereciese tan grave y riguroso castigo.

¿Y en qué manera se justificará varón con Dios? ¿Y cómo se limpiará nacido de mujer? Lo que decimos varón, en el original es una palabra que significa el olvido; y lo que decimos nacido de mujer, según la propiedad de su origen, quiere decir muy nacido de mujer. Y contrapone bien estas dos cosas en el hombre, con las dos que dio a Dios con quien le compara. En Dios puso poderío y luz de justicia; pone en el hombre error de ceguedad, y flaqueza: ceguedad, en darle nombre de olvido y desacuerdo, que es un género de no saber; flaqueza, en nombrarle hijo de una cosa tan flaca, que los hijos a los padres salen, y lo vil no puede engendrar fortaleza. Y como en Dios puso el poderío y la justicia en lo sumo, así al hombre da extremo de ceguedad y flaqueza. Que olvido y desacuerdo no es ignorar como quiera, sino es un no saber en que no queda rastro de ciencia; y nacer muy hijo de mujer, no es el mal ordinario, sino mal en hábito y mal lanzado en los huesos. Y si la mujer en las Letras Sagradas es flaqueza y liviandad y melindre, el hijo de ésta ha de ser lo puro de ello y la flor. Y si son en ellas mismas llamados hijos de una cosa, los que tienen mucho de ella y los que la poseen con gran excelencia, como hijo de guerra al belicoso y de paz los que son muy pacíficos, cierto será que llamar al hombre de mujer hijo, es llamarle extremado en todo lo que dice mujer, en miseria, en vileza, en poco ser y sostancia. Y si hijo es esto, muy hijo, y por hábito hijo, y en los tuétanos hijo, como el original de este verso denota, ¿qué no será? Mas prosigue:

5. He; hasta la Luna no esclarece, y estrellas no son limpias en sus ojos.

6. ¿Cuánto más varón gusano, y hijo de hombre gusano? Es argumento que llaman de lo más a lo menos, por manera de negación, y es buen argumento; porque lo que falta a quien más le conviene, no se hallará en quien menos le compete. La Luna y las estrellas, que son moradas de luz, ante Dios son escuras; luego más lo será el hombre mortal y el hijo de padre mortal.

Pues dice: Veis, hasta la Luna, que es decir, veis hasta la Luna misma, que tan pura y blanca se nos muestra, no esclarece, conviene a saber, en sus ojos (que se traspasa del fin del verso esta palabra al principio), y no es clara en sus ojos si, como dijimos, la compara consigo; que si la mide por lo que a ella conviene, tiénela por buena y por clara.

Y las estrellas, que son también cuerpos de luz, no son limpias en sus ojos; esto es, en su comparación no se tienen por luces. ¿Cuánto más varón gusano?, esto es, corruptible, que significa por el efecto la causa, porque de la corrupción nace el gusano. Y hijo de hombre gusano, esto es, corruptible también, de manera que por sí y de su linaje es miseria.

Pero de ser corruptible, ¿cómo se arguye que es pecador el hombre? Arguyese, lo uno, porque lo corruptible es mudable, y lo mudable flaco, y lo flaco es ocasionado a faltar; lo otro, porque la corrupción del hombre nació del pecado, como San Pablo dice: Por un hombre entró el pecado en el mundo, y por el pecado la muerte. Y así acordarle al hombre que se convierta en gusanos y que nació de padres gusanos, es decir que de nacimiento es pecador el hombre.

Capítulo XXVI
1. Y respondió Job, y dijo:
2. ¿A quién ayudaste? ¿A quien no tiene fuerza? ¿Salvaste brazo no fuerte?
3. ¿A quién aconsejaste? ¿A quien no tiene ciencia, y manifestaste tu mucho saber?
4. ¿A quién enseñaste palabras? ¿Al que fabricó tu resuello?
5. Ves; los gigantes gimen so la agua, y los que moran, con ellos.
6. El infierno descubierto a su cara, y no tiene velo la perdición.
7. Extiende Setentrión en vacío, y cuelga sobre nada la tierra.
8. Recoge en sus nubes las aguas, para que no desciendan a una.
9. Aprende faces de asiento, y esparce niebla suya sobre él.
10. Con término cercó en derredor la faz de las aguas, hasta que la luz y las tinieblas se acaben.
11. Columnas de cielo tiemblan, y se espavorecen a su increpación.
12. En su fortaleza ayunta los mares, y con su saber hirió al soberbio.
13. Su espíritu adornó los cielos, y negociando su mano salió la torcida culebra.
14. Ves; estas partes de sus carreras, y cuán pequeñita palabra oímos de ello; el tronido de su grandeza, ¿cómo será percibido?

Exposición
1. Y respondió Job y dijo. Burla Job de Bildad en este capítulo, pero no convienen todos en decir de qué burla. Unos dicen que pretendió probar la providencia particular que Dios tiene, y que no la probó, y que así Job le escarnece; y por consiguiente trasladan los versos segundo y tercero y cuarto de esta manera: ¿Con qué ayudaste lo flaco? ¿Cómo salvaste con flaqueza de brazo? ¿Cómo determinaste sin sabiduría? ¿Y piensas que mostraste gran saber? ¿Cúyas palabras manifestaste, y cúyo espíritu salió de ti? Como diciendo con ironía, disimulación y escarnio, ¿quién te enseñó o quién fue tu maestro para confirmar tan flacamente tu sentencia flaca, y para favorecerla con brazo tan débil?

Mas este parecer, aunque es del parafraste caldeo, no viene con lo que se sigue después. Y así, considerándolo todo, trasladaron los griegos mejor aquí, a quien siguiendo Sant Hierónimo, dice:

2. ¿A quién ayudaste? ¿Por ventura a quien no tiene fuerza? Según lo cual escarnece Job en Bildad, no la Providencia que no probó, que esto es ajeno de lo que agora se trata, sino del querer volver por la grandeza de Dios, como si estuviera en peligro; y ya que volvía, lo poco que de ella supo decir. Porque en lo primero, lo uno agravió a Job, dando a entender que no sentía bien de Dios, pues él en respuesta suya volvía por Dios; y lo otro, hizo una cosa excusada, porque ninguna cosa es más manifiesta que la grandeza divina: en lo segundo, anduvo muy pobre en argumento que de suyo es tan extendido y copioso.

Y así Job, burlando dél, cuanto a lo primero, dice que fue el suyo trabajo excusado, que sin causa y porque vuelve por Dios, a quien él alaba y cuya grandeza y justicia conoce y confiesa, y que Él en sí está tan alabado, tan poderoso y tan fuerte. Y cuanto a lo segundo, añade, alabando a Dios, lo menos que Bildad había dicho de sus loores, pues dice: ¿A quién ayudaste? ¿Por ventura a quien no tiene fuerza? Tomaste, dice, la causa de Dios, como si Él no tuviera saber o poder para defenderla, y juzgaste por perdido su negocio, si tú no salías a la defensa, engañándote en todo, así en pensar que corría peligro como en creer que el socorro estaba en ti. ¿Tan flaco te parece Dios, tan falto de fuerza, que tiene necesidad de la tuya? ¿Salvaste, dice, brazo no fuerte? Y añade:

3. ¿A quién aconsejaste?, ¿a quien no tiene [fuerza] ciencia? Que lo dice en la misma razón de haberle parecido a Bildad necesario apoyar el saber, el poder y la justicia de Dios, siendo así que ni Job, ni otro alguno, hacía cuestión de ello ni duda. Mas dice y manifestaste tu mucho saber, que es disimulada ironía, diciendo, heciste gran plaza de lo que sabías a fin de responder por la sabiduría de Dios. Porque en realidad de verdad no fue casi nada lo que en esto habló; dos palabras solas, y ésas manifiestas y de poca importancia.

Mas aquí el original dice así: ¿Y esencia en muchedumbre heciste saber? Que es preguntarle, conforme a la figura que sigue, si le parece que con su razón ha enseñado al que es esencia en muchedumbre, esto es, al que tiene en sí las esencias y las razones de todas las cosas, y que por la misma razón las sabe y entiende y conoce, porque al ser se sigue el saber.

Y prosigue en el mismo propósito, y dice:

4. ¿A quién enseñaste palabras?; ¿al que fabricó tu resuello? Porque cierto es que el autor y artífice del aliento y del espíritu sabe y entiende más que quien recibe el espíritu. ¿Enseñas, dice, a hablar al que hizo la habla?, ¿al que hizo el aliento con que se forma y articula?, esto es, al mismo Maestro. Que en el original es al pie de la letra: ¿A quién anunciaste palabras? Y espíritu de Él salió de ti. En que esto postrero podemos declarar en una de dos maneras: una, ¿A quién, dice, anunciaste palabras?, esto es, ¿por quién has tomado la mano de hablar, como si él fuese mudo? ¿Por ventura por Dios? Pues dime: ¿salió de ti el espíritu de Dios, o el tuyo de Él? ¿Dístele tu vida, o al revés, Él inspiró en ti aliento y palabras? Que alude a lo del Génesis, donde dice que formó Dios al hombre de la tierra, y le inspiró resuello de vida; como diciendo con mofa, hablas por Él como si Él no supiese, como si fuese hechura tuya, como si le hubieses inspirado la vida.

Otra manera es que en esta segunda parte se vuelve a Dios y hable con Él, como maravillándose del poco saber de Bildad, y diciendo: ¿Por quién razonas y hablas? Mas ¡qué desacuerdo, Señor, que siendo hechura tuya y habiendo recibido de Ti el aliento y el alma, presuma de enseñarte, o le parezca que padecerá sin su defensa tu ser! Y dicho esto en mofa y represión de Bildad, abre su boca toda en alabanzas de Dios, y por lo poco que Bildad dijo, dice él muchas cosas.

De que es la primera:

5. Ves; los gigantes gimen so las aguas, y los que moran con ellas. O como dice otra letra: Ves; los muertos serán formados so las aguas y los que moran en ellas; que ambas letras engrandecen a Dios. Porque la primera hace alusión al diluvio, adonde Dios mostró su justicia en la severidad del castigo, y su poder en anegar al mundo con tanta facilidad y presteza: y la segunda muestra el poder y saber de Dios en la creación de las cosas, que por medio de la humedad las produce. Y no solo en esta luz adonde el hombre labra y el Sol resplandece y el cielo y las estrellas influyen más derechamente y más fuerte; mas en los abismos más hondos y debajo de los mares más altos, produce criaturas extrañas y da vida adonde al parecer no se puede vivir.

Y a la verdad, aunque todos los elementos están llenos destas obras divinas, en ninguno se ven cosas criadas en mayor copia, ni en mayor diferencia, ni con mayor extrañeza que en la mar y las aguas. De que David en el Psalmo:

Este mar, dice, grande y de grandísimos brazos; en él reman animales que no tienen cuento, animales grandes y animales pequeños sin número.
Prosigue:
6. El infierno descubierto a su cara, y no tiene cubija la perdición, entiéndese, ante sus ojos. En el pasado dijo del poder, en éste del poder y del saber. Porque en Dios, adonde llega la vista alcanza la mano, y a todo está presente por ser y por saber y virtud. El infierno, dice, le está descubierto. Infierno llama el centro y lo más hondo y escuro. Que es decir, en lo más oscuro ve, y lo más secreto y escondido le es claro, y no hay velo ni cubija para él en cosa ninguna; la perdición misma conoce. Y llama perdición lo mismo que infierno, porque lo que cae allí se pierde, y es sin uso y sin provecho todo lo que yace escondido en inaccesibles y hondos lugares.
Dice más:
7. Extiende Setentrión en vacío, y cuelga sobre nada la tierra. Setentrión llama a todo el cielo, entendiendo por figura el todo en la parte. Pues dice, en testimonio de la fuerza y sabiduría de Dios, que hizo la tierra y el cielo, que es decir todas las cosas, que la Sagrada Escritura suele comprender en estos dos nombres, como se ve en el libro de la criación al principio.
Y del cielo dice que le extiende, y de la tierra que la tiene colgada, y a la tierra colgada en nada, y al cielo extendido en vacío, en que da a entender de Dios, ser tan sabio como es poderoso. Porque el criar es poder, y el criar en la forma como crió es sabiduría grandísima; que a la tierra pesadísima sostiene como colgada en el aire, sin apoyo y sin arrimo ninguno, y al cielo tiene extendido, no en otro sujeto alguno, sino en el mismo vacío.
Dice más:
8. Recoge en sus nubes las aguas, para que no desciendan a una. Maravilloso testigo es de lo que sabe y puede Dios, el negocio de las nubes y lluvias; y así Job por este fin hace memoria dél luego, después de la criación de las cosas. La tierra es seca de suyo, y el Sol que la rodea y mira siempre, la seca; y así para el refrigerio de los que en ella viven, y para el sustento de todos, fue necesario que fuese regada. Para lo cual ordenó Dios que la agua subiese en alto, y se espesase en nubes encima del aire, y se derritiese otra vez en ellas y cayese hecha lluvia, para que las nubes defendiesen del Sol, y la lluvia regase y humedeciese la tierra. Y pareciendo no ser posible que la agua, más

pesada que el aire, se pusiese sobre él, halló Dios forma como adelgazarla y alivianarla en vapores; y a ese mismo Sol que secaba y agostaba la tierra, hizo ministro para sacar de ella lo que la defendiese de él y amparase: que el Sol levanta el agua a las nubes, y las nubes, dejándola caer, mitigan y templan su ardor. Y porque, adelgazada el agua así, pudiera subir tan alto, que no fuera después de provecho, templó y compuso el aire en tal forma, que llegada a cierta parte dél, se detuviese, y con el frío de aquel lugar se espesase la que iba hecha humo con el calor, y espesándose, cobrase cuerpo, y, vuelta a su primera forma y peso, cayese.

Y dispuso las cosas con tal providencia que se derritiese poco a poco, y hubiese quien la detuviese y dividiese en el aire, para que no viniese al suelo toda junta y de golpe, que fuera anegarle, sino en gotas menudas.

Pues dice que recoge, o, según el original, propiamente que ata en sus nubes las aguas; porque las que subían sueltas y esparcidas y hechas vapores, volando con el arte que dicho habemos, las recoge y las aprieta y las espesa y, como él dice, las ata en las nubes, reduciéndolas a su forma propria y dándoles peso, con el cual comienzan a descender, no a una ni de golpe, sino deshechas en partes pequeñas.

O como otra letra dice, no es rompida nube so ellas, esto es decir, que aunque las ayunta y espesa en las nubes, y quitándoles la ligereza primera las vuelve pesadas, mas hácelo de manera que con todo aquel peso suyo no rompen rasgadamente las nubes, sino cuélanse y distilan por ellas.

Prosigue:

9. Aprehende faces de asiento, y esparce niebla suya sobre él. Asiento llama, o silla o cadira de Dios, según algunos, al cielo, y según otros, al Sol, de quien David en el Psalmo dice que puso Dios en él su morada y su tienda. Pues entre otras obras grandes de naturaleza, dice que Dios hace ésta también, que aprehende, o como otros trasladan, ase y toma, o será mejor decir ocupa, y como de los espejos decimos, empaña las faces claras de él, o cuando le eclipsa, poniendo entre él y nosotros la escuridad de la Luna, o ciertamente cuando levanta y extiende por todas partes la niebla; que todo ello es hecho por maravillosas y secretas maneras. Y así la Escritura en diversas partes, diciendo las alabanzas de Dios, hace mención de estas obras, como en el Psalmo David dice: Envía su cristal como en pedazos, esparce como ceniza su niebla.

Y de la que se sigue, que es:

10. Con término cercó en derredor la faz de las aguas, hasta que la luz y las noches se acaben; en que pone el freno que Dios a la mar puso, para que no se extienda y anegue la tierra, también hace David mención en el Psalmo: Linde, dice, que no traspasarán, pusiste a las aguas; no volverán a cubijar la tierra. Y Salomón en los Proverbios diciendo: Cuando ponía su término al mar, cuando daba a las aguas ley que no pasasen sus rayas.

Y dice más:

11. Columnas de cielo tiemblan, y se espavorecen a su increpación. A la increpación entiende, esto es, al mandamiento de majestad y a la voz llena de autoridad señoril, con que dijo y hizo Dios que se apartasen las aguas; a esta voz de Dios, dice, que temblaron los cielos. Y es digno de considerar que las más de las veces que de este apartamiento del mal y descubrimiento de la tierra hace mención la Escritura, dice haber sido hecha mandándolo Dios con increpación y tronido espantoso.

El Psalmo que agora alegamos decía: A tu increpación huyeron, y a la voz de tu tronido temblaron. Y es verdad que, cuando la tierra sumida en el agua en el tercero día demostró su figura, mandó y dijo Dios que se apartasen las aguas. Ayúntense, dice, las aguas en un lugar, y parezca la tierra. Mas como dijo esto, se escribe haber dicho otras cosas: que resplandeciese la luz, que el firmamento se hiciese, que produjese la tierra plantas, el cielo estrellas, el suelo y agua aves, animales y peces. Y siendo así, solo este dicho y mando y sola esta voz que puso freno a las aguas es significada con nombre de espantoso ruido; o por mostrar que esta obra, cuanto es de su parte, era señaladamente dificultosa, o por ventura porque en el hecho no se hizo sin grandísimo ruido y estruendo. Porque si como algunos dicen, se hizo consumiendo parte de ellas el Sol, grande fue sin duda el calor que en tan breve tiempo hirvieron, y el hervor y las olas de un elemento tan grande sonó espantosamente sin duda. Y si, como otros dicen, nació de bajarse en algunas partes y recibir las aguas la tierra, cierto es que la tierra con sus temblores se sume, y que el temblar y el sumirse y el caer en una parte, y el levantarse en otra los montes, no se hace sin estampido y espanto.

Mas dice en la misma razón:

12. En su fortaleza ayunta los mares, y con su saber hirió al soberbio; y podemos decir la soberbia, entiéndese de las aguas y de los mares que cubrían por todas partes la tierra, que fue sin duda obra de grandísimo poder y saber. Y donde decimos ayunta, podemos decir divide, y en el mismo sentido, porque eran antes un cuerpo contino, que tenía dentro de sí la tierra sumida, y así el ajuntarlas en una parte para que se descubriese el suelo en otra, fue dividir la continuación que tenían.

Va más adelante, y concluye:

13. Su espíritu adornó los cielos, y negociando su mano, salió la torcida culebra. O como el hebreo dice: Y formó con su mano al culebro que huye. Lo cual pertenece a la obra del cuarto día, en que formó la Luna y el Sol y las estrellas del cielo, el Norte y el Carro, y la Culebra que entre ellos se tuerce y da vueltas en la forma que hace las veces que huye.

Y dice que su espíritu hermoseó o es hermosura de los cielos; porque, aunque todo el ser, y el ser bueno es de Dios, en la obra del cielo resplandece más su saber; y las otras obras son de las manos de Dios, mas la de las estrellas y sus movimientos es de su ingenio y espíritu.

Y dicho esto, concluye el capítulo, y dice:

14. Ves; éstas son partes de sus carreras, y cuán pequeñita palabra oímos de ello; el tronido de su grandeza, ¿cómo será percebido? Las carreras de Dios son sus obras, y estas que ha referido son una partecilla pequeña de ellas, porque son las naturales solas, y no todas, y ésas no especificadas, sino dichas en figura y en sombra. Y por esto dice que éstas son partes de sus carreras, y porque son pocas dice que son pequeñita palabra, y porque aun ésas no se declaran ni entienden bien, dice que las oímos apenas. Que sus obras todas y el tronido de sus grandezas, ¿quién lo sabe, o de quién podrá ser percebido? En que, a lo que entiendo, miró no solamente a las obras naturales que Dios hizo en lo secreto del cielo, en la creación de las ángeles, en sus hierarquías y órdenes, que son mayores mucho que estas visibles, y ni las sabemos aquí ni las podemos saber perfectamente, sino miró también, y con más atención, a lo sobrenatural que había de hacer Dios por el hombre, a su Encarnación, a su vida, la forma del humano rescate, a su Resurrección, a la nueva del Evangelio, a la conversión de las gentes, al suceso de la Iglesia y remate del mundo, y justicia y gloria de sus escogidos, que en comparación de éstas, todas las

demás son menores. Porque antes que fuesen, no cayeron en la imaginación de criatura ninguna, y después de hechas y cuando fueron oídas, espantaron al mundo.

Por lo cual, dice, que el tronido de sus grandezas, ¿cómo será percebido? Que como el tronido viene sin pensar, y estremece los corazones sonando, y cría en ellos pavor y maravilla de Dios, así la voz del Evangelio no pensada, luego que sonó, se pasmaron las gentes. Y oír los hombres, que nació Hombre Dios, y que se puso en la cruz por los hombres, y que resucitó inmortal de los muertos, y que vive Señor de todo lo criado en el cielo, y ver la osadía con que unos pocos y pobres decían a voces que erraba en sus religiones el mundo, y cómo se oponía a los sabios y a los reyes de él una humildad tan desnuda, y cómo muriendo vencía, y derramando su sangre hacía gente, y ver tanta virtud en una palabra tan simple que, llegada al oído, penetrase luego a lo secreto del alma y, entrada en ella, la desnudase de sí y de sus más asiduos deseos, y la sacase del ser de la tierra, y le diese espíritu, ingenio y semblante divinos, y hollando sobre cuanto se precia viviese moradora del cielo; maravilló extrañamente sin duda a los que lo oyeron, puso a los que lo vieron en espanto grandísimo, crió admiración de Dios, y de contino la cría en los que la experimentan en sí. Grande es en todo Dios, pero en este hecho es grandísimo.

De las otras obras suyas es algo, aunque es poco, como dice Job aquí, lo que se entiende; pero en éstas la menor parte de ellas vence todo entendimiento y sentido. Y si en el criar del mundo extendió sobre vacío los cielos, y cuelga y sustenta sin ningún apoyo ni arrimo la tierra; si recoge en las nubes las aguas, si escurece el Sol a veces y esparce por el aire la niebla; si puso término al mar, si le recogió a lugar cierto, si quebrantó su soberbia, y finalmente, si hermoseó con Sol y estrellas el cielo, eso mismo con mayor maravilla y más nueva hizo en esta otra orden y linaje de cosas.

Adonde, sin ninguna duda, en los sujetos de nuestros corazones y almas tan viles de sí y tan vacíos de todo bien, extiende y desplega los cielos, poniendo las riquezas y bienes de ellos en vasos tan vacíos de bien, y como el Apóstol decía, un tesoro inmenso en vasijas de lodo. Y la tierra nuestra, que es cuanto tenemos de ser pesadísimo de suyo y inclinado a polvo y bajeza, lo sustenta y lo trae colgado en nada, y como si dijésemos, sin llegar a la tierra. Porque hace en los suyos, que sin apoyo de ningún consuelo visible y sin llegar al suelo los pies, aun lo que es tierra en ellos ande levantado en espíritu y el cuerpo viva como no cuerpo en mil cosas, de que vuestra reverencia tiene muchos ejemplos domésticos.

Mas esto quédese agora aquí y sigamos nuestro propósito.

Capítulo XXVII

1. Y añadió Job, prosiguiendo su razonamiento, y dijo:
2. Vive Dios, que desvió mi juicio, y Abastado, que hinchó de amargura mi alma.
3. Que en todo cuanto resuello en mí, y espíritu del Señor en mis narices.
4. Si hablaren mis labios maldad, y si gorjeare mi lengua engaño.
5. Lueñe de mí justificar a vosotros; hasta que fallezca, no desviaré de mí mi inocencia.
6. En mi justicia me atendré, y no la dejaré; no me avergüenza mi corazón en mis días.
7. Será como malvado mi adversario, y el que es contra mí como injusto.
8. Que ¿cuál esperanza de hipócrita, si roba avariento, y no da libertad Dios a su alma?
9. ¿Por ventura oirá Dios su vocería, cuando viniere sobre él la apretura?
10. ¿Si se deleitará sobre el Poderoso, o si le invocará en todo tiempo?
11. Enseñarvos he en manos de Dios, no asconderé lo que con Él poderoso.
12. Y, cierto, vosotros, vosotros todos los vistes: ¿y para qué habláis vanidades?
13. Ésta es la suerte del hombre impío con Dios, y la herencia de violentos que recibe del Poderoso.
14. Si multiplicados fueren sus hijos, para el mismo cuchillo sus pimpollos no serán hartos de pan.
15. Los que quedaren de él serán sepultados en muerte, y sus viudas no plañirán.
16. Si amontonare como polvo plata, y si como lodo aparejare vestido.
17. Aparejará, y justo se vestirá, y la plata dividirá el inocente.
18. Edificó como polilla su casa, y como cabaña que la guarda hizo.
19. Rico dormirá, y no congregará; abrirá sus ojos, y no a él.

20. Aprehenderá de él como aguas pobreza; de noche le oprimirá la tempestad.
21. Y levantarále viento solano, llevarále, y torbellinarle ha de su lugar.
22. Arrojará sobre él, y no perdonará; de mano suya irá huyendo.
23. Apretará sus manos sobre él, y viendo su lugar, sobre él dará silbo.

Exposición
1. Y añadió Job, prosiguiendo su razonamiento, y dijo. Habiendo burlado Job de la impertinencia de Bildad y loado a Dios más copiosamente que Bildad le loara, y con esto manifestado lo que él sentía de la fortaleza de Dios y de su sabiduría infinita, agora en este capítulo, para mayor claridad de su sentencia y de la opinión que acerca de la divina justicia tenía, dice y certifica que no por mostrársele tan severo Dios se tiene a sí por malo, o él por injusto. No es él malo por ser azotado, pues que muchos malos pasan aquí sin azote; no es injusto Dios, pues que, al fin, al que malo es, en el remate de la vida y en su sucesión le castiga. Y por esta ocasión se extiende a declarar con encarecimiento los últimos desastres del malo, dando a entender por el contrario que, si padecen aquí algunas veces los justos, a la postre tienen ellos y sus cosas felices y prósperos fines, con que queda defendida, y de reprehensión libre y exenta la justicia de Dios.
Dice, pues:
2. *Vive Dios, que desvió mi juicio, y Abastado, que hinchó de margura mi alma.* Que podemos entender de dos maneras: o que aunque no se guarda orden de juicio en mi causa, y aunque estoy de dolor y de amargura lleno, Dios vive, y Abastado hay, esto es, no por eso juzgo ni pienso que no hay Dios ni Providencia en el cielo; o lo que dice más con la letra, que sea como afirmación, que pasa a los dos siguientes versos, que son:
3. *Que en todo cuanto resuello en mí, y espíritu del Señor en mi nariz:*
4. *Si hablarán mis labios maldad, y si gorjeará mentira mi lengua;* diciendo que, aunque Dios le amarga y aflige y no se quiere poner a juicio con él, pero que por Él mismo afirma y certifica que mientras respirare y viviere será poderoso nadie a que hable o sienta, ni contra Dios ni contra sí, cosa falsa o indebida. *Vive Dios, que desvió mi juicio,* esto es, que aunque desvió mi juicio, no guardando con él la forma y estilo de juzgar, haciendo primero cargo y oyendo

después, como en los capítulos pasados decía. Mas que, sin embargo de esto y de que le tiene lleno de amargor y dolor, en todo cuanto resuello en mí, y espíritu del Señor en mi nariz, esto es, en cuanto durare la vida y el aliento; si hablarán mis labios maldad, y si gorjeará mentira mi lengua, esto es, ni sentirá mi alma ni pronunciará mi boca cosa torcida o falsa, entiéndese en la materia de que agora habla, esto es, acerca de su inocencia o de la rectitud de Dios y de su justicia.

Y así dice y añade:

5. Lueñe de mí justificar a vosotros, hasta que fallezca, no desviaré de mí mi inocencia; esto es, jamás consentiré en lo que decís, ni aprobaré en mi condenación vuestra sentencia, ni os tendré por justos y verdaderos en esto, ni os confesaré haber vivido así, que merezca por mi culpa esta pena. No desviaré, dice, de mí mi inocencia: defenderla he, ni yo la apartaré ni consentiré que ninguno de mí la desvíe.

Y añade en confirmación de lo mismo:

6. En mi justicia me atendré, o como el original dice, estaré fijo: no la desampararé, no me avergüenza mi corazón en mis días, esto es, no me reprehende mi corazón ni mi consciencia me acusa, y así no será ninguno bastante contra el testimonio de ella a persuadir que soy malo.

De que se sigue que:

7. Será como malvado mi adversario, y el que es contra mí como injusto; esto es, el que me contradijere en esto que he dicho, y decir quiero, quien a la verdad de mí y de Dios que profeso, fuere contrario, si no fuere muy ignorante, será forzosamente malvado y injusto. Y porque ha dicho de sí, pasa a declarar de la justicia de Dios lo que siente, y pregúntase primero para que sea más puntual la respuesta.

Y así dice:

8. Que ¿cuál esperanza de hipócrita, si roba avariento, y no da libertad Dios a su alma?

9. ¿Por ventura escuchará su vocería Dios, cuando viniere sobre él la apertura?

10. ¿Si se deleitará en el Poderoso, o si le invocará en todo tiempo? Como diciendo: Pues digo que los hipócritas viven con felicidad a las veces, y que no castiga en su vida Dios siempre a los malos, diréis por ventura, ¿cómo es posible que el hipócrita goce de buena esperanza, siendo injusto y de sus

pasiones siervo y esclavo? ¿Y cómo podrá confiar que le oirá Dios, si le llamare, ni cómo podrá llamarle, ni gozar de su trato? Y si vive privado de esta esperanza y amparo, ¿cómo será posible que tenga hora feliz?
A lo cual responde y dice:
11. Enseñarvos he en mano de Dios, no asconderé lo que en Él poderoso; esto es, diré a lo que se pregunta lo que Dios me ha enseñado, y lo que Él suele hacer y hace con los semejantes.
Y añade:
12. Y cierto, vosotros, vosotros todos lo visteis; ¿y para qué habláis vanidades? Como diciendo, y verdaderamente lo que yo decir puedo acerca de este propósito no se asconde a vosotros; visto lo habéis por el hecho y entendido lo tenéis claramente, sino que, por contradecirme y por los respectos que vosotros sabéis, os cegáis y habláis lo que no sentís por dañarme.
Y con esto responde luego a lo propuesto, y declara abiertamente lo que se debe sentir, y dice:
13. Ésta es la parte del impío con Dios, y la herencia de los violentos que recibe del Poderoso. Propone lo que ha de decir para manifestar su propósito, que es la manera de castigo que usa Dios con los malos, a la cual llama parte y herencia de los violentos. Parte y herencia, para mostrar que no se les da de gracia, sino de justicia debida, y que como la herencia es del que es hijo, así a los malos, por hacerse primero hijos de la maldad, les viene por derecho que hereden la pena. Porque como el hijo sucede por nacimiento, así del desconcierto de la vida y del torcimiento del obrar nace la desventura y el desastre y la calamidad y el castigo; que no hay árbol tan cierto en su fructo cuanto es cierto al pecado producir pena y tormento.
Así que llama al castigo que da Dios a los malos herencia, por esta causa: y llámala herencia de violentos, o como la letra original dice, de fuertes, porque con ser los malos flacos para vencer sus pasiones, en sus condiciones y en su trato para con los otros son fuertes, que ni la piedad los ablanda, ni el respecto de la razón los mueve, ni hacen mella en ellos las inspiraciones de Dios. Y son fuertes también, porque son poderosos de ordinario, valientes en fuerzas y abastados de riquezas, rodeados de valedores y ansimismo llenos de coraje y soberbia y amadores de su propria excelencia, que confían en sus brazos y ni reconocen juez ni temen ley; como en el libro de la Sabiduría ellos

lo confiesan, diciendo: Oprimamos al hombre justo, y no perdonemos a la viuda ni al anciano, ni reverenciemos las muchas canas. Sea nuestra fortaleza el desafuero, que lo flaco es inútil.
Mas veamos ya qué herencia es la de esta gente y qué suerte. Dice:
14. Si multiplicados fueren sus hijos, para el mismo cuchillo sus pimpollos no serán hartos de pan. Como si dijese: el malo podrá a las veces, como dicho tengo, ordenándolo Dios así por los fines que Él sabe, vivir próspero y sin revés en cuanto le durare esta vida; mas, fenecida, en todo lo que queda de él reina la desventura y cuchillo. Esto es lo que hereda su alma, y ésta es la parte que ganó por su culpa y con que muestra Dios cuán justo es.
Si multiplicados fueren sus hijos, para el mismo cuchillo; esto es, serán para el cuchillo, morirán a hierro, nacerán muchos para que se ejecute más la pena del padre en ellos. Y llama hijos con propriedad los que según el orden natural nacen del padre, y con semejanza y metáfora, los fructos que en el malo hace la mala vida después de acabada, que son todos cuchillo, esto es, pena y miseria.
Pues dice sus hijos, esto es, lo que, muerto, fructificará su vida en él, será cuchillo y tormento, y esto es siempre infalible; y sus hijos, esto es, los que nacen y descienden dél y le comunican en sangre, nacerán para el hierro, y esto es ordinario y casi siempre perpetuo. Que los tiranos y los que aquí con injuria de otros florecen, o no tienen sucesión o, si la tienen, es para hacer Dios en ella ejemplos manifiestos de su justicia.
Dice más, en el mismo propósito:
15. Los que quedaren de él, serán sepultados en muerte y sus viudas no plañirán. Sepultados en muerte es como decir: la muerte los tragará; que hace significación de violentas y desastradas muertes, por acontecimientos no vistos ni pensados, y infames y muy afrentosos. Y así dice que la muerte será su sepultura, porque se hará señora de ellos enteramente y del todo quitándoles la vida y escureciéndoles la honra, y sumiéndoles en perpetuo olvido la memoria y el nombre.
O serán sepultados en muerte, para decir que carecerán de tierra que los cubra, sino que la muerte será su huesa y sepulcro. Y añade, y sus viudas no plañirán, que es acrecentamiento de desventura, cuando aun viene a faltar aquel solo respecto que aquí queda a los muertos, de llorarlos y sepultarlos.

Y podemos decir, que lo que quedare de él, que aquí dice, y en su original es seridaiu, es el alma que de él queda, que se sepulta en la muerte porque vive y yace en muerte perpetua.

Más dice:

16. Si amontonare como polvo plata, y como lodo aparejare vestido. Como lodo, dice, para decir en abundancia y en copia. Pues ¿qué, si lo amontonare?

Dice:

17. Aparejará, y justo se vestirá, y la plata dividirá el inocente; esto es, gozarán de sus riquezas otros, y lo que robó y amontonó con violencia, volverá a cabo de tiempo a quien merezca gozarlo, y de lo que él allegó con pecado vendrán a ser señores con inocencia los buenos. Que se verifica, no solo en estos bienes de la tierra visibles, sino también en las riquezas de la alma y de las buenas obras, que si algunas tuvieron estos que últimamente se pierden, sirvieron mucho más a los escogidos que a ellos. Porque, como Sant Pablo enseña, todo lo que aquí se hace o padece, todo lo bueno o malo que el hombre obra, todo lo que Dios o permite o ordena, todo sirve a los suyos y todo lo ordena para el bien de los escogidos. Por manera que al malo las buenas obras que hizo no le salvaron, y esas mismas fueron medios y como instrumentos con que los escogidos suben a la gloria o a la mayor gloria del cielo, y así les fueron más útiles; y con mucha verdad la plata que el malo amontonó, repartió el inocente y se vistió el justo de las vestiduras que aparejaron los malos.

Dice más:

18. Edificó como polilla su casa, y como cabaña que la guarda hizo, que se sigue de eso mismo que viene diciendo. La casa que la polilla en el madero o la vestidura hace, haciéndola la destruye, o por mejor decir, al hacerla es deshacerla, porque horadando el madero o el paño, para vivir en él le deshace; y así es casa que no solamente perece, sino que perece por la obra y como por las manos de su mismo autor.

Y lo mismo, dice, acontece a los malos, que su casa, esto es, su memoria, sus descendientes, sus riquezas y mayorazgos fundados, perecen en breve, y no solo perecen, mas ese mismo fundamento suyo y la manera y los medios por donde se hicieron son su total perdición: Y como cabaña que la guarda hizo, que pasado el tiempo de la guarda, o se cae o la deshace ella misma.

Dice:

19. Rico dormirá, y no congregará; abrirá sus ojos, y no a él. Morirá, dice, rico y dejará sus riquezas; no las allegará a sí y por consiguiente no las llevará ni le harán compañía. En la vida el adquirirlas les es culpa, y en la muerte el dejarlas tormento y pena; lo que no es en los buenos, cuando acaso son ricos. Porque, aunque los unos y los otros, cuando pasan de esta vida, dejan en ellas sus haciendas, mas a los buenos, lo uno, no les duele dejarlas; lo otro, tienen ya allá atesorada y traspuesta la mayor parte de ellas, que transformada en verdadero y mejor género de tesoro, los enriquece perpetuamente.

Abrirá, dice, sus ojos, y no a él, esto es, y no verá nada; que compara la vida al sueño y el morir al despertar de él, y la posesión de estos bienes a lo que se suena durmiendo, que entonces parece algo, y en volando el sueño y en abriendo los ojos, desaparece delante de ellos, volviéndose en viento. Que es lo mismo que decía David: Durmieron su sueño los ricos, y a la postre no hallaron nada en sus manos.

A que es consiguientemente lo que luego añade:

20. Aprehenderá de él como aguas pobreza; de noche le oprimirá tempestad. Porque, si abriendo los ojos después de esta vida, no halla nada de su tesoro en su mano, consiguientemente queda sumido en pobreza, porque queda sin ningún bien de los que tuvo por bienes. Y así dice que la pobreza le aprehenderá como aguas, porque le cercará de todas partes, como las aguas cercan al que en ellas se sume, y porque como avenida de río vendrá sobre él de improviso, y cuando por más rico se tenía y por más seguro entonces con la muerte se anegará en el mal de miseria.

Y añade que de noche le oprimirá la tempestad; que se puede entender, o simplemente diciendo, que en la noche de la muerte vendrá sobre él y como tempestad la pobreza; o que sea semejanza de la tempestad que de noche viene, a lo que aviene al pecador cuando muere; que diga de esta manera: Que como en la noche tempestuosa el que camina carece de abrigo y va cercado de peligro y de miedo, así cuando muere el malo, no ve sobre sí sino horror y tinieblas, todo lo que ve es espanto y lo que imagina temor.

Y dice bien con esto el original, adonde leemos: Aprehenderán de él como agua temores, noche le robó turbión; esto es, como al que en el campo y de noche el turbión le roba, quiere decir, le arrebata; que ni ve persona que le ayude, ni camino que le guíe, ni árbol do se asconda, ni suelo cierto adonde afirme su paso, y el trueno le espanta, y la lluvia le traspasa, y la avenida le trabuca y anega, envuelto en horror y desesperación.

Dice:

21. Y levantaráse viento solano y llevarále; y torbellino le arrancará de su lugar. Que es decir, que como lo que lleva el viento desparece de presto, y como lo que el torbellino arranca, lo arranca de cuajo, así la muerte, sobreviniendo a estos malos, los deshace, los desparece, los desarraiga en la vida de la alma, en la hacienda, en las memorias, en los descendientes y en todo. Y trae a comparación el aire solano, que es violento y furioso, y dice de los torbellinos porque, como nacen de concurso de vientos, suelen tener mayor fuerza. Y porque hizo mención de las aguas y de la tempestad y turbión nocturno, dice bien, en consecuencia de aquello, del viento y del torbellino, que todo suele andar junto. Y en juntar esto dice que la lluvia los cerca, y la noche y la tempestad los espanta, y el viento los arrebata, y el torbellino los arranca de su lugar; y las aguas y la tempestad de la noche y el torbellino y el viento son la muerte cuando les sobreviene, que los trata en el alma y en el cuerpo, y que hace estrago en sus cosas, como el viento, el torbellino, la tempestad y la noche.

Y por concluir en una palabra sola, dice:

22. Arrojará sobre él, y no perdonará, de mano suya irá huyendo; esto es, finalmente arrojará Dios sobre él saetas, rayos y azotes, y no perdonará porque es sin fin la pena de los condenados. De mano suya, esto es, de los golpes que la divina mano en él diere, irá huyendo, o como el original dice, huyendo huirá, porque concebirá miedo espantable, y cuanto fuere el miedo, tan grande es el deseo de huir, y así trabajará con agonía por apartarse del golpe, que a la fin huir no podrá.

Y con esto se ayunta, que:

23. Aprestará sus manos sobre él, y viendo su lugar, sobre él dará silbo; que es el escarnio y la mofa que los hombres hacen de los poderosos injustos, cuando los ven deshechos. Pues como ha dicho por diversas maneras el desastrado fin de los malos, concluye con la burla que es remate de los desastres; y dice que quien viere el suceso miserable de éstos que cuenta, y el fin de su grandeza y soberbia, se apretará las manos, que es muestra de encogimiento y espanto, y silbará como escarneciendo su burlada esperanza.

Y lo que decimos apretará, puede ser palmeará, conforme al original, esto es, mostraráse contento, haciendo son con las manos. Que como el mal de los buenos lastima, así el castigo de los malos, cuando les sobreviene, alegra y regocija; porque vuelve entonces Dios por sí, y porque el castigo de ellos es salud para otros, y finalmente porque resplandece en ellos la justicia de Dios, y sale de represión y de duda su honra, como el Psalmo decía: Alegrarse ha el justo, cuando la venganza viere; bañarse ha en la sangre del malo, y dirá: Al fin es de fructo el ser justo, hay Dios que juzga la tierra.

Capítulo XXVIII
1. Que tiene la plata su vena, y lugar el oro [do] fundirán.
2. El hierro del polvo se toma, y piedra desatada con fuego metal.
3. Tiempo puso a tinieblas, y todo fin él considera piedra de escuridad y sombra de muerte.
4. Divide arroyo de peregrino, los que olvidó el pie del mendigo, los descaminados.
5. Tierra de do nacía pan; en lugar dél es deshecha con fuego.
6. Lugar de zafir piedras suyas, y polvos de oro a ella.
7. Senda no la conoció la ave, ni la vio a ella ojo de buitre.
8. No la hollaron hijos de mercader; no pasó leona por ella.
9. A pedernal tendió su mano; trastornó montes de raíz.
10. En riscos hizo salir ríos, y todo lo precioso vio el ojo suyo.
11. Lo profundo de los ríos escudriñó, y lo ascondido sacó a luz.
12. Y sabiduría, ¿dónde será hallada? ¿Y cuál el lugar de entendimiento y saber?
13. Ignora hombre su precio, y no será hallada en tierra de vivos.
14. Abismo dijo: No en mí ella. Y mar dijo: No está conmigo.
15. No se dará oro de Tibar por ella; no se pesará a plata su precio.
16. No se apreciará con colores de India, con zafir o precioso sardonio.
17. No la igualará oro y cristal, ni trueque suyo vasos de oro fino.
18. Lo alto y eminente no será mentado en su comparación; tráese de lueñe el saber.
19. No iguala con ella esmeralda de Etiopía, y tinturas purísimas no se comparan con ella.

20. Y sabiduría, ¿de dónde vendrá? ¿Y cuál es el lugar del entender?
21. Ascondióse ella de los ojos de todo viviente, y a las aves del cielo está oculta.
22. Perdición y muerte dijeron: En orejas nuestras oímos su fama.
23. Dios entiende su carrera, y Él conoce su lugar.
24. Que Él oteará hasta fines de tierra; debajo de todos los cielos verá.
25. Para dar peso a los vientos, y pesará con medida las aguas.
26. Cuando hizo ley a la lluvia, y camino al relampaguear de los truenos.
27. Entonces la vio y la relató; aparejóla, y trájola a luz.
28. Y dijo al hombre: Ves; temor de Dios ésa es sabiduría, y el esquivar lo malo saber.

Exposición
Muchas veces antes de este capítulo ha dicho Job que estos sus amigos no le entendían, y que se descartaban mucho de la verdad. Y en el capítulo que luego pasó, por esta ocasión se declara y les dice lo que de sí y de Dios siente, y del castigo que en los malos hace declara el tiempo y el modo, y les descubre lo que en esto entiende y les advierte que, si la porfía y su poco saber de ellos no les cegara, lo supieran y entendieran también, y siempre los nota de poco advertidos y sabios.

Mas es dificultoso caso, dice agora, hacer sabio al que es necio. Todo, dice, por raro, por ascondido, por dificultoso que sea, puede ser hallado y se halla; mas el saber, si Dios no le da, ni se halla ni se compra. Y en esta sentencia gasta todo aqueste capítulo, extendiéndose por manera elegante y poética en referir muchas cosas ocultas que vienen a luz finalmente, y que la industria humana tarde o temprano las halla y descubre, y en mostrar cómo no es así en lo que al saber toca; que el haberle a las manos, si de Dios no viene, es negocio dificultoso o del modo imposible.

Y dice así:
1. Tiene la plata su vena, y lugar el oro; esto es, los metales más preciosos, la plata y el oro, tienen sus venas y sus lugares ciertos, donde el hombre los halla.
2. Y hierro del polvo se toma, y piedra desatada con calor metal. Y el hombre, dice, del polvo saca el hierro y saca el cobre, hundiendo y desatando con

fuego una cierta vena de piedras; porque la materia de estos metales son un género de piedra y de tierra. Por manera que todos ellos, así los preciosos como los más usuales, los duros y los blandos, al fin se hallan, y el hombre sabe y ha descubierto su origen, y no hay cosa tan ascondida que no venga a luz a su tiempo.
Y así dice:
3. Tiempo puso a tiniebla, y todo fin considera, piedra de escuridad y sombra de muerte. Tiniebla llama lo oculto y muy encubierto, y fin llama lo muy acabado y perfecto, como en la letra original se demuestra. Piedra de escuridad y sombra de muerte llama a las piedras preciosas ascondidas en el corazón de la tierra, donde la escuridad reina y la sombra de muerte, que así llama la Escritura por encarecimiento las muy espesas y escuras tinieblas.
Y esto postrero es declaración de lo que antecede en esta manera: Todo fin considera, esto es, piedra de escuridad y sombra de muerte. Por manera que, según afirma, ni las cosas muy ocultas están siempre en tinieblas, sino hasta un cierto término, y a su tiempo todas parecen y se descubren; ni menos las muy acabadas y preciosas dejan de ser vistas y halladas, y el ingenio del hombre y su trabajo lo halla y inventa, o la naturaleza misma y la fuerza y orden de las causas lo saca a luz y lo descubre.
Como es lo que añade:
4. Divide arroyo de pueblo peregrino, a los que olvidó el pie del mendigo, a los inaccesibles, que es razón falta y se ha de suplir, que también éstos vienen a conocimiento y a luz. Esto es, que los que olvidó el pie del mendigo, conviene a saber, los no conocidos y aquellos a quien ningún caminante aportaba, y que estaban fuera y lejos de todo comercio, o por disposición de la tierra o por algún arroyo que los dividió de los que peregrinando navegaron a partes diversas, no estarán encubiertos siempre, y vendrán a noticia de todos y por suceso de tiempo serán conocidos.
Y llama arroyo, por diminución a la mar y a los ríos muy caudalosos, que suelen dividir y estorbar el común trato y comercio. En que el original está perplejo y escuro, y así otros traducen: Sale arroyo de commorador; olvidadas del pie, alzadas más que hombre, movidas son. Aunque ambas letras miran a un mismo propósito, porque ambas significan alguna cosa, que primero estuvo oculta y después conocida y descubierta. Que esta postrera dice que, en los

lugares cultivados y morados y que se tenían por secos, el agua que el suelo encubría le rompe, y sale afuera tan abundante y tan honda, que ni se apea ni puede vadearse por su grande altura. Sale, dice, arroyo (así llama con nombre particular a cualquier golpe grande de agua) de commorador, esto es, en el mismo suelo y parte adonde la gente moraba; olvidadas del pie, conviene a saber, sus aguas, para decir que son en grande abundancia; y decláralo con lo que añade, diciendo alzadas más que el hombre.

Mas la primera letra, que es más verdadera y más cierta, a lo que yo juzgo, señala como con el dedo el descubrimiento del Nuevo Mundo, que en la edad de nuestros padres se hizo, y es profecía manifiesta dél, puesta aquí con grande propósito. Porque pretendiendo Job mostrar que solo el saber ni se compra con dinero ni se halla por artificio, y que todo lo demás con el tiempo lo descubre y lo halla la industria, no pudo decir más señalada cosa ni más eficaz, para la prueba de lo que decía, que certificar que los hombres descubrirían con el tiempo un mundo entero por tantos millares de años ascondido y cubierto. Pues dice: Divide arroyo de pueblo peregrino, a los que olvidó el pie del mendigo, a los descaminados; es razón que está falta, y estará entera añadiendo, los cuales serán conocidos; esto es, que los que olvidó el pie del mendigo, conviene a saber, del caminante trabajador, que es decir aquellos a quien nunca aportó nadie, ni los conoció ni los vio.

Y dice mendigo, en uno de dos sentidos, o porque los pobres que mendigan lo penetran y andan todo, o por figura, llamando mendigos a los mercaderes codiciosos, que la hambre y la mendiguez del dinero los lleva por las mares a regiones extrañas y apartadas, sin dejar un lugar ascondido. Y como el versillo del poeta dice:

> Se lanza, por huir de la pobreza,
> por la mar, por los riscos, por el fuego.

Y decláralo más diciendo a los descaminados, esto es, a los que estuvieron fuera y apartados de todo camino y comercio no conocidos ni vistos. Y a los que divide el arroyo, esto es, un mar inmenso, que le llama así por diminución, según costumbre poética. Y los divide, dice, del pueblo peregrino, esto es, de los españoles, que entre todas las naciones se señalan en peregrinar, navegando muy lejos de sus tierras y casas, tanto que con sus navegaciones rodearon el mundo. A éstos, pues, dice, aunque tan apartados y ocultos, el tiempo los descubrirá, y el ánimo de los hombres osado y dispuesto a peligros. Y añade:

5. Tierra do nacía pan, en lugar dél es deshecha con fuego. Que, o se puede entender en general en manera que diga que el fuego, cubierto en las venas de azufre que cría la tierra, revienta al fin afuera y se descubre encendido con el aire, y rompe el suelo sembrado por encima de mieses, y le destruye; o lo entenderemos en particular del Nuevo Mundo, de que agora, como dijimos, hablaba, y que sea así esto, como lo que en algunos versos se sigue, una demostración de sus cualidades y de otras cosas secretas que han descubierto en él la diligencia de los nuestros hombres. Y que como dijo que vendría a nuestra noticia los que la mar apartó de nuestro comercio y la tierra por ninguno conocida y sabida, diga, como pintándola, que es tierra adonde el fuego ascondido en las cavernas de ella rompe de improviso y sin pensar, y sale afuera en muchos lugares, por los muchos volcanes que en ella hay y se descubren de nuevo; o verdaderamente quiere mostrar la causa de que tuvo principio el estar tan apartado de nuestra región aquel mundo, que estuvo con el nuestro continente, o a lo menos más cercano a él, como de Platón se colige en el diálogo intitulado Athlante. Porque o lo apartó la mar, anegando la tierra de enmedio, o el fuego, que abrasó la misma tierra y la deshizo y abajó para que el mar la anegase, como acontenció en la región de Sodoma, o ambas cosas juntamente.

Y diga por ella también lo que añade:

6. Lugar de zafir piedras suyas, y polvos de oro a ella. Esto es, que es lugar donde las piedras son zafires y los polvos oro, para declarar la abundancia de piedras preciosas que en ella hay, y la copia del oro que entre sus terrones se halla, que, como es notorio, es grandísimo.

Y por la misma manera:

7. Senda no la conoció la ave, ni la vio a ella ojo de buitre, lo dice para mostrar cuán encubierta estaba y cuán alejada aquella tierra, que ni las aves que peregrinan y pasan con facilidad de unas tierras a otras, ni entre ellas los buitres, que sienten muy de lejos y vuelan en breve tiempo por diversas regiones, volaron jamás a ella, ni la conocieron ni vieron.

Y como dice:

8. No la hollaron hijos de mercader, no pasó leona por ella, esto es, ni tampoco los mercaderes y trajineros, a quien nada se asconde y que traspasan, llevados de su codicia, los mares y que penetran hasta sus postreros rincones la tierra, no estamparon su pisada en ésta, ni la leona pasó por ella. Y porque dice leona, en esta postrera parte, en la primera de este verso otros traducen: No la hollaron los hijos de los animales fieros, y el original dice, los hijos de los soberbios, y significa que, por la distancia y apartamiento que entre nosotros y ella hay, no la vieron ni las aves volando, ni caminando los animales fieros, a quien es más natural el discurrir y vaguear por diferentes regiones.

Pues dice:

9. A pedernal tendió su mano; trastornó montes de raíz; diciendo que esta tierra tan alejada, tan no sabida y por tan luengos siglos tan encubierta, puede venir y vendrá de hecho a la noticia de todos; y los hombres no solamente la hallarán, sino en ella descubrirán muchas y muy preciosas cosas que en sí tienen encerradas y ocultas.

A pedernal tendió su mano, esto es, pues esta tierra ascondida vendrá a ser hallada, y el que la hallare tenderá en ella su mano al pedernal. Trastornará los montes de raíz, esto es, horadará las peñas y los montes, y los trastornará en busca y en seguimiento de las minas y de las vetas ricas de los metales, como de hecho ha pasado. Y dice pedernal, porque la veta de la plata de ordinario va entre dos peñas que son como su caja, de las cuales la una suele ser durísima como pedernal. Y dice que trastornará los montes hasta la raíz, porque como Plinio dice, hacen agujeros los que siguen las minas, y callejones en lo profundo, y barrenan por grande trecho los montes y entran hasta las entrañas del suelo.

Y añade:

10. En riscos hace salir ríos, y todo lo precioso vio el ojo suyo. Porque acontece, cuando se ahonda la mina, dar en agua, que se ha de sacar por artificio y hacer arroyos de ella, para labrar adelante, como en la mina [Baebelo] en España, de que Plinio hace mención, y en muchas de las que agora el Nuevo Mundo descubre. Y porque habla de estas minas, añade y todo lo precioso vio el ojo suyo, porque es incomparable su riqueza y mayor que ninguna otra pasada. Que como se sabe por cuenta cierta, de las minas de solo un cerro

que llaman de Potosí, en el Pirú, hasta el año de 85 desde el de 45, que son cuarenta años escasos, ha valido su quinto ciento y once millones de pesos de a trece reales cada uno. Por manera que ha dado en este espacio de tiempo quinientos y cincuenta y cinco millones, sin lo que se hurta al registro.
Más dice:
11. Lo profundo de los ríos escudriñó, y lo ascondido sacó a luz; que es otra cosa que en estas nuevas tierras, en la pesca de las perlas hacen los hombres, calando las aguas de los ríos y buscando en sus secretos las perlas. Y finalmente dice todo lo ascondido sacó a luz, que es la sentencia general que pretende manifestar por todos estos particulares que cuenta; conviene a saber, que todo cuanto hay, por escuro y dificultoso que sea, el hombre lo descubre y alcanza. si no es lo que añade luego, diciendo:
12. Y la sabiduría, ¿adónde será hallada? ¿Y cuál el lugar del entendimiento y saber? ¿Quién la hallará? Esto es, nadie la hallará, ni hallar puede por sus fuerzas y industria; que el preguntar así es demostrar lo que se pregunta ser del todo imposible. Pues dice la plata se halla en sus profundísimas venas, y el hombre sabe el lugar do está el oro, tiene arte para hacer del polvo hierro y para desatar en cobre las piedras; llega a los abismos adonde nunca entra el día, adonde reinan siempre noche y espesas tinieblas en seguimiento de los metales preciosos. Un mundo nuevo, apartado de nuestro comercio por medio de mares inmensos, no sabido ni aun de las aves y ascondido del todo a nosotros, hallará la diligencia y osadía del hombre, y, hallado, trastornará los montes dél y barrenará las peñas y calará los ríos y sacará de sus entrañas no creíbles riquezas. Todo lo puede alcanzar; mas la sabiduría no, si no le viene del cielo. No hay, dice, veta que produzca saber, ni se cría en mina ascondida, ni hay lugar ni río hondo que en sí la contenga.
Porque dice:
13. Ignora hombre su precio, y no será hallada en tierra de vivos, esto es, vale más de lo que el hombre estimar puede, y así no se halla en esta tierra donde vivimos; como diciendo que no es fructo de esta tierra, ni que tiene comparación con lo que en ella nace.
Y dice más en el mismo propósito.
14. Abismo dijo: No en mí ella. Y mar dijo: No está conmigo. Porque no se asconde y encubre así como los tesoros de esta vida ascondidos, que ni en

la tierra la encubre en sus entrañas ni las aguas en sus abismos. Y el decir, Abismo dijo: No en mí ella, es figura de hablar poética, que da palabras a lo que no tiene sentido.
Prosigue:
15. No se dará oro de Tibar por ella; no se pesará a plata su precio, esto es, ni se hallará en lo ascondido ni se podrá comprar por ningún precio. No es cosa que se compra con plata ni con oro.
Y es lo que añade lo mismo:
16. No se apreciará con colores de India; con zafir o precioso sardonio. Por colores de India, el original dice con oro de Ofir, que es región de la India oriental, según algunos dicen, cuyo oro es finísimo. Así que ni se compra con oro fino ni con diamante precioso el verdadero saber.
Y ansimismo:
17. No la igualará oro y cristal, ni trueque suyo vasos de oro fino. Ni menos lo que luego se sigue:
18. Lo alto y lo eminente no será mentado en su comparación, y tráese de lueñe el saber. Por lo alto y eminente otros trasladaron: Corales y perlas no serán acordados, y atraer sabiduría más que margaritas. Corales llama altos, porque se levantan debajo del mar en el suelo. Pues ni ellos ni las perlas valen para adquirir el saber; porque dice tráese de lueñe, que en la lengua de la Escritura, como en el capítulo último de los Proverbios se ve, significa lo raro y en esta tierra casi no visto, lo que ciertamente no procede ni nace de ella, sino de causas mayores.
Y por eso la Sabiduría, como dice:
19. No iguala con ella topacio de Etiopía, y tinturas purísimas; y según otra letra, oro purísimo no se iguala con ella. Pues si ni con riqueza se compra, ni en esta tierra se halla, ¿dónde se hallará?
Como luego dice:
20. Y sabiduría, ¿de dónde vendrá? ¿Y cuál es el lugar del entender? En que repite la pregunta que hizo en el verso 12 de arriba, para mayor demostración de cuán dificultosamente se halla.
Y para esa misma demostración sirva lo que luego añade, y dice:
21. Ascondióse ella de los ojos de todo viviente, y a las aves del cielo está oculta.

22. Perdición y muerte dijeron: En orejas nuestras oímos su fama. Adonde lo que dice de la perdición y muerte, entendiéndolo sencillamente, es decir, que ni los muertos conocen la sabiduría; que como hizo mención de los que vivían, juntó con ellos luego los muertos, para negarlo de todos y decir que ni los unos ni los otros tienen de ella noticia. Porque decir en nuestros oídos oímos su fama, es negar la vista de ojos, y es decir de los muertos lo mismo que decía de los vivos, esto es, que estaba ascondida a sus ojos. En lo cual comprende todo lo que es naturaleza en nosotros y todas nuestras fuerzas y ingenio y afirma que por sí mismos nunca pueden conseguir este bien. Y así, concluyendo, añade:

23. Dios entiende su carrera, y Él conoce su lugar. Como diciendo que Dios solo sabe su morada y conoce el camino que guía a ella, que es decir por rodeo que solamente Dios es el sabio y la fuente del saber y el maestro de la sabiduría verdadera.

Lo cual prueba lo primero, porque:

24. Él mira hasta fines de tierra, y debajo todos los cielos ve. Porque dice Él lo ve y penetra todo; que la causa del poco saber nuestro es la estrechura de nuestro ingenio y la corta vista que tenemos, y el no poder abrazar juntamente ni comprender la orden que entre sí tienen las causas, ni la eficacia suya toda en respecto de sus efectos. Mas Dios es perfectamente sabio porque juntamente lo alcanza todo y lo ve, así las causas como la orden y fuerza de ellas, con todas sus correspondencias y diferencias. Que eso es ver hasta los fines de la tierra y mirar debajo de todos los cielos, conocer con noticia clara lo alto y lo bajo y penetrar universalmente por todo. Y ésta es la probanza primera. La segunda es que:

25. Cuando dio peso a los vientos, y pesar con medida a las aguas;

26. Cuando hizo ley a la lluvia, y camino al relampaguear de los truenos;

27. Entonces la vio, y la refirió; aparejóla, y trújola a luz. Porque criando las cosas Dios y ordenándolas en la forma que vemos, probó clarísimamente la grandeza incomparable de su sabiduría y demostró ser sabio a la clara. Entonces la vio y relató y la trajo a luz, porque allí la descubrió y hizo que en él la viésemos todos.

Cuando dio, dice, peso a los vientos y medida a las aguas, esto es, puso en su lugar cada cosa y le dio su orden y medida cierta. Y dice de la lluvia y del

relámpago y trueno, entendiendo por esta obra todas las obras, y mentando ésta solamente por las muchas maravillas de naturaleza que encierra en sí ella sola. Pues entonces la vio, porque nos hizo verla en él, y la refirió, porque nos dio licción de ella a nosotros.
Y la licción es lo siguiente:
28. Y dijo al hombre: Ves; temor de Dios, ésa es sabiduría, y el esquivar lo malo saber. Porque en el ser que dio a las criaturas y en la manera como las ordenó y en la ley que les puso, nos enseñó que nuestro bien y saber verdadero consiste en reconocer su ley y en cumplirla. Que si crió a todas las demás cosas con orden, y si las compuso entre sí con admirable armonía, no dejó al hombre sin concierto, ni quiso que viviese sin ley ni que hiciese disonancia en su música. Y si a todo para su bien le es necesario que conserve el lugar en que le puso Dios y guarde su puesto y responda debidamente a su oficio, y si en saliendo de orden perece, notificado y sabido queda que, en la guarda de las leyes que le son dadas, se contiene la bienandanza del hombre; y si en esta observancia está puesto su bien, estará forzosamente colocado su verdadero saber en el conocimiento que trae a ejecución estas leyes.

Pues entonces, esto es, en esa misma creación y composición de las cosas, dijo con las obras mismas, como con voz poderosa: Entonces, cuando dio peso al aire y puso al agua en medida y determinó su razón y tiempo a la lluvia y tronido (que con particular advertencia no dice, cuando crió las aguas y produjo los vientos y dio ser a los truenos, sino dice, cuando les dio peso y ley y medida, para en esta ley abrir los ojos al hombre para el conocimiento y prueba de lo que luego le dice), pues en este concierto universal, cuando Dios le compuso, como en espejo clarísimo, demostró al hombre con el dedo Dios, y le dijo: Ves, esto es, aquí puedes bien claramente entender que tu bien es guardar mi ley y tu saber conocerla; aquí conocerás que tienes ley cual los otros; aquí verás que por medio de ella, como las demás criaturas, consuenas con todas las partes del mundo; aquí entenderás que, si la quebrantas, disuenas de ellas y las contradices y las conviertes en tus enemigas; de aquí está clara la causa de tu perdición y salud, pues es necesario carecer del favor de todas, quien con todas se desordena, y perder la ganancia quien desata la compañía. Ésta es tu escuela; aquí está tu enseñanza, tu saber y tu doctrina; es hacer y conocer solo esto. Y como a las demás criaturas les imprimí en su ser la ley que siguen, así te di sentido a ti para que comprendas mis mandamientos; y como las demás siguen su intento, así tu sentido es para emplearlo en mi ley; y como en ellas todo su oficio y ejercicio es aquel seguimiento, así en este empleo consiste todo tu saber y tu vida. Tu sabiduría, pues, es saber guardar tu ley; y tu ley es que huyas de lo malo y me temas, esto es, me sirvas y no me ofendas; cumplas lo que mando y no hagas lo que vedo. Así lo conozcas siempre y lo pongas en ejecución de contino.

Capítulo XXIX

1. Añadió Job, y prosiguiendo su razonamiento, dijo:
2. ¿Quién me dará como meses antiguos; como días en que Dios me guardaba?
3. Haciendo resplandecer su luz sobre mi cabeza, andaba a su lumbre en las tinieblas.
4. Como era en días de mi mancebía; cuando Dios estaba en el secreto sobre mi tienda.
5. Cuando aún estaba el Abastado conmigo, y me cercaban mis mozos.
6. Cuando bañaba mis plantas en manteca, y la piedra me derramaba arroyos de aceite.
7. Cuando salía a la puerta sobre ciudad, y en la plaza me ponían cadira.
8. Víanme mozos, y acondíanse, y ancianos estaban en pie.
9. Príncipes detenían sus hablas, y ponían mano en su boca.
10. Sus voces el capitán ascondía, y su lengua a su paladar se apegaba.
11. Oído que me oía me llamaba dichoso, y ojo que me vía atestiguaba por mí.
12. Porque libré a pobre que voceaba, y a huérfano desamparado de ayuda.
13. Bendición de pereciente venía sobre mí, y hacía que corazón de viuda cantase.
14. Justicia vestía, y vestíame como capa y como mitra el juicio.
15. Ojos fui al ciego, y pies yo para el zopo.
16. Padre yo para pobres, y baraja que no entendía estudiaba.
17. Y quebrantaba a malvado las muelas, y hacía que de sus dientes soltase la presa.
18. Y decíame: En mi nido expiraré y multiplicaré como paloma.
19. Mi raíz descubierta a las aguas, y en mi mies hará asiento rocío.

20. Gloria mía siempre nueva conmigo, y mi arco en mi mano será renovado.
21. Oíanme y esperaban, y, callaban atentos a mi consejo.
22. En pos mi palabra no replicaban, y destilaba sobre ellos mi habla.
23. Esperábanme como a lluvia, y su boca abrían como agua tardía.
24. Reíame a ellos, y no lo creían, y luz de mis faces no caía en la tierra.
25. Caminaba a ellos y me sentaba en cabeza, y sentado como rey en ejército, consolaba a los tristes llorosos.

Exposición

1. Y añadió Job, y comenzando su razón, dijo. Satisfecho Job de haber mostrado lo poco que sus amigos sabían, y cuán lejos, en lo que tocaba a él, andaban de la verdad, en este capítulo y en los dos que se siguen declara muy a la larga su adversidad y inocencia. Su inocencia en el postrero, y su adversidad en los primeros dos, diciendo en éste lo que fue, y en el que se le sigue lo que es al presente. Porque el haber sido feliz y venir a ser miserable, hace que sea y que se sienta por mayor cualquier desventura. Que como el poeta griego dice:

> Al hombre que dichoso un tiempo ha sido,
> la mudanza es dolor, que el siempre hollado
> con el uso del mal pierde el sentido.

Pues dice:
2. ¿Quién me dará como meses antiguos; como días en que Dios me guardaba? Entra deseando tornar a ser lo que fue, para con este principio referir por menudo su pasada prosperidad. Y en decir: ¿Quién me dará? muestra, no solo su deseo, sino también la imposibilidad, o a lo menos la dificultad de lo que desea; porque en la manera de hablar de esta lengua, el preguntar así es hacer dificultoso lo que se pregunta. Como días en que Dios me guardaba: Así se decía en el capítulo primero que Dios tenía cercado a Job a la redonda para no ser ofendido. Y ansimismo de aquí se entiende que en no incurrir la vida y suerte del hombre en desastres continos es particular guarda y providencia de Dios, porque según son muchos y diferentes, y entre sí contrarias las cosas que en esta vida concurren, maravilla grande es que no hieran y lisien al que continamente anda entre ellas.

Y como sería cosa de providencia particular el que anduviese metido entre muchos que peleasen entre sí mismos con obstinación y coraje, y entre muchas espadas y muchas piedras que de la una parte a la otra volasen, no salir descalabrado de la reyerta, así pasar un hombre entre el alboroto y pelea universal de esta vida sin recibir golpes de desastres continos, guarda es de Dios y particular vela suya.

Y es, como añade:

3. Cuando hacía resplandecer su luz sobre mi cabeza, andaba a su luz en tinieblas. Porque la luz de Dios y su resplandor, en estas Letras, no dice guía solamente, sino también defensa y ayuda y sucesos muy prósperos, como en el psalmo 12 y 26, y en otras partes parece. Con la cual ayuda el hombre anda entre el peligro seguro y cierto y sin miedo en medio de la noche escurísima, por llevar su defensa y su guía consigo mismo. Pues desea tornar a ser cual era en los meses pasados, y a que Dios, como entonces hacía, le defienda y prospere.

O, como vuelve a decir, desea tornar a ser:

4. Como en días de mi mancebía, cuando Dios estaba en el secreto sobre mi tienda; esto es, ser viejo tan próspero y tan favorecido de Dios como cuando fue mozo. Que es argumento de extraordinario dolor en la vejez, cuando pide la edad más descanso, faltar el que en la mocedad se tuvo, y venir vejez trabajosa después de mocedad descansada. Como en días de mi mocedad.

Lo que decimos mocedad, en el original es al pie de la letra reprensión o palabra afrentosa, y aplícase a la mancebía y niñez, porque no solamente está sujeta a la reprensión y castigo, mas le conviene que la reprendan y afrenten. Dice más:

5. Cuando aún estaba el Abastado, conmigo, y me cercaban mis sirvientes. Repite en diversas maneras una misma sentencia, y a su prosperidad pasada unas veces llama guarda de Dios, otras lumbre suya sobre su cabeza, otras asistencia en su secreto, otras familiar compañía, para demostrar que nuestro bien no solamente nace de Dios, sino que para hacerle nos asiste en diversas maneras: apartándonos de las ocasiones y tropiezos de fuera, y en eso es guarda; alumbrando lo interior del sentido, en que es luz resplandeciente sobre nuestra cabeza; derramando gracia por la sostancia de la alma, en que es morador del secreto de nuestra tienda; haciéndonos presencia de sí para

remedio de esta soledad y destierro, y entonces se dirá bien que estaba el Abastado conmigo, como aquí dice. Porque ciertamente entonces está abastada el alma y libre de toda mengua, entonces es reina, entonces es esposa, entonces es amiga dulcísima, y entonces es señora de todo y emperatriz sobre sí, más alta mucho que el cielo, de donde con desprecio mira el suelo sujeto a sus pies.
Mas veamos lo de adelante:
6. Cuando bañaba mis plantas en manteca, y la piedra me derramaba arroyos de aceite. Dice de sus riquezas y comienza por la manteca y aceite, y declara por manera de encarecimiento su copia; que la manteca era como agua y aun las piedras le daban aceite; y por la manteca entiende el ganado, y por el aceite todas las plantas de fruto.
Dice más:
7. Cuando salía a la puerta sobre ciudad, y en la plaza me ponían cadira. Dijo de las riquezas; dice agora de la autoridad que tenía, que es de la prosperidad la mejor parte. Pues demuestra haber sido tan estimado que en los lugares del juzgado, cuando iba a ellos, le ponían luego silla, o por decir mejor, su silla y su asiento era el más eminente. Cuando salía a la puerta sobre ciudad, esto es, a la puerta que está a la entrada y como al principio de la ciudad, porque antiguamente la plaza estaba junto a ella, y en la plaza el consistorio y lugar de juicio, porque los de fuera que venían a contratar o a pedir justicia no se mezclasen por lo secreto del pueblo. Y así, en diciendo la puerta, añade luego la plaza, porque la puerta y la plaza estaban, como decimos, juntas.
Dice:
8. Víanme mozos, y ascondíanse, y ancianos estaban en pie. Engrandece su autoridad por sus accidentes; que el asconderse los mozos y el recibirle los ancianos en pie es cosa que se hace por reverencia.
Y ni más ni menos lo que se sigue:
9. Príncipes detenían sus hablas, y ponían mano sobre sus bocas; esto es, callaban hablando yo, y estábanme atentos.
Y ansimismo lo que dice:
10. Su voz el capitán ascondía, y su lengua al paladar se pegaba. Como si dijese: ni resollar osaban delante de mí ni los más principales, que eso significan estas figuras de asconder la voz y de pegar a sus paladares sus lenguas.

11. Oído que me oía me llamaba dichoso, y ojo que me vía atestiguaba por mí. No solo, dice, me recibían con reverencia, y no solo me oían con grande atención, mas aprobaban con admiración lo que hablaba, y los que me oían y vían me bendecían. Ojo, dice, que me vía atestiguaba por mí; esto es, confirmaba con su meneo y movimiento mi habla; que en lo que nos aplace, en testimonio de que nos aplace, con los ojos solemos dar señas.
Y añade:
12. Porque libré a pobre que voceaba, y a huérfano desamparado de ayuda. Porque ha dicho que por su autoridad le ponían asiento en el juzgado, y le daban el juzgar de los pleitos, y le oían cuando hablaba y sentenciaba con atención y silencio, y le bendecían después; dice agora la razón por que después de haberle oído le bendecían, que es porque libraba con su sentencia al pobre que voceaba, esto es, que el estar agraviado le hacía dar voces al cielo; y al huérfano desamparado de ayuda, esto es, porque enderezaba siempre su razón al desagravio de los pobres y al favor de los que poco podían. En que demuestra, si tenía mucha autoridad con el pueblo, no lo haber alcanzado por cohecho ni por ingenio y lisonja, ni con las demás artes malas de la ambición, sino con rectitud hermanada con piedad y clemencia. Porque, a la verdad, en muchos caminos por donde los hombres vienen a ser preciados y muy estimados de todos, ninguno es más cierto que el de la piadosa justicia; porque no hay quien no admire y reverencie lo justo, aun esos mismos que viven mal, y que destierran de sí la rectitud y justicia, dondequiera que la vean la adoran y estiman. Y así Job era estimado mucho, no solamente por ser rico, que también dan su autoridad las riquezas, ni solamente por ser bien razonado, que es también de estimar la elocuencia, sino principalmente por ser justo y amparador de lo justo.
Y lo que se sigue, esto es:
13. Bendición de pereciente venía sobre mí, y hacía que corazón de viuda cantase. O pertenece a la virtud de la limosna y largueza, diciendo que acudía a los necesitados, y así le bendecían, y ni más ni menos sustentando y favoreciendo las viudas, las hinchía de alegría el corazón, que salía a la boca con demostraciones de contento y de gozo; o pertenece a la administración de la justicia de que hablaba, y que como dijo haber librado al pobre que voceaba, diga agora que ese mismo pobre que pereciera, si no le librara él, le bendecía.

Y porque dijo que libró al huérfano desamparado de ayuda, diga agora que a la viuda, que es una manera de orfandad, le hinchía de cantares la boca, con la alegría de verse por él socorrida.
Y con ambos sentidos conforma bien lo que luego se sigue:
14. Justicia vestía, y vestíame como capa y como mitra el juicio. Porque justicia, en la lengua de la Sagrada Escritura, es limosna muchas veces, como en Sant Mateo y en otros parece. Pues dice que su arreo y su vestido de fiesta y los aderezos de su cuerpo preciosos eran, o digamos la limosna o la administración de la justicia recta, y el amparar con lo uno y lo otro a todo lo falto de amparo.
Y así añade:
15. Ojos fui al ciego, y pies yo para el zopo; y
16. Padre yo a pobres, y baraja que no entendía estudiaba. En que declara, no solo haber favorecido algún necesitado de favor, sino haber sido general amparo de todos los que tenían necesidad alguna; no solo haberlo hecho alguna vez, sino haberlo tenido de costumbre y como por oficio proprio y suyo, como lo es del padre acudir a los hijos, y de los ojos y de los pies servir cada uno en su obra.
Y así dice que estudiaba, o como el original dice investigaba con diligencia las causas de los desamparados, para entender mejor y defender su justicia. Y como la entendía, la ponía por obra.
Y por eso dice:
17. Y quebrantaba a malvado las muelas, y hacía que de sus dientes soltase la presa. Habla del hombre como de un león o de otro animal carnicero, por semejanza y metáfora.
Dice más:
18. Y decíame: En mi nido expiraré, y multiplicaré como paloma los días.
19. Mi raíz descubierta a las aguas, en mi mies hará asiento el rocío.
20. Gloria mía siempre nueva conmigo, y mi arco en mi mano será renovado. Esto es, y ser mi oficio éste, juntamente con la disposición de mi ánimo y con el testimonio de mi consciencia, criaban en mí esperanza cierta de vivir y morir en paz y sin revés de fortuna. Y decíame, esto es, y prometíame a mí, expiraré en mi nido, esto es, en mi casa, y mi descanso llegará hasta el día postrero. Y multiplicaré mis días como paloma, o como arena, según otra letra, esto es,

viviré largos años. Porque a la piedad y al bien hacer promete en sus Letras Dios larga vida.

Mi raíz descubierta a las aguas, repítese la palabra, y decíame. Mi raíz estará siempre bañada en agua, que es decir, siempre estaré florido y verde, gozando de fortuna próspera. Que habla de sí como de un árbol plantado cerca de la agua, que es semejanza con que suele declarar Dios la bienandanza del justo, como en el psalmo 1, do dice: Y será como árbol plantado junto a las corrientes de las aguas, que dará su fructo a su tiempo, y su hoja no descaece. Y lo mismo es en mi mies hará asiento el rocío, que es decir, no me faltará el favor y rocío del cielo. Gloria mía siempre nueva conmigo; esto es, mi prosperidad y la estima en que estoy, y el descanso mío y la reputación acerca de todos estará siempre en pie, como está lo nuevo y flamante; que lo que se envejece viene a menos y camina a la muerte. Y lo mismo dice del arco suyo, que será renovado en su mano, y entiende por el arco el poder, el mando, el imperio. Porque el arco era como insignia de los que mandaban y lo traían los reyes consigo, como de la historia de los reyes se entiende.

Esto, pues, se decía y prometía Job en su prosperidad, y refiérelo agora con un sentimiento de lástima y como infiriendo, aunque lo calla, porque el dolor se lo ahoga en el pecho; así que infiriendo, mas ¡cómo mi esperanza se engañó! ¡Cuán al revés de lo que pensé me sucede! Y decíame, y sin duda se decía muy bien, y así le sucedió todo después, aunque no se lo prometía el estado presente.

Mas no es tan cierto el salir cada día por el Oriente el Sol, cuanto es tener buen fin y próspera y larga vida los que sirven a la piedad, y los bienhechores de los pobres, y amparadores de los que poco pueden, y justos generalmente con todos; porque no consiente el Señor que muera afligido quien fue general socorro de las aflicciones ajenas, ni que oprima el desastre al que los desastres ajenos tuvo por suyos, ni que sea poderosa la violencia injusta contra quien se opuso a ella siempre por librar a sus prójimos. Que mide Dios como medimos, y perdona como perdonamos, y nos socorre en la manera y las entrañas que nos ve socorrer. Con la medida, dice, que midiéredes os tornarán a medir. Y de la piedad dice Sant Pablo que tiene promesa de esta vida y de la otra.

Pero vamos más adelante:

21. Oíanme y esperaban, y callaban atentos a mi consejo. Torna a proseguir la reputación en que tenido era, y dice agora su opinión para con todos de sabio, bien contraria de la que estos sus amigos tenían de él al presente, y por eso lo dice.
Y añade:
22. En pos mi palabra no replicaban, y destilaba sobre ellos mi fabla.
23. Esperábanme como a lluvia, su boca abrían como a agua tardía; que todas son propriedades de los muy repulidos en prudencia y saber. Así los oyen, así reciben lo que dicen, así los oyentes ponen en los oídos sus palabras: Destilaba, dice, sobre ellos mi fabla. Es semejanza de cuando llueve, como en lo que añade luego parece, y úsase en esta Escritura para significar lo que se habla con elocuencia y es oído con atención y deseo. Como Moisés en su cántico: Conviértase en lluvia mi doctrina, y corra como rocío mi palabra, como lluvia sobre la yerba. Que como en el caer de la lluvia el agua viene de alto, y la tierra que la recibe está en lugar inferior, y como cae menuda y mucha, y por esta causa cala y empreña la tierra, y como el suelo seco la recibe de gana, y, si se tarda, en cierta manera la pide; así al que razona concertada y provechosamente, los oyentes como inferiores y sujetos le oyen, y con la copia de sus palabras escogidas y bien puestas cae en sus oídos de ellos, y de los oídos pasa al alma, y cría en ella juicios y voluntades, y movimientos buenos y sanctos, y óyenle con sed y con gusto, y apetecen oírle si calla, y cuando calla le piden y demandan que hable. Y esto le acontecía a Job, como dice.
Y también lo que añade:
24. Reíame a ellos, y no lo creían, y luz de mis faces no caía en la tierra. Tanto era, dice, el respecto que me tenían y el caso que hacían de mí y lo que preciaban que los mirase, que, si lo hacía, apenas lo podían creer, y criaba en ellos el contento excesivo, y nunca por verme alegre me perdieron respeto; que eso es decir que la luz de sus faces no caía en la tierra, o como dice el original a la letra, la luz de mis faces no desechaban.
Añade y concluye:
25. Si caminaba a ellos, me sentaba en cabeza, y sentado como rey en ejército, consolaba a los tristes llorosos. O como el original a la letra: Elegía su camino de ellos, y me sentaba en cabeza, como rey en ejército, como quien a llorosos consuela. En que dice la honra que en particular le hacían sus conciudadanos,

cuando se metía en conversación con ellos, o los visitaba en sus casas, que le ponían en cabecera y le rodeaban como a rey, y estaban colgados de su boca como suelen los hombres afligidos del que les está consolando.

Capítulo XXX
1. Y agora ríen sobre mí mis zagueros en días, cuyos padres me desdeñaba poner con perros de mi ganado.
2. Y que la virtud de sus manos no me servía de nada, y eran tenidos por indignos de vida.
3. Con pobreza y con hambre estériles, que roían en soledad, deslustrados con calamidad y miseria.
4. Y comían yerbas y cortezas de árboles; raíz de junípero pan suyo.
5. Que de valles arrebatan aquesto; hallándole, corren con voces a ello.
6. En escondrijos de arroyos moraban, en forados de tierra y en peñas.
7. Que entre estas cosas se alegraban, y so espinas estimaban regalo.
8. Hijos de necios, hijos sin nombre, deshechos más que la tierra.
9. Y agora he sido su cántico, y soy para ellos hablilla.
10. Abomináronme, y alejáronse de mí, y no detuvieron su escupir de mi rostro.
11. Abrió su carcax, y afligióme; puso freno en mi boca.
12. A la diestra de mi calamidad que nació, se levantaron luego; empelieron mis pies, oprimieron como olas con sus carreras.
13. Desbarataron mi senda, pusiéronse en celada contra mí y prevalecieron, y no fue quien diese socorro.
14. Como por puerta abierta y muro roto arremetieron sobre mí, y derrocáronse a mis miserias.
15. Reducido soy a nada; sollevó como viento mi deseo, y como nube se pasó mi salud.
16. Y agora en mí se marchita mi alma; ásenme días de angustia.
17. De noche de dolores es horadado mi hueso, y los que me comen no duermen.
18. En muchedumbre de ellos mi vestidura es consumida; ciñéronme como capilla de túnica.
19. Compúsome al lodo, y asemejado soy a polvo y ceniza.
20. Voceé a Ti, y no me respondiste; estoy, y advertiste a mí.

21. Trocádote me has en cruel; en fortaleza de tu mano me haces guerra.
22. Levantásteme, y como sobre el aire puesto a caballo, derrocásteme con valentía.
23. Que conozco que me entregarás a muerte, adonde la casa y convento de todo viviente.
24. Empero no envías tu mano para acabamiento dellos, y si cayeren, tú salvarás.
25. Lloraba sobre el afligido, y condolíase mi alma del pobre.
26. Cuando esperaba bien, vino mal; esperaba luz y salieron tinieblas.
27. Mis entrañas hierven sin descanso; adelantáronseme los días de cuita.
28. Enlutado andaba sin brío; levantéme entre la congregación; llamé.
29. Hermano fui de dragones, y compañero de avestruz.
30. Mi cuero de sobre mí ennegrecido, y mis huesos secados del ardor.
31. Convirtióse en lamento mi cítara, y mi canto en voz de llorosos.

Exposición
1. Y agora escarnecen de mí mis zagueros en edad, cuyos padres me desdeñaba poner con perros de mi ganado. Dijo su felicidad pasada; dice agora su miserable estado presente. Y porque en lo pasado insistió mucho en la autoridad y reputación que tenía, comienza aquí del grande desprecio a que vino, y dice: Y agora, como diciendo, esto fue entonces; dábanme el primer lugar a doquier que llegaba; cercábanme como a rey, estaban de mi boca colgados; mas agora hacen mofa de mí los mozos y viles, no solo los ancianos y graves. Y para encarecer más el desprecio, encarece con particulares señales la bajeza y vileza de los que le menosprecian; y dice, lo primero, mis zagueros en días, esto es, los que nacieron después de mí y me debían por la edad reverencia. Y añade cuyos padres me desdeñaba poner con los perros de mi ganado; como diciendo, no solo menores en edad, pero tan viles en condición que sus padres no merecían estar con mis perros; o, cierto, no, no me sirviera de ellos yo ni para pastores.
Y da la causa, y dice:
2. Que la virtud de sus manos no me servía de nada, y eran tenidos por indignos de vida. Porque, dice, eran inhábiles e inútiles para todo; todo su poder y saber era ninguno y sin fruto; el aire que respiraban no merecían.

O como el original a la letra dice: pereció sobre ellos vejez, esto es, no nació la vejez para ellos, en que o pone la parte por el todo, y por la vejez que es una parte comprende toda la vida, y dice lo que nuestro intérprete dijo, que son no dignos de vida; o significa que no merecían llegar a la vejez, o que nacieron para nunca descansar como viejos, sino lacerar siempre y trabajar como mozos.

Porque añade:

3. En pobreza y con hambre estériles, que roían en soledad, deslustrados en calamidad y miseria; esto es, porque por su vileza y poca maña y industria, la vida les fue estéril, nunca hicieron fruto que valer les pudiese; y así vivieron siempre en hambre y pobreza, solos, desamparados, royendo las raíces del campo, y por la misma razón, desfigurados con el uso de la contina miseria.

O como otra letra dice en la misma sentencia: En necesidad y hambre solitarios, huyentes a severa soledad, asolamiento y destierro; esto es, que no solo eran pobres y hambrientos, mas que ni lo sabían ganar, ni hallaban quien se lo diese, y que el extremo de la necesidad los sacaba y llevaba a los campos desiertos y solos y desolados, a comer las yerbas dellos y a no ser vistos de gentes.

Y así dice:

4. Y comían yerbas y cortezas de árboles, raíz de junípero pan suyo. Lo que decimos yerbas, en el original es malvas, en que por figura, nombrando una especie de yerbas, se entienden todas generalmente. Y lo que decimos cortezas de árboles, dice la primera letra y de sobre el ramo, que es la corteza que le cubre, según Sant Hierónimo; aunque otros dicen cerca del ramo, como diciendo que cogían de entre las matas malvas y las comían.

Dice más:

5. De valles arrebatan aquesto, hallándolo con voces corren a ello; que es mayor encarecimiento de hambre. Porque, dice, no solo se mantenían con raíces y yerbas, mas ni de yerbas tenían copia bastante; hambreados andaban por los valles buscándolas, y si las hallaban, acudían corriendo y gritando como a un bien no pensado.

O como dice otra letra: De en medio eran alanzados, voceaban a ellos como ladrón; que demuestra por otro camino la vileza de estos hombres que cuenta: que su traje, su disposición, su inutilidad de vivir vagabunda, los hacía sospechosos a la gente, y así los que los vían los echaban a voces del pueblo diciendo: ¡Al ladrón, al ladrón! Y según esto manifiesta la causa principal que los llevaba a los campos.

Y con ello conforma lo que luego prosigue:

6. En escondrijos de arroyos moraban, en forados de tierra y en peñas. Porque huyendo la grita y el justo temor y sospecha que de ellos tenían los hombres, desamparados los pueblos, se ascondían entre las peñas. Y dice: escondrijos de arroyos, y forados de tierra, y en piedras, porque en los arroyos las quiebras y en tierra las cuevas, y entre las peñas los apartamientos secretos son buenos para asconder al que huye.

Dice:

7. Que entre estas cosas se alegraban, y so espinas estimaban regalo. O de otra manera: Entre matorrales roznaban adunábanse debajo de ortiga. Cuando una cosa llega a hábito, hace contento y regalo, que es lo postrero a que llegar puede; y así no pudo Job encarecer más la vileza de éstos que diciendo que se deleitaban y alegraban con ella. Y dice que roznaban, porque la manera de conversar y de alegrarse entre gente tan baja es de ordinario torpe y bestial.

Dice más:

8. Hijos de desprecio, hijos sin nombre, deshechos más que el polvo; en que concluye con ellos y con sus cualidades. Como si dijera: Al fin, en una palabra, gente despreciadísima y escurísima y vil mucho más que la tierra. Porque en la lengua original de este Libro, decirse uno hijo de alguna obra o cualidad significa el extremo de ella, como es manifiesto. Pues estos hombres, ¿qué?, ¿qué?

Lo que dice:

9. Y agora he sido su cántico, y soy para ellos hablilla;

10. Abomináronme, y alejáronse de mí, y no detuvieron su escupir de mi rostro. Esto es, soy agora el desprecio y la risa y el abatimiento de estos que digo; que es decir, soy más vil que la vileza y más bajo que el abatimiento mismo, pues la vileza y el abatimiento me huellan, escupen y escarnecen. Abomináronme, dice, y alejáronse de mí, y no detuvieron su escupir de mi rostro; que es el gesto que pone y lo que hace quien encuentra con alguna cosa torpe y hedionda, torcer el rostro y decir: ¡Qué pestilencia!, y apartarse apriesa y escupirla.

Añade:

11. Abrió su carcax, y afligióme; puso freno en mi boca. Esto dice de Dios, y viene bien con lo dicho; porque quien llega a que la vileza le escupa, no le queda mal que no padezca. Y así, habiendo llegado a este estado Job y diciéndolo, viene natural el decir que abrió su aljaba Dios para herir, que es tanto como emplear en él todas sus saetas y sujetarle a todos los males. Porque si se debe la compasión al afligido y ninguno es tan crudo que no se conduela de los que mal padecen, el miserable de quien nadie se compadece, antes los grandes y los pequeños le mofan, venido ha a lo postrero de la desventura.
Y así dice y afligióme, y puso freno en mi boca; que aún es otro grado de miseria mayor no consentir al herido se queje. Y dícelo de sí Job, parte porque sus amigos no le consentían quejarse, y parte porque, dado que se quejase, no llegaba ni igualaba con cuanto se quejaba a su mal.
O en otra manera, porque el original lo consiente, y es: Desató mi cuerda y afligióme, y freno de mis faces desecharon; en que habla todavía de aquellos viles que se burlaban de él. Y llama cuerda suya, su autoridad, que los ataba antes para no perder el respecto; y freno de sus faces la reverencia de él, que los enfrenaba y de temor para no perder la vergüenza.
Dice más:
12. A la diestra de mi calamidad que nacía, se levantaron luego, empelieron mis pies, oprimieron como olas con sus carreras. En lo cual habla, no solo de estos viles que ha dicho, sino en general de todos sus males y de los que causan. De quien dice que, en descubriéndose su calamidad y en naciendo, se pusieron a la diestra de ella, conviene a saber, para favorecerla, haciéndola mas grave y mayor; y luego que le vieron ir deslizando, le ayudaron a caer empeliendo sus pies, y pasaron sobre él caído y repasaron mil veces a fin de más quebrantarle. Que es semejanza traída o del trillar de la era, adonde después de tendidas las mieses las quebrantan andando sobre ellas, o de lo que en la batalla acontece, adonde los caídos mueren las más veces quebrantados de los caballos que les pasan encima.
Y así dice el original puramente: Extendieron sobre mí caminos de su quebranto, esto es, con que quebrantan y desmenuzan lo que huellan.
Y dice:
13. Desbarataron mi senda; pusiéronse en celada contra mí, y prevalecieron, y no fue quien diese socorro; en que persevera en la semejanza de la guerra

que dije; porque como en ella suelen tomar los pasos al enemigo y cortarle el camino, y sabiendo por dónde pasa, ponerle celadas y salir y acometer y desbaratar a los que así de improviso acometen; en la misma manera, dice, caminando seguro él, el tropel de sus males le cortaron los pasos, y de donde no pensó salieron no vistos, y le acometieron y vencieron y desbarataron, sin hallar socorro en ninguno.

Y porque no le acometieron poco a poco, ni uno a uno, sino muchos juntos y casi en un mismo momento, declara este atropellamiento, o este ímpetu tan atropellado, insistiendo todavía en la semejanza de la guerra, por la manera que se entra en una ciudad cercada por las ruinas que la batería ha hecho en el muro.

Y dice:

14. Como por puerta abierta, y muro roto arremetieron sobre mí, y derrocáronse a mis miserias; esto es, para me hacer miserable, juntos, y empeliéndose unos a otros, y hechos de tropel se derrocaron unos sobre otros, como los soldados hacen en la ciudad que se entra.

O según otra letra, que dice: Como en rotura ancha vinieron por asolamiento, vinieron rodando. Declara el acontecimiento unánime e impetuoso que digo, no por la guerra, sino por dos diferentes semejanzas: una, de la agua que rompe algún muelle, y otra, del edificio en cuesta, que, si cae, viene a lo bajo rodando. Porque dice vinieron mis enemigos a mí, como en rotura ancha; entiéndase, vienen las aguas, esto es, con el ímpetu y muchedumbre que las aguas del río salen por la presa, o por el muelle opuesto que rompen, y vinieron, como cuando viene al suelo un muro alto, las piedras de él juntas unas sobre otras y empeliéndose, todas vienen por la cuesta rodando.

De que lo que añade se sigue, esto es:

15. Reducido soy a nada; sollevó como viento mi deseo y como nube se pasó mi salud. Su deseo llama su ser y su ánimo y lo que tiene en él el principado, y la palabra original lo demuestra que es como si dijese, lo en mí generoso; y salud nombra, su prosperidad y buen estado. Y porque dijo que los males le convertían en nada, que fue decir que no tenían ni ser, ni valor, ni consejo, consumido en el cuerpo con dolores, y en el alma con aflicciones y angustias; y como el original dice, porque los espantos, esto es, lo espantoso todo se le ponía delante, por eso dice que su ánimo y el ser de su juicio y esfuerzo el

viento le llevó, y su prosperidad se pasó como nube, como diciendo, no quedarle ningún rastro. Porque es uso de la Sagrada Escritura, por estos nombres de viento que lleva y de nube que pasa significar lo que se pierde del todo; porque lo que el viento lleva, desparece en un punto, y la nube, en pasando, se deshace sin dejar de sí ninguna señal. David en el psalmo 1: No así el malo, no así, sino temo que el viento lleva de sobre la tierra. Y Oseas: Por tanto serán como nube de madrugada, y como rocío de la mañana que pasa.
Mas dice adelante:
16. Y agora en mí se marchita mi ánima; ásenme días de angustia. Dice que desfallece del todo; y aun el original lo encarece más, porque dice: Contra mí se vuelve mi ánima, que era lo que ya solamente pudiera ser de su parte. Por manera que él a sí mismo se era contrario, y su alma misma enemiga con imaginaciones tristes y con pensamientos amargos.
Dice más:
17. En noche de dolores es horadado mi hueso, y los que me comen no duermen. El pensamiento me aflige y el dolor, dice, ni de noche descansa. Y dice dolores, porque no padecía un dolor solo; y dice que le horadan los huesos, para decir que son penetrativos y no en la sobrehaz de la carne.
Y los que me comen no duermen; que son, o esos mismos dolores que le consumen, porque ninguna cosa gasta ni consume más que el dolor; o verdaderamente son los gusanos que, empobrecido, criaba, los cuales, dice, que sin hacer pausa le comían la carne y velaban comiéndole cuando todos dormían. Otros dicen aquí mis venas, o mis pulsos no descansan, con que significan la fiebre contina que con la noche crecía; mas los dolores o los gusanos viene mejor.
Porque añade:
18. En su muchedumbre dellos mi vestidura es consumida; ciñéronme como gorjal de túnica. Su vestidura llama aquí su carne, de que se demuestra aquí la alma vestida; la cual vestidura le consumían los gusanos, por ser muchos en gran manera, y por cercarle todo y por todas partes, de que seguían que dél al lodo y a la ceniza no había diferencia ninguna. Y por eso dice:
19. Compárome al lado, asemejado soy a polvo y ceniza, que son cosas viles y asquerosas.
Pero lo que más siente es lo que añade:

20. Voceé, y no me respondiste; estoy y advertiste a mí; entiéndese, y no advertiste a mí, porque, según la costumbre de la lengua primera, se repite en el fin la negación del principio. Pues dice, y entre tantas miserias la mayor es que te llamo a voces, y no me respondes, y me pongo delante de Ti y me presento afligido, y no me echas de ver. Porque, a la verdad, un alma sancta y que tiene trato con Dios, cuando está puesta en trabajo, por grande que sea, todo lo pasa bien, si le siente cerca de sí, si le responde con su luz cuando se le presenta; mas si se le encubre, si Él también se escurece, si desparece delante, allí es el dolor y el sentir verdadero; entonces siente de veras su calamidad y trabajo, o por decir verdad, todo su trabajo es menor en comparación de que Dios se le asconda. Porque demás de la soledad y desamparo que siente grandísimo, la parte del sentido flaca envía imaginaciones aborrecibles a la alma, que le son de increíble tormento, unas veces desesperando de Dios y otras teniéndose por olvidado de Él, y otras sintiendo menos bien de su piedad clemencia, y como diciendo lo que luego se sigue:

21. Trocado te me has en cruel; en fortaleza de tu mano me haces guerra:

22. Levantásteme, y como sobre el aire puesto a caballo, derrocásteme valerosamente. En que es hermosa manera de significar lo que es y vale la felicidad de la tierra; pintar un hombre sobre el aire, puesto a caballo; puesto, digo, sobre el aire en alto, como si a caballo fuese. Porque sin duda todo aquello en que se afirma y sobre que se empina esta felicidad miserable, aire es y ligero viento. Y como el que en el viento subiese, andaría bien alto, mas a gran peligro de venir presto al suelo, así los que en estos bienes de la tierra se suben, andan encumbrados, pero muy peligrosos; parecen altos más que las nubes, mas las nubes mismas no desparecen más presto.

Pues de esta felicidad, en que subió Dios a Job, quéjase agora que el mismo Dios le derrocó poderosamente. Derrocóle porque se la quitó; poderosamente, porque la quitó en un momento; y no le puso en el suelo descendiéndole por sus escalones, sino, sin parar en ellos, vino de un golpe a la tierra; y no solo le quitó los bienes, mas la salud, la paz, el consuelo y contento. Y aun hay en esto otra sotileza mayor, y así en el original leemos deshácesme con sotileza; que por una parte le deshace este azote, y por otra parte le rehace y sustenta; y con ser por extremo durísimo, para que lo sea más y no tenga fin, repara lo que consume.

Y así dice:

23. Conozco que me entregarás a muerte, donde es la casa y convento de todo viviente.

24. Empero no envías tu mano para acabamiento de ellos, y si cayeren, Tú salvarás. Que es como si dijese: Aunque es cierto, Señor, que tengo de morir, porque con esa condición nacemos todos según tu antigua y justa sentencia, pero estos males que envías sobre sí, aunque son mortales, no quieres Tú, para acrecentar mi tormento, que me sean de muerte; no son dolores que, acabando el sujeto, dan fin a sí mismos, sino males que por secreta orden tuya, con poder deshacer una peña, me rehacen a mí. Y si vencidas de tan grave mal desfallecen mis fuerzas, y si caen, rendidas a las desventuras, Tú salvarás, esto es, Tú las sustentas, para que mi padecer no fenezca; que es sentencia semejante a la que en otras partes ha dicho.

O de otra manera; dice Job, que en tanta miseria le consuela ser cierta la muerte, que a la fin es puerto de descanso para los afligidos, la cual muerte es inexorable y que no se puede rehusar, aunque en lo demás no haya mal sin remedio; y eso mismo es lo que a él le conhorta, no sanarse el morir con medicina, ni ablandarse a ruegos, ni admitir excepción en su ley, porque esta certidumbre y el tener su miseria fin corren a un mismo paso. Pues, dice, conozco que me entregarás a la muerte, adonde es la casa y convento de todo viviente; esto es, al fin conozco que he de morir como todos y que estos dolores fenecerán con la muerte. Y porque el ser así le aliviaba, muestra con palabras cuán cierto es que ha de ser. Y así añade según el original a la letra: Que cierto no en túmulo enviará mano, esto es, ni sacará Dios a ninguno del montón de los muertos, esto es, no exentará de esto que es morir a ninguno. Y llama a la muerte túmulo, o amontonamiento o asolamiento, según otros, porque lo asuela y porque lo amontona.

Y dice más en la misma razón, si en quebranto dél, clamor a ellos. Si, esto es, dado que en quebranto de él, esto es, cuando Dios los quebranta y mata, clamor a ellos, esto es, lloren y clamen pidiéndole que les perpetúe la vida. O digamos así: Dado que en quebranto dél, esto es, cuando les envíe alguna otra calamidad y trabajo, clamor a ellos, esto es, les es concedido a los así trabajados pedir y hallar remedio. Como diciendo: Aunque en los demás males Dios, cuando los envía, puede y suele ser ablandado, y aunque suele extender su mano y librarnos, mas no la extiende al matar, ni libra a ninguno de no caer en la huesa y hacer mayor aquel número; que es certificar su consuelo, haciendo la muerte cierta e infalible.

Prosigue:

25. Lloraba sobre el afligido, y condolíase mi alma del pobre. Bien sabía Job por verdad lo que la misma Verdad dijo después por su boca: Bienaventurados los misericordiosos, porque ellos conseguirán misericordia. Y la memoria de las miserias que ha referido y padece, le hacía imaginar cerrada para sí la puerta de la misericordia, y juntamente se acordaba que él la trujo siempre abierta para todos: de que nacía en él, maravillarse mucho que se quebrase en él una regla tan cierta, y que no hallase piedad un hombre en quien los otros la hallaron. Y esto es lo que dice: Lloraba sobre el afligido, o como el original suena, lloré al duro día, y condolíase mi alma del pobre.

26. Y cuando esperaba bien, vino mal; esperaba luz, y salieron tinieblas. Como diciendo: Lo que sabía de mí y lo que de la condición de Dios conocía, me prometían piedad y buen suceso en mis cosas, porque los desastrados y los afligidos y menesterosos hallaron siempre abrigo y piedad en mi corazón y en mi casa; mas sucedióme al revés, y por piedad he hallado crudeza, y por bien, mal gravísimo, y por vida descansada y alegre, tinieblas de miseria y tristeza.

Y así dice:

27. Mis entrañas hierven sin descanso; adelantáronseme los días de cuita; porque el corazón le hervía de congoja, y el cuerpo con fiebres ardientes. Y dice bien que los días de miseria y de cuitas se le adelantaron y le ganaron por la mano; porque, según el común sentido de los hombres, todo lo malo y infeliz, por más que se tarde, llega temprano, y con su presencia, por la mala cualidad que en sí tiene, escurece y como deshace en cierta manera todo el bien que pasó. De donde nace parecerles a los infelices y tristes que ha sido miseria su vida toda, y que, si hubo algún bien en ella, fue pequeño y momentáneo, porque se les fue en un punto volando.

Y aún dice que se le adelantaron los días de cuita, para decir que los adivinaba su corazón antes que fuesen, y que la alma le decía el mal que le estaba guardado, y que su miseria primero que se le mostrase a los ojos le atormentó con temor su pecho, estampando su triste figura en él.

Y así añade:

28. Enlutado andaba sin brío; levantéme entre la congregación, llamé. Porque sin entender de qué, el alma adevina se le entristecía en sí misma; y así andaba como vestido de duelo y sin brío, como dice, porque la tristeza y el temor derruecan el ánimo. O como otra letra dice, andaba sin Sol, porque el ánimo triste huye la luz y alegría.

Y dice que se levantaba en la congregación, y llamaba; que es proprio de ánimos sobresaltados y que temen lo que no entienden, en medio de la conversación apartarse y salirse de ella, y suspirar sin orden y dar voces sin ocasión y sin tiempo. Y dice luego la manera de las voces y de los gemidos que daba, añadiendo:

29. Hermano fui de dragones y compañero de avestruz; esto es, semejante fui a ellos en el bramar y gemir. Mis voces y las suyas se parecían en lo triste y temeroso y en su son descompuesto.

Y dice más:

30. Mi cuero de sobre mí ennegrecido, y mis huesos secados del ardor. Que se ha de referir no tan solamente al tiempo presente, sino también a parte del pasado, cuando la tristeza de lo que sin entender recelaba, le consumía la carne y le tostaba el cuero.

Y en el mismo tiempo también:

31. Se convirtió en lamento mi cítara, y mi órgano en voz de llorosos. Porque el recelo secreto del corazón y los sobresaltos dél le aguaban el contento, y se le quitaba delante en medio de la alegría, y estando en fiesta entre el regocijo y placer, le bañaba sin saber de qué el lloro las faces.

Capítulo XXXI

1. Concierto establecí a mis ojos, para no pensar de doncella.

2. Que ¿qué parte tuviera en mí el Señor de arriba? ¿Y qué herencia del Abastado desde las alturas?

3. ¿Por ventura no quebrantó al malo, y ajenamiento a obreros de maldad?

4. ¿Por ventura Él no considera mis carreras y contará mis pasos todos?

5. Si anduve con mentira, y aguijó a engaño pie mío;

6. Péseme en peso de justicia, y sabrá Dios mi perfección.

7. Si desvió mi pie de camino, si en pos mis ojos caminó mi corazón, si se apegó torpeza a mis manos;

8. Sembraré y comerá otro; y mis pimpollos serán desarraigados.

9. Si se dejó llevar corazón mío de mujer, y si puse celada a puerta de mi amigo;

10. Ramera de otro sea mi mujer; y otros en somo de ella se encorven.

11. Que esto, tacañería, y ello maldad grandísima,

12. Que esto, fuego que hasta consumir traga, y todos los frutos desarraiga.

13. Si desdeñé juicio de mi sirviente y de mi sirvienta, cuando ellos pleitearon conmigo;

14. Y ¿qué hiciera cuando se levantare Dios a juicio? Y cuando visitare, ¿qué responderá a Él?

15. ¿Por ventura no hizo a mí quien hizo a él en el vientre y en la madre nos compuso uno mismo?

16. Si negué su deseo a los pobres, si hice esperar a sus ojos de viuda.

17. Y si comí mi bocado a solas, y no comió huérfano dél.

18. (Que de mis niñeces creció conmigo piedad de padre, y del vientre de mi madre salió conmigo.)

19. Si vi perecer sin vestido, y no di cobija al mendigo;

20. Si no me bendijeron sus costillas; si de la tresquiladura de mis ovejas no cobró calor;

21. Si levanté contra huérfano mano mía, por verme superior en la puerta;

22. Mi lado caiga de su hombro, y mi brazo quebrado sea por su canilla.

23. Que siempre temí a Dios, como olas hinchadas sobre mí, y su peso soportar no podré.

24. Si puse oro fortaleza mía, y al oro de Tibar dije: Mi fiucia;

25. Si me regocijé por muchedumbre de mis haberes, y porque mucho hallaron mis manos;

26. Si miré al Sol cuando resplandecía, si a la Luna que caminaba con claridad;

27. Y se alegró en ascondido mi corazón, y besó a mi mano mi boca.

28. (Que también esta maldad grandísima, y negamiento de Dios altísimo.)

29. Si me gocé de caída de mi aborreciente, y me regocijé de que el mal le hallase;

30. Ni di mi paladar a pecar, deseando con maldiciones su ánima;

31. Si no dijeron varones de mi tabernáculo: ¿Quién dará sus carnes dél para hartarnos?

32. Peregrino no quedó fuera; mi puerta abierta a viandante;
33. Si encubrí como hombre pecados míos, y ascondí en mi seno mi maldad;
34. Si me asombré a gran muchedumbre, y me espantó desprecio doméstico, sino antes callé, ni salí de mi puerta.
35. ¿Quién me dará oyente, que mi deseo oiga el Poderoso, y escriba libro el mismo que juzga?
36. Traerlo he sobre mi hombro, y rodearlo he como guirnalda.
37. Por todos mis pasos lo pronunciaré, y como a príncipe le ofreceré.
38. Si contra mí mi tierra vocea, y con ella lloran sus sulcos;
39. Si comí su fruto sin dinero, y afligí ánima de sus labradores;
40. Por trigo me nazcan abrojos, y espinas por cebada. Acabáronse las palabras de Job.

Exposición
Después que ha dicho Job su felicidad pasada y su calamidad presente, y declarado con ambas cosas y engrandecido su mal, cuenta agora en este capítulo su virtud y inocencia, que sirve también para mayor encarecimiento de lo que padece. Que aunque la buena consciencia en las caídas de esta vida y en los trabajos y penas consuela, mas también aflige por otra parte el padecer y el no saber la causa por que se padece; el saber uno de sí que era digno de premio, y el verse como malo desechado y hollado; el haber servido a la virtud, y el salir burlada, a lo que al presente parece, su confianza.
Y este dolor es sin duda grandísimo para los que, siendo virtuosos, son maltratados, en entender cuántos se apartan del camino bueno atemorizados con sus desastres, y el crédito que pierde la virtud en los ojos y juicios del mundo. Pues cuenta Job su inocencia, y contando de sí, hace juntamente un dibujo de los oficios del justo, y diciendo lo que hizo él, nos enseña lo que debemos hacer. Y dice así:
1. Concierto establecí a mis ojos, para no pensar de doncella. En que lo primero que de su pasada vida refiere es su honestidad y templanza; porque como es vicio común, y a que todos por naturaleza se inclinan, y en que los hombres ricos y regalados y poderosos tienen menos rienda que otros, convínole abonarse en esto al principio.

Y así dice que en este caso no solamente fue honesto en los deseos, sino también en los ojos y en el mirar muy compuesto. Porque, a la verdad, el que mira sin orden, desea muchas veces sin freno, y en este vicio señaladamente la puerta son de ordinario los ojos, porque la figura hermosa es lo que más le despierta. Y como dice el poeta latino:

En el amor los ojos son la guía.

Y más extendidamente el Sabio en el Eclesiástico: No mires la doncella, porque no tropieces en su hermosura. No revuelvas la vista por los barrios de la ciudad, ni por sus plazas vaguees. Aparta tus ojos de mujer afeitada y compuesta, y no hinques los ojos en la hermosura no tuya. Que por la hermosura de la casada perdieron la vida muchos, y del buen parecer se enciende como fuego el deseo. Pues asentó con sus ojos que cerrasen la entrada a semejantes figuras, para que, entrando, no le robasen la casa de la alma; y como no tuvo dentro de sí quien le solicitase y hechizase el corazón, no se movió a amar y apetecer lo que, amado, es ponzoña. Por manera que no solo tuvo concertados deseos, sino cerrados también y tomados todos los caminos de su desconcierto. Y no cerraba como quiera los ojos, sino tenía asentado y establecido con ellos que anduviesen siempre, cuanto a esto, cerrados; que es decir que tenía hecho hábito en él la virtud, y que ya como de suyo obedecían a la razón en él los sentidos y potencias del cuerpo.

Dice más:

2. Que ¿qué parte tuviera en mí el Señor de arriba? ¿Y qué herencia el Abastado desde las alturas? El original pone lo mismo en otro modo, porque dice: ¿Qué parte tuviera del Señor de arriba? ¿Y qué herencia del Abastado desde las alturas? Que aunque en lo primero pregunta la parte que tuviera Dios en él si fuera disoluto y deshonesto, y en lo segundo la parte que tuviera él en Dios siguiendo tal vida; mas es todo uno, porque ni Dios en el malo tiene la parte que se le debe, ni él en Dios la que le cumple y conviene; que ni Dios posee su corazón ni él tiene a Dios en el alma.

Pues dice Job la causa y fin por que era templado, que era tener a Dios respeto y saber que le desechaba de sí, si admitía amor deshonesto en su pecho; con que demuestra esta honestidad en él haber sido virtud verdadera, pues miraba en ella a Dios y no ponía en ella por su fin principal, como hacen algunos, su reputación y amor propio.

Y bien entendió tanto antes lo que Sant Pablo escribe muchos años después, que los fornicarios y muelles y adúlteros no poseerán el reino de Dios. Y por eso pregunta que cuál parte o cuál herencia verdadera de arriba; esto es, de los bienes y herencias del cielo si le cupiera parte, si fuera corrompedor de doncellas; como infiriendo que no la tienen en aquella herencia los tales.

Y así añade:

3. ¿Por ventura no quebrantó a los malos, y ajenamiento a obreros de maldad? Cierto es, dice, que fuera excluido de la herencia del cielo si ocupara mi ánimo en ese vicio; porque lo es cierto y sin ninguna duda quebrantar y deshacer Dios a los malos, y enajenarlos y desterrarlos de sí. Y si queréis saber, sirviendo a la deshonestidad, cuál fuera mi partida, fuera sin duda quebranto, enajenamiento y destierro.

Y porque no solamente se justifica en el hecho, sino también en el pensamiento y deseo (que por eso dijo haberse concertado con su vista para no pensar de doncella, o como el original a la letra, que ¿para qué consideraré de doncella?), y porque el pensamiento se encubre en el alma, no por eso, dice, le di rienda suelta; que ni por deseo sin obra le tenía por lícito, pues, como confieso, por él se pierde la herencia del cielo, ni por ser oculto y secreto imaginé que Dios no lo vía.

Y así añade:

4. ¿Por ventura Él no considera mis carreras, y contará mis pasos todos? Cierto, las considera y las ve en particular y con distinción cada una.

Y porque las ve, conociera con claridad lo que añade:

5. Si anduve con mentira, y aguijó a engaño pie mío; esto es, si mostraba uno y encubría otro; si pintaba con honestidad el semblante y hacía en el alma burdel; si ponía cerraduras de gravedad a mis ojos y abría larga entrada en el corazón al deseo; si en lo público me fingía templado, y en viendo la ocasión secreta aceleraba los pies. El caso es, dice, que cuanto a este negocio no me faltó quilate; pura y fielmente lo he guardado; póngame en un peso fiel y verá que es verdad.

Y así añade:

6. Péseme en peso de justicia y sabrá Dios mi sencillez, o mi perfección, como dice otra letra. Peso de justicia llama el justo y fiel, y pesar en peso es figura de hablar, que vale tanto como examinar con rigor.

Más prosigue:

7. Si desvié mi pie de camino, si en pos de mis ojos caminó mi corazón, si se apegó torpeza a mis manos. Insiste todavía en certificar su limpieza. Antes la afirmó simplemente; agora la confirma debajo de maldición; primero la probó, porque conocía cuánto Dios se ofendía de lo contrario; agora la persuade pidiendo a Dios que le destruya si miente.

Y dice: Si desvié mi pie de camino, esto es, si me aparté de lo que debía; y declara en qué caso, diciendo si en pos mis ojos caminó mi corazón; esto es, apetecí desordenadamente la hermosura que vi. Y dícelo más claro luego, si se apegó torpeza a mis manos, esto es, si en mis obras fui deshonesto y torpe, ¿qué le avendrá?, ¿qué?

Lo que añade:

8. Sembraré, y comerá otro, y mis descendientes serán desamparados; esto es, todo lo en que pusiere mano se pierda; sucédanme al revés mis designios; trabaje y no para mí; siembre y cojan otros mis fructos. Lo cual así es maldición (que al parecer pide que le venga si fue deshonesto), que es también como profecía o verdaderamente como doctrina sacada de la experiencia, de lo que sucede de ordinario a los deshonestos y mujeriegos, que son desastrados en las cosas que emprenden. Y como se convierten en carne y hacen el ánimo muelle y le acostumbran al ocio y regalo, no aspiran a cosas grandes, o, si aspiran, son vencidos en ellas, porque carecen de los nervios que son menester; que ni son para la vela, ni para sufrir el trabajo, ni para irse a la mano en cosa de gusto, ni para ocupar el pensamiento en buscar el consejo, que son los medios por donde lo que se pretende se alcanza. Que lo que el orador escribió en un género de ejercicio y de industria, es verdad en todos los negocios y pretensiones nobles y honrosas. Porque no es posible, dice, en ninguna manera, que el ánimo entregado a torpeza y ocupado y como enredado en amores, en aficiones, en deseos, y muchas veces con sobra y otras con falta de cosas, pueda responder, no solo en el hecho, mas ni con el pensamiento, a este oficio que hacemos. Ca conviene se dejen los deleites todos, se desam-

paren los entretenimientos de pasatiempo, el juego, las burlas, el banquete y casi las pláticas y trato doméstico es necesario se olviden.

Mas veamos lo que dice adelante.

9. Si dejé llevar mi corazón de mujer; si puse celada a puerta de amigo. Por mujer entiende la casada, que de las solteras es lo de arriba; y por amigo entiende a su marido, cualquiera que él sea, que le llama amigo, como quien dice vecino o próximo. O, si habla con propriedad, dice lo que acontece a las veces, que pone mancilla en una casa el que tiene entrada en ella como deudo o amigo.

Y llama poner celada, porque si el marido es amigo, es hacerle traición caminar por la amistad a su afrenta y aprovecharse del ser amigo para serle enemigo de veras; y si no es amigo el marido, pónele también celada el adúltero, porque siempre en semejantes tratos entrevienen encubiertas y engaños. Pues dice que si solicitó la casada, ¿qué?

10. Ramera de otro sea mi mujer, y otros en somo de ella se encorven. Que es decir: Quien tal hace tal pague, y su pena sea semejante a su culpa, y lo que hizo eso mismo le avenga. Donde decimos ramera sea de otro mi mujer, el original dice a la letra: Muela a otros mi mujer; porque entre otras figuras de hablar proprias a sola esta lengua, es una, por el nombre de moler, significar el servir a la torpeza en los actos carnales.

Así dice Esaías a Babilonia, a quien habla como si fuese doncella: Levanta la muela y muele harina; y para declarar lo que entiende, añade luego, descubre tu torpeza y vergüenzas. Y Hieremías, lamentando el estrago que hicieron en su ciudad los caldeos, dice: Tomaron los muchachos para que les moliesen, esto es, usaron deshonestamente de ellos, como Sant Hierónimo escribe.

Prosigue:

11. Que esto tacañería, y ello maldad grandísima. Porque, dice, conozco y conocí siempre que la maldad del adúltero es muy grande, y que tiene pena grave y de muerte el poner en el lecho ajeno semejante mancilla. Que donde decimos maldad grandísima, el original dice maldad de jueces, esto es, maldad que por ley pertenece a juicio, y de quien los jueces, según lo establecido, por derecho conocen para condenarla a castigo. Porque, aunque todos los pecados son malos, la justicia de la ciudad no conoce de todos, sino de aquellos señaladamente que deshacen su unidad y destruyen la paz común, cual es

el adulterio y los demás que se hacen con injuria de otros. Porque la injuria diferencia y desata, así como lo igual concuerda y aduna.

Dice más:

12. Que esto fuego, que hasta consumir tragará, y todos los fructos estraga. Que porque dijo este delicto ser delicto de jueces, esto es, tener pena establecida en las leyes, dice agora y encarece la pena, que es de muerte y de perdimiento de bienes; porque siempre y en toda ley fue castigado el adulterio con penas gravísimas. Y no habla, a mi juicio, de la pena legítima solamente, sino mucho más de los desastres y acontecimientos tristes que suceden de ordinario al adúltero, que, o caen en manos del injuriado, o por huir dél se despeñan, o sentidos, por no morir, desamparan la tierra y la hacienda. Unos pierden la honra, otros hacen naufragio de los dineros, a otros castiga la justicia, y a otros quita en un punto una estocada la vida.

Dejo casas asoladas y reinos trastornados y hundidos en venganza de este delicto, que dél solo nació cuanto Homero canta en su Ilíada. Porque es, sin duda, como Job dice, fuego que abrasa y que traga; que es pura verdad, así por la ira que concibe Dios contra él, como por la rabia y furor que el celo mezclado con la ira enciende en el pecho de quien padece la afrenta. Que como en los Cantares se dice: Duros son como el infierno los celos; sus llamas ardientes de fuego no se apagan ni se aplacan con muchedumbre de agua. Y en los Proverbios Salomón: El adúltero por falta de saber pierde la vida; amontona para sí afrenta y deshonra, y su infamia nunca se borra. Que el celo y el furor del marido en la ocasión de vengarse no perdona, ni se allega a ruego de alguno, ni se aplaca, ni toma en concierto ningún don ni tesoro.

Prosigue:

13. Si desdeñé juicio de mi sirviente y de mi sirvienta, cuando ellos pleitearon conmigo. Habiendo dicho de la templanza, dice agora lo que toca a justicia. Y para mostrar que la guardó siempre con todos, pone la parte en que más fácilmente se quiebra, que es con quien nos sirve y poco puede, como arguyendo a lo que es más cierto y forzoso; porque quien da su debido a los bajos y flacos, cosa manifiesta es y forzosa que no agravará a los altos y poderosos. Pues dice que nunca se desdeñó de venir a juicio con los suyos, ni de allanarse para estar a justicia con ellos; porque el pundonor es el que suele retraer a los señores de esta llaneza, que tiene por mal caso que haya ley ni razón entre

ellos y sus criados, porque el haberla es un género de igualdad penosísima a los ánimos altivos y señoriles, cuales son los que cría el mundo en los que se llaman señores. Mas Job no era señor para tenerse por mejor que su siervo, ni porque podía mandar se presumía señor absoluto, ni por verse más alto dejaba de reconocerse igual con todos en lo que era derecho.

Que es cosa lastimosa lo que en esto, los que sirven, pasan con sus amos a veces; los cuales no contentos de haber gozado de su trabajo, ni menos satisfechos de haberlos tratado con severidad y escasez, no les pagan su salario y los atemorizan con amenazas si se lo quieren pedir. Y nace de que no se conocen y no consideran lo que consideraba Job, como dice:

14. ¿Y qué hiciera cuando se levantare Dios a juicio? Y cuando visitare, ¿qué responderé a Él? Porque si advirtiesen que tienen también superior y que hay amo en el cielo a quien están sujetos, aunque les pese, y que es amo común de sus criados y dellos, y que los ha de juzgar a todos, depondrían sus crestas y conocerían que si les alzó la fortuna, no por eso los exentó la justicia.

Y es conforme a esto lo que Sant Pablo escribe a los Colosenses: Los que sois señores conservad justicia y igualdad con vuestros criados, sabiendo que también vosotros tenéis amo en el cielo. Mas es de advertir que donde decimos cuando se levantare Dios a juicio, el original solamente dice cuando Dios se levantare; y en decir la Escritura que se levanta Dios, es decir que viene a juzgar. Porque a la verdad, a los que en esta vida de tinieblas vivimos, parécenos que duerme Dios y que está caído su bando en cuanto no ejercita su justicia, porque pasan cosas tan descomunales y bárbaras entre nosotros, y es tan grande la confusión y desorden, que parece casa sin dueño a los que alumbra la fe, o que si la tiene, que no advierte lo que pasa y que duerme. Que como nuestra vista corta y nuestro ánimo angosto no alcanza ni comprende las muchas cosas a que Dios tiene atención en lo que permite que pase, ni ve los fines grandes que en todo mira, ni los bienes que saca de hechos perdidos y malos, ni los muchos efectos buenos a que quiere sirva una cosa mala que consiente se haga, lo cual todo aquella soberana Majestad conoce y ordena, templa y endereza con admirable consejo: parécenos porque no envía luego sobre el malo sus rayos, que tiene descuido o que no mira, presos los ojos con sueño.

Pues respecto de la imaginación de la carne, que imagina a Dios olvidado y caído, dice la Escritura que se levantará Dios cuando ejercitare en el juicio justicia. Y, a la verdad, es altísimo siempre Dios, y parecerá en los ojos de todos en aquel día muy levantado y muy alto. Porque si levantarse es mostrarse y salir a luz lo que estaba escondido, los malos, cuyos ojos y deseos nunca miraron a Dios, le conocerán entonces, para su miseria, descubierto y clarísimo. Y si es levantarse tomar brío y mostrar fuerza, será no vencible con la que en aquel día convencerá a los pecadores de culpa y los sujetará a pena perpetua; y si levantarse es declararse por superior a los otros, en aquel día lo rebelde todo, la alteza y soberbia del mundo, las torres de la vana excelencia, sus máquinas, sus consejos, sus mañas, su ser, su poder, sujeto a sus pies [se verá], y quedará Él solo alto, y todo lo demás humillado y rendido. Así que debidamente es dicho levantarse Dios cuando juzga.

Y Job dice con grande razón, y pregunta lo que responder pudiera en aquel día al Juez, si él no quisiera agora reconocer para con sus criados juez en la tierra; que ni le pudiera decir no hablar con los amos las leyes, ni ser él absoluto señor de los siervos, ni estar compuestos ellos de diferente metal, ni serle de nacimiento sujetos y inferiores como los animales y bestias.

Que como añade:

15. ¿Por ventura no hizo a mí quien hizo a él en el vientre? ¿Y en la madre nos compuso uno mismo? Hízolos sin duda y compuso un artífice mismo, y en un mismo lugar y de una misma materia y por una manera misma, y eso es lo que dice. Y es argumento que con eficacia convence, que son iguales en ley el siervo y el amo, pues lo son en naturaleza; y que pues son de una especie, pertenecen a una república, y por el mismo caso los gobierna y los rige un derecho y un fuero.

Pero veamos lo que dice adelante:

16. Si negué su deseo a los pobres, si hice esperar ojos de viuda. Que ya toca en otra diferente virtud, que es la misericordia y larguez, que no siempre obliga, aunque siempre es muy loable y necesaria para que un hombre sea perfecto.

Dice, pues: Si negué su deseo a los pobres. Deseo de los pobres llama la limosna que piden; que la necesidad con que la piden hace que la deseen, y la manera de pedir que tienen, y las voces que dan y las plegarias que hacen, son testigos de que es grande el deseo. Y demás de esto dice con particular advertencia deseo de pobres, porque los deseos de los pobres no son ni nacen de antojos, sino de causas necesarias y justas. Por manera que por dos títulos deben ser oídas y admitidas sus peticiones: porque las desean mucho y porque son peticiones de lo necesario.

No hice, dice, esperar ojos de viuda. Proprio es de una persona afligida y que su remedio cuelga de otra, enclavar los ojos en ella, como pidiendo con ellos, más que con las voces, ayuda; y las viudas y pobres muchas veces mirando piden, adonde el empacho natural les quita el hablar. Por manera que el mirar es pedir, como se dice en el Psalmo: A Ti levanté mis ojos, que moras en el cielo; y durar mirando es perseverar en lo que se pide, y por la misma manera hacer que a los ojos que así miran esperen, es dar tarde y escasamente lo que es pedido.

Conforme a lo cual dice Job que no solo daba lo que le demandaba a la viuda, mas que se lo daba luego y con mucha presteza, que era darlo, como el refrán latino dice, dos veces; porque el detenerlo es como no darlo, aunque se dé a la fin y a la postre. Y ciertamente pierde toda su gracia el bien que así viene estrujado; que la gracia de la dádiva es la alegría con que se hace, y lo que se regatea y escatima no se hace con alegría. Y así decía Sant Pablo, que alarguemos en la limosna la mano, no con tristeza y como forzados de la necesidad, y dilatándolo de uno a otro día, porque ama Dios al que en dar es alegre. Conforme a lo que dice un poeta:

> La gracia que se tarda es desgraciada,
> porque la que los pasos acelera,
> es muy más agradable y más amada.

Y como sea en todos verdad, eslo mucho más en las viudas, por parte del corazón que tienen afligido y estrecho; por donde el acudir presto a su deseo les es por extremo agradable; y no es de ánimos piadosos y blandos, y cuales deben ser los amadores de Dios, sufrir que les esperen ni atormentarlas con la dilación.

Va adelante:

17. Si comí mi bocado a solas, y no comió huérfano dél. También esto pertenece a la piedad y limosna, no comer sin dar de comer, y que la necesidad natural que despierta hambre en mí despierte también memoria de lo que padecen los que no tienen, y que de la memoria nazca cuidado, y del cuidado la ejecución en el hecho. Y verdaderamente es cosa de gusto que gusten otros de mi manjar, y ningunos gustan más que los necesitados y hambrientos, y es deleite grande este en los que son piadosos de veras, como Job lo era, según lo que añade:

18. Que de mis niñeces creció conmigo piedad, y del vientre de mi madre salió conmigo. A lo que decimos piedad, añade el original como padre, para decir que no era como quiera ni ordinaria la piedad de que Dios le dotó, sino piedad de padre con hijos y entrañas bañadas en misericordia. Y de ellas nacía lo demás que se sigue, conviene a saber:

19. Si vi perecer sin vestido, y no di cobija al mendigo, que es otra obra de misericordia. Porque la primera fue dar de comer al hambriento, y ésta es dar de vestir al desnudo. Si vi, dice, esto es, si permití que, viéndolo yo, padeciese pobre frío por falta de ropa.

Y dice en el mismo propósito:

20. Si no me bendijeron sus lados; si del vellón de mis ovejas no cobró calor. Es como una pintura de lo que acaece a un desnudo que fallecía de frío cuando le visten; que rodeándose con la ropa y apretándose con ella, bendice a quien se la da y siente luego en sí su calor. Sus lados, dice, o sus costillas, porque el pecho, estómago y costados es lo que tiene más necesidad de vestido. Dice más:

21. Si levanté contra huérfano mano mía, por verme ser superior en la puerta. La seguridad de la victoria suele convidar a la injuria; mas ni esto pudo con Job, para que agraviase ni pusiese pleito al necesitado o al huérfano. Y no se ha de entender aquí que no hacía injuria a los pobres, que arriba lo dijo, sino propriamente dice que no les ponía pleito, ni les pedía su derecho en justicia, aunque le sobraba ella, y el favor y los medios. Porque el no ser riguroso ejecutor con el huérfano es un género muy sancto de limosna. Porque aflige mucho al que poco puede cuando le hace pechar el rico parte de su miseria y pobreza; y así mandaba en la Ley Dios que la prenda que por ejecución de deuda saca alguno a los pobres, se la vuelva antes que venga la noche. Y si el

rico está obligado a dar a los que padecen, mucho más a no pedirles lo que no tienen, aunque más se lo deban.

Y así Dios reprende lo contrario por Esaías, do dice: En vuestro ayuno ejecutáis vuestra voluntad; pedís a todos vuestros deudores, y cobráis dellos, y heríslos. Por verme, dice, superior en la puerta, esto es, acerca de los tribunales de la justicia; porque antiguamente los juzgados se hacían en las plazas, y las plazas estaban juntas a las puertas de la ciudad. Pues si Job ha hecho algo de esto, ¿qué le avendrá? ¿Qué maldición se desea? ¿Qué?

22. Mi lado, dice, caiga de su hombro, y mi brazo quebrado sea por su canilla; descoyuntado, dice, muera. Mas es de ver por qué razón, si ha faltado en esta virtud, se desea esta pena, esto es, si ha faltado en la misericordia y limosna, pide se le quiebren y descoyunten los brazos. Sin duda porque para el dar se nos dieron, y así es justo que los pierda el que no los emplea en su oficio, y que sea manco el que no sabe alargar al pobre el brazo, y que no tenga manos ni dedos quien las tiene con la escasez cerradas siempre.

Dice:

23. Que siempre temí a Dios como a olas hinchadas sobre mí, y su peso soportar no podré. Como diciendo: Hice esto: favorecí a los necesitados, nunca les hice agravio, aunque pude; porque mira Dios por ellos con cuidado particular y hace por su causa señalados castigos, los cuales temí yo siempre, trayéndolos delante de los ojos.

Y dice Job lo que a esto toca con tanta menudencia, por satisfacer a lo que estos sus amigos significaron en lo pasado, que fue león y sus hijos tigres, para decir que despojaron y se comieron los pobres; lo cual no fue así como dicen, sino todo al revés, porque él, de su natural, era blando y piadoso, y demás de esto temía mucho a Dios, de quien sabía ser perpetuamente amparador de los huérfanos. Del cuidado de Dios por los que poco pueden, dice David: A tu cuidado está el pobre, y Tú eres favorecedor del huérfano. Y de los castigos que hace por su causa, está en los Proverbios: No toques los lindes de los pequeños ni la heredad de los huérfanos, porque no perezcas: porque es valiente su deudo, que jugará contra ti su baraja. Que siempre, dice, temí a Dios como a olas hinchadas sobre mí. El original a la letra: Que espantó a mí contrición de Dios. Llama contrición el quebrarse la ola cuando cae, según pareció a Sant Hierónimo; o, generalmente, contrición de Dios es la pena con

que castiga los malos. Que los buenos, si caen en trabajos, levántanse, coma el Sabio dellos dice: Siete veces cae el justo, y se levanta; mas el malo cae para quedarse caído, y por eso su caída y pena es llamada quebrantamiento, porque quien se hace pedazos cuando cae no torna a ponerse en sus pies. Prosigue:
24. Si puse oro fortaleza mía; si al oro dije: Mi fuerza.
25. Si me regocijé por muchedumbre de mis haberes, y porque mucho hallaron mis manos. En lo cual dice no que no era escaso, que en los versos pasados ha mostrado su piedad y larguza, sino que no se contentaba ni preciaba de ser rico, ni se ensoberbecía de ello; ni menos reposaba en las riquezas, como en su bien, sino que cumplía lo que el Psalmo dice: Si las riquezas vinieren en abundancia, no les peguéis vuestra afición. Y lo que propriamente dice Sant Pablo: Manda a los ricos de este siglo, que no piensen de sí cosas altas, ni confíen en la instabilidad de sus riquezas; que es vicio que lo apega, no sé en qué manera, el dinero. Porque como por la corrupción de nuestras costumbres se han hecho compraderas todas las cosas, parécele a quien tiene oro que allí lo tiene todo, y que es fuerte, sabio y discreto y bien afortunado, y finalmente señor poderoso, cualquiera que es señor del dinero; de que la altivez y la presunción y desvanecimiento y vana confianza y engaño comen de ordinario con los ricos, y duermen. El cual es vicio necio y feo, y lo principal, muy desagradable en los ojos de Dios. Necio, por su ser instable y inconstante del oro, porque necedad es fundar sobre la arena y hacer cimiento y confianza del viento. Y no solo por ser instable, sino por ser desleal y traidor; porque sin duda la posesión del tesoro no allega amigos, sino envidiosos, y no nos hace en la apariencia tan amados de algunos, cuanto en la verdad aborrecidos y malquistos con todos.
Pues poner la esperanza de mi defensa en lo que de secreto me hace guerra y llama gente contra mí, necedad es muy conocida. Así que es necio este vicio. Y también es feo, porque el hombre que nació para bienes tanto mayores, si se ceba del oro, así que ponga en él su esperanza, afrenta se hace a sí y se envilece y abaja, que es negocio vituperable y muy feo. Y por todas estas razones juntas Dios se desagrada mucho dél, y demás de ellas, por otra que toca directamente a su honra. Porque poner uno su confianza en el oro, y persuadirse que en él tiene su bien y su defensa para todo lo que se le ofrece

en la vida, es un género de idolatría, como la llama Sant Pablo; y por la misma razón es quitar a Dios lo que propriamente es suyo y se le debe, que es esperar de Él todo el bien. Porque así como es proprio suyo encerrar Él solo todos los bienes en sí, todos los favores, todos los remedios, todas las excelencias y honras; y así como le conviene a Él ser tan dadivoso de suyo, cuanto es rico y abastado, y ser tan amigo de hacer bien, cuanto es bueno y perfecto, porque la bondad naturalmente apetece el comunicarse y derramarse en los otros; así y por el mismo caso le debemos por derecho el mejor y más alto grado de nuestra esperanza; y como es sumo bien en sí, así le debemos tener por sumo bien nuestro, tenerlo por nuestra fortaleza, por nuestra medicina, por nuestra única gloria y riqueza. Y porque se abonó Job en esta especie de idolatría, consiguientemente muestra su bondad en lo demás que toca a este género. Y dice:

26. Si miré al Sol cuando resplandecía; si a la Luna, que caminaba con claridad. Porque en aquella su edad era común error adorar por dioses al Sol y a la Luna, como de la Sagrada Escritura se entiende en diversos lugares. Y así dice que no miró al Sol, y entiéndese, para adorarle; porque mirar en la Escritura es muchas veces lo mismo que poner los ojos con afición y aplicar el ánimo con reverencia, como es lo del Psalmo: No miró las vanidades, ni las falsas locuras. O dícelo así por cierta figura, para demostrar menosprecio, como si más claro dijera que estuvo tan lejos de adorar estas luces, que, despreciándolas, aún no alzaba a ellas los ojos: que no querer ni aún mirar a uno es señal de tenerle en poco.

Y dice que no le miró cuando resplandecía, o como el original dice, Sol resplandeciente, que es tanto como decir el Sol oriente, o el Sol cuando sale; porque en esta adoración era hora señalada y usada para saludar al Sol la mañana y el apuntar de la aurora, según aquel antiguo versecillo que dice:

> Estaba acaso saludando a Febo
> al tiempo que apuntaba en el oriente.

Y ni más ni menos saludaban a la Luna en las noches llenas y serenas.

Y así dice que ni miró a la Luna, que caminaba con claridad, o como dice la primera letra, que caminaba con honra y con pompa, porque la siguen y rodean como sus ministras y criadas infinita copia de estrellas. Que el Sol, como si dijésemos, cuando le vemos, camina solo, porque escurece con su luz lo que le pudiera ser compañía; mas la Luna va acompañada de ejércitos de luces clarísimas, y ella como señora entre ellas y como emperatriz ambiciosa y pomposa.

Y añade en el mismo propósito:

27. Si se alegró en ascondido mi corazón y besó a mi mano mi boca. Donde decimos si se alegró, dice otra letra, si se engañó a sí mismo en secreto; y decir alegró es decir se contentó y satisfizo de tenerla por Dios: y decir se engañó es decir se persuadió falsamente; y si no osó declararse, a lo menos para sí tuvo por cierto, mirándolos, que el Sol y la Luna eran dioses.

Y lo que añade: Y besó a mi mano mi boca, parece ser manera de reverencia y demostración del culto que se les daba, allegar el que los adoraba su mano a su boca; como el hincar las rodillas, y, el juntar las manos, y el herir los pechos, son figuras y meneos religiosos y ordenados para demostrar el culto interior.

Dice más:

28. Que también esta maldad grandísima, y negamiento de Dios altísimo; esto es, del verdadero Dios, en cuya comparación todos los demás que hace dioses el error de los hombres son cosas muy bajas.

Y lo que decimos grandísima, la primera letra dice maldad de jueces, y por esa causa infirió y dijo, y también ésta. Como diciendo, como la pasada que del adulterio dije, así este delicto es maldad de jueces, no solamente mala en sí, mas condenada a graves penas por ley; y maldad de que el fuero exterior conoce de ella y la castiga con pena de muerte.

Dice más:

29. Si me gocé de caída de mi aborreciente, y me regocijé de que el mal le hallase. Muchos hombres hay que hacen bien y son ásperos en el sufrimiento del mal; quiero decir, que son misericordiosos y dan alegremente su hacienda y sirven y adoran a Dios con cuidado; mas no llevan ni perdonan la injuria, ni acaban consigo que no se la pague quien se la hace; los cuales tienen bien compuesta la parte concupiscible, pero la irascible descompuesta y desenfrenada. Y así de dos caballos que guían el carro de la razón, el uno que va sin rienda le desbarata y trastorna.

Mas Job en ambas a dos partes tuvo siempre templanza: honesto, piadoso, liberal, religioso, cuanto a la una; y cuanto a la otra, no vengativo. Y por eso dice: Si me gocé de caída de mi aborreciente. Como diciendo que no solo no tomaba venganza, mas si la daba Dios, enviando sobre sus enemigos trabajos, no tomaba alegría, pues ni se gozaba de la caída del enemigo ni se regocijaba de que le hallase el mal. Y dice con particular propriedad, que el mal halla a los de quien habla; porque los que aborrecen y persiguen a los que siguen lo bueno, ordinariamente son gente poderosa en el mundo, soberbia de suya y altiva y apoyada de favor y riqueza, y por la misma causa gente no solo arredrada, mas a lo que parece, ascondida de todo mal suceso y revés. Por donde, cuando les viene algún desastre, es visto el mal haber puesto diligencia en buscarles y hallarles entrada; que a los desamparados y flacos no los busca el mal, porque los tiene a la mano y como delante sus ojos, antes tropiezan en él ellos mismos y se le entran en casa.
Prosigue:
30. Ni di mi paladar a pecar, deseando con maldiciones su ánima; o como otra letra dice, para pedir con maldiciones su ánima. Y no solo dice no me alegró la caída del enemigo cuando venía, mas ni deseé que viniese, ni aun con las palabras que la ofensa envía fácilmente, demostré tal deseo. Dar su paladar a pecar es hablar mal contra el enemigo; y lo que luego declara desear con maldiciones su ánima, esto es, maldecir su vida y buen estado.
Mas dice:
31. Si no dijeron varones de mi morada: ¿Quién dará sus carnes de él para hartarnos? En que hay dificultad por la nueva forma de hablar, diciendo comer de sus carnes. Porque unos lo declaran en significación de amistad, como que sea amor, querérsele tragar así entero (que es dura declaración y fuera de lo que agora se trata), y otros la entienden en aborrecimiento y enojo, como se debe entender.
Mas qué enojo sea éste y con quién y por qué causa, lo que en ello algunos dicen, es desatino. El enojo, dicen, es de sus siervos de Job, y dicen en esto verdad; y Job, dicen, es con quien tienen enojo, o porque los trabajaba mucho en servir a los huéspedes, o porque les tenía la rienda y les castigaba sus vicios, y en esto dicen una cosa improbable. Lo uno, porque el gobierno justo y templado, cual sería el de un hombre tan bueno, nunca trae los siervos a

un extremo de aborrecimiento tan grande; lo otro, porque cuando fuera, no viene a cuento decirlo, cuando trataba de su ánimo piadoso con todos, y de la afición que es verosímil le tendrían todos por ello. Que ¿qué propósito es, cuando dice que los ajenos le amaban, decir que los suyos le aborrecían, y que era encarecidamente odioso en su casa el que como a común bienhechor deseaban bien las ajenas? O ¿qué loor ponía en un hombre tan pío el gobernarse con su familia, de suerte que sus criados tuviesen ser de su sangre? Que como es de remisos descuidarse en la disciplina doméstica, así es de imprudentes y poco avisados haberse de modo en ella que despierte en los suyos odio que le busque la muerte.

Pues decimos que los criados son los que aquí hablan; pero las carnes que comer desean no son los de Job, sino las de sus enemigos de Job, que viene como descendiendo de arriba. Porque decía agora que ni se vengó de sus enemigos, ni se gozó de sus malos sucesos, ni se los deseó, ni les echó maldiciones; y para encarecer y, mostrar más su bondad, pasa y añade que ni la ira de sus criados con ellos, ni el parecer de los de su casa que pedían venganza, ni sus iras, ni sus consejos, ni sus dichos, ni sus hechos, le desquiciaron de su propria clemencia.

Si no dijeron, dice, varones de mi morada: ¿Quién dará sus carnes dél para hartarnos?; esto es, si no es verdad, que aunque los míos me persuadían a que le buscase a mi enemigo la muerte, y no lo acabaron conmigo; si ofendidos de su maldad ellos mismos no le buscaban la sangre y bramaban por la venganza, a que yo estaba sordo; si no les embravecía la injuria, que en mi ánimo mella no hacían; si no salían de término con coraje y enojo de lo que me tocaba a mí, y no me enojaba o turbaba.

Y dice esto por dos razones: la una, para mostrar que sus enemigos eran tales y tan sangrientos, que aun sus criados les bebieran la sangre; y la otra, para significar su constancia, que ni las obras de ellos ni el ánimo y coraje de los de su casa le movían a ira.

Para hartarnos, dice; mas la primera letra tiene no nos hartaremos, que viene a ser todo uno mismo; que es engrandecer el deseo que de vengarse tenían, o diciendo que deseaban hartarse de sus carnes comiéndolas, o que, aunque las comiesen, no quedaría harto su enojo.

Dice más:

32. Peregrino no quedó fuera; mi puerta abierta a viandante. La virtud de la hospitalidad es muy loada en la Sagrada Escritura, como parece del libro de Tobías; y con las demás tenía Job ésta también, y con ella la que se sigue:
33. Si encubrí como hombre pecados míos, y ascondí en mi seno mi maldad. Diferencia hay entre no publicar y asconder: no publica el que no los pregona; ascóndelos el que hace apariencias y demostraciones contrarias. Esto casi siempre es hipocresía y engaño, lo otro lícito muchas veces; aquello se debe hacer cuando la justicia o salud de la ánima a lo contrario no obliga; mas esto hacemos de ordinario los hombres, porque lo traemos de herencia y como aprendido de lo que el primer hombre hizo en el paraíso, y porque somos vanos todos y deseosos de parecer por la afición de excelencia que tenemos secreta.
Y así Job no dice que no encubrió sus maldades, mas que no las encubrió como hombre, esto es, culpable y vanamente, haciendo del justo y vendiéndose con arrogancia por bueno no siéndolo. Y en decir que no las encubrió como hombre no confiesa que las tuvo; antes da a entender que fue libre de ellas, y que así no le fue necesario encubrirlas. De que le nació en el ánimo la confianza, que dice en lo que luego se sigue, que es:
34. Si me asombré a gran muchedumbre, y me espantó desprecio doméstico; sino antes callé, ni salí de mi puerta. Porque la buena consciencia es madre de la fortaleza. Y así Job, como libre de culpa, con cara descubierta y corazón esforzado dice de sí que ni temía de oponerse a la muchedumbre, cuando la razón lo pedía, ni se espantaba de incurrir en el odio de sus ciudadanos, sino armado con la verdad y hollando sobre todo, callaba y pasaba; o como otra letra decía, ni callaba vencido del miedo ni se encogía, ni se encerraba vilmente en sus puertas, sino hablaba y volvía con libertad por la justicia.
Bien es verdad que otros declaran este verso por diferentes maneras que referir no quiero, contentándome con ésta, que dice más con lo que trasladó Sant Hierónimo. Solo diré otro sentido que se me ofrece, y a que da lugar el original primero, que trasladar podemos así: Cuando quebrantaba muchedumbre mucha, y desprecio de familiares me puso temor, y callé, y no salí de la puerta. En que la palabra cuando se ha de repetir por cada parte del verso, como diciendo: Cuando quebrantaban, cuando el desprecio me puso temor, cuando callé, y no salí de la puerta; porque quiere decir que en todos estos

casos y tiempos no encubrió su culpa como hombre, ni ascondió su pecado, que es aquello de que iba hablando.

Por manera que como dijo que no encubría sus faltas, dice luego, certificándolo más, que no las encubría ni en los tiempos en que es ordinario y como forzoso encubrirlas. Porque dos tiempos hay en que los hombres se arrogan más autoridad de la que merecen, y procuran parecer más y mejores de lo que son, dorando sus culpas: uno, cuando se ven muy estimados de todos, que por no caer de su opinión, la ayudan con apariencias fingidas; otro, cuando los acusan otros y los menosprecian, que por volver por sí y por su honra, no solo niegan y encubren lo mal hecho, mas se atribuyen lo bueno que nunca hicieron. Del primer tiempo es lo que dice cuando quebrantaba muchedumbre mucha; esto es, no me hacía estimar por mejor de lo que era, cuando me vi superior a todos tiniéndolos debajo los pies, ni cuando perseguía y castigaba sus culpas. Y del segundo tiempo lo que añade diciendo, cuando desprecio de familiares me puso temor, y cuando callé, y no salí de mi casa; porque ni menos, dice, cuando hasta mis familiares me acusaban y tenían en poco, procuré abonarme con ellos atribuyéndome más bien y virtud que tenía. Que sirve para lo que de presente trata con estos amigos suyos, porque no piensen que si niega agora lo que le imponen, encubre la verdad del hecho y se atribuye el bien que no ha hecho.

O podemos recudir a uno estos dos tiempos; porque donde decimos cuando quebrantaba, podemos también traducir cuando me espantaba de muchedumbre mucha, por manera que diga que ni el temor de los muchos, ni el desprecio para con él de los pocos, ni en público ni en secreto, ni callando ni hablando, ni en casa ni fuera della, pudieron moverle a ser hipócrita ni a que colorase su vida con falsas apariencias fingidas.

Pero veamos lo que dice adelante:

35. ¿Quién me dará oyente, que mi deseo oiga el Poderoso, y escriba libro el mismo que juzga? Estando tratando Job de su inocencia, como vemos que trata, eso mismo que dice le trae a la memoria y le hace echar de ver a quien lo dice, que como visto habemos, era gente que se persuadían poco de lo que acerca de esto le oían. Y así, considerando su mal auditorio y queriendo fenecer esta relación de su vida, desea tener oídos desapasionados que juzguen de ella y manifiesta este su deseo diciendo: ¿Quién me diera oyente? Como si

dijese: mas ¿para qué me canso con quien ni me cree ni me entiende? ¡Ojalá tuviera yo algún juez igual que me oyera! ¡Y ojalá mi deseo oiga el Poderoso! Y su deseo es, según del original se colige, ponerle a Él por testigo. Porque dice de esta manera: Veis; señal mía, el Poderoso respóndame. Que es decir, ya yo he dado señal de mí, y hecho, como veis, de mi vida pintura. ¡Ojalá responda el Omnipotente a cada uno de estos artículos, que responderá sin duda por mí! De suerte que desea juez igual y desea que por el interrogatorio que ha hecho sea examinado de Dios, a quien confiado de su verdad dice pondrá por testigo, y desea juntamente que lo ponga el juez todo por escrito y se haga de ello proceso.

Y así añade diciendo y escriba libro el mismo que juzga, porque así carecerá lo que se escribiere de falsedad y sospecha. Que son deseos que en la ánima justa y santa la buena consciencia cría y produce, porque la virtud no teme la luz, antes desea siempre venir a ella, porque es hija de ella y criada para resplandecer y ser vista. Pues hecho este examen que Job desea por juez incorrupto, y preguntado Dios por las preguntas deste capítulo, y puestas por escrito sus respuestas y hecho proceso, ¿qué dice agora Job de aquesta escritura?, ¿qué?

36. Traerlo he sobre mi hombro, y rodearélo a mí como guirnalda; esto es, traerlo he en las manos y ponerlo he sobre mi cabeza: en las manos, para que todos los puedan ver; sobre mi cabeza, porque será mi corona y mi honra y como la ejecutoria de mi hidalguía.

Y como añade:

37. Por todos mis pasos le pronunciaré, y como a príncipe le ofreceré; esto es, leyérale y publicárale a cada paso; no consintiera que le ignorase ninguno; a todos hiciera sabidores de lo que en sí contenía, porque todo fuera testimonio de mi inocencia y justicia.

Y ofreciérale, dice, como a príncipe; esto es, como el afligido o el necesitado de que le hagan justicia ofrece sus memoriales al príncipe, y desea y humildemente le suplica pase por ellos sus reales ojos y los lea y entienda, así yo con el mismo ruego y deseo ofreciera este mi proceso a todos y a cada uno, suplicándoles encarecidamente que le revolviesen y leyesen. Tan seguro, dice, estoy de mi justicia, y de que lo que se procesase en esta forma sería todo en mi favor y por mí. Y porque vio que le faltaba a este su interrogatorio una pregunta, y dejaba de abonarse en un oficio debido, añádela al fin, y concluye y dice:

38. Si contra mí mi tierra vocea, y con ella lloran sus sulcos. Llama tierra por figura los labradores della, como declara en esto que añade:

39. Si comí su fructo sin dinero, y afligí ánima de sus labradores. En que comprehende la igualdad que el hombre justo guardar debe en el arrendar sus heredades, y en el trato y cobranzas de sus renteros; que no ha de ser injusto en lo uno, subiendo los arrendamientos en demasía, ni cruel y riguroso en lo otro, ejecutándolos hasta lo vivo. Porque sin duda es mal grandísimo al pobre labrador, que con el sudor suyo y de su familia ha lacerado todo un año, volviendo y revolviendo la tierra, pasando malos días y no descansando las noches, madrugando y ayunando, al calor y al hielo, en la cultura del campo, y lo que más es, confiando de las aradas ese poco trigo en que estaba su sustento y su vida; el señor del suelo donde sembró, ocioso y descansado y durmiendo, al fin de su trabajo, despojarle de todo el fructo dél y comer el ocioso y vicioso tantos sudores ajenos, y alegrarse él con lo que el miserable llora y sospira.

Y así dice otra letra, y hice sospirar ánima de sus patrones, esto es, de los que benefician y labran el campo. No lo hacía Job, y certificamos que no lo hacía, porque dice: si jamás esto hice.

40. Por trigo me nazcan abrojos, y por cebada espinas; o como otra letra dice, yerba hedionda. Que justo es que fructifique la tierra al revés de lo que se le confía, al que maltrata y despoja a los que la labran, y que burle las esperanzas del dueño que burla y deja en vacío los sudores de sus labradores. Y como arriba en otro artículo dije, esto así es maldición, que es también afirmación y como pronóstico de lo que de ordinario sucede, que se les hacen estériles las tierras a los que tratan a quien las labró con rigor semejante; o porque ordena Dios que la tierra misma vengue a sus patrones, como aquí dice, o porque las desamparan los labradores maltratados, y quedan desarrendadas y sin labor, y así crecen en ellas las espinas y malas yerbas.

Y con esto Job feneció sus razones.

Capítulo XXXII

1. Y cesaron los tres varones de responder a Job, porque él justo en ojos suyos.
2. Y encendió nariz Eliú, hijo de Barcel, el Buzites, de la familia de Ram; en Job encendió nariz suya, por justificar él su alma ante Dios.
3. Y en tres amigos dél encendió su nariz, por cuanto no hallaron respuesta y condenaron por malo a Job.
4. Y Eliú sostuvo a Job en palabras, porque viejos ellos más que él en días.
5. Y vio Eliú que no respuesta en boca de aquellos tres varones, y encendió nariz suya.
6. Y respondió Eliú, hijo de Barcel, el Buciles, y dijo: Zaguero yo de días, y vosotros ancianos; así me encogí y temí de significar saber mío a vosotros.
7. Días hablarán, y muchedumbre de años notificarán sabiduría.
8. Verdaderamente espíritu ese en el hombre, y aliento de Omnipotente les da entendimiento.
9. No los prolongados son hechos sabios, y viejos entenderán fuero.
10. Por tanto fablaré. Oídme a mí; significaré saber mío también.
11. Veis, sostuve yo palabras vuestras, oí agudezas vuestras, hasta que escudriñásteis razones.
12. Y del todo atendí por entenderos; y veis aquí no a Job arguyente, no respondiente a palabras dél entre vosotros.
13. Y porque no digáis: Hallado habemos sabiduría, Dios le alanzó, y no hombre.
14. Y no ordenó contra mí razones, y en palabras vuestras no le tornaré yo.
15. Pasmaron, no respondieron más; quitaron de sí respuesta.
16. Y esperé porque no razonaron, y hechos estatuas no respondieron más.
17. Responderé yo también parte mía, platicaré sciencia mía también.
18. Lleno estoy de razones, y espíritu hace ondear vientre mío.
19. Veis, mi vientre como vino no abierto, como odres nuevos reventado.
20. Hablaré, y descanso a mí; abriré labios míos y responderé.
21. No, cierto, atenderé a faces de varón, ni Dios a hombre nombraré.
22. Que no sé encubrir, que en breve me alzará mi Facedor.

Exposición

1. Y cesaron estos tres varones de responder a Job, porque él justo en ojos suyos. Responder, como está dicho, en la lengua original en que este libro se escribió, se toma por razonar o hablar con otro; y así dice que se cansaron ya estos amigos de razonar más con Job, y lo dejaron. Y añade la causa de ello, porque dice y él justo en sus ojos, esto es, porque se tenía por justo, o porque era justo a su mismo juicio, y entiéndese esto al parecer de ellos. Como si dijese, no quisieron más disputar o razonar sobre el propósito comenzado, porque les pareció que Job estaba tan persuadido de su inocencia, o, a su parecer, tan ciego en el amor y presunción de sí mismo, que no le quedaba vista para entender ninguna buena razón que en contrario se le hiciese, y la imaginación de su justicia que tenía delante sus ojos le hacía que no los tuviese para ver su desengaño. Porque como de lo arriba dicho parece, toda su razón de éstos para convencer a Job de pecado era decirle que estaba azotado y castigado de Dios, lo cual era claro; y parecíales que no rendirse él a un argumento tan manifiesto nacía de estar muy ciego, y que la ceguedad era presumir gran bien de sí mismo, y que así era negocio excusado razonar más con él.

2. Y encendió su nariz Eliú. Así dicen en aquella lengua cuando uno se enoja, como en la nuestra decimos que se hinchan las narices cuando queremos hablar de la ira; porque la ira y el enojo dilata aquellas partes y las enciende, enviando por ellas mayor copia de espíritu.

Mas ¿con quién se enojó y por qué se enojó tanto Eliú? Añade y dice: Contra Job encendió su nariz, porque justificaba su alma ante Dios. En el hebreo dice meelohin, que quiere decir más que Dios, o en comparación de Dios; lo cual se dice, no porque Job lo hacía así en el hecho de la verdad, sino porque le pareció así a Eliú que lo hacía. Porque afirmar Job, como afirmaba que no se debía a sus pecados el azote que padecía, parecíale a Eliú que era poner injusticia en Dios que le castigaba y azotaba sin culpa, y que era, haciéndose a sí bueno, poner en Dios nota de injusto. Por donde, encendido en celo, conforme a lo que le dictaba su imaginación, enojóse contra Job, porque se hacía justo más a sí que a Dios, según lo que él entendía.

3. Y contra los tres amigos. También dice que se enojó contra los tres amigos de Job, pero por causa diferente; y la causa fue porque no hallaron respuesta y condenaron por malo a Job. Que no hallaron respuesta, dice, porque no

tuvieron réplica a lo que Job alegaba por sí, y no obstante esto le condenaban por malo; que es como decir que se enojó con ellos porque no le supieron convencer y tuvieron ánimo para le condenar. Y con razón se enojó de ellos por esto; porque es proprio de gente a quien la pasión ciega faltarles los ojos y el discurso de razón para ver las razones que hay para condenar lo que oyen, y perseverar con todo eso en el juicio de condenallo, sin saber decir la causa porque lo condenan; como testificando contra sí mismos que condenan, porque desean condenar, y no porque hallan causa que lo merezca. Y si no habló hasta este punto Eliú, es por lo que en el texto se sigue:

4. Y Eliú sostuvo a Job en palabras, porque viejos ellos más que él en días.

5. [Y vio Eliú que no respuesta en boca de aquellos tres varones, y encendió nariz suya.] Sostuvo, dice, en palabras, esto es, aguardó sufridamente, callando a todo lo que decía Job, aunque le parecían no dignas de ser sufridas; mas sufriólas él y calló hasta entonces, porque los otros tres habían tomado la mano de respondelle y eran mayores en edad que Eliú; y parecióle cosa justa callar él cuando ellos hablaban, y como menor guardarles este respecto. Que es respecto que deben a los ancianos los mozos, como se dice en el Eclesiástico, y como se prueba bien de este lugar. Mas como ellos callaron, habló él, y lo que habló es lo que se sigue:

6. Y respondió, esto es, habló Eliú, hijo de Barzel, buzites, y dijo: Zaguero yo de días, y vosotros ancianos, y así me estremecí, y temí de significar mi saber a vosotros. Comienza de la razón por que había callado hasta allí, y hablaba entonces, que es su modestia y el respecto que había tenido a los que eran mayores que él; con lo cual se hace a sí más digno de ser oído y como sin sentir se lanza en los sentidos de los oyentes, demostrando que ni había callado antes por no saber, ni hablaba agora por antojo, sino como forzado por la misma necesidad.

Y lo que añade:

7. Dije: días hablarán, y muchedumbre de años notificarán sabiduría, es confirmar lo que dijo, que había callado porque hablaban ellos, que eran mayores. Porque, dice, yo me persuadía que todo el buen hablar y el buen sentir era proprio de los hombres a quien con los largos años la experiencia tenía muy enseñados, y que así adonde ellos metían la mano, los que éramos de menos días podíamos descansar.

Dije, esto es, porque decía yo y me persuadía. Días hablarán; la palabra original, en la forma en que está, no solo significa hablar, sino hablar con vehemencia y con estudio y diligencia, esto es, hablar acertada y discretamente.
Y años enseñarán sabiduría, adonde la palabra años se puede entender de dos maneras; o sencillamente y sin figura ninguna, y querrá así decir que los años, esto es, el tiempo y la vida larga, con la experiencia de las cosas que en su discurso acontecen enseñan sabiduría, conviene a saber, a esos mismos que han vivido muchos años, que es decir, que los que han vivido muchos años son sabios; o en otra forma, la cual me parece mejor, en la palabra años hay figura, y diciendo años significa Eliú los que tienen muchos años, esto es, los ancianos y viejos.
Y dice que éstos enseñan sabiduría, como diciendo que el enseñar la verdad y el ser maestros de las cosas sabias y ocultas era, según que a él le había parecido, proprio de los hombres ancianos y que, como ellos lo eran, confiado él que respondería el saber a los años, había callado esperando; mas desengañado con la experiencia presente, conoce que no anda siempre con la luenga edad el saber.
Y así dice:
8. Verdaderamente espíritu ese en el hombre, y aliento de Omnipotente les da entendimiento, lo cual se declara por diferentes maneras. Unos dicen así: verdaderamente el hombre de suyo es espíritu, esto es, es aire y viento, y si es algo, o si tiene saber alguno, eso le viene de solo Dios. Por manera que Eliú, desengañándose de la opinión buena que tenía de los ancianos, cuanto toca al saber, diga agora que conoce y entiende que el ser sabio uno es gracia de Dios que da Él a quien le place y cuando le place; porque el hombre de suyo, o sea de poca o sea de mucha edad, no tiene ser sabio, sino ser aire y viento. Otros lo declaran por otra manera, diciendo que porque había dicho Eliú que, según su imaginación, la que tenía antes de agora, eran sabios los viejos, diga agora, desengañado, que el espíritu es el que hace al hombre y no la grandeza de la edad, y que en el tener aliento y brío de ingenio está el saber, y no en el ser viejo y anciano; que es decir que la sabiduría nace de la ánima, que llama espíritu, por quien no pasan los años ni se envejece, y no de la vejez y ancianía del cuerpo. Y porque habló de la anima, para que entendamos que habla de ella cuando dice aliento o espíritu, añade para mayor claridad y aliento de

Omnipotente les da entendimiento. Como si dijese, el espíritu, y no la edad ese que da ser al hombre, digo, el espíritu que es aliento del Omnipotente, conviene a saber, la ánima que le vivifica y informa. La cual llama aliento del Omnipotente porque se la inspiró Dios, como si dijésemos, a manera de soplo, como Moisén lo dijo en el Génesis: Fabricó Dios al hombre del lodo de la tierra, y inspiró en su cara respiración de vida, y quedó con ánima de vida.
Lo que a mí me parece, atenta la propriedad de la lengua original y su estilo común de hablar, es que en este verso hay una secreta comparación, hecha de la primera parte dél a lo que la segunda contiene; en la cual, afirmando la certidumbre de una cosa notoriamente sabida, se afirma y notifica la verdad de una cosa ascondida. Como diciendo: Cuan cierto es esto, tan cierto es aquello; como el hombre vive y es hombre por el espíritu, así es sabio, no por la edad, sino por el soplo y aliento divino; y como en nuestra lengua común solemos decir ésta es luz y Dios es verdad, en lo cual ninguna otra cosa decimos, sino que ser Dios verdad es tan notorio cuanto es manifiesto ser luz aquesta que vemos.
Y de la misma manera Eliú en este lugar, afirmando que es gracia de Dios y no fructo de los luengos días la sabiduría, dice que verdaderamente espíritu ese es hombre, como diciendo, cuanto es verdad que el hombre vive respirando, tanto lo es ser sabio porque Dios se lo da, y que el aliento natural le da vida y el resuello de Dios y su secreta inspiración sabiduría.
Y así, insistiendo en esto mismo, y declarándose más, añade y dice:
9. No los prolongados son hechos sabios, y viejos entenderán fuero. Hase de repetir el no del principio en la segunda parte del verso, y decir ni los viejos entenderán fuero. Do decimos prolongados, la palabra original, según su sonido, quiere decir muchos, y en aquella lengua los grandes y los que profesan el saber, y las personas públicas y principales se llaman con aquella palabra; porque en representación cada uno de éstos es muchos, y ni más ni menos lo han de ser en sostancia y valor si responden a lo que representan.
Mas porque acontece que lo que estos títulos y personas encubren es muy otro y mucho menos de lo que prometen, por eso, repitiendo lo mismo que había dicho por diferentes palabras, dice Eliú que no es de éstos la sabiduría, esto es, que no por ser un gran personaje uno se ha de entender que tiene ni el pecho más sabio, ni más discreta la lengua, ni que acertará más con la

verdad en lo dudoso cuando altercare con otros. Porque en resolución el buen seso y buen saber, como no nace de los años, así tampoco viene de los oficios preeminentes.

10. Por tanto, fablaré; oídme a mí, significaré saber mío también. Pues, dice, no andan siempre juntos el saber y los años y el seso y los grandes oficios, yo agora, aunque en edad y en dignidad soy menor, podré también decir mi razón, y vosotros estaréis obligados a oírme atentamente cuanto dijere. Y decir esto es descubrir el fin adonde ordenaba todo lo dicho, que es desculpar su atrevimiento y quitar de sí la opinión de arrogante en que parecía incurrir, así por querer hablar delante de hombres tan principales y ancianos, siendo él en ambas cosas menor, como por querer razonar en aquello mismo de que los otros habían tan luengamente hablado.

Y dice:

11. Veis; sostuve yo palabras vuestras, oí agudezas vuestras basta que escudriñasteis razones. En lo cual dice dos cosas: una, que le sufran y oigan, pues él los ha oído y sufrido, que es hacerse más atención obligándolos a ella por ley de toda cortesía y justicia; otra, que no le tengan por desmesurado como a hombre que habla antes de tiempo, o como quien corta la razón de los otros y les quita de la boca la palabra. Porque dice que los sostuvo, esto es, que los ha esperado con paciencia, escuchando hasta que dijeron todo cuando con la agudeza de su ingenio pudieron escudriñar. Y porque le pudieran decir todavía que, pues confesaba de sus compañeros que habían dicho mucho y con mucho cuidado, no se excusaba de atrevido en querer él, sobre lo dicho añadir más dice y añade:

12. Y del todo atendí por entenderos, y veis aquí, no a Job arguyente, no respondiente a palabras de él entre vosotros. Como si dijese, y si hablo agora habiendo hablado y razonado tanto vosotros es porque cuanto habéis dicho no ha sido a propósito. Y dice: del todo atendí por entenderos, porque no pensase alguno que por no haber estado atento él a las razones de sus compañeros, le parecían impertinentes. Porque él, según dice, no solamente los oyó cuanto quisieron decir, mas mientras decían puso atención y cuidado, y como si dijésemos así, aguzó todo su entendimiento y ingenio para penetrar lo que decían, y con todo ello vio lo que ha dicho. Por manera que a dos cosas que calladamente le eran opuestas, y que si no respondiera a ellos ni las qui-

tara de la secreta imaginación del oyente, pudieran enajenársele, teniéndole en opinión de atrevido; una, que osaba hablar delante de sus mayores; otra, que hablaba ya sobre negocio suficientemente hablado. A la primera respondió con todo lo que arriba se dijo, con que probó que el saber no siempre responde a los años; y a la postrera responde agora con esto, en que muestra que dado que sus compañeros hablaron mucho, nunca habían hablado de manera que ni él quedase excusado, ni cualquiera otro que quisiese entrar de nuevo en razones con Job.

Y lo que dice no arguyente a Job, es tanto como si dijese: Y ninguno de vosotros le convenció ni trató como él merecía. Porque la palabra original así suena argüir, que significa convencer arguyendo, y no convencer solamente, sino reprender convenciendo y castigar agramente con las palabras; por manera que significa alteración de razones, con quien se mezcla convencimiento y castigo.

Síguese:

13. Y porque no digáis. Hallado habemos sabiduría, Dios le alanzó y no hombre. Decía de sus compañeros que no supieron convencer con razones a Job; dice agora lo que ellos pudieran a esto responder por sí, y deshácelo luego. Que pudieran decir no nos faltó saber y si no habemos llevado adelante la disputa con Job, no ha sido la causa faltarnos razones. Que hallado habemos sabiduría, esto es, que muy bien se nos alcanza lo que acerca de este artículo que tratamos se pudiera decir, mas la causa por que le dejamos así es no porque nosotros no tenemos palabras, sino porque vemos claramente que él no es capaz de ellas como hombre a quien Dios ha dejado, y por el mismo caso está obstinado y endurecido y del todo ciego en su error.

O de otra manera: Decir hallado habemos sabiduría, es como si respondiendo a Eliú que los reprendía porque no disputaban con Job, le dijesen antes, eso mismo que condenas y dices que nace en nosotros de poco saber, lo tenemos por aviso y por buen seso nosotros; porque ¿de qué sirve poner nuestro seso con el de un hombre tonto como éste y perdido? ¿Ni qué fructo se espera de tratar de razones con quien la ira de Dios tiene como entontecido sin seso y sin razón? Hale desechado Dios, dicen, y alanzado de sí, ¿y no le dejarán como cosa perdida los hombres?

O sea lo tercero, y lo que a mi juicio parece mejor, que en decir hallado habemos sabiduría, defiendan las razones con que disputaron con Job, afirmando que fueron sabias y eficaces, y no inútiles como Eliú les decía. Así que hallado habemos sabiduría, esto es, antes lo que dijimos fue sabio, y el argumento de que usamos eficaz para convencelle a Job de pecador, porque le desechó Dios y no hombre, quieren decir, porque el argumento que hicimos es éste: Dios le desechó castigándole y azotándole, como vemos, y Dios, que no puede errar en lo que hace, como los hombres; luego él merece ser por sus pecados así castigado. Mas deshace Eliú esta disculpa, y muestra que es más disimulación de su ignorancia que respuesta verdadera, diciendo:

14. Y no ordenó contra mí razones, y en palabras vuestras no le tornaré yo. Como si más claro dijese, y porque no digáis que sois sabios y que no es mucho que dejéis de altercar con quien Dios tiene tan desechado, aunque es verdad que Job nunca ha hablado conmigo ni enderezado sus razones, yo disputaré agora con él, y por diferente camino de lo que habéis hecho y dicho vosotros, convenceré sus razones con debida respuesta.

15. Pasmaron; no respondieron más; quitaron de sí respuesta;

16. Y esperé porque no razonaron, y hechos estatuas no respondieron más;

17. Responderé yo también parte mía; platicaré sciencia. mía también yo. Resume repitiendo, para concluir su razón, lo que ya antes ha dicho, como si dijese de esta manera: Así que puestos estos mis compañeros han quedado como pasmados callando, y cerradas sus bocas, les han faltado palabras con que responder, y pues habiéndolos esperado gran rato hechos estatuas no hablan, quiero yo, pues me dan lugar, hablar mi razón y hacer prueba de lo que acerca de esto alcanzo y entiendo.

18. Lleno estoy de razones, y espíritu hace ondear vientre mío. Es otra causa por donde Eliú no puede callar; porque dice que las razones que se le ofrecen son tantas que le revientan el pecho. Espíritu llama el coraje en que se había encendido con la falta de sus amigos en esta disputa, y llama también espíritu al deseo que le ardía en el pecho por declarar lo que en ella sentía; y éste dice que le hacía ondear el vientre, que es, como con una semejanza, declarar lo que hace en el ánimo la fuerza de este coraje y deseo. Porque así como el aire, en mucha cantidad encerrado en el vientre, le hincha todo y le mueve, meneando con ruido de una a otra parte todos los intestinos que se encierra

en él, así este deseo mueve el ánimo y le desasosiega y como le revienta en el pecho.

O digamos que en decir y espíritu hace ondear vientre mío, significa y demuestra el contino movimiento del pecho con que está cogiendo apriesa y volviendo el aliento, y como decimos en español anhelando, el que tiene gran deseo de, en alguna apretada ocasión, descubrir y publicar algún gran concepto que siente.

Así que como dijo lleno estoy de razones, y como de estar lleno de ellas se seguía haber en él gran deseo de publicallas, dijo luego lo que de este deseo por natural orden se sigue, que es aquel anhelar por decillo; lo cual llama por elegante manera ondear el vientre con el espíritu.

Y para mayor significación de aquesto mismo, añade diciendo:

19. Veis; mi vientre como vino no abierto, como odres nuevos reventado. En que por semejanza de lo que al vino nuevo o al mosto acontece, declara lo que él sentía en sí mismo, diciendo: Como el mosto, cuando cuece, si no le dan por donde respire, quiebra las vasijas donde se cuece, y aunque le pongan en odres nuevos los rompe y revienta, así le acontecía a él con las razones que le ardían en el pecho, que casi se le rompían si no les daba por la lengua salida. Mi vientre, dice, esto es, mi pecho o mi alma, porque en la lengua en que este libro se escribió al principio, esta palabra vientre, por metáfora, significa el entendimiento y el ánimo como en el Psalmo: Y tu ley en medio de mi vientre, esto es, de mi corazón y entendimiento, y en otros muchos lugares. Pues dice que su vientre, esto es, su entendimiento, preñado con las razones que se le ofrecían para decir, está como el vino no abierto; quiere decir, no como el vino, sino por figura significando por lo contenido aquello do se contiene, como el vaso que está lleno de vino y no tiene respiradero, y por eso dice no abierto. Y como odres nuevos reventado, quiere decir, y como vino que hierve, que, aunque está en odres nuevos, los revienta.

O por mejor decir, de las dos partes de este verso, que cada una de ellas parece estar falta y dicha a la vizcaína, juntándolas y poniendo en lo que falta a cada uno lo que hay en la otra, y destrocando las palabras y dándoles su proprio lugar, se hace una razón entera y cabal. Porque se ha de advertir que es gentileza propria de aquella lengua trocar así las palabras, y suplir de la primera parte del verso lo que falta a la segunda, y de la segunda lo que en la primera faltó, como parece en este lugar. Porque cuando dice como vino no abierto, dejó de nombrar el vaso donde está el vino encerrado; y cuando añade como odres nuevos reventado, no dijo el vino que contienen los odres; y así, emprestándose entre sí ambas partes lo que a cada una le falta, dicen ambas enteramente una sola cosa, y es que su vientre está como odre nuevo lleno de mosto no abierto y reventado, esto es, que revienta por no estar abierto ni tener por do respirar.

Y añade:

20. Hablaré y descanso a mí; abriré labios míos y responderé. Porque reventaba por hablar, como vaso de mosto lleno; por eso dice que hablaba para descansar; que es otra tercera razón por donde nos persuade que, si habla, habla porque la razón y necesidad a ello le fuerza. Y en lo que se sigue, demuestra cómo se ha de haber en la plática, porque dice:

21. No, cierto, atenderé a faces de varón, ni Dios a hombre nombraré. Que es decir que, en lo que dijere, no tendrá respecto a la persona de Job, ni por lisonjealle a él o por condescender con su juicio, no disimulará lo que siente, ni por aplacer al hombre hará falta a Dios. Ésta es la sentencia; mas en las palabras hay alguna escuridad. Atenderé a faces; la palabra original, por la cual pusimos atenderé, propriamente suena levantar en alto; y levantar faces de otro, dicen los hebreos por lo que nosotros decimos tener respecto a la persona y complacella y habla a su gusto. Porque así como cuando entristecemos o maltratamos con palabras a alguno, al entristecido y maltratado se le caen las faces al suelo, y en una cierta manera parece que le derrocamos el rostro, así cuando, al revés, le alegramos con lisonja, o con honra, el rostro con la copia de la sangre y espíritu que con la alegría le vienen del corazón, se le endereza y levanta en alto. Y así, teniendo atención a esta obra de naturaleza, el honrar a uno alegrándole y respectándole, llamaron levantalle las faces la gente que he dicho.

Mas lo que dice ni Dios a hombre nombraré, tiene alguna mayor dificultad; porque lo que decimos Dios, en el texto original está de manera que con mudar un punto podemos decir Dios, como yo puse y puso Sant Hierónimo; o si no le mudamos, habemos de traducir así, ni al hombre nombraré. Y ni más ni menos lo que en el texto original responde a la palabra nombraré, quiere decir encubrir o nombrar con nombre encubierto y nuevo, y lo que decimos

mudar el nombre. Y tiene aquí buen sentido en entrambas maneras; porque si decimos nombraré, quiere decir que por condescender con el gusto de Job y lisonjearle, no le pondrá nombre de Dios, esto es, no le justificará como a Dios ni le igualará con él, como guardando el sentido trasladó Sant Hierónimo. Y así decimos encubriré, quiere significar, o que no disimulará la verdad y justicia de Dios por respecto del hombre, o que no encubrirá las flaquezas y faltas del hombre, atribuyéndole lisonjeramente las propiedades de justicia y de inocencia de Dios. Y en la misma forma, si no leemos esta palabra, Dios, en esta sentencia, sino decimos limpiamente, como en el original agora se halla, ni al hombre nombraré, quiere decir que no le nombrará con nombre nuevo y no suyo, como hacen los lisonjeros. Y todo viene a pelo con el propósito presente.
22. Que no sé encubrir, que en breve me alzará mi Facedor. Encubrir es la misma palabra que en el verso antes tradujimos nombrar, y puede en esta significación, en este lugar, hacer diversos sentidos: o que diga que no sabe encubrir, esto es, su encubrir dél, que es cuando se encubrirá él faltando a esta luz y muriendo (y este sentido siguió Sant Hierónimo y dijo porque no sé cuánto permaneceré), y, según él, dice Eliú que no encubrirá con lisonja la justicia y verdad, porque no sabe cuánto vivirá y cuándo le llamará Dios a juicio; que el temor de este día, en los que consideran bien, es gran freno para todos los vicios; o que diga de otra manera, que no sabe encubrir, queriendo decir que no sabe, ni tiene condición ni ingenio para disimular la verdad ni para dorar con palabras lo que merece ser afeado; y que le aviene esto porque conoce cuán en breve le alzará Dios, esto es, cuán en breve le llevará de esta vida y le pedirá cuenta de ella con riguroso juicio.

Capítulo XXXIII
1. Empero oye, Job, mis razones, y todas mis palabras pon en tu oído.
2. Ves, aquí abrí mi boca; habló lengua mía en mi gargüero.
3. Derecheza de mi corazón palabras mías, y saber apurado mis labios razonarán.
4. Espíritu de Dios me hizo, y espiráculo del Omnipotente me vivificó.
5. Si puedes responderme, ordena, afírmate ante mí.
6. Vesme aquí; según tu boca, de Dios y de lodo cortado también yo.
7. Ves, asombro mío no te asombrará, y palmo mío sobre ti no será pesado.

8. Dijiste (pues en mis orejas, y voz de palabras oyera yo):
9. Puro yo y sin rebelión; limpio yo, y no malicia en mí.
10. Y ves, achaques contra mí hallarás; reputárame por enemigo a él.
11. Pondrá en cepo mis pies, y guardará todos mis [sentidos] senderos.
12. Ves; ésta no fuiste justo; responderéte yo a ti, que muy mucho más Dios que el hombre.
13. ¿Por qué contra él barajaste?, que no todas sus palabras hablará.
14. Que en una hablará Dios, y en dos no mirará a ella.
15. En el sueño de visión de noche, en el caer pesadilla sobre hombres, en los dormires sobre el lecho:
16. Entonces torcerá oreja de hombres, y castiguerío dellos sellara.
17. De hacer apartar al hombre de su obra, y cubijar altivez de varón.
18. Estorbará ánima suya de la fuesa, y vida suya de pasar a cuchillo.
19. Y reprehenderá con dolores en su lecho, y baraja a huesos dél dará.
20. Y aborrecerle hizo vida suya pan, y su alma de manjar suave.
21. Menguaráse carne suya a visión; saldrán afuera huesos suyos no vistos.
22. Y acercará a la fuesa su alma, y vida suya a los matadores.
23. Si fuera a él, ángel declarante, uno de mil, para enseñar al hombre su derecheza.
24. Y será apiadado él y dirá: Líbrale del descender a la fuesa, que halle aplacamiento.
25. Enmolleció carne suya mas que niñez, tornó a días de su juventud.
26. Rogará mucho al Señor, y serále amigo; y verá faces suyas con gozo, y volverá al hombre justicia suya.
27. Contemplará sobre hombres, y dirá: Pequé, y derecheza pervertí, y no igualdad a mí.
28. Libró ánima mía de pasar a la fuesa, y mi vida en luz será vista.
29. Ves; todo esto hace Dios veces tres con varón.
30. Para reducir su alma a luz, a luz de vivientes.
31. Advierte, Job, óyeme a mí, enmudece, y yo hablaré.
32. Si hay razones, replícame; habla, que me complace tu justicia.
33. Tú oye a mí, y calla; y enseñaréte sabiduría.

Exposición
1. Por tanto oye, Job, mis razones. Pídele que le esté así atento, que no le pierda palabra, encareciendo con esto lo que le quiere decir, como cosa en que todo lo que se dijere es necesario y importante, que si no lo oye dél, por ventura no se lo dirá tan bien ninguno otro.
Y así añade:
2. Ves; aquí abrí mi boca, habló lengua mía en mi gargüero. Como diciendo que lo que dice es suyo y nacido en su boca y no tomado de boca ajena, ni cual es la doctrina que se puede hallar dondequiera. O es un rodeo elegante para decir que quiere hablar, diciendo y como pintando la figura como se habla, que es abriendo la boca y meneando la lengua dentro de ella, y formando las palabras con su movimiento y con el aire que se despide por la garganta. Así que, pues abre la boca y menea la lengua, hablará; y hablará con su boca y en su lengua, esto es, lo que él sabe y conoce y lo que él concibe en su corazón, como luego lo dice.
3. Derecheza de mi corazón palabras mías, y saber apurado mis labios razonarán. En lo cual dice dos cosas: una, que dirá lo que siente y que concertará con el pecho la lengua; otra, que lo que siente es lo justo y lo bueno, y la misma verdad; con las cuales dos cosas se hace mayor atención y obliga más a que le crean y oigan, porque en ellas solamente se encierra todo lo que ha de tener el saludable orador que sienta bien y que declare y ponga en luz sin fingimiento o doblez lo que siente. Y confirma esto que ha dicho y prometido de sí para hacerse creer, dando por razón lo siguiente:
4. Espíritu de Dios me fizo, y espiráculo del Omnipotente me vivificó. Que puede hacer dos sentencias: o que diga que el espíritu de Dios le enseñó, y que así como discípulo de tal maestro conocerá la verdad, y dirá con verdad lo que conoce, como arriba decía; o que signifique que es obra y hechura de Dios, compuesto por su mano y vivificado por su soplo y espíritu, y que así como quien conoce que es criatura de Dios, y por consiguiente teme a su Criador, no osará ni sentir lo falso ni engañar con palabras, hablando diferentemente de lo que siente. O porque, en lo que arriba decía, que sentía lo bueno y diría lo que sentía, parecía decir de sí presuntuosamente más de lo que su persona y edad prometía, para descargarse de esta objeción, dice agora: Espíritu de Dios me fizo, y espiráculo del Omnipotente me vivificó; como

diciendo que, si prometía sentir y hablar bien, que es cosa que apenas los muy ejercitados y muy ancianos la hacen, no les pareciese increíble; porque, aunque mozo, Dios le había hecho y dado su espíritu, y que como le dio la vida le podía haber dado aun en aquella edad mucha parte de sabiduría. Y porque confía en su razón no quiere que se dé crédito a sola su autoridad, antes para mayor demostración de la verdad y de su modestia, quiere que Job le replique y responda.

Y así dice:

5. Si puedes responderme, ordena, afírmate a mí. Lo que dice ordena es en el original palabra tomada de la guerra y facultad militar, y se dice de los escuadrones cuando se ponen en orden para acometer o romper. Y así dice ordena, conviene a saber, tus palabras y tus razones ponlas a punto de guerra, y haz alarde de todo tu ingenio y afírmate ante mí, esto es, y hazme rostro. Como si más claro dijese: Y aunque pido que me oigas y atiendas y que son la misma verdad mis razones, no quiero que porque yo las digo las creas; si pudieras responderme, esto es, si hallares que replicar, o si te diere el ánimo que podrás confutar mi verdad, agúzate bien, saca a luz tu saber, y como quien hace alarde, ponte con todo ello a punto de guerra y está firme delante de mí.

Y para dalle más ánimo añade:

6. Vesme aquí; según tu boca, por Dios y de lodo cortado también yo. Lo que decimos por Dios, podemos también decir de Dios, porque el original recibe lo uno y lo otro. Y diciendo de Dios, dice lo que siguió y trasladó Sant Hierónimo, que él es de Dios, esto es, hecho dél, como también lo es Job, y formado del mismo lodo; concluyendo por esto que no tiene por qué temelle, no por qué rehusar la disputa a que le desafía y le llama.

Mas leyendo por Dios, hace otro y no menos elegante sentido; porque se ha de advertir que antes de agora Job había deseado y pedido verse con Dios, y cara a cara y boca a boca ventilar con él su razón y oír y responder en defensa de su justicia. Mas porque sabía la majestad y poderío de Dios cuánto era, sacaba por condición que para entrar en este palenque pusiese Dios aparte su majestad y poder, y que no le espantase con lo uno, ni con lo otro le deshiciese, sino que las armas de una y de la otra parte fuesen solamente buena razón. Pues, esto presupuesto, dícele agora Eliú: Veme aquí; según tu boca, por Dios, esto es, según tu boca, que es lo que decías y deseabas, vesme aquí a mí,

que quiero hacer las partes de Dios, y defendiendo su causa entrar contigo en esta disputa, no metiendo en ella otras armas más de lo que es habla y razón. Porque soy cortado, dice, esto es, formado del lodo, conviene a saber, hombre flaco, como tú y no más poderoso que tú; y siendo tal, no tendrás que temerte de lo que temías en la persona de Dios, en caso que disputases con Él, que ni te espantaré con grandeza ni te oprimiré con fuerza.
Y así añade:
7. Ves; asombro mío no te asombrará, y mano mía sobre ti, y no será pesada. Y le asegura que no le asombrará la majestad y grandeza maravillosa que en él hay, como si hubiese alguna en él; sino porque no hay en él ninguna, y así lo confiesa, porque, como dijo, es criatura y vil criatura, por eso dice que su asombro no le asombrará, esto es, que como hombre de lodo como él, no tiene en sí cosa alguna que le pueda poner asombro ni espanto, ni le haga violencia con fuerza demasiada; que era lo que Job temía en esta disputa que acerca de su inocencia quería trabar con Dios.
Mano, dice, y según la propiedad de esta lengua primera, mano se llama cualquiera fuerza o poder, así de la alma como del cuerpo, ejecutado por obra; y así Sant Hierónimo lo lleva a la fuerza del ingenio que se explica hablando, y según este sentido tradujo elocuencia. Pues, acabado ya el proemio y apercibidos los oyentes de todo lo que según el caso presente era menester, entra en lo proprio de su pendencia y propone lo primero cierta razón que dijo Job, de donde quiere él convencerle.
Y dice así:
8. Y dijiste (pues en mis orejas voz de palabras oyera yo). De los avisados y buenos es no condenar ni reprehender por oídas a nadie, ni tratar sino de aquello de que están enterados y ciertos, y así Eliú, sobre lo que quiere armar contra Job su querella, dice que él se lo oyó a él mismo.
Y lo que oyó es:
9. Puro yo y sin rebelión; limpio yo, y no maldad en mí. No dijo Job estas palabras así; mas parécele a Eliú que esto en sentencia era lo que por menudo y extendidamente dijo en defensa de su pureza en el capítulo 31. Lo que decimos rebelión, en el original es una voz que significa el pecado, y no cualquiera, sino el que se hace con una particular rotura y desenfrenamiento, como si no reconociese ni ley ni superior el que peca. Limpio en el original es nombre

que quiere decir cubierto, y de allí se toma por lo que está limpio y reluciente, como suelen estar las cosas cubiertas y guardadas.

Dice más:

10. Ves, achaques contra mí halló; reputóme por enemigo suyo. También parece que dijo Job esta sentencia en algunos lugares, como diciendo, aunque no pequé, Dios se ha habido conmigo desechándome lo primero, y después afligiéndome tan ásperamente como quien, cansado de la amistad y no teniendo razón justa para apartarse della, busca colores para dejalla y quebralla. Y así en el hebreo lo que decimos aquí ocasiones o achaques, quiere decir quiebras o quebrantamientos, que es como decir colores para quebrar y romper la amistad. Dice:

11. Puso en cepo mis pies, y puso guardas a todos mis senderos. Como diciendo: Quebró lo primero la amistad por lo que le plugo; y no contento con dejar de ser mi amigo, volvióse en enemigo, y como a tal me prendió, y, preso, para que por ninguna parte huya, me tiene cercado con guardas. Pues de aquellas palabras de Job, las cuales refiere aquí Eliú, y Job dijo en sentencia, como arriba está visto, toma su principio y su fundamento Eliú para hacer con eficacia lo que los tres pasados no han hecho, que era convencer a Job, de pecado. Y así infiere diciendo:

12. Ves, ésta no fuiste justo; responderéte yo a ti, que muy mucho más Dios que el hombre. Como si dijese, cuando en lo demás de la vida no hayas pecado y seas hombre sin culpa, a lo menos pecas agora en esta sentencia tuya que he referido; en la cual así te afirmas justo que te quieres poner en cuentas y juicio con Dios, como agraviándote de lo que hace contigo y reprendiéndole por ello.

Ves, ésta, quiere decir, en esto mismo que dices y en las palabras con que te abonas, no eres justo, porque en ellas en cierta manera arguyes y como desafías a Dios. Y prueba que haber dicho Job esto era culpa, y exceso, diciendo, responderéte yo a ti, que muy mucho más Dios que el hombre. Porque si Dios fuera otro hombre, dice, como tú eres, y igual en naturaleza y en sabiduría contigo, pudieras conocer sus intentos y llegar al cabo todos sus hechos, y pedille cuenta y alcanzalle en ella a las veces; mas Dios excédete a ti y a todos sin ninguna comparación; por donde debes aceptar lo que hace, como quiera que a ti te parezca áspero y duro, sin pesquisar cómo lo hace y entendiendo que Él sabe bien lo que obra. Porque género de presunción es, quien sabe tan poco en comparación de Dios, como saben los hombres, querer medir por su juicio las obras de Dios.

Y a la verdad en los trabajos esta sola razón es suficiente, como Sant Gregorio dice, para que tengamos paciencia en ellos y los llevemos callando, saber que vienen de Dios, cuyo saber y bondad nos excede sin medida ninguna. Porque de lo primero se colige que pretende algún fin, y de lo segundo que es bueno y justo el fin que pretende, el cual, aunque nosotros no le alcancemos, pero para sufrirnos y callarnos bástanos esto. Como usando de esta misma razón lo hacía David en el Psalmo diciendo: Callé, Señor, porque Tú lo hiciste.

Por manera que este argumento que hace Eliú, y en que estriba toda su razón principalmente, es bueno y eficaz argumento; conviene a saber, Dios excede sin medida en todo género de perfección a los hombres: luego en lo que Él con ellos hiciere, si no lo entendieren, están obligados a callar y a tenerlo por bueno. Y al revés, el hombre que, azotado de Dios se querella de Él, y quiere entender el fin por que lo hace y apear su saber, siendo como es en tanto exceso infinito, bien se infiere que ofende y que peca. Y conforme a esto se advierta que la razón de Eliú, si la queremos reducir a sus términos, procede de esta manera: Dios infinito no puede ser comprendido en sus fines y obras del hombre finito: luego culpa es del hombre ponerse con Él a cuenta.

Y va adelante: Job se pone con Él a cuenta, como vemos en este su azote; luego peca Job y no es tan justo como blasonó. En la cual razón esta conclusión postrera, que peca Job, nace y estriba en dos cosas: la una, en que se pone a cuenta con Dios; la otra, que es culpa ponerse con Él en esta cuenta. La primera probó Eliú de sus palabras mismas de Job, y así la deja por manifiesta y notoria; la segunda prueba, porque el saber y los fines que Dios infinito pretende, el hombre que es finito no los puede comprender, que es de donde comenzó a defender y a nacer este argumento todo.

Y así porque esta proposición y sentencia es la fuente de toda esta razón, y averiguada ésta queda concluido lo que se pretende (porque lo demás todo que sirve para la conclusión, como dijimos, del mismo hecho y de las palabras de Job se hace notorio), así que porque en esta proposición y sentencia está todo, insiste Eliú cuanto le es posible en probarla y hacerla cierta. Pero como dijimos al principio y diremos después, dejó el camino llano que pudiera seguir, y descaminado por otros y divertido, escurece su primer intento y propósito. Aunque lo que agora se sigue viene nacido y muy a pelo con él. Porque dice:

13. ¿Por qué contra Él barajaste?, que no todas sus palabras hablará. Lo cual en dos maneras se entiende: o sin interrogación ni pregunta, como lo trasladó Sant Hierónimo, como diciendo: El porqué te has enojado con Él es porque no habla todas sus palabras, esto es, porque no responde a tus dichos, dándote cuenta de sus obras todas. Que en la propriedad de la Sagrada Escritura las palabras son obras, como es notorio a los que tienen de ella alguna noticia. Y dice esto con lo de arriba de esta manera: Dios en saber y ser excede tan sin medida al hombre, que no es comprendido de Él: y tú eres tan vano, que te enojas con Dios porque no se pone a cuenta contigo, como presumiendo de poderle entender.

O de otra manera, se puede leer esto en manera de pregunta, que se infiera y derive de lo que luego antes de esto se dijo y afirmó, que Dios sobrepujaba infinitamente a los hombres. Porque, si es así como es, dice: Tú ¿a qué fin o en qué esperanza presumes entrar en baraja y disputa con Dios, que ni está obligado por su excelencia a dar cuenta de sí y de sus hechos, ni, si la diera, no la entendieras tú por tu rudeza las más de las veces? Que todas sus palabras, dice, no hablará. Sus palabras, esto es, sus obras todas no las hablará dando de ellas cuenta, porque no está a ello obligado. O sus palabras todas, esto es, no todo lo que dijere lo hablará, esto es, lo dirá de arte que pueda ser por ti, si Él no te alumbra, entendido; y como si dijésemos, muchas veces habla como si no hablase. De donde se prueba eficazmente quién es Él y quién somos nosotros, y cuán loco es el hombre que quiere entrar en disputa con Dios y ahondar sus juicios, pues sabe y alcanza tan poco que no le entiende aun cuando le habla. Y luego, como verificando esto de nuestro poco entender, aun cuando Dios se nos muestra y quiriéndolo confirmar con ejemplos dice y añade:

14. Que en una palabra hablará Dios, y en dos no mirará a ella. En una y en dos, según lo que usa esta lengua, son tres maneras o voces. Y dice así, insistiendo en su comenzada razón, que según esto podrá acontecer que hable Dios al hombre sobre algún caso tres veces y por tres diferentes maneras, y con todo eso el hombre no mirará a ella; esto es, no entenderá ni la primera ni la tercera manera. Pero Sant Hierónimo no va por aquí, porque dice: En

una hablará Dios, esto es, como él traslada, hablará Dios una vez, y en dos no mirará ella, esto es, y a la segunda no tornará a decillo, conviene a saber, si de la primera no la entendistes. Lo cual está muy bien dicho, y las palabras lo sufren y puédese juntar fácilmente con la sentencia de arriba. Mas veamos qué maneras de hablar son estas de Dios, que, aun repetidas, apenas son entendidas del hombre, como Eliú dice y afirma.

Síguese:

15. En el sueño de visión de noche, en el caer pesadilla sobre hombres, en los dormires sobre lecho. Cosa sabida es, y de ello en las Sagradas Letras hay muchos ejemplos, que Dios habla en el sueño a los hombres y les avisa de muchas cosas suyas y ajenas; y es un género de profecía la que por el sueño se hace, y la más baja de todas, como se puede entender del libro de los Números, porque es ordinariamente la más revuelta y escura. Y de ésta habla Eliú aquí, no generalmente de toda ella, mas de la que se endereza para el aviso y amonestación del que lo sueña. En lo cual también comprende todas las inspiraciones y movimientos interiores, que para este mismo fin da Dios a la alma, los cuales por nuestra culpa y rudeza se nos hacen escuros.

Pues dice: En el sueño de visión de noche, que es decir, en las visiones que de noche hay en los sueños. En el caer pesadilla; la voz original significa un sueño grave y pesado, que sepulta los sentidos del todo; porque en este tiempo, cuando están atados del todo los movimientos y sentimientos del cuerpo, el ánimo, como suelto dél, está más dispuesto para recibir los conocimientos altos del cielo, como en el Génesis se ve en Adán y en Abraham en el capítulo 2 y 15, que opresos de este mismo sueño que dice este texto, como en los lugares alegados se ve, fueron capaces de visiones divinas. En los dormires sobre el lecho, esto es, cuando el hombre duerme en su cama.

Pues en este tiempo y sazón dice:

16. Entonces torcerá orejas de hombres, y castiguerío dellos sellará. Torcer oreja, quiere decir, hablar al oído. Castiguerío dellos, es la reprehensión de su mala vida, y el aviso y amenaza de la pena que, si no se enmiendan, les ha de venir. Sellará quiere decir dirá por enigmas y por rodeos y figuras ocultas; porque así como con el sello se cierra la carta, para que no vea y entienda lo que dentro contiene, así cuando la Sagrada Escritura de las profecías de Dios dice que son selladas o que las sellen, quiere decir que son escuras y

dificultosas, y que su entendimiento dellas está encerrado y ascondido, como parece en Daniel. Así que el sellar lo que Dios dice, es decir que es escuro; y el abrir el sello es traerlo a luz declarando.

Por donde de nuestro bienaventurado Cordero, cumplidor y declarador de toda la profecía pasada, se dice en el Apocalipsi, que Él solo abrió los siete sellos del libro. Pues dice agora Eliú que entonces, cuando duermen los hombres y sueñan, suele Dios en visión tocalles la oreja y sellarles el castiguerío, esto es, el aviso y amenaza suya decírselo por imágenes revueltas y escuras. Y esto hácelo a fin.

17. De hacer apartar al hombre de su obra, y cubijar altivez de varón. Obra, entiende mala, y por eso la llama suya, porque en las buenas la mayor parte es de Dios. Cubijar altivez es apartalle de pecado y hacer que dél alcance perdón. Porque el perdonársele los pecados a uno, la Escritura, con particular propriedad suya, lo suele significar diciendo que se le han cubijado, como en el Psalmo: Bienaventurado aquel cuyos pecados fueron cubiertos. Porque así como lo cubierto no se ve, así el pecado perdonado no ofende a la vista de Dios.

Y llámase cubijar este perdón, y no desarraigar, no porque quede después dél o en él disimulada la culpa, como en esta edad loca y engañosamente dijeron algunos, sino porque aunque en él la culpa del pecado se limpia en el alma, queda todavía en el cuerpo una mal raíz que es el fómite o concupiscencia, la cual, aunque en los justos no es culpa o pecado, pero está siempre cuanto es de su parte, si no se le resiste, fructificando pecados.

Mas ¿por qué causa señaladamente dice altivez, hablando generalmente del aviso que hace Dios al hombre para apartalle del vicio? Porque en todo vicio y culpa hay altivez y soberbia; que el desobedecer a Dios y no sujetarse a sus leyes es un cierto engreimiento; y el amarse a sí tanto que anteponga a Dios el hombre su gusto propio, es amar su excelencia, lo cual es soberbia. Y así se halla en todos los pecados y es principio de todos, como la Escritura lo dice.

18. Estorbará ánima suya de fuesa, y vida suya de pasar a cuchillo. Como la sombra sigue al cuerpo, así al pecado sigue la pena y al fin la muerte que nace dél como de fuente. Pues avisa, dice Eliú, Dios al pecador en los sueños para que se aparte del pecado, y libre dél quede libre también de sus fructos, que son la fuesa y el cuchillo.

Dice fuesa y cuchillo para significar dos géneros en que se comprenden todas las muertes, el que nace de enfermedad y el que viene por violencia; porque acontece así que unos, por destemplarse pecando, enferman y mueren; y otros, por los daños que hacen a otros con sus malos hechos, vienen a ser muertos y ajusticiados por ellos.

Dice ánima y vida, y todo significa una misma cosa; porque en el lenguaje de la Escritura por el nombre de ánima se significa la vida muchas veces. Y ésta es la primera manera como Dios, según el dicho de Eliú, habla avisando a los hombres y por su bajeza y pecados de ellos muchas veces no es entendido.

Y, dicho esto, pone luego otra manera, y dice:

19. Y reprehenderá con dolores en su lecho, y baraja a huesos de él dará. Habla, dice, con inspiraciones Dios al hombre y no las entiende, y torna entonces otra vez Dios y háblale con enfermedades para enmendalle, en las cuales algunas veces tampoco el hombre conoce lo que Dios por ellas le dice. Y pinta, para decir esto, una enfermedad con todos sus accidentes, elegante y poéticamente. Dice reprenderá, esto es, suele avisar y reprender también Dios al hombre con dolores en su lecho, esto es, dándole enfermedades (que llama bien a la enfermedad, dolor en el lecho, porque siempre anda con ella el lecho y el dolor), y represéntase muy bien por esto su mal y graveza, pues aun en el lugar del descanso aflige.

Mas torna a declarar lo mismo por otra manera, diciendo y baraja a güesos de él dará, como si dijese: Y meterá en pleito y en ruido sus güesos, y hará que se muevan guerra contra sí mismos. Porque en la enfermedad los humores y todas las partes del cuerpo, roto el concierto y la armonía con que componen su misma salud, cada uno va por su parte y encuéntranse unos con otros y contradícense, y, peleando, destrúyense a costa y dolor del que padece.

Mas prosigue diciendo los demás accidentes:

20. Y aborrecerle hizo vida suya pan, y su alma de manjar suave. Dice el hastío del enfermo, que entre los demás es gravísimo mal. Hízole aborrecer, dice, vida suya pan, esto es, y con la enfermedad vendrá a aborrecer el comer. Pan llama a todo manjar, y llámalo vida suya, porque la vida del hombre está en el mantenimiento. Y lo que añade y su alma de manjar suave, está falto y hase de añadir no tiene apetito, o otra cosa semejante.

Más sigue:

21. Menguaráse carne suya a visión; saldrán afuera güesos suyos no vistos. Así era necesario que no comiendo se enflaqueciese, y que la flaqueza se siguiese al hastío; mas dícelo como poeta por elegante manera. Menguará su carne a visión, esto es, la carne florida y que se venía a los ojos de los que la miraban llena y hermosa; menguará a visión porque, adelgazada y consumida con el calor de la fiebre y mal del hastío apenas se verá carne, sino un cuero seco mal pegado a los huesos; y al revés los huesos que estaban antes vestidos con la carne y debajo de ella ascondidos, gastándose ella quedan descubiertos y públicos.

Y dice más:

22. Y acercará a la fuesa su alma, y vida suya a los matadores. Por sus pasos contados lleva Eliú a la sepultura este enfermo; porque después de flaco y consumido, ¿qué resta ya sino el boquear y los paroxismos postreros? Y así dice: Y acercará a la fuesa su alma. Su alma, esto es, su vida, enflaquecido y gastado llegará al punto postrero.

Y su vida a los matadores. Matadores llama, a mi parecer, aunque otros dicen de otra manera, a los accidentes mortales que suelen preceder a la muerte y ser mensajeros certísimos de ella, como los desmayos y el perder la habla y el levantarse el pecho y parecer quebrados los ojos. Mas no pasemos así tan sencillamente por esto; porque esta obra que el pecado o por el pecado se hace en el cuerpo, en el alma se hace también por él mismo, y esto público y exterior es imagen de aquello. Porque lo primero la reprenden con dolores en su lecho, porque el pecado causa en el alma agudas punzadas de la consciencia; en su lecho, esto es, todas las veces que entra dentro de sí y a descansar en sí misma: y lo que le suele ser dulce reposo, el hablar consigo, y el pensamiento de la verdad, y principalmente la memoria de Dios y de su ley y bienes, se le convierte en crecido tormento.

Y así el gran pecador, de ninguna cosa huye más que de sí, porque de sus puertas adentro no halla sino pleito y ruido. Y por eso dice que le dará baraja en sus huesos, poniendo en contienda y en pelea unas con otras sus potencias y sus aficiones, como dicen los sabios; que no hay cosa más decaída ni contraria entre sí que la alma del malo; en que no solo esto, mas también los pensamientos pelean, como a los Romanos dice Sant Pablo.

Y porque este tratar consigo le da tormento, aborrécelo y, aborreciéndolo, huye del pan de su vida, que es de lo que le era salud, y endurecido en el mal y yendo siempre en el mal adelante, y habiéndolo ya convertido como en gusto suyo y naturaleza toda la buena inspiración, todo el buen ejemplo y doctrina, todos los caminos para la gracia y el cielo, que son la misma dulzura, los hastía y los aborrece; y así creciendo por horas el mal y naciendo por natural orden unos de otros viene en todo género de bien y virtud a extraña flaqueza. La carne muelle, que es lo blando y lo tierno del alma que la hermoseaba y vestía, viniendo a mengua, se desparece; y lo duro de ella, los güesos, lo terco, lo despiadado, lo contumaz, que cuando vivía en gracia, cubierto con ella, no era ni parecía, brota entonces por momentos afuera. Y como el rostro consumido y, como suelen decir, desojado, es feísimo, así descubre el alma con el mal del pecar en sus figuras y modos una torpeza feísima, y llega al fin procediendo así casi a la fuesa y avecínase a los matadores, y comienza a sentir singultos mortales, y unos como anuncios tristísimos de su perdición, y un llegar casi a la postrera desesperación sin remedio. Pues llegado el miserable hombre a este punto, ¿qué?

Dice:

23. Si fuere sobre él ángel declarante uno de mil, para enseñar al hombre su derecheza. Si llegado, dice Eliú, el hombre triste a este punto, aún no entendiere lo que Dios por esta manera de tocamiento y de habla le dice (como muchas veces le acontece al hombre no lo entender, atribuyendo sus enfermedades a solas las disposiciones del aire o a otras causas de naturaleza), así que no entenderá las más veces el hombre esto que Dios en semejante forma le dice; mas si Dios le amare, hablalle ha de otra más descubierta manera. Y dichoso él si despertare el corazón de algún siervo suyo, y se le enviare como por su mensajero a que le interprete con discreta y dulce lengua en su enfermedad el secreto consejo de Dios, que el mismo enfermo no entiende; y así, descubriéndole el intento de Dios y revolviéndole a que mire con ojos limpios su pasada vida perdida, le haga ver la verdad reduciéndole al derecho y sancto camino.

Si fuere, dice, sobre él ángel, que es decir, y si llegado a este punto no se entendiere, como comúnmente no se entenderá, podrá ser que Dios envíe sobre él un ángel, esto es, algún su mensajero. Podrá ser digo (porque aquella partícula si, en la propriedad original y en el uso de la Escritura, muchas veces pone en duda y en condición a lo que se añade, y niega la certinidad del hecho o del suceso), así que podrá ser que se le envíe, y dichoso si le enviare un tal mensajero.

Declarante uno de mil; la palabra original melits quiere decir, entre otras cosas, intérprete elocuente y un discreto y dulce hablador, y que como halague y deleite el oído con la dulzura de la palabra. Uno de mil es como decir escogido entre mil, esto es, muy escogido y muy elocuente.

Para enseñar al hombre su derecheza; como si dijese, el camino derecho, y lo que Dios le habla y le cumple en la manera que he dicho. A esta tercera habla de Dios, como es por medio del hombre, y es habla clara y para fin de manifestar lo escuro que en las otras dos pasadas había, si el corazón del enfermo y pecador, cayendo en la cuenta, se rinde, o porque se rinde, sucede lo que se sigue:

24. Y será apiadado él, y dirá: Líbrale del descender a la fuesa, que halle aplacamiento. Estas palabras algunos las dan al ángel o mensajero que ha hecho el oficio que habemos arriba dicho, el cual, dice, viendo que el pecador enfermo ya se conoce y aborrece su vida pasada, apiadarse ha dél, y dirá, rogando a Dios, líbrale, Señor, de la fuesa y la muerte, porque ya veo y hallo en él dispusiciones para que puedas tornar con él en amistad, aplacándote, como son el conocimiento de su error y el arrepentimiento de su pecado por haber sido en tu ofensa.

Mejor me parece que las demos a Dios y las repartamos de esta manera: Y apiadóse dél Dios, conviene a saber, vista su penitencia, y apiadado, dirá el mismo Dios al ministro sobrenatural, por cuya mano le enfermaba y hería (que como se sabe de algunos lugares de la Escritura, estos castigos temporales que Dios nos da, nos los da por medio de algunos espíritus buenos a las veces, y a las veces malos), pues dirá, mandando al verdugo a quien tiene cometido la ejecución de esta pena, líbrale del descender a la fuesa, esto es, basta ya; no pases adelante, hiriéndole; no muera ni llegue a la sepultura el enfermo, pues ha ya conocido la causa de su enfermedad.

Que halló aplacamiento, esto es, que ya he aplacado con él, y tengo por satisfecha a mi saña. Y, a la verdad, en volviéndose el hombre con conocimiento de su mal a Dios y con verdadero dolor, aunque estas obras, por la parte que son del hombre, no sean poderosas para tornalle con Dios en gracia son, pero ayudadas dél, disposiciones suficientes para que Dios pueda poner y asentar en el hombre su aplacamiento, esto es, aquello con que él sola y verdaderamente se aplaca, que son Cristo y sus méritos. Porque las culpas de nuestros pecados siempre las perdona Dios por Él solo; y las penas que después de perdonados se deben a ellos, principalmente las remite por Él, porque nace de Él el valor principal de las obras que para satisfacción de nuestras culpas hacemos.

Así que dice bien, que halló aplacamiento luego que vio al hombre bien aficionado y dispuesto; porque halló entrada para poner en él lo que solo en sus ojos es amable y hermoso, que es la imagen y la sangre de Cristo.

Más dice:

25. Enmolleció carne suya más que niñez; tornó a días de su juventud. Y como puso por su orden los malos efectos que hizo en el hombre el pecado hasta casi metelle en la fuesa, así agora, al revés, refiere ordenadamente los fructos del perdón alcanzado y de la justicia. Y lo primero, dice que sanó de la enfermedad que tenía, y dícelo así: Enmolleció carne suya como niñez, esto es, al momento despedidas y quitadas las causas del mal, la carne que estaba ya seca y tostada con el ardor de la fiebre. Enmolleció, esto es, reverdeció, como otros trasladan, y tornóse como carne de niño, blanda y fresca y jugosa, lo cual dice así para declarar una perfecta salud. Y declárase más con lo que se sigue, y tornó días de juventud, esto es, tornó sano como cuando era joven y mozo, y como en español decimos tornó a remozarse.

Pero esto es cuanto al cuerpo, que lo que sigue al ánima pertenece.

26. Rogará mucho al Señor, y seréle amigo, y verá faces suyas con gozo, y volverá al hombre justicia suya. Lo primero que nace en el alma del que es perdonado de la culpa, y librado así milagrosamente de una semejante pena y peligro, es humillarse mucho a Dios con ánimo agradecido, reconociendo su beneficio y haciéndole gracias; y faltan muchas veces al alma en este artículo palabras y significaciones convenientes para declaración de este afecto.

Y por eso dice: Y rogará mucho al Señor, que, aunque dice rogará, la palabra original comprende todo género de oración y de gracias. En este reconocimiento y hacimiento de gracias, como el alma mira a Dios y le considera tan de balde piadoso y beneficiador para con ella, nace luego en ella y actualmente se enciende en amor para con Dios, entrañable.

Y por eso dice y será amigo suyo; esto es, amaréle ardentísimamente, como a amigo, esto es, como quien le mira con amor; porque se ve mirado de él por la misma manera, velle ha, como se sigue, con gozo, o como dice el original, con júbilo, que es como un gozo amontonado que hierve y como rebosa, por la grandeza de su deleite, por todas las virtudes y sentidos del alma. Porque así que, como los que se ven en el pecado sumidos, o no alzan los ojos al cielo, o si los alzan y se ponen a considerar algo en Dios, acometidos luego de horror y temor con el mal testimonio que les da de sí su propria consciencia, se hinchen de tristeza y amargor; así, al contrario, los que se ven andar de paz ya con Dios, el velle, esto es, el consideralle y el traelle con el pensamiento delante los ojos, les es dulcísimo gozo.

Mas dice, y volverá a el hombre su justicia: que, o quiere decir que haciendo esto volverá el hombre a su buen estado primero, o que será pagado (porque la palabra volver, que originalmente está aquí, quiere decir pagar y restituir), así que será pagado de Dios lo bueno que ya puesto en este estado hiciere, porque lo que en el pecado se hacía no tenía valor para el cielo.

O digamos que quiere decir que, venido el hombre a aqueste conocimiento, andará ya como debe, y hará y sentirá y obrará y dirá aquello que pide la condición y naturaleza del hombre; esto es, que sentirá vilmente de sí y altísimamente de Dios; y esto lo llama bien justicia del hombre, como si dijese justicia propria suya; digo que le dice y le conviene más propriamente, porque al hombre que por tantas maneras y razones es miserable, ninguna cosa le cuadra menos que la altivez y soberbia, ni le arma mejor que la modestia y que la humildad.

Y viene bien con esto lo que se sigue:

27. Contemplará sobre hombres, y dirá: Pequé, y derecheza pervertí, y no igualdad a mí. Que es decir que con el conocimiento de Dios y de los beneficios que tanto sin él merecellos le ha hecho, crecerá en el conocimiento de sí; y lleno de estos conocimientos y no pudiendo cabelle en el pecho, en las plazas y en los corros de los hombres, con cualquiera ocasión que se ofrezca, o sin que haya ocasión, testificará y publicará la mucha indignidad suya y la

grandeza de la misericordia divina, diciendo que pecó y que pasó la ley de Dios, y que fue con piedad más que con rigor castigado.

Mas veamos cada palabra, porque hay en algunas de ellas escuridad. Y contemplará sobre hombres, esto es, mirará cuando se juntaren algunos hombres, para confesalles esta misericordia de Dios. Pero lo que decimos contemplará, y en el original se dice por esta palabra iasar, podemos, porque la palabra lo admite, trasladar de esta manera: Y rectificará sobre hombres, esto es, justificará la causa de Dios, cuando se le ofreciere hablar con los hombres; conviene a saber, con lo que se sigue (en que confiesa su culpa y justifica el castigo de Dios) y derecheza pervertí. Las palabras del texto son éstas: [vaiasar hahaviti], que harán este sentido también, y derechamente fue dado por malo. Y lo que se sigue, y no igualdad a mí, esto es, que fue su pena menor que su culpa (porque la palabra [sava] significa no solo igualdad, sino también promesa o placer) tómase en dos otras maneras. Una, y no promesa a mí, que es decir, serví a la maldad y no me pagó ni respondió el mundo a mi servicio, conforme prometía al principio; que es la misma verdad, que los vicios debajo de grandes promesas dan malas pagas. Otra, que viene casi con ésta y no placer a mí; porque ninguna cosa saca menos el pecador del pecado, que es el deleite y contento que piensa, y de cuya esperanza movido le sigue; antes su verdadero fructo es desgusto y tormento.

Síguese:

28. Libró ánima mía de pasar a la fuesa, y mi vida en luz será vista. También son palabras de este enfermo restituido a salud, y se entienden como arriba está dicho. Y concluyendo Eliú con ellas aquí para dar fin del todo a esta parte de su razón, vuélvese a Job, como recapitulando lo dicho dice:

29. Ves; todo esto hace Dios veces tres con varón. Bien se entiende de aquí que Eliú en lo de arriba ha declarado tres maneras de hablar diferentes, de que usa Dios con los hombres; y que en lo que dijo arriba, una y dos veces, quiso significar no dos veces, como nosotros hablamos, sino tres, añadiendo el un número al otro, como habla el hebreo.

Dice:

30. Para reducir su alma de fuesa a luz, a luz de viviente. Como si dijese, para fin de sanar y salvar los hombres, que es el fin que para gloria suya mas principalmente pretende, y en el que pone y ha puesto más diligencia y cuidado.

Pues para este negocio, que tanto ama él, habló tres veces, esto es, contadas veces con el hombre y ésas escuras, en la manera que he dicho. ¿Y piensas tú que en otras cosas y misterios suyos podrás entender las razones de Dios? ¿Ni presumirá criatura ninguna oílle, y respondelle y ponerse a cuenta con Él? Que es el propósito y el intento que Eliú pretende probar, como dijimos.

Y como contento de sí y como de habelle a su parecer concluido, dícele:

31. Advierte, Job; óyeme a mí; enmudece, y yo hablaré. Que es decir: Esto es; esto, digno de ser oído, óyeme a mí, que hablo a propósito, y no a estos tus amigos que iban por errado camino. No tienes a esto que replicar, enmudece. Mas porque no parezca que le manda callar por huir la disputa, añade:

32. Si hay razones, replícame; habla, que me complace tu justicia, esto es, que te defiendas, si puedes.

Mas porque esto no puede ser, que tú te defiendas, dice:

33. Tú oye a mí, y calla, y enseñaréte sabiduría. Como diciendo que aún quiere añadir mayores y más sabias y hondas razones, como de hecho lo procura en lo que se sigue, aunque en decillo así no se excusa de parecer arrogante.

Capítulo XXXIV

1. Y respondió Eliú, y dijo:
2. Oíd, sabios, palabras mías, y scientes, dad oídos a mí.
3. Que oreja palabras probará, y paladar gustará para el comer.
4. Juicio elegiremos para nosotros, y sabremos entre nosotros qué bueno.
5. Porque dijo Job: «Justo fui, y Dios apartó mi juicio:
6. ¿Sobre mi derecho mentiré yo? Dolorosa saeta mía sin pecado.»
7. ¿Qué varón, como Job, beberá escarnio como aguas?
8. ¿Y caminó a acompañarse con facedores de maldad y andar con hombres de impiedad?
9. Porque dijo: «No complacerá varón en correr suyo con Dios.»
10. Por ende, hombres de corazón, oídme; ajeno Dios de impiedad, y el Omnipotente de pecados.
11. Que obra de terreno le volverá a él, y como camino de hombre hará hallar en él.
12. Mas verdaderamente Dios no hace impiedad; y el Omnipotente no maleará juicio.

13. ¿Quién visitó sobre Él la tierra? ¿Y quién puso toda la redondez?
14. Si sobrepusiere a él su corazón, su espíritu y su espiráculo a él añadirá.
15. Desfallecerá toda carne juntamente, y hombre a la tierra tornará.
16. Y si entendimiento, oye ésta; escucha a voz de mis palabras.
17. Endemás, ¿por ventura aborreciente juicio vendará? ¿Y si justo grande harás malvado?
18. ¿Por ventura decir al rey, Beliahal; impío a los príncipes?
19. Que no levantó faces de príncipes, y no respectado rico delante de pobre, porque obra de manos suyas todos ellos.
20. De súbito morirán, y a media noche conturbados serán; pueblo pasarán, y removerán fuerte sin mano.
21. Que ojos suyos sobre caminos de hombre, y todas sus pisadas verá.
22. No tinieblas, y no sombra escura, para encubrir allí obradores de maldad.
23. Que no sobre el hombre pondrá allende, para andar a Dios en juicio.
24. Desmenuzará grandes no pesquisa; establecerá postreros después dellos.
25. Por ende hace conocer servidumbre dellos, y convertir a la noche, y serán quebrantados.
26. Por malvados los aporreó en lugar de mirantes.
27. Por cuanto se apartaron de en pos dél, y todos los caminos no quisieron entender.
28. Para hacer entrar a él grito de pobre, y grito de afligidos oirá.
29. Y él dará reposo, ¿y quién condenará por malo? Y encubrirá faces, ¿y quién mirará a él? Y sobre gentes y sobre hombres juntamente.
30. De reinar hombre hipócrita, de estropiezos de pueblo.
31. Porque a Dios decir: Alcé, no corromperé.
32. No harto miré, tú me enseñas; si maldad obré, no añadiré.
33. ¿Por ventura de ti acabará ella, que abominaste, que tú elegiste, y no yo? ¿Y qué supiste hablar?
34. Hombres de corazón dirán a mí, y varón sabio oyente de mí.
35 Job no en sciencia hablará, y hablas suyas no en entendimiento.
36. ¡Padre mío! ¡Sea probado Job acabadamente, para respuestas en hombres de maldad!
37. Que añadirá a pecados suyos rebelión; entre nosotros palmeará y multiplicará dichos suyos a Dios.

Exposición

1. Y respondió Eliú, y dijo: Esto es, prosigue Eliú su razón.
2. Oíd, sabios, palabras mías, y scientes, dad oídos a mí. Torna a hacerse atención, porque piensa decir cosas aún más secretas y hondas que las primeras. Y a la verdad, dice algunas maravillosamente buenas, aunque para el propósito comenzado y verdadero que debía seguir, impertinentes del todo. Así que, porque es alto lo que concibe, apercibe a no cualesquier orejas, sino a las sabias que le den atención.

Y añade:

3. Que oreja palabras probará, y paladar gustará para el comer. Es una disimulada comparación, y como arriba hemos dicho, es propia manera de comparar en la lengua original de esta Escritura. Como si, añadiendo algunas palabras, dijese, porque así como el paladar tiene el gusto para el comer, esto es, tiene por oficio, gustando, escoger o desechar lo que se debe comer, así el oído atento es el que tiene el juicio y el gusto de las palabras, y el que diferencia en ellas lo elegante y lo rudo. Pues porque pidió oídos atentos, confirma lo que ha pedido y da razón de ello por aquesta comparación; como diciendo, si os pido sabias orejas, por eso os las pido, porque son juez dellas de lo que se dice, así como de lo que se come lo es el gusto y el paladar.

4. Juicio elegiremos para nosotros, y sabremos entre nosotros qué bueno. Para hacer buen juicio en una plática o en una disputa, conviene que la oreja esté atenta para percibir lo que se dice, y el ánimo sin pasión para juzgar de ello como se debe. Había pedido Eliú lo primero, que toca a la atención; pide agora lo segundo, que pertenece al estar sin pasión. Y dice: Juicio elegiremos para nosotros; esto es, no solo me estad atentos, mas también conviene que en esto que platicamos, andemos desapasionados. Juicio elegiremos; elijamos, dice, por juez en este negocio al juicio y no a la pasión; tratemos por orden y por razón aquesta porfía, y sea en ella sola el entendimiento el presidente; y como se hace en el tribunal del juicio, sin tener respecto a la persona, y sin que sea parte la enemistad o el amor, oyendo a veces y respondiendo, acusando el actor y dando al reo para su defensa tiempo debido, prosigamos en nuestra disputa. Porque así sabremos entre nosotros qué bueno, esto es,

alcanzaremos y vendremos a conocer, platicando unos con otros, lo que de veras es acertado y es bueno.

Y dicho esto, propone aquello contra lo cual pretende hablar.

5. Porque dijo Job: Justo fui, y Dios apartó mi juicio. Bien ha dicho Job algunas palabras como éstas, o que se parecen mucho con ellas; mas nunca las entendieron bien, ni como Job las decía, aquestos amigos suyos. Porque en decir no había pecado, decía Job que no había pecado a propósito de lo que se trataba, esto es, pecados que mereciesen tan terrible castigo; y en decir que apartó dél Dios su juicio, no quería decir que Dios era injusto o que le había impuesto falsamente algún delicto y le oprimía y justiciaba como tirano; sino decía que este su trabajo no era pena de culpa, ni se le daba Dios por ejecutar en él su debida justicia; y que así en este su caso no había cargo, ni descargo, ni condenación, ni ninguna otra cosa de las que son proprias al tribunal y al juicio. Lo cual era muy grande verdad, porque este trabajo de Job no tenía en él razón de castigo, porque estaba sin culpa; y como no se daba por pena, así no era obra de la justicia divina, ni guardaba Dios en la ejecución dél el estilo del tribunal de justicia: era obra de la providencia de Dios, ordenada para otros fines que no eran castigo de culpas.

Así que esto decía Job; mas sus amigos, los que le oían, no penetrando su razón, concebían que notaba a Dios de injusticia, y cansábanse a sí y cansaban a Job sin efecto. Lo cual agora aquí hace Eliú, y así yerra en dos cosas: la una, en que deja el asunto primero y se divierte del que era el asunto más acertado, o aquello de que solamente se debía y podía tratar: el que el hombre no se ha de poner a cuentas con Dios ni pensar que podrá penetrar y entender sus juicios; que es en lo que a la verdad Job, con la agonía de la porfía, había algo excedido; la otra, en que se engaña como los demás, imaginando que Job en las palabras propuestas había acusado a Dios de tirano y injusto; y así sobre este fundamento falso funda su plática, que, aunque es a maravilla rica en algunos lugares, pero es a la verdad mal fundada.

Pues síguese:

6. ¿Sobre mi derecho mentiré yo? Dolorosa saeta mía sin pecado. También son éstas palabras que dijo Job, que Eliú aquí las refiere para reprendellas; en las cuales hay pregunta de Job a sí mismo, y luego lo que él responde. La pregunta es: ¿Sobre mi derecho mentiré yo?, como diciendo: ¿Soy yo tal y tan

falto que, o cansado de vuestras importunas porfías o de mis males cegado, no sabré de mí lo que sé y negaré a mi inocencia su testimonio? O ¿podrá conmigo para contra mí más vuestra importunidad, que lo que me dice la verdad que yo conozco para mi defensa, y huyendo de ella me culparé a mí y seré mentiroso en mi daño? A lo cual él responde en lo que luego se sigue y se afirma en su primera sentencia, diciendo dolorosa saeta mía sin pecado. Que es como si más claro dijese: Nunca Dios permita ni jamás tal acontezca, que mintiendo yo me condene; lo que siempre he afirmado, eso mismo agora digo y afirmo.

Mi saeta dolorosa, conviene a saber, esta pena cruel que padezco y que me traspasa las entrañas y el corazón, nunca pecados míos la merecieron; sin pecado ninguno mío acontece. Lo que decimos dolorosa en el original se dice con una palabra, anus, que quiere decir aflicción y dolor y violencia y enfermedad cruda y incurable, que viene bien para abrazar toda la grandeza de mal que se encerraba en la plaga de Job; la cual llama él saeta suya por metáfora y elegante manera para significar muchas cosas. Lo uno, lo improviso que vino sobre él, como es en la saeta que dispara de la ballesta o del arco. Lo otro, que no es mal que para en el cuero, sino que como saeta le traspasa hasta lo más secreto del alma. Y lo tercero, para significar que no nace dél mismo su mal, ni de sus culpas, ni de la destemplanza de su vida y humores, sino que de otra parte le viene, como arrojado con fuerza. Esto es lo que Eliú propone de las palabras de Job.

Veamos agora lo que dice contra ello:

7. ¿Qué varón como Job beberá escarnio como aguas? Antes que le convenza, le maltrata de palabra y le afrenta. Y sigue en esto Eliú el afecto y sentido natural y común en las cosas que se oyen, y luego que se oyen, el oído y la razón las rehúye como muy malas, que exclama luego el hombre diciendo: ¡qué perdición!, ¡qué maldad!, o lo que es como esto. Y sosegándose un poco después, comienza a reprendello con argumentos y sin afrentas.

Pues así Eliú agora, movido a ira y turbado con el primer encuentro de las palabras que ha referido de Job, exclama contra él con afrenta y deshonra: ¿Quién, dice, como Job beberá escarnio como aguas? Que es decir que no hay nacido mortal que le iguale en ser despreciador de Dios y blasfemo. Porque la Santa Escritura, por esta manera de beber como agua, suele dar a entender facilidad mucha y gusto y abundancia y hábito en aquello de que se trata; como en el Psalmo (c.15 v.16), de los desvergonzadamente malos y muy perdidos se dice que beben la maldad como aguas; así como no hay cosa que con más facilidad ni gusto se haga ni que en mayor cantidad se beba que el agua. Pues beber escarnio Job es decir que es dado mucho al escarnecer y que tiene ventaja grandísima en ello, y que lo hace sin recelo y con gusto.

Y aun paréceme a mí que por ventura comenzó Eliú de aquesta manera, abominando de Job y diciéndole afrentas, porque cuando agora poco ha refirió sus palabras para reprendellas, advirtió en el rostro y meneos de Job algún semblante de enfado, que pudo nacer en el corazón de ver que nunca acababan de querelle entender, y de que también éste como los demás erraba acerca de lo que él sentía y decía. Así que Eliú, advirtiendo esto, imaginando que era hacer muestra Job de lo poco en que lo estimaba, movido de su presunción y amor de sí mismo, enciéndese contra él y dícele que es un mofador, el mayor que se ha visto. ¿No veis, dice, con qué desgaire y desprecio nos mira? Esle el mofar natural, y tan dulce como el beber un jarro de agua. Dice:

8. ¿Y caminó a compañía con facedores del mal, y a andar con hombres de impiedad? Agora entra en su causa y dice, lo primero, lo que a su parecer se consigue de las palabras que refiere luego de Job, además de las dichas, y es que aprueba por su sentencia y favorece y da calor al vivir de los malos. Así que decir caminó a compañías, no es decir que Job fue tacaño, ni que se acompañó de pecadores en su vida pasada, sino que es visto agora aproballos y pasarse a su parte con sus razones.

Pero veamos de dónde aquesto se sigue:

9. Porque dijo: No aprovechará varón en correr suyo con Dios; que suena, a lo que parece, no le aprovechará al hombre ser bueno. Si esto lo dijera Job, así como este su amigo lo propone y entiende, no había colegido mal Eliú; porque David en el Psalmo, de otras palabras que le habían venido al pensamiento, así como éstas, colige contra sí mismo lo mismo. Y dije, dice, luego sin causa justifiqué mi corazón, y lavé entre los inocentes mis manos, y fui herido cada día y mi azote muy de madrugada. Y infiere contra sí luego: Mas si esto digo, veis, condeno, Señor, y repruebo la nación de tus hijos.

Así que, si estas palabras referidas se toman así en su universalidad como suenan, no infiere mal Eliú; pero el engaño dél y de los demás siempre está en esto, que lo que Job dice en respecto y a propósito de caso particular y solo tratando dél y entendiéndolo dél, ellos lo hacen universal. Porque decir Job, si lo dijo (que aunque dice algo que suena esto, mas no lo dice por aquestas palabras), así que decir Job no aprovechará varón en correr suyo con Dios, hase de entender según la materia subjecta y según el propósito y cuestión de que se disputaba, que era afirmar sus amigos de Job que los buenos son prosperados siempre, y que siempre los que aquí son maltratados son pecadores. Lo cual negándolo, como lo niega, y con razón, Job dice bien y verdad que no aprovechará varón en correr suyo con Dios; esto es, que aunque sea muy justo y ponga siempre sus pies donde quiera Dios que los ponga y siga en todo su ley, no por eso estará seguro de ser en esta vida siempre dichoso. No aprovechará; esto es, no le valdrá para que una vez o otra, o el enemigo no le persiga, o la calumnia no le acrimine, o la calamidad no le oprima, o el dolor, la pobreza, la enfermedad, el hierro y la muerte no vengan sobre él. Que es lo que a boca llena dice Sant Pablo: Cuanto lo que a este mundo toca, más miserables somos que todos los hombres. Y en otra parte los sanctos, dice, experimentaron escarnios, y lo que tras de esto prosigue que es largo. Pues como Sant Pablo juntó sanctidad y calamidad, así afirmaba Job en aquestas palabras que la vida virtuosa y la vida próspera no siempre andan juntas.

Mas pasemos adelante:

10. Por ende, hombres de corazón, oídme; ajeno Dios de impiedad y Omnipotente de pecado. Hombres de corazón llama, por propriedad de su lengua, a los hombres sabios y advertidos; porque, a la verdad, los que no lo son, no le tienen; antes, como unos leños sin vida y sin fructo, aploman, pisan y cansan la tierra. Así que corazón, en estas Letras, por figura significa entendimiento y saber. Pues convida Eliú a su plática, y pídeles que le estén atentos a su razón, a los hombres sabios, como disimuladamente significando por esto que Job no lo era, y como diciendo: Pues Job por su desventura está así ciego y errado, que no es capaz de razón, ni de consejo bueno ninguno, vosotros, que sois sabios, oídme bien lo que digo.

Y lo que dice es una cosa muy más verdadera que a propósito dicha. Porque es ajeno Dios de impiedad y Omnipotente de pecado. Casi las mismas palabras y voces, ellas de sí, muestran a la cara cuánto sea verdadera aquesta sentencia; porque Dios y impiedad, Todopoderoso y pecado, son como cosas contrarias que no se compadecen en uno. Dios dice una fuente de bondad, que está perpetuamente manando en sus criaturas todo el ser y bien que poseen; y así decir Dios y decir crueldad es decir luz y tinieblas.

Y por la misma manera pecar es flaqueza y falta de saber y de fuerza, y un no ser señor enteramente ni poderoso de sí; por donde se ve luego que servir al pecado y ser poderoso del todo, por ninguna manera se compadecen. Así que dice clara verdad y que ella misma se dice, Eliú, cuando afirma ajeno Dios de impiedad y Omnipotente de pecado. Y esta verdad, aunque no es a propósito de Job, porque él no la niega ni es contra ella, entendiéndose bien lo que él dice; mas es muy a propósito de lo que Eliú concibe y entiende de las palabras de Job. Porque en haber dicho Job que no le aprovechará al hombre el haber seguido siempre a Dios, siendo justo, entendió Eliú que decía que no aplacía a Dios la virtud ni la daba favor, antes la afligía y maltrataba, como apartándola de sí y desechándola; lo cual ponía en Dios crueldad contra el bueno y afición con el malo, que era ser cruel y pecar. Y según esto, oponiéndose contra ella, dice muy bien y a propósito, que es una cosa eso cuya imposibilidad se colige de las mismas palabras. Y como arguye de esta manera: Si no le aprovecha al hombre el seguir a Dios y ser bueno, como tú dices, luego Dios desfavorece y maltrata lo justo, y da favor a lo malo; y por consiguiente es cruel en lo primero, y en lo segundo malo Él mismo y pecador. Mas ni la fuente del ser, que es Dios, puede no ser amoroso, ni el que lo puede todo puede caer flaco en pecado, como ello de sí mismo claramente y sin más rodeo se dice; luego desatinas, ¡oh Job!, en tus dichos.

Y aún podemos decir de otra manera, que no me parece peor, que donde pusimos pecado, pongamos estaba palabra flaqueza o falta; porque la palabra *resah*, que en el original responde con ésta, propriamente y generalmente significa cualquier defecto, o sea de pena o de culpa. Pues diciendo así, aún arguye Eliú muy mejor: Dices que no le aprovecha al hombre ser bueno: luego Dios, o está mal con lo bueno, o no tiene fuerza y poder para hacelle bien y favor. Mas el que es Dios, esto es, la regla de todo, ¿cómo puede aborrecer lo derecho? Y el que es Omnipotente, ¿cómo será flaco para favorecello? Y así o de una manera o de otra es muy eficaz y muy cierto este argumento y conclusión de Eliú.

Mas va adelante, y prosigue:

11. Que obra de terreno le volverá a él; y como es el camino del hombre le hará hallar a él. Lo cual podemos declarar, o diciendo que sea una como respuesta a lo que tácitamente Job le podía oponer, que si era Dios tan amador de lo bueno y tan poderoso, cómo consentía que tantos buenos y siervos suyos lacerasen en este mundo; y que le responda Eliú que eso era engaño pensar que los verdaderamente buenos laceran, porque la verdad es que cual es la vida de cada uno, tal es su fortuna, y que el que padece mal aquí cualquiera que él se parezca, es porque sus pecados merecen peor (que es dar también Eliú en el error de sus compañeros, de que a solos los malos aflige aquí Dios), o porque esto no me parece tan bien, digamos de otra manera, que en estas palabras Eliú no dice cosa nueva, sino confirma o extiende lo sobredicho, de que Dios ama lo justo por la ejecución de la obra; diciendo, falso es lo que dices, que no aprovecha el ser bueno, porque Dios ni es injusto, ni ama lo malo, antes como se ve por la obra, a cada uno paga según lo que hace y por el camino que va cada uno, así ordena que halle el paradero y el fin.

Mas examinemos todavía más los términos con que esto se dice: Que obra de terreno le volverá a él, y como es el camino del hombre, le hará hallar a él. No dice que, conforme a lo que el hombre hiciere le dará Dios su castigo, ni que será conforme al camino la pena, sino que la misma obra se la volverá y le hará hallar a su mismo camino, esto es, que la misma obra será su pena y que su mismo intento y designio será su verdugo, y que con sus mismas manos será azotado y herido. Porque, realmente, como Sant Agustín lo escribió, pasa así, que el ánimo desconcertado él a sí mismo se es azote y tormento, y ninguna cosa hay de las que el mundo y sus seguidores aman y siguen sin orden, no solo que se escape sin pena, sino de quien por natural consecuencia, como del árbol nace la fruta, o lo que es más semejante, como nace la carcoma del leño, no nazca su azote. Del destemplado deleite procede la enfermedad, su castigo; del deseo de honra sin tasa el servir adulando vilmente; del amor del dinero, el trabajo en buscallo y el perpetuo temor de perdello, que como verdugo cruel hace carnicería del alma; y, finalmente y generalmente, del pecado, como escribe, nace el terrible mal de la muerte; El pecado, dice, cuando llega a su colmo, engendra la muerte. Porque el alma desordenada y cancerada del todo el infierno es su fuesa, donde cae muerta a todos los bienes, así de la vida racional como de la vida sensible. Y puso Dios esta orden entre las culpas y penas, haciendo que de las unas natural y forzosamente nazcan las otras, con maravilloso saber, por dos grandes causas: la una, para más justificación suya, esto es, para que ningún malo en lo trabajoso que le sobreviene se agravie, viendo a los ojos que es fructo de lo que hace y su efecto lo que padece; y la segunda, para declarar más Dios su potencia. Porque no le era a Dios valentía poner la mano sobre los que pasan su ley y volvellos en nada; mas era y fue muy conveniente a su grande poder el hacer que el mismo deleite, el mismo gusto, el mismo amor y afición por quien ofenden los hombres a Dios, ofenda a los mismos, y que en lo que confían les hurte el pie, y sea en lo que esperan su engaño, y los enflaquezca lo que tomaban por su defensa, y sean contra ellos sus armas, y finalmente mueran a las manos de sus mismos amores, y, como aquí dice Eliú, su obra, revolviendo, caiga sobre ellos, y su camino querido y seguido los lleve a despeñadero miserable y mortal.

Síguese:

12. Mas verdaderamente Dios no hace mal, y el Omnipotente no quiebra juicio. Síguese aquesto bien de lo dicho, como si más claro dijese: el malo, él se trae arrastrando la soga, él por sus manos obra y edifica su pena, su mala fortuna él se la causa; que Dios, como solemos decir, lava sus manos y justifica cuanto es posible su causa, porque la razón pide que goce y use del fructo el que siembra y cultiva la planta. Por manera que de la amistad que tienen entre sí la pena y la culpa y de la vecindad que se hacen, o por mejor decir, de ser como causa y efecto lo uno y lo otro, bien infiere Eliú que Dios con nadie es injusto; porque, como dijimos, una de las causas por la cual Dios a la pena y a la culpa las ayuntó y hermanó tanto entre sí fue por sacar de toda duda y cuestión su justicia.

Dice más:

13. ¿Quién visitó sobre Él la tierra y quién puso toda la redondez? Prueba, siguiendo su intento, por otras dos razones Eliú que Dios administra justicia derechamente: una, que nadie le visita ni toma residencia; otra, que él lo estableció y compuso todo.

Pero dirá alguno que de ninguna de estas dos cosas se sigue por necesidad que Dios nos guarda justicia, antes todo ello parece que le pueden ser ocasiones y como atizadores, más para ser absoluto, que no guardador de igualdad y derecho. Porque no tener quien le pida cuenta, quita el temor de la residencia, que es gran freno para no hacer mal; y ni más ni menos, ser Dios el que lo crió todo, le da en cierta manera licencia para que lo trastorne y hunda todo a su voluntad. Pero no es así esto, antes es muy profunda y muy verdadera la eficacia de aquesta razón, porque no tener Dios quien le visite ni reconocer superior, demás de que es decir que gobierna tan justamente, que no le es necesario ser visitado, significa también que Él, de suyo y por su naturaleza, y no por orden o elección de otro alguno, es Rey universal y juez.

Y lo mismo significa lo segundo que dice, que Dios solo es el que hizo y sacó a luz toda la redondez, porque lo formado no le dio a Él el reino sobre sí mismo. Y decir que Dios es Rey y gobernador de todo por su naturaleza y no por voluntad ajena, es decir, en virtud que le es a Dios ajeno el no administrar siempre justicia. Porque si los príncipes y regidores del mundo son en sus oficios muchas veces injustos, es porque les es advenedizo y como extraño el oficio, porque ninguno por su naturaleza es rey, y todos lo son, o por voluntad de los hombres o por su violencia. Mas si fuese uno tal, que la naturaleza misma suya le pusiese en las manos las riendas y el gobierno de todo, en esa su gobernación sería su naturaleza, y por consiguiente sería la misma regla y razón de justicia. Y Dios, de hecho, es así; por donde Eliú arguye bien y concluye que Dios en sus hechos es justo, por cuanto es Rey supremo y Rey por su misma naturaleza. Mas va adelante, y porque dijo que Dios lo compuso y lo formó todo y que es supremo Señor, por esta ocasión diviértese un poco a tratar de su grande poder, y dice:

14. *Si sobrepusiere a ella su corazón, su espíritu y su espiráculo a sí añadiere.* No acaba aquí la sentencia; mas esta parte se declara así: Si sobrepusiere, conviene a saber, Dios a ella, esto es, a la redondez de la tierra y a la universidad de las cosas su corazón, esto es, su voluntad; como diciendo, si pusiere Dios sobre el mundo sus ojos y en voluntad le viniere y añadiere a sí su espíritu y su espiráculo, esto es, retrajere hacia sí su aliento y espíritu, con solo hacer eso, con no estar de contino alentándole y distilando de sí en él, influyendo

espíritu y ser, con detener, como solemos decir, el resuello, con no más de esto sucederá lo que tras esto se sigue:

15. Desfallecerá toda carne juntamente, y hombre a la tierra tornará, esto es, todo en un instante perecerá y se tornará polvo.

Pues concluye esta razón, volviéndose a Job, y dice:

16. Y si entendimiento, conviene a saber, tienes tú, oye esta razón que he dicho, escucha voz de mis palabras. Porque, dice, es tan eficaz este mi argumento que, tienes seso, él solo basta para que reconozcas tu error, conociendo ser verdad lo que digo.

Sigue:

17. Endemás, ¿por ventura aborreciente juicio ligará?, ¿y si a justo grande harás malvado? Es otra y nueva razón con que prueba Eliú, con no menos fuerza que en la pasada, que Dios no es injusto ni cruel con ninguno. Y porque es nueva y diferente la razón, por eso dice endemás, que es como decir y allende de lo que arriba está dicho. Y pónela por pregunta para que vaya con más fuerza, como saeta que de bien flechado arco dispara.

Dice, pues: ¿Por ventura aborreciente juicio ligará? La palabra ligará, en el original es iachabós, y quiere de su primera significación decir ligar o vendar. Y de aquí unas veces se toma por reinar y mandar, por cuanto el que manda y gobierna ata y liga en una cierta manera con su ley a los súbditos; y la ley, en latín, eso mismo quiere decir, esto es, cosa que liga, como lo enseñan los maestros de aquella lengua.

Otras veces, que es lo ordinario, significa curar heridas, en la manera que el cirujano las cura con ligaduras y vendas. Algunos siguen en este lugar la primera manera y así trasladan: ¿Por ventura el que aborrece juicio será Rey y Señor? Como que diga Eliú que, pues Dios, como está dicho, es Rey y Señor del mundo legítimo, ha de ser justo de fuerza, porque no se compadece aborrecer la justicia y ser Rey. Según éstos, no es ésa nueva razón, sino es la pasada repetida y perfeccionada por diferente manera. Sant Hierónimo siguió el segundo camino, que en este lugar es sin duda el mejor, y así dice: ¿Por ventura el que aborrece justicia sanará? O como más comúnmente se lee, y la palabra del original lo permite también, ¿será sanado? Que es decir vendará o será vendado, porque el vendar significa aquí la salud, dando el nombre de la causa a el efecto.

Pues si leemos en voz pasiva, será sanado, insiste Eliú en probar la justicia de Dios con nuevo argumento; si no, habló propriamente con Job, dándole a entender y diciéndole que, si perseveran sus males, es por su culpa, porque ni siente bien de Dios, ni habla bien de Él. Porque ¿cómo, dice, ha de venir jamás a salud quien aborrece el juicio, esto es, la razón y la verdad, como tú la aborreces, que vienes a decir que aun es desamada de Dios? Por lo cual, en sostancia, le persuade y le pone en espuelas calladamente para que, si desea sanar, mude la mala opinión que tiene de Dios.

Pero si leemos, como a mi juicio es más cierto, en significación activa ligará o sanará, es, como dije al principio, razón nueva para el intento propuesto y muy elegante razón. Porque dice así: Mas dejemos aparte todo lo dicho; dime, Job: ¿cómo te podrás persuadir que aborrece Dios la equidad y Él no hacer a nadie injusticia, pues vemos el cuidado con que en nuestras necesidades y males nos cura y nos sana, hecho como cirujano de nuestra salud? Quien es tan piadoso que no se desdeña de poner las manos en nuestras podridas llagas, purificándolas con medicinas, y con vendas ligándolas, ¿cómo es posible que, en lo que toca al punto de la justicia, no guarde fuero ni ley? Si en lo de gracia y liberalidad es tan amoroso, en lo que parece debido y de fuerza, ¿cómo será fiero y cruel? Procede, pues, así este argumento, reduciéndolo a sus proprios términos: Dios en nuestras necesidades nos remedia y en nuestros males nos cura; luego en nuestras causas y en nuestros pleitos también nos guarda justicia.

Y está toda su fuerza en la consecuencia que hay en afirmar lo que es más para concluir de allí lo que es menos. Porque más será andar hecho Dios nuestro cirujano con amor verdadero de Padre, que guardarnos en nuestros pleitos derecho. Es Padre, luego será buen juez. Y lo primero y lo más, que es nuestro bienhechor y nuestro Padre y médico Dios, no lo prueba Eliú, sino pónelo como manifiesto y notorio; porque, a la verdad, si lo miramos como es razón, no hay cosa mas clara. ¿Qué cosa hay, o nuestra o ajena, a do por momentos no experimentemos la blandura de Dios y para con nosotros su amor?

Lo pequeño sustenta y lo grande; de los buenos es amigo, y de los malos es solícito médico, y Padre dulce generalmente de todos en tanta manera, que desde la primera hasta la postrera de todas sus obras las ordenó todas para su salud y mejoría del hombre. Pues de tal Padre, como arguye bien Eliú, podemos estar seguros que no será desapasionado, antes aficionado y amigo juez. Y así Sant Pablo, hablando del tribunal de Dios, nos anima para que no nos recelemos dél, con aquesto mismo de donde Eliú abona la igualdad y piedad del juicio divino. Porque dice a los hebreos así: Presentémonos, pues, con fiucia al trono de gracia. Y dícelo, porque inmediatamente antes de esto decía: No tenemos Pontífice que no sepa compadecerse de nuestras enfermedades, tentado en todo. Como diciendo: pues nuestro Pontífice es tal, que sabe conocer y apiadarse de nuestras enfermedades, no dudemos de parecer ante él en juicio. Que es lo mismo que dice Eliú: ¿cómo nos hará injusticia quien es médico piadoso de nuestra miseria? Y en la oración que el Señor nos mostró, por este mismo respecto (porque en lo postrero della hablamos a Dios como a nuestro juez, y nos presentamos ante su juicio confesándole nuestras deudas y pidiéndole que nos las perdone), para quitarnos toda sospecha y recelo de crueldad, luego al principio della y en sus primeras palabras nos enseña que es Padre, y comenzamos diciendo: Padre nuestro, para que añadiendo, pudiésemos concluir con fiucia perdona nuestros pecados. Porque ¿qué no hará por salvarnos en su juicio el que, por ligar nuestras llagas, nació hecho médico. ¿Cómo no ama nuestra absolución y defensa quien pone tanto cuidado en sanar nuestra alma, para que parezca sin culpa, de toda llaga de culpa?

Muy perdida será verdaderamente, Señor, la causa que siendo tú el juez se perdiere; que como has puesto las manos en nuestras llagas y sabes lo flaco y lo encancerado dellas, fácilmente acaba tu piedad con tu justicia que contenta se aplaque. Con un sospiro, Señor, con un volver de ojos sobre nosotros, con que nos duela el dolor y sintamos pena de lo que propriamente nos atormenta, con que nos entristezcamos de lo que es tristeza del alma, haberse apartado de Ti y traspasado tu ley; con que puestos ante tu presencia encogidos nos humillemos, y te diga afligido mi corazón: Señor, yo pequé y veo que yo soy la torpeza, y antes que me condene tu majestad, me condeno; tu justicia, Señor, conocida es, y tan clara y tan alta, que llega y pasa los cielos; mucha más gloria tuya será perdonarme; cuanto yo soy peor, tanto pertenece más a tu honor mi perdón; no parezca que la grandeza de nuestras culpas venció y sobrepujó a tu clemencia; pues con esto solo o lo semejante, enternecida tu piedad, comienza, aplacándose, a amar en nosotros aquesta sombra flaca y aquesta vislumbre de la humildad y reconocimiento perfecto, con que te respecta Jesucristo hombre y tu único Hijo, la cual por su mérito y por su don comienza ya a relucir y a engendrarse en el alma, y con esto pequeño y tierno que tenemos de Él y con que nos parecemos a Él, nos amas en Él. ¡Tanto te agradó siempre y tanto te complació de contino aquel dechado perfectísimo y único de todo bien y virtud! Y como nos vendas y medicinas y procuras nuestra salud, esto es, que seamos hábiles para ser de Ti amados, por cualquier entrada que puedes, pones en nosotros algo de aquella semejanza del bien, que solo merece tu amor. Y así, sanctificados y amados de Ti, ¿qué acusación enemiga, qué oposición de delictos podrá más contigo, para que nos condenes, que la imagen de tu Hijo, merecida por Él y criada y lanzada por Ti en nuestra alma, para que nos salves? ¡Cuán seguros y cuán sin miedo ni recelo de ser agraviados nos verá tu juicio!

Mas tornemos a lo que dice Eliú. ¿Y si justo grande harás malvado? Como probó con la razón sobredicha cuán ajeno es de Dios hacer desafueros a nadie o sinrazón, y a su parecer y según la verdad sacó de toda duda que Dios era justísimo; puesto esto como cosa llana, reprende a Job y adviértele de su atrevimiento, según lo que él entendía; que cómo siendo tan justo Dios y estando tan manifiesto que lo es, se había atrevido él a notarle de tiranía.

Pues dice, y si justo grande harás malvado; esto es, pues siendo esto así como lo es, ¿parécete que es razonable, o que es justo, a quien es justo grande, esto es, a quien es la suma igualdad y justicia, a quien tiene acerca de esto con tantas pruebas libre de toda sospecha su rectitud, le hagas malvado tú, poniendo en él tu lengua blasfema? O cuando, lo que no puede ser, tuvieses para ello alguna color de razón, ¿tiéneslo por sano o seguro? ¿No ves que es negocio peligrosísimo?

Y por eso añade diciendo:

18. ¿Por ventura decir al rey, Beliahal; impío a los príncipes? Prueba cuán peligroso es el hablar mal de Dios por semejanza y arguyendo de lo que es menos a lo que es más. Y dice: Si es peligroso decir mal del rey y de los príncipes, mucho más peligroso será decir mal de quien él declara después. Ésta es toda la razón entera; pero Eliú dícela cortada y revuelta en pregunta, porque tenga más fuerza. ¿Por ventura decir al rey, Beliahal (que es palabra de afrenta, y que pone mucho mal en aquel de quien se dice), así que decir al rey, Beliahal y,

repitiendo otra vez la palabra, decir impío, esto es, impíos, tomando un número por otro, a los príncipes (y hase de añadir lo que él no añadió) tiéneslo por seguro? ¿No ves cuán ocasionado es a daño y peligro?
Y de aquí arguye luego a lo que es más cierto, diciendo:
19. Que no levanta faces de príncipes y no reconoce rico delante de pobre, porque obra de manos suyas todos ellos. Hase de añadir una palabra que descubre la consecuencia que hace de lo uno a lo otro. La cual, la indignación con que habla y la cólera del decir y la priesa se la quitó a Eliú de la boca, para que callándola él, la entendamos nosotros, que es: ¿cuanto más peligroso será el maldecir al que no levanta faces de príncipes? Como diciendo: Si es peligroso hablar mal de los reyes, más lo será de Dios. Y no le llama Dios, por su nombre, mas píntale por rodeo con algunas de sus cualidades, y señaladamente con aquellas que añaden al argumento más fuerza. Que no levanta faces de príncipes, es propiedad de la lengua original, con que significa lo que decimos en español que no respecta a los príncipes. Y como digo, con decir esto así, hace más fuerte y más encarecido Eliú su argumento; porque si es peligroso decir mal de los príncipes, ¿cuánto será más de aquel que no los respecta ni los estima en lo que huella, que es Dios?
Y este mismo sentido y fin tiene en decir lo que añade: y no reconoce rico delante de pobre, que es proprio de Dios, que no diferencia las personas, sino atiende a los méritos. Y la razón es porque, como dice, obra de manos suyas todos ellos, esto es, porque a todos los hizo; y así a todos por parte del ser los estima igualmente; diferéncialos por solo el buen ser que cada uno ayudado de Dios y de su diligencia, añade sobre el ser recibido.
Añade:
20. De súbito morirán y a media noche conturbados serán; pueblo pasará y removerá a fuerte sin mano. Porque dijo que no respectaba los príncipes Dios, para el fin y para la buena conclusión que está dicha, diviértese un poco y extiéndese en decir lo poco en que estima Dios a estos príncipes. Y dice: De súbito morirán, como diciendo, no solo no los respecta, antes muchas veces les quita la vida en un improviso; lo cual todo añade en Dios más grandeza, y por consiguiente confirma más el intento de que el decir mal de Dios es muy más peligroso.

De súbito morirán; por muchos ejemplos sabemos, cuántos grandes, ante quien temblaba la tierra, han sido muertos violentamente y sin pensar por aquellos mismos a quien tenían subjectos; lo cual, aunque lo hacen los hombres, como enseña Eliú aquí, es siempre obra y orden de Dios, que castiga y paga muchas veces de aquella manera a la tiranía y soberbia. Pinta, pues, con hermosas palabras la forma en que aquesto acontece: Súbito morirán, conviene a saber, estos poderosos, que parece tener en su mano la vida y la muerte. Y declara luego cómo les sobreviene aquesta muerte tan súbita: A media noche, esto es, estando en su reposo, y en medio de su seguridad y descuido, conturbados serán. Tal fue lo que aconteció a Baltasar, rey de Babel, de quien Esaías y Daniel hacen cuento. ¿Mas de dónde les nacerá esta turbación repentina? Dice: Pueblo pasará, y removerá a fuerte sin mano. Despertará Dios, dice, en el pueblo, esto es, en sus vasallos o en su misma familia, y llegarán a donde es su aposento, y escalándole la casa y entrando en él, le degollarán en su cama.

Mas ¡cuán bien contrapuso el pueblo y el fuerte! Que es como decir, el flaco y el poderoso, el vulgo y lo grande, para mostrar que derriba Dios a los fuertes, no con otros fuertes o con otros valientes, sino con lo que es más bajo y más flaco, para encarecer por este medio también lo mucho que puede Dios y el desatino que es traer enemistades con él.

Y por el mismo fin dijo al fuerte sin mano, esto es, sin mano y sin trabajo da muerte a los fuertes, o por mejor decir, Dios por el pueblo; como mil veces habemos oído decir, que en un motín con una piedra y a veces con solo el alboroto y espanto han sido muertos personajes muy grandes.

Dice:

21. Que ojos suyos en camino de hombres, y todas sus pisadas verá. Esto puédese juntar con lo que precedió agora luego, y hace esta sentencia: Si digo que da Dios a los príncipes muerte súbita, no entendáis que digo que lo hace sin causa, porque Él ve sus obras que lo merecen. Por manera que lo que en este verso se dice, sea dar causa de lo que en el pasado se dijo. O podemos decir de otra manera, que me parece mejor, y es que se junte este verso y venga dependiente de lo que comenzó más arriba, acerca del peligro que había en hablar mal de las cosas de Dios.

Por manera que, como argüía entonces, si es peligroso decir mal del rey, ¿cuánto será decir mal del que no respecta a los reyes? Así continuando la misma razón, y repitiendo aquella palabra, cuánto más, diga así agora: Si es malo decir mal de los reyes, ¿cuánto será peor del que no solo da muerte a los reyes, como dicho es, sino también lo ve todo y lo entiende? Como diciendo: En los reyes es peligroso el murmurar de ellos, y no siempre los reyes ni ven ni oyen lo que de ellos se dice; pues ¿cuánto será más del que con los ojos descubre y alcanza todas las cosas?

Y acrecentando y declarando más esto mismo, añade:

22. No tinieblas y no sombra escura, para encubrir allí obradores del mal. No solo, dice, tiene ojos para ver lo que pasa, sino ojos que traen consigo la luz; de manera que en mitad de las tinieblas hace su vista claridad, y así ve las obras y las pisadas de los hombres, esto es, no solo sus hechos, pero también sus intentos y pretensiones y aquello adonde van a parar.

Dice.

23. Que no sobre el hombre pondrá allende, para andar a Dios en juicio. Donde decimos allende, la palabra que en el original está, hod, mudados los puntos, puede significar también testigo, por pleonasmo de la voz; y leyendo así no hace mal sentido, y júntase consiguientemente con lo que antecede. Porque dirá así: No puso sobre el hombre testigo para andar en juicio. Había dicho que no hay escuridad que no sea clara a los ojos de Dios; dice agora, como amplificando y extendiendo más esto mismo que ha dicho, que así no tiene necesidad de poner testigos y veladores al hombre, que anden sobre él y le acusen, porque Él lo ve por sí mismo; y cuando entrare con él en juicio, Él mismo le hará a él cargo de manera que no lo pueda negar.

Mas siguiendo la primera letra, que es la mejor, como Eliú, para decir Dios por rodeo, dijo primero el que no respecta a los príncipes, y después, el que sus ojos ven las obras y las pisadas del hombre, y en cada una de estas cosas, como está declarado, pretendió y quiso decir que, si era dañoso murmurar del rey, cuánto más lo sería del que no hace caso del rey, y cuánto más lo sería del que lo ve y oye todo, lo que no hacen los reyes, así agora llama a Dios el que no pone sobre el hombre allende para entrar en juicio. Y repitiendo lo mismo, que en lo sobredicho suplimos, quiere decir que cuánto más debe ser temido hablar de quien no pone en el hombre allende para venir a juicio. Mas ¿qué es, dirá alguno, poner allende en el hombre? Ninguna otra cosa sino poner en las manos del hombre el dilatar o alargar el tiempo de su cuenta y juicio. Pues dice, al rey, si le habéis enojado, podéisle huir la cara y hurtar el cuerpo a las veces y no venir ante su tribunal y huir de su cárcel; mas con Dios no es así, no puede el hombre decille que no quiere dalle cuenta hoy, si hoy se la pide, ni pedir nuevos plazos; que, en citándole Dios, ha de parecer ante su tribunal luego al momento.

Y aún podémoslo declarar de otra manera; porque donde decimos allende, podemos también decir siglo, y dirá así Eliú: Que no pone Dios siglo en los hombres para venir con Él a juicio, esto es, que no les dilata el castigo, ni difiere siempre su merecida pena para el siglo de la otra vida.

Y lo que se sigue viene con esto muy bien, porque dice así:

24. Desmenuzará grandes sin cuenta, establecerá postreros en su lugar. Que es decir que, aquí en esta luz, pública, hace justicia de muchos grandes y poderosos tiranos, y pone en su silla dellos a los que ellos no estimaban en nada.

Y prosiguiendo en este castigo y en la causa dél, añade:

25. Por ende hace conocer servidumbre dellos, y convertirá la noche y serán quebrantados. Hace conocer servidumbres dellos, es decir, que les hará a estos tales, de quien vamos hablando, que conozcan sus obras. En lo cual se advierten dos cosas: una, que a las obras malas de los malos y poderosos llama servidumbres, y creen ellos que en ninguna cosa son más señores que en obrar de aquella manera; y verdaderamente es así, que en eso que apetecen y siguen y en lo que ponen su contento y de lo que hacen señorío y estado, es una servidumbre y un miserable captiverio; como, si la brevedad de esta escritura diese a ello lugar, se podría mostrar a los ojos; porque ¿qué es sino ser cautivo de ambos importunos, o por mejor decir, de crueles fieras, las mesas y los lechos y los juegos y los pundonores y el desconcierto de vida y el estilo de aquestos, rodeados de seda y de olores?

Lo otro se advierte que dice que hará Dios que conozcan estas sus obras, porque a la verdad, como decíamos agora, ellos engañados y ciegos no las conocen por trabajo, sino estímanlas por deleite y amorío; pero Dios en el tiempo que los castiga por ellas hace que las conozcan. Que como a los niños, así a ellos el azote les abre los ojos, para que vean la falsedad y la miseria de los que amaban y de cómo servían esclavos, imaginándose grandes y señores. Este conocimiento, aunque sin fructo, se echa bien de ver en aquellos cuyas palabras pone la Sabiduría diciendo: [Nosotros ciertamente erramos del camino de la verdad; y nunca nos resplandeció luz de justicia, ni nunca el Sol de justicia nos salió. En caminos de iniquidad y de perdición nos habemos cansado y habemos andado por caminos perdidos, y habemos ignorado el camino del Señor. ¿De qué nos aprovechó la soberbia? ¿O qué nos ganaron las riquezas con la jactancia? Todo aquello se pasó como sombra, y como una posta que pasa corriendo... Así nosotros, luego en naciendo, faltamos y ni aun señal alguna de virtud pudimos mostrar; mas en nuestra malicia fuimos consumidos del todo.]

Y conforme a esto, Eliú, prosiguiendo en el desengaño de éstos, añade: y convertirá la noche, y serán quebrantados. Convertirá, es decir, convertiráse, andará el cielo a la redonda y ponerse han las estrellas, y tendrá fin la noche y amanecerá el Sol. Así que pasará la noche de este su engaño y error, que ellos tenían por luz, y serán quebrantados; esto es, cuando fueren quebrantados con la calamidad y el castigo, les amanecerá el conocimiento y razón. Y algunas veces será con provecho, como en aquel que decía: Después que me heriste herí yo mi muslo y hice penitencia; esto es, como hacen los que caen en la cuenta de lo que antes no echaban de ver, di una palmada sobre mi muslo y, desengañado, enmendéme y dolíme.

O digamos también, que es esta vida la noche adonde todo anda confuso y escuro, y adonde los que menos son y menos valen por la mayor parte son estimados en más, la cual pasa cuando se acaba, y los que aquí con su tiranía y poder quebrantaban a todos serán quebrantados entonces.

Y como quiera que aquesto se entiende, viene bien con ello lo que se sigue:

26. Por malvados los herirá en lugar de mirantes. Que es decir, que hará de ellos justicia pública y con pregón público y en los ojos de todos; lo cual hace Dios en esta vida con muchos pecadores, y en la otra en el juicio universal hará generalmente con todos.

Lugar de mirantes llama el teatro y la plaza pública, adonde están muchos que miran, como acontece cuando se hace justicia de algún malhechor. Dice más, y añade la causa de este castigo; o por decir mejor, porque los ha llevado a degollar a la plaza pregona él la causa de la justicia o escribe lo que delante de ellos con voz alta y clara dice el pregonero, que es:

27. Por cuanto, conviene a saber, ésta es la justicia que hace Dios de estos hombres, por cuanto se apartaron de en pos de Él, y todos los caminos de Él no quisieron entender. Y no es mucho, antes es muy justo, que den en semejante despeñadero los que no quisieron a Dios por su guía.

Dice más:

28. Para hacer entrar a Él grito de pobre, y grito de afligidos oirán. En lo cual va dilatando y adornando más esta pintura de justicia y público castigo que hace, con decir algunos de los accidentes que con ella se suelen juntar. Porque de ordinario acontece, cuando Dios toma así venganza pública de algún tirano, que los humildes y que por caso han sido de aquel mismo afligidos, que lo miran y ven, alcen la voz a Dios alabándole y confesando que es justo.

O como pusimos para hacer entrar podemos también poner (trocando un tiempo por otro, que es trueque que se usa mucho en la Sagrada Escritura) así que podemos decir: Porque hizo entrar a Sí grito de pobre, y gritos de afligidos oyó. Y según esto, dirá aquí Eliú la causa por donde se movió Dios a esta justicia, que fue el haber oído la voz y las quejas de aquellos a quien oprimían estos tiranos que dice, y será como el remate y la conclusión del pregón. Por manera que el pregón entero será que hace Dios justicia de aquéstos, por cuanto no fueron en pos de Él ni quisieron seguir sus caminos, y por cuanto oyó los gritos y las quejas de los pobres a quien ellos tiranizaban. Adonde, como en suma, se tocan tres géneros de pecados, donde todos se encierran: que es pecar contra Dios y contra sí y contra el prójimo.

Va adelante:

29. Y Él dará reposo, ¿y quién condenará por malo? Como ha dicho Eliú, para engrandecer a Dios, la fuerza de su justicia cuando condena y castiga, así, para el mismo fin de engrandecelle, pone también agora cuán eficaz es Dios cuando absuelve. Y así dice: Y Él dará reposo, esto es, cuando da Él reposo y cría paz y justicia en el alma, y defiende al hombre de lo que exterior e interiormente le hace guerra y persigue, ¿quién condenará por malo? Semejantemente a lo que dice Sant Pablo: ¿Quién condenará o quién dará sentencia de condenación contra los escogidos de Dios? Dice: Y encubrirá faces; ¿y quién mirará a Él, y sobre gentes y sobre hombres juntamente?

Y, al revés, dice: si encubre Dios sus faces, esto es, si alza la mano y no mira con favor a alguno, agora sea algún reino o algún particular, ¿quién mirará por él?; esto es, ¿quién podrá estorbar que no se pierda y perezca? Mostrando Eliú en esto que todo el bien de todos nace de Dios. Y porque parece más poderoso un reino para valerse él a sí mismo, muestra señaladamente en él lo poco que puede, si Dios no le mira y favorece.

Y así añade:

30. De reinar hombre hipócrita de estropiezos de pueblo. Como diciendo: si Dios aparta sus ojos de alguno, aunque sea de un reino todo y de una nación, ¿quién será parte para que no reine y se apodere de ella un hipócrita? Y llama hipócrita todo lo que es mando no legítimo, sino tirano y vicioso.

Y lo que añade, de estropiezos de pueblo, puédese entender, o como lo entendió y trasladó Sant Hierónimo, que en las gentes a quien Dios dejare de su mano reinará el hipócrita por los estropiezos, esto es, por los pecados y caídas del pueblo (de manera que por no mirallos Dios con favor pecarán los súbditos y luego por los pecados de ellos y en su pena les dará malos reyes). O de otra manera, que en el reino por quien Dios no mira, sin que nadie pueda estorballo, sucederán luego dos males: vicios grandes en los miembros, y maldades y tiranías en las cabezas, que son dos males que contienen en sí toda la calamidad y ruina que puede venir a un reino. Porque ¿qué le queda de sano, cuando están en él enfermos la cabeza y los miembros?

O digamos así: Que estropiezos de pueblo llama Eliú las leyes de los reyes hipócritas, que fingiendo y poniendo delante algún respecto bueno de pública utilidad, no pretenden sino poner en ellas estropiezos al pueblo, para de sus caídas dél sacar el bien de su fisco y provecho. Y por la apariencia falsa de bien con que visten y disimulan estos mandamientos o estropiezos suyos, por eso a los autores y latores de ellos Eliú los llamó bien hipócritas. Y dice, conforme a esto, que en el reino a quien Dios deja no será posible sino que reinen luego malos príncipes, que para despojar a sus súbditos les pongan leyes en que estropiecen y, caídos, se enreden.

31. Porque a Dios decir: Alcé; no corromperé. Habiendo concluido ya su razón Eliú, en lo que tocaba al abono de Dios, vuélvese agora propriamente a razonar con Job y a amonestarle en estas palabras, las cuales se pueden entender en diferente manera. O así: Porque yo alcé decir mío a Dios, esto es, así como

yo he hablado de Dios loándole y defendiendo su causa, no corromperé, esto es, no estorbaré ni quitaré a ti, que si sientes otra cosa que no hables y hagas lo mismo. Como diciendo: En conclusión, yo he dicho de Dios lo que me parece: di tú agora si tienes algo en contrario.

Así lo entendió, y bien, Sant Hierónimo, y conforme a ello tradujo: Pues que yo he hablado con Dios, no te vedaré a ti lo mismo. Y consiguientemente a esto dijo bien, en persona de Eliú, en el verso que luego se sigue: Si erré, tú me enseñas; si he hablado mal, no añadiré más. Esto, pues, se dice así bien.

O de otra manera, a que nos dan las palabras licencia, dice: Porque a Dios decir, esto es, porque es proprio a Dios el decir, conviene a saber, por cuanto Dios es el que puede decir y de hecho dice alcé, conviene a saber, el pecado, esto es, helo perdonado (porque alzar en la Escritura, y señaladamente cuando se dice con la palabra original nasa, que está en este lugar siempre significa perdón de las culpas); así que por cuanto la condición de Dios es decir: Yo perdono, no corromperé, o como otra letra dice, no ejecutaré; esto es, no quiero traeros a muerte ni deshaceros, y el decir en Dios es hacer, así que por esto, Job, de mi consejo vuélvete a Él y dile humildemente lo que se sigue:

32. No harto miré, tú me enseñas; si maldad obré, no añadiré. Esto es, si no miré bien lo que dije ni entendí lo que hice, enséñame tú la verdad; y si he pecado, no pecaré más. Y es buen remate este de la disputa adonde Job es argüido de presunción contra Dios, amonestalle que se humille a Él y reconozca y confiese su culpa con esperanza de que en Dios hay perdón.

Mas lo que sigue es gracioso

Dice:

33. ¿Por ventura de ti se perfeccionará ella, que abominaste, que tú elegiste, y no yo; qué supiste hablar? Sant Hierónimo traslada: ¿Por ventura Dios pídesela con deseo, que la abominaste?, y súfrelo la letra también. Y quiere decir: ¿Por ventura vale a Dios algo tu penitencia y buen reconocimiento, que así lo aborreces y huyes dél?

Mas sigamos agora esta otra letra. Yo entiendo aquí que Job, luego que Eliú en el verso pasado le amonestó a que confesase su culpa reconociéndose, enfadado mucho de tantas impertinencias como había hablado Eliú (que aunque en las sentencias y en cada parte era verdadera su plática, en el todo de ella no hacía al propósito); así que, enfadado y cansado dél, mostró aquí su enfado con algún semblante desabrido y con algún meneo que a Eliú le pareció que era muy en su desprecio. Y como él tenía grandísima satisfacción de sí mismo y de su mucho saber, como lo demostró en el principio de su habla y en otros lugares, sintió en el alma que Job le tuviese en tan poco, cuando él pensaba que había dicho algo y, contento de sí, imaginaba que rendidos todos a él habían de admirar su decir.

Y así sentido, encendiéndose en ira todo y reventando de enojo, dícele a Job: ¿Por ventura de ti se perfeccionará a ella? Esto es, ¿qué arrogancia es esta tuya que todo lo desprecias así? ¿Por ventura se perfecciona en ti la sabiduría? ¿Eres tú por ventura el remate y la suma de todo saber? ¿O por ventura puede haber arrogancia, presunción mayor y más en lo sumo, que es esta tuya, que abominaste, esto es, que desprecias y escarneces con meneos y gestos mis palabras sabias y mis sanos consejos? ¿Y piensas tú, dice, que me pusiera yo en disputa contigo ni hiciera ese caso de ti, si tú no hicieras principio? Tú, dice, elegiste, y no yo; ya que lo comenzaste, ¿qué supiste hablar? Como si dijese más claramente: Comenzaste la disputa, y no supiste decir cosa digna de ser aprobada; comenzaste el desafío, y ni sabes menear la espada ni siquiera ampararte.

Y consiguiente a esto es lo que añade:

34. Hombres de corazón dirán a mí, y varón sabio oyente de mí. Si tú, dice, estimas mis dichos en poco y los menosprecias, en menos estimo yo tu juicio; despreciaréte, que eres tonto; que los sabios y los prudentes a buen seguro que no me despreciarán. Hombres de corazón dirán a mí, esto es, alaban mi saber y elocuencia, y varón sabio oyente de mí, esto es, me oirá para su gusto y provecho.

Mas dice:

35. Job no en sciencia hablará, y hablas suyas no en entendimiento. Como si dijese: Mas de ti, Job, no juzgarán así, sino muy al revés, que ni demuestras doctrinas ni parece que tienes entendimiento en ninguna cosa que dices. Y creciendo en Eliú más el enojo, y llegando a la rabia como a lo sumo, dice:

36. ¡Padre mío!, sea probado Job acabadamente, para respuestas en hombres de maldad, Padre mío, según la propriedad del original, hace significación de un ardiente deseo, como quien dice: ¡ojalá!, o ¡pluguiese a Dios!, pues rabioso de enojo desea a Job la muerte, y que Dios acabe con él. Y viste su deseo

malo con probable color, para que, dice, sea castigado de los que hablan malamente de Dios. Sea, dice, probado Job. Probar en la Escritura es afligir con trabajos y azotes; acabadamente o hasta la fin es el original natsach, que significa perfición entera y pujanza grande y acabamiento en aquello a quien se dice y aplica. Pues deseo que la calamidad y azote que está sobre Job, vaya pujando siempre hasta que le acabe y le venza; porque, así muerto, ni él hablará desacatadamente de Dios, y escarmentarán en su cabeza los malos para huir de lo mismo.

Porque como últimamente dice:

37. Añadirá a pecados suyos maldad; entre nosotros palmeará y multiplicará dichos suyos a Dios. Esto es, porque si vive será para añadir pecado a pecado. Palmeará entre nosotros; es esta obra de los muy desesperados y de los que hablan locos con la pasión, herir con palmas y dar voces. Pues dice que cuanto más durare Job en la vida, tanto creciendo más en su impaciencia hará cosas de loco, y con palabra y gestos y semblantes añadirá pecados a pecados.

Y multiplicará sus dichos a Dios; esto es, se le desacatará más y más cada punto.

Deo gratis.

Valladolid, 10 diciembre 1580.

Capítulo XXXV

1. Y respondió Eliú, y dijo:
2. ¿Por ventura esto parécete de juicio, que dijiste: justicia mía más que Dios?
3. Que dijiste: ¿Qué aprovechará a ti; qué fructo de pecado mío?
4. Yo replicaré a ti palabras, y a tus amigos contigo.
5. Contempla cielos y mira; alza los ojos a los estrellados. [Encumbráronme] ensalzáronse más que tú.
6. Si pecaste, ¿qué harás a Él? Y si se multiplicaren tus maldades, ¿qué harás a Él?
7. Si justo fuiste, ¿qué le darás o qué de tu mano tomará?
8. A hombre como tú maldad tuya; y a hijo de terreno justicia tuya.
9. Por muchedumbre de opresores vocearon; gritaron por brazo de [muchos] poderosos.
10. Y no dijo: ¿Dónde Dios, Hacedor mío, dador de cantares en noche?

11. Que nos aveza allende bestias de tierra, y allende ave de cielos nos hace sabios.
12. Allí vocearán y no responderá, defendiéndolos de faces de [soberbios] altivos fuertes.
13. Empero vanidad no oirá Dios, y Omnipotente no mirará a nosotros.
14. Aun cuando dijeres: No mirará a nosotros [juicio ante el en faz], juzgar ante sus faces, y [avisarás a él] y esperarás en él.
15. Y agora que no visitó irá suya, y no [conoció supo mal grande dicho] experimentó mi mucho mal.
16. Y Job en vanidad abre boca suya, y sin sciencia palabras amontona.

Exposición

1. Y respondió Eliú, y dijo:
2. ¿Por ventura esto parécete de juicio, que dijiste: justicia mía más que Dios? Parécete de juicio, quiere decir, parécete cosa que acabe en juicio y razón, o parécete que no es digno de ser traído a juicio y de ser condenado esto que has dicho, conviene a saber, mi justicia es mayor que la justicia de Dios? No dijo esto Job, sino colígelo Eliú de lo que Job dijo, que es esto que se sigue.
3. Que dijiste: ¿Qué aprovechará a ti, qué fructo de pecado mío? Declaremos primero la sentencia de estas palabras, y después cómo se sigue lo que dellas colige Eliú.

¿Qué aprovechará a ti? Pónese aquí una persona por otra, la segunda por la primera, que se usa algunas veces en la Sancta Escritura, y decir a ti, es decir a mí. Porque Eliú, como hablaba con Job dijo a ti, y habló de segunda persona, aunque refería las palabras de Job, en las cuales él habló de sí y dijo, a mí, en la persona primera. Pues refiere haber dicho Job: ¿Qué me aprovechará a mí, conviene a saber, el volver mí corazón a Dios, y el ser justo? ¿Y, qué fructo de pecado mío? Pecado en la Escritura se toma algunas veces por la ofrenda o sacrificio con que se limpia el pecado, como dijo Sant Pablo: Al que no conocía pecado hizo por nosotros pecado, para que nosotros fuésemos hechos justicia de Dios en él mismo; y así se toma en este lugar.

Y dice Job por esto segundo lo mismo que había dicho por lo primero, aunque con diferentes palabras. ¿Qué fructos, dice, sacaré de satisfacer por mis culpas? Y quiere Job decir en esto una cosa, y entiende otra Eliú. Job, como dijimos, responde a lo que sus amigos decían y habla conforme a lo particular de su intento, que era decir, que no por ser justo uno se libra de ser algunas veces herido y maltratado de Dios. Y así para este fin de no padecer algunas veces trabajos, dice que no trae fructo el ser justo, porque los justos los padecen también, y así decía verdad.

Esto decía; mas Eliú hace sentido general deste dicho como si afirmara Job que el ser bueno era infructuoso del todo; y entendiéndolo así infiere bien, según su sentido, que Job notaba de injusticia a Dios. Pero infiere mal, según la verdad, porque de padecer calamidades el bueno, que es lo que Job en sentencia afirmaba, no se sigue que es malo Dios.

Mas Eliú sigue su imaginación, y conforme ella prosigue diciendo:

4. Yo replicaré a ti palabras, y a tus amigos contigo. Quiere decir, a ti, y a todos los que fueren de tu parecer y te ayudaren, yo los convenceré.

Mas veamos cómo. Dice:

5. Contempla los cielos y mira; alza los ojos a los estrellados, ensalzáronse más que tú. Hace Eliú como prudente médico, que acude a la raíz del mal; había propuesto dos cosas, la una, que decía Job que no aprovechaba el ser bueno; y la otra, que él infirió que Dios no era justo. No trata de esto segundo, sino arguye contra lo primero de donde esto nació, porque faltando este cimiento, caía lo que en él se fundaba.

Y así quiere probar que el ser bueno aprovecha al que lo es. Toda su razón consiste en este argumento: Ser uno bueno es bueno, como las palabras lo dicen, y no es bueno para Dios; luego para el hombre que lo es. Y prueba que no le importa a Dios, y para proballo comienza así: Mira los cielos y mira los estrellados, cuánto están más altos que tú. Y añade luego:

6. Si pecaste, ¿qué harás a Él? Y si se multiplicaren tus maldades, ¿qué harás a Él?

7. Si justo fuiste, ¿qué le darás o qué de tu mano tomará? Que es argumento que consiste en semejanza, sino que está la semejanza secreta y disimulada. Y descúbrese desta manera: Cuan lejos está el cielo de ti, tan lejos está Dios de tu bien o tu mal obrar; como no puedes tocar con la mano al cielo, así ni aprovechas ni dañas a Dios con tus obras.

Y está la fuerza de esta semejanza y de este argumento en que Dios está sobre el cielo y mora en él; y así, quien no puede dañar al cielo, menos podrá dañar al que vive en el cielo. Y de lo que es manifiesto, que es la distancia que de nosotros al cielo hay, arguye bien Eliú lo poco que sirven nuestras obras a la bienaventuranza de Dios, que está sobre el cielo. Y aún tiene fuerza por otro respecto nuevo aqueste argumento; porque decir Eliú a Job que mire los cielos cuán ensalzados están, es decille que están libres y muy ajenos de toda peregrina impresión; y si en los cielos esto es así, más lo será en el Señor de los cielos, cuya naturaleza es de la cualidad del lugar en que mora, y de muy mejor cualidad.

Y, dicho esto, concluye y dice:

8. A hombre como tú maldad tuya; y a hijo de terreno justicia tuya, hase de añadir, traerá o daño o provecho. Porque si aprovecha a alguno, y no es Dios a quien aprovecha, queda que aproveche al que lo hace, que es lo que pretende Eliú. A hombre como tú, esto es, a los hombres que están sujetos a daño, como tú estás, dáñales su maldad. Y dice tuya, porque a ti la tuya, y la suya a cada uno; o también porque el ser uno malo o bueno suele ser dañoso o provechoso, no solo a él, mas también a los hombres entre quien vive.

Más prosigue:

9. Por muchedumbre de opresores vocearon; gritaron por brazo de poderosos. Ésta es una objeción que a su parecer le pudiera poner Job, y pónesela él a sí mismo para responder a ella después. Como si dijese: Pero dirás, si Dios es justo, y no toma gusto de lo malo que en el mundo se hace, ¿por qué hay tantos que griten y voceen porque los oprimen y despojan los más poderosos? ¿Por qué consiente que haya tiranos que agravien a mil mezquinos que se quejan a voces? [Porque siempre esta razón puso congoja y como agonía en los pechos sanctos, para en cierta manera querellarse de Dios, como es lo que dice Habacuc.]

A esto, pues, Eliú responde diciendo:

10. Y no dijo: ¿Dónde Dios, Hacedor mío, dador de cantares en noche? Es como si dijese, la causa de eso es no ser Dios injusto, sino ser, los que padecen, descuidados en llamarle. Y no dijo: esto es, y la causa de eso es porque el oprimido y el que da gritos y vocea y llama en su favor a los hombres, no dijo, no tuvo acuerdo de decir: ¿Adónde está Dios, Hacedor mío, dador de cantares en la noche? Porque si se acordara que había Dios en el cielo, esto es, en parte eminente, para ver cuanto bueno y malo se hace; y se acordara

que le había hecho y criado, y que por la misma razón no había de olvidar y desamparar su hechura; y si tuviera memoria de cuán proprio le es dar cantares en la noche, esto es, en medio de lo escuro de la adversidad dar reposo, y regocijar el corazón y la boca con alegría, y finalmente dar buena salida y suceso, así que si tuviera el opreso todo esto en su memoria, y movido dello pidiera a Dios su favor, su trabajo se le volvería en descanso, y si no le sucede así, es culpa suya y no falta de Dios.

Y, a la verdad, pasa así muchas veces, y es ceguedad digna de compasión, que en nuestros trabajos, los que otros hombres nos causaron, no nos queremos desengañar de lo poco que podemos fiar de ellos, y buscando remedio, a cualquier cosa por flaca y por dudosa que sea, acudimos primero que a Dios. Mas entre las cosas que dice Eliú en aqueste lugar, merece ser advertida, que llama a Dios, como con proprio renombre, Dador de cantares en noche, porque es muy suyo acudir siempre cuando todo se escurece y cuando todo parece que falla.

Y así dice David de Él que ayuda siempre en el punto de la tribulación.

Aunque podemos decir también de otra manera, que se dice de Dios que da cantares en noche, porque siembra entonces el cielo con las estrellas, las cuales con su claridad, hermosura y muchedumbre convidan a los hombres a que alaben a Dios. Y es así que nadie alza los ojos en una noche serena y ve el cielo estrellado, que no alabe luego a Dios, o con la boca o, dentro de sí, con el espíritu.

Y siguiendo esta manera de decir, tiene también su particular fuerza este argumento, porque si el hombre afligido se acuerda de que Dios tiene cuidado de alumbrar la noche con tanta variedad de lumbreras, bien tiene por qué esperar que no le desamparará a él en aquella su noche de trabajos, si confía en Él y le llama. Y el que para el cuerpo, porque no estropiece con las tinieblas, puso en el cielo con tanta claridad quien le alumbrase, mejor remediará una ánima injustamente oprimida.

Y conforme a este propósito es lo que añade después:

11. Que nos aveza allende bestias de tierra, y allende ave de cielos sabios nos hace. Va esto junto y apegado con el verso de arriba, y de todo ello se hace una sentencia seguida en esta manera: No dijo, o no se acordó de decir: ¿Dónde está Dios, Hacedor mío, y dador de cantares en noche, y qué nos

aveza?, etc. Y como cada una parte de las del verso primero decía algo, que ello mismo despertaba al afligido y opreso para que esperase ser socorrido de Dios, y encerraba en sí alguna razón que concluía cómo Dios no podía faltar al socorro de los agraviados, por ser Hacedor y por ser suyo el despertar gozo en la noche de las tinieblas, así, ni más ni menos, lo que en este verso se dice todo ello alienta la confianza, en Dios, del trabajado, mostrando por nueva razón cómo Dios no le puede olvidar, porque nos aveza más que a las bestias y nos hace sabios más que a las aves del cielo; esto es, nos ha dado mejor ser y tiene su providencia más particular cuenta con nosotros. Y si cuida más de nosotros, y a las aves y a los animales de quien cuida menos, provee tan largamente como por los ojos vemos, cierto es que no nos faltará a nosotros en los casos ásperos y de trabajo.

Y es ésta una manera de argumento en la Escritura usada mucho, poner la proposición primera que en la Lógica llaman mayor, y la que después della se añade y la conclusión cállalas, dejándolas al sentido del oyente, mayormente cuando son manifiestas de suyo. Porque todo el argumento entero dirá así: Dios nos aventaja a las aves: y a las aves provee en sus necesidades: luego no nos olvidará en las nuestras. Semejantemente a lo que Cristo más a la descubierta arguye y prueba en el capítulo 6 de Sant Mateo diciendo: Mirad las aves que vuelan por el aire [que ni siembran, ni siegan, ni recogen en trojes, y vuestro Padre celestial las apacienta. ¿Por ventura vosotros no sois más que ellas?].

Concluye, pues, finalmente toda aquesta razón, y dice:

12. Allí vocearán, y no responderá, defendiéndolos de faces de altivos fuertes. Como si dijese, así que estos tales que no se acuerdan, como he dicho, de Dios, vocearán, pero en balde, porque no serán oídos, no les responderá Dios acudiendo presto para su defensa.

Allí vocearán. Allí, esto es, en esta manera que he dicho de afligidos y olvidados de Dios, se halla el vocear y no ser de Dios socorridos, allí, en aquel caso es verdad; de faces de altivos, que es del poder y de las manos de los soberbios y poderosos que los tiranizan.

Añade:

13. Empero vanidad no oirá Dios, y Omnipotente no mirará a nosotros. Es el remate de toda la conclusión, porque dice así: Allí, esto es, en aquel caso

particular que habemos dicho, cuando el afligido voceando llama a Dios, es verdad que Dios no le responde ni le libra. Empero, dice, vanidad no oirá Dios; esto es, vanidad es y mentira decir en general que no oirá Dios a los hombres, ni el Omnipotente nos mirará con el cuidado de su providencia. Y juntó bien Omnipotente y no mirará, queriendo mostrar que no cabía en Dios el no ver y proveer nuestras cosas, porque, si es Omnipotente, claro está que puede vernos y proveernos.

Dice:

14. Aun cuando dijeres: No mira a nosotros, juzgar ante sus faces, y esperarás en Él. Aun cuando dijeres; decir significa en la Escritura, no solo el hablar por la boca, sino también lo que se dice en el pensamiento, como es manifiesto de muchos lugares. Pues concluida ya su razón, amonesta Eliú a Job y dícele así: Pues siendo esto verdad, como lo es [evidente], tú, Job, aunque te parezca algunas veces que se descuida Dios y que se ha contigo o con los hombres como quien no mira por ellos, entonces, cuando esto te viniere al pensamiento, cíñete con tener por certísimo que hay juzgar, esto es, juicio, ante las faces de Dios; que Dios juzga los hombres y tiene cuenta con ellos, y aunque te apriete el trabajo y te oprima, gimiendo y reventando espera siempre en Él.

Y digo gimiendo y reventando, porque la palabra del original, por quien pusimos en romance esperar, tiene significación de esperanza, no como quiera, sino la que se tiene con dificultad en casos de mucho peligro y dolor. Porque [thecholel] quiere de su primera significación decir parir, o el sentir los dolores del parto. Y así porque el que se esfuerza en esperar en los negocios que parecen perdidos y desesperados, va como reventando y pariendo, por eso esta palabra se pasa algunas veces a significar un sufrir y un esperar doloroso y lleno de agonía, como es este que he dicho.

Algunos, lo que dice juzgar ante Dios, no lo entienden del juicio en que Dios nos juzga, como lo habemos declarado, sino del juicio con que nosotros nos juzgamos delante de Él, condenando nuestras malas obras. Y así, según esto, dícele a Job Eliú: Cuando más te pareciere que Dios te olvida y no se acuerda de ti, entonces con más cuidado haz tú dos cosas: la una, examina tu alma, y como si estuvieses delante del tribunal de la justicia divina, sin que tenga voto allí la lisonja o el proprio amor, así te juzgas tú a ti mismo y te condenas; y la segunda, sufre y espera, que no te faltará Dios.

Y júntanse bien estas dos cosas, porque la segunda es flaca siempre, si no se funda en la primera; y para confiar de veras en Dios es menester que preceda en nosotros el conocer y aborrecer nuestra flaqueza y delictos, porque de la desconfianza de la fuerza propria nace el confiar de la ayuda divina. Así parece [en el segundo libro del Paralipómenon, capítulo 20, en lo que hacía Josafat en su tribulación y en lo que hace David en el Psalmo 141].
Prosigue:
15. Y agora que no visitó ira suya, y no experimentó ni mucho mal. Y agora entiéndese, aunque se calla, había de decir Job a Dios que no visitó ira suya, esto es, que no envió su ira toda para que le castigase, ni le trata con enojo, ni le castiga con rigor, por lo que se sigue y no experimentó mucho mal. Mal aquí, como se conoce en la palabra original, significa el castigo y pena que se debe al pecado.
Y así dice que Job había de conocer y decir que no le visitaba con ira de Dios, porque aún no padecía todo lo que se debía a su culpa. Así que agora había de decir esto: como si dijese, juntando lo pasado con esto, cuando más le pareciere a Job que Dios le olvida, entonces había de creer firmemente que tenía providencia y había de esperar en él, y agora en este su azote había de reconocer que no era castigado cuanto merece.
Mas Job, como concluye y dice:
16. En vanidad, abre boca suya, y sin sciencia palabras amontona; esto es, siente mal de Dios y habla peor; ni es verdad lo que dice ni sabe cesar de decir mal.
Deo gratias. Valladolid, 14 diciembre. Año 1580.

Capítulo XXXVI
1. Y añadió Eliú, y dijo:
2. Espérame un poco, y demostraréte que todavía por Dios razones.
3. Levantaré saber mío de lueñe; y mi Hacedor daré justicia.
4. Que verdaderamente no mentirán palabras mías, perfectas sciencias contigo.
5. Ves; Dios grande no despreciará [a] grande, fuerte [del] corazón.
6. No vivificará a impío, y juicio a humillados dará.

7. No aparta sus ojos del justo, y reyes en trono asienta perpetuamente, y serán ensalzados.
8. Y si aprisionados en cadenas, enredados sean con sogas de miseria.
9. Y notificará a ellos sus obras, y delictos de ellos de violencia.
10. Y torceráles orejas para castiguerío, y dirá que se tornen de maldad.
11. Si oyeren y cumplieren, fenecerán sus días en bien y sus años en gloria.
12. Y si no oyeren, pasarán por espada y serán consumidos en necedad.
13. Y hipócritas provocan a ira; no vocearán cuando los aprisionare.
14. Morirán en tempestad; su ánima de ellos y su vida entre los afeminados.
15. Librará de angustia al pobre, y en la tribulación le descubrirá oreja de ellos.
16. También te salvará de boca de angustia, anchura no cimiento so ella, y descanso de tu mesa lleno de grosura.
17. Tu causa juzgada como de malo; causa y juicio recobrarás.
18. No te venza ira a ser opresor, ni te incline muchedumbre de dones.
19. Depón tu grandeza sin enojo, y a todos robustos con fortaleza.
20. No alargues la noche, porque no suban por ellos los pueblos.
21. Guarda, no mires a maldad, que comenzaste a seguirla por la aflicción.
22. Ves; Dios alto en fortaleza suya; ¿quién como él enseñador?
23. ¿Quién podrá escudriñar caminos de él? ¿Y quién le dirá: Obraste maldad?
24. Miémbrate que no sabes obra suya, de quien cantaron varones.
25. Todos los hombres lo vieron; cada uno mira de lejos.
26. Ves; Dios grande sobre sciencia nuestra, número de sus años no tiene pesquisa.
27. Que quitará gotas de lluvia, y derrama lluvia a manera de ríos.
28. Que manan de nubes que lo cubren todo por cima.
29. Si quisiere extender nubes como pabellón suyo.
30. Y relampaguear con lumbre suya de arriba, también cubijarán extremos de mares.
31. Que por éstas juzgará pueblos, y da mantenimiento a muchos mortales.
32. En manos asconde luz, y mándale que torne a venir.
33. Anunciará della a su amigo: que posesión suya es, y que a él se levanta.

Exposición
1. Y añadió Eliú, y dijo: Como dicho habemos, Eliú estaba persuadido que Job, si bien en lo pasado de la vida había sido inocente, en lo presente era gran pecador, pues juzgaba y decía que era injusto Dios, o que no atendía al bien o al mal obrar de los hombres para repartir en ellos el castigo o el premio. Lo cual, si Job no lo decía así, a Eliú le parecía decillo, coligiéndolo falsamente de algunas palabras suyas, y que Job dijera con mucho verdad y muy diferente propósito, como vimos arriba.
Y así Eliú, cuanto dice no es propriamente contra lo que Job siente o afirma, sino contra lo que él se imagina que dice. Y en efecto, prueba en el pasado y en este capítulo aquello de que Job no tiene duda ninguna, que Dios es justo, y que tiene providencia y que reparte el castigo y la pena.
Y a lo que acerca de esto ha dicho, añade agora lo que sigue:
2. Espérame un poco, y demostrarte he que todavía por Dios razones. Pídele de nuevo atención porque son nuevas razones las que quiere decirle, y dícele que le espere, esto es, que le atienda que quiere demostrarle más su propósito, porque se le ofrecen otras diferentes razones en defensa de la justicia y providencia divina.
Y así dice:
3. Levantaré mi saber de lueñe, y a mi Facedor daré justicia. De lueñe, dice, por decir que quiere tratar este negocio muy de su raíz y principio, y mostrar la justicia de su Hacedor desde sus causas primeras.
Y da autoridad a sus dichos afirmando estar llenos de verdad y de peso, y así añade:
4. Que verdaderamente no mentirán palabras mías; perfecta sciencia se te probará a ti. Perfecto, dice, y verdadero será cuanto agora dijere. Mas lo que pusimos perfecta sciencia se te probará a ti, en la primera letra dice de esta manera, perfecciones de sciencia contigo; que o lo refiere a Job o a sí mismo. Si a Job, es ironía y mofa disimulada, como si más claro dijera: aunque vos sois gran sabio y perfecto en toda sciencia a lo que a vos os parece, lo que agora os diré contra vuestra sentencia, no lo alcanzaréis vos y será verdadero y muy cierto. Mas si habla de sí mismo Eliú, loa su saber y quiere decille que es verdad lo que le dice; porque quien habla con Job, que es el mismo Eliú, es la perfección de la sciencia; que son palabras bien conformes a la arrogancia

con que dio principio a esta su habla, como arriba dijimos. O no habla de su saber de los dos, sino pone lo que confiesa Job y aquello en que conviene con él, y en ello, como en fundamento, edifica sus argumentos. Porque dice perfecciones de sciencia contigo, o como pone Sant Hierónimo, perfecta sciencia se aprueba a ti, que es decir, tú convienes conmigo en que Dios tiene perfecta sciencia y noticia de todo, yo contigo concuerdo en dar a Dios la perfección del saber. Pues, esto presupuesto, entra en la razón que pretende y pone otra proposición también cierta, para de ella y de la pasada concluir su argumento. Y dice:

5. Dios no desecha poderosos, como sea Él poderoso. O como está en el hebreo: Ves; Dios grande no despreciará a grande, fuerte de corazón; que es decir que ama a su semejante por la regla universal y necesaria que todas las cosas se inclinan a las que convienen con ellas. Por manera que pone por fundamento dos cosas: una, que Dios tiene perfecta noticia de lo que pasó acá bajo; otra, que ama lo que le es semejante. La primera pone como concedida por Job; la segunda como clara y manifiesta de suyo, y dellas después saca su intento a luz por consecuencia necesaria.

Dios, dice, no desprecia poderosos, como sea Él poderoso. En todo es poderoso Dios y aventajado sobre todas las cosas; mas el poder de que aquí propriamente se habla, no es en fuerzas de cuerpo, sino en capacidad de ingenio y en valor de virtud; y eso declaró el original en lo postrero que dice, fuerte de corazón; como diciendo, cuando digo que Dios grande no desprecia los grandes, hablo de las fuerzas del corazón, hablo del entendimiento y del ánimo. Porque, a la verdad, a esto solo da nombre de grandeza y de sabiduría la Sagrada Escritura, porque el que sirve a sus vicios, por grande que sea en lo demás, vil es y muy bajo; y ansimismo ignorante y ciego quien no sabe ser hombre, aunque en lo demás tenga sciencia.

Y dice: Ves; Dios grande no desprecia a grande, como diciendo: Ves, esto es, manifiesta cosa es y que se ve con los ojos que, si Dios tiene valor de ánimo, no puede aborrecer a los que le parecen en ello; y si sabe y entiende, no le desplacen los que tienen entendimiento y saber, y que, en una palabra, ama todo aquello que le imita y que se le asemeja.

De que colige lo que luego dice, y añade:

6. *No vivificará a impío, y juicio a humillados dará.* Porque si Dios conoce lo que hacen los hombres y ama y se inclina a los que le son semejantes, necesariamente se sigue que tiene providencia de ellos y que favorece a los buenos que se le parecen, y aborrece porque no se le parecen los malos; que es lo contrario de lo que sentía Job, a lo que Eliú falsamente entendía.

Y éste es el argumento nuevo y la sabiduría sacada de lueñe y la razón traída de su raíz y principio, que Eliú prometía. Tú afirmabas, dice, que al bueno el serlo no le sirve, ni al malo le daña el ser malo, que es negar cuidado en Dios, y premio y castigo. Pues mira y confiesa tu engaño; ¿por ventura Dios no lo conoce todo, como tú me concedes? ¿No es evidente que todo lo semejante se ama? Pues si Dios conoce y ve y da vida y ama y favorece por la regla natural y común a lo que se le parece, convencido quedas de que Dios, sabio y bueno, ama y favorece a los sabios y buenos, y por la misma razón desama y desecha a los malos injustos.

No vivificará a impío; esto es, no consentirá que levante cabeza, no le salvará del trabajo, no le dará salud ni vida que dure, al fin ha de caer en muerte perpetua. *Pero dará juicio a humillados.* Humillados llama la Escritura los justos y buenos, porque la virtud los trae humildes con el proprio conocimiento, y porque son tenidos en poco y de ordinario maltratados, y no se oponen a quien los maltrata, antes, recogidos en sí, callan y sufren y esperan. A éstos, dice Eliú, que dará juicio Dios, porque los salvará y hará justicia. Que esta palabra de juzgar y de hacer juicio en la Escritura, hace muchas veces significación de favor y salud.

Y así lo declara añadiendo:

7. *No aparta sus ojos del justo, y reyes en trono asienta perpetuamente, y serán ensalzados;* esto es, porque siempre favorece a los justos hasta colocarlos para siempre como a reyes en trono, donde serán ensalzados. *No aparta sus ojos del justo,* quiere decir, tiene siempre con él cuenta, y como acá decimos mira siempre por él; que quien estima una cosa, no aparta los ojos de ella, y el que guarda a uno, mírale.

Y así por el semblante del que guarda, significa aquí Eliú el cuidado que Dios tiene.

No aparta sus ojos del justo. Gran clemencia de Dios atender tanto a una cosa tan baja, y gran buena suerte del bueno ser continamente de Dios mirado.

Lo mismo dice David: Los ojos del Señor sobre los justos, y sus oídos a sus ruegos. Que si el mirar el Sol una sierra la fertiliza, y si la virtud de sus rayos cría oro y plata en el centro, los ojos de Dios mirando siempre, ¿qué fructos o qué riquezas no engendrarán en el alma a quien miran?
Por lo que se sigue se entiende, y reyes en trono asienta perpetuamente, y serán ensalzados, porque de grado en grado la sube a reino perpetuo. Ennoblécela primero en sí con dones, semblantes y condiciones de reina; digo, con virtudes y merecimientos que cría en ella generosos y heroicos; pónela sobre su cuerpo y hace que huelle lo que precia la carne; dala el cetro de las pasiones, ensálzala encima de toda adversidad y trabajos; aspira al cielo solo y sus bienes; todo la es vil sino Dios, y, finalmente, hecha reina en la condición y en el hábito, pásala al lugar do es reina, y con los que viven allí, que son todos reyes, asiéntala en su trono, clara, resplandeciente, hermosa.
Dice más:
8. Y si aprisionados en cepos o en cadenas, enredados sean con sogas de miseria, que se ha de leer así enteramente. Y si fueren aprisionados en cadenas, y si fueren enredados con sogas de miseria, conviene a saber, estos humillados y estos justos que dice; si esto aconteciere, sucederá lo que dice luego después, porque se ha de entender que responde Eliú aquí a lo que vio se le podía oponer. Decía que Dios mira, favorece, ensalza en real trono a los justos: dijera alguno; al contrario, cada día vemos a muchos buenos caídos y miserables y opresos. Respóndele así; si eso aconteciere a los justos, si el cepo les prendiere los pies y si los cordeles de la miseria, que así llama a la calamidad y fortuna adversa, los apretaren, que es verdad que acontece, ¿qué?
Dice:
9. Y notificará a ellos sus obras, y delictos de ellos de violencia. Hácelo, dice, con particular amor y advertencia, para que conozcan algunas faltas que tienen y para purgarlos de los que pecaron, pues ninguno, por justo que sea, pasa sin faltas y sin pecados la vida.
Y notificará a ellos sus obras, esto es, verdad es que les envía desastres, mas es para notificarles sus obras, esto es, las obras imperfectas y faltosas que hacen ellos. Que sin duda es uno de los fines para que Dios ordena trabajos al justo, para que abra los ojos en cosas en que los traía cerrados; que así

como el regalo y el descanso hacen seguridad en el ánimo, así la adversidad y desastre engendran recato en él, haciéndole que mire por sí y se examine y que entre en cuenta consigo, en que toca lo que se le ascondía antes y reconoce sus faltas.

Y delictos de ellos de violencia; esto es, y notifícales por medio del trabajo en que los pone, sus delictos de violencia, quiere decir, adonde pasaron la igualdad, y usaron de violencia y de fuerza. O como otra letra dice, y delictos de ellos porque prevalecieron, esto es, cuando sus delictos de los justos prevalecen y crecen. Porque les acontece a los que Dios por suyos tiene, que se descuidan y sueltan a los sentidos la rienda y se dejan correr al mal, como si no los criara Dios para el cielo; y usan de fuerza y quebrantan la justicia y se desordenan en la templanza y modestia. Pues entonces azótalos Dios, dice Eliú, no para deshacerlos, porque son de metal escogido, sino para abrirles los ojos, haciéndoles que reconozcan su camino perdido.

Como lo declara diciendo:

10. Y torceráles oreja para castiguerío; y dirá que se tornen de maldad. Torcer oreja, en la Escritura, es dar aviso y señaladamente haciendo algún sentimiento y dolor; que es manera de hablar de que usan también los latinos, sacada del uso con que solemos advertir a los niños con un repelón, o con tirarles ligeramente la oreja. Y son sin duda como repelones que da Dios a los suyos los trabajos a que en la brevedad de esta vida los sujeta, para despertar su niñez, o por mejor decir, para, despojándolos de ella, dalles juicio entero y perfecto de hombres. Porque no se puede dudar sino que cuan lejos uno está del grado de virtud que es perfecto, tantos son los quilates que tiene menos de hombre; y así Dios, que no descansa con los suyos hasta llegarlos al estado de perfecto varón, mientras que ve en ellos resabios de niños, siempre les tuerce la oreja, y agora con unos y agora con otros dolores, los apura de sus miserias y los allega a Sí mismo, Bien sumo y dignísimo de ser buscado de todos.

De donde sucederá lo que luego se sigue, que:

11. Si oyeren, y cumplieren, acabarán sus días en bien, y sus años en gloria, o en deleites, como dice otra letra. Si oyeren, dice, y cumplieren, esto es, si obedecieren a la voz que les llama. Y si la oyeren primero, porque en esta manera de llamamientos en ambas a dos cosas podemos poner estorbo nosotros, en oír y habiendo oído, en seguir y obedecer al que llama. Que de los malos

dice David que no quisieron entender por no hacer bien. Y en otra parte, que tupieron sus oídos como áspide por no dar entrada a la voz del encanto. Y oído habían, a los que dice otro Psalmo: Hoy, si habéis oído su voz, no queráis endurecer vuestro corazón.

Y así acontece que algunos, aunque Dios les envíe trabajos, no advierten que Dios los envía ni a qué fin los envía, y aquestos tales no oyen. Otros hay que lo advierten, mas aunque lo entienden, no se mueven a ir do los llaman, y éstos desobedecen al llamamiento de Dios. Y por contraria manera, los que abren los oídos a Dios para oírle y tienen el corazón blando y dispuesto para ir tras su voz, los que en los azotes oyen el lenguaje divino, y los que sirven a lo que oyen y voluntariamente lo siguen, éstos, como Eliú aquí dice, fenecen sus vidas en bien; porque las remata el descanso y mueren para vivir, y viven, aun antes que mueran, dichosos, y su fin es comienzo de sus bienaventurados y gloriosos deleites.

Mas, al contrario, dice:

12. Si no oyeren, pasarán por espada, y serán consumidos en necedad, esto es, sucederles ha todo al revés; que no fenecerán en bien, sino en desventura; no prolongarán sus días, sino su remate será la brevedad de esta vida; no morirán para vivir, sino para morir más de veras; no pasarán a la gloria y a los deleites, sino a la ignominia y tormentos. Si no oyeren, pasarán por espada. Si no me oyéredes y a ira me moviéredes, el cuchillo tragará vuestras carnes, dice el profeta Esaías. Porque con nombre de cuchillo y de espada significa la Sagrada Escritura la postrera calamidad y miseria.

Si no oyeren, pasarán por espada, y con justa razón, porque no oír a Dios es gran culpa; lo uno, cuando es Él el que habla, a cuya voz habíamos de tener abierta la puerta siempre (que ¿quién no oye a quien ama?; ¿y quién es más digno de ser amado o que amar así nos importa?); lo otro, por la misma cualidad de la voz, que es bañada en amor toda. Ábreme, dice, esposa mía, hermana mía, paloma mía, que traigo llovida mi cabeza, y las guedejas de ella con las gotas de la noche.

Y no solo blanda, sino así clara y sonorosa que, si no es de industria, no se puede pasar; porque si lo consideramos como debemos, nos llama a Sí con cuanto en nosotros hace, y por defuera nos representa. Por la orden que en las criaturas puso nos llama; por la hermosura dellas, y por sus virtudes hechas para nuestro provecho; por el sucederse las noches y días; por las tinieblas y por la luz; por los buenos y malos tiempos; por la salud, por la enfermedad, por las menguas o por los dotes del cuerpo; por el alegría interior, por la abundancia del regalo, por las sequedades y males; por todo nos dice que miremos a Él, que conozcamos su poderosa mano, que sigamos sus leyes y nos dejemos llevar de su gobierno sabio y santísimo.

Pero vamos mas adelante:

13. Y hipócritas provocan a ira, no vocearán cuando los aprisionare. Da razón de lo que agora decía, que, si no oyeren, pasarán por espada. Porque dice ser de hipócritas (y por hipócritas entiende fingidos de corazón, como dice el original a la letra, hombres que en la prosperidad se mostraban buenos con apariencias fingidas, y tenían en el corazón solamente a sí mismos); pues de estos tales, dice, cuando los aprisiona Dios y, con la adversidad los azota, no vocear, esto es, no volver su voz a Él y sus ruegos, ni darse por entendidos que es de Dios el castigo, y que de Él ha de venir el remedio; que es, o no conocer su lenguaje, o endurecerse para nunca seguirle. Pues porque estos sordos y duros son fingidos hipócritas, y aunque confiesan a Dios con la boca, en lo secreto del corazón le aborrecen, por eso provocan la ira de Dios y han de pasar por espada, como arriba decía.

Porque grande ofensa es, un hombre, ni azotado, querer confesarse de culpa, y derrocado, tener ánimos altos, y hollado de Dios, traer bandos con Él, y sujeto, no querer sujetársele, y cuanto es de su parte, el medio de la tribulación, que se escogió para enviarle conocimiento y salud, y volverle en daño suyo y obligar por él a Dios que les destruya y deshaga. Que como en la lucha, cuando el que cae debajo se rinde y pide al vencedor que perdone, la clemencia le da la mano luego y le pone en sus pies; mas si forcejea por mejorarse y, vencido, no quiere conocer que lo es, con eso mismo enciende al contrario en ira, que de nuevo le hiere y maltrata; así el furor de Dios se enciende contra los que derrueca para sanarlos, y derrocados forcejean para nunca ser sanos. Y así les sucede lo que luego dice, que:

14. Morirá en tempestad su ánimo dellos, y su vida entre los afeminados. Morir en tempestad es morir antes de tiempo, súbito y de improviso, y antes que la edad se madure; y como las tempestades vienen como sin pensar, en verano,

porque el verano es tiempo alegre y sereno, y destruyen antes que se sazonen los frutos, y es mal que viene de golpe y de presto.

Y vese esto ser así, por la primera letra que dice: Morirá en su mocedad, y entre los afeminados, adonde se dice por rodeo lo mismo. Porque morir entre afeminados es morir al tiempo que la edad sirve a los deleites torpes, que son los años del hombre, verdes y mozos; y es justa pena de su maleficio que mueran antes de tiempo los que, siendo azotados, no conocen el tiempo de su remedio. Que como el que pone fuerza por ablandar o por enderezar una cosa, si no la endereza, la quiebra, así Dios no aguarda más cuando ve que es trabajar sin provecho.

Y, a la verdad, los malos siempre mueren mozos, porque nunca llegan a tener seso de ancianos y, canos son niños; y siempre mueren temprano, porque es breve esta vida, por larga que sea, y no les queda otra después; y siempre acaban sin razón, porque nunca maduran; y siempre su muerte es tempestad y torbellino espantoso, que lo asuela todo de golpe. Estos son los que no dan oídos a Dios.

Mas de los que le oyen, dice:

15. Librará de angustia al pobre y en la tribulación descubrirá la oreja de ellos. Descubrirá la oreja, porque las hará oír y entender, y esto en la tribulación, que como dijimos es excelente maestra.

Dice:

16. También te salvará de boca de angustia; anchura no cimiento so ella, y descanso de tu mesa lleno de grosura. Algunos dicen que muda la persona y que, como quien habla con solo Job, no habla propiamente con él, sino generalmente con todos, prosiguiendo los bienes que hace Dios a los buenos, afligidos, que se le rinden. Pero los que dicen esto no tienen razón; porque en el verso de arriba, que habla con todos, se dice la misma sentencia, y así conviene que en este presente no se repita de balde, sino que se aplique a lo particular. Y además de esto aquella palabra también lo convence, porque tiene gran fuerza y es como si más claro dijese: Y lo que hace Dios con sus pobres, contigo, con cuan desesperado y aborrecible te muestras, también lo hará, si te sujetas a Él.

Y se ve lo mismo en lo que después de esto se sigue, que casi todo se gasta en hablar con solo Job, y en persuadirle que sufra y se sujete a paciencia.

Pues dícele que él también será librado si oyere a Dios en este su azote y le obedeciere y siguiere. Y para persuadírselo más, no dice que será librado así, simplemente, sino con palabras que cada una encarece. Dice: También te salvará de boca de angustia. Dice de boca para señalar que estaba lanzado en ella y que la tenía presente. Como diciendo: y así no de cualquiera miseria, sino de esa que agora padeces, que te tiene en la boca, que te aprieta y te despedaza.

Y librándote della, ¿qué? Te pasará, dice, a anchura no cimiento so ella, esto es, a un abismo de anchura, como si dijésemos a anchura sin suelo ni término. Porque la anchura que hace Dios cuando le place, en el alma, es un espacio infinito y una plenitud que no se compara. Y el descanso, dice, de tu mesa lleno de grosura. Mesa en estas letras es alegría, es socorro y defensa. Pusiste, dice David, mesa delante de mí contra todos los que me persiguen; o es lugar de acuerdo y consejo. Dice Isaías: [Ordena la mesa; atalaya el atalayador, come y bebe; levantad vos los señores; ungid escudo.]

Y conforme a esto dice que estará llena de grosura su mesa porque no habrá falta ni cosa flaca en todo lo que fuere su alegría, su amparo, su descanso y consejo: todo abundante, todo lleno, todo cabal y perfecto; que es una bienandanza cifrada, la cual define: Bien perfeccionado con un amontonamiento de bienes.

Prosigue:

17. Tu causa juzgada como de malo; causa y juicio recobrarás. Y dice tú, que agora eres tratado y condenado como gran malhechor, si mi consejo sigues, si reconoces a Dios y te humillas a Él, saldrás por bueno y por justo, y ganarás este tu pleito perdido, y absolverte ha quien te condena agora; porque la humilde conversión a Dios y el amor para con Él encendido, todo lo repara y recobra.

O si no es esto, dice aquí Eliú una cosa bien diferente, a que ayuda mucho el original, que así dice: Juicio de impío cumpliste; causa y juicio se sustentan, o están en pie. Que es acusarle que, si no se rinde a Dios con paciencia en esta calamidad que padece, y si cumple juicio de impío, esto es, si prosigue en lo que ha comenzado y se ha con Dios como los malos hacen, cuando son castigados (que como tiene dicho, ni reconocen su culpa, ni alzan su ánimo a Dios, ni le llaman, ni le suplican, antes se quejan de Él y le acusan, y convierten la medicina que les ordenaba Dios en ponzoña), que si esto hace, o por mejor decir, si en ello persevera e hinche del todo la medida del malo, siguiendo su condición en los trabajos y su estilo y ingenio, que pondrá en pie la causa y juicio, esto es, que justificará más lo que Dios hace con él y apoyará y abonará más su justicia, para que el mundo claramente conozca cuán justamente le destruye Dios, para sacar a luz tanta maldad encubierta.

Pues dice, y prosigue:

18. No te venza ira a ser opresor, ni te incline muchedumbre de dones. Algunos quieren decir que en este verso y el siguiente, que es: Depón tu grandeza sin tribulación, y a todos robustos en fortaleza, no avisa Eliú a Job de lo que hacer debe en su trabajo presente, sino antes le reprende de los desafueros suyos de la vida pasada con que le da agora en rostro; y que no te venza vale tanto como si no te venciera, y así lo van repitiendo en esta forma: Si no te venciera, si no te inclinara, si depusieras tu grandeza y si resistieras con fortaleza a los malos (que llaman robustos) como diciendo que padece por esto.

Mas este sentido es ajeno de lo que trata Eliú, el cual, como al principio se demostró, nunca fue de parecer que Job pecara en lo pasado, sino que en lo presente pecaba, no sujetando su juicio al de Dios y pidiéndole cuenta, que, a lo que Eliú colegía, era negar su providencia y justicia. Que es insistir en el consejo mismo de arriba, que sufra su azote con reconocimiento humilde y no se deje vencer de la ira, o con que Dios le castiga, o que se enciende en él por ser castigado, ni le lleve este enojo a ser opresor, esto es, a ser del todo malo, negando la justicia y providencia divina. Ni te incline, dice, muchedumbre de dones; esto es, ni el dolor de los dones y bienes muchos que poseías, de que agora Dios te despoja, te incline a sentir mal de él, como sientes.

O sin duda hay aquí una comparación encubierta, como diciendo: Así como el regalo y las mercedes y perdones de Dios nunca han de inclinar a descuido, así el castigo y ira suya nunca debe engendrar impaciencia. A que ayudan mucho estas mismas palabras en la manera que el original las escribe que dice así: Que ira no te mate en abundancia, y muchedumbre de perdones no te haga declinar.

Antes, dice:

19. Depón tu grandeza sin tribulación, y a todos robustos en fortaleza; esto es, antes esta humilde sujeción y reconocimiento que digo, no solo cuando estás

en miseria, mas en todo tiempo y en toda fortuna lo debes, sin tribulación, y en medio de tu mayor fortaleza. En la prosperidad es justo depongamos nuestra grandeza delante de Él, y en lo más fuerte y más próspero de nuestra vida derroquemos a sus pies todo lo robusto de nuestros pensamientos y bríos.

Bien es verdad que hay otra letra muy diferente, que dice: ¿Por ventura preciará tu clamor, no oro, ni todas las fortalezas poderosas? En que habiendo en lo pasado Eliú avisado a Job, que se humille, le amenaza agora, si no lo hace y si persevera en ser contumaz, que no habrá poder ni intención, ni precio o redención que le salve. Si llevas, dice, tu soberbia impaciencia adelante, cierto puedes estar que Dios no preciará tu clamor, esto es, no preciará el ruego y las voces de ninguno que intercediere y clamare por ti; no estimará oro ni dones, no serán parte con él fortalezas poderosas, esto es, fuerzas ningunas, por grandes y poderosas que sean.

Y con esto conforma bien lo que luego le dice:

20. No alargues la noche, porque no subirán por ellos los pueblos. Porque quiere decirle que no duerma seguro, y como decimos, a sueño suelto, confiando que bastará la comunidad de su pueblo a librarle, aunque se levante y se conjure toda para su defensa.

Y así cierra esta su amonestación con aquello en que se suma diciendo:

21. Guarda; no mires a maldad, que comenzaste a seguirla por la afición; esto es, guárdate, no prosigas el mal comenzado y de que tomaste ocasión en la calamidad que padeces, y hiciste tóxico de lo que ordenaba Dios para tu bien y provecho. Y la maldad comenzada era no humillarse a Dios, querer entrar a juicio con Él y penetrar sus consejos y argüirle, a lo que Eliú entendía, de injusto, cosas muy ajenas de la naturaleza de Dios. Y así le torna a convidar a que mire quién Dios es, y enséñaselo como con el dedo, diciendo:

22. Ves: Dios alto en fortaleza suya; ¿quién como Él legislador?, o enseñador, como dice otra letra. En que afirma de Dios dos cosas que son claras, y de ellas arguye la tercera por encubierta manera. Afirma que es alto y fuerte de suyo; arguye que es sumo Maestro de saber y de ley; porque ser alto significa ser sabio, que la alteza del lugar es señal de conocimiento en la Sancta Escritura. ¿Quién, dice David, como el Señor nuestro, que mora lo alto y mira a lo bajo en la tierra?

Así que ser alto es ser sabio, y ser fuerte es ser poderoso y ser bueno, porque la bondad prevalece. Pues lo que es sabio y fuerte y bueno no puede ser tirano ni injusto, y cuanto uno tiene de lo primero, tan lejos está de esto segundo. Por donde se sigue ser sapientísimo maestro Dios, y legislador justo y rectísimo, pues es alto sobre todo y poderoso más que todas las cosas. Y de estos mismos principios nace que ni podemos ni debemos escudriñar sus juicios.
Y así, dice:
23. ¿Quién podrá escudriñar caminos de Él, y quién le dirá: Obraste maldad? Que cierta está la dificultad de alcanzarle siendo tan alto, y la imposibilidad de hallar desigualdad en Él, siendo justo legislador y maestro.
Dice más:
24. Miémbrate que no sabes obra suya, de quien cantaron varones. Que es razón con que le persuade lo que agora ha dicho, esto es, que no presuma de escudriñar los secretos de Dios, ni le pida cuenta y razón de sus hechos; pues no sabe ni conoce estas obras suyas visibles, tratadas, contadas y cantadas por todos; que es argumento fuerte, traído de lo que es más fácil de hacer y no se hace, a lo que es dificultoso y muy arduo.
Miémbrate, dice, esto es, trae a la memoria y advierte que no conoces, ni preguntado sabrías dar razón de esta su obra, que los hombres vemos y traemos en la lengua y la boca, obra que es pública y notoria y que a ninguno se asconde.
Como afirma y añade:
25. Todos los hombres lo vieron, cada uno mira de lejos; porque todos la ven, los de lejos y cerca, porque es esto natural y visible. Mas, aunque la ven y conocen todos, pero todos la miran de lejos, porque ninguno de ellos la penetra y entiende. Y si en esto que conocemos, ninguno entiende los intentos de Dios ni el artificio con que los compuso ni las causas de ser y de no ser que les pidió, ¿qué locura es querer alcanzar sus secretos?
Y así, dice:
26. Ves; Dios grande sobre sciencia nuestra, número de sus años innumerable. Como diciendo, de do podrás colegir que Dios vence nuestro saber, y que sería, no grande como es, sino limitado y pequeño, si pudiese de nuestro angosto ingenio ser entendido, y que sería poco su saber, si en lo que hace alcanzásemos siempre los fines que tiene.

Y número, dice, de sus años innumerables. Como vive más que nosotros, sabe más que nosotros; y como su vida ni tuvo principio ni tendrá nunca fin, ve, y alcanza todo lo venidero y pasado, y atiende a todo juntamente y concierta lo que hace con todo; y así no pueden ser entendidos sus fines de nosotros, que juzgamos por solo lo que tenemos presente.

Por manera que de la eternidad de la vida de Dios saca Eliú el conocimiento claro que tiene de todas las diferencias de tiempos y cosas, y de esto infiere que las templa a todas entre sí y las concierta unas con otras y hace de todas ellas una dulce armonía. A lo cual se sigue que nuestra vista corta, y que se extiende apenas a lo descubierto y presente, no puede alcanzarle, y que así es gran presunción juzgarle ni querer entrar en cuenta con Él. Y porque hizo memoria de la grandeza y poder que Dios tiene, como por ocasión, diviértese a decir algo de las obras naturales que ha hecho, que demuestran lo mucho que sabe y puede; y dice señaladamente de la lluvia, de las nubes, del relámpago y trueno; y dícelo de manera que son también ejemplos claros y argumentos de su propósito. Porque como Dios suspende unas veces la lluvia, y otras en gran copia la envía, y no sabemos la razón que le mueve ni a lo uno ni a lo otro; y como cubre a tiempos con nubes el cielo, y a tiempos le descubre puro y sereno, y no sabemos la causa, ni de la serenidad ni nublado; y como truena unas veses y lanza rayos, y no sabemos por qué; así los días y vida del hombre los gobierna Dios con diferentes sucesos, unos prósperos, otros adversos, unos claros, otros turbios y tristes, y algunos mortales y de postrera calamidad, y no hay que pedirle cuenta ni alcanzar lo que hace, como en lo demás no se alcanza.

Pues dice:

27. Que quitará gotas de lluvia, y derrama lluvia a manera de ríos; esto es, quita el agua cuando quiere, y envíala con abundancia cuando es servido y le place. La cual lluvia, dice:

28. Manará de nubes, que lo cubren todo por cima, como cuando el agua es general acontece; al revés de cuando es a manchas, que no se extienden ni lo cubren todo las nubes.

Y el extenderlas le es fácil, y por eso dice:

29. Si quisiere extender nubes como pabellón suyo, como si más claro dijese: Extiéndelas cuando quiere, porque las extiende con la facilidad que un

pabellón se despliega. O dice esto de pabellón para significar los nublados muy cerrados y negros, cuales suelen ser en los días de calor y de estío; que uno es el nublado de invierno, sosegado y igual, y otro el del estío, súbito y tempestuoso y escuro.

Y así dice Eliú que también, si quiere, extiende las nubes como pabellón cerrado y escuro; esto es, que no solo envía nubes de invierno, sosegadas, sino también, si quiere, turbiones y tempestades de verano.

A lo cual siempre acompaña lo que añade luego:

30. Y relampaguear con lumbre suya de arriba; también cubijará extremos, o raíces de mares. Éstos son los relámpagos que con las nubes del estío vienen, y en medio de su escuridad resplandecen, y su resplandor a manera de culebra torciéndose, en un punto cuela de parte a parte cuanto determina la vista. Y por eso dice que cubijará raíces de mares, porque llega al parecer hasta donde el mundo se acaba. O dice, que cubijará extremos de mares, porque en el agua aparece como en espejo otro nublado, y su escuridad, y sus relámpagos y resplandor, se pinta en ella semejante y por la misma manera.

Y dice:

31. Que por éstas juzga a pueblos y da mantenimiento a muchos mortales.

Juzga a pueblos, esto es, castiga los pecados comunes por medio de las nubes y de las lluvias de que habla, quitándolas y dando con la sequedad malos años. Y da mantenimiento a muchos mortales, al revés, mandando que llueva; y dice, a muchos, por decir a todos, o por significar con cuán poca cosa sabe hacer y hace tan grande abundancia; que, si se considera, es maravilla grandísima con unas gotas de agua, rociada la tierra, sacar a luz tantas diferencias y tan provechosas de cosas.

Y finalmente concluye, y dice:

32. En manos asconde luz y manda que torne a venir.

33. Anunciaré dello a su amigo, que posesión suya, y que a Él se levanta.

Que, según la cualidad y muchas significaciones de las palabras originales, se puede decir también en esta manera: En las encombadas asconde la luz, o la lluvia, y manda sobre ella, por el que ocurre y se opone. Anunciará della a su pastor el ganado, nariz en alto levantando. Y cada una de estas letras tiene conveniente sentido; que, como iba diciendo que por medio del agua y de las nubes castiga los pueblos y da de comer a los hombres, declara luego en qué manera usa de ellas en esto.

Y dice que los castiga ascondiendo, esto es, encerrando, para que no descienda en las nubes, el agua o la luz, que levanta los vapores que llueven, deteniéndola y como apretándola con las manos, para que no los levante. Y dice que los sustenta y mantiene, mandando después que desciendan; lo cual manda por el que ocurre y se opone, conviene a saber, rogándole y suplicándole que lo mande y la envíe. Porque como los pecados de los hombres cierran los cielos y esterilizan los años, como Moisés en el Deuteronomio demuestra, así los ruegos de los buenos remedian los temporales y traen la lluvia a su tiempo, como Elías lo hizo.

Y dice aquí la letra primera que desta lluvia que viene, da, conviene a saber, Dios, aviso a su amigo, esto es, al que se opuso pidiéndola; o porque es posesión suya el que lo pidió, que es decir, porque es su amigo, y levantó su corazón y sus ruegos a él; o porque le enseña y demuestra que es negocio que está en su mano sola el levantar el agua y el darla, el asconder la luz y el hacer que se demuestre después.

O en otra manera, y conforme a la letra segunda: Anuncia de ella, esto es, da señales de la lluvia que viene, a su pastor el ganado, movido por instinto natural que Dios en él puso, y las señas son nariz en lo alto levantado. Porque cuando la sazón del tiempo va inclinando a ser húmeda y cuando llover quiere y antes que llueva, los bueyes sienten luego la mudanza del aire, y lo dan a entender alzando en alto la nariz, y abriéndola y atrayendo el aliento para sí con más fuerza. De que dice el poeta:

> [Porque o la grulla luego, alzando el vuelo,
> como el vapor del valle se levanta,
> le huye, o la becerra, vuelta al cielo,
> atrae el aire a sí...]

Otras declaraciones diferentes se dan en este lugar; pero ésta, a mi juicio, es la más natural y mejor.

Madrid, 27 de octubre de 1590.

Capítulo XXXVII
1. Y también sobre esto se espeluzó mi corazón, y fue desquiciado de su lugar.
2. Oirá, y oirá con temblor voz suya; y sonido que de su boca procederá.
3. Debajo de todo el cielo considera a Él, y su luz sobre fines de la tierra.
4. Después dél bramará sonido, tronará en voz de su magnificencia, y no le detendrá, cuando fuere oída su voz.
5. Tronará Dios en voz suya a las maravillas; Hacedor de grandezas que no sabemos.
6. Que a nieve dirá: Desciende a la tierra, y a la lluvia de invierno, y a lluvia de lluvias de su fortaleza.
7. En mano de todo hombre sella, para entender cada uno en su obra.
8. Y entrará alimaña en su cueva; en su escondrijo morará.
9. De lo interior vendrá el turbión, y del Arturo el frío.
10. A soplo de Dios se hace el hielo, y después se derraman en anchura las aguas.
11. Trigo desea nubes, y nubes esparcen lumbre suya.
12. Y ella en cerco se revuelve por todo en consejo del gobernador, para obrar todo lo que él les manda sobre la faz de la tierra.
13. En una gente, o en tierra suya, o en cualquier lugar que su misericordia mandare se hallen.
14. Escucha, Job, y advierte y considera maravillas de Dios.
15. ¿Por dicha sabes cuándo manda Dios a lluvias, que mostrasen luz de sus nubes?
16. ¿Por dicha supiste sendas de nubes, grandes y perfectas sciencias?
17. ¿Por dicha vestiduras tuyas se calientan, cuando soplada la tierra del ábrego?
18. ¿Por ventura tú con Él fabricaste los cielos, que son macizos como vaciados de cobre?
19. Avézanos que respondamos a Él; nosotros no acertaremos por las tinieblas.
20. ¿Quién le contará lo que habló? Aunque el hombre hablare, será tragado.
21. Y agora no ven luz resplandeciente en los cielos: de súbito el aire se espesa en nubes; pasa el viento, y purifícalos.
22. Del aquilón viene el oro, y de Dios temeroso alabanza.

23. No podremos hallarle como merece; grande en fortaleza, juicio y justicia, y no puede ser contado.
24. Por tanto varones le temerán, y no osarán mostrarle todos los que se tienen por sabios.

Exposición
1. Y también sobre esto se espeluzó mi corazón, y fue desquiciado de su lugar. Por las obras maravillosas que Dios en la naturaleza hace, en el fin del capítulo pasado comenzó Eliú a mostrar su saber y grandeza, para criar en el ánimo de Job la reverencia y temor de Dios, que a su parecer le faltaba, y para apartarle de escudriñar sus juicios; y lo mismo para el mismo fin lleva agora adelante. Y porque había dicho de las nubes y de las lluvias, dice de los truenos y rayos y relámpagos.
Y de los truenos primero, y dice así: También sobre esto se espeluzó mi corazón. Como diciendo, allende de lo dicho, y en esto mismo que dicho he, hay otra cosa maravillosa y de espanto, así para el sentido cuando lo oye, como para el ánimo siempre que considera la razón y causa de ello.
Que es:
2. Oiréis con temblor voz suya, y sonido que de su boca procederá: como si dijese que, entre estas nubes y lluvias que Dios ordena y envía cuando menos pensáis, abre el Señor la boca con extraordinario ruido y suena, y oiréis su voz espantable y temerosa. Que llama voz de Dios por encarecimiento a los truenos, así por su grandeza de estruendo, como por sonar a nuestro parecer en el cielo, sin causa descubierta y que se vea. Y prosigue diciendo las cualidades del trueno, y lo que le antecede y se le sigue.
Dice:
3. Debajo de todo cielo considera él, y su luz sobre fines de tierra. Quiere decir, que primero que el trueno, o venga él o Dios le envíe, abre los ojos y mira súbita y brevísimamente todo lo que el cielo cubre desde Oriente a Poniente. Y cuando dice que mira o considera él, o habla del trueno y dale persona y sentidos, careciendo de ellos, por figura poética; o habla de Dios, y dice que mira o considera, también figuradamente, aunque en otra manera. Porque el mirar o considerar, que aquí se atribuye o al trueno que suena o a Dios que le envía, no es propriedad, sino semejanza para declarar el relámpa-

go, que luce antes que el trueno suene; que se manifiesta por lo que luego se dice, y su luz sobre fines de tierra.

Por manera que el considerar es enviar su luz, que es el relámpago que nace con el trueno y llega a nuestros oídos primero; y el relampaguear o el rasgar el trueno las nubes y dar salida a su luz, es como un abrir el trueno los ojos y descubrir los rayos de ellos y enviarlos delante y como guía suya, primero que él venga, vaya reconociendo el camino por donde ha de venir. Que la carrera que ha de pasar el trueno, el relámpago en nombre suyo la pasea y considera primero; y así dice otra letra, debajo de todo el cielo enderazamiento y camino suyo.

Y así dice:

4. Después dél bramará tronido; tronará en voz de su magnificencia, y no será buscada cuanto fuera oída su voz. Después dél, esto es, después de esta luz del relámpago, y después de haber con ella visto bien la carrera, bramará el tronido luego; porque para nosotros el relámpago es visto primero, y el trueno oído después.

Pues dice que bramará, porque es sonido espantoso; y por el mismo fin añade que tronará en voz de su magnificencia, para declarar que es como una voz terrible y grandísima. Y dice que no será buscada cuando fuere oída su voz, para decir la velocidad con que pasa, y para significar que, pasada, no deja rastro de sí, y que aunque entendemos de dónde vino, no sabremos señalar la parte por do vino ni adónde pasó; o porque, como otra letra dice, no la detendrá cuando fuere oída su voz; esto es, no será nadie poderoso, cuando sonar quiere, para que el tronido no suene, ni es parte nadie para atapar la boca al cielo, cuando la abre para despedir la voz de este son.

Después dél, dice, bramará tronido. En la naturaleza, y según lo que pasa en el hecho de la verdad, primero es el trueno y después el relámpago, porque el relámpago para salir rasga la nube, que rasgándose hace aquel estampido; y como es primero rasgarla que salir fuera della, así es primero el tronar que el relámpago. Mas en nosotros es al revés, porque la luz es más ligera que el son, y Eliú habla según lo que sentimos nosotros; y habla según la verdad del sentido secreto que en esto visible se encubre. Porque, sin duda, en el cielo espiritual, cuando influye en un alma estéril para hacer que dé fruto, primero luce, y después truena y juntamente llueve, y habiendo tronado, crece con más copia la lluvia; así como en la naturaleza pasa, según lo que mentamos y vemos. Porque así como la fe es la primera, y el entender es la puerta para entrar a la voluntad, así forzosamente la luz es la que primero entra en el alma ciega y sepultada en tinieblas, y la alumbra y hace que vea en un momento el suelo y el cielo, a sí y a Dios, la vileza y bajeza suya, y la alteza y mansedumbre de los bienes que pierde; y como dice Eliú, hace que considere debajo de todo el cielo, y su lumbre vaya sobre alas de tierra, o como otra letra dice, sobre sus términos. Porque ve el hombre entonces por medio de un relámpago súbito y de una representación clara y brevísima los fines de la tierra y sus alas, quiere decir, en qué para lo que en esta tierra de miseria se estima, y su ligero vuelo con que se desparece en un punto.

A lo cual se sigue luego un trueno de temor espantoso, que deja asombradas y temblando todas las fuerzas del alma; un tronido que dentro della se oye diciendo: ¡Ay, perdida!; y ¿qué he dicho? De lo pasado, ¿qué tengo? Y en lo venidero, ¿qué esperanza me queda? Espanto, asombro, temblores, voces de amargura, representaciones de muerte y tormento perpetuo, que desmenuzan el corazón y sumen en el abismo el sentido.

Mas entre esta luz y tronido, entre este conocimiento y temblor, la lluvia de la gracia cae mansamente y desciende; y cuanto el temblor y el ruido que en el alma pasa es mayor, tanto desciende más copiosa, y así la baña que mucha parte de ella sale por los ojos convertida en provechosísimas lágrimas, con que se lava el corazón podrecido, y poco a poco se repara y renueva, y de estéril y inútil que era antes, se hace fructuoso y fecundo y se viste de verdor y hermosura. Así se vio en la luz y en la voz que derribó tanto de su perverso ánimo como de su estado a Sant Pablo, y así se ve cada día en mil almas.

Mas veamos lo que dice más Eliú:

5. Tronará Dios en voz suya a las maravillas: Hacedor de grandezas que no sabemos. Cada palabra tiene su encarecimiento, y todas se enderezan a engrandecer el espantoso ruido que el trueno hace. Dice tronar, que es no sonar como quiera; y dice que truena Dios, en que da a entender que es sonido grandísimo, porque todo lo que se atribuye a Dios siempre es grande. Y dice a las maravillas, porque es caso muy maravilloso, sin duda, que un poco de vapor espesado y rasgado haga tan espantable sonido.

Pero no es nuevo a Dios hacer lo que no alcanzamos los hombres, antes proprio y muy suyo, porque, como añade, es Dios Hacedor de grandezas que no sabemos. Y esto mismo, si lo pasamos al alma, ¡dichosa aquella en quien Dios truena con voz suya en la forma y manera sobredicha!, porque sin duda truena a las maravillas, esto es, para hacer en ella maravillas nunca merecidas y que solamente pueden ser hechas por Dios. Porque como sea maravilloso Dios en todas sus obras, en ninguna es tanto como en trastornar un pecho al mal entregado, y sanarle, volviéndole al amor de la justicia de la afición del pecado. Que una maravilla es buscar Dios con amor a quien en acto le aborrece y desirve; y otra, no ser en esta busca más misericordioso que justo, teniendo en ella respeto a su Hijo; y la tercera, sin forzar lo que es libre, desaficionarle y descasarle de lo que perdidamente ama, e inducirle a querer lo que ni ve ni posee; y la cuarta es la manera como le sigue y los alcances que le da, y el artificio de los medios que usa hasta meterle en sus redes. Que en lo primero muestra su bondad infinita, y en lo segundo su justicia sin término, y en lo tercero su poder amoroso, y en lo último su saber y medida.

Y por eso le llama Hacedor de grandezas que no sabemos; porque a todo saber excede la sabiduría de los medios de que Dios para este fin se aprovecha, como en lo que se sigue veremos:

Dice, pues:

6. Que a nieve dirá: Desciende a la tierra; y a lluvia de invierno, y a lluvia de lluvias de su fortaleza. Porque dijo ser Dios Hacedor de grandezas, refiere algunas naturales que hace en la tierra y el aire; y como dijo del trueno y relámpago, dice agora de la nieve y de las lluvias de invierno y verano, confesando que las envía Dios, y alabando en ellas su providencia y grandeza, que con sumo poder y saber dispuso desde su principio las causas con tanta eficacia y concierto, que a sus tiempos ordenados y proprios envíen de las nubes el agua; unas veces hecha nieve, y otras deshecha en gotas menudas de lluvia; unas mansa, y otras recia y copiosa, porque conviene así para la sazón de los fructos.

Dice: Que dirá a la nieve que descienda en la tierra, porque Él lo hace todo, no solo porque desde su principio compuso las causas para ello, sino también porque, cuando se hace, concurre Él con las causas. Y dícele que descienda, o como el original dice, que esté, porque la nieve sobre la tierra, cuando cae queda como asentada reposando en ella no corriendo ni sumiéndose por el suelo, conforme a lo que el lírico dice:

> Y las nieves
> compuestas y tendidas,
> del aire agudo en hielo convertidas.

Y distingue dos lluvias: una que llama el original nublado de lluvia, y otra que le nombra nublado de lluvias de su fortaleza. La primera es mollezna o agua mansa, como de invierno; y la segunda recia y de avenida, como son los turbiones en verano, que cada una es cual conviene ser a su tiempo. Que son diferencias que, ni más ni menos, las hace Dios en el repartir de su gracia para bien de las almas.

Porque unas veces envía nieves, esto es, disposiciones apretadas y frías, que estrechan y hielan el corazón, y hacen que estén de asiento en él y que duren días y años, para que, recogiéndose en sí, no se derrame de fuera, y para que el regalo no le desvanezca y se vaya todo en hojas y flor. Porque así como en la tierra las nieves, sobre los sembrados caídas, apretando el suelo y recogiendo el calor hacia el centro, hacen que se encepe el grano y que eche raíces y cobre fuerza en sí mismo, y no brote afuera sin tiempo, así las que Dios nieva en el alma, recogen la fuerza della a lo íntimo, y la desvían de aquesto exterior, y la esfuerzan y hacen valiente en sí misma, y la arraigan con firmeza en el bien para que después con mayor abundancia dé fructo.

Así envía unas veces nieve, y otras riega y baña el alma con lluvia, unas veces menuda y sosegada, que se bebe en ella y la cala y penetra dulcemente, y la enmollece y regala y hace fértil para producir fructos sanctos; otras, de golpe y de avenida y con tanta alma y desasida de aquesto visible, embriagada y como reventando y no cabiendo en sí misma, se levanta a actitudes heroicas. Y así luego dice:

7. En mano de todo hombre sella, para entender cada uno en su obra. Porque quiere decir que les sella y cierra las manos por medio de esta nieve fría y de esta abundancia de gracia, para que no se ocupen en las obras de tierra en que entendían antes; y que los encierra en su casa, alejándolos de estas cosas

de fuera, para que, cerrados en sí y apartados de lo que tan poco les pertenece, trabajen en la composición de sí mismos, que es su oficio y obra propria. Y esto mismo acontece en lo natural, de que Eliú descubiertamente habla. Que como había dicho de la nieve que Dios envía, que es fría en sí y viene siempre en tiempo frío y helado, diviértese según costumbre poética, y dice lo que el frío hace. Y engrandece su fuerza por sus accidentes y efectos, diciendo que pone sello en las manos de los hombres, porque se las entorpece y vuelve ateridas y como inútiles para aprehender lo que quieren, y porque las encierra en sus casas y impide y pone estanco en sus obras, para que no entiendan en ellas. Que el tiempo helado cierra la puerta a las labores del campo, de que dice el poeta:

[Que cuando reina el frío y hielo crudo,
los labradores, por la mayor parte,
gozan de lo allegado, y juntamente
a veces se convidan dulcemente.]

Dice, pues: En mano de todo hombre sella, esto es, pone sello en las manos de todos con el rigor del frío que envía.
Para entender cada uno en su obra. Para entender quiere decir para hacer; porque en la lengua original, como en la nuestra, entender se toma por hacer, y entender en una cosa es hacerla o ponerla por obra. Y diciendo para entender, niega que puedan entender en sus obras los hombres, por estar ateridos del hielo: y niégalo por virtud de la negación que se encierra en decir que les sella, esto es, que no les deja sueltas y libres las manos.
Prosigue adelante:
8. Entrará alimaña en su cueva, en su escondrijo morará; en que dice otro efecto que el frío hace, y con que encarece diciéndole su grande fuerza. Porque vencidas de él, dice, y no pudiendo sufrir su rigor las alimañas, todas se van a sus cuevas, y en el abrigo dellas metidas en cuanto el rigor dura, pasan su vida.
O si decimos que no habla del hielo aquí, sino de los aguaceros y de las tempestades que hay en el verano de aguas, es verdad también decir que huyen entonces los animales a sus escondrijos y pasan allí en cuanto pasa la furia.

Y de ambas maneras se verifica bien en lo que toca a las almas. Porque en los tiempos ásperos que Dios envía a los suyos, y en el frío de la nieve y en la avenida de los trabajos y males, lo bruto que en nosotros vive y desmandarse suele con la serenidad y blandura de los buenos sucesos, se retira entonces y encoge y verdaderamente se encubre y enflaquece y casi pierde la vida. Que para ese fin trabaja Dios y aflige a los buenos, para apurarlos, esto es, para acabar en ellos, cuanto es posible, todo lo que de razón carece o que no se sujeta a ella y quiere vivir brutamente libre y por sí.
Dice más:
9. De lo interior vendrá el turbión, y del Arturo el frío. Interior llama el Polo que se nos encubre, opuesto y contrario al descubierto que vemos, y ansimismo a las regiones del Mediodía que a él se allegan; y llámalo así, porque antes de agora eran regiones no conocidas. Pues de allí, dice, que viene el turbión y las tempestades de las aguas, porque el ábrego y vendaval que sopla de aquellas partes es tempestuoso y lluvioso: Y del Arturo, que es el Norte, viene el frío, porque el cierzo que nace de aquella región es frío y agudo viento.
Y así donde decimos Arturo, el original dice mezarim, los esparcidores, para declarar por ellos los fríos que con su agudeza y sequedad consumen los humores, y esparcen y deshacen las nubes y serenan el aire. Y cuenta esta diversidad de vientos y la diferencia de los efectos contrarios que hacen, entre las obras maravillosas de Dios, con razón justa; porque, aunque los conocemos por el sentido, si queremos dar verdadera razón dellos con el entendimiento, no la sabremos dar, ni la han dado los filósofos que son más preciados y que con cuidado se desvelaron en darla, como se mostrara a los ojos si no fuera ajeno de este propósito.
El Mediodía en la Sagrada Escritura, y el viento que del Mediodía procede, es bien recibido; y, al revés, reprobado y desechado el Norte y Setentrión; como se ve por lo que en los Cantares dice la Esposa, cuando para el bien de su huerto llama al ábrego y le ruega que sople, y al cierzo y setentrión le manda que huya. Y en otra parte dice un profeta que del Norte vendrá el mal todo. Y no sin secreto misterio Lucifer escogía al Setentrión para asiento, cuando acerca del profeta decía: [Sobre las estrellas del cielo ensalzaré mi trono; en el monte del Testamento, al lado del aquilón.]

Y conforme a esto entendemos por el Norte aquí al espíritu enemigo, y al sentido de la carne mundanal y ambicioso, tan lejos del calor de la caridad que da vida, cuanto del Sol están desterradas las partes del Norte; los cuales espíritus y sentidos siempre son causa del frío y de hielo en el alma, abrasando con hielo sus felices plantas, y quitándola el fruto y entorpeciéndola al bien. Y por el contrario, el Mediodía es buen espíritu, que la ablanda y enternece y la baña con la lluvia del cielo, y así la hace fructuosa y fecunda y lucida al alma. Mas porque hay dos maneras de frialdad y de hielo: una, que nace del amor de las cosas sensibles, y otra, que hace Dios retirando en cierta manera el regalo blando de su presencia; una, que hace el vicio que se asienta en el alma; otra, que se descubre en ella sin culpa suya por orden maravillosa de Dios; de este postrero, ya que del primero había dicho, dice agora Eliú en esta manera:

10. A soplo de Dios se hace el hielo; y después se derraman en anchura las aguas. Que acontece en lo natural y en lo espiritual por una misma forma. Porque así como con el aire agudo, que es lo que llama soplo de Dios, se hiela el agua, y después, volviéndose el aire en otro más templado, se deshace y deshiela, y corre y se extiende lo que antes estaba como en cadena, así en esta manera de frialdad y apretura que hace Dios en el alma para bien de ella misma, retirando la influencia de su regalo y blandura, la causa della es soplo de Dios, esto es, espíritu y orden suya, ordenada toda para nuestro provecho. Y si no es espíritu regalado suyo, es espíritu sin duda amoroso porque se mueve a ello por amor, y en ese mismo acto y cuando lo hace, nos ama. Y el fin es resolverse después en anchura de aguas; porque no sigue tanto la sombra al cuerpo en el Sol, como es cierta, después de una de estas frialdades y sequedades muy grandes, una copia más grande de regalos dulcísimos.

Y es ordinario en Dios, cuando nos quiere hacer algunas grandes mercedes y antes que nos las haga, tentamos primero con apreturas y sequedades por muchas razones: una, para así nos hacer más puros y mejor dispuestos para lo que ha de venir; otra, para renovar en nosotros el conocimiento de lo poco que somos sin Él, de manera que su memoria reciente no consienta al regalo, que luego viene, nos desvanezca; y la tercera, para que el pasar de lo amargo a lo dulce, y de la tristeza de la sequedad a la suavidad de la anchura, y del frío helado al calor amoroso, avive el sentido del bien en nosotros y haga más acendrado deleite; de arte que lo dulce nos sea más dulce, y el regalo más

regalado, y el bien y el favor más gustoso, y el autor de todos estos bienes sin comparación más amable; y no más amable solamente, sino admirable y por extremo maravilloso, que con tan gran artificio y con variedad tan diversa nos templa y guisa, y hace más sabroso el bien para nuestro provecho.
Prosigue:
11. Trigo desea nubes, y nubes esparcen lumbre suya. No solamente la sementera pide nubes y lluvia, mas también las desea el trigo ya nacido y crecido, como en los meses de mayo y abril. Pues loa en esto la providencia de Dios, y cuenta, y con razón, como maravilla suya también este ordenado concierto con que acude Dios con el agua a sus tiempos, no solo al trigo sembrado para que nazca, sino al nacido para que espigue y fructifique.
Y así dice que el trigo desea nubes; esto es, que tiene necesidad en el abril de sus lluvias; y porque corre entonces la necesidad, hace la orden de Dios que las nubes, entonces vengan y derramen su lumbre, que es su agua lloviendo. Y llámala lumbre, o porque la palabra original or significa lo uno y lo otro, o porque las lluvias de aquellos meses no son sin relámpagos. Y entendemos de esta doctrina, que no hay estado en esta vida tan justo ni gustoso, tan crecido y aprovechado, que no tenga necesidad de la lluvia de la gracia de Dios; y juntamente que no falta Dios, cuanto es en sí, en ningún estado a los suyos.
El trigo, dice, desea nubes; y porque es trigo, más las desea. Que los deseos de los bienes de Dios en los más crecidos y más perfectos son mucho mayores; los que están en simiente y los que están en hierba, no desean así como los espigados, ni tanto las hojas como los granos y el fructo. Y dice que en los tales las nubes esparcen su lumbre, porque lo que influye la gracia de Dios en los espíritus adelantados en la virtud y perfectos, demás de ser mucho, tiene más de luz que de regalo; porque de ordinario los regalos se dan a los principiantes, como a tiernos y flacos, y como a niños en la virtud no capaces de mantenimiento macizo.
Esto es así; aunque en este paso el original da lugar a otra letra que dice: También serenidad fatiga nube; hará esparcir nube de su lumbre. Que, en una palabra, es decir que algunas veces llueve bien con el cierzo, al cual llama aquí serenidad, porque de ordinario sucede, cuando sopla, causarla. Y así porque había dicho en el verso de antes que Dios con su soplo, esto es, con el viento

cierzo soplando, helaba y apretaba las aguas, dice agora que no solamente hiela, sino que también algunas veces llueve abundantemente con cierzo.
También, dice, serenidad fatiga nubes; esto es, no siempre las deshace, sino veces hay que las fatiga, esto es, que las trae y las llama y las ocupa en su obra. Como declara luego añadiendo: hará esparcir nube de su lumbre, que es, su lluvia, como agora decíamos. Que, en lo que toca al espíritu, conviene con lo del verso pasado, donde decíamos que a la sequedad sucede siempre la lluvia, y a la apretura y frialdad de espíritu regalo y blandura de Dios. Porque lo confirma aquí y dice ser tan cierto, que la misma serenidad, esto es, el mismo cierzo causador del hielo y del frío, conviene a saber, esa misma esterilidad y encogimiento de espíritu, secretamente, y sin que el alma lo entienda, solicita a las nubes, esto es, llama y saca la lluvia, haciendo más pura el alma y más capaz para ella, y avecinándola más a Dios, el cual influye siempre y abundantemente, luego que halla sujetos dispuestos.
Y así luego dice:
12. Y ella en cerco se revuelve por todo el consejo del gobernador, para obrar todo lo que Él manda sobre la luz de la tierra. Porque ella es la nube, esto es, la fuente de la gracia; la cual, según el consejo de la providencia de Dios, es quien gobierna; lo cerca todo a la redonda, buscando y haciendo sujetos sobre que influya. Como en la naturaleza acontece, de que dice que no llueve poco, cuando llueve con cierzo, antes lo cercan las nubes todo, y guiadas de Dios por medio del viento, discurren y obran lo que Él les ordena sobre la haz de la tierra, lloviendo, o no lloviendo, en partes diversas.
Como luego declara diciendo:
13. O en una gente, o en tierra suya, o en cualquier lugar que su misericordia mandare se hallen. O como podemos también traducir: O para vara, o para su tierra, o para misericordia, haré que sea hallada. Porque como sea verdad que las nubes andan por todas partes, y derraman su lluvia, agora en unas y agora en otras, según la forma que Dios les ordena; mas no siempre la derraman para un mismo fin ni hacen siempre una obra, que veces llueve para castigo, y a veces para misericordia; unas lluvias anegan, otras destruyen los fructos, otras los producen y multiplican. Y así dice que la nube y la lluvia sirve a Dios, o de vara y azote para unos, o de misericordia y piedad para otros.

Y es lo mismo en la gracia: que su influencia unas veces castiga y destruye y anega las pasiones del cuerpo; otras, en lo alto del alma, que es propriamente su tierra, produce fructos de misericordia riquísimos.

Dice más:

14. Escucha, Job, y advierte y considera maravillas de Dios. Después que ha referido Eliú algunas de las obras maravillosas que en la naturaleza Dios hace, allégase más a su propósito y aplica lo que dicho tiene a lo que pretende decir. Y así, volviéndose a Job, pídele de nuevo atención y adviértele a que considere las maravillas que ha dicho, y si las ha considerado, pregúntale y dícele:

15. ¿Por dicha sabes cuándo manda Dios a lluvias que mostrasen luz de sus nubes? Que es como si más claro dijese: Si has oído, Job, lo que he dicho, y si has puesto atención, pregúntote: ¿Sabrás decirme la causa dello? ¿Podrás declararme por qué medios, con qué virtud de causas, por qué fines hace Dios lo que hace en las nubes, en las lluvias y aire? Como secretamente arguyéndole que, si esto público que Dios hace no sabe, menos alcanzará lo secreto, y reprendiéndole con este argumento, del haber querido ponerse con Dios a cuenta: ¿Por dicha, dice, sabes cuándo manda Dios lluvias?; esto es, ¿sabes cuándo y cómo y por qué llueve Dios cuando llueve? ¿Sabes en esta parte de naturaleza, que tan manifiesta parece, los secretos que Dios encierra, las causas que dispuso para la lluvia, cómo y por qué fines la alza o la envía?

Y añade: ¿Que mostrasen luz de sus nubes?; como diciendo, ¿y sabrásme decir también de los rayos y relámpagos que con las nubes y lluvias vienen y resplandecen?

Y prosigue preguntando, y dícele:

16. ¿Por dicha supiste sendas de nubes, grandes y perfectas sciencias? O según otra letra: Extendimientos, o pesos de nube, maravillas, perfectos saberes. Que es decirle casi lo mismo que dicho había, por otras diferentes palabras; porque, sendas de nubes son los caminos que hacen, el venir sin saber en qué manera, y el desaparecer cuando menos se piensa; y extendimientos suyos son lo que no nos maravilla por ser ordinario, y es ello en sí muy maravilloso. De una pequeña nube, estando el cielo sereno, en brevísimo tiempo cúbrese todo de nubes y extiéndese casi visiblemente, sin ver lo que se le allega, como se extiende un velo que plegado estaba, si se desplega.

Y pesos de nubes llama lo que en el aire las tiene suspensas y como en una cierta balanza, que no las consiente ni alzarse más altas ni caer descendiendo. Todas las cuales cosas son maravillas y perfectos saberes; porque sus causas proprias y verdaderas son muy ocultas, y por la misma razón madres de lo que es maravilla, y no las entiende sino quien mucho sabe y es perfecto en la sciencia.

Prosigue:

17. ¿Por dicha vestiduras tuyas se calientan cuando es soplada la tierra del ábrego? Que es razón cortada, y se hace así entera: ¿Por dicha sabes la causa por que tus vestiduras se calientan cuando el ábrego sopla? En que lleva adelante sus preguntas para convencer lo poco que el hombre alcanza de lo que Dios hace y sabe. Porque, sin duda, si se apuran las razones que los sabios dan para que unos vientos sean fríos y otros calientes, unos sequen y otros humedezcan, constará ser razones de aire, que tienen más de imaginación y sospecha que de razón y causa verdadera. El ábrego calienta, como por la experiencia se ve; y si dijere alguno, por causa de su calor venir del Mediodía, que es parte caliente y que tiene al Sol siempre vecino; parecerá que dice algo; y apretado y llegado al cabo, ni es verdadero ni verosímil. Porque el ábrego que viene del Mediodía, no siempre nace debajo de la zona tórrida, o de la equinoccial, ni llega soplando desde aquella región a la nuestra, sino nace de ordinario no muchas leguas de donde le sentimos soplar.

Y acontecerá muchas veces que, más adelante del lugar donde nace, nazca otro viento contrario que vaya soplando por camino opuesto, y, corriendo hacia los que viven al Mediodía, les sea frigidísimo cierzo. Y si miramos a sus nacimientos de ambos, está más cerca del camino del Sol el que enfría a los meridionales que el que calienta a nosotros; y aquél con nacer junto a la tórrida sera cierzo, porque endereza su soplo hacia el polo contrario; y éste, cuyo nacimiento se allega a nuestro Norte más, es puro ábrego porque mira a él cuando sopla.

Así que las verdaderas y proprias causas de esto natural y visible, no las alcanzan esos mismos que en su estudio se emplean. Y eso quiere decir Eliú cuando pregunta a Job si sabe por qué, cuando corre ábrego, da calor el vestido.

O como dice otra letra: ¿Por qué tus vestiduras calientes, en sosegando la tierra del Mediodía? En que apunta un caso de naturaleza secreto, y es que, según dice Plinio, el viento ábrego, que es tempestuoso en nuestras regiones y causador de nublados, en África y en las tierras más adelante de ella y más vecinas al Mediodía, serena el cielo y destierra las nubes.

Y así pregunta si sabe la causa del calor que siente cuando la tierra, que mira al Mediodía, sosiega, esto es, cuando el ábrego sopla, que apura el aire y deshace los nublados en ella; que viene a ser lo primero.

Prosigue:

18. ¿Por ventura tú con Él fabricaste los cielos, macizos como vaciados de cobre? O según otra letra: fuertes como espejo vaciado. Que es por todas partes argüirle de arrogante y presumido, y como decirle, si como se tiene por sabio se imagina también poderoso, y como presume saber lo que Dios hace, juzga de sí que lo pudiera hacer. Porque quien entiende en una obra todo su secreto artificio, no está lejos de saber hacerla si quiere.

Y así le pregunta si fabricó él acaso los cielos; que quien tanto se piensa entender de ellos parece haber sido el autor. Y dice los cielos señaladamente, porque todas estas obras de que ha preguntado hasta agora, nacen de ellos y se gobiernan por ellos y son efectos suyos muy proprios.

Dice:

19. Avézanos qué respondamos a él, que nosotros no acertaremos por las tinieblas; que es una disimulada mofa y ironía. Tú, dice, que lo sabes todo, nos enseña qué diremos al que nos preguntare estas causas, que nosotros no lo alcanzamos, impedidos de nuestra ignorancia.

Por las tinieblas dice, como diciendo: Nosotros vivimos en noche; tú que eres señor de la luz y vives rodeado de lumbre, podrás alumbrarnos.

Pero añade:

20. ¿Quién le contará lo que hablo? Aunque el hombre hablare, será tragado. Como diciendo que es imposible que él ni ningún otro hombre, si no fuere alumbrado por Dios cuente, esto es, declare con razón verdadera lo que habla agora, esto es, lo que ha preguntado y propuesto; ninguno podrá declarar estas causas, ninguno en cosas tan visibles y manifiestas alcanza manifiestamente el arte como Dios las obra.

Y aunque alguno, dice, atrevidamente hablare, esto es, presumiere de alcanzar las proprias causas de estas obras de Dios y decirlas, será tragado del mismo sujeto, esto es, perderse ha en este abismo metido, y la hondura de ellas le

sorberá. Y dicho esto, torna a referir algunas de las mismas obras de naturaleza, diciendo:
21. Y agora no ven luz; que el aire de improviso en nubes se espesa, y pasa el viento y purifícalas. En que dice la presteza con que el cielo se añubla y serena, que muchas veces se hace en tiempo brevísimo; con que confirma lo que agora decía, de cuán dificultoso es el conocer estas causas. Porque, sin duda, es escuro negocio penetrar cómo en tan breve tiempo se hacen efectos tan grandes, y no es mucho que se pierda (antes es conforme a razón) el mortal que en esto se mete.
Dice más:
22. De la parte aquilonar viene el oro, y de Dios temerosa alabanza. Porque dijo, pasa el viento y ahuyenta o purifica las nubes, dice luego dónde viene este viento: De la parte aquilonar viene el oro. Oro llama la luz serena y el Sol que resplandece en el cielo puro y desembarazado de nubes, porque es como oro, y así le suelen llamar los poetas al Sol y a la luz. Y dice que viene del Norte, porque el cierzo que de allí nace hace días serenos y amables. Y lo mismo que es en el día, es verdad en el alma; que sin duda el acrecentamiento de su caridad, y el precio de su valor y su pureza y serenidad y su amable reposo, le viene de la adversidad y trabajo, y estos soplos fríos y ásperos siempre hacen grandes y ricas las almas.
Y cosa notoria es que en la Sagrada Escritura el oro es la caridad, y la parte aquilonar todo lo enemigo y adverso. Así que del Norte viene el oro, y de la calamidad el aprovechamiento; y por la misma causa lo que luego se sigue, y de Dios temerosa alabanza, o como otra letra dice, y a Dios temerosa alabanza. Porque con ser verdad que convida Dios a que le alabemos y reverenciemos por todas partes y con todas sus obras; mas esto de los trabajos y tribulaciones con que ejercita los suyos, entre otros bienes que en ellos hace, les cría en el alma un amor humilde y una afición llena de reverencia, y un temeroso y aficionado respecto para con Dios, a quien las almas afligidas y sanctas miran, por una parte, como a Señor que tiene el azote en la mano, y por otra, como a Padre misericordioso que tiempla el rigor merecido, y que con semblante de enojado las ama, y por caminos de justicia las beneficia, y haciendo del que las huye, las apura y las allega a Sí, y las abraza con ñudo de amor estrechísimo. Y así el alma justa azotada que esto entiende, se deshace en amor y querría

ser todas lenguas, y agoniza por serlo para decir en alabanza de Dios, de su saber, de su poder, de su artificio y piadoso cuidado parte de lo que siente. Mas no hay lengua que baste, y así dice:

23. No podremos hallarle como merece; grande en fortaleza, juicio y justicia, y no puede ser contado. O en otra manera; Poderosísimo, no le hallaremos; grande en poder y juicio, y muchedumbre de justicia no afligirá. No podremos hallarle como merece; esto es, hallarle alabanza que alcance a lo que se le debe, lengua que le alabe como debe ser alabado; porque es grande en fortaleza, esto es, poderoso Hacedor de cuanto le place. Y aunque todo es poderoso, no es absoluto ni tirano, sino tan igual y justo cuan fuerte y poderoso; por lo cual ni oprime su esforzada mano ni aflige con violencia su poder infinito. De que se sigue lo último, que es:

24. Por tanto varones le temerán, y no osarán mirarte todos los que se tienen por sabios. Porque ni los sabios en su comparación lo son, ni los valientes varones delante de Él tienen fuerza; porque para éstos es todopoderoso, y para los otros sabio sumamente, y así es necesario que ambos con espanto se rindan. Y dio bien a cada uno la palabra que le convenía, para más engrandecer lo que quiere; que de los varones, esto es, de los fuertes, dice que le temblarán, que es lo más ajeno y lo que más lejos está de la valentía; y a los sabios quita el mirar, siendo lo más proprio de ellos el conocer y entender y el hincar los ojos con más particular advertencia en las cosas. Porque se entienda, no solamente que ninguno iguala ni puede correr lanza con Dios en el saber y poder, sino que el sabio ante Él es ciego, y el valiente temeroso y cobarde.

Con que da fin a su razón Eliú, y feneciéndola, arguye y secretamente prueba todo lo que por ella pretende; que modere Job su lengua para con Dios y presuma de sí menos, y no piense que, si es fácil el atreverse a decirlo, el hacerlo y el entrar con Dios en cuenta le será negocio ligero, y que para el desafío basta un atrevimiento, mas para la estacada y victoria hay necesidad de otro saber y de otro ánimo diferente del suyo; que Dios va fuera de toda cuenta, y es libre de toda competencia con él; no viene comparación con ninguno, sapientísimo, poderosísimo, altísimo, y en cuyo respecto el saber de las criaturas es noche, y la fuerza lana, y el consejo desatino, y el ánimo abatimiento, y el valor flaqueza.

Y así acaba.

Madrid, 29 de noviembre de 1590.

Capítulo XXXVIII

1. Y respondió Dios a Job de entre el torbellino, y díjole:
2. ¿Quién este que escurece consejo con palabras vacías de saber?
3. Ciñe como varón tus lomos; preguntaréte, y enseñarme has.
4. ¿Dónde eras al fundar Yo la tierra? Manifiéstalo, si tienes saber.
5. ¿Quién puso medidas sobre ella, si lo sabes? ¿O quién extendió sobre ella emplomada?
6. ¿Sobre qué se afirmaron sus apoyos? ¿O quién puso la piedra de su clave?
7. Cuando me cantaron juntamente estrellas de mañana, y se regocijaron todos los hijos de Dios?
8. ¿Y quién cerró con puertas el mar cuando salía afuera como quien sale de madre;
9. Cuando le ponía nube por vestidura, y escuridad como faja suya,
10. Y rodeéle con términos, y ordené ley entre él, y púsele cerrojo y puertas?
11. Y dije: Hasta aquí vendrás, y no añadirás; aquí quebrantarás levantamiento de olas tuyas.
12. ¿Por ventura después de tu nacimiento mandaste a la mañana, o a la aurora enseñaste su lugar?
13. Y aprehendiste los extremos de la tierra, y sacudiste impíos de ella?
14. Será vuelto como lodo el sello, y estará como vestidura.
15. Y será vedada a los malos su luz, y brazo levantado será quebrantado.
16. ¿Por dicha entraste hasta lo profundo de la mar, y en lo postrero del abismo anduviste?
17. ¿Por dicha abriéronse las puertas de la muerte a ti, y las puertas viste de la tenebregura?
18. ¿Por aventura consideraste hasta las anchuras de la tierra? Notifícame, si la sabes toda.
19. ¿Adónde el camino de morada de luz, y tinieblas adónde su lugar?
20. Para que guíes a ambas a sus términos, y entiendas las sendas de su casa.
21. Sabrás que entonces habías de nacer, y el número de tus días muchos.
22. ¿Por dicha has entrado en tesoros de nieve; tesoros de granizo has mirado;
23. Que aparejé para tiempo de enemigo, para día de encuentro y pelea?

24. ¿Por qué camino se esparce la luz, o se divide el calor sobre la tierra?
25. ¿Quién dio carrera a la grandísima lluvia, y camino al sonoroso tronido,
26. Para llover en tierra de no varón, en desierto do en él no hombre,
27. Para hartar yermo y descaminada, y producir verduras de yerbas?
28. ¿Quién es a la lluvia padre? ¿O quién engendró gotas de rocío?
29. ¿De vientre de quién saldrá escarcha? Y hielo de cielo, ¿quién le engendró?
30. Como piedra aguas se endurecen; y faces de abismos se aprietan.
31. ¿Por dicha ayuntarás las estrellas, resplandecientes cabrillas, o podrás desatar el cerco del Arcturo?
32. ¿Por ventura producirás lucero a su tiempo, y lucero de la noche harás que sobre términos de tierra se levante?
33. ¿Por ventura sabes estatutos de cielo, o si pondrás su mando en la tierra?
34. ¿Por ventura levantará a la niebla voz tuya, y muchedumbre de aguas te cubijara?
35. ¿Por ventura enviarás rayos, y irán, y te dirán: Vesnos aquí?
36. ¿Quién puso en las entrañas del hombre sabiduría? ¿O quién dio al gallo entendimiento?
37. ¿Quién contará la orden de los cielos? Y consonancia y música de cielos, ¿quién hará que duerma?
38. Cuando se fundaba el polvo en la tierra, y sus terrones se apiñaban.

Exposición

1. Y respondió Dios a Job de entre el torbellino, y díjole. Acabó Eliú su razón, y Job había dado ya fin a las suyas, y los demás amigos mucho antes habían puesto a sus bocas silencio; y quedaban todavía sin remate una porfía tan trabada y reñida, porque ninguno se rendía al otro, antes cada uno estaba en su sentencia firme y entero. Y así, por esta razón, como también por lo que se debía a la verdad ofendida, convino que sobreviniese quien volviese por ella, y la sacase a luz y pusiese en su lugar fuera de los lazos de tan perplejas razones. Y convino que juzgase alguno este pleito y le sentenciase, condenando al culpado y volviendo al inocente su honra. Para lo cual sale agora Dios y habla, y hace su oficio, que es dar luz en las dudas, declarar las faltas, honrar y premiar las virtudes.

Y así escribe el profeta: Y respondió Dios a Job del torbellino, y díjole; esto es, mas porque callaban todos ya y se quedaba cada uno en su tema, habló el Padre de la verdad para decirnos lo cierto. Y respondió Dios a Job. ¿Qué duda había sino que, en faltando los hombres, había Dios de acudir a su siervo, y que, puesta la justicia en balanza, había Dios de tomar su defensa, y que, siendo contra Job sus amigos, Dios había de ser con Job contra ellos? Y respondió Dios a Job, esto es, y habló Dios a Job; porque en la lengua de la Escritura Sancta, el responder es hablar. Demás de que así habla aquí Dios, que responde a algo de lo que Job tiene dicho.
Y respondió Dios a Job, del torbellino.
Ordinario es en la Sagrada Escritura introducirse Dios, según la disposición de la ocasión en que se introduce, o del tiempo y persona y negocios de que entonces se trata. Cuando apareció a Moisés al principio, fue en imagen de fuego en medio de una zarza, y sin daño: en fuego y en zarza por el ansia en que se abrasaba su pueblo, y por las espinas de trabajos que lo traspasaban; y sin daño para significación de su libertad y buen suceso. A Esaías apareció cercado de humo por la escuridad que a su gente venía. Y a Ezequiel entre ruedas y animales, por la servidumbre que servía entonces el pueblo cautivo, y la que había sucesivamente de servir después de sujeto a las cuatro ruedas de los imperios. Y así agora parece y habla Dios del torbellino, porque Job, a quien habla, estaba en el torbellino de la calamidad que se ha dicho, y porque en los sucesos ásperos y tempestuosos acude siempre Dios a los suyos, que es como David dice: Favorecedor en el artículo del menester, y en las tribulaciones.
Y en esta habla hay dos cosas, una cierta, y otra en que puede haber duda: lo cierto es que habló Dios con Job; lo dudoso, en qué manera, si exterior y visiblemente, o por modo interior y invisible y si Él por Sí mismo o por otro algún medio; porque todo es posible y todo usado a Dios, y que aconteció y acontece, como es notorio, y Sant Gregorio muestra por muchos ejemplos. Si fue invisible la habla, en que sin ruido ni figuras de palabras manifiesta Dios al corazón en un momento grandes y diferentes verdades, Dios fue el que propriamente la hizo; mas si fue exterior y visible, fue ángel el que la obró por orden y en persona de Dios, como el sobredicho sancto nos dice.

Yo diría que hubo aquí interior y exterior, y que se mezcló y compuso de ambas cosas la habla. Porque en lo exterior no podemos negar el torbellino y ruido, pues la Escritura lo pone con palabras proprias, y que sin inconveniente pueden ser propriamente entendidas; pues no es nuevo, como consta de las Letras Sagradas, cuando Dios habla o quiere hablar, haber algún ruido exterior que se siente; que al tiempo que dio la Ley a su pueblo, tembló el monte y hubo tronidos, y sonó en los oídos de todos claro son de bocina. Y cuando dijo a Cristo su Padre: Y te esclarecí, y te tengo de esclarecer, así sonó la voz que pareció grande trueno.

Y finalmente el Espíritu Sancto, descendiendo a enseñar los apóstoles, hizo sensible ruido, como de grandísimo viento que viene. Así que en lo exterior hubo torbellino y sonido. Mas lo que se razonó y platicó es muy verosímil que fue negocio del alma, que no sonó por defuera, sino que en la manera que a Sant Pablo avino yendo a Damasco, cuando fue cercado de nueva luz y derrocado con ella y por Cristo enseñado y reprehendido; que la luz y el estampido fue público, y lo sintieron y vieron así él como los que iban con él; mas las palabras de reprehensión fueron secretas, y solo para Sant Pablo.

Así en esta habla de Job, él y sus amigos vieron y sintieron el torbellino y estruendo visible, y reconocieron todos por él y en él la presencia divina; mas lo que Dios presente dijo, no fue para todos, sino para solo Job, a quien en lo secreto de su alma Dios hablaba en esta manera.

Y decía:

2. ¿Quién este que escurece sentencias con palabras vacías de saber? Unos dicen que Dios habla aquí de Eliú; otros sienten de Job, y será mejor decir que de entrambos; porque así el uno como el otro eran dignos de reprehensión; y Eliú mucho más, y cada uno en su cosa. Eliú pecó, lo uno, en cargar tan pesadamente la mano, llamando pecador a Job, y teniéndole por tal, aunque por razones diferentes de los primeros, como arriba se dijo. Lo otro, porque su intento, que era mostrar no ser del hombre entrar con Dios en cuenta, o pedírsela, siendo tan manifiesto, por probarlo, lo escureció, replicando razones ajenas y impertinentes.

Mas la culpa de Job fue no en tenerse por castigado sin culpa, que sin duda no la tenía conforme al castigo; ni haberle faltado paciencia para llevarlo, porque fue pacientísimo; ni haber sentido mal de la providencia de Dios o de su justicia, la cual confiesa en muchas partes y alaba; ni en la relación que de su vida e inocencia hizo, porque fue verdadera, sino en cierta demasía de palabras, a que pudo llevar un ánimo tan sancto y tan recto la porfía de sus amigos injusta y molesta sobre un sujeto tan fatigado y herido. Y la demasía fue decir a Dios que, o le oyese y le respondiese, o que le oiría él y después le respondería; que pusiese su poder aparte y el espanto que a la criatura hace cuando se demuestra presente, y que viniese con él a llana y igual disputa con armas parejas, y que así escogiese, o el preguntarle Él y Job responderle, o al revés, responder siendo por Job preguntado. Que aunque en un alma por una parte tan pura, y por otra parte herida tan crudamente, el dolor y la buena consciencia y la seguridad que della nace cría naturalmente una sancta osadía, que entre amigos se sufre y perdona; mas el juicio de Dios, fiel y puro, y que con los más suyos es más delgado, tuvo por demasía faltar, por pequeña cosa que fuese, a la modestia y respecto que una bajeza debe a la grandeza divina, ante quien ni alzar los ojos debemos, cuánto más pedir razón de sus hechos, sino aceptar sus juicios seguros. Que quien es la razón y la bondad y el saber y la verdad y la misma justicia, la tiene en las cosas que hace.

Pues así dice de Eliú: ¿Quién es este que escurece sentencias? O como el original dice, consejos, esto es, verdades y intentos ciertos con palabras impertinentes. Porque, como dijimos, nunca probó bien lo que pretendía, con ser su pretensión verdadera.

Y de Job dice: ¿Quién es este que escurece sentencias o consejos? Esta su causa buena y justa en cierta manera la desdora con palabras no bien pensadas, y teniendo cubierta en su ánimo la modestia y paciencia, se muestra osado inadvertidamente en la boca, y parece me desafía y me llama a disputa. Y así dice:

3. Ciñe como varón tus lomos; preguntarte he, y enseñarme has. Como diciendo: Pues me llamas a razón, yo quiero ponerme a ella contigo; y pues deseabas oír y responder, o preguntar y ser respondido, a punto estás, que yo quiero preguntarte agora, y ver luego lo que tú me respondes: esfuérzate y ciñe tus lomos como varón, que es decir, apercíbete y está presto con esfuerzo y con ánimo, y si presumes en palabras, muéstralo agora con obras, y veamos si es lo mismo el decir que el hacer.

Y dicho esto, comienza Dios, y pregúntale:

4. ¿Dónde eras al fundar Yo la tierra? Manifiéstalo, si tienes saber. Como dijimos al principio, en toda esta plática que se extiende por cuatro capítulos, pretende Dios una sola cosa, y la misma que Eliú pretendía, que es mostrar lo poco que el hombre alcanza en lo que Dios hace, y persuadir por esta vía a que sujete su juicio cada uno a sus hechos, y los apruebe y acepte, y no le pida cuenta ni juzgue. Porque bien se sigue que no debe ni puede pedir cuenta a Dios de sus obras el que no entiende ni alcanza ni las menores de ellas. Y así todo aqueste discurso es una relación por menudo de las obras naturales que hizo Dios, que el hombre no entiende, comenzando de las más altas y viniendo a las bajas, y, de las generales a las más particulares y proprias, arguyendo siempre secretamente que quien no sabe esto que trata y se viene cada día a los ojos, menos entenderá los consejos que tiene cerrados Dios en su pecho. De arte que, constando toda aquesta razón de dos proposiciones o partes, una que antecede y otra que de ella se sigue (antecede: el hombre no entiende las obras que Dios hace; síguese: luego no puede ni debe pedirle cuenta, o juzgar de sus secretos consejos). Prueba Dios la primera por inducción de singulares copiosa y elegantísimamente; la segunda, que se sigue, calla, porque en la primera está dicho, y siendo aquélla cierta, está ésta clara y manifiesta a cualquiera.

Dice, pues: ¿Dónde eras al fundar Yo la tierra? Como si más claro dijese: Pues eres tan sabio que presumes de estar a juicio y a razones conmigo, Yo me allano; y pongo aparte lo mucho que puedo, y no uso de mi majestad y grandeza; como igual con igual te hablo y pregunto, si me sabrás decir: ¿Qué eres, o adónde estabas, o cuál era tu poder y saber, cuando yo criaba y cimentaba la tierra? En que por dos maneras manifiesta al hombre Dios su ignorancia y bajeza: la una, porque hubo tiempo en que no era, y por la misma razón tuvo su principio de nada; con que se arguye claramente su poca sostancia y ser flaco y miserable, que al fin responde a su origen; la otra, que está tan lejos de competir en nada con Dios, que lo público que Dios hace, y eso mismo que ve no lo entiende. Por lo primero dice: ¿Dónde eras tú cuando ponía Yo a la tierra cimiento? Que es decirle, no solo que comenzó a ser mucho después, sino que entonces era nada; no solo que es moderno en sí, sino que en su principio es miseria. Para lo segundo le pregunta de la tierra que huella, y de sus cimientos que cada día descubre, si sabe o entiende cómo se pusieron en la manera como la tienen en pie. Que a la verdad es caso maravilloso extrañamente y secreto, que cuerpo y pesadumbre tan grande se sustente en el aire, que le cerca a la redonda y del todo. Y no basta lo que del centro se dice, porque eso es lo que no se entiende y espanta; que sea centro aquel punto más que otro cualquiera, ¿qué razón se lo dio? ¿Quién puso, o cómo puso allí aquella virtud y fuerza tan grande? O ¿qué fuerza es y de qué propriedad y metal?

Así que es ignorante el hombre, porque es moderno y porque anda ciego en eso mismo que ve, como parece en lo poco que entiende de la fábrica de la tierra a do mira.

A que también pertenece lo que luego se sigue. Dice:

5. ¿Quién puso medidas sobre ella, si lo sabes? ¿O quién extendió sobre ella plomada?

6. ¿Sobre qué se afirmaron sus apoyos? ¿O quién puso la piedra de su clave? Que es preguntar en una palabra, si sabe la fábrica de la tierra; que habla de ella a semejanza de un soberbio edificio de los que los hombres hacen, y así nombra los niveles y las plomadas, y los cordeles, y las demás partes y instrumentos del arte.

Prosigue:

7. Cuando me cantaban juntamente las estrellas de la aurora, y hacían regocijos todos los hijos de Dios. Lo que en la primera parte del verso nombra por semejanza, en la segunda pone por sus proprios vocablos. Por manera que estrellas de aurora y hijos de Dios son unos mismos, y son todos los ángeles que la Escritura llama hijos de Dios, porque entre lo que crió es lo que más le parece. Y son estrellas de aurora porque sus entendimientos, más claros que estrellas, echaron rayos de sí saliendo a la luz del ser en la aurora del mundo. Y así dice Esaías de uno: ¿Cómo caíste, ¡oh lucero!, que amaneciste a la aurora? Éstos, pues, cantaban, y con júbilo decían alabanzas a Dios en aquel principio del mundo; no porque no las cantan agora, sino porque comenzaron entonces a abrir los ojos para verlas grandezas de Dios, y las bocas para cantarlas.

Mas dice:

8. ¿Y quién cerró con puertas el mar cuando salía afuera como quien sale de madre? Como preguntó a Job del ser de la tierra, así le pregunta agora de la naturaleza del mar, que es otra gran maravilla de las que en lo natural Dios

tiene hechas. Y en el mar es maravilloso mucho el no derramarse en la tierra anegándola, y siendo así que la cubría toda al principio, haber descubierto parte de ella por mandado de Dios; y siendo tantas sus aguas y tan furiosas sus olas, no tornar cada hora a cubrirla, y quebrar tanta furia en un poco de arena de la orilla.

Pues de este antiguo y nuevo milagro le pregunta agora Dios si entiende o sabe la causa, o si es Job el autor de él, o quién es el autor. ¿Quién, dice, cerró como con puertas el mar? Porque no hay cerraduras tan fuertes, ni muelles tan firmes que así le tuvieran cerrado, como le tiene agora la raya que Dios le ha puesto en la arena.

Y dice: ¿Quién le cerró?, como diciéndole y preguntándole si supiere cerrarle, o si sabe manera alguna como cerrarse pudiese, o si entiende que quien le cerró entenderá y sabrá hacer lo que él no puede entender. Dice cuando salía afuera como quien sale de madre, que es cuando fue criado al principio y se derramaba con grandísima copia sobre todas las cosas, y las anegaba y sumía.

Y que hable de aquella sazón, lo que se sigue lo dice:

9. Cuando le ponía nube por vestidura, y escuridad como faja suya. Porque en aquel principio, como Moisén escribe en el Génesis, luego que crió Dios el mar y dentro de su abismo la tierra, rodeó a todo el mar de tinieblas. Y las tinieblas, dice, cubrían la faz del abismo.

Y dice vestidura y faja aquí agora, hablando de la mar recién producida, como de una criatura recién nacida hablara, que la envuelven en sus mantillas y fajas. Así, dice, la cubrí con nube en su primer nacimiento, y la envolví como con faja, con escuridad y con tinieblas. Pues en este tiempo, dice, cuando él lo cubría todo y a él las tinieblas, le recogí y reduje a término cierto, y le acorté las riendas y enfrené su lozanía para que se detuviese.

Lo cual aún más declara, diciendo:

10. Y rodeéle con términos, y púsele cerrojo y puertas. Y donde decimos rodeéle con términos, dice el original en la misma sentencia y establecí sobre él decreto. Por manera que los términos que le puso, y el cerrojo y puertas en que le cerró, es la ley, y decreto suyo que le ordenó cuando dijo: Ayúntense las aguas a un lugar, y muéstrese descubierta la tierra. El cual mandamiento retrujo entonces y tiene hasta agora enfrenadas las mares. Y para declarar su eficacia, la Escritura en diversos lugares lo llama voz de trueno y de repre-

hensión temerosa, y amenazas graves, y increpación que puso espanto en las aguas, y espanto que siempre le dura.

Y así añade:

11. Y dije: Hasta aquí vendrás, y no añadirás; aquí quebrarás levantamiento de tus olas. Que en la forma del decir, que es un mandar absoluto, muestra Dios su poder sobre todo y el rendimiento de las criaturas. Y siempre y en cada palabra va secretamente arguyendo cuán ajeno de buena modestia es ponerse a cuentas con quien sabe y puede tanto.

Prosigue:

12. ¿Por ventura después de tu nacimiento mandaste a la mañana, o a la aurora enseñaste su lugar? Dichas la tierra y el mar, dice de la luz agora, que se hizo después dellas, y se hizo con ella el día primero, como Moisén testifica: y dícelo al mismo propósito de mostrar la bajeza de Job y la grandeza suya fuera de toda cuestión y competencia. Y pregúntale si él después de su nacimiento mandó a la mañana, esto es, la crió y la mandó que luciese. Que es, preguntando, negarlo a Job y afirmarlo de Sí, y mostrar la infinita diferencia de ambos, pues pregunta dos cosas: una, si crió él la luz, o siquiera si sabe qué ser tiene o cómo pudo ser producida; y la otra, si la crió después de su nacimiento, o, como otra letra dice, antes que naciese; dando a entender por lo uno y por lo otro un propósito mismo, que es la imposibilidad del negocio; porque la que fue criada en el día primero, ni la hizo Job después de nacido ni pudo ser hecha de él antes que naciese y viviese.

Así que ni la hizo ni la gobernó. Y por eso pregunta si mostró a la aurora su lugar, esto es, si le dice y enseña cada día en que nacer debe, y la parte del cielo que ha de alumbrar con su rostro, que no es siempre una misma, sino cada día la suya. Que es otra maravilla grandísima el movimiento que la luz hace, apartándose y allegándose con perpetuo e inviolable concierto y haciendo el invierno y estío y acortando y aumentando los días.

Dice:

13. Y aprehendiste los extremos de la tierra, y sacudiste de ella malvados. Porque hizo de la luz mención, dice algunas propriedades de ella, hermoseando su razón, divirtiéndose por una manera poética. Y aprehendiste los términos de la tierra; conviene a saber, con la luz y con el aurora; esto es, hiciste amanecer la luz, para hacer lo que hace, que es ocupar toda la redondez,

extendiéndose y haciendo luego con sus rayos desaparecer y huir la maldad, que andaba suelta con las tinieblas. Porque los malhechores aman la noche, y encógense y desaparecen luego que el día amanece. Y por eso añade, y sacudiste de ella malvados; esto es, hiciste que se ascondiesen huyendo, quitándoles con la luz del día el manto que los cubre de noche. Y donde decimos términos, el original dice alas; y entendemos por las alas los nortes, porque el levante y el poniente son como la cabeza y los pies.

Y así decir que la aurora ase o aprehende estas alas, es declarar el movimiento que hace el Sol, fuente de luz, entre los trópicos, acostándose unas veces al Norte encubierto y otras veces al nuestro; de que nacen las diferencias de tiempos, fríos, calurosos, templados, y con ellas las de la tierra, que unas veces está verde, otras seca, otras llena de fructos, otras yerma y agostada.

Con que viene natural lo que añade:

14. Será vuelto como lodo el sello, y estará como vestidura. Como lodo el sello hase de entender al revés, el lodo como el sello, que es un trueco poético. Pues dice que por la variedad de la luz y por el avecinarse o apartarse la aurora el lodo, esto es, la tierra, se volverá como sello, variando formas e imprimiéndose con la facilidad que el sello imprime con diferentes figuras, y estará como vestidura, que los usos diversos la cortan y componen cada día de maneras diversas.

Y porque dijo de la tierra mudable, por causa del moverse la luz y porque en el verso antes de éste habló de los pecadores que huyen la luz y tienen su corazón en la tierra, y por la misma causa padecen semejantes mudanzas; la memoria de lo que en la tierra por causa de la luz pasa, representa lo que en los amadores del suelo semejantemente acontece.

Y así dice luego:

15. Y será quitada a los malos su luz, y brazo levantado será quebrantado. Como si más claro dijera: ¿enseñas tú su lugar a la aurora y guíasla al punto en que ha de salir cada día, para que así hincha a la tierra de luz, y se allegue al un extremo y al otro, y huya antes su presencia la gente que en la noche es traviesa, y la tierra misma con la variedad de la luz, como con sello imprimiéndose, tome diferente rostro y figura, y la que florecía agora llena de verdor y de fructos, luego se demuestre yerma y estéril con maravillosa inconstancia, como también la padecen los ojos que la aman, y, olvidados de los bienes del cielo,

abrazan sus bienes de ella con maldad y injusticia; que, si florecen y valen en algún tiempo, poco después se marchitan, y la luz de su prosperidad se les quita y viene al suelo, quebrado el poder de su brazo levantado y soberbio? Ellos son tierra, y acontécelos lo que a la tierra acontece, que hoy se viste de flores y mañana está seca y yerma.

Por manera que la mudanza de la tierra hizo camino para decir de la mudanza de los pecadores; y la memoria del suelo trujo a la boca las condiciones de los que se asientan en él, y fue ocasión para contar el caer, cómo caen de su estado los malos, el haber contado la mudanza que el campo hace, de verde a seco, y de florido a marchito; que es un cotejo y comparación que de ordinario hace la Sancta Escritura. Esaías: Toda carne heno, y toda su gloria como flor del campo. Secóse el heno, y cayóse la flor; mas la palabra del Señor permanece por siempre. Y David en el Psalmo: Recordóse que somos polvo, el hombre como heno sus días, como flor de campo que florece. Y en otro lugar: Vi al impío ensalzado como cedro del Líbano, y pasé, y ya no era, ni pareció su rastro. Y en este libro mismo decía: Yo vi al malo fuertemente arraigado, y maldije su hermosura. Y más propriamente Salomón en el Eclesiastés, de la mudanza de los tiempos y de las diversos vueltas del Sol, viene a confirmar las caídas, los sucesos varios, la vanidad y corrupción de la vida. Y aun el poeta lírico guía, a lo que parece, por aquí cuando dice:

El año y presto vuelo
del hora que huyendo roba el día,
te avisan que en el suelo
no esperes bien durable; que a la fría
sazón hacen templada
los céfiros; la dulce primavera
es del estío hollada,
el cual también fenece, cuando afuera
derrama el rico seno
el otoño, de frutas coronado,
y torna luego lleno
de escarcha a suceder el tiempo helado.
Y el otro poeta latino, que dice así:

> Coge, doncella, las purpúreas rosas,
> en cuanto su flor nueva y frescor dura:
> y advierte que con alas presurosas
> pasan así tus horas y hermosura.

Prosigue:

16. ¿Por dicha entraste hasta lo postrero del mar, y en lo postrero del abismo anduviste? En el libro del Eclesiástico, entre los loores de la Sabiduría, que es el Verbo divino, dice ella de sí: La redondez del cielo cerqué sola yo, y penetré al abismo profundo, y anduve en las olas del mar. Y así agora, porque es propria suya, pregunta a Job si hace esta obra él, y como dijimos, preguntando, niega que la hace, y negándolo, le da a entender lo poco que él es, y lo mucho que Dios puede y cómo no es de nuestra bajeza pedirle razón de lo que hace a quien tanto sabe y vale.

Lo que decimos lo postrero del mar, el original a la letra dice los lloros del mar; que llama así sus mineros secretos, y como si dijésemos, sus manantiales que siempre están vertiendo agua.

Añade:

17. ¿Por dicha abriéronse las puertas de la muerte a ti, y las puertas viste de la tenebregura? Quiere decirle, si acaso está él en todas las cosas, presente a todas y presidiendo sobre ellas, así como está su Divinidad. Y porque dijo del hondo del mar, dice agora de lo que aún es más profundo, que son las casas de la muerte, esto es, lo más secreto de la tierra y las entrañas della, adonde jamás la luz alcanza y las tinieblas hacen perpetuo asiento; que es la región adonde, como la doctrina de la Iglesia enseña, vive la segunda muerte que padecen los condenados a penas eternas.

Y dice en el mismo propósito:

18. ¿Por ventura consideraste hasta las anchuras de la tierra? Notifícame si lo sabes todo. Dice David en el Psalmo, hablando de cómo Dios está en todo presente: Si subiere al cielo, tú estás allí; si descendiere al infierno, estás presente; si madrugare y tomare alas, y morare allende la mar, allí encontraré con tu mano. En que en el cielo muestra lo alto, y en el infierno lo bajo, y en los fines de la mar, lo ancho y extendido, con que comprehende la universalidad

de las cosas; porque todas ellas, o se contienen en estas medidas de altura, de profundidad y de anchura, o pertenecen a algunos destos lugares.
Y la misma división es la de aquí para significar la misma presencia; porque, primero, le preguntó del aurora, que es la parte alta y superior, y después del abismo y profundo, y agora de la anchura de la tierra y del mar, esto es, de todas las cosas a las cuales asiste presente solo Dios y no criatura ninguna.
Mas porque le dijo en lo postrero del verso que le enseñase, si tan sabio era, prosigue y pregúntale, no ya de su presencia, sino de su sciencia, quiero decir, no si alcanza con su ser lo alto y lo profundo y lo ancho, sino si a lo menos con su saber conoce lo que en estos lugares y partes pasa, y si sabe dar razón de lo que en ellos se hace o deshace.
Y así dice:
19. ¿Adónde el camino de morada de luz? ¿Y tinieblas adónde su lugar? Como diciendo: Ya que no asistes ni resides en los lugares donde la luz y las tinieblas nacen, ni alcanzas con tu presencia a lo alto y a lo profundo del mundo, dime a lo menos si tienes noticia de los caminos o de la morada de la luz o de la casa de las tinieblas. Que es preguntarle si conoce las causas de do proceden, y los principios de que sustentan y crecen, con lo demás que a todo su ser pertenece.
Que declara más en lo que sigue:
20. Para que guíes a ambas a sus términos, y entiendas las sendas de su casa. Que es decirle si tiene así noticia de estas cosas, que pueda dar razón de ellas suficiente, diciendo sus fines y principios y efectos; que ésta llama por semejanza sendas y términos.
Para que guíes, dice; esto es, de manera que puedas guiar, conviene a saber, atinar diciendo el fin a que miran y el paradero que tienen y los propósitos para que estas dos cosas fueron criadas, y lo que de ellas resulta. Y porque por la luz y las tinieblas y por las moradas de ambas, se entiende también lo de la muerte y la vida, y juntamente sus causas, que son las constelaciones y aspectos celestes en que la luz y la noche viven y moran; por manar en cierta manera dellas el vivir y el morir, el venir a esta luz común o el salir della, dejándola. Por eso le dice luego:
21. Sabrás que entonces habías de nacer, y el número de tus días muchos. Porque si tuviera perfecta sciencia de las estrellas, o verdaderamente de las

causas todas de la muerte y de la vida, pudiera saber algo Job del principio de la suya, y de sus pocos o muchos años; mas como no sabía lo primero, así ignoraba lo segundo, porque Dios es solo el autor verdadero y el sabidor cierto de ambas cosas, las cuales gobierna con su providencia por secretas y admirables maneras.
Dice más:
22. ¿Por dicha has entrado en tesoros de nieve, tesoros de granizo has mirado? Viene descendiendo de las cosas mayores a las menores, y de las más dificultosas a las que parecen más fáciles, para que, si ni éstas las sabe y alcanza Job, quede lo que Dios pretende más convencido. Pues pregúntale si ha entrado en los tesoros de la nieve o granizo; porque habla de estas cosas como de algunas ricas alhajas repuestas y guardadas en sus almacenes para su tiempo usar dellas, y imagínalas como provisiones hechas y allegadas y amontonadas en grandísima copia, y mucho antes del menester, para cuando la ocasión se ofreciere.
Y eso llama tesoros de nieve y de granizo, que son las causas en que Dios tiene encerrada la fuerza de estos efectos, y donde en cierta manera los tiene como atesorados y juntos; porque en ellas los tiene a la mano y tan aprestados, cuando son menester, como si de muchos años antes estuviesen ya hechos, y así usa de ellos cuando quiere con presteza increíble.
Y dice del uso:
23. Que aparejé para tiempo de enemigo, para día de encuentro y pelea. Porque si bien sirven de otras cosas el granizo y la nieve, en este servicio que aquí dice, da Dios señalada muestra de su poderío, guerreando y deshaciendo la fortaleza humana y sus armas y valentía con un poco de agua espesada, y valiéndose de sus criaturas que no tienen sentido, y que crió para nuestro provecho, por nuestras culpas en nuestro daño y azote. Y señaladamente ha desbaratado y deshecho muchos ejércitos de hombres enemigos con estas saetas, como en las Escrituras se lee. Que con el aire y las aguas deshizo Dios en el mar Bermejo a Faraón y a los suyos. Y en el libro segundo de los Reyes, capítulo 5, ayudó Dios a David para que venciese a sus enemigos; y no esta sola vez, sino otras muchas, le socorrió cuando peleaba, hiriendo a sus contrarios con piedra y con relámpagos y rayos y truenos; de que él alaba y engrandece por hermosa manera a Dios en el psalmo 17, diciendo:

[Con todas las entrañas en mi pecho
te abrazaré, mi Dios, mi esfuerzo y vida,
mi cierta libertad y mi pertrecho;
   Mi roca, adonde tengo mi guarida,
mi escudo fiel, mi estoque victorioso,
mi torre, bien murada y bastecida.
   De mil loores digno, Dios glorioso,
siempre que te llamé te tuve al lado,
opuesto al enemigo, a mí amoroso.
   De lazos de dolor me vi cercado,
y de espantosas olas combatido,
de mil mortales males rodeado.
   Al cielo voceé, triste, afligido;
oyérame el Señor desde su asiento,
entrada a mi querella dio en su oído.
   Y luego de la tierra el elemento
airado estremeció, turbó el sosiego
eterno de los montes su cimiento.
   Lanzó por las narices humo, y fuego
por la boca lanzó; turbóse el día,
la llama entre las nubes corrió luego.
   Los cielos doblegando descendía,
calzado de tinieblas, y en ligero
caballo por los aires discurría,
   En querubín sentado, ardiente y fiero,
en las alas del viento que bramaba,
volando por la tierra y mar velero.
   Y de tinieblas todo se cercaba,
metido como en tienda en agua escura,
de nubes celestiales que espesaba.
   Y como dio señal con su luz pura,
las nubes arrancando acometieron
con rayo abrasador, con piedra dura.

Tronó, rasgando el cielo; estremecieron
los montes, y llamados del tronido,
más rayos y más piedras descendieron.
Huyó el contrario roto y desparcido,
con tiros y con rayos redoblados;
allí queda uno muerto, allí otro herido.
En esto, de las nubes despeñados
con su soplo mil ríos, hasta el centro
dejaron hecha rambla en monte, en prados.
Lanzó desde su altura el brazo adentro
del agua, y me sacó de un mar profundo,
libróme del hostil y crudo encuentro.
Libróme del mayor poder del mundo,
libróme de otros mil perseguidores,
a cuyo brazo el mío es muy segundo.]

Y no es diferente de esto lo que en tiempo del Emperador hizo Dios por los suyos cuando venció a los [Narcomanos y Quados] con grandísima copia de nieve que les daba en los ojos, impidiéndoles el uso de las armas, y la defensa de los tiros que contra ellos hacían los fieles. De que Claudiano, poeta, dice así:

[A la curia de tu patria llamando,
Marco Clemente, con tamaño anhelo
no vuelves, cuando ha dado
la fortuna al hesperiano suelo,
por do quiera de gente asaz ceñido,
ser de iguales peligros eximido.
No allí de loar son los capitanes,
porque lloviendo sobre el enemigo
fuego, en tantos afanes
el jinete, buscando algún abrigo,
del caballo, que fuego rodeaba,
en la caliente espalda se escapaba.

El infante que vido el capacete
irse ya con la llama derritiendo,
se paró, y el copete
se fue al fin en cenizas reduciendo.
Con súbitos vapores las espadas
fueron en poco tiempo liquidadas.]

Prosigue:
24. ¿Por qué camino se esparce la luz, o se divide el calor sobre la tierra? O, como dice el original, o se derramó el ábrego o solano sobre la tierra. Habla de los vientos, que o serenan el aire, como el cierzo hace, o le calientan, como el solano y el ábrego. Y pregunta: ¿Por qué camino se esparce la luz? Esto es: ¿qué viento, cuando sopla, hace huir las nubes y apura el cielo, para que sin estorbo dé su lumbre la luz; o qué viento da calor a la tierra?
Y no pregunta tanto cuáles vientos sean, o cómo se nombran los serenos o calurosos, que eso es notorio en el vulgo, cuanto pregunta de dónde les viene o qué fuerza o virtud es la que da al cierzo que serene, y al solano que produzca calor. Porque, como arriba se dijo, ninguna razón de las que los sabios dan satisface, porque la verdadera y propia sábelo Aquél que los hizo. El cual también hizo lo que se sigue luego, y nadie sino Él puede hacerlo.
Y así dice:
25. ¿Quién dio carrera a la grandísima lluvia, y camino al sonoroso tronido;
26. Para llover en tierra do no varón; en desierto do en él no hombre;
27 Para hartar yerma y descaminada, y producir verduras de yerbas? ¿Quién dio, dice, tú o Yo por ventura? Que como dijimos viene por orden descendiendo de los cielos a lo que se hace debajo de ellos, y sobre la tierra, a los vientos, a las nieves, a las lluvias y a los tronidos; mostrando en todos [que] el hombre es tan ciego para entenderlos como flaco para criarlos, y convenciendo por el mismo caso y diciendo que quien tan poco entiende no debe ponerse a cuenta con quien tanto sabe y puede.
Lo que decimos carrera a la grandísima lluvia, el original a la letra dice: ¿Quién abrió o dividió la acequia para la avenida? Y dícelo por semejanza de las minas o conductos que en la tierra se hacen, para guiar de unas partes a otras las aguas; que como en la tierra se llevan por acequias y por caños secretos, y se

abren para ello minas que rompen el suelo; así pregunta quién es el artífice que abre caminos a la lluvia en las nubes, y como por conductos la guía para que caiga, no solo en lo cultivado y poblado, sino también en lo yermo, para que se vista de yerba que aproveche, si no a los hombres de quien carece, a los animales a lo menos de que en lo más despoblado hay mayor abundancia. Y si no sabes, dice, quién la guía, ¿sabes por aventura quién la engendra?
28. ¿Quién, dice, es padre a la lluvia, o quién engendró gotas de rocío?
29. ¿De cúyo vientre saldrá hielo?, y escarcha de cielo, ¿quién la engendró? Quiere decir, sino Yo solo. Y porque dijo del hielo, detiénese más en ello, y espacíase hermoseándolo y diciendo cómo se cuaja.
Y dice:
30. Como piedra aguas se endurecen, y faces de abismo se aprietan. Que el hielo es agua dura como piedra. Y no es poca maravilla ver en cosa tan blanda como el agua es, tanta y tan presta dureza. Mas lo que digo se endurecen, el original a la letra dice se asconden; porque a la verdad el hielo es agua, y no lo parece, porque asconde en él su rostro el agua y toma figura de piedra. Y lo que decía, y faces de abismo se aprietan, dice la letra, se asen o serán asidas; porque cuando el hielo vence, el agua que corría pura, y las partes della desasidas se asen, y como si se trabasen unas a otras, se quitan el corriente y están quedas.
Dice más:
31. ¿Por dicha ayuntarás las estrellas resplandecientes cabrillas, o podrás desatar el cerco de Arcturo?
32. ¿Por ventura producirás lucero a su tiempo, y lucero de la noche harás que se levante sobre términos de la tierra? Las palabras originales [mezaroth y hahais] tienen significación varia y dudosa, que unos entienden las Cabrillas, otros otras estrellas o constelaciones celestes, las Virgilias, el Orión, el Arcturo, y los doce signos del cielo; y así unos mismos en diversos lugares traducen de diversa manera. Y saber lo cierto de estas significaciones no es de mucha importancia para lo que aquí se pretende, que es mostrar Dios a Job cuán baja cosa es lo que saben y pueden los hombres, y en este verso para este propósito preguntarle y decirle si podrá él, como Dios pudo, hacer las estrellas y signos celestiales.

Y porque había hablado de la lluvia antes y de las aguas abundantes y del granizo, y del trueno, y las demás cosas que en el aire se hacen, y le había preguntado la causa dellas, y si conocía su fuente y su padre, y porque en esto pueden mucho las estrellas y sus impresiones; dijo luego y preguntó de aquellas estrellas en particular que para este efecto son más poderosas, cuales son las Cabrillas, y las Virgilias, y el Arcturo, y el Orión, que dijimos que son constelaciones revoltosas, y que al nacer o al ponerse, alterando el aire, suelen mover y despertar tempestades. Por donde el lírico dice del Orión:

[Mas mira cómo lleno
el Orión de furia va al Poniente.
Yo sé quién es el seno
del Adria luengamente,
y cuánto estrago hace el soplo Oriente.
  La tempestad que mueve
el resplandor egeo que amanece,
quien mal quiero la pruebe,
y el mar que brama y crece,
y las costas azota y estremece.]

Y de las Cabrillas dice:

[¿Por qué te das tormento,
Asterie? No será el abril llegado,
que con próspero viento
de riquezas cargado,
y más de fe cumplido,
tu Giges te será restituido.
Que en Orico do agora,
después de las Cabrillas revoltosas
del viento guiado mora,
las noches espaciosas
y frías desvelado
pasa, y de largo lloro acompañado.]

Y el poeta de las Virgilias escribe:

> [Observa errantes en sereno cielo
> los signos todos, nuestro Palinuro,
> las Híadas, que amenzan lluvia al suelo,
> los Triones uncidos, y ve el duro
> Orión armado de oro, y el Arcturo.]

Así que por si acaso dijera Job que el origen de las tempestades de que era preguntado, y el padre que las engendraba, y el vientre de donde nacían, eran estas estrellas, acude a esta secreta respuesta Dios y pregúntale y dícele: Mas si dices que estas obras son efectos del cielo, y que las estrellas de él son los padres de donde nacen, pregunto, ¿si las compusiste tú por ventura?, ¿o les diste esa fuerza?, ¿o siquiera sabes y entiendes por qué la tienen más éstas que otras?

Y así añade:

33. ¿Por ventura sabes estatutos de cielo, o si pondrás su mando en la tierra? Que es decirle si conoce por ventura lo mucho que el cielo puede, y la muchedumbre de sus virtudes y fuerzas, y las leyes, así las que guarda él como las que pone en las cosas inferiores que le están sujetas y por él se gobiernan. Y por eso le dice si puso él en la tierra el mando del cielo, esto es, si sujetó estas cosas bajas al gobierno de las celestiales y hizo que las estrellas presidiesen al suelo; o si no lo hizo, si a lo menos sabe en qué manera se hace; o si no lo sabe ni puede todo, si será poderoso para alguna parte de ello siquiera, si a lo menos podrá hacer la niebla y cubrir el aire y la tierra con ella.

Y así dice:

34. ¿Por ventura levantará a la niebla voz tuya, y muchedumbre de aguas te cubijará? Voz tuya, esto es, tu mandamiento, ¿sacará la niebla del valle, y la levantará en alto, y extenderá así por todo, que tú y ello quede vestido de ella y cubierto?

Y dice muchedumbre de aguas, para decir la niebla misma, que es vapor húmedo, esto es, agua en vapor vuelta y adelgazada. O si a la niebla no, a lo menos, dice, ¿podrás mandar a los rayos?

35. ¿Por ventura enviarás rayos, y irán y te dirán: Vesnos aquí?; esto es, les mandarás que vayan, ¿y ellos obedecerán tu mandado? Y deja de decir, como Yo lo hago y como a Mí me obedecen, lo que en todas estas preguntas se entiende.

Dice más:

36. ¿Quién puso en las entrañas del hombre sabiduría? ¿O quién dio al velador entendimiento? Como diciendo, y si esto del cielo y de las influencias y obras dél son cosas altas, vengo a las bajas y a las que tocan las manos, y aun están dentro en ti mismo. ¿Quién, o cómo, o de dónde vino el entendimiento a tu pecho? ¿Cómo en cosa tan material y grosera, cual es tu cuerpo, se pudo engerir el saber?

Que es preguntar como en una palabra tres cosas: una, la sostancia y la fuerza para entender que el alma del hombre tiene; y otra, de dónde nace; y la tercera, cómo se ayunta con el cuerpo de tierra, siendo tan delicada. Que todas son cosas que las sabe bien solo Aquel que las hace.

Y añade: ¿Y quién dio al velador entendimiento? Por el velador unos entienden el corazón del hombre, y así dice por otras palabras lo mismo; mas Sant Hierónimo entiende el gallo, y lo entiende mejor, porque va abajando en las cosas y en las preguntas que hace dellas, para subir más la fuerza de lo que arguye. Porque cuanto más ordinarias y bajas son las cosas que no sabe el hombre, tanto más convencido queda de su poco saber.

Así que pregunta a Job si por ventura sabe quién ha dado al gallo el entendimiento que tiene, o de dónde le viene que entienda tanto.

Y es como si más claro dijese: Y si tienes por dificultoso lo que del ánimo que en tu pecho vive, pregunto, por ser diferente de todo lo que se siente y se ve; del gallo, a lo menos si sabes el instinto grande que tiene, me di ¿de dónde le viene? Y declara luego qué saber es éste del gallo y qué instinto.

Y dice así:

37. ¿Quién contará la orden de los cielos? Y consonancia y música de cielos, ¿quién hará que duerma? Que es decir quién como el gallo contará la orden, esto es, los movimientos del cielo y sus puntos y horas, para puntualmente dar señal con la voz del mediodía y de la medianoche; para decir cantando cuándo el Sol está en lo más alto o en lo más bajo del cielo; y quién como él atinará a la consonancia que entre sí los cielos tienen, moviéndose, o quién consuena y

hace música con el cielo como él, acordando su cantar con sus altos y bajos. ¿Y quién, dice, hará que duerma?; conviene a saber, el gallo, para que no despierte a sentir y significar cuándo el cielo llega a su punto.
O podemos decir así: Y música de cielos, ¿quién hará que duerma?, como diciendo que ninguna música del cielo, esto es, ninguna quietud dél, ninguna noche sosegada y serena le puede adormecer de manera que no despierte a su hora cantando. Y llama música de cielos a las noches puras; porque con el callar en ellas los bullicios del día, y con la pausa que entonces todas las cosas hacen, se echa claramente de ver, y en una cierta manera se oye su concierto y armonía admirable, y no sé en qué modo suena en lo secreto del corazón su concierto que le compone y sosiega.
Y si otra letra dice así: Y influencias de cielos, ¿quién hará que descansen?, todo tiene el mismo sentido, porque dice: ¿Quién hará que descanse el gallo? (que mudó el número, cosa en estas Letras usada); así que ¿quién hará descuido en el gallo para que no sienta las influencias del cielo, que tan a punto a cantar le despiertan? Así que éste es su ingenio y su instinto.
Y para engrandecerlo más dice cuán de antiguo le viene tenello. Porque dice: 38. Cuando se fundaba el polvo en la tierra, y sus terrones se apiñaban; esto es, siempre, desde el principio y primer origen de todo cuanto la tierra se crió, se dio al gallo aquesta sabiduría.

Tan antiguo es en su vela,
cuanto es antigua la tierra.

Madrid, 14 de diciembre de 1590.

Capítulo XXXIX
1. ¿Por aventura cazarás presa a la leona, y la vida de sus cachorros hartarás,
2. Cuando reposan en sus cuevas, y están acechando en sus escondrijos?
3. ¿Quién apareja al cuervo su manjar, cuando sus pollos vocean a Dios, vagueando por fallar comida?
4. ¿Por ventura conociste el parto de la cabra montesa en la peña; o consideraste las siervas que paren?
5. ¿Contaste los meses de su preñez, y supiste los tiempos de su parir?

6. Encórvanse a su parto, y paren, y echan bramidos.
7. Apartados son sus hijos, y vanse a los pastos; salen y no vuelven a ellas.
8. ¿Quién envió libre al asno salvaje?; y sus ataduras, ¿quién las soltó?
9. A quien puse desiertos casa suya, y tabernáculos dél salitrosa.
10. Escarnecerá muchedumbre de ciudad; vocerío de cobrador no oirá.
11. Otea montes de su pasto, y después busca todo lo verde.
12. ¿Por dicha querrá rinoceronte servir a ti, o hará noche sobre pesebre tuyo?
13. ¿Por ventura ligarás al rinoceronte para el sulco con tu coyunda? ¿O romperá las tierras de los valles en pos de ti?
14. ¿Por dicha fiarás en él, porque mucha su fortaleza y encomendarásle a él tus trabajos?
15. ¿Por dicha confiarás dél, que te volverá lo que sembraste, y que allegará tu era?
16. Pluma de avestruz semejante a la del herodio y gavilán.
17. Cuando deja en la tierra sus huevos y sobre el polvo, ¿calentarlos has?
18. Y olvídase que pie los desparza, y que bestia del campo los patee.
19. Endurécese para sus hijos, no suyos; en vano trabajó sin forzarla temor.
20. Que olvidóla Dios de sabiduría, y no le repartió a ella entendimiento.
21. Al tiempo que ensalza sus alas escarnecerá del caballo y del caballero.
22. ¿Por dicha darás al caballo valentía? ¿Por dicha ceñirás su pescuezo de relincho?
23. ¿Por dicha levantarlo has como langosta? Hermosura de su nariz espanto.
24. La tierra cava con el pie, arremete con brío; saldrá a los armados al encuentro.
25. Desprecia el temor, y no se espanta, ni se retrae de la espada.
26. Sobre él sonará el carcax; hierro de lanza y escudo.
27. Hervoroso y furibundo sobre la tierra, y no estima que voz de bocina.
28. Cuando oye la trompa dice: ¡Ha!, ¡ha!, y de lueñe huele la batalla, el ruido de los capitanes y el estruendo de los soldados.
29. ¿Por dicha por tu saber toma plumas el gavilán, y extiende sus alas al ábrego?
30. ¿Por ventura a tu mandamiento se ensalzará el águila, y pondrá en las cumbres su nido?

31. En breñas morará; en el pico tajado se asentará; en los riscos no accesibles.
32. Desde allí otea el manjar, y de lueñe sus ojos miran.
33. Sus pollos lamen sangre, y donde cuerpo muerto luego ella allí.
34. Y añadió el Señor, y habló a Job:
35. ¿Por dicha quien baraja con Dios calla tan presto? Y quien arguye a Dios, responda.
36. Y respondió Job al Señor, y dijo:
37. Hable livianamente. ¿Qué podré responder? Pondré mi mano sobre mi boca.
38. Una hablé, que ojalá no hablara, y otra a que no añadiré.

Exposición

En el capítulo pasado examinó Dios a Job en las cosas más altas y mayores, en la creación del mundo, en la orden de los elementos, en los cielos y en los aires, y en las impresiones que en ellos hacen las estrellas; en éste desciende a cosas menores, y examínale en lo que pasa en el gobierno de los animales, y pregúntale en particular de algunos dellos, de su ser, de sus instinctos, inclinaciones e hechos.

Y comienza por el león, y dice así:

1. ¿Por ventura cazarás presa a la leona, y la alma de sus cachorros hartarás? Como si más claro dijese: Ya que ni entiendes ni puedes lo de hasta aquí, esto es más fácil que diré agora, ¿podráslo? ¿Podrás, dice, proveer de caza a la leona, o sustentar sus cachorros? Que es preguntarle si pone él la mesa a los animales y les da su mantenimiento y comida; que por una o dos especies dellos que expresa, comprende a todo su género. Y pregúntale esto porque entre las obras de que Dios en la Escritura se precia, es una aquesta mesa general y tan abundante que a los animales puesta tiene continamente.

Dice David: Todas las cosas esperan de Ti que les des a su tiempo su manjar. Dándoles Tú, cogerán; y abriendo vos, Señor, nuestra mano, todo será lleno de bien. Porque, sin duda, en esto demuestra Dios lo perfecto de su providencia, que llega a tener menuda cuenta aun con las criaturas más viles. Y porque dijo de la leona y sus hijos, detiénese en decir algo dellos, y señaladamente de la manera como se encubren para que les venga a las manos la caza; como diciéndole en esto si sabrá él ponérsela en las uñas entonces, así como Dios se la pone.

Y dice:

2. Cuando reposan en sus cuevas, y están acechando en sus escondrijos. O según otra letra: Cuando se encorvan en sus moradas, y están a las sombras de sus cuevas. Que es la postura de estos animales, cuando se encubren en los lugares adonde esperan hacer presa; que de los leones en particular se escribe que para cazar se asconden, y así la caza, sin sentirlos, se les llega, y es dellos presa, porque, descubiertos, ahuyéntala, porque los sienten y temen.

Dice más:

3. ¿Quién apareja al cuervo su manjar, cuando sus pollos vocean a Dios, vagueando por fallar comida? Como dijo de los leones, dice de los cuervos agora, que entre las otras en estas dos especies es de particular consideración su comida: la de los leones porque ha de ser mucha, y si la buscan a la descubierta, como dijimos, la pierden, por donde es necesario que con particular providencia se la ponga Dios en las manos; y la de los cuervos, porque a los pequeños, luego después de nacidos, sus madres no los mantienen por muchos días, en los cuales los sustenta Dios por maravillosa manera del rocío, según dicen algunos.

Y así dice David en el Psalmo: El que da su mantenimiento a las bestias, y a los pollos de los cuervos que le vocean. Porque en aquellos primeros días pían por comer, y los padres, aunque los oyen, los dejan; mas el que está en el cielo, a quien piando parece que abren las bocas y llaman, se las hinche y los harta. Dice, pues: ¿Quién apareja al cuervo su manjar, cuando sus pollos vocean a Dios? Como diciendo: Yo soy el que los proveo y no tú; y cuando los padres les faltan, yo, sin parecer que los miro, los proveo y sustento, y hago con el rocío lo que ninguno con copia de muchos manjares hiciera. Y dice, cuando vocean a Dios, vagueando por hallar comida; esto es, bullendo en el nido y revolviéndose a diversas partes en él, llevados de la hambre que los desasosiega y menea. Pues cuando así piden la comida con gritos, y cuando se revuelven a todas partes buscándola, ¿serás, dice, tú para dársela?

Dice más:

4. ¿Por ventura conociste el parto de la cabra montesa en la peña o consideraste las ciervas que paren? Toca otra cosa agora en que reluce su providen-

cia, que es el parto y preñez de las ciervas, de quien escribe Aristóteles y otros autores que paren con muy grande dificultad y de manera que no parece cosa posible; y así se encorvan y braman mucho al tiempo del parto, y como guiadas por Dios, preñadas, comen cierta yerba poderosa para hacer sea fácil. En el parir es esto; y en el concebir, según dicen, no conciben hasta que comienza a nacer cierta estrella. Por manera que en esta criatura es maravilloso Dios en los particulares avisos de que la tiene dotada, y por esta causa hace della agora argumento. Como diciendo: Ya que, Job, no tienes saber para dar a los animales su pasto, ¿sabrásme decir acerca de la preñez de las ciervas la causa por que aguardan tal tiempo? O si esto no sabes, ¿podrás a lo menos socorrer a la dificultad de sus partos? ¿Consideraste, dice, las ciervas que paren? Esto es, ¿sabes cuándo conciben, o tienes saber para aligerar su preñez?
Y prosigue en lo mismo diciendo:
5. ¿Contaste los meses de su preñez o supiste los tiempos de su parir?
Y luego:
6. Encórvanse a su parto; y paren y echan bramidos. Que es la dificultad que dijimos, y la razón por que aquí se mientan y en qué estriba todo aqueste argumento; que dice, si a lo menos sabe o puede remediarlas en tanto trabajo y sacar sus dificultosos partos a luz, así como Dios lo remedia. Arguyendo de estas bajezas imposibles al hombre lo poco que puede y lo mucho a que se atreve si pleitea con Dios.
Dice más:
7. Apartados son sus hijos, y vanse a los pastos, salen, y no vuelven a ellas. Toman en breve fuerza los cervatillos, y las madres los enseñan luego a huir y correr, con que a poco tiempo las dejan, apartan y buscan por sí su mantenimiento y su vida.
Añade:
8. ¿Quién envió libre al asno salvaje?; y sus ataduras, ¿quién las soltó? El asno salvaje es animal libre y soberbio y amigo mucho de la soledad y enemigo de lo que está vecino a los hombres. Pues de estas propiedades trata agora, y pregunta a Job si sabe quién se las dio. En que le examina si fue él quien hizo al asno salvaje tan cerril y tan libre y tan ajeno de obedecer al freno, como obedecen otros animales más fieros. Que porque tiene esto causa secreta, por

eso hace memoria dellos Dios aquí, para convencer más nuestra ignorancia, intento pretendido por todos estos capítulos.

Dice: ¿Quién envió libre al asno salvaje? Esto es, ¿quién le dio que fuese tan no domable de suyo sino Yo mismo? Y la causa de esta libertad y selvatiquez, si no es Yo, ¿quién la sabe? Y dice: y sus ataduras, ¿quién las soltó? En que no quiere decir que estaba atado antes y fue suelto después, sino que fue criado sin ataduras ningunas, dotándole Él de tal compostura, que en ninguna manera es hábil para sujetarse al cabestro.

Dice más:

9. A quien puse desiertos casa suya, y tabernáculos dél salitrosa. Que es la otra propriedad de esta bestia amar la soledad entre todas y huir la conversación de los hombres. Y por esto dice que le dio el desierto por morada, porque le compuso de tal manera que le es aborrecible la gente.

Y salitrosa por tabernáculos, que es decir tierra sujeta al salitre, esto es, yerma y no cultivada, y por la misma causa desechada del hombre. Esta tierra, pues, ama, y la poblada aborrece, o para decirlo figuradamente como el profeta, la desprecia y escarnece y se burla della.

Que dice:

10. Escarnecerá muchedumbre de ciudad, vocerío de cobrador no oirá. En las ciudades unas cosas son de contento, y otras de pesadumbre y enojo; la muchedumbre agrada, y el pecho y las derramas fatigan; y por lo primero entiende todo lo apacible, y por lo segundo lo que se aborrece y desama. Mas dice que ni estima lo amable, ni padece lo trabajoso; escarnece y hace mofa de la conversación de los muchos, y de los gustos que della nacen, y no padece las miserias que entre los mismos se encierran. Y dice esto de un animal sin razón, como si la tuviera, fingiéndosela por figura poética para aclarar así mejor cuánto ama el desierto.

Prosigue:

11. Otea montes de su pasto y después busca todo lo verde. Así dicen de esta bestia que, puesta en alto, mira los mejores y más verdes pastos, y a ello se inclina, porque apetece siempre lo verde.

Los que moralizan esta escritura, por el asno salvaje entienden a los hombres desasidos del mundo, y que con el alma y cuerpo se alejan dél cuanto pueden. Porque no hay duda sino que como en lo espiritual de su Iglesia hizo Dios su cielo y su tierra y sus elementos, así también puso en ella sus animales diversos, quiero decir, diferentes inclinaciones de hombres que siguen diferentes estados, y que por semejanza se corresponden, y tienen como consonancia sus propriedades con criaturas diversas.

Es, pues, el ermitaño de corazón el asno salvaje. Asno, porque así lo juzgan los amadores del mundo, estimando por locura y menos saber el despreciar lo que ellos adoran, y el huir lo que aman, y el abrazar lo que abominan: la pobreza, la soledad, el ayuno, el encerramiento, la asperaza de vida. Mas es salvaje este asno porque no se rinde a sus dichos y ni se deja vencer de lo que juzgan las gentes; no se domeña ni tratar se deja por semejante manera. Son sin duda en esta parte los hombres de este linaje gente muy cerril y muy libre; porque ¿quién será poderoso, al que tiene gusto de la libertad del espíritu, sujetarle o inducirle el amor servil de estas cosas? Y a quien halla en la soledad paraíso, ¿quién le traerá al tormento que el bullicio y variedad del mundo y de sus cosas contiene?

Y tiene más fuerza esta verdad, cuanto la libertad que tienen nace de más firmes principios; porque como da a entender aquí Dios, Él solo es el que hace libres aquestos salvajes, y Él que les quita los frenos y las ataduras que los tenían asidos al suelo.

¿Quién, dice, envía libre al asno salvaje?; y sus ataduras, ¿quién las soltó? Porque es sin duda maravillosa obra, y muy digna de Dios, hacer del hombre ángel, y del nacido para las ciudades, amador de la soledad de los campos; y del necesitado del favor de los otros, contentísimo con vivir pobre y a solas; y del perdido por estos bienes visibles, aborrecedor dellos, amando ya lo invisible solamente y suspirando por ello. Que la naturaleza es atadura grandísima, y la necesidad ñudo fuerte, y la costumbre y el estilo común cadena de hierro, ataduras y prisiones verdaderamente mayores que las fuerzas del hombre.

Y así solo Dios es el que las quebranta y saca de prisión estos salvajes suyos, que si lo son no volverán a ella por todas las cosas del mundo; porque en el desierto de Él hallan dulce, apacible y rica morada.

Por donde dice luego: A quien puse desierto casa suya, y tabernáculo dél salitrosa; que es otra maravilla grandísima hacer que el desierto sea casa, y que la tierra estéril y sembrada de salitre sea morada gustosa. Porque no dice que le edificó casa en el desierto, sino que del desierto le hizo casa, y de la esterilidad misma lugar de reposo. Que, a la verdad, el poder de Dios y la eficacia de su no limitada virtud se extiende a no solo dar contento en el desierto a los suyos, y sabor en medio de mil sinsabores, sino hacer que el disgusto sea gusto, y la tristeza alegría, y el lloro gozo, y la calamidad, padecida por Dios, día de felicidad alegrísimo, y hacer que la hornaza y el fuego sirva de rocío y de alivio a sus siervos; que es algarabía para los que sirven al mundo, y cosa a que jamás dieron crédito, como ellos después de muchas cosas acerca del Sabio, lo confiesan diciendo: Nosotros sin seso tuvimos por locura su vida. Porque si en el mundo se entendiese este bien, no hubiera quien no le siguiera, sin duda, como se ve en el efecto que, conocido, hizo antiguamente y agora; que su golosina pobló los desiertos, y enajena todo lo que es de gusto a los hombres que abrazan la pobreza, desnudez y desprecio, como otros a los infinitos deleites.

Puse el desierto casa suya, y tabernáculos dél salitrosa. ¿Qué hará en el cielo quien hace cielo en el desierto? Dice que les da en el desierto, no solamente casa, sino casa suya, dellos, y tabernáculo dellos mismos. Y quiere decir, lo uno, que es permaneciente y no alquilada o ajena, como son las casas y asientos que en sus bienes da el mundo a los suyos, que son mesones de paso en que se paga todo al doblo y amargamente se escota; mas el descanso de estos salvajes, cuando la vida se acaba, crece él y con la muerte se hace perpetuo.

Y lo otro dícelo por decir que es propria y conveniente casa para semejante gente el desierto; casa suya sin duda, porque en el estar a solas viven, y en el destierro de todas las cosas descansan, y no tienen reposo sino cuando asuela Dios y siembra de sal en su alma y sentidos todo lo que mira a esta vida. Porque en esta pureza hallan junta a sí la pureza de Dios, y los resplandores de su sancta luz reverberan luego en espejo tan limpio, y júntanse estrechamente porque no tienen estorbo de cosas que desvíen entre ellos lo limpio y lo sencillo y lo puro entre sí. Y en esta junta es adonde verdaderamente se vive, porque es juntarse a la vida; que, cuanto a lo demás, todo es afanar y morir.

Y así dice: Escarnecerá muchedumbre de ciudad, y vocerío de ejecutor no oirá. Porque, ayuntado a este bien y hecho morador de esta casa, ni amará la muchedumbre del mundo, ni estimará la majestad que hace estado, antes lo despreciará todo, porque apenas bullirá en él ni hará ruido la carne; que todo calla a Dios, luego que su majestad se divisa por un alma apurada. Vocerío de ejecutor no oirá. ¡Qué poco siente este salvaje lo que a los más nos trae atontados y locos! La voz de la codicia pedigüeña, ¡qué poco ruido hace en su pecho! El deleite importuno, ¡cuán poco molesta su alma! El estruendo del enojo, ira y venganza, los clamores de mil desvariados y hervorosos deseos, ¡qué mudos son para él!

No oye vocerío de ejecutor. Todo lo que nos saca prenda, todo lo que nos aflige y nos turba, todo lo que mete a saco la quietud de la vida, él apenas lo oye, porque, descuidándose de sus deseos, lo desterró todo de sí; su cuidado es solo uno. De que luego se sigue: Otea montes de su pasto, y después busca todo lo verde. Porque su oficio contino es ocuparse en la contemplación de sus montes, quiero decir, de las altezas sanctas a que Dios le levanta, el cielo, la vida dél, los bienes y los premios divinos, y a Dios sobre todo, de quien se mantiene, por razón del fructo que de ello saca, que es siempre verde, porque su dulzor nunca enfada, siempre viene nuevo y fresco y con particular gusto a la boca. Que esta diferencia, entre otras muchas, hay entre los mundanos y aquéstos: que el bien del mundo y sus placeres y gustos nunca son verdes, o si lo son, marchítanse y agóstanse luego, y vuélvense en paja seca, conveniente manjar de sus amadores, porque traen consigo el enfado.

Y así el que lo gusta y torna a ellos, torna, porque no tiene otros bienes; y, vacío de bien, busca en qué se entretener y no sabe a do ir, y vuelve como necesitado y como por costumbre a lo que gustó, ya estragado y manoseado y lacio y perdido. Sino que se engaña el miserable a sí mismo, y se esfuerza a comer como bueno lo que, si come, da arcadas; porque este bien visible, en perdiendo la primera tez, ¿qué es sino asco? Así que este mi salvaje siempre come lo verde; como, al revés, el mundano y miserable siempre lo seco y marchito.

Mas tornemos a nuestro primero propósito.

12. ¿Por dicha querrá rinoceronte servir a ti, o hará noche sobre pesebre tuyo? Prosigue en su intento Dios, y prueba su saber y grandeza por otra obra suya señalada, que es el rinoceronte, que llamamos ahora vada, animal ferocísimo, así en braveza de ánimo como en grandeza de fuerzas como en el talle y compostura de cuerpo; que por ser notorio ya en estas partes, por algunos que de la India oriental han venido, no las pintaré más despacio. Pues de éste le

pregunta agora Dios a Job si se servirá dél o si se atreverá a hacelle doméstico. Dando a entender que puede Él hacer y hace animales que a los hombres no reconocen; o por decir verdad, declarando por esto la grandeza y fiereza de esta bestia, y por ella el poder y saber sumo del autor que la hizo. ¿Querrá, dice, servir a ti el rinoceronte, esto es, podrás tú sujetarle a tu servicio, como podré Yo, que le hice? ¿O podrás hacer que haga noche sobre tu pesebre?; esto es, si podrá hacerle doméstico; como diciendo: Así me sirve todo, por más fiero y bravo que sea; tú, o el que presumiere traer pleito conmigo, veamos si lo puede hacer.
Y prosigue en la misma razón, y pregunta:
13. ¿Por ventura ligarás al rinoceronte para el sulco con tu coyunda? ¿O romperá las tierras de los valles en pos de ti? Que es como decir una cosa imposible, dando por ella a entender la grandeza y fiereza de este animal, en ninguna manera domable.
Y para la misma significación añade como por ironía:
14. ¿Por ventura fiarás en él por su mucha fortaleza, y encomendarle has a él tus trabajos? Esto es, si porque es fuerte y valiente, le dará cargo de sus obras descuidándose él dellas. Y entiende por sus trabajos y obras los de su labranza, como luego declara, diciendo:
15. ¿Por dicha confiarás dél que te volverá lo que sembraste, y que allegará tu era? Y dicho esto, pasa su razón a otro animal también extraordinario y extraño, y por la misma causa conveniente para sacar dél, de su poder y saber, argumento, que es el avestruz, del que dice:
16. Pluma de avestruz semejante a la del halcón y gavilán. Que es decir: pues si vamos al avestruz que Yo hice, ¿qué te contaré dél? Que en la pluma y en las alas es ave, esto es, tiene plumas como las demás aves las tienen; y por esta parte puede ser tenido por uno dellas, como el azor, o como el gavilán, o, según otra letra, como otra cigüeña. Y pone estas aves en particular, no por decir solo dellas (que no son éstas a las que el avestruz más parece), sino para en ellas entender generalmente a todas, y decir que es ave, o lo parece ser el avestruz en la pluma. Verdad es que el original dice a la letra: Pluma de pomposos, o regocijados alegre; y entienden algunos por los pomposos a los pavones, cuya pluma es hermosa y pintada, y por eso alegre a la vista.
Mas no viene esto bien con lo que se sigue, que es:

17. Cuando deja en la tierra sus huevos y sobre el polvo, ¿calentarlos has? Porque del avestruz y no del pavón, se lee que pone en el arena sus huevos y, olvidado dellos, los deja. Pues pregúntale Dios a Job si los sabrá él calentar, esto es, si, sin el calor de la madre y sin el abrigo y cuidado que los padres-aves de sus huevos tienen y suelen tener, sabrá él o podrá sacarlos a luz, como él los saca y empolla. Y porque hizo memoria del olvido de aqueste animal, llévalo más adelante, y extiéndelo por manera poética y dice:

18. Y olvídase que pie los desparza, o que bestia del campo los palee. Esto es, tiene tan poco acuerdo de lo que por natural instinto las demás aves tanto se acuerdan, que no le viene al corazón lo que les puede suceder sin su abrigo, que o los esparza al viento, o los pisen las bestias que por el campo libremente discurren.

Y dice:

19. Endurécese para sus hijos, no suyos; en vano trabajó sin forzarla temor. Como diciendo: Todos los animales, aunque en sí sean fieros, son blandos y amorosos para sus crías; mas éste es tan duro y tan olvidadizo, como dicho habemos, para sus hijos; si a la verdad pueden ser llamados sus hijos los que desprecia, los que olvida, los que deja sin causa ninguna que la fuerce, puestos a tan manifiesto peligro.

Y por eso dice en vano trabajó sin forzarla temor; esto es, el concebir esta ave los huevos y el ponerlos, con todo lo que pertenece a esta obra y trabajo, cuanto de su parte es, fue trabajo vano y inútil, o como si vano fuese y sin fructo, así lo deja y desprecia y del todo olvida.

Sin forzarla temor a ello, esto es, sin que nadie la espante, ni oxee, ni cosa semejante haga, forzándola a que desampare sus huevos. Porque otras aves piérdenlos y los desamparan a veces, no por su voluntad, sino por no poder más, forzadas de algún caso que les espanta; mas ésta no así, sino como cosa inútil y vana, y que por ninguna vía le toca.

Y da la razón diciendo:

20. Que olvidóla Dios de sabiduría y no repartió a ella entendimiento. En que dice que es olvidadizo de suyo el avestruz, y sin ninguna memoria. Mas si es olvidadizo, no es tardo, y lo que le quitó de memoria le añadió Dios en ser presto y ligero; porque siendo animal tan pesado, que aunque tiene alas no puede volar, en correr es ligerísimo, porque ayuda con las alas los pies.

Y dice así:
21. Al tiempo que ensalza sus alas, escarnecerá del caballo y del caballero. Porque no hay caballo aguzado con espuelas a la carrera que así corra como el avestruz corre. Y por eso dice que escarnece en ayudándose para el correr con las alas, al caballo y al caballero; no al caballo como quiera, sino al caballo a quien el que va encima le anima y enciende. Así que escarnécelos, porque los deja atrás con conocida ventaja.
Dice más:
22. ¿Por dicha darás al caballo valentía? ¿Por dicha ceñirás su cerviz de relincho? La mención hecha del caballo y del caballero trujo a la boca al caballo, y así dice agora dél, por ser su natural maravilloso en extremo, así en el ánimo que tiene como en la gallardía de cuerpo, como en el brío y ligereza y afición de las armas.
Y así le trae Dios por ejemplo de su saber preguntándole a Job si supiera él hacer un caballo con las disposiciones y condiciones que tiene, las cuales pinta a la larga elegantísimamente. Dice si supiera él darle al caballo la valentía que tiene, porque sin duda es animal de fuerza y ánimo señalado; y si supiera ceñirle la cerviz de relincho, en que demuestra su brío y gallardía y su corazón no nada cobarde. Y dice bien ceñir la cerviz, porque la menea y estremece toda el caballo cuando relincha.
Y dice más:
23. ¿Por dicha levantarle has como a langosta? Hermosura de sus narices espanto. En que le pone otras dos propiedades preguntando a Job si fue él quien se las dio: la primera es su ligereza, y la segunda es el espíritu y fuerza de su bufido. De la ligereza pregunta si levanta Job como a langosta el caballo, esto es, si le dio que saltase presto y ligero, como si fuese langosta, porque no solo es en el correr veloz, sino suelto mucho en el salto.
Y del bufido dice hermosura de sus narices espanto, que llámale hermosura de su nariz con propriedad y elegancia, porque hincha el caballo cuando bufa y ensancha las narices, y las figura por una manera llena de una disposición señoril, a que se consigue, en los que le miran, espanto. Y así dice que el bufar suyo, que pone en él majestad, causa en los miradores espanto.
Prosigue:

24. La tierra cava con el pie, arremete con brío; saldrá a los armados al encuentro. Es de los caballos el patear y herir en el suelo, porque no les da sosiego su grande espíritu, y es proprio de los no lerdos; que los generosos son bulliciosos, y esos mismos arrancan alegres y llenos de corazón al encuentro.
Porque como dice luego:
25. Desprecia el temor, y no se espanta, ni se retrae de la espada. Y particularízalo para más adornarlo, y dice:
26. Sobre él sonará el carcax; hierro de lanza y escudo. Quiere decir, aunque esto suene y vea andar sobre sí, no por eso teme, antes se anima y espera la señal del acometer con señalado deseo.
Y así dice:
27. Hervoroso y furibundo sobre la tierra, y no estima que voz de bocina. Porque el deseo de oírle le hace que no estime, esto es, que no crea que ha de llegar tiempo en que suene.
Y así:
28. Cuando oye la trompa dice: ¡Ha!, ¡ha!; y de lueñe huele la batalla, el animar de los capitanes, el estruendo de los soldados. El original dice: En copia de trompetas dice: ¡Ha!, ¡ha! Y lo uno y lo otro es figura poética, en que para mayor significación, como si tuviera uso de razón, se le dan al caballo palabras en que demuestre alegría. Porque es tanta, que la demuestra en su hervor y manos luego que oye la trompeta, o como aquí dice Dios, luego que huele la guerra; que si hablara, no la demostrara más claro, porque hace todo lo que se le pone en aquesta pintura. De la cual, a lo que parece, sacó la suya el poeta latino, que dice:

> Que desde luego altivo y más brioso
> el potro que es de casta, huella el prado
> y dobla con un aire más gracioso
> el juego de las corvas bien formado.
> Y siempre va delante, y hervoroso
> tienta primero que otro el río a nado,
> y, con ánimo firme y atrevido
> al piélago se lanza no sabido,

No le espanta el estruendo vano y ciego;
mas de lueñe que llegue a sus oídos
sonido de las armas, arde, y luego
no cabe en un lugar; y conmovidos
sus miembros todos tiemblan; sin sosiego
aguza las orejas y sentidos;
sorbe, recoge, aprieta, vuelve, espira
fuego por las narices, llamas de ira.

Dice:
29. ¿Por tu dicha, por tu saber toma plumas el gavilán, y extiende sus alas al ábrego? Entiende las aves de rapiña todas por el gavilán, que es una especie dellas; a las cuales es proprio el estar en muda a sus tiempos y renovar los cuchillos, para volar después con mayor ligereza y esfuerzo. Pregúntale, pues, Dios a Job si lo hace él, esto es, si dio aquesta propriedad al halcón, o si se sabe la causa de dónde nace y el secreto que encierra, como le, sabe Él que lo hizo; que por estas cosas particulares y usadas demuestra bien cuanto sabe. Y extiende sus alas al ábrego. Por el ábrego viento entiende todos los vientos. Y porque habló de las aves que cazan, trata luego de la reina dellas, el águila, preguntándole a Job si le dio el instinto y naturaleza que tiene.
Y dice:
30. ¿Por ventura a tu mandamiento se ensalza el águila, y pondrá en las cumbres su nido? Es proprio de las águilas hacer nido en las cumbres más altas; y por eso le pregunta si le dio él aquesta natural propriedad, o quién se la dio, si es su mandamiento y querer el que la aposenta tan alto. Y declaralo, y particularízalo más con hermosas palabras.
31. En breñas, dice, morará; en el pico tajado se asentará, en los riscos no accesibles.
Y añade:
32. Desde allí otea el manjar, y de lueñe sus ojos miran. Porque son de agudísima vista las águilas, y así, aunque aniden en alto descubren bien de allí la presa y se lanzan a ella, y allí ceban a sus hijos, que, por ser aves que comen carne, añade y dice:

33. Sus pollos lamen sangre, y donde cuerpo muerto, luego ella allí. Y con esto da Dios fin a la primera parte de aquesta su plática. A la cual Job no respondía palabra, sino como convencido y humilde callaba; y así Dios torna y le pregunta:
34. Y añadió el Señor, y habló a Job: ¿Por dicha quien baraja con Dios calla tan presto?
35. Y quien arguye a Dios, responda. Como diciéndole que callaba mucho habiendo presumido tanto, y que no parece conveniente se acobardase tan presto quien poco antes se profesaba tener ánimo para barajar con Dios, esto es, para preguntarle y responderle, y darle razón de sí y demandársela.
Aunque dice otra letra: ¿Por ventura es cordura barajar con Dios? En que le pregunta ya, si por lo que ha visto y oído, le parece buen seso ponerse en demandas y en respuestas con Dios; como diciéndole que ya debe estar fuera de su engaño tan grande.
A lo cual Job dice y responde:
36. Y respondió Job al Señor y dijo:
37. Hablé livianamente; ¿qué podré responder? Pondré mi mano sobre mi boca. O como otra letra dice: Soy desprecio; ¿qué podré responder? Y era cosa sin duda que, habiéndole hablado Dios, le había de responder él por esta manera; porque no hay cosa más natural ni más cierto que, puestos en la luz, conocer de sí lo que es cada uno; y es proprio de la luz y de las visiones y hablas de Dios criar profunda humildad en el hombre, que se conoce entonces verdaderamente su gran bajeza, contrapuesto a la presencia de tanta grandeza.
Y así dice: Soy desprecio; soy vileza y polvo, y viéndote a Ti, lo conozco verdaderamente en mí agora; que tus palabras demostradoras de tu saber y poder excesivo, no solamente me demuestran eso, mas hicieron de mi poco saber y mal hablar en mí entera evidencia. Pues siendo yo tal y conociendo de Ti y de mí quiénes somos, tu saber y mi grande ignorancia, las entrañas de tu piedad y mi osadía atrevida, no seré loco más, ni añadiré a lo que tengo dicho palabra; mudo soy y quiero ser mudo.
Porque como dice:
38. Una hablé que ojalá no hablara; y otra a que no añadiré. Como diciendo que conoce su demasía también; que una vez y otra vez, una y dos veces

afirma y protesta de no hablar más, y que de lo hablado le pesa. Una hablé, esto es, una vez digo que ojalá no hablara, esto es, que quisiera no haber hablado, y otra, esto es, y digo otra vez que no añadiré, esto es, que no diré más. Como parece por el original claramente, que dice así: Una vez dije: no responderé, y dos no añadiré. Conviene a saber, dije, esto es, digo una vez y otra vez que no responderé, ni añadiré, esto es, que no quiero ni puedo ni tengo que responder ni decir.
Madrid, 6 de enero de 1591.

Capítulo XL

1. Y respondió Dios del torbellino, y dijo:
2. Ciñe, ruégote, como barragán tus lomos, y preguntaréte y enseñarásme.
3. ¿Por ventura desharás mi juicio; culparás a Mí, para justificarte a ti?
4. ¿Y si brazo como Dios a ti, y en voz como Él tronarás?
5. Adórnate con grandeza y ensalzamiento, y gloria y hermosura te viste.
6. Esparce soberbios en tu ira, y confúndelos, y atiende a todo arrogante, y abájale.
7. Mira todo soberbio, y confúndelos; y deshace a malos en su lugar.
8. Ascóndelos en el polvo juntamente, y sus faces lanza en la hoya.
9. Y Yo confesaré a ti, que también salvará a ti tu derecha.
10. Ves agora a behemoth; yerba como buey come.
11. Ves; fortaleza suya en sus lomos, y poderío suyo en ombligo de su vientre.
12. Menea su cola como cedro; niervos de sus vergüenzas enhebrados.
13. Sus huesos, fístulas de bronce; como vara de hierro.
14. El principio de caminos de Dios, quien le hizo aplicará su cuchillo.
15. Que a él montes le producen yerba, y todas las bestias del campo hacen juegos allí.
16. Debajo de sombríos pace; en escondrijo de caña, en pantanos húmedos.
17. Cúbrenle sombríos su sombra; cercaránle sauces del arroyo.
18. Ves; sorberá río, y no maravilla; y tiene fiucia que el Jordán entrará por su boca.
19. En sus ojos como anzuelo le prenderá; con palos agudos horadará sus narices.

20. ¿Por ventura sacarás a leviathán con anzuelo, y con soga atarás lengua suya?
21. ¿Por ventura pondrás garabato en su nariz, y con alesna [ajorca] horadarás su mejilla?
22. ¿Por ventura multiplicará ruegos a ti, o te hablará blanduras?
23. ¿Por ventura hará concierto contigo, y recibirle has por esclavo perpetuo?
24. ¿Por dicha jugarás con él como pájaro, y atarásle para tus mozuelos?
25. Despedazaránle los amigos; partiránle los mercaderes.
26. ¿Por dicha llevarás redes de su pellejo, y nasa de peces con su cabeza?
27. Pondrás tu palma sobre él; miémbrate de la guerra y no añadas.
28. Ves; su esperanza le burla, y a vista de todos será despeñado. Por dicha a su aspecto derrotado será.

Exposición
1. Y respondió Dios del torbellino, y dijo: Las luces de Dios y sus hablas, como agora decíamos, crían siempre humildad en el hombre a quien se hacen, y conocimiento verdadero de sí; porque nunca habla que no sea para hacer bien, y el principio y como fundamento de todos los bienes es que se conozca cada uno a sí mismo. Porque, al revés, en el desconocerse y en el estimarse en lo que no es, está el error de la vida. Y como no entra el Sol adonde se le cierran las puertas, así no entra Dios en el alma que no se conoce, porque las puertas que la cierran es la estimación vana de sí y el juicio falso de su virtud y su fuerza. Así que Dios, para introducir sus virtudes, lo primero, pone por el suelo estas puertas y abre los ojos al alma con la luz de sus verdades para que se conozca, y conociéndose se desestime y humille y sujete a él toda y del todo; para que así, como en materia enteramente sujeta y como en cera blandísima, figure él a su voluntad la imagen suya, que es aquello a que aspira el alma sancta y en que está su total perfección.

Mas como en esto hay grado, así en las hablas y luces de Dios hay más y menos, y no siempre de la primera vez hacen todo su efecto; mas repítelas Dios y multiplícalas, si el que las recibe no contradice, cuantas veces es menester hasta salir con su intento. Como en este ejemplo se ve, adonde Dios pretendiendo traer a Job a perfecto conocimiento, así de su grandeza y justicia, como de lo poco que él podía y sabía, y teniendo por fin que Job conociéndose bien se humillase del todo y se doliese de alguna demasía y orgullo, a que le había traído por una parte el dolor intensísimo que padecía, y por otra el testimonio de su consciencia que le aseguraba, acabó con Job, y hizo en él mucho desto con el pasado razonamiento; porque como de lo que agora decía se ve, reconoció su bajeza Job y confesó que no tenía que responder. Mas aún no llegó del todo a la perfección que se había propuesto, porque aún no estaba en Job el dolor de la demasía en su grado, como veremos que estuvo después. Por donde torna a segundar en hablarle por el mismo estilo y forma que comenzara, para con esta segunda luz perfeccionarle del todo. Y dícele:

2. Ciñe, ruégote, como barragán tus lomos y preguntaréle, y responderásme. En que, como la vez primera, le despierta y como desafía a la disputa y calladamente le arguye de alguna osadía. Porque el decir que se ciña como valiente, es con una ironía secreta reírse del ánimo que había mostrado de ponerse en razones con Dios y de pregonar su inocencia, que, aunque sin duda era mucha y tal que ninguno le igualaba en aquel tiempo en la tierra, como el mismo Dios lo atestiguó en el principio; pero ninguna criatura es tan grande que, lo uno, sea de algún valor en comparación de la pureza de Dios, y lo otro, baste a tenerle las manos para que, si le place, no nos hiera y deshaga sin ir contra su bondad y justicia.

Y así, y conforme a este propósito, le dice:

3. ¿Por ventura desharás mi juicio, culparás a Mí, para justificarte a ti? En que no le acusa de semejante osadía y desatino, que si Job cayera en él, fuera error y caída muy grande; sino enséñale esta verdad que agora decía y dale enteramente luz de ella, mostrándole que, aunque la criatura más justa sea, puede Dios destruirla sin caer en injusticia ni en culpa, y que cabe todo esto y se concierta bien en el juicio justo y sancto de Dios, enviar dolores y males en el sujeto criado que está lleno de virtudes y bienes. Porque es Señor, y, como sin obligación nos hizo, así puede deshacernos por su voluntad; y a su naturaleza y su justicia y todo lo que en él hay se debe que pueda esto, si quiere. Y como nadie en grandeza se le iguala, así la rectitud de sus obras va fuera de toda cuenta, y no hay ley fuera dél que las mida, porque ellas son ley de sí mismas.

Y por la misma razón, todos los que son menores pueden y deben ser juzgados, y por las leyes de sus superiores medidos; mas Dios, Soberano y Príncipe, en todos y en todas las cosas es la misma medida, y por consiguiente es la misma justicia por naturaleza y esencia. Y según esto agora, por medio de su grandeza, demuestra a Job que es error pedirle nadie cuenta de lo que hace, o a lo menos que ha de ser otro como él, o si puede ser, mayor que él, quien quisiere pedírsela. Y así le dice que, pues él se atreve a ello, o parece atreverse, que haga lo que Dios hace, o pruebe si puede hacerlo.
Y así dice:
4. ¿Y si brazo como Dios a ti, y en voz como Él tronarás? Como diciéndole, en consecuencia de lo que en el verso pasado decía, que si quiere juzgar a Dios y entrar en cuenta con Él y traer a juicio sus obras, ha de tener brazo como Él, y tronar como truena Dios, esto es, ser su igual en poder y grandeza. Porque, como decimos, el que es sobre todos y poderoso por infinita manera, es Él la ley de sí mismo, y así no puede ser medido ni juzgado por otro; porque la ley que mide y rige a otro, forzosamente tiene preeminencia sobre aquello que mide. De donde se sigue que, si Job quiere poner ley a Dios, ha de ser Dios como él, poderoso igualmente como él en palabras y en obras; y si presume lo uno, ha de tener fuerza y valor en lo otro; o por decir verdad, pues arribar no puede aquesta igualdad, no dé entrada a presunción semejante. Y así le pregunta si tiene brazo como Dios, y truena como Él; que es, preguntando, afirmar que ni tiene brazo ni truena; y, por consiguiente, es amonestarle y decirle que no quiera cutir con Dios en razón de inocencia, pues es tan su inferior en perfección de naturaleza.
Y en este mismo propósito añade:
5. Adórnate con grandeza y ensalzamiento; y gloria y hermosura le viste. Esto es: Si tienes brazo como Dios, muestra que lo eres en el traje y vestido, resplandece como Él y despide de ti rayos de luz; camina, no solo resplandeciente, sino también alto, empinado y encumbrado; demuéstrate en sus meneos y semblantes altísimos. Como arguyendo de esto que no podía hacer el brazo y poderío que le faltaba. Y pídele que haga algunas cosas de las que hace Dios y no puede hacerlas la criatura, como es lo que luego se sigue:
6. Esparce soberbios en tu ira, y confúndelos; atiende a todo arrogante, y abájale. O como dice otra letra: Esparce iras de tu nariz, y mira todo soberbio,

y humíllale. Que así como es propria de Dios la grandeza, y el andar vestido de resplandor y de luz, y propria, no como cosa allegada, sino como cosa lanzada en su esencia, así también es proprio negocio suyo el humillar lo soberbio y el abatir lo empinado, como en la Escritura se dice: Dios resiste a los soberbios, y a los humildes da gracia. Y esle proprio así, por parte de su poder, como por respecto de su condición. De su poder, porque si Dios no pone la suya, no hay fuerza que baste contra la prudencia y artificio del mundo, que es de lo que se vale y en lo que estriba la presunción y soberbia. Por manera que deshacer lo que el mundo hace y derrocar lo que ensalza, y abatir lo que apoyan todas las fuerzas humanas, es proprio de las divinas. Por parte de su condición, porque como el agua contradice al fuego por naturaleza propia, así Dios, que de su natural es la misma sencillez y verdad, aborrece terriblemente la mentira; y el no conocerse el hombre por nada, y el ensoberbecerse el que es polvo, y el presumir de sí quien no tiene de sí sino miseria y vileza, es mentira de obras mucho peor que en palabras. Pues como esto es proprio de Dios, dice Dios a Job que pruebe a hacerlo, si puede, para que conozca que está tan lejos de examinar, cuan lejos está de poder lo que Dios puede; y cuan lejos está de poder lo que Dios puede, tanto debe de estar para juzgar lo que Dios hace. Y porque es obra de que se precia Dios mucho, el deshacer lo soberbio y el dar fin a lo malo, torna a repetirla diciendo:

7. Mira todo soberbio, y confúndelos, y deshaz a malos en su lugar. Que es, como luego decía, que si tiene brazo como Dios, se muestre resplandeciente como Él se demuestra, y tenga cuenta como Dios tiene con los altivos y los abata, y con los malos y los entierre.

Mira, dice, entiende tú, Job, si por tal presumes; mira, esto es, penetra con vista clara los secretos y altivos movimientos del alma, y confúndelos. Y dice bien confúndelos, porque a la soberbia es pena muy ajustada la confusión; porque confusión es un abatimiento y vergüenza al juicio de ese mismo que la padece. Y es muy a pelo, que quien juzgaba de sí vana y arrogantemente, y quien a su parecer tocaba con la cabeza en el cielo, venga a disposición en que su mismo juicio le avergüence y abata. Y no desdice el original desto mismo, porque dice y encórvalos, que es lo contrario del cuello y del ánimo erguido.

Y en lo que añade luego y deshaz malos en su lugar, quiere decir que allí donde pueden y valen, y donde parece estar arraigados, o verdaderamente con eso y en eso mismo con que pretenden y piensan valer, allí los deshaga y destruya. Porque Dios así lo hace en prueba de su infinito saber y poder, que con sus manos de esos mismos que deshace los deshace, y con sus fuerzas mismas los destruye, y con sus mismos consejos los entontece y los ciega. A que acude maravillosamente el original; porque dice y deshaz malos debajo de sí, entiende, debajo de esos mismos malos que son deshechos, porque los hace Dios destruidores de sí mismo; y como quien los destruye son sus mismas fuerzas y mañas, quedan, como si dijésemos, debajo de sí mismos, caídos y hollados de sí, y finalmente muertos por sus mismas manos.

Y así añade:

8. Ascóndelos en el polvo juntamente, y sus faces lanza en la hoya. O como el original dice: átalas en ascondido; que por todo se significa la mortaja y la sepultura, que es la postrera caída. Como si juntado todo lo de arriba dijera: Reconoce los soberbios y derruécalos; ten cuenta con los malos y castígalos, abájalos, destrúyelos; no pares hasta que privados de vida los encierres en el abismo; que, si esto pudieres y hicieres, entonces dice:

9. Y yo confesaré a ti, que también salvará a ti tu derecha; esto es, confesaré, que eres poderoso para entrar en disputa conmigo y valerte. Mas dice, no puedes porque es cosa reservada para Mí solo derrocar, a mi voluntad, lo más alto, y amansar lo bravo, y el hacer y deshacer cosas muy grandes que el mirarlas espanta. Y pone ejemplo en la ballena y elefante, animales de grandeza descomunal, que Dios los hace y cuando quiere los destruye; y el hombre no solamente hacerlos no puede, mas ni sabe entender cómo se hacen, y ni aun se atreve sin espanto a mirarlos.

Y dice así:

10. Ves agora a behemoth; yerba como buey come. Behemoth es palabra hebrea, que es como decir bestias; al juicio común de todos sus doctores, significa al elefante, llamado así por su desaforada grandeza, que siendo un animal vale por muchos. Pues en decir ves, le dice dos cosas: una, que en este animal, que por su grandeza no es uno, sino muchos juntos, verá lo mucho que sabe y puede Dios, pues le hace y deshace cuando y como le place; y a este fin le pinta extensamente como es, refiriendo todas sus partes; otra, que

en él conocerá cuán proprio le es a Dios amansar lo soberbio, pues hace que coma heno una bestia tan fiera.

Y así dice yerba como buey come, porque en los animales, entre otras diferencias, hay ésta: que unos se mantienen de yerba, y éstos son más domésticos; y otros de carne, y éstos son fieros y crueles, conforme al mantenimiento que usan; y al elefante, que así por su grandeza de cuerpo como por su coraje de ánimo le conviene lo fiero y lo bravo, le trata Dios como si fuese buey manso, y le mantiene con heno.

Dice más:

11. Ves; fortaleza suya en sus lomos, y poderío suyo en ombligo de su vientre: Pone las cualidades fuertes de este animal y comienza por los lomos y vientre; en que no quiere decir que son duros y no penetrables al hierro, sino que son fuertes y para mucho trabajo. Porque, como es notorio, los de Asia, que usaban de elefantes en guerra, armaban encima dellos grandes castillos de madera, en que iba mucho número de gente de armas. Por manera que un elefante llevaba sobre sí un castillo y muchos hombres en él, que no le sería posible si no tuviese en los lomos grandísima fortaleza para sustentar tanta carga, y en la barriga vigor mucho para sufrir los estrechos lazos de los cordeles con que se ata y afirma pesadumbre tan grande.

Prosigue:

12. Menea su cola como cedro; niervos de sus vergüenzas enhebradas. O como otra letra dice: Apetecerá su cola como cedro. Y decir apetecerá su cola es decir su cola que apetece o cuando apetece, es como cedro. Y habla aquí propriamente de los miembros de la generación, que los compara a un árbol grande, por manera de exceso, para que por ellos proporcionalmente se entienda la grandeza excesiva de los demás.

Añade:

13. Sus huesos fístulas de bronce; sus huesos como vara de hierro; porque son durísimos y firmes mucho los de los elefantes. Y dice:

14. El principio de caminos de Dios, quien le hizo, aplicará su cuchillo. El, esto es, el behemoth, es principio de caminos de Dios; quiere decir, es una de sus obras más señaladas, y entre las naturales es una maravilla grandísima; tiene entre los caminos de Dios, esto es, entre sus hechos y obras, grande eminencia. Mas quien le hizo, ése, por más fuerte que sea, le puede con facilidad

deshacer. Y así dice quien le hizo aplicará su cuchillo; Él solo puede acabarle, y Él fácilmente le acaba.

Dice más:

15. Montes le producen yerba, y todas las bestias del campo hacen juegos allí. Prueba y engrandece la grandeza de este animal, por la muchedumbre de la yerba que pace. Y así dice: Montes le producen yerba, que es decir que, para sustentarle a él y proveerle de pasto bastante, son menester muchos montes. Y decláralo más lo que añade, diciendo: Y todas las bestias del campo hacen juegos allí o se alegran allí; que es decir, que lo que él solo pace basta para sustentar y alegrar a todas; esto es, que será lo que él consume pasto dellas no solamente suficiente, sino abundante y sobrado.

Prosigue:

16. Debajo de sombrío pace; en escondrijo de caña, en pantanos húmedos. Son amigos de lugares húmedos los elefantes, según Plinio dellos escribe. Y a lo mismo pertenece lo que luego añade:

17. Sombríos su sombra, cercaránte sauces del arroyo; en que también declara lo que apetece el elefante, la humedad y la sombra. Y no solamente dice que la apetece, sino significa también cuán grande ha de ser la sombra que para él fuere sombra; una sauceda entera, dice, es su sombra, y los sombríos, esto es, una selva o monte espesísimo. De arte que por aquí también arguye el exceso de su grandeza.

Y lo mismo por lo que añade:

18. Ves; sorberá río, y no maravilla; tiene fiucia que el Jordán entrará por su boca. Que quien bebe o agota un río entero, necesariamente es muy grande; aunque en todo esto hay hipérbole y exceso.

Otra letra dice: Ves; estrechará río, no se dará priesa. Quiere decir en el mismo sentido que estrechará al río, esto es, que de caudaloso que era antes, le adelgazará reduciéndole a una delgada vena. De que se sigue lo que añade que no se dará priesa, porque correrá con más espacio y menos ímpetu, faltándole o menoscabándose en agua. Dice:

19. En sus ojos como anzuelo le prenderá; con palos agudos horadará sus narices. En que por encarecimiento, para mayor demostración de lo que ha dicho del río, dice, que le agota bebiendo de tal manera y le apura hasta el

suelo, que los palos o estacas que suele haber en él se le hincan por el rostro, que con la codicia del beber no se advierte.

Y con esto se despide del elefante, y pasa a la mar a pintar en el mar otro animal no menos grande y monstruoso que el behemoth en la tierra.

Y dice:

20. ¿Por ventura sacarás a leviathán con anzuelo, y con soga atarás lengua suya? Leviathán, como dijimos arriba, llaman los hebreos a los dragones marinos, y señaladamente a las ballenas, que entre todos son de señalada grandeza, cuales son las que crían los mares que están más sujetos al norte, de que los autores escriben cosas muy prodigiosas. Pues de estos animales habla agora aquí Dios, como de obras suyas maravillosas; porque así la desmedida grandeza de sus cuerpos, como las figuras de sus miembros extraordinarias, son cosas de espanto y que hacen por mil razones argumento claro y certísimo, no solo de que Dios sabe y puede mucho, sino también de lo poco que el hombre vale, pues no allega a poder mirar sin temor lo que Dios hace como por juego.

Dice: ¿Por ventura sacarás a leviathán con anzuelo? En que con una risa fingida, preguntándole si le podrá pescar, declara cuán lejos está de ser preso y pescado, y cuán pocas son nuestras fuerzas para prenderle.

Con anzuelo, dice, porque el anzuelo es para los peces pequeños; y así, preguntar esto de una pesadumbre tan grande, es decir a Job que todo su poder y saber es respecto de esto menos que anzuelo.

Y con soga atarás lengua suya. Suelen los pescadores por las brancas atravesar y colgar algunos peces medianos, y a esto alude aquí. Y, en suma, pregunta si llegará su saber a prender la ballena, o con anzuelo, como a pequeño, o con soga, como a mediano; como diciendo que ni es pequeño ni mediano pez, sino excesivamente grandísimo.

Dice más:

21. ¿Por ventura pondrás garabato en su nariz, y con alesna horadarás su mejilla? El freno de los camellos y de otros animales grandes, de que los africanos y los asianos se sirven, suele ser una argolla de hierro, atravesada por la nariz, como se atraviesa por la oreja el zarcillo, y unos cordeles asidos della por riendas. Pues pregunta si se atreverá a ponerle freno así, y gobernarle como a camello. Como diciendo, y si no le puede pescar como a pez pequeño, ni atar

como a mediano, ¿podrás, a lo menos, como a los animales de tierra grandes, ponerle freno y regirle? Y preguntar si podrá esto es afirmar que no puede, y es decir que no se comparan con la ballena, ni los peces que cría el mar ni los animales que produce la tierra.

O dice esto de la argolla y del garabato atravesado por la nariz y mejilla, conforme a la costumbre antigua con los esclavos, que en señal de que lo eran les ponían estos cercos en las narices, como agora usan por gentileza en algunas partes los indios. Y quiere decir si tendrá fuerza y poder para captivar el leviathán y hacerle su esclavo, para decir cuán lejos estaba de ello.

Y con esto viene bien lo que luego se sigue:

22. ¿Por ventura multiplicará ruegos a ti, o si te hablará con blanduras? Porque es natural de los esclavos y que han sido captivos, ser halagüeños con sus señores, y, echándoseles a los pies, suplicarles con muchos ruegos.

Y lo que dice luego, es al mismo propósito:

23. ¿Por ventura hará asiento contigo, y recibirle has por esclavo perpetuo?, como hacían antiguamente los que se vendían para esclavos a otros.

Pero añade:

24. ¿Por ventura jugarás con él como pájaro, y atarásle para tus mozuelos? Que es lo que hacer se suele con los pajarillos pequeños, que, presos con una cuerda, los dan a los niños que jueguen. Lo cual todo se pregunta en la figura y mofa disimulada, que dicho tenemos, para más significar lo contrario. O, si no es esto, dice, a lo menos harás en él lo que hacen con los peces mayores, que, presos, los despedazan y hacen tarazones de ellos para los banquetes y cenas, y partidos y en pipotes los llevan a diversas partes los mercaderes. Porque añade:

25. Despedazaránle los amigos. O como otra letra dice, cenarán sobre él, partiránle los mercaderes. Dice más:

26. ¿Por dicha llevarás redes de su pellejo, y nasa de peces con su cabeza? Que es preguntar, para la misma demostración y propósito de encarecer cuán grande es, si piensa que te podrá pescar con redes, o prender con garlitos y nasas. Como diciendo que no basta, para prenderle, lo que basta para prender a los otros, porque es más grande que otro ninguno.

Dice: ¿Llevarás redes de su pellejo? Fáltale una palabra que se calla, y ha de ser entendida, que dirá así: ¿Llevarás redes llenas de su pellejo?; y su pellejo es tanto como decir su cuerpo, según manera de decir conocida. Y ni más ni menos lo que se sigue: Y nasa de peces con su cabeza, es como decir y nasa llena con su cabeza.

Y prosigue:

27. ¿Pondrás tu palma sobre él? Miémbrate de la guerra, y no añadirás. En que llega con el encarecimiento a lo sumo, y como corrigiéndose, dice: Mas ¿qué digo si le pescarás y prenderás y harás dél esclavo? Si le osaras tocar con el dedo, te pregunto yo agora. A buen seguro, dice, que si le tocases, que te acordarías de tu osadía, para no tornar a ella más en tu vida. ¿Pondrás tu palma sobre él?; esto es, ¿osarás ni tocarle?

Miémbrate de la guerra, esto es, membrarte has (que se pone un tiempo por otro), así que membrartefas de lo que te sucedería: y no añadirás, esto es, y no tornarías más en la vida a burlarte con ella.

Y así dice:

28. Ves; su esperanza le burla, y a vista de todos será despeñado. Que es decir, el que se atreviere a tocarle, si pensaba poder algo quedará mal burlado, porque a vista de todos será por este dragón despedazado y deshecho.

Ves, dice, su esperanza le burla. Hablaba antes con Job en persona, y agora muda la persona como si hablara de otro, que es mudanza muy usada en aquestas Escrituras. Pues dice: Ves; esto es, ten por cierto que, si le tocares o tú o cualquiera otro que le tocare, le saldrá mal su designio; porque a vista de todos será despeñado; esto es, porque revolverá sobre él y le derrocará y deshará fácilmente. O como dice otra letra, aun a su vista derrocado será. Como si más claro dijera: Digo y afirmo que le burlará su esperanza, y le saldrá al revés su designio; porque aun a su vista, esto es, en viéndole y en solo mirarle, o verdaderamente en viendo que él le vuelve los ojos y mira, derrocado será; esto es, caerá muerto o desmayado de espanto. Como diciendo que ningún hombre tendrá ánimo para mirarle, cuanto menos para venir a las manos con él.

Y con esto cesa aquí, para proseguir después lo que queda.

Madrid, 10 de febrero de 1591.

Capítulo XLI

1. No como cruel le despertaré; que ¿quién podrá resistir a mi cara?

2. ¿Y quién me donó para que Yo después le diese? Cuanto hay debajo del cielo, mío es.
3. No le perdonaré por palabras poderosas, y para impetrar bien compuestas.
4. ¿Quién descubrirá la cara de su vestidura? Y en medio de su boca ¿quién entrará?
5. Las puertas de su cara, ¿quién abrirá? Al derredor de sus dientes espanto.
6. Su cuerpo como escudos de acero, apiñado de escamas que se aprietan.
7. Una se junta con otra; ni un respiradero pasa por ellas.
8. Una con otra se apegan, y asidas no serán apartadas.
9. Su estornudo, resplandor de fuego, y sus ojos, pestañas de aurora.
10. De su boca irán llamas de fuego; como teas de fuego encendidas.
11. De sus narices procede humo, como de olla encendida y hirviente.
12. Su aliento encenderá brasas, y de su boca llama saldrá.
13. En su cuello hace asiento la fortaleza, y ante sus faces va el asolamiento.
14. Las partes de sus carnes juntas entre sí; enviará rayos contra él, que no irá a otra parte.
15. Su corazón duro como piedra, y será apretado como yunque de martillador.
16. Cuando levantado fuere, temerán los ángeles, y los espantados se purgarán.
17. Cuando le asiere cuchillo, no resistirá ni lanza ni coselete.
18. Reputará como pajas hierro, y como leño podrido el bronce.
19. No le ahuyentará hijo de arco; piedras de honda se convierten en astillas.
20. Como astilla estimará el martillo, y burlará de lanza que blandea.
21. Debajo dél rayos de Sol; tenderá debajo de sí oro como lodo.
22. Hará hervir como olla el profundo del mar; ponerle ha como cuando hierven ungüentos.
23. En pos de sí hace relucir la senda, y reputará a la hondura como lleno de canas.
24. No hay sobre el polvo quien se le compare, que es hecho para no temer a nadie.
25. Todo lo sublime verá él, rey sobre todos los hijos de soberbia.

Exposición

1. No como cruel le despertaré, que ¿quién podrá resistir a mi cara? Prosigue en referir las condiciones monstruosas y fieras de la ballena para el propósito y fin que está dicho. Y porque decía agora que quien osase a entrar en estacada con ella, o verdaderamente quien tuviese ánimo para ponérsele delante y tocarla, no le tendría para resistir a su vista sola, contra quien no hay esfuerzo que baste, y que el más osada quedaría más escarmentado de haberse atrevido, y huiría de volver otra vez; pues porque decía esto, dice agora: No como cruel le despertaré. Que puede tener dos diferentes sentidos. Porque, lo primero, hablando Dios como en su persona y de Sí, quería decir, mas lo que los hombres no pueden ni usan hacer, y si alguno locamente a hacerlo se atreve, es cruel contra su vida y sí mismo; Yo sin ser cruel contra Mí, lo haré; que no solamente con seguridad, mas con suma facilidad pondré mi mano sobre este animal tan monstruoso, y le provocaré a ira, y trabaré contienda con él, y le venceré y le desharé, si quisiere. Porque como dice luego: ¿quién podrá resistir a mi cara?

O de otra manera, que no hable Dios de Sí mismo, sino que imite y refiera las palabras ajenas y diga: Mas cualquiera que no sea loco, dirá, no soy tan cruel contra mí que le despierte, esto es, dirá, que no tiene tan olvidado su bien, ni tan perdido el seso y juicio que quiera trabar pleito con él, ni despertarle o desafiarle riñendo. A que responden las palabras originales, que dicen: No hay cruel que le despierte, esto es, ninguno es tan cruel contra sí, ni tan falto de razón y de seso que le despierte, esto es, que le provoque y irrite.

Y añade: ¿Quién podrá resistir a mi cara?, como arguyendo de lo uno a lo otro, y diciendo: Pues si nadie es poderoso, ni para mirar este pez, ¿quién osará oponerse?, o ¿quién tendrá ánimo para parecer ante Mí? Y si tu saber se agota en el conocimiento de una criatura marina, ¿qué será puesto en mi competencia?

Y añade, como en probanza de esto postrero:

2. ¿Quién me donó para que yo después le diese? Cuanto hay debajo del cielo, mío es. Como diciendo que Él es primero que todos y adelantado en todas las cosas, y que no recibió nada de nadie, y que todos reciben y recibieron de Él todos sus bienes, y que así tiene sobre todos infinitas ventajas; y por el mismo

caso ninguno es poderoso, no solo para resistirle, mas ni para mirarle o para parecer en su presencia.

O como dice otra letra: ¿Quién me precedió y perficionaré?; que viene al mismo sentido. Porque en confirmación de su infinito poder pregunta si le precedió alguno, esto es, si hubo otro ante Él que le enseñase y industriase para hacer lo que hizo, esto es, si tuvo maestro alguno en la obra del mundo, o quien le enseñase poner en perfección lo que hizo; como diciendo que ninguno hubo, y afirmando por el mismo caso que Él de suyo es la fuente y el príncipe de todo el poder y saber.

Y añade:

3. No le perdonaré por palabras poderosas, y para aplacar bien compuestas. En que dice que, si acaso hay tan loco alguno que presuma de sí aventajársele en algo, que le irá tan mal de su presunción, que ni ruegos (que ésos llama, palabras poderosas y bien compuestas para aplacar) ni plegarias ni humillaciones no le librarán de su mano.

Mas la letra original mira, a lo que parece, a otra parte, porque dice: No callaré sus miembros, y palabras de fortaleza, y gracia de sus composturas. En que quiere decir y dice que torna a acabar lo comenzado, cuanto a las figuras y disposiciones de esta ballena que pinta; porque estando en la pintura dellas, rompió el hilo con otras pláticas, el cual agora ata y prosigue. Y para proseguir dice que no callará lo que por decirle le faltara, tocante a los miembros y fuerzas y composturas deste animal. Y así torna luego a ellas, y dice:

4. ¿Quién descubrirá la cara de su vestidura? Y en su boca, ¿quién entrará? Declarando por esta manera la fortaleza y dureza de su cuero, y la disformidad de su boca espantosa.

Como declara más en lo que luego se sigue, que es:

5. Las puertas de su cara, ¿quién abrirá? Al derredor de sus dientes espanto. Y llama bien puertas de la cara a la boca, porque por ellas entra al cuerpo el manjar que está fuera; y puertas también, por mostrar su desmesurada grandeza, más semejante a puerta que a boca.

Dice más:

6. Su cuerpo como escudos de acero, apiñado de escamas que se aprietan. Que es argumento que habla de algún otro monstruo marino, más fiero y más

desmedido que la ballena, porque ésta ni tiene escamas ni conchas, ni aun la dureza de cuero que ha dicho, ni menos lo que se sigue:
7. Una se junta con otra, ni un respiradero pasa entre ellas. Que es decir la juntura estrecha de unas conchas con otras. Y lo mismo dice luego por otra manera:
8. Una con otra se apegan, y asidas no serán apartadas; esto es, no apartará ninguno la una de la otra, por más fuerza que ponga. Prosigue:
9. Su estornudo resplandor de fuego, y sus ojos pestañas de aurora. Del estornudo dice que es fuego, para mostrar el ardor de su aliento; que como la vida de los animales está en el calor, los mayores y más fieros y fuertes tienen calor más sobrado, y así su aliento es muy mas encendido.
Mas de los ojos dice que son pestañas de aurora, para decir que son grandes por extremo y muy rasgados y juntamente sangrientos. Porque de ordinario, cuando amanece, la parte del cielo que se viste de luz, se colora con arreboles y parece así; y se descubre una veta de luz extendida y enarcada y bermeja, que es como los ojos o las pestañas con que nos comienza a mirar el aurora. Dice más:
10. De su boca irán llamas de fuego como teas de fuego encendidas; lo cual dice por la razón que está dicha.
Y torna sobre él, y repite:
11. De sus narices procede humo, como de olla encendida y hirviente.
Y luego:
12. Su aliento encenderá brasas, y de su boca llama saldrá. Y pasa adelante:
13. En su cuello hace asiento la fortaleza, y ante sus faces va el asolamiento. El cuello grueso y macizo y nervoso es de cuerpos muy fuertes, y así, diciendo que éste tiene fuerte cuello, dice que todo él es fortísimo; y dice que el cuello es fuerte extremadamente, diciendo que la fortaleza hace asiento en él, como diciendo que la tiene y posee toda.
Y dice que el asolamiento va ante sus faces por figura poética, en que se da persona a lo que carece della, y se imagina que lleva al asolamiento como a su lacayo o alguacil delante de sí, para significar que lo asuela todo por donde pasa.
Dice:

14. Las partes de sus carnes apegadas entre sí; enviará rayos contra él, que no irá a otra parte. Que se sigue de lo que luego decía; porque a la fortaleza del cuerpo es natural la macicez de la carne, que los animales de carnes muelles no son señalados en fuerza. Pues dice que las de éste son macizas en sumo grado que un rayo no hará en ellas mella, no hará que se aparten.
Y lo mismo dice del corazón así:
15. Su corazón duro como piedra y será apretado como yunque de martillador. El hebreo dice como la piedra molar, que de las dos está debajo, que llamaban antiguamente la piedra yusana, y llaman agora [la cama]. Y entendemos aquí por corazón la parte del cuerpo que tiene este nombre, y la inclinación y afecto del ánimo, que también llamamos corazón por metáfora. Porque la razón pide que la carne de este animal sea durísima y maciza mucho en esta parte de su cuerpo; porque es el corazón la hornaza que contiene y conserva en sí el calor de la vida, y el lugar adonde por medio de este calor la sangre se convierte en espíritu, que derramándose por las arterias alientan el cuerpo; y así, cuanto el calor es mayor, tanto conviene que sea más macizo y duro el hogar donde arde, para que no se pierda y derrame. Y como visto habemos, es tan grande el de aqueste dragón, que lanza por la boca llamas y humo.
Y si esto es así, a ello se consigue por fuerza que el corazón en la otra manera, esto es, el afecto malo de su inclinación sea desapiadado y crudísimo; esto es, sea duro más que piedra y que yunque en la condición y braveza, porque siempre composturas semejantes de cuerpo acompañan en el ánimo semejantes afectos.
Dice más:
16. Cuando levantado fuere, temerán los ángeles, y los espantados se purgarán. Por los ángeles, otra letra dice los fuertes; y conviene esto bien con lo que hasta agora está dicho; que natural es que lo extraordinario haga espanto, y es muy extraordinaria la figura de este animal, y su fortaleza y fiereza. Por lo cual dice que, en levantándose esta fiera, esto es, cada y cuando que se descubriere y demostrare a la vista de algunos, sacando la cabeza y el pecho del agua, por más valientes y esforzados que sean, temblarán y se purgarán con el miedo; porque el temor, recogiendo al corazón el calor, deja fríos y desatados los cerraderos del vientre.
Prosigue:

17. Cuando te asiere cuchillo no prenderá, ni lanza ni coselete. Y dice otra letra: La espada del que le tocare no estará, esto es, no quedará hincada en él, sino saltará en alto, como si diera en la yunque; que responde a la dureza de su carne y conchas y cuero ya dicha.
Y a lo mismo pertenece lo que se sigue:
18. Reputará como pajas hierro y como leño podrido el bronce. Porque es de cuerpo impenetrable y así no le daña arma ninguna ni le teme; que, como dicho habemos, no conviene bien a las ballenas de que tenemos noticia. Mas en la mar hay otros géneros de monstruos fierísimos y grandísimos, de que hacen memoria muchos y diversos autores, y Galeno de algunas ballenas dice que tienen el cuero durísimo.
Y dice más en el mismo propósito:
19. No le ahuyentará hijo de arco, piedras de honda se convierten en astillas. Hijo de arco llama al flechero o a la misma flecha y saeta; y así dice que ni teme arco ni se espanta de honda.
Y ni más ni menos:
20. Como astilla estimará la pica, y burlará del blandear de la lanza. La palabra pica [cidon] en el original es ballesta de guerra. Y lo que añade, a lo que entiendo, pertenece a la misma macicez y dureza de cuerpo.
Porque dice:
21. Debajo de sí rayos de Sol, y tenderá debajo de sí oro como lodo. O según otra letra: Debajo de sí puntas de teja, tenderse ha agudezas sobre lodo. Que está dicho a la vizcaína, y con falta de algunas palabras, que, si las añadimos, diremos de esta manera: Debajo de sí tiene puntas de teja, y se tenderá sobre agudezas como sobre lodo. Y esta letra y la de arriba vienen a un mismo sentido, que es de encarecer más la firmeza del cuerpo y dureza del cuero de este monstruo marino, que no siente más tenderse, cuando toma reposo, sobre agudísimas piedras que sobre tierra o barro blando y molido.
Pues dice: Debajo de sí rayos de Sol, esto es, recuéstase, si le place o cuando le place, sobre los rayos del Sol, que llama así lo que la otra letra nombra puntas de tejas; que por lo uno y lo otro entendemos las piedras y guijas agudas y ásperas, que suelen estar en lo hondo del agua, que por razón de su agudeza son aquí llamadas rayos, y por causa del resplandor que por la mayor parte muchas dellas tienen, son nombradas oro y rayos de Sol. Sobre

éstas, pues, hace cama esta fiereza, y descansa en ella como sobre lodo batido y blandísimo.
Dice más:
22. Hará hervir como olla el profundo del mar; ponerle ha como cuando hierven ungüentos. O como dice otra letra, como olla de ungüentos. Lo cual dice para demostrar la fuerza de su movimiento y grandeza, con que meneando el agua y cortándola parece que hierve, y la enciende y hinche de espuma.
Y así añade luego:
23. En pos de sí hace relucir la senda, y reputará a la hondura como lleno de canas. Que con la espuma que levanta, deja señalado y blanco el camino por donde ha pasado, y hace que el mar parezca cano y sembrado de espuma blanca, como lo está de canas un viejo.
Y reputará, dice; esto es, hará que parezca así a los que caminan y que le estimen por tal.
Y finalmente, concluyendo y resumiéndose, dice:
24. No hay sobre el polvo quien se le compare, que es hecho para no tener miedo. En que en una palabra pone toda esta pintura y encarecimiento en su punto, y antepone aqueste animal marino a todos los que huellan la tierra. Y diciendo no se ha hecho para tener miedo, dice que no tiene en sí parte flaca ni sujeta a peligro, porque en todas es extremadamente fuerte y robusto.
Y así fenece, diciendo:
25. Todo lo sublime verá él, rey sobre todos los hijos de soberbia. Verá, dice, esto es, despreciará; que en estas Letras el despreciar y desestimar a uno se nombra ver muchas veces, como en el Psalmo: [Porque de toda angustia me escapó, y en mis enemigos vio mi ojo.] Pues dice que desprecia lo más alto, porque es el mayor en cuerpo, y, más dotado de fuerzas y de fiereza que todos.
Y porque se aventaja a todo lo que es grande en fortaleza y fiereza, por eso dice que es rey sobre todos los hijos de soberbia, porque de ordinario lo valiente y animoso y fiero es soberbio; y llama así a todos los animales señalados en braveza y en fuerzas. Por donde algunos intérpretes latinos trasladan sobre todos los monstruos marinos. Los griegos dicen: todos los que moran las aguas. Y el que traslada en caldeo: sobre todos los hijos de los montes.
Salamanca, 19 de febrero de 1591.

Capítulo XLII

1. Y respondió Job al Señor, y dijo:
2. Sé que todo lo puedes, y que ningún pensamiento se te asconde.
3. ¿Quién este que encubre consejo sin saber? Por tanto hablé tontamente, y lo que sobrepuja mi sciencia.
4. Oye agora, y yo hablaré; preguntaré, y responderás.
5. Oíte con mis orejas, y agora te ve mi ojo.
6. Por tanto me repruebo, y hago penitencia en polvo y pavesa.
7. Y después que el Señor habló estas palabras a Job, dijo a Elifaz, temanites: Mi furor está enojado contra tus dos amigos y contra ti, porque no hablaste rectitud a Mí, como mi siervo Job.
8. Pues tomad siete becerros y siete carneros, y id a mi siervo Job, y ofreced holocausto por vosotros; y mi siervo Job rogará por vosotros, y tendré respecto a él para no imputaros esta culpa, de que no hablastes rectitud ante Mí, como Job mi siervo.
9. Pues fueron Elifaz, el de Temán, y Bildad, suí, y Sofar de Namatila, y hicieron como el Señor les habló, y recibió Dios los ruegos de Job.
10. Y el Señor se convirtió a la conversión de Job en el rogar por sus amigos: y tornó el Señor a Job todo lo que fue suyo doblado.
11. Y vinieron a él todos sus hermanos, y todas sus hermanas, y todos los que le conocían primero; y comieron pan con él en su casa, y menearon sobre él su cabeza, y consoláronle de cuanto mal el Señor le dio; y diole cada uno su oveja y su arracada de oro.
12. Y el Señor bendijo a las postrimerías de Job más que a sus principios; y fueron a él catorce mil ovejas, y seis mil camellos, y mil tintas de bueyes, y mil asnas.
13. Y tuvo siete hijos, y tres hijas.
14. Y llamó el nombre de la una Jemima, [día], y de la segunda Quezia, [Casia], y el de la tercera Querenhapuch, [Cornucopia].
15. No se hallaron en toda la tierra mujeres hermosas como las hijas de Job; y dioles su padre heredad entre sus hermanos.
16. Y vivió Job después de estos azotes ciento y cuarenta años; y vio sus hijos y los hijos de ellos hasta la cuarta generación.

17. Y murió anciano y lleno de días.

Exposición
1. Y respondió Job al Señor y dijo. Acabó de hablar el Señor, cuando vio que su habla había obrado en Job el efecto que pretendía; que, como arriba dije, nunca habla Dios al hombre sino para hacer en él o por él algún provecho grande, por serie natural el hacer siempre bien. Pues como hablaba para criar en el alma de Job conocimiento de lo que había sobrado en palabras, y pesar de haber en ellas sobrado, y un perfecto rendimiento a los hechos y consejos divinos, que reconociese no entenderlos y los aprobase sin que los entendiese; luego que le vio dispuesto de esta manera, cesó de hablar, y Job comenzó a manifestar por la boca el efecto sancto que el Señor con sus razones le había engendrado en el ánimo.
Y dijo así:
2. Sé que todo lo puedes, y que ningún pensamiento se te asconde. En que muestra el grado de conocimiento en que Dios le había puesto con esta doctrina; porque en conocer que Dios lo puede y sabe todo, no conoce solamente que es en todo poderoso, sino también que es justo y sancto en todas sus obras. Porque el que todo lo puede, a todo excede y vence; y el que es sobre todos, como arriba decíamos, no recibe ley de ninguno y él solo es ley a sí mismo, y así es siempre justo cuanto hace y ordena. Por manera que quien conoce y confiesa sumo poder en Dios, por el mismo caso conoce y confiesa suma bondad; y si añadimos a esto saber sumo y perfecto, como aquí Job lo confiesa, concluido queda que quien esto dice, dice que Dios es en todas sus obras justísimo. Porque el torcer la justicia y el traspasar la ley de razón, siempre es y se hace o por flaqueza o por ignorancia o malicia.
Añade:
3. ¿Quién este que encubre consejo sin saber? Por tanto hablé tontamente, y lo que sobrepuja mi sciencia; que nace de lo que ha dicho primero. Como si más extendidamente dijera: Pues todo lo puedes, Señor, y todo lo sabes, hasta los secretos pensamientos del ánimo, y eres por el mismo caso, Señor, justo y sancto en tus obras, ¿quién, pues, siendo esto verdad, será tan tonto que quiera encubrirte su pensamiento?; esto es, que piense o presuma alegar

por sí, y delante de Ti, y en favor de su justicia cosa alguna, contra quien Tú, Señor, no tengas clara y evidente respuesta.

Y porque Job en sus palabras había dado a entender de sí algún pensamiento como éste, y como significado que podría razonar sobre su causa con Dios, y alegar algo a que no se pudiese bien responder; por eso, lleno ya de este conocimiento sanctísimo, condena lo que ha dicho, no tanto por la sostancia de ello cuanto por el sonido; no por lo que declaradamente decir quería, sino por lo que parecía querer decir.

Y así dice: Por tanto hablé tontamente; esto es, sin reparar en el modo, y sin medir bien la forma de las palabras que dije, y los ademanes con que las decía. Y añade y lo que sobrepuja mi sciencia. O como el original dice a la letra: por tanto dije, y no entendí; maravillas sobre mí y no sabré. Porque a la verdad, confiado en el testimonio de su consciencia, quiso o pareció querer entender de los juicios y consejos de Dios más de lo que al hombre se le concede y permite; en que agora, habiendo oído a Dios, reconoce su demasía.

Porque con la grandeza del saber y poder de Dios que se le puso delante de los ojos, echó más de ver la bajeza y flaqueza humana, que la vio como junta a Dios y comparada con Él, en cuya comparación todo es como nada.

Pues dice, y prosigue:

4. Oye agora, y yo hablaré; preguntaré, y responderás. Con que apercibe para lo que decir quiere, y suplica a Dios que con clemencia le oiga y responda.

Y lo que decir quiere es:

5. Oíte con mis orejas, y agora te ve mi ojo.

6. Por tanto me repruebo, y hago penitencia en polvo y pavesa. Que es el afecto a que Dios pretendió reducirle, y a que en efecto le redujo; y es afecto conforme al conocimiento pasado, y que procede y nace de él. Porque quien conoce el ser de Dios inmenso, y la vileza del suyo; y por otra parte, siente en sí haber presumido de ponerse a razones con Dios, consiguientemente se humilla en sí luego, y de sí mismo se descontenta y se duele.

Pero dice que antes había oído a Dios, y que agora que le ve, por eso se reprende. En que da claramente a entender la fuerza que tienen para darnos luz y humillarnos las visiones de las cosas divinas, y es como una secreta disculpa. Como si más abiertamente dijese: Señor, si estuve demasiado y como ciego hasta agora, alguna ocasión me fue conocerte solamente, Señor, por oídas. Una cosa es oír de Ti, otra verte delante los ojos; que como delante del Sol se aclara todo, y huyen sin dejar rastro de sí las tinieblas, así tu rostro resplandeciente, amaneciendo en el alma, hace huir de él toda ignorancia y error. Así que agora que te veo a Ti, me reprendo y me repruebo a mí, y me duelo amargamente de te haber en alguna manera ofendido; y en señal de mi dolor y del descontento que de mí tengo y de cuanto me repruebo y desestimo, me envuelvo en este polvo y ceniza. Que fueron palabras demostradoras del reconocimiento y humildad y dolor perfecto a que ya llegado había, que era lo que Dios pretendía.

Y dicho esto, calló Job, y Dios quedó satisfecho y contento.

Y hace prueba de ello lo que se sigue, que es:

7. Y después que el Señor habló estas palabras a Job, dijo a Elifaz, temanites: Mi furor está enojado contra tus dos amigos y contra ti, porque no hablaste rectitud ante Mí, como mi siervo Job.

8. Pues tomad siete becerros y siete carneros y id a mi siervo Job, y ofreced holocausto por vosotros; y mi siervo Job rogará por vosotros, y tendré respecto a él para no imputaros esta culpa, de que no hablastes rectitud ante mí como Job, mi siervo. En que se dan a entender muchas cosas. Lo primero, entendernos cuán amigo queda Dios con Job y cuán satisfecho de sus palabras y ánimo, pues le alaba aquí; y no solamente le alaba, mas quiere perdonar por su medio de él las culpas de otros. A lo cual vino Job, así por la virtud de la vida pasada como por la paciencia que mostró en el azote presente, como por el dolor intenso con que humilló su corazón delante de Dios, por las muestras que dio de atrevido. Lo segundo, entendemos lo mucho que Dios se ofende de la inhumanidad y de la mentira, aunque se vista de celo sancto. Porque si el juicio humano juzgara aquí por lo que las palabras de Job y de sus amigos sonaban, ¿quién no cargara a Job de impaciente y atrevido, y loara a sus amigos de celosos de la honra de Dios? Mas Dios, que miraba la verdad y los ánimos, juzgó por diferente manera. Que vio en estos amigos, lo uno, que no decían verdad, así en condenar por malo a Job, como en afirmar que Dios aquí castigaba siempre a los malos y a solos ellos. Lo otro, conoció que el ánimo que tenían en esto y lo que les movía, no era tanto defender a Dios y volver por su honra, la cual nunca se defendió con mentira, cuanto inclinación a mostrarse celosos, nacida de presunción y de estimación propria viciosa, y

juntamente un querer debajo de esta color desobligarse de aquello a que la amistad pasada y la humanidad obligaba.

Y así lo que éstos hicieron en las palabras, era falso en muchas cosas, y en el ánimo y fin doblado y fingido, porque mostraban uno, y miraban a otro. Por lo cual Dios se ofende tanto dello, que pone nombre de furor a su enojo; y les dice que no hablaron rectitud, como Job su siervo, esto es, que no anduvieron a las derechas, ni en las palabras que decían, ni en el ánimo con que las decían. De lo cual Job estuvo siempre libre, porque siempre dijo verdad en sus palabras, y en el ánimo anduvo descubierto y sencillo. Solo tuvo un poco de demasía en quejarse, y en querer saber de Dios el porqué de su azote; que en un hombre tan afligido de Dios y tan agraviado de los que le debían consuelo, y tan saneado con el testimonio de su buena consciencia, fue ligera falta y muy digna de ser perdonada.

Aunque en esto mismo se ofrece a la consideración otra tercera cosa, y es el cuidado que tiene Dios y los medios que pone para perfeccionar a los suyos, y para librarlos de sus faltas, por pequeñas que sean; que para quitar de Job esta mota pequeña, viene por sí mismo y se le descubre y le habla, descendiendo a tan particulares razones. Lo cuarto, consideramos el amor grande que tiene Dios a los hombres, y el deseo encendido de su salvación; que cuando ellos mismos le tienen ofendido y se han hecho indignos de su favor y su gracia, Él mismo les busca terceros, amigos suyos y gratos a Él, que rueguen y intercedan por ellos. Y porque ellos no merecen ser oídos, negocia Dios que alguno de los que Él oye con amor, le hable, y para darles el perdón que ellos desmerecen, busca quien se lo pida y merezca. Y como los padres amorosos hacen con los hijos de que están ofendidos para no castigarlos, porque su corazón no lo sufre, y para con el perdón demasiado no darles avilantez a que pequen, se muestran por una parte rigurosos y duros, y por otra negocian secretamente con algún amigo que se ponga de por medio y les ruegue; así Dios clementísimo despierta entre sus amigos quien con su intercesión le detenga la mano, para que no descargue sobre los pecadores su golpe. En que hace tres cosas: una, dar salud a los que merecían castigo; otra, honrar a sus amigos, los que hace procuradores y medianeros del bien de los otros; y la tercera, satisfacer a su justicia con el mérito de quien le ruega, y sin azote de aquel por quien es en esta manera rogado.

Lo último consideramos aquí cómo encamina Dios las cosas todas para el bien y honor de los suyos, que como el Psalmo dice, al varón justo todo le sucede prósperamente, porque cuanto Dios en él hace o permite, todo es para su acrecentamiento mayor. Y es verdad siempre lo que Sant Pablo a los Romanos escribió, que todas las cosas hace Dios para sus escogidos. Pues así lo vemos aquí, en que ordena Dios que ruegue y interceda Job por aquellos mismos que de amigos se le habían vuelto enemigos y ingratos, y quiere que tome de ellos esta sancta venganza, trayéndoselos a los pies tan humillados, que los que poco antes se tenían por justos y defensores de la honra de Dios, y a él le pregonaban pecador y blasfemo, agora se condenen a sí, y a él le confiesen por justo, y deseen su intercesión para con Dios y la rueguen.

Y hace que él interceda, esto es, que pague con bien el mal recibido, y que se muestre humano con quienes le fueron crueles, y que se asemeje en esto al mismo Dios, que es bienhechor de los que le ofenden. En que hay muchas cosas: una, la confusión de estos amigos, viendo su engañado juicio; otra, la humildad de los mismos; otra, la salud que cría en ellos aquesta confusión y humildad; otra, la puntualidad de la justicia divina, que los afrentadores de Job, ésos le honren, y los pregoneros de su blasfemia, ésos vengan a valerse de sus oraciones y ruegos; otra, el mérito que ganó Job en rogar y ser de provecho a los tales; otra, la honra grande del mismo que de todo esto le viene. Porque es sin duda de ánimos grandes y heroicos, y obra propria de los hijos de Dios, pagar los males con bienes, y no dejándose vencer del enojo, a que mueven las recibidas injurias, mostrarse superiores en todo, y tan superiores que lo que suele agotar la fuente de la bondad para que no mane de sí bien en los otros, y lo que es como esposas para que no hagan buenas obras las manos, la injuria recibida, la ingratitud y desconocimiento no esperado ni merecido, eso mismo cría en ellos deseos encendidos de hacer bienes mayores, y no deseos solamente, sino obras de provecho grandísimo.

Y verdaderamente, aun en ley de venganza, no sé yo satisfacción que se iguale con la vergüenza y confusión que es en un ofensor injusto causa el ver que su ofendido en retorno es su bienhechor y le ayuda, y el verse necesitado de su beneficio y favor. Y, como al principio dije, es una sancta venganza; venganza, porque como la Escritura dice, el que esto hace pone brasas encendidas sobre la cabeza de su enemigo, o verdaderamente en el pecho y en el corazón se las pone; sancta, porque aprovecha al prójimo y agrada a Dios y le imita y se le hace semejante, que es aquello en que la sanctidad puramente consiste. Mas veamos lo que se sigue.

Dice:

9. Pues fueron Elifaz, el de Temán, y Bildad, suí, y Sofar de Namatila, y hicieron como el Señor les habló y recibió Dios los ruegos de Job. En que se ve la obediencia y humildad de los unos y la virtud heroica del otro.

Dice más:

10. Y el Señor se convirtió a la conversión de Job, en el rogar por sus amigos; y tornó el Señor a Job todo lo que fue suyo doblado. Mucho es de considerar lo que dice aquí el autor de este Libro: lo uno, que se convirtió Dios a la conversión de Job, la que hizo en rogar por estos sus llamados amigos; lo otro, añadir luego a esto, que le tornó Dios doblado todo lo que poseía primero.

Y digamos de cada cosa por sí. Porque en lo primero dásenos a entender claramente que no quiso ser Dios menos honrado ni menos piadoso que Job; y que como él volvió su ánimo a perdonar a quien tan mal le tratara, así Dios inclinó el suyo a piedad de los que ofendido le habían. Que son finezas admirables del amor que Dios tiene a los hombres, el cual puede tanto con Él, que no se contenta con hacernos bienes, sino, lo que es puro extremo de amor, busca trazas y ingenios para obligarse en cierta manera a hacerlos; y para que, siendo libre y no deudor de criatura ninguna, se muestre deudor y obligado. Porque es proprio del que mucho ama, en todo el bien que hace por aquel a quien ama, gustar de parecer que lo debe; y en realidad de verdad es afecto del amor que es muy fino querer el que ama que todo se le deba al amado. Y tal es lo que se entiende agora aquí en ordenar Dios que se convierta Job a piedad, para que Él se desenoje y convierta. Porque fue hacer y fortificar, de parte de Job, para contra sí un argumento que convence en esta manera: Yo, Señor, que soy miseria, y al fin hombre de ánimo y pecho angostísimo, perdono a mis enemigos, y deseo y os suplico su bien: Vuestra Majestad, que es la bondad misma, generoso y piadoso y liberal sobre todos, muy más justo es que se desenoje y perdone; y pues que yo me convierto, que, Señor, Vuestra Majestad se convierta. A que mira también lo que el Hijo nos enseñó que dijésemos en la oración a su Padre: Perdona nuestras deudas, como nosotros perdonamos a nuestros deudores; adonde hace fuerza el mismo argumento.

¡Tanto procura nuestra honra y salud en todas las cosas! Y esto cuanto a lo uno.

Y cuanto a lo otro se advierte que torna Dios a Job todos sus bienes doblados, cuando se lee dél que perdona a sus malhechores y intercede por ellos, que ni cuando padeció con paciencia se dijo, ni cuando se reconoció por ceniza, ni cuando lloró y se dolió de su demasía humillado. Porque en ninguna de aquellas cosas se mostró lo perfecto de su virtud cuanto en esto, que a la verdad contiene en sí grandes bienes. Porque quien a sus enemigos ama, y hace bien a los que le dañan y injurian, lejos está de querer a nadie mal ni dañarle; y quien paga con amor al hombre el mal que le hace, cierto es que a Dios, de quien tantos bienes recibe, no le olvida y desama.

Por manera que ama perfectamente a Dios y a los prójimos quien para sus enemigos es bueno; y en este amor se encierra todo lo que Dios manda, y es aquello en que verdaderamente consiste la justicia cristiana. Lo cual declara aquí por figura la Sagrada Escritura diciendo que le tornó Dios a Job doblados sus bienes. Que en lo pasado representóse en él una justicia antigua; mas en esto píntase la justicia cristiana; y lo que ésta a aquélla excede, muéstralo aquí Dios por el exceso del premio. Allí los bienes son sencillos; aquí pone bienes y mercedes dobladas, nombradas a la verdad con nombres de tierra, pero que significan los bienes del cielo, que son bienes doblados y proprio premio de los hijos de Dios y sus semejantes, cuales son aquellos en quien resplandece esta caridad y justicia perfecta y cristiana que digo.

Pues tornó Dios con el doblo a Job los bienes de la tierra que antes poseyera, para declarar lo que le guardaba en el cielo; y porque siempre usa Dios de medios suaves, tornóselos, no criándolos o enviándoselos luego de súbito, sino ordenando lo que luego se sigue.

Que fue:

11. Y vinieron a él todos sus hermanos y todas sus hermanas y todos los que le conocían primero; y comieron pan con él en su casa, y menearon sobre él la cabeza, y consoláronle de cuanto mal el Señor le dio, y diole cada uno su oveja y su moneda de oro. Dice que vinieron entonces a visitar a Job todos sus conocidos y deudos; y no vinieron al principio de su mal y trabajo, porque quiso Dios que fuese trabajo puro; y así detuvo los que le fueran consuelo, y solo dejó venir a aquellos que le añadieron fatiga. Pues éstos comieron con él,

que es señal de alegría, y movieron sobre él su cabeza, que es el meneo del que conhorta y consuela, y que, en efecto, le consolaron, porque añadieron a las palabras las obras, dándole cada uno parte de su ganado y dinero. Que, aunque dice en número singular, su oveja y su escudo, no se entiende que le dio un escudo solo y una oveja sola cada uno, sino es manera de hablar de estas Letras, decir como en singular lo que es mucho. Como dice el Profeta: No florecerá el higo... y fallará la aceituna. Pues sobre esto que puso la piedad de los deudos, añadió Dios con larga mano su bendición para que se multiplicase en brevísimo tiempo.

Y así dice:

12. Y el Señor bendijo las postrimerías de Job más que a sus principios; y fueron a él catorce mil ovejas, y seis mil camellos, y mil yuntas de bueyes, y mil asnas.

13. Y tuvo siete hijos y tres hijas. Hace duda en este lugar cómo son no más de siete los hijos, y las hijas no más de tres, si es verdad que volvió Dios a Job todas las cosas dobladas; que según esto habían de ser agora catorce, y seis, porque habían sido tres y siete primero. A lo cual se responde que, si le diera agora Dios seis, y catorce, no le doblara, sino tresdoblara los hijos. Porque ésta es la diferencia de los hijos que se le murieron a Job, a las ovejas y camellos y los demás bienes que le faltaron; que éstos, muriendo, perecieron del todo y para siempre; mas los hijos, muertos los cuerpos, viven siempre en las almas y en la resurrección postrera han de tornar eternamente a vivir. Y así doblarle los hijos fue no darle catorce sobre los dados, que aun muertos vivían y han de vivir para siempre, sino darle otros siete, como de hecho le dio. Mas veamos lo que sigue:

14. Y llamó el nombre de la una Jemima, y de la segunda Kezia, y de la tercera Kerenhapuch. Jemima viene de yon, que es día; y Kezia es casia, una especie aromática o de canela muy fina; Kerenhapuch es como decir cuerno de alcohol o de afeite; que, según esto, podremos en español llamarlas Diana y Casilda y Cornelia.

Pero ofrécense acerca de esto dos cosas: una, por qué nombra la Escritura aquí a solas las hijas; otra, por qué fin les puso estos nombres. Y en lo primero se nos ofrecen algunas razones, unas llanas y que pertenecen a la historia, y otras de significación y sentido más secreto. Porque aunque es de creer que todos estos hijos de Job fueron hombres señalados y aventajados en todo, mas de los varones no consta, y pudo ser no lo fuesen; de las hembras dícelo la misma Escritura luego en el verso siguiente, y así quiso con razón que se supiesen sus nombres. Lo segundo, porque en nombrarlas hijas Dios y loarlas, deja nombrados y aprobados los hijos; que si lo flaco y lo mudable, cuales en sí y en la Sagrada Escritura son las mujeres, es digno de nombre, lo fuerte y varonil dicho se está que le merece.

Y decimos últimamente, que declara Dios en esto la feliz condición de los justos, en quien aun la enfermedad y flaqueza, quiero decir, lo flaco y lo despreciado, es nombrado y glorioso; porque en ellos el ser perseguidos es honra, y el vivir pobres riqueza, y la tentación victoria, y la aflicción y la cárcel y afrenta gloria grandísima, y finalmente vida y descanso la muerte. Y no solo por el fructo que de ellos sacan, sino por eso mismo que aun cuando lo padecen y en el mismo padecer sienten y gozan. Y así Sant Pablo, como bien experimentado, decía: De buena gana haré honra de mis flaquezas, y, si conviene alabarme, de mis flaquezas me alabaré.

Pero vamos a la segunda duda que puse, acerca del propósito y fin de estos nombres; en que de ordinario se dicen dos cosas. Una, dice el Parafraste caldeo que eran de extremada hermosura, como luego la Escritura lo dice, y que las llamó su padre así para declarar su hermosura en el nombre. Porque a Yemima, la primera, que es palabra, como dijimos, originada del día, llamóla así como se la llamara Alba o Aurora en significación de su gentileza y frescura. La segunda, Kezia, fue como llamarla Olorosa y Fragante, y de estima y de precio, cual es la casia y canela. Y en la tercera, que llamó Kerenhapuch, que significa bujeta, de alcohol o de afeite, declaró ser ella la misma compostura y pintura, y, como decir solemos, ser una imagen pintada.

Otros dicen así: Que en los nombres de estas sus hijas señaló Job los sucesos de su vida, las diferencias y variedad y fortunas de ella; que es conforme a lo que de los patriarcas en la Escritura leemos, que nombraban a sus hijos del nombre de algún caso o suceso presente.

Así llamó Adam a Seth su hijo. Pues en la primera hija nombró Job la parte de su vida primera, que fue clara como el día, y fue crecido de pequeños principios como la luz del aurora, y al fin fue día, que se encierra y fenece con la noche. En la segunda significó el tiempo de su calamidad y miseria; porque

Kezia, aunque significa la canela o la casia, si tenemos atención a su origen, suena a la letra raimiento o despojamiento; y llámase la casia así porque es corteza de que despojan al árbol, y fue padecer Job en aquella parte de vida un universal despojo de todos sus bienes.

Mas por el tercero nombre mostró claramente su buena dicha postrera, donde le tornó Dios a manos llenas doblados y mejorados sus bienes; porque Kerenhapuch, al sonido, es como decir cuerno de vuelta, o por decirlo más claro, restitución y vuelta de cuerno, esto es, de abundancia, de fortaleza, de felicidad y buena dicha; que todas estas cosas significa por semejanza la Escritura por el nombre de cuerno.

Mas veamos lo que después de esto se sigue:

15. No se hallaron en toda la tierra mujeres hermosas como las hijas de Job, y dioles su padre heredad entre sus hermanos. Bien se echa de ver aquí cuán perfecto es Dios en sus obras, y cuán largo y liberal es en las mercedes que hace; que no hace un bien solo, ni hace bien falto o menguado. Dale hijas, y hijas hermosísimas, y heredadas entre sus deudos y hermanos, para que se gozasen con ellos, y él de ellos y de ellas gozase. Porque sin duda es soledad y miseria vivir apartados los deudos. Que la presencia de su grandeza hace el día de hoy que los reyes y los grandes vivan en esta miseria; que, por despreciar a los suyos, casan con los extraños sus hijos y destierran de sí las prendas de su corazón y las entregan a gentes de costumbres diferentes, y muchas veces de ingenios fieros y bárbaros.

Mas Job, enseñado de Dios y guiado de la verdadera razón, para acrecentamiento de su buena dicha, casó y heredó a sus hijas cerca de sí y en medio de sus hermanos e hijos, con quien conocía y de quien era conocido y querido. Y no le duró poco este bien, que como luego dice:

16. Y vivió Job después de estos azotes ciento y cuarenta años; y vio sus hijos y los hijos de ellos hasta la cuarta generación.

17. Y murió anciano y lleno de días. Porque siempre Dios da ciento por uno, y por un mal padecido con virtud y paciencia, restituye gran copia de bienes, y por un año de miseria sufrida, cien años de colmada prosperidad. Y bien se entiende de aquí que no fue breve mucho aqueste azote de Job, pues el retorno dél fue tan largo. Demás de que Dios cuando prueba y ejercita a sus siervos, hace como del descuidado las más de las veces, y calla y disimula y

déjalos padecer luengamente, para, como si dijésemos, obligarse después a Sí a darnos copiosísimos y eternos bienes.
A quien por todo debemos dar eterna gloria. Amén.
Salamanca, 8 de marzo de 1591.

Libros a la carta

A la carta es un servicio especializado para
empresas,
librerías,
bibliotecas,
editoriales
y centros de enseñanza;
y permite confeccionar libros que, por su formato y concepción, sirven a los propósitos más específicos de estas instituciones.

Las empresas nos encargan ediciones personalizadas para marketing editorial o para regalos institucionales. Y los interesados solicitan, a título personal, ediciones antiguas, o no disponibles en el mercado; y las acompañan con notas y comentarios críticos.

Las ediciones tienen como apoyo un libro de estilo con todo tipo de referencias sobre los criterios de tratamiento tipográfico aplicados a nuestros libros que puede ser consultado en Linkgua-ediciones.com.

Linkgua edita por encargo diferentes versiones de una misma obra con distintos tratamientos ortotipográficos (actualizaciones de carácter divulgativo de un clásico, o versiones estrictamente fieles a la edición original de referencia). Este servicio de ediciones a la carta le permitirá, si usted se dedica a la enseñanza, tener una forma de hacer pública su interpretación de un texto y, sobre una versión digitalizada «base», usted podrá introducir interpretaciones del texto fuente. Es un tópico que los profesores denuncien en clase los desmanes de una edición, o vayan comentando errores de interpretación de un texto y esta es una solución útil a esa necesidad del mundo académico.

Asimismo publicamos de manera sistemática, en un mismo catálogo, tesis doctorales y actas de congresos académicos, que son distribuidas a través de nuestra Web.

El servicio de «libros a la carta» funciona de dos formas.

1. Tenemos un fondo de libros digitalizados que usted puede personalizar en tiradas de al menos cinco ejemplares. Estas personalizaciones pueden ser de todo tipo: añadir notas de clase para uso de un grupo de estudiantes, introducir logos corporativos para uso con fines de marketing empresarial, etc. etc.

2. Buscamos libros descatalogados de otras editoriales y los reeditamos en tiradas cortas a petición de un cliente.

www.ingramcontent.com/pod-product-compliance
Lightning Source LLC
Chambersburg PA
CBHW031748220426
43662CB00007B/317